西藏大学喜马拉雅文库——铸牢中华民族共同体意识研究系列
国家社会科学基金项目成果

བོད་ཀྱི་བཀའ་བརྟེན་དཀར་ཆག །གླེགས་བམ་དང་པོ།

༄༅། །གཡུང་དྲུང་བོན་གྱི་བཀའ་འགྱུར་ལ་གཡུང་དཔེ་གཞིའི་ དཀར་ཆག་ངོ་མཚར་སྣང་བ་འབུམ་ལྡན།། །

སྒོ་མེ་ཚེ་དབང་རྣམ་རྒྱལ་གྱིས་བསྒྲིགས།

མི་རིགས་དཔེ་སྐྲུན་ཁང་།

图书在版编目（CIP）数据

苯教《甘珠尔》阿雍版目录：藏文 / 才项南杰编 . —北京：民族出版社，2023. 7

ISBN 978-7-105-17029-6

Ⅰ. ①苯… Ⅱ. ①才… Ⅲ. ①大藏经－图书目录－藏语 Ⅳ. ① Z88：B941

中国国家版本馆 CIP 数据核字（2024）第 019682 号

གཡུང་དྲུང་བོན་གྱི་བཀའ་འགྱུར་ཨ་གཡུང་དཔེ་གཞིའི་དཀར་ཆག་ངོ་མཚར་སྣང་བ་འབུམ་ལྡན།

རྩོམ་སྒྲིག་ལས་འགན་འཁུར་པ། བསོད་ནམས་མཚོ།
དེབ་གཞིའི་མཛེས་འཆོས། ཀརྨ་རྡོ་རྗེ་ཚེ་རིང་།

责任编辑：索南草
书籍设计：吾 要

མི་རིགས་དཔེ་སྐྲུན་ཁང་གིས་དཔེ་སྐྲུན་འགྲེམས་སྤེལ་བྱས།
པེ་ཅིན་གྲོང་ཁྱེར་ཧོ་ཕིང་ལི་བྱང་ལམ་ཨང་14པ། (100013)
http://www.mzpub.com
（010）64227665 （010）58130508

民族出版社 出版发行
北京市和平里北街 14 号 (100013)
http://www.mzpub.com
（010）64227665 （010）58130508

པེ་ཅིན་ཧྲེང་ཐུང་པར་འདེབས་མ་རྐང་ཚད་ཡོད་ཀུང་སིས་པར་བཏབ།
ཞིན་ཧྭ་དཔེ་ཚོང་ཁང་གིས་བརྒྱུད་འཚོང་བྱས།

北京盛通印刷股份有限公司印刷
新华书店经销

དེབ་ཚད། 787mm × 1092mm 1/16
དཔར་ཤོག 26
དཔར་གྲངས། 0001–1000
2024ལོའི་ཟླ་5པར་པར་གཞི་དང་པོ་བསྒྲིགས།
2024ལོའི་ཟླ་5པར་པེ་ཅིན་དུ་དཔར་ཐེངས་དང་པོ་བཏབ།

开本：787mm × 1092mm 1/16
印张：26
印数：0001–1000
2024 年 5 月第 1 版
2024 年 5 月北京第 1 次印刷

ISBN 978–7–105–17029–6/ Z · 1573 (བོད། 202)
རིན་གོང་། སྒོར་98.00

ISBN 978–7–105–17029–6/ Z · 1573（藏 202）
定价：98.00 元

སྔོན་གླེང་།

བོད་དུ་ཐུབ་པའི་བསྟན་པ་མ་དར་བའི་སྔ་རོལ་དུ་གཤེན་གྱི་བསྟན་པ་རྒྱ་ཆེར་དར་བ་དང་། རྒྱུན་རིང་པོ་ཞིག་ལ་ཡུལ་འབབས་ཀྱི་བསམ་བློ་དང་། འདུ་ཤེས། ཀུན་སྤྱོད་སོགས་ཀྱང་བསྟན་པ་དེ་ཉིད་ཀྱི་དགོངས་པ་དང་གཞི་མཐུན་དུ་གནས། དུས་རབས་བཞི་པ་ཡས་མས་ནས་ཐུབ་བསྟན་བོད་དུ་སྤེལ་བའི་གྲབས་བཤམས་པ་ནས། བསྟན་དགོངས་ཕན་ཚུན་དང་བསྟན་འཛིན་པའི་བར་ལ་རིམ་བཞིན་འགལ་བའི་ས་བོན་བྱུང་། དུས་རབས་བདུན་པའི་ནང་བཙན་པོའི་སྲིད་དབང་གི་ངོས་ཐད་ནས་ཐུབ་བསྟན་ནང་འདྲེན་གྱི་དབུ་བརྙམས་ཤིང་། མཐོ་རིམ་སྤྱི་ཚོགས་ཁྲོད་ཐུབ་པའི་བསྟན་པའི་ལྟ་དགོངས་དང་ལེན་བྱས་པའི་མོད་ལ། རིམ་བཞིན་དུས་རབས་བརྒྱད་པའི་སྨད་ཀྱི་ཆ་ཙམ་ནས་གཤེན་བསྟན་དར་མཐའ་རྒུད་པའི་ལོ་རྒྱུས་ཀྱི་རྣམ་པར་གྱུར། དེ་ལྟ་ནའང་། ཡུལ་སྤྱིའི་འབབས་མི་སེར་གྱི་འཚོ་བའི་ལམ་སྲོལ་དུ་བསྟན་པ་གང་ལས་མཆེད་པའི་ཕྱག་རྒྱུན་མི་ཉུང་བ་ཞིག་སྔར་རྒྱུན་བཞིན་གནས་ཡོད་པ་མ་ཟད། ཡུལ་ཁྱེ་བྲག་པ་འགའ་རེར་ད་ལ་ཐུག་གི་བར་དུ་བོན་བསྟན་འཛིན་པའི་སྲོལ་མ་ཉམས་པར་གནས་ཡོད་པ་ལྟར་རོ། །བོད་དུ་བོན་བསྟན་འཕེལ་འགྲིབ་ཀྱི་ཚུལ་ལ་གཞིགས་ཏེ། སྔོན་ཐོན་བོན་གྱི་མཁས་པའི་ཁྲོད་བོན་བསྟན་དར་རྒུད་ཀྱི་ཚུལ་དེ་བསྟན་པ་སྔ་དར་དང་ཕྱི་དར་གཉིས་སུ་བཞེད་པ་དང་། འགའ་ཞིག་བར་དར་དང་བཅས་དུས་རིམ་གསུམ་དུ་སྨྲ་བའི་ལུགས་ཀྱང་མཐོང་། གང་ལྟར་དྲི་གུམ་བཙན་པོའི་སྐུ་རིང་བོན་བསྣུབས་པའི་སྐྱོར་བ་དེ་བོད་ཀྱི་ལོ་རྒྱུས་སྟེང་གི་བོན་བསྟན་གྱི་གོད་ཆག་ཐོག་མར་ངོས་འཛིན་གྱིན་པ་དང་། དེ་ནས་སྤུ་དེ་གུང་རྒྱལ་གྱི་སྐུ་རིང་བོན་བསྟན་ཡང་བསྐྱར་དར་འཕེལ་བྱུང་ཞིང་། རིམ་བཞིན་སྟར་ནུབ་པའི་བསྟན་བཅོས་ཁག་ཅི་ནུས་ཀྱིས་ཉམས་གསོ་དང་དར་སྤེལ་དུ་བཏང་བ་ལ། མཐར་བཙན་པོ་ཁྲི་སྲོང་ལྡེ་བཙན་གྱི་སྐུ་རིང་བོན་བསྟན་ལ་གོད་ཆག་ཐེངས་གཉིས་པ་ཐེབས། སྐབས་དེའི་བོན་བསྣུབས་པའི་བྱེད་ལས་ཁྲོད་བོན་གྱི་བསྟན་འཛིན་མང་པོ་ཡུལ་མཐར་བསྐྲགས་ཤིང་། གསུང་རབ་བསྟན་བཅོས་ཅི་མང་གཏེར་དུ་སྦས་པ་དང་ཁག་ཅིག་རྩ་བརླག་སུ་གྱུར། དུས་རབས་བཅུ་པ་ཡས་མས་ནས་བོན་བསྟན་ཡང་བསྐྱར་ཉམས་གསོ་བྱུང་བ་ལ་བསྟན་པ་ཡང་དར་དང་། སྔ་མའི་དུས་མཚམས་གཉིས་ལ་བསྟན་པ་སྔ་དར་དང་ཕྱི་དར་གྱི་ངོས་འཛིན་གནང་བཞིན་པར། གསུང་རབ་དང་བསྟན་བཅོས་འཕེལ་འགྲིབ་ཀྱི་ཚུལ་ཡང་བསྟན་པ་དར་ལུགས་དང་དམ་དུ་འབྲེལ་ནས་ཡོད། སྔ་མའི་དུས་སྐབས་གཉིས་ལ་བྱུང་བའི་བསྟན་བཅོས་འབོར་ཆེན་རྣམས་བསྟན་པའི་གོད་ཆག་གི་སྐབས་སུ་གཏེར་ལ་སྦ་དགོས་བྱུང་ཞིང་། དུས་རབས་བཅུ་པ་ཡས་མས་ནས་ཨ་ཙ་ར་མི་གསུམ་དང་གཤེན་

ཆེན་བླུ་དགའ་གཙོར་མཛད་པའི་གཏེར་སྟོན་རིམ་བྱོན་གྱིས་སྦ་མ་གཏེར་དུ་སྦས་པའི་བསྟན་བཅོས་རྣམས་སླར་ཡང་གཏེར་ནས་བཏོན་པར། དེ་ལྟ་བུའི་གཏེར་མ་ལ་འདོན་གནས་དང་འདོན་དུས་ཀྱི་ཆ་ནས་བྱང་གཏེར་དང་། ལྷོ་གཏེར། དབུས་གཏེར། ཁམས་གཏེར། གཏེར་གསར་སོགས་ཀྱི་དབྱེ་བའང་བྱུང་ཡོད། སྐབས་དེའི་བསྟན་བཅོས་ཀྱི་གྲངས་ཚད་ལ་གཅིག་གྱུར་གྱི་བཞེད་སྟངས་ཤིག་ཞུ་དཀའ་བར་འགྱུར་ཡང་། གཤེན་ཆེན་བླུ་དགའ་ཡིས་གཏེར་ནས་བཏོན་པའི་གཏེར་ཆོས་རྣམས་ལ་ཐོ་ཡིག་བཀོད་པ་ཁོང་གི་བུ་སློབ་རྣམས་ལ་བརྒྱུད་པ་དང་། ཕྱིས་སུ་དུས་རབས་བཅུ་བཞི་པ་ཡས་མས་སུ་སྣ་སྟོན་ཚུལ་ཁྲིམས་རྒྱལ་མཚན་གྱིས་སྦ་མའི་གཏེར་ཆོས་ཀྱི་ཁ་བྱང་བསྒྲིགས་ཡོད་པ་སོགས་ལས་ཟུར་ཙམ་ཞིག་མཐོང་ཐུབ་པ་ཡིན། ད་ལྟ་ང་ཚོའི་མཐོང་ཡུལ་དུ་གྱུར་པའི་གཡུང་དྲུང་བོན་གྱི་བཀའ་འགྱུར་དང་བརྟེན་འགྱུར་ཞེས་བྱ་བའི་དཔེ་ཚོགས་ཀྱི་རྣང་ནི་གོང་བསྟན་ཡིག་ཚང་ལ་བྱས་པའོ། །

དང་པོ། བཀའ་འགྱུར་གྱི་དཔེ་གཞི་ཁག་གི་བྱུང་བ།

བན་བོན་གང་ཡིན་ཡང་གཞུང་ལུགས་ཀྱི་བསྟན་བཅོས་འཕོར་ཆེན་པོར་འཕེལ་བའི་ཚེ་ན་རིམ་བཞིན་དཔེ་ཚོགས་སུ་བསྒྲིགས་པའི་སྲོལ་བྱུང་ཡོད་པ་བཞིན། བོན་བསྟན་གྱི་གཞུང་རྣམས་ལའང་བཀའ་དང་བཀའ་བརྟེན་གྱི་དབྱེ་བ་མཛད་ཅིང་། ནང་དོན་ལྟར་སྡེ་ཚན་གང་ལ་གཏོགས་པའི་ཚུལ་དུ་ཕྱོགས་བསྒྲིགས་མཛད་དེ་དཔེ་རྒྱུན་མི་ཉམས་པར་བྱས། རྒྱལ་སྤྱིའི་བོན་རིག་པའི་མཁས་དབང་ཕེར་ཁི་ཕེར་ནེ་(Per Kvaerne)ལགས་ལྟར་ན་བོན་གྱི་བཀའ་འགྱུར་ཐོག་མ་དེ་དུས་རབས་བཅོ་ལྔ་པའི་དུས་དཀྱིལ་ཙམ་ལ་བྱུང་བར་ཚོད་དཔག་བྱེད་ཀྱིན་ཡོད་ཅིང་།[①] ཁོང་གིས "དེ་ལྟ་ན་དུས་རབས་སྔ་མའི་དུས་མགོ་ལ་བུ་སྟོན་དང་བཅས་པས་ཐུབ་བསྟན་པའི་བཀའ་བསྟན་ལ་མཐར་ཐུག་གི་གྲུང་བསྒྲིགས་པ་ནས་བཟུང་བོན་པོ་རྣམས་ལ་ཡང་རང་གི་བཀའ་བརྟེན་འགྱུར་ཞིག་གི་དགོས་མཁོ་ཚོར་བའི་དུས་ཡུན་ལྟོད་ཡངས་ཅན་ཞིག་ཡོད་པ་མངོན"[②]ཞེས་གསུངས། རྒྱལ་ནང་གི་བོན་གྱི་ཤེས་རིག་ལ་ཞིབ་འཇུག་གནང་མཁན་ཕལ་ཆེ་བས་ནི་དུས་རབས་བཅོ་བརྒྱད་པའི་ནང་ཀུན་གྲོལ་འཇའ་མཚོན་སྙིང་པོའམ་ཀུན་གྲོལ་གྲགས་པས་བོན་གྱི་བསྟན་བཅོས་ཀྱི་མཚན་བྱང་རྣམས་ཕྱོགས་གཅིག་ཏུ་བསྡུས་ཤིང་གཡུང་དྲུང་བོན་གྱི་ལོ་རྒྱུས་སྙིང་གི་བཀའ་འགྱུར་གྱི་དཀར་ཆག་ཐོག་མར་བསྒྲིགས་པ་དང་། རྒྱལ་རོང་ཆུ་ཆེན་རབ་བརྟན་རྒྱལ་པོས་མཐུན་རྐྱེན་སྦྱར་བ་ལ་བརྟེན་ནས་བཀའ་འགྱུར་གྱི་དཔེ་གཞི་ཐོག་མར་བྱུང་བར་ངོས་འཛིན་བྱེད། གང་ལྟར་དཔེ་ཚོགས་ཀྱི་མཚན་འདོགས་དང་སྡེ་ཚན་དབྱེ་སྟངས་སོགས་ཀྱི་ངོས་ནས་ཐུབ་བསྟན་པའི་བཀའ་འགྱུར་ལ་སློབ་སྦྱོང་གནང་ཡོད་པ་མ་ཟད།

---

① ཕེར་ཁི་ཕེར་ནེ་ཡིས་བརྩམས། ཚེ་རིང་ཐར་གྱིས་བསྒྱུར། བོན་གྱི་བསྟན་བཅོས། ཀྲུང་གོའི་བོད་ཀྱི་ཤེས་རིག 1998ལོའི་དེབ་གསུམ་པ། ཤོག་ངོས་107-116བར།

② ཕེར་ཁི་ཕེར་ནེ་ཡིས་བརྩམས། ཚེ་རིང་ཐར་གྱིས་བསྒྱུར། བོན་གྱི་བསྟན་བཅོས། ཀྲུང་གོའི་བོད་ཀྱི་ཤེས་རིག 1998ལོའི་དེབ་གསུམ་པ། ཤོག་ངོས་107-116བར།

དགེ་ཚོགས་སུ་བསྡུས་པའི་གཞུང་འགའ་རེར་ལུགས་གཉིས་བར་གྱི་མིང་བརྗའི་ཁྱད་པར་ཙམ་ལས་ནང་དོན་དང་ཚིག་གི་སྦྱོར་བ་སྤེལ་སྟངས་སོགས་ལས་ཀྱང་ཕན་ཚུན་ལ་སློབ་སྦྱོང་བྱས་པའི་རྗེས་ཤུལ་ཤིན་ཏུ་གསལ། དེ་ལྟ་བས་ན་དགེ་ཚོགས་དེ་དག་ཀྱང་མཁས་པ་གོང་མ་རྣམས་ཀྱིས་ཕན་ཚུན་གྱི་ལེགས་ཆ་དང་ལེན་བྱས་པའི་རྒྱུད་རིམ་ཁྲིད་བྱུང་བ་ཤེས། རིག་འཛིན་ཀུན་གྲོལ་གྲགས་པ་མཆོག་གིས་བཀའ་འགྱུར་གྱི་དཀར་ཆག་བསྒྲིགས་པའི་ཇང་གཞིའི་སྟེང་རྒྱལ་རོང་རྒྱལ་ཁག་བཅོ་བརྒྱད་ཀྱི་ནང་ཚན་ཆུ་ཆེན་རབ་བརྟན་རྒྱལ་པོས་གྲོན་དངུལ་འབོར་ཆེན་བཏང་སྟེ་གཡུང་དྲུང་བོན་གྱི་བཀའ་འགྱུར་གྱི་སྤར་ཤིང་ཐོག་མ་བརྐོས་གྲུབ་པ་དང་། དེ་ལ་ཡོངས་གྲགས་སུ་ཆུ་ཆེན་སྤར་མའམ་ཆུ་ཆེན་དགེ་གཞི་ཟེར། ཆུ་ཆེན་དགེ་གཞིའི་བཀའ་འགྱུར་གྱི་སྤར་ཤིང་ཕལ་ཆེ་བ་ཆབ་ལུང་གོང་མའི་དམག་དཔུང་གིས་བརླགས། ཕྱིས་སུ་ཁྲོ་སྐྱབས་རྒྱལ་པོ་ཀུན་དགའ་ཕུན་ཚོགས་ཀྱིས་ཉམས་རྒུད་དུ་གྱུར་བའི་སྤར་ཤིང་རྣམས་གསར་དུ་བརྐོས་ཤིང་བཀའ་འགྱུར་གྱི་སྤར་ཤིང་ཆ་ཚང་དུ་བསྐྲུན་པར་ཁྲོ་སྐྱབས་སྤར་མའམ་ཁྲོ་སྐྱབས་དགེ་གཞི་ཞེས་སྙན་པའི་གྲགས་པ་རབ་ཏུ་རྒྱས། ཁྲོ་སྐྱབས་དགེ་གཞི་ཡང་ཕྱིས་ཀྱི་ཆིང་རྒྱལ་རབས་ཀྱི་དམག་འཁྲུགས་ནང་བརླགས་སྐད། བཀའ་འགྱུར་བྲིས་མའི་དགེ་གཞི་མང་དུ་བྱུང་ཡོད་དེ། དེང་རབས་ཀྱི་བོན་རིག་པའི་མཁས་པ་སྟོང་སྐོར་ཚེ་རིང་ཐར་ལགས་བོན་གྱི་དགོན་སྡེ་བརྒྱ་ཕྲག་ལྷག་ལ་འགྲིམས་ནས་བོན་གྱི་ཡིག་ཚང་སྐོར་གྱི་ཞིབ་འཇུག་པ་དང་རྒན་གྲས་ཁ་ཅིག་ལ་རྩད་འདྲི་བྱས་པར། ཕྱི་ལོ1958ལོའི་ཡར་སྔོན་དུ་བོད་ཁམས་སུ་མ་མཐའ་ཡང་བཀའ་འགྱུར་བྲིས་མའི་དགེ་གཞི་མ་འདྲ་བ་ཁག་སུམ་ཅུ་ཡས་མས་ཤིག་བཞུགས་ཡོད་པར་གསུངས།[1] དེ་ལས་ད་ལྟའི་ཆར་དགེ་རྒྱུན་མ་ཉམས་པར་ཡོད་པའི་དགེ་གཞི་གྲགས་ཆེ་བ་ལ་ཧོར་ཚོ་ཆེན་སོ་དགུའི་ཡ་གྱལ་ག་རྒྱ་ཚོ་བས་ལོ་འཁོར་བཅུ་ལྷག་གི་རིང་བྲིས་བཞེངས་གནང་ཞིང་། ག་རྒྱ་བསྟན་དར་བྱ་བས་བོན་གྱི་གཏེར་གསར་སྟོན་པ་གསང་སྔགས་གླིང་པར་དབང་ཡོན་དུ་ཕུལ་པ། ཕྱིས་ཉག་རོང་དབལ་ཕྱུང་དགོན་[2]པར་བཞུགས་པའི་དབལ་ཕྱུང་བྲིས་མ་དང་། དུས་རབས་ཉི་ཤུ་པའི་ལོ་རབས་བརྒྱད་ཅུའི་ནང་པཎ་ཆེན་སྐུ་ཕྲེང་བཅུ་བ་མཆོག་གི་ཐུགས་དགོངས་ལྟར་ཨ་གཡུང་རིན་པོ་ཆེ་གཡུང་དྲུང་བསྟན་པའི་རྒྱལ་མཚན་གྱིས་གཙོ་འགན་བཞེས་ཤིང་གཟན་དཀར་རིན་པོ་ཆེ་ཐུབ་བསྟན་ཉི་མས་ཕྱག་རོགས་མཛད་དེ། སྔར་དབལ་ཕྱུང་དགོན་དུ་ཉར་བའི་བཀའ་འགྱུར་བྲིས་མ་ཞིག་གི་མདོ་འབུམ་གཉིས་ཇང་བྱས་ཐོག་སྔགས་སེམས་ཀྱི་སྡེ་སོགས་དགོན་སྡེ་གཞན་ནས་གཡར་པོ་ཞུས་ཏེ་བཀའ་འགྱུར་ཆ་ཚང་སྒྲིག་སྤར་དུ་བསྐྲུན་པ་དེ་ལ་ཨ་གཡུང་དགེ་གཞིར་འབོད་ཅིང་། དགེ་གཞི་དེ་ལ་མདོ་འབུམ་སྔགས་སེམས་ཀྱི་སྡེ་ཚན་བཞིར་ཕྱེས་ཤིང་ཁྱོན་པོད་བརྒྱ་དང་ང་བདུན་བཞུགས།[3] ལོ་རབས་དགུ་བཅུ་པའི་ནང་ཧ་བ་རྫོགས་ལྡན་དགོན་

① སྟོང་སྐོར་ཚེ་རིང་ཐར། གཡུང་དྲུང་བོན་གྱི་བཀའ་དང་བཀའ་བརྟེན་གྱི་བྱུང་བ་ལ་དཔྱད་པ། མཚོ་སྔོན་མི་རིགས་སློབ་གྲྭ་ཆེན་མོའི་རིག་གཞུང་དུས་དེབ། 2005ལོའི་དེབ་བཞི་པ། ཤོག་ངོས་1-8བར།

② དབལ་ཕྱུང་དགོན་ནི་དེང་གི་སི་ཁྲོན་ཞིང་ཆེན་དཀར་མཛེས་ཁུལ་ཉག་རོང་རྫོང་ཁོངས་སུ་ཡོད།

③ མཁན་ཉི་མ་བསྟན་འཛིན་གྱི་དཀར་ཆགས་ལུང་ཐུས་གཤེན་བསྟན་པད་མོ་རྒྱས་བྱེད་ཉི་འོད་ཅེས་བྱ་བ་བཤུས་པས་པོ་ཏི་བརྒྱ་དང་ང་བརྒྱད་བཞུགས་ཡོད།

གྱི་སྤྲུལ་སྐུ་བོན་སློབ་ནམ་མཁའ་བསྟན་འཛིན་ལགས་ཀྱིས་སྔར་གྱི་ཨ་གཡུང་དཔེ་གཞི་ལ་རྒྱང་བཙལ་ནས་དེ་ལ་ཁ་གསབ་ཀྱིས་བཀའ་འགྱུར་པོ་ཏི་བརྒྱ་དང་གོ་གཉིས་ཅན་ཞིག་བསྒྲིགས་ཤིང་གློག་སྤར་དུ་བསྐྲུན། དེ་ལ་བོན་སློབ་དཔེ་གཞིར་འབོད། སྔ་ཕྱིར་ཀུན་གྲོལ་སློབ་རྒྱལ་ལྷ་སྲས་ལགས་ཀྱིས་གཙོ་འགན་བཞེས་ཏེ་སྔར་གྱི་དབལ་ཕྲུང་བྲིས་མ་ཆ་ཚང་ཆད་གསབ་ནན་མོར་བགྱིས་ཏེ་བཀའ་འགྱུར་ཁྱོན་པོད་བརྒྱ་དང་དོན་བརྒྱད་ཀྱི་བདག་ཉིད་ཅན་ཞིག་གློག་སྤར་དུ་བཏབ་ཡོད་པ་དང་། དེ་ལ་ཡོངས་གྲགས་སུ་ལྷ་སྲས་དཔེ་གཞིར་འབོད། ཉེ་ལམ་སྣེ་ཆེན་བཀའ་འགྱུར་དང་། གསེར་བསྟན་གླིང་བཀའ་འགྱུར། དེ་མིན་ཕྱི་ལོ་2022ལོར་སི་ཁྲོན་མི་རིགས་དཔེ་སྐྲུན་ཁང་གིས་དཔར་སྐྲུན་མཛད་པའི་སངས་རྒྱས་གཡུང་དྲུང་བོན་གྱི་བཀའ་འགྱུར་ཆེན་མོ་ཞེས་པ་དེབ་གཟུགས་པོད་བརྒྱ་དང་བརྒྱད་ཀྱི་བདག་ཉིད་ཅན་སོགས་གསར་དུ་བསྒྲིགས་པའི་དཔེ་གཞིའང་རེ་འགའ་ཡོད་ཚོད་དུ། དེ་དག་གི་མ་ཕྱི་གཙོ་བོ་དབལ་ཕྲུང་དཔེ་གཞིར་བཙལ་བ་དང་། དབལ་ཕྲུང་དཔེ་གཞི་ནི་རིག་གསར་གྱི་རྗེས་སུ་ལྷག་པའི་བོན་གྱི་བཀའ་འགྱུར་ཅུང་ཆ་ཚང་ཤོས་དེ་གཅིག་པུ་ཡིན། ད་ལྟའི་དུས་ལ་དཔེ་རྒྱུན་མ་ཉམས་པ་དང་ཉམས་པ་གསབ་སྐྱོན་གྱིས་གྲུབ་པའི་གཡུང་དྲུང་བོན་གྱི་བཀའ་འགྱུར་གྱི་དཔེ་གཞི་དངོས་སུ་བཞུགས་པ་ནི་གོང་བསྟན་ལྟར་རོ། །

གཉིས་པ། བཀའ་འགྱུར་གྱི་དཀར་ཆག་བྱུང་ཚུལ།

གཡུང་དྲུང་བོན་གྱི་བཀའ་འགྱུར་དཀར་ཆག་གི་བྱུང་ཚུལ་ཙམ་ཞུས་ན། དཀར་ཆག་ཐོག་མ་དེ་དུས་རབས་བཅོ་བརྒྱད་པའི་ནང་ཀུན་གྲོལ་འཇའ་མཚོན་སྙིང་པོ་མཆོག་གིས་མཛད་པའི་《ཟབ་དང་རྒྱ་ཆེ་གཡུང་དྲུང་བོན་གྱི་བཀའ་འགྱུར་གྱི་དཀར་ཆག་ཉི་མ་འབུམ་གྱི་འོད་ཟེར་》ཞེས་བྱ་བ་དེ་ཡིན་ཞིང་། དེར་མདོ་སྡེ་ལ་པོ་ཏི་ང་ལྔ་དང་། འབུམ་སྡེ་ལ་པོ་ཏི་བརྒྱ་དང་བརྒྱད། སྔགས་སྡེ་ལ་པོ་ཏི་གྱ་བརྒྱད། སེམས་སྡེ་ལ་པོ་ཏི་སུམ་ཅུ་དང་བཅས་ཁྱོན་པོ་ཏི་ཉིས་བརྒྱ་དང་གྱ་གཅིག་བཞུགས། དེའི་གོང་རོལ་དུ་གཤེན་ཆེན་ཀླུ་དགའ་དང་སྨྲ་སྟོན་ཚུལ་ཁྲིམས་རྒྱལ་མཚན་གཉིས་ནས་སྔ་ཕྱིར་མཛད་པའི་གཏེར་གྱི་ཁ་བྱང་ལྟ་བུ་བྱུང་ཡང་། བཀའ་བརྟེན་འགྱུར་གྱི་དབྱེ་བ་ཕྱེས་པའི་བཀའ་འགྱུར་གྱི་དཀར་ཆག་མཛད་མེད་པར་དེས། དུས་རབས་བཅུ་དགུ་པའི་ནང་གཡུང་དྲུང་གླིང་གི་མཁན་པོ་ཉི་མ་བསྟན་འཛིན་གྱིས《གཡུང་དྲུང་བོན་གྱི་བཀའ་བརྟེན་འགྱུར་གྱི་སྡེ་ཚན་བསྒྲིགས་ཚུལ་གྱི་དཀར་ཆགས་ཉུང་ཐུས་གསལ་བསྟན་པད་མོ་རྒྱས་བྱེད་ཉི་འོད》ཅེས་བྱ་བ་མཛད་ཅིང་། དཀར་ཆག་དེར་གསལ་བའི་བཀའ་འགྱུར་ལ་པོ་ཏི་བརྒྱ་དང་བཅུ་གསུམ་བཞུགས་ཤིང་། བཀའ་འགྱུར་ཨ་གཡུང་དཔེ་གཞིའི་མཇུག་ཏུ་བསྒྲིགས་པའི་དཀར་ཆག་ཀྱང་དེ་ཉིད་ཡིན། དཀར་ཆག་དེའི་མཇུག་བྱང་དུ། "སྨམ་རིགས་ཀྱི་སྟོམ་བརྩོན་པ་སྨན་རིའི་མཁན་མིང་པ། ཉི་མ་བསྟན་འཛིན་དབང་རྒྱལ་དུ་འབོད་པ་དེས། འདུ་གནས་སོ་བདུན་གྱི་ནང་ཚན། གཡས་རུ་མཁར་

གདོང་གི་བདེ་གསལ་ཕྱུག་ཏུ། ཉམས་ལེན་ཐུན་མཚམས་སུ་འཕྲུལ་བརྩམས་བགྱིས་པ།”① ཞེས་འཁོད། གཞན་དུ་གཡུང་དྲུང་ཚུལ་ཁྲིམས་དྲག་པས་(1832-1890)མཛད་པའི་《རྒྱལ་བའི་བཀའ་དང་བཀའ་བརྟེན་རྣམ་བྱུང་དགོས་འདོད་ཡིད་བཞིན་གཏེར་གྱི་བང་མཛོད་ལ་དཀར་ཆག་བློའི་ཐ་རམ་བཀྲོལ་བྱེད་འཕྲུལ་གྱི་ལྡེ་མིག》ཅེས་བྱ་བར་བཀའ་དང་བཀའ་བརྟེན་དབྱེར་མེད་དུ་བསྒྲིགས་ཡོད་པར། མདོ་སྡེ་ལ་པོ་ཏི་བརྒྱ་དང་བཅོ་ལྔ་དང་། འབུམ་སྡེ་ལ་པོ་ཏི་དོན་བདུན། སྔགས་སྡེ་ལ་པོ་ཏི་ཉིས་བརྒྱ་དང་གོ་གསུམ། སེམས་སྡེ་ལ་པོ་ཏི་སོ་དྲུག རིག་གནས་ལ་པོ་ཏི་ཉེར་གསུམ་བཅས་ཁྱོན་པོ་ཏི་ལྔ་བརྒྱ་དང་ཞེ་བཞི་བཞུགས། ཤོག་གྲངས་ཆིག་སྟོང་སུམ་བརྒྱ་གོ་གཅིག་གི་བདག་ཉིད་ཅན་གྱི་དཀར་ཆག་དེ་ནི་སྔོལ་རྒྱུན་དཀར་ཆག་ཁྲོད་ཆེས་ཞིབ་རྒྱས་ཀྱི་དཔེ་གཞི་ཞིག་ཏུ་ངེས་སོད། དེ་དང་ལྷོས་ བླར་གྱུར་བའི་བཀའ་དང་བརྟེན་འགྱུར་གྱི་དཔེ་གཞི་ཆ་ཚང་བཞུགས་མེད་པ་ལ་ཕངས་སེམས་ཤིན་ཏུ་ཆེ། གོང་བསྟན་དཀར་ཆག་ཕལ་ཆེ་བ་ནི་སྔོལ་རྒྱུན་གྱི་དཀར་ཆག་རྩོམ་སྟངས་ལྟར་གཙོ་བོ་བོན་བསྟན་བྱུང་འཕེལ་གྱི་ལོ་རྒྱུས་དཀྱིལ་སྙིང་དུ་བྱས་ཏེ་བཀའ་གཏེར་བྱུང་རབས་དང་སྡེ་ཚན་འབྱེད་ལུགས་སོགས་རྒྱས་པར་སྤྲོས་ཤིང་། དཀར་ཆག་དངོས་ལ་པོ་ཏིའི་མཚན་བྱང་ཙམ་གྱིས་འཁྱུས་པར་བྱས་འདུག་ན། པོ་ཏི་རེ་རེའི་ནང་ཚན་དུ་ལེའུ་དང་ཆོས་ཚན་ཅི་ཡོད་ཀྱི་ཚུལ་ངེས་དཀའ་བར་འདུག གོང་བསྟན་ཆུ་ཆེན་དང་ཁྲི་སྐྱབས་དཔེ་གཞིའི་དཀར་ཆག་སྤྱི་ཀུན་གྲོལ་གྲགས་པས་མཛད་པའི་དཀར་ཆག་ཏུ་ལེའུ་རེ་རེའི་མཚན་འཁོད་ནས་ཡོད་ཀྱང་། ལྷེབ་གྲངས་སོགས་ཡིག་ཚང་ཞིབ་འཚོལ་ལ་ཕན་པའི་རྒྱུ་མ་ཚང་བ་དང་། ཡང་ཅིག་ན་དཔེ་གཞི་དེ་གཉིས་ཀྱི་དཔེ་རྒྱུན་སྔར་ནས་ཉམས་པས་དཀར་ཆག་དང་གཞུང་དངོས་ཕྱོགས་ཡོངས་ནས་གཏུགས་ཐབས་མེད་པར་གྱུར། དཀར་ཆག་དེ་ཉིད་ཕྱིས་སུ་དེབ་གཟུགས་སུ་དཔེ་སྐྲུན་བྱས་ཡོད།② ཉེས་དུས་དཔེ་སྐྲུན་མཛད་པའི་བོན་གྱི་ལོ་རྒྱུས་ཡིག་ཆ་ཕྱོགས་བསྒྲིགས་ཀྱི་མཇུག་གི་ཞར་བྱུང་དུ་སྐྱ་ཞབས་འབྱུང་གནས་ལགས་ཀྱིས་བསྒྲིགས་པའི་བཀའ་དང་བཀའ་བརྟེན་གྱི་དཀར་ཆག་གི་རེའུ་མིག་ཅིག་བཀོད་ཡོད་པ་དང་།③ རེའུ་མིག་ཁྲོད་ཀྱི་བཀའ་འགྱུར་ནི་ལྷ་སྲས་བཀའ་འགྱུར་གྱི་དཔེ་གཞི་གཞིར་བཟུང་སྟེ་མདོ་ཕྱོགས་ལ་པོ་ཏི་དོན་བཞི་དང་། འབུམ་པོ་ཏི་བདུན་ཅུ། སྔགས་པོ་ཏི་ཉེར་དྲུག སེམས་ཕྱོགས་ལ་པོ་ཏི་བརྒྱད་བཅས་ཁྱོན་པོ་ཏི་བརྒྱ་དང་དོན་བརྒྱད་ཅན་ཞིག་སྟེ། གླེགས་བམ་རེ་རེའི་མཚན་བྱང་ལ་གཞིགས་ཚེ་དཔེ་གཞི་གང་ལ་དཀར་ཆག་མ་ཡོད་པ་འདྲ། སི་ཁྲོན་ཞིང་ཆེན་མི་རིགས་ཞིབ་འཇུག་སུའོ་ཡིས་ཨ་གཡུང་དཔེ་གཞི་གཞིར་བཟུང་གིས་དཀར་ཆག་རྨུམ་སྤྱར་དུ་བཏབ་པ་ཤོག་གྲངས་ཉེར་

① སྨན་རིའི་མཁན་མིང་ཉི་མ་བསྟན་འཛིན། གཡུང་དྲུང་བོན་གྱི་བཀའ་བརྟེན་འགྱུར་གྱི་དཀར་ཆག་དང་རྣམ་བཤད། སྨ་རིང་ཡིས་མ། ཤོག་གྲངས་214པ།

② རིག་འཛིན་ཀུན་གྲོལ་གྲགས་པ། གཡུང་དྲུང་བོན་གྱི་བཀའ་འགྱུར་དཀར་ཆག ཀྲུང་གོའི་བོད་ཀྱི་ཤེས་རིག་དཔེ་སྐྲུན་ཁང་། 1993ལོ།

③ གངས་ཅན་རིག་མཛོད་དེབ་ང་ལྔ་པ། བོན་གྱི་ལོ་རྒྱུས་ཡིག་ཆ་ཕྱོགས་བསྒྲིགས། བོད་ལྗོངས་བོད་ཡིག་དཔེ་རྙིང་དཔེ་སྐྲུན་ཁང་། 2010ལོ། ཤོག་གྲངས་386-421བར།

གཉིས་ཅན་ཞིག་བསྒྲིགས་ཡོད་པར།[1] གོང་བསྟན་དཀར་ཆག་གཉིས་ལ་སྤྱིའི་ལྡེབ་གྲངས་དང་ལེའུ་གྲངས་སོགས་འཁོད་འདུག་མོད། ལེའུ་རེ་རེའི་མཚན་བྱང་དང་ལེའུ་མཚམས་ཀྱི་ལྡེབ་གྲངས་སོགས་མ་ཡོད་རྐྱེན། དེ་གཉིས་ཀྱང་དཔེ་ཆ་ཞིབ་འཚོལ་ལ་ཕན་པའི་དཀར་ཆག་ཏུ་མ་མཐོང་། རྒྱལ་ཕྱིའི་མཁས་པ་ཏན་མར་ཐེན་(Dan Martin)དང་། ཕེར་ཁི་ཝེར་ནེ།(Per Kvaerne) ན་གཱ་ནོ་ཡ་སུ་ཧི་ཀོ་(Yasuhiko Nagano)སོགས་ཀྱིས་བོན་ཀློང་བཀའ་འགྱུར་ལ་གཞི་བྱས་ཏེ་《བོན་གྱི་བཀའ་འགྱུར་གྱི་དཀར་ཆག་》(A Catalogue of the Bon Kanjiur)ཅེས་པ་དབྱིན་ཡིག་དང་ལ་ཏིང་ཟུང་སྦྲེལ་གྱི་ལམ་ནས་དཀར་ཆག་ཧ་ཅང་རྒྱས་པ་ཞིག་བསྒྲིགས་འདུག[2]དབྱིན་ཡིག་སྐད་མའི་དཀར་ཆག་དེ་ཉིད་ཉེ་ཧོང་རྒྱལ་ཁབ་ཏུ་དཔར་སྐྲུན་བྱས་ཡོད་ཅིང་། ད་སྟེའི་ཡན་ལ་བོན་གྱི་བཀའ་འགྱུར་དཔེ་གཞི་དག་ལ་བཏབ་པའི་དཀར་ཆག་ཁྲིད་དེ་ལྟ་བུའི་ལེ་ཚན་ཞིབ་རྒྱས་ཅན་ཞིག་བྱུང་མེད་ཚོད་དུ་སྣང་།

གསུམ་པ། དཀར་ཆག་བསྒྲིགས་པའི་དགོས་པ་དང་ཁྱད་ཆོས།

གཡུང་དྲུང་བོན་གྱི་བཀའ་འགྱུར་ཨ་གཡུང་དཔེ་གཞི་ལ་མཆོན་ན། སྔར་བརྒྱ་ཚར་གཅིག་དང་སུམ་ཅུ་ཙམ་ལས་དཔར་མེད་པར་བཤད་ཀྱང་ཕྱིས་བསྐྱར་དཔར་མང་དུ་ཞུས་ཡོད་ཚོད་ལ། ད་ལྟ་རྒྱལ་ནང་གི་དཔེ་མཛོད་ཁང་དང་ཞིབ་འཇུག་ཚན་པ་མང་པོ་ཞིག་གིས་དཔེ་གཞི་དེ་ཉིད་ཉར་ཚགས་གནང་ཡོད་པ་དང་། དཔེ་གཞི་གང་ལ་དཀར་ཆག་ཁ་གསལ་ཞིག་མ་ཡོད་རྐྱེན། ལོ་ངོ་འདི་དག་གི་རིང་གློག་མཁན་གྱིས་དཔེ་ཆ་འཚོལ་བ་ལ་ཐུགས་ངལ་གང་མང་བསྐྱོན་བཞིན་པ་མཐོང་། ཚུལ་དེ་ལྟ་བུ་ནི་དཔེ་གཞི་དེ་ཉིད་ཉར་ཚགས་གནང་མཁན་གྱི་ཚན་ཁག་ཀུན་ལ་ཡོད་སྲིད་པས། ཡིག་ཚང་བེད་སྤྱོད་དང་དོ་དམ་སོགས་གང་ཆ་ནས་བལྟས་ཀྱང་དཔེ་གཞི་གང་ལ་ཆེད་དམིགས་ཀྱི་དཀར་ཆག་ཞིབ་རྒྱས་ཤིག་བསྒྲིགས་པར་དགོས་པ་ཤིན་ཏུ་ཆེ། དོན་དེ་ལ་དམིགས་ཏེ། ཁོ་བོས་ལོ་འགའི་སྔོན་ནས་བོན་པོའི་བཀའ་བརྟེན་གྱི་དཀར་ཆག་སྒྲིག་སྒྲུར་གྱི་རྒྱལ་ཁབ་དང་ཞིང་ཆེན་རིམ་པའི་ལས་གཞི་གཉིས་ཁུར་དུ་བླངས་པ་དང་། བར་དུ་སློབ་གཉེར་ལ་སོགས་པའི་དབང་གིས་ལས་ཀར་འགལ་རྐྱེན་ཕྲན་ཙམ་བྱུང་ཡང་ཉེ་སྔོན་ལས་གཞི་གཉིས་ཀ་ཡོངས་སུ་ལེགས་གྲུབ་བྱུང་། དེའི་ཁྲིད་བཀའ་འགྱུར་ལ《གཡུང་དྲུང་བོན་གྱི་བཀའ་འགྱུར་ཨ་གཡུང་དཔེ་གཞིའི་དཀར་ཆག་ངོ་མཚར་སྣང་བ་འབུམ་ལྡན་》ཞེས་པའི་དཀར་ཆག་ཧ་ཅང་ཞིབ་རྒྱས་འདི་བསྒྲིགས་པ་ལགས། ཨ་གཡུང་དཔེ་གཞིའི་མདོ་སྡེ་ལ་པོ་ཏི་རེ་གསུམ་དང་། འབུམ་སྡེ་ལ་པོ་ཏི་རེ་བདུན། སྔགས་སྡེ་ལ་པོ་

---

① གཡུང་དྲུང་བོན་གྱི་བཀའ་འགྱུར་དཀར་ཆག སི་ཁྲོན་ཞིང་ཆེན་མི་རིགས་ཞིབ་འཇུག་སུའོ་བོད་ཀྱི་རིག་གནས་ཞིབ་འཇུག་ཁང་གིས་བསྒྲིགས། ནང་ཁུལ་དེབ། པོ་ཏིའི་མཚན་བྱང་ཁོ་ན་ཅན་གྱི་དཀར་ཆག་འདི་སྐུ་ཞབས་ལིག་ལི་ཆན་ལགས་ཀྱིས་རྒྱ་ཡིག་ཏུ་བསྒྱུར་ཏེ་1993ལོའི་བོད་ལྗོངས་ཞིབ་འཇུག་རྒྱ་ཡིག་མའི་དེབ་གཉིས་པར་སྤེལ་འདུག

② A Catalogue of the Bon Kanjiur, Edited by Dan Martin and Per Kværne and Yasuhiko Nagano, Senri Ethnological Reports24, National Museum of Ethnology OSAKA 2003.

ཏི་ཉེ་ཤུ། སེམས་སྡེ་ལ་པོ་ཏི་བདུན་བཅས་གཞུང་ལ་ཁྱོན་པོ་ཏི་བརྒྱ་དང་ང་བདུན་དང་། དེར་མཁན་ཉི་མ་བསྟན་འཛིན་གྱི《དཀར་ཆགས་ཞུང་ཐུས་གཤེན་བསྟན་པད་མོ་རྒྱས་བྱེད་ཉི་འོད་》བསྡུས་པས་བསྡོམས་ན་པོ་ཏི་བརྒྱ་དང་ང་བརྒྱད་བཞུགས་པའི་གྲས་སུ།[①] མདོ་སྡེ་ལས་པོ་ཏི་བཞི་བཅུ་དང་འབུམ་སྡེ་ལས་པོ་ཏི་རེ་གཉིས་ཙམ་དབལ་ཁྱུང་གི་ཁྲིས་མར་ཕྱི་མོ་བགྱིས་ནས་སློག་སྤར་གནང་ཡོད་ན། དཔེ་གཞི་གཉིས་ཀྱི་གོང་བསྟན་གཞུང་ཚད་ནི་འདྲ་ངེས་མེད། དབལ་ཁྱུང་གི་ཁྲིས་མར་དཀར་ཆག་ཞིབ་རྒྱས་མེད་པས་བསྡུར་ཐབས་བྲལ། ཨ་གཡུང་བཀའ་འགྱུར་ལ་རྗང་བརྟེན་ནས་བཞེངས་པའི་བོན་སློབ་བཀའ་འགྱུར་ལའང་དེ་ལྟ་སྟེ། མདོ་འབུམ་གཉིས་ལ་བསྡུས་པའི་གཞུང་ཕལ་ཆེ་བ་འདྲ་བར་འདུག་ཀྱང་། གཞུང་ཚད་དང་གླེགས་བམ་སྤྱི་ཕྱིའི་སྒྲིག་སྟངས་མ་འདྲ་བས། གོང་བསྟན་ཉི་ཧོང་གི་དབྱིན་ཡིག་དཀར་ཆག་ལ་བརྟེན་ནས་གང་མགོ་བའི་ཆོས་ཚན་བཅལ་ཁག་ཙམ་འདུག དེར་བརྟེན་དཀར་ཆག་འདི་ཉིད་ཨ་གཡུང་དཔེ་གཞི་དངོས་ལ་བསྟུན་ཞིང་། གླེགས་བམ་རེ་རེ་བཞིན་འཕྲུལ་ཀློག་གི་སྒོ་ནས་བསྒྲིགས་པར། དཀར་ཆག་བསྒྲིག་པའི་དུས་རིམ་ནང་དཀའ་ངལ་དུ་མ་དང་འཕྲད་བྱུང་སྟེ། དཔེར་ན། པོ་ཏི་ཕལ་ཆེ་བར་ཆོས་ཚན་དང་ལེའུའི་མཚམས་མི་གསལ་བ། ལེའུ་གྲངས་གོང་འགབ་འབྲེལ་མི་ཆགས་པ། སྤར་འདེབས་ལག་རྩལ་ཞན་པས་ཡིག་འབྲུ་གསལ་པོར་ཐེབས་མེད་པ། མ་དཔེ་རང་ལ་ལྡེབ་གྲངས་དང་ལེའུ་གྲངས་མང་དུ་ནོར་བ། སྤར་འདེབས་ཀྱི་ལས་ལ་ཞིབ་ཚགས་མ་ཡོད་རྐྱེན་ཆོས་ཚན་དང་ལྡེབ་མ་འགྲུགས་ཚད་མཐོ་བ་སོགས་གནད་དོན་མང་དུ་འདུག་པར། ད་རེས་ཅི་ནུས་ཀྱིས་དག་སྒྲིག་བྱས་ཤིང་གསལ་བཤད་དགོས་པ་རྣམས་སྐབས་དོན་དུ་ཞབས་མཆན་སྦྱར་བ་ལགས། དཀར་ཆག་སྒྲིག་སྟངས་ཐད་གཙོ་བོ་ཡིག་ཚང་ཞིབ་འཚོལ་ལ་དམིགས་པས་ན། སྲོལ་རྒྱུན་དཀར་ཆག་གི་རྗང་ལ་བརྟེན་ཞིང་དེང་རབས་ཡིག་ཚང་རིག་པ་དང་བྱེ་བྲག་དཀར་ཆག་རིག་པའི་སྣང་བྱ་དང་ཐབས་ལམ་སྤྱད་པ་སྟེ། དེ་ཡང་པོ་ཏི་རེ་རེའི་སྤྱིའི་གྲངས་རྟགས་དང་། མཚན་བྱང་། བསྡུས་བྱང་།[②] པོ་ཏི་རེ་རེར་འདུས་པའི་ཆོས་ཚན་གྱི་གྲངས་དང་། ལེའུ་གྲངས། སྤྱིའི་ལྡེབ་གྲངས། རིགས་རྣམ། གཏེར་སྟོན་དང་སྙན་བརྒྱུད་མཁན། སྒྲིག་མཁན་སོགས་གླེགས་བམ་སྤྱིའི་གནས་ཚུལ་དང་། དེ་ནས་པོ་ཏི་རེ་རེའི་ནང་ཚན་ཆོས་ཚན་དང་ལེའུ་རེ་རེའི་མཚན་བྱང་རིམ་པ་བཞིན་དང་། ཆོས་ཚན་དང་ལེའུ་སོ་སོའི་བར་མཚམས་ཀྱི་ལྡེབ་གྲངས། དེ་མིན་གླེགས་བམ་ཕལ་ཆེ་བར་སྤྱན་ཁྱེར་དུ་བཀོད་པའི་ལྡེབ་གྲངས་དང་ཤོག་ལྡེབ་ཀྱི་གཡོན་ངོས་སུ་སྦྱར་བའི་ཤོག་གྲངས་གཉིས་མ་འདྲ་བར་

① དཔེ་གཞི་འདིའི་འབུམ་ལ་བསྡོམས་པོ་ཏི་རེ་བདུན་དུ་བཞེད་པ་སྣུམ་སྤར་མའི་དཀར་ཆག་བསྡུས་པར་ཡང་དེ་ལྟར་ཡིན། ཡིན་ནའང་འདིར་བླུས་པའི་ཨ་གཡུང་དཔེ་གཞིའི་ཁྲིད་ཁམས་བརྒྱད་གཏན་ལ་ཕབས་པ་སྡུག་བསྔལ་ཞི་བྱེད་དཔྱད་འབུམ་ཁྲ་བོ་ཞེས་བྱ་བ་པོད་སྟོད་སྨད་གཉིས་དང་། ཁམས་ཆེན་པོ་བརྒྱད་གཏན་ལ་ཕབས་པ་སྟོང་ཕྲག་བརྒྱ་པ་རྩ་བའི་འབུམ་པོད་〈ཏ〉པ་བཅས་བསྡོམས་པོད་གསུམ་པོ་དཀར་ཆག་སྔ་མར་བཞུགས་མེད་ཅིང་འདི་གའི་དཔེ་གཞིའི་ཁྲིད་ཉར་ཡོད་པས་དེ་དག་གི་དཀར་ཆག་ཀྱང་ཁ་སྐོང་དུ་བཀོད་པའོ། །

② བསྡུས་བྱང་ནི་ཁ་བྱང་བསྡུས་པ་སྟེ། གཙོ་བོ་སྤྱན་ཁྱེར་དུ་ཡོད་པའི་གཞུང་གི་མཚན་བྱང་བསྡུས་པ་དེ་བཀོད་པ་ལགས། སྤྱན་ཁྱེར་དུ་བསྡུས་བྱང་བཀོད་མེད་པ་རྣམས་ལས་འགའ་ཞིག་མཇུག་བྱང་ལ་བརྟེན་པ་དང་། མཇུག་བྱང་དུ་མཚན་བྱང་དང་འབྲེལ་བའི་ཆ་འཕྲིན་མ་ཡོད་ཚེ་མཚན་བྱང་རྒྱས་པར་གཞིགས་ཏེ་སྒྲིག་མཁན་གྱིས་སྦྱར་བ་ལགས།

ཡོད་དེ། སྔ་མར་སྲོལ་རྒྱུན་གླེགས་བམ་གྱི་ལྡེབ་གྲངས་འགོད་སྟངས་ལྟར་ལྡེབ་མ་རེ་ལ་གྲངས་རྟགས་གཅིག་བཀོད་པ་དང་། ཕྱི་མར་ཤོག་ལྡེབ་རེ་རེའི་ངོས་ཕྱི་ནང་ལ་ཨ་རབ་ཀྱི་གྲངས་རྟགས་རིམ་པ་བཞིན་བཀོད་ཡོད་ན། དཀར་ཆག་དངོས་ཀྱི་སྐབས་སུ་སྤྱན་ཁྲིར་དུ་བཀོད་པའི་ལྡེབ་གྲངས་གཞིར་བཟུང་བ་དང་། ཞོ་ཧྲི་འགག་རེར་སྤྱན་ཁྲིར་དང་ལྡེབ་ཀྱི་གཡོན་ངོས་སུ་སྦྱར་བའི་ལྡེབ་གྲངས་གཉིས་མཐུན་པར་སྦྱར་འདུག་པ་རྣམས་དེ་ལྟར་ཤེས་པར་བྱ། ད་དུང་གླེགས་བམ་དང་ཆོས་ཚན་རྫོགས་མཚམས་སུ་སྦྱར་བའི་མཇུག་བྱང་དང་བཅས་པ་ལེ་ཚན་བཅུ་གསུམ་ཙམ་གྱི་སྒོ་ནས་བསྒྲིགས་ཡོད། གཞན་དུ་དམིགས་བསལ་གྱི་དོན་རྣམས་གསལ་བཤད་དུ་བཀོད་པ་དང་། མདོ་དང་འབུམ་སྡེ་ལས་བོན་བློན་དཔེ་གཞི་དང་འདྲ་བར་བཞུགས་པ་རྣམས་གོང་བསྟན་ཁྲན་མར་ཐེན་སོགས་ཀྱི་དཀར་ཆག་དང་བསྡུར་བའི་སྒོ་ནས་མཆན་བཏབ་ཡོད། གཞུང་དུ་དེང་སྲོལ་ལྟར་མེད་པའི་མིང་བརྡ་མང་དུ་མཐོང་ཞིང་། དེ་དག་ལས་ཡིག་ནོར་དུ་ཤེས་པ་རྣམས་བཅོས་ཤིང་གསལ་བཤད་ཐུང་གྲས་ཀྱི་ཁ་གསབ་དགོས་པ་རྣམས་ཀྱང་སྐབས་དོན་དུ་སྦྱར་ནས་ཡོད། མཚན་བྱང་ལས་མཐོང་བའི་བརྡ་གོ་དཀའ་བ་ཁག་ཅིག་གཞུང་དངོས་ཀྱི་དོན་ལ་བརྟག་ནས་ནུས་ཚོད་ཀྱིས་འགྲེལ་མཆན་ཐུང་དུ་རེ་ཞབས་མཆན་དུ་སྦྱར་བ་བཅས། དཀར་ཆག་འདི་ནི་མིག་སྔའི་ཚུན་ལ་གཡུང་དྲུང་བོན་གྱི་བཀའ་འགྱུར་དཔེ་གཞིའི་དཀར་ཆག་རྒྱས་ཤོས་ལྟ་བུར་ངོས་བཟུང་ཆོག་པ་ཡིན།

མདོར་ན། བན་བོན་གྱི་བཀའ་བསྟན་(བརྟེན་)འདུས་པའི་ཡིག་ཚང་གང་ཡང་རུང་སྟེ་དེ་དག་ཐམས་ཅད་བོད་པའི་རིག་གནས་ཀྱི་ཉིང་བཅུད་དུ་གྱུར་ཡོད་པས། ཡིག་ཚང་དེ་རྣམས་ལ་སློབ་གཉེར་དང་ཞིབ་འཇུག་སོགས་གང་ལ་ཅི་ཐུབ་ཀྱིས་བེད་སྤྱོད་གཏང་བ་དང་། རྒྱུན་འཛིན་གྱི་ཞོར་དུ་དར་སྤེལ་བྱེད་རྒྱུ་ནི་རིག་གནས་འཕེལ་རྒྱས་ཀྱི་གཞི་རྩར་ཐུག་ཡོད། མིག་སྔར་ཐུབ་བསྟན་པའི་རྗེས་འབྲངས་ཀྱིས་མཛད་པའི་བསྟན་བཅོས་ལ་ལྟོས་བཅས་སུ་སློབ་གཉེར་དང་ཞིབ་འཇུག་གཏང་མཁན་ཉུང་མང་ཡང་། ཡིག་ཚང་དོ་དམ་པ་དང་ཞིབ་འཇུག་པའི་སྡེ་ཚན་བོན་གྱི་ཡིག་ཚང་ལ་དོ་སྣང་གཏང་མཁན་ཉུང་དཀོན་པའི་མངོན་སུམ་ལྡོག་ཕྱིར་དང་། སྔོན་གྱི་དཀར་ཆག་ཁྲིད་ཕལ་བའི་གློག་མཁན་གྱི་ངོས་ནས་ཡིག་ཚང་འཚོལ་ཞིབ་ལ་རན་པའི་དཀར་ཆག་ཞིབ་རྒྱས་ཤིག་མེད་པའི་མངོན་སུམ་ལྡོག་ཕྱིར་ཏེ། དཔེ་ཚོགས་ལ་དཀར་ཆག་རྒྱས་ཙམ་ཞིག་མེད་ཚེ་ནང་དོན་གང་དང་ཅི་བཞུགས་བློས་དཔོགས་དཀའ་བ་དང་། མཚན་བྱང་ཁོ་ན་ཙམ་སྣང་བས་སྐབས་དོན་གང་གི་མཚམས་སུ་བཙལ་དགོས་པའང་ངེས་དཀའ་བའི་དངོས་ཡོད་གནས་ཚུལ་ལ་གཞིགས་ཏེ། བཀའ་འགྱུར་གྱི་དཔེ་ཚོགས་ཁྲིད་བཞུགས་པའི་ཡིག་ཚང་བཙལ་བདེ་བའི་དཀར་ཆག་འདི་ཉིད་བསྒྲིགས་པ་ཡིན། སྐྱེས་ཆེན་གོང་མ་རྣམས་ཀྱིས་དཀར་ཆག་ནི་གཞུང་བརྒྱའི་སྒོ་མོ་འབྱེད་པའི་ལྡེ་མིག་ཏུ་བཞེད་པ་བཞིན། ད་རེས་བསྒྲིགས་པའི་དཀར་ཆག་འདི་ལ་བརྟེན་ནས་འཇུག་པ་དོན་གཉེར་ཅན་རྣམས་ཀྱིས་བོད་ཀྱི་ཡིག་ཚང་སྤོག་འདོན་དང་བེད་སྤྱོད་གང་ལེགས་བགྱི་ཐུབ་པ་དང་། ཡིག་ཚང་དོ་དམ་པས་ཉེར་མཁོའི་ལག་ཆ་འདི་ཉིད་གྲོགས་སུ་བརྟེན་ཏེ་རང་འཁྲིའི་ལས་ཀ་གང་ལེགས་སྒྲུབ་ནུས་པ་སོགས། མདོར་ན་བོད་ཀྱི་ཤེས་རིག་གི

འདབ་ལག་རྣམ་པར་རྒྱས་པའི་རྒྱུ་རུ་འགྱུར་བར་སྨོན། ཞེས་བོད་རབ་རྒྱན་ལྕགས་བྱི་ལོའི་ཁྲུམས་སྟོད་ཟླ་བའི་དཀར་ཕྱོགས་རྫོགས་པ་གཉིས་པའི་ཚེས་ལ་སྒྲིག་པ་པོ་བོད་ལྗོངས་སློབ་གྲྭ་ཆེན་མོའི་དགེ་མིང་སྙོ་མེ་ཚེ་དབང་རྣམ་རྒྱལ་དུ་འབོད་པས་ལྷ་ལྡན་ལྷུང་གྲོང་ཤག་ཏུ་སྦྱར་བ་དགེའོ། །

དཀར་ཆག་སྒྲིག་སྟངས།

དཀར་ཆག་འདི་ནི་ཨ་གཡུང་དཔེ་གཞི་གཞིར་བཟུང་ནས་བསྒྲིགས་པ་སྟེ། ཨ་གཡུང་དཔེ་གཞི་ལ་མཁན་ཉི་མ་བསྟན་འཛིན་གྱི་དཀར་ཆག་དང་བཅས་ཏེ་ཁྱོན་པོ་ཏི་བརྒྱ་དང་ང་བརྒྱད་བཞུགས་ཡོད་པ་མཐོང་ཡང་། འདིར་བསྒྲིག་བྱའི་དཔེ་ཚོགས་སུ་དཔྱད་འབུམ་ཁྲ་བོ་པོད་སྟོད་སྨད་གཉིས་དང་རྩ་འབུམ་པོད་ཏ་པ་བཅས་པོ་ཏི་གསུམ་གྱི་མཚན་བྱང་དེ་སི་ཁྲོན་ཞིང་ཆེན་མི་རིགས་ཞིབ་འཇུག་སུའོ་བོད་ཀྱི་རིག་གནས་ཞིབ་འཇུག་ཁང་གིས་ནང་ཁུལ་དུ་བསྒྲིགས་ཤིང་སྔར་སྤར་དུ་བཏབ་པའི་དཀར་ཆག་བསྡུས་པར་འཕོད་མེད། དེ་མིན་གོང་བསྟན་དཀར་ཆག་བསྡུས་པར་འཕོད་པའི་པོ་ཏི་རེ་འགའ་དཔེ་ཚོགས་དངོས་ལ་པོད་གཉིས་རེ་གླེགས་བམ་གཅིག་ཏུ་བསྒྲིལ་བ་སོགས་ཀྱིས། བཀའ་འགྱུར་དཔེ་གཞི་འདིའི་སྤྱིའི་པོད་གྲངས་འདྲེན་ལུགས་ཐ་དད་དུ་སྣང་། དེར་བརྟེན་ད་ལན་དཀར་ཆག་སྒྲིག་སྐབས་དཔེ་ཚོགས་ཡོངས་ལ་གླེགས་བམ་བརྒྱ་དང་ང་དགུར་བསྒྲིལ་འདུག་པར། དཀར་ཆག་ཏུ་མཐོང་བའི་པོད་གྲངས་དེ་ཡང་གླེགས་བམ་ལ་གཞི་བྱས་པ་ལགས། གཤམ་དུ་དཀར་ཆག་སྣང་བ་འབུམ་ལྡན་ལ་བཀོད་པའི་དམིགས་བསལ་གྱི་བརྡ་རྟགས་སོགས་དཀར་ཆག་དངོས་ལ་འཇུག་པའི་ཐབས་ལམ་བྱེ་བྲག་ཏུ་ཞུ་བར་བྱ་སྟེ།

གཅིག དཀར་ཆག་འདིར་གླེགས་བམ་རེ་རེའི་སྤྱིའི་གྲངས་རྟགས་དང་། མཚན་བྱང་། བསྡུས་བྱང་། པོ་ཏི་རེ་རེར་འདུས་པའི་ཆོས་ཚན་གྱི་གྲངས། ལེའུ་གྲངས། སྤྱིའི་ལྡེབ་གྲངས། རིགས་རྣམ། གཏེར་སྟོན་དང་སྙན་བརྒྱུད་མཁན། སྒྲིག་མཁན་སོགས་གླེགས་བམ་སྤྱིའི་གནས་ཚུལ་དང་། དེ་ནས་གླེགས་བམ་རེ་རེའི་ནང་ཚན་ཆོས་ཚན་དང་ལེའུ་རེ་རེའི་མཚན་བྱང་། ཆོས་ཚན་དང་ལེའུ་སོ་སོའི་བར་མཚམས་ཀྱི་ལྡེབ་གྲངས། ད་དུང་གླེགས་བམ་དང་ཆོས་ཚན་རྫོགས་མཚམས་སུ་སྦྱར་བའི་མཇུག་བྱང་དང་བཅས་པ་ལེ་ཚན་བཅུ་གསུམ་ཙམ་གྱི་སྒོ་ནས་བསྒྲིགས་ཡོད།

གཉིས། དཔེ་ཚོགས་སུ་གླེགས་བམ་བརྒྱ་དང་ང་དགུ་བཞུགས་ཡོད་པ་རྣམས་དཀར་ཆག་ཏུ་སྤྱིའི་རིམ་གྲངས་001ནས་159པའི་བར་གྱི་གྲངས་ཀས་མཚོན་པ་དང་། དེ་ཡང་དཔེ་ཚོགས་དེ་ཉིད་ཐོག་མར་བརྩུ་སྒྲིག་གནང་སྐབས་ཀྱི་སྡེ་ཚན་དབྱེ་སྟངས་ལྟར། དང་པོ་བཀའ་ཕུན་སུམ་ཚོགས་པ་མདོ་ཡི་སྡེ་དང་། གཉིས་པ་རྣམ་པར་དག་པའི་འབུམ་སྡེ། གསུམ་པ་ཟབ་ལམ་གསང་སྔགས་རྒྱུད་ཀྱི་སྡེ། བཞི་པ་བླ་མེད་སེམས་ཕྱོགས་མཛོད་ཀྱི་སྡེ་བཅས་སྡེ་ཚན་བཞིའི་སྒོ་ནས་རིམ་པ་བཞིན་བསྒྲིགས་པ་ལ། སྡེ་ཚན་སོ་སོར་གཏོགས་པའི་གླེགས་བམ་གྱི་པོད་རྟགས་ནི་མ་དཔེ་རང་ལ་བཏབ་པའི་ཀ་མད་ཀྱི་གོ་རིམ་བཞིན་ཏེ། དཔེར་ན། 001《ཀ》ལྟར།

གསུམ། ཆོས་ཚན་གྱི་རྟགས་དང་ཆོས་ཚན་གྱི་ནང་གསེས་ལེའུའི་གྲངས་རྟགས་སོགས་ཨ་རབ་ཀྱི་གྲངས་ཀས་མཚོན་པ་སྟེ། དཔེར་ན། གླེགས་བམ་གསུམ་པའི་ནང་ཚན་ཆོས་ཚན་གཉིས་པའི་ལེའུ་ལྔ་པ་ལྟ་བུ་ལ་003-2-5ལྟར་དང་། པོད་དེ་ལ་ཆོས་ཚན་དང་ལེ་ཚན་གང་ཙུང་མ་ཡོད་ཚེ་001-1ལྟར་གླེགས་བམ་དང་པོའི་ཆོས་ཚན་ནམ་ཡང་ན་ལེའུ་དང་པོ་སྟེ་གྲངས་རིམ་གཉིས་སུ་བཀོད་ཡོད།

བཞི། ཆོས་ཚན་དང་ལེའུའི་མཚམས་ཀྱི་ལྡེབ་གྲངས་དང་། ལྡེབ་ཀྱི་ཉིན་སྲིབ། ཡིག་ཕྲེང་སོགས་ཀྱང་མཚན་བྱང་གི་འོག་ཏུ་གསལ་བོར་བཀོད་ཡོད་དེ། དཔེར་ན། ལྡེབ་གྲངས། 1-12ན།(ཕྲེང་5)ལྟ་བུ་ནི་གླེགས་བམ་གང་གི་ལྡེབ་གྲངས་1ནས་12པའི་ལྡེབ་ཉིན་གྱི་ཐིག་ཕྲེང་5པའི་བར་ཞེས་ལྡེབ་གྲངས་ཀྱི་རྗེས་སུ་སྦྱར་བའི་ན་དང་བ་ཡིག་གིས་ལྡེབ་ཀྱི་ཉིན་དང་སྲིབ་མཚོན་པ་ཡིན། གུག་རྟགས་སུ་བཀོད་པའི་ཕྲེང་ཞེས་པ་དོན་ཚན་སྔ་ཕྱིའི་མཚམས་ཀྱི་ཐིག་ཕྲེང་ངམ་ཡིག་ཕྲེང་ངོས་འཛིན་ལ་དམིགས་པ་ཡིན། ཐིག་ཕྲེང་དང་བཅས་པ་ཞིབ་ཏུ་འགོད་དོན་ནི། བཀའ་འགྱུར་འདི་ལ་ཆོས་ཚན་དང་ལེའུ་སྣ་མ་ཚོགས་མཚམས་སུ་སྟོང་ཆ་དང་དམིགས་བསལ་གྱི་རྟགས་སོགས་གང་ཡང་མེད་པར་འཕྲེད་མར་ལེ་ཚན་ཕྱི་མའི་ཚིག་མགོ་མཐུད་ནས་ཡོད་པ་ཀློག་མཁན་གྱིས་འཚོལ་བདེ་བར་དམིགས་པའོ། །

ལྔ། གླེགས་བམ་གཅིག་གིས་གཞུང་དོན་མ་རྫོགས་པར་གླེགས་བམ་ཕྱི་མ་ཕྱི་མར་མུ་མཐུད་དེ་ཡོད་ན། དེ་ལས་དགོས་ངེས་རྣམས་ལ་གླེགས་བམ་གོང་མའི་མཇུག་དང་ཕྱི་མའི་དབུར་བཞུགས་པའི་ཆོས་ཀྱི་མཚན་བྱང་གི་རྗེས་སུ"འཕྲོ་མཐུད"དང"གོང་མཐུད"ཅེས་གསལ་བཤད་བྱས་པ་དང་། འགའ་ཞིག་གཞུང་གཅིག་གི་གོང་འགབ་མངོན་གསལ་ཅན་དག་ལ་དེ་འདྲའི་དགོས་པ་མེད་དོ། །

དྲུག མ་དཔེ་ལས་ཡིག་ནོར་དུ་ཤེས་པ་རྣམས་ཀྱི་བཅོས་ཡིག་དང་། མཇུག་བྱང་དུ་མཐོང་བའི་གྲངས་ཀྱི་མངོན་བརྗོད་དང་ཟླ་ཚེས་ཀྱི་གྲངས་ཀ་རྣམས་ཁ་གསལ་དུ་གུག་རྟགས་( )ནང་བཀོད་ཡོད། དཔེར་ན། མཁའ་སྟོང་ཐིག་གཟུགས་(1000)རང་བཞིན་དབྱིངས་སུ་དག། ལྟ་བུ་དང་། མེ་སྟག་ཟླ་ཚེས་(2/12)ལ་དག་པར་བྲིས་ལྟ་བུའོ། །གསལ་བཤད་དང་ཁ་གསབ་དགོས་པ་རྣམས་རྟགས་[ ]ནང་བཙུག་ནས་ཡོད། ཡིག་འབྲུ་མི་གསལ་ཞིང་ངོས་མ་ཟིན་པ་ལ་རྟགས་***འདིས་མཚོན་པར་བྱས། མ་དཔེ་རང་ལ་བཏབ་པའི་ཀ་མད་ཀྱི་པོད་རྟགས་དང་ཆོས་ཚན་གྱི་རྟགས་སོགས་གུར་རྟགས་༼ ༽ནང་སོར་འཇོག་བྱས་ཡོད།

བདུན། མ་དཔེ་རང་ལ་ལྡེབ་གྲངས་དང་ལེའུ་གྲངས་ནོར་བ་དང་། ལེའུ་གྲངས་གོང་འགབ་འབྲེལ་མི་ཆགས་པ་དང་སྔ་ཕྱི་འབྲུགས་པ། དེ་བཞིན་ཆོས་ཀྱི་མཚན་བྱང་ལས་བརྡ་གོ་དཀའ་བ་ཁག་ཅིག་གི་འགྲེལ་བ་སོགས་གསལ་བརྗོད་ནུས་པ་རྣམས་སྐབས་དོན་གྱི་ཞབས་མཆན་དུ་སྦྱར་ནས་ཡོད།

བརྒྱད། དཀར་ཆག་གི་མཇུག་ཏུ་ཡོད་པའི་དཔེ་གཞིའི་སྡོམ་རྩིས་རེའུ་མིག་ནི་བཀའ་འགྱུར་གྱི་དཔེ་ཚོགས་

གང་གི་སྤྱིའི་གནས་ཚུལ་རགས་བསྡུས་ཙམ་མཐོང་སླ་བའི་ཆེད་དུ་བཀོད་པ་ཡིན་ཡང་། མ་དཔེར་ལེའུ་གྲངས་དང་ཚོས་ཀྱི་མཚན་བྱང་གི་ཆད་ལྷག་སོགས་ཀྱི་གནད་དོན་ཅི་རིགས་མཐོང་རྐྱེན། སྔོམ་རྩིས་ཡང་དག་ཅིག་ཞུ་དཀའ་བའི་ཚུལ་དང་བཅས་པ་གཟིགས་པ་པོའི་སྙན་ལམ་དུ་ཞུས་པའོ། །

དཀར་ཆག

དང་པོ། བཀའ་ཕུན་སུམ་ཚོགས་པ་མདོ་ཡི་སྡེ།

གཉིས་པ། རྣམ་པར་དག་པའི་འབུམ་སྡེ།

གསུམ་པ། ཟབ་ལམ་གསང་སྔགས་རྒྱུད་ཀྱི་སྡེ།

བཞི་པ། བླ་མེད་སེམས་ཕྱོགས་མདོད་ཀྱི་སྡེ།

དང་པོ། བཀའ་འགྱུར་གསུམ་ཚོགས་པ་མདོ་ཡི་སྡེ།

001 〔ཀ〕
མཚན་བྱང་། སྲིད་པ་མཛོད་ཀྱི་མདོ་འཁོར་འདས་ཁམས་ཀྱི་རྩ་བ་གཡུང་དྲུང་ལས་རྣམ་པར་དག་པའི་རྒྱུད་བཞུགས་སོ། །
གྲངས་ཚད། ལེའུ་24ལ་ལྡེབ་130བཞུགས།
རིགས་རྣམ། གཏེར་མ།
གཏེར་སྟོན། གྱེར་མི་ཉི་འོད།

001–1
ལེའུ་དང་པོ། སྟོན་པ་གཤེན་རབ་མི་བོ་འོག་མིན་གྱི་གནས་ནས་འགྲོ་བ་སེམས་ཅན་གྱི་དོན་ལ་བྱོན་པ་ནི།
ལྡེབ་གྲངས། 1—4ན།(ཁྲིང་4)

001–2
ལེའུ་གཉིས་པ། གཞི་རྩ་སྤྲིང་བསླང་བའི་ལེའུ།
ལྡེབ་གྲངས། 4—12བ།(ཁྲིང་1)

001–3
ལེའུ་གསུམ་པ། གཡུང་དྲུང་ལས་རྣམ་པར་དག་པའི་རྒྱུད་ལས་འཁོར་ལོ་རབ་ཏུ་བསྐོར་བའི་ལེའུ།
ལྡེབ་གྲངས། 12—16ན།(ཁྲིང་1)

001–4
ལེའུ་བཞི་པ། གཡུང་དྲུང་ལས་རྣམ་པར་དག་པའི་རྒྱུད་ལས་བཤད་གཞི་བཀོད་པའི་ལེའུ།
ལྡེབ་གྲངས། 16—16བ།(ཁྲིང་1)

001–5
ལེའུ་ལྔ་པ། གཡུང་དྲུང་ལས་རྣམ་པར་དག་པའི་རྒྱུད་ལས་འཆད་ཉན་བསྟན་པའི་ལེའུ།
ལྡེབ་གྲངས། 16—17བ།(ཁྲིང་1)

001–6
ལེའུ་དྲུག་པ། གཡུང་དྲུང་ལས་རྣམ་པར་དག་པའི་རྒྱུད་ལས་ཕྱི་སྣོད་བསྟན་པའི་ལེའུ།
ལྡེབ་གྲངས། 17—20ན།(ཁྲིང་5)

001–7
ལེའུ་བདུན་པ། གཡུང་དྲུང་ལས་རྣམ་པར་དག་པའི་རྒྱུད་ལས་བཅུད་ཀྱི་སྐྱེ་འཕེལ་བསྟན་པའི་ལེའུ།
ལྡེབ་གྲངས། 20—23བ།(ཁྲིང་3)

001–8
ལེའུ་བརྒྱད་པ། གཡུང་དྲུང་ལས་རྣམ་པར་དག་པའི་རྒྱུད་ལས་གཞི་ལས་འཕྲུལ་ལུགས་བསྟན་པའི་ལེའུ།
ལྡེབ་གྲངས། 23—25ན།(ཁྲིང་3)

001–9
ལེའུ་དགུ་པ། གཡུང་དྲུང་ལས་རྣམ་པར་དག་པའི་རྒྱུད་ལས་འཁོར་བའི་རྒྱུ་རྐྱེན་བསྟན་པའི་ལེའུ།
ལྡེབ་གྲངས། 25—29བ།(ཁྲིང་6)

001–10
ལེའུ་བཅུ་པ། གཡུང་དྲུང་ལས་རྣམ་པར་དག་པའི་རྒྱུད་ལས་རྟོགས་པ་སྨྱ་ངན་ལས་འདས་པ་བསྟན་པའི་ལེའུ།
སྡེབ་གྲངས། 29—38ན།(ཕྲེང་7)

001–11
ལེའུ་བཅུ་གཅིག་པ། མཚན་བྱང་དང་བཅས་ཆད།

001–12
ལེའུ་བཅུ་གཉིས་པ། གཡུང་དྲུང་ལས་རྣམ་པར་དག་པའི་རྒྱུད་ལས་ལྟ་བ་བསྟན་པའི་ལེའུ།
སྡེབ་གྲངས། 40བ།(ཕྲེང་3)

001–13
ལེའུ་བཅུ་གསུམ་པ།[1] གཡུང་དྲུང་ལས་རྣམ་པར་དག་པའི་རྒྱུད་ལས་གསུང་རབ་བཀོད་པའི་ལེའུ།
སྡེབ་གྲངས། 40—44ན།(ཕྲེང་5)

001–14
ལེའུ་བཅུ་བཞི་པ། གཡུང་དྲུང་ལས་རྣམ་པར་དག་པའི་རྒྱུད་ལས་ཏིང་ངེ་འཛིན་ཟབ་མོའི་ལེའུ།
སྡེབ་གྲངས། 44—59བ།(ཕྲེང་7)

001–15
ལེའུ་བཅོ་ལྔ་པ། གཡུང་དྲུང་ལས་རྣམ་པར་དག་པའི་རྒྱུད་ལས་ཁྲིམས་ཀྱི་ཁྱེ་བྲག་བསྟན་པའི་ལེའུ།
སྡེབ་གྲངས། 59—67བ།(ཕྲེང་7)

001–16
ལེའུ་བཅུ་དྲུག་པ།[2] གཡུང་དྲུང་ལས་རྣམ་པར་དག་པའི་རྒྱུད་ལས་གླངས་པ་ཡོངས་སུ་བཀོད་པ་བསྟན་པའི་ལེའུ།
སྡེབ་གྲངས། 67—76བ།(ཕྲེང་4)

001–17
ལེའུ་བཅུ་བདུན་པ།[3] གཡུང་དྲུང་ལས་རྣམ་པར་དག་པའི་རྒྱུད་ལས་འཛབ་དང་སྙིང་པོ་བཀོད་པའོ། །
སྡེབ་གྲངས། 76—86བ།(ཕྲེང་6)

001–18
ལེའུ་བཅོ་བརྒྱད་པ།[4] གཡུང་དྲུང་ལས་རྣམ་པར་དག་པའི་རྒྱུད་ལས་ཡན་ལག་གོ་རིམ་གྱི་ལེའུ།
སྡེབ་གྲངས། 86—90ན།(ཕྲེང་4)

001–19
ལེའུ་བཅུ་དགུ་པ།[5] གཡུང་དྲུང་ལས་རྣམ་པར་དག་པའི་རྒྱུད་ལས་ཐུག་དང་པང་ཀོང་གི་དོན་བསྟན་པའི་ལེའུ།
སྡེབ་གྲངས། 90—94བ།(ཕྲེང་2)

---

① ལེའུ་འདིར་གཞུང་དུ་ལེའུ་གྲངས་བཀོད་མེད།
② ལེའུ་འདིར་གཞུང་དུ་ལེའུ་བཅུ་བཞི་པ་ཞེས་ནོར་བ་འདྲ།
③ ལེའུ་འདིར་གཞུང་དུ་ལེའུ་གྲངས་བཀོད་མེད།
④ ལེའུ་འདིར་གཞུང་དུ་ལེའུ་བཅོ་ལྔ་པ་ཞེས་བཀོད།
⑤ ལེའུ་འདིར་གཞུང་དུ་ལེའུ་བཅུ་དྲུག་པ་ཞེས་བཀོད།

001–20
ལེའུ་ཉི་ཤུ་པ།[1] གཡུང་དྲུང་ལས་རྣམ་པར་དག་པའི་རྒྱུད་ལས་མཁྱེན་པ་ཆེན་པོའི་ཡེ་ཤེས་ཀྱི་ལེའུ།
ལྡེབ་གྲངས། 94—105ན།(ཐྲེང་1)

001–21
ལེའུ་ཉེར་གཅིག་པ།[2] གཡུང་དྲུང་ལས་རྣམ་པར་དག་པའི་རྒྱུད་ལས་སྐུ་དང་ཡེ་ཤེས་ཀྱི་མཚན་དཔེ་བསྟན་པའི་ལེའུ།
ལྡེབ་གྲངས། 105—121བ།(ཐྲེང་5)

001–22
ལེའུ་ཉེར་གཉིས་པ།[3] གཡུང་དྲུང་ལས་རྣམ་པར་དག་པའི་རྒྱུད་ལས་ལམ་བསྟན་པའི་ལེའུ།
ལྡེབ་གྲངས། 121—123ན།(ཐྲེང་5)

001–23
ལེའུ་ཉེར་གསུམ་པ།[4] གཡུང་དྲུང་ལས་རྣམ་པར་དག་པའི་རྒྱུད་ལས་ས་ལམ་འབྲས་བུ་བསྟན་པའི་ལེའུ།
ལྡེབ་གྲངས། 123—125ན།(ཐྲེང་2)

001–24
ལེའུ་ཉེར་བཞི་པ།[5] གཡུང་དྲུང་ལས་རྣམ་པར་དག་པའི་རྒྱུད་ལས་སྟོད་གདམས་པའི་ལེའུ།
ལྡེབ་གྲངས། 125—129བ།(ཐྲེང་1)
མཇུག་བྱང་། ཡུལ་རྟེང་གི་ཆུ་དྲུག་ཅན་དུ། གཏེར་བདག་གི་བདའི་སྤྲུལ་པ། དེས་རྒྱ་སྲིད་འཛིན་ལ་ཕྱིན། ཆད་ཅུང་ལྷག་ཅུང་ལྷ་དཔེ་ཅི་བཞིན་བྲིས་སོ། །

002 {ཁ}
མཚན་བྱང་། སྲིད་པ་མཛོད་ཕུག་གི་གཞུང་ཞེས་བྱ་བ་བཞུགས་སོ། །
བསྡུས་བྱང་། མཛོད་ཕུག
གྲངས་ཚད། ལེའུ་17ལ་ལྡེབ་132བཞུགས།
རིགས་རྣམ། གཏེར་མ།
གཏེར་སྟོན། གཤེན་ཆེན་ཀླུ་དགའ།
སྒྲིག་མཁན། ཞང་ཞུང་སྟོང་རྒྱུང་མཐུ་ཆེན་དང་བོད་ཀྱི་ཤ་རི་དབུ་ཆེན་གཉིས།

002–1
ལེའུ་དང་པོ། སྲིད་པའི་མཛོད་ཕུགས་ཀྱིས་(ཀྱི་)སྲིད་པའི་བསྟན་པའི་གནས།
ལྡེབ་གྲངས། 1—10བ།(ཐྲེང་5)

002–2
ལེའུ་གཉིས་པ། སྲིད་པའི་མཛོད་ཕུགས་ཀྱིས་(ཀྱི་)བསྐལ་བ་བསྟན་པའི་གནས།

---

① ལེའུ་འདིར་གཞུང་དུ་ལེའུ་བཅུ་བདུན་པ་ཞེས་བཀོད།
② ལེའུ་འདིར་གཞུང་དུ་ལེའུ་བཅོ་བརྒྱད་པ་ཞེས་བཀོད།
③ ལེའུ་འདིར་གཞུང་དུ་ལེའུ་གྲངས་བཀོད་མེད།
④ ལེའུ་འདིར་གཞུང་དུ་ལེའུ་ཉི་ཤུ་པ་ཞེས་བཀོད།
⑤ ལེའུ་འདིར་གཞུང་དུ་ལེའུ་ཉེར་གཅིག་པ་ཞེས་བཀོད་པའི་མཚམས་སུ་ཡིག་ཆུང་གིས་རིམ་གད་མེད་པར་ཉེར་བཞི་ཡིན་པ་འདྲ་ཞེས་འཕོད།

ལྡེབ་གྲངས། 10—31ན།(ཕྲེང་3)①

002-3
ལེའུ་གསུམ་པ། སྲིད་པའི་མཛོད་ཕུགས་ཀྱིས་(ཀྱི་)དབྱིངས་བསྟན་པའི་གནས།
ལྡེབ་གྲངས། 31—38བ།(ཕྲེང་4)

002-4
ལེའུ་བཞི་པ། སྲིད་པའི་མཛོད་ཕུགས་ཀྱི་ཡེ་ཤེས་བསྟན་པའི་གནས།
ལྡེབ་གྲངས། 38—40བ།(ཕྲེང་1)

002-5
ལེའུ་ལྔ་པ། སྲིད་པའི་མཛོད་ཕུགས་ཀྱི་སྣོད་བསྟན་པའི་གནས།
ལྡེབ་གྲངས། 40—47ན།(ཕྲེང་2)

002-6
ལེའུ་དྲུག་པ། སྲིད་པའི་མཛོད་ཕུགས་ཀྱི་བཅུད་བསྟན་པའི་གནས།
ལྡེབ་གྲངས། 47—51ན།(ཕྲེང་7)

002-7
ལེའུ་བདུན་པ། སྲིད་པའི་མཛོད་ཕུགས་ཀྱི་དབང་པོ་བསྟན་པའི་གནས།
ལྡེབ་གྲངས། 51—64ན།(ཕྲེང་4)

002-8
ལེའུ་བརྒྱད་པ། སྲིད་པའི་མཛོད་ཕུགས་ཀྱི་ཕྲ་རྒྱས་དྲུག་བསྟན་པའི་གནས།
ལྡེབ་གྲངས། 64—68ན།(ཕྲེང་5)

002-9
ལེའུ་དགུ་པ། སྲིད་པའི་མཛོད་ཕུགས་ཀྱིས་(ཀྱི་)རྟེན་འབྲེལ་བསྟན་པའི་གནས།
ལྡེབ་གྲངས། 68—74ན།(ཕྲེང་2)

002-10
ལེའུ་བཅུ་པ། སྲིད་པའི་མཛོད་ཕུགས་ཀྱིས་(ཀྱི་)ཕུང་པོ་གཉིས་ཀྱི་མཛོད་བསྟན་པའི་གནས།
ལྡེབ་གྲངས། 74—86བ།(ཕྲེང་1)

002-11
ལེའུ་བཅུ་གཅིག་པ། སྲིད་པའི་མཛོད་ཕུགས་ཀྱིས་(ཀྱི་)སྐྱེ་མཆེད་བསྟན་པའི་གནས།
ལྡེབ་གྲངས། 86—90ན།(ཕྲེང་2)

002-12
ལེའུ་བཅུ་གཉིས་པ། སྲིད་པའི་མཛོད་ཕུགས་ཀྱི་ཁམས་བསྟན་པའི་གནས།
ལྡེབ་གྲངས། 90—93ན།(ཕྲེང་4)

002-13
ལེའུ་བཅུ་གསུམ་པ། སྲིད་པའི་མཛོད་ཕུགས་ཀྱིས་(ཀྱི་)མཚན་ཉིད་བསྟན་པའི་གནས།
ལྡེབ་གྲངས། 93—126བ།(ཕྲེང་6)

---

① ལྡེབ་བཅོ་ལྔ་པ་ནས་སོ་བཞི་པའི་བར་མི་ཚང་། སྤྱན་ཕྱིར་དུ་ཡིག་ཆུང་གི་གསལ་བཤད་ཡོད། ཨང་རིམ་ལ་དོར་འཆུག་མེད།

002–14
ལེའུ་བཅུ་བཞི་པ། སྲིད་པའི་མཛོད་ཕྱུགས་ཀྱི་ལས་དང་སྤྱོད་པ་བསྟན་པའི་གནས།
ལྡེབ་གྲངས། 126—128བ།(ཕྲེང་1)

002–15
ལེའུ་བཅོ་ལྔ་པ། སྲིད་པའི་མཛོད་ཕྱུགས་ཀྱིས་(ཀྱི་)བསྒྲོད་ལམ་བསྟན་པའི་གནས།
ལྡེབ་གྲངས། 128—129བ།(ཕྲེང་2)

002–16
ལེའུ་བཅུ་དྲུག་པ། སྲིད་པའི་མཛོད་ཕྱུགས་ཀྱི་ས་དང་གནས་བསྟན་པའི་གནས།
ལྡེབ་གྲངས། 129—130བ།(ཕྲེང་1)

002–17
ལེའུ་བཅུ་བདུན་པ། སྲིད་པའི་མཛོད་ཕྱུགས་ཀྱི་འབྲས་བུ་བསྟན་པའི་གནས།
ལྡེབ་གྲངས། 130—132ན།(ཕྲེང་2)
མཇུག་བྱང་། ཞང་ཞུང་སྟོང་རྒྱུང་མཐུ་ཆེན་དང་། བོད་ཤ་རི་དབུ་ཆེ་གཉིས་ཀྱིས། ཡུལ་བོད་དང་ཞང་ཞུང་གི་ཧྲ་མཚམས། བྱེ་མ་ལ་གཡུང་དྲུང་ཆུ་མིག་བརྒྱད་ཙུ་རྩ་གཉིས་ཀྱི་མགོ་བོར། གཤེན་རབ་མི་བོའི་བཀའ་གཞུང་ལས། བོད་དང་ཞང་ཞུང་གི་ཚིག་གིས་ཚོམ་རྗེབ་ནས། སྣང་སྲིད་གཏན་ལ་ཕབ་པ་རྫོགས་སོ། །

003 ༼ག༽
མཚན་བྱང་། འདུལ་བ་རྒྱུད་དྲུག
གྲངས་ཚད། ཆོས་ཚན་8ལ་ལེའུ་210དང་ལྡེབ་339བཞུགས་ཡོད།
རིགས་རྣམ། བཀའ་མ།

003–1
ཆོས་ཚན་དང་པོ། བླ་ག་ཡངས་མ་ཀུན་འབྱུང་དབྱིངས་དག་རྒྱུད་བཞུགས་སོ། །

003–1–1
ལེའུ་དང་པོ། གླིང་གཞིའི་ཧོབ་བེ།
ལྡེབ་གྲངས། 1—12ན།(ཕྲེང་1)

003–1–2
ལེའུ་གཉིས་པ། གླིངས་ལངས་བའི་ཧོབ་བེ།
ལྡེབ་གྲངས། 12—15ན།(ཕྲེང་3)

003–1–3
ལེའུ་གསུམ་པ། འདུལ་བ་ཀུན་འབྱུང་དབྱིངས་དག་རྒྱུད་ལས་གླིང་རྒྱུད་འཕོར་ཟླུང་བཞི་ཡ་བརྒྱད་བོན།
ལྡེབ་གྲངས། 15—18ན།(ཕྲེང་2)

003–1–4
ལེའུ་བཞི་པ། འདུལ་བ་ཀུན་འབྱུང་དབྱིངས་དག་རྒྱུད་ལས་སྲས་རྒྱུད་དྲང་སྲོང་ཐེགས་པའི་བོན།
ལྡེབ་གྲངས། 18—23ན།(ཕྲེང་4)

003–1–5
ལེའུ་ལྔ་པ། འདུལ་བ་ཀུན་འབྱུང་དབྱིངས་དག་རྒྱུད་ལས་སྲུས་རྒྱུད་དྲང་སྲོང་ཐེག་པའི་ཉོབ་བེ།
ལྡེབ་གྲངས། 23—25བ།(ཕྲེང་5)

003–1–6
ལེའུ་དྲུག་པ། འདུལ་བ་ཀུན་འབྱུང་དབྱིངས་དག་རྒྱུད་ལས་སྲུས་རྒྱུད་དྲང་སྲོང་ཐེག་པའི་སྙིང་།
ལྡེབ་གྲངས། 25—27བ།(ཕྲེང་2)

003–1–7
ལེའུ་བདུན་པ། འདུལ་བ་ཀུན་འབྱུང་དབྱིངས་དག་རྒྱུད་ལས་སྲུས་རྒྱུད་དྲང་སྲོང་ཐེག་པའི་ལམ།
ལྡེབ་གྲངས། 27—29བ།(ཕྲེང་3)

003–1–8
ལེའུ་བརྒྱད་པ། འདུལ་བ་ཀུན་འབྱུང་དབྱིངས་དག་རྒྱུད་ལས་རྫུན་སྨོམ་ཚུལ་ཁྲིམས་ཉོབ་བེ།
ལྡེབ་གྲངས། 29—32ན།(ཕྲེང་1)

003–1–9
ལེའུ་དགུ་པ། འདུལ་བ་ཀུན་འབྱུང་དབྱིངས་དག་རྒྱུད་ལས་ཆང་གི་ཉེས་བྱས་བསྟན་པའི་ཉོབ་བེ།
ལྡེབ་གྲངས། 32—33ན།(ཕྲེང་4)

003–1–10
ལེའུ་བཅུ་པ། འདུལ་བ་ཀུན་འབྱུང་དབྱིངས་དག་རྒྱུད་ལས་མོ་འི་རྩ་བ་སེར་སྣའི་བ་ཉོབ་བེ། ཤ་192
ལྡེབ་གྲངས། 33—34ན།(ཕྲེང་2)

003–1–11
ལེའུ་བཅུ་གཅིག་པ། འདུལ་བ་ཀུན་འབྱུང་དབྱིངས་དག་རྒྱུད་ལས་ཆགས་སྤང་བློས་སྤངས་ཉོབ་བེ།
ལྡེབ་གྲངས། 34—35ན།(ཕྲེང་5)

003–1–12
ལེའུ་བཅུ་གཉིས་པ། འདུལ་བ་ཀུན་འབྱུང་དབྱིངས་དག་རྒྱུད་ལས་གཡོ་རྒྱུ་འཁོར་བ་ལམ་བོར་ཉོབ་བེ།
ལྡེབ་གྲངས། 35—37བ།(ཕྲེང་3)

003–1–13
ལེའུ་བཅུ་གསུམ་པ། འདུལ་བ་ཀུན་འབྱུང་དབྱིངས་དག་རྒྱུད་ལས་མོ་ཁྲིམས་དར་མདུད་བཀྲོལ་བཀྲོལ་བའི་ཉོབ་བེ།
ལྡེབ་གྲངས། 37—39བ།(ཕྲེང་3)

003–1–14
ལེའུ་བཅུ་བཞི་པ། འདུལ་བ་ཀུན་འབྱུང་དབྱིངས་དག་རྒྱུད་ལས་འཁོར་སྡེ་བཞི་ཡ་བརྒྱད་ན་ཁན་ཉོབ་བེ།
ལྡེབ་གྲངས། 39—40བ།(ཕྲེང་2)

003–1–15
ལེའུ་བཅོ་ལྔ་པ། འདུལ་བ་ཀུན་འབྱུང་དབྱིངས་དག་རྒྱུད་ལས་མ་བྱུན་མ་སེ་མང་བེར་ཤ་ཡི་ཉོབ་བེ།
ལྡེབ་གྲངས། 40—44བ།(ཕྲེང་5)

003–1–16
ལེའུ་བཅུ་དྲུག་པ། འདུལ་བ་ཀུན་འབྱུང་དབྱིངས་དག་རྒྱུད་ལས་བྱིས་སྐུ་སྒོག་པའི་སྐྱོན་བསྟན་པའི་ཉོབ་བེ།

ལྡེབ་གྲངས། 44—45བ།(ཕྲེང་7)

003–1–17
ལེའུ་བཅུ་བདུན་པ། འདུལ་བ་ཀུན་འབྱུང་དབྱིངས་དག་རྒྱུད་ལས་རྒྱན་ཕྲེང་བྱུག་སྤངས་ཀྱི་ཉོབ་བོ།
ལྡེབ་གྲངས། 45—46ན།(ཕྲེང་5)

003–1–18
ལེའུ་བཅོ་བརྒྱད་པ། འདུལ་བ་ཀུན་འབྱུང་དབྱིངས་དག་རྒྱུད་ལས་གར་སོགས་སྤངས་བྱའི་ཉོབ་བོ།
ལྡེབ་གྲངས། 46—48བ།(ཕྲེང་5)

003–1–19
ལེའུ་བཅུ་དགུ་པ། འདུལ་བ་ཀུན་འབྱུང་དབྱིངས་དག་རྒྱུད་ལས་ཁྲི་སྟན་ཆེ་མཐོན་སྤོང་བྱེད་ཉོབ་བོ།
ལྡེབ་གྲངས། 48—49བ།(ཕྲེང་7)

003–1–20
ལེའུ་ཉི་ཤུ་པ། འདུལ་བ་ཀུན་འབྱུང་དབྱིངས་དག་རྒྱུད་ལས་མལ་ཆེན་བྱེ་བྲག་གི་ཉོབ་བོ།
ལྡེབ་གྲངས། 49—51ན།(ཕྲེང་3)

003–1–21
ལེའུ་ཉེར་གཅིག་པ། འདུལ་བ་ཀུན་འབྱུང་དབྱིངས་དག་རྒྱུད་ལས་དྲོ་ཕྱེད་དགོང་ཕྱེད་ཀྱི་ཉོབ་བོ།
ལྡེབ་གྲངས། 51—52བ།(ཕྲེང་2)

003–1–22
ལེའུ་ཉེར་གཉིས་པ། འདུལ་བ་ཀུན་འབྱུང་དབྱིངས་དག་རྒྱུད་ལས་གཏི་མུག་དུག་འབྱུང་སྤངས་པའི་ཉོབ་བོ།
ལྡེབ་གྲངས། 52—54ན།(ཕྲེང་5)

003–1–23
ལེའུ་ཉེར་གསུམ་པ། འདུལ་བ་ཀུན་འབྱུང་དབྱིངས་དག་རྒྱུད་ལས་འདོད་ཆགས་ཞེ་སྡིད་བྱེ་བྲག་ཉོབ་བོ།
ལྡེབ་གྲངས། 54—55བ།(ཕྲེང་7)

003–1–24
ལེའུ་ཉེར་བཞི་པ། འདུལ་བ་ཀུན་འབྱུང་དབྱིངས་དག་རྒྱུད་ལས་ཞེ་སྡང་ཐར་བྱེད་བསྐལ་པ་བསྐལ་བགྲངས་པའི་ཉོབ་བོ།
ལྡེབ་གྲངས། 55—57བ།(ཕྲེང་5)

003–1–25
ལེའུ་ཉེར་ལྔ་པ། འདུལ་བ་ཀུན་འབྱུང་དབྱིངས་དག་རྒྱུད་ལས་འཕྲག་དོག་སྤངས་བྱེད་ཉོབ་བོ།
ལྡེབ་གྲངས། 57—59བ།(ཕྲེང་5)

003–1–26
ལེའུ་ཉེར་དྲུག་པ། འདུལ་བ་ཀུན་འབྱུང་དབྱིངས་དག་རྒྱུད་ལས་ང་རྒྱལ་ཀླུང་འཕྱེད་དུས་འབྱུང་ཉོབ་བོ།
ལྡེབ་གྲངས། 59—61བ།(ཕྲེང་6)

003–1–27
ལེའུ་ཉེར་བདུན་པ། འདུལ་བ་ཀུན་འབྱུང་དབྱིངས་དག་རྒྱུད་ལས་ཕྲ་བ་གོང་སེལ་ཉོབ་བོ།
ལྡེབ་གྲངས། 61—63བ།(ཕྲེང་3)

003–1–28
ལེའུ་ཉེར་བརྒྱད་པ། འདུལ་བ་ཀུན་འབྱུང་དབྱིངས་དག་རྒྱུད་ལས་ངག་འཁྲུལ་དུག་སེལ་ཉོབ་བོ།
ལྡེབ་གྲངས། 63—65ན།(ཕྲེང་5)

003–1–29
ལེའུ་ཉེར་དགུ་པ། འདུལ་བ་ཀུན་འབྱུང་དབྱིངས་དག་རྒྱུད་ལས་ཚིག་རྩུབ་དུག་མཚོན་བཀག་པའི་ཉོབ་བོ།
ལྡེབ་གྲངས། 65—66བ།(ཕྲེང་3)

003–1–30
ལེའུ་སུམ་ཅུ་པ། འདུལ་བ་ཀུན་འབྱུང་དབྱིངས་དག་རྒྱུད་ལས་མདན་སེམས་ཆགས་འཕོར་ཉོབ་བོ།
ལྡེབ་གྲངས། 66—67བ།(ཕྲེང་6)

003–1–31
ལེའུ་སོ་གཅིག་པ། འདུལ་བ་ཀུན་འབྱུང་དབྱིངས་དག་རྒྱུད་ལས་གདུག་སེམས་བཤགས་བྲག་ཉོབ་བོ།
ལྡེབ་གྲངས། 67—69ན།(ཕྲེང་1)

003–1–32
ལེའུ་སོ་གཉིས་པ། འདུལ་བ་ཀུན་འབྱུང་དབྱིངས་དག་རྒྱུད་ལས་ཉོན་མོངས་གཉན་པོས་སྤྱངས་ཐུབ་ཉོབ་བོ།
ལྡེབ་གྲངས། 69—70ན།(ཕྲེང་2)

003–1–33
ལེའུ་སོ་གསུམ་པ། འདུལ་བ་ཀུན་འབྱུང་དབྱིངས་དག་རྒྱུད་ལས་ལེ་ལོ་བསགས་འཇོག་ངོ་བསྟན་ཉོབ་བོ།
ལྡེབ་གྲངས། 70—71ན།(ཕྲེང་3)

003–1–34
ལེའུ་སོ་བཞི་པ། འདུལ་བ་ཀུན་འབྱུང་དབྱིངས་དག་རྒྱུད་ལས་ལེ་ལོ་འཕོར་བའི་གདོས་ཐག་ཉོབ་བོ།
ལྡེབ་གྲངས། 71—72ན།(ཕྲེང་7)

003–1–35
ལེའུ་སོ་ལྔ་པ། འདུལ་བ་ཀུན་འབྱུང་དབྱིངས་དག་རྒྱུད་ལས་གཉིས་ལྡན་རེ་དོགས་འཕྲང་འབྱེད་ཉོབ་བོ།
ལྡེབ་གྲངས། 72—73བ།(ཕྲེང་2)

003–1–36
ལེའུ་སོ་དྲུག་པ། འདུལ་བ་ཀུན་འབྱུང་དབྱིངས་དག་རྒྱུད་ལས་བདེན་གཉིས་མཐའ་བརྒྱད་བྲལ་བའི་ཉོབ་བོ།
ལྡེབ་གྲངས། 73—75ན།(ཕྲེང་1)

003–1–37
ལེའུ་སོ་བདུན་པ། འདུལ་བ་ཀུན་འབྱུང་དབྱིངས་དག་རྒྱུད་ལས་བསམ་པ་གཡེང་བསྡུས་ཉོབ་བོ།
ལྡེབ་གྲངས། 75—76ན།(ཕྲེང་3)

003–1–38
ལེའུ་སོ་བརྒྱད་པ། འདུལ་བ་ཀུན་འབྱུང་དབྱིངས་དག་རྒྱུད་ལས་བྱུང་ཚོར་འགོག་པ་ཤན་འབྱེད་ཉོབ་བོ།
ལྡེབ་གྲངས། 76—77ན།(ཕྲེང་4)

003–1–39
ལེའུ་སོ་དགུ་པ། འདུལ་བ་ཀུན་འབྱུང་དབྱིངས་དག་རྒྱུད་ལས་བསྙེན་གནས་ཉིན་ཞག་ཕྲུག་གཅིག་ཐང་ཆད་ཉོབ་བོ།

ལྡེབ་གྲངས། 77—78བ།(ཁྲིང་2)

003–1–40
ལེའུ་བཞི་བཅུ་པ། འདུལ་བ་ཀུན་འབྱུང་དབྱིངས་དག་རྒྱུད་ལས་ངོ་མཚར་རིམ་པའི་བོན་གྱི་ཉོབ་བེ།
ལྡེབ་གྲངས། 78—81ན།(ཁྲིང་3)

003–1–41
ལེའུ་ཞེ་གཅིག་པ། འདུལ་བ་ཀུན་འབྱུང་དབྱིངས་དག་རྒྱུད་ལས་གོ་ཕྱི་གསལ་དག་ཐབས་ཀྱི་ཉོབ་བེ།
ལྡེབ་གྲངས། 81—82བ།(ཁྲིང་3)

003–1–42
ལེའུ་ཞེ་གཉིས་པ། འདུལ་བ་ཀུན་འབྱུང་དབྱིངས་དག་རྒྱུད་ལས་སིལ་བུ་ཡིས་དོན་བསྟན་པ་རྣམ་པར་དག་པའི་ཉོབ་བེ།
ལྡེབ་གྲངས། 82—84ན།(ཁྲིང་7)

003–1–43
ལེའུ་ཞེ་གསུམ་པ། འདུལ་བ་ཀུན་འབྱུང་དབྱིངས་དག་རྒྱུད་ལས་མྱུང་བར་ངན་ལས་བྱུང་པའི་ཉོབ་བེ།
ལྡེབ་གྲངས། 84—85བ།(ཁྲིང་7)

003–1–44
ལེའུ་ཞེ་བཞི་པ། འདུལ་བ་ཀུན་འབྱུང་དབྱིངས་དག་རྒྱུད་ལས་འདུལ་བ་ཟད་སེར་བ་སྐྱོབ་པའི་ཉོབ་བེ།
ལྡེབ་གྲངས། 85—88ན།(ཁྲིང་4)

003–1–45
ལེའུ་ཞེ་ལྔ་པ། འདུལ་བ་ཀུན་འབྱུང་དབྱིངས་དག་རྒྱུད་ལས་དྲང་སྲོང་ཕོ་ཁྲིམ་བསླབ་པའི་ཉོབ་བེ།
ལྡེབ་གྲངས། 88—95ན།(ཁྲིང་2)

003–1–46
ལེའུ་ཞེ་དྲུག་པ། འདུལ་བ་ཀུན་འབྱུང་དབྱིངས་དག་རྒྱུད་ལས་མཁས་གོམ་བཙུན་ལྡན་གོ་འཕྱིད་ཉོབ་བེ།
ལྡེབ་གྲངས། 95—97ན།(ཁྲིང་3)

003–1–47
ལེའུ་ཞེ་བདུན་པ། འདུལ་བ་ཀུན་འབྱུང་དབྱིངས་དག་རྒྱུད་ལས་དྲང་སྲུང་མོ་ཡི་བསླབ་པ་བཅས་པའི་ཉོབ་བེ།
ལྡེབ་གྲངས། 97—104ན།(ཁྲིང་8)

003–2
ཚོས་ཚན་གཉིས་པ། འདུལ་བ་ཀུན་འབྱུང་དབྱིངས་དག་རྒྱུད་ཕལ་ཆེན་སྡོམ་བྱེད་དམ་པའི་རྒྱུད་བཞུགས་པ་ལེགས་སྷོ། །
ཟུར་བྱང་། ཕལ་ཆེན་སྡོམ་བྱེད་དམ་པའི་རྒྱུད།

003–2–1
ལེའུ་དང་པོ། འདུལ་བ་ཕལ་ཆེན་སྡོམ་བྱེད་དམ་པའི་རྒྱུད་ལས་དང་པོའི་ལེའུ་སྟེ་དང་པོའོ། །
ལྡེབ་གྲངས། 1—4བ།(ཁྲིང་1)

003–2–2
ལེའུ་གཉིས་པ། སྒྲ་སྐད་དོན་བསྟན།
ལྡེབ་གྲངས། 4—6བ།(ཁྲིང་4)

003–2–3
ལེའུ་གསུམ་པ། བསྟན་པར་དམ་བཅའ་བཞིའི་ལེའུ།
ལྡེབ་གྲངས། 6—8ན།(ཁྲིང་6)

003–2–4
ལེའུ་བཞི་པ། དགོས་འབྲེལ་དོན་བསྟན་ལེའུ།
ལྡེབ་གྲངས། 8—10ན།(ཁྲིང་2)

003–2–5
ལེའུ་ལྔ་པ། འདུལ་བ་གནད་བཞི་དོན་གྱི་ལེའུ།
ལྡེབ་གྲངས། 10—11བ།(ཁྲིང་1)

003–2–6
ལེའུ་དྲུག་པ། སྙིང་རྗེ་དོན་བསྐོར་གྱི་ལེའུ།
ལྡེབ་གྲངས། 11—12བ།(ཁྲིང་7)

003–2–7
ལེའུ་བདུན་པ། འདུལ་བ་དང་འཚོ་ཕལ་ཆེན་སེམས་བསྐྱེད་ལེའུ།
ལྡེབ་གྲངས། 12—14བ།(ཁྲིང་2)

003–2–8
ལེའུ་བརྒྱད་པ། རང་མཚང་ཁ་ན་ཕྱིན་པའི་ལེའུ།
ལྡེབ་གྲངས། 14—15བ།(ཁྲིང་3)

003–2–9
ལེའུ་དགུ་པ། བྱང་ཆུབ་ལམ་སྒྲོལ་ལེའུ།
ལྡེབ་གྲངས། 15—17བ།(ཁྲིང་2)

003–2–10
ལེའུ་བཅུ་པ། བསམས་པ་རྒྱ་ཆེར་རོལ་པ་སྒྱུར་བའི་ལེའུ།
ལྡེབ་གྲངས། 17—18བ།(ཁྲིང་4)

003–2–11
ལེའུ་བཅུ་གཅིག་པ། ཀུན་རྫོབ་དང་དོན་དམ་གྱི་ལེའུ།
ལྡེབ་གྲངས། 18—19བ།(ཁྲིང་7)

003–2–12
ལེའུ་བཅུ་གཉིས་པ། འདུལ་བ་དཔེ་བཟང་ལུགས་བཙན་ལེའུ།
ལྡེབ་གྲངས། 19—20བ།(ཁྲིང་7)

003–2–13
ལེའུ་བཅུ་གསུམ་པ། འདུལ་བ་གཉན་པོ་དཔའ་བརྟན་ལེའུ།
ལྡེབ་གྲངས། 20—22ན།(ཁྲིང་4)

003–2–14
ལེའུ་བཅུ་བཞི་པ། འདུལ་བ་སྣང་དཔེ་བཀག་པའི་ལེའུ།

ལྡེབ་གྲངས། 22—23ན།(ཕྲེང་7)

003–2–15
ལེའུ་བཅོ་ལྔ་པ། འདུལ་བ་གནང་བཀག་གསལ་བའི་ལེའུ།
ལྡེབ་གྲངས། 23—26ན།(ཕྲེང་3)

003–2–16
ལེའུ་བཅུ་དྲུག་པ། འདུལ་བ་སྡུག་བསྔལ་ཡོན་ཏན་ལེའུ།
ལྡེབ་གྲངས། 26—27ན།(ཕྲེང་7)

003–2–17
ལེའུ་བཅུ་བདུན་པ། འདུལ་བ་བྱང་ཆུབ་ལམ་སྒྲོལ་སྒོ་གསུམ་སྡོམ་པའི་ལེའུ།
ལྡེབ་གྲངས། 27—29ན།(ཕྲེང་3)

003–2–18
ལེའུ་བཅོ་བརྒྱད་པ། འདུལ་བ་འགལ་སྤྱངས་རྣམས་ལེའུ།
ལྡེབ་གྲངས། 29—30ན།(ཕྲེང་6)

003–2–19
ལེའུ་བཅུ་དགུ་པ། འདུལ་བ་ཕལ་ཆེན་སྦས་གབ་ལེའུ།
ལྡེབ་གྲངས། 30—31བ།(ཕྲེང་5)

003–2–20
ལེའུ་ཉི་ཤུ་པ། འདུལ་བ་གནང་གཏད་ཀྱི་ལེའུ།
ལྡེབ་གྲངས། 31—32བ།(ཕྲེང་2)

003–2–21
ལེའུ་ཉེར་གཅིག་པ། འདུལ་བ་གདུང་བྱེད་མི་བསྟན་པའི་ལེའུ།
ལྡེབ་གྲངས། 32—34ན།(ཕྲེང་2)

003–3
ཆོས་ཚན་གསུམ་པ། འདུལ་བ་དུས་ཆེན་དུས་བཙན་སྡོམ་བྱེད་རྒྱུད་བཞུགས་པའི་དབུ་ཕྱོགས་ལེགས་དགེ་ལེགས་འཕེལ།

003–3–1
ལེའུ་དང་པོ། སྡོམ་ཚིག
ལྡེབ་གྲངས། 1—6བ།(ཕྲེང་1)

003–3–2
ལེའུ་གཉིས་པ། སྦྱོར་ཚུལ་དཔེ་དོན་སྦྱད་པའི་ལེའུ།
ལྡེབ་གྲངས། 6—7བ།(ཕྲེང་3)

003–3–3
ལེའུ་གསུམ་པ། ཚད་གསུམ་བྲུངས་(བྲུང་)དུ་འབྲེལ་བ་དག་པ་དྲང་སྲོང་གཡུང་དྲུང་དོན་ལྡན།
ལྡེབ་གྲངས། 7—8བ།(ཕྲེང་4)

003–3–4
ལེའུ་བཞི་པ། འཕོ་འགྱུར་མི་རྟག་དཔེ་དོན་ལེའུ།

ལྡེབ་གྲངས། 8—10ན།(ཕྲིང་4)

003–3–5
ལེའུ་ལྔ་པ། ལས་མཐའ་དཀར་ནག་གཏམ་རྒྱུད་ཀྱི་ལེའུ།
ལྡེབ་གྲངས། 10—12ན།(ཕྲིང་3)

003–3–6
ལེའུ་དྲུག་པ། རྟེན་སྡོམ་པ་བཟུང་ནས་བསྐྱབས་པའི་ལེའུ།
ལྡེབ་གྲངས། 12—13ན།(ཕྲིང་5)

003–3–7
ལེའུ་བདུན་པ། ཚུལ་ཁྲིམས་དོན་ཆེན་བསྐོར་བའི་ལེའུ།
ལྡེབ་གྲངས། 13—14བ།(ཕྲིང་1)

003–3–8
ལེའུ་བརྒྱད་པ། རྟེན་གསུམ་བསྐོར་ཕྱག་འཚལ་བའི་ལེའུ།
ལྡེབ་གྲངས། 14—15བ།(ཕྲིང་7)

003–3–9
ལེའུ་དགུ་པ། སྨོག་བརྟོན་བྱང་ཆུབ་སེམས་དཔའི་ལེའུ།
ལྡེབ་གྲངས། 15—18ན།(ཕྲིང་6)

003–3–10
ལེའུ་བཅུ་པ། སྦྱིན་པ་མཐར་ཕྱིན་བྱང་ཆུབ་ཚོགས་རྫོགས་ལེའུ།
ལྡེབ་གྲངས། 18—20ན།(ཕྲིང་3)

003–3–11
ལེའུ་བཅུ་གཅིག་པ། དཀའ་ཐུབ་ལམ་འཇུད་དམ་པའི་ལེའུ།
ལྡེབ་གྲངས། 20—22བ།(ཕྲིང་2)

003–3–12
ལེའུ་བཅུ་གཉིས་པ། དགེ་བ་བདེན་གཙོད་བྱང་ཆུབ་ལེའུ།
ལྡེབ་གྲངས། 22—23ན།(ཕྲིང་7)

003–3–13
ལེའུ་བཅུ་གསུམ་པ། གཉན་མཐའ་ཡུལ་འདེབས་ཞུ་རྒྱུད་ལས་ཉེས་པ་རབ་སེལ་གྱི་ལེའུ།
ལྡེབ་གྲངས། 23—25ན།(ཕྲིང་4)

003–3–14
ལེའུ་བཅུ་བཞི་པ། སྨྲ་བཅད་གཉེན་པོའི་ཚོགས་རྩུབ་བསྒྱུར་བའི་ལེའུ།
ལྡེབ་གྲངས། 25—27ན།(ཕྲིང་2)

003–3–15
ལེའུ་བཅོ་ལྔ་པ། ངག་འཁྱལ་མདོ་དང་སྦྱོར་བས་སེལ་བའི་ལེའུ།
ལྡེབ་གྲངས། 27—29བ།(ཕྲིང་4)

003–3–16
ལེའུ་བཅུ་དྲུག་པ། བརྟན་སེམས་ཚད་མེད་བཞི་བསྒྲང་དུ་འཇུག་པའི་ལེའུ།
ལྡེབ་གྲངས། 29—31བ།(ཕྲེང་5)

003–3–17
ལེའུ་བཅུ་བདུན་པ། བྱམས་ལྡན་གནོད་སེལ་གནོད་སེམས་སྤང་པའི་ལེའུ།
ལྡེབ་གྲངས། 31—33ན།(ཕྲེང་2)

003–3–18
ལེའུ་བཅོ་བརྒྱད་པ། དགེ་བའི་ལོག་ལྟ་རྣམ་པར་སྤང་པའི་ལེའུ།
ལྡེབ་གྲངས། 33—35ན།(ཕྲེང་3)

003–3–19
ལེའུ་བཅུ་དགུ་པ། སེར་སྣ་གཏང་བཟུང་ལེའུ།
ལྡེབ་གྲངས། 35—35བ།(ཕྲེང་4)

003–3–20
ལེའུ་ཉི་ཤུ་པ། ཆགས་འཁོར་མུ་བཞིའི་མཐའ་སྤངས་ལེའུ།
ལྡེབ་གྲངས། 35—36ན།(ཕྲེང་1)

003–3–21
ལེའུ་ཉེར་གཅིག་པ། མི་འགྱོད་བསྐྱལ་དོན་ཕན་པོའི་ལེའུ།
ལྡེབ་གྲངས། 36—36ན།(ཕྲེང་7)

003–3–22
ལེའུ་ཉེར་གཉིས་པ། གསང་བར་འོས་པར་བསྟན་པའི་ལེའུ།
ལྡེབ་གྲངས། 36—36བ།(ཕྲེང་4)

003–3–23
ལེའུ་ཉེར་གསུམ་པ། དགེ་བཅུ་དང་ལེན་འདུལ་བར་གཏད་པའི་ལེའུ།
ལྡེབ་གྲངས། 36—37ན།(ཕྲེང་3)

003–4
ཆོས་ཚན་བཞི་པ། འདུལ་བ་ཡོངས་རྫོགས་རྣམ་དག་སྡོམ་བྱེད་ཀྱི་རྒྱུད་བཞུགས་པའི་དབུའོ། །

003–4–1
ལེའུ་དང་པོ། སྤྱི་དོན་རྣམ་པ་གསུམ་དུ་ཕྱེས་པའི་ཚུལ།
ལྡེབ་གྲངས། 1—6ན།(ཕྲེང་6)

003–4–2
ལེའུ་གཉིས་པ། སླད་དོན་གསུམ་པའི་ལེའུ།
ལྡེབ་གྲངས། 6—8བ།(ཕྲེང་2)

003–4–3
ལེའུ་གསུམ་པ། འཁྲིད་ཚངས་བཤགས་པའི་ལེའུ། གཞུང་དོན་ཉི་ཤུ།
ལྡེབ་གྲངས། 8—9བ།(ཕྲེང་1)

003–4–4
ལེའུ་བཞི་པ། སྐྱབས་ཡུལ་སྐྱོབས་བཞི་ལེའུ།
ལྡེབ་གྲངས། 9—10ན།(ཕྲེང་1)

003–4–5
ལེའུ་ལྔ་པ། དམ་བཅའ་བ་གཉིས་གསོལ་བའི་ལེའུ།
ལྡེབ་གྲངས། 10—10ན།(ཕྲེང་6)

003–4–6
ལེའུ་དྲུག་པ། གཉིས་མེད་བྱང་སེམས་མཐའ་རྒྱས་ལེའུ།
ལྡེབ་གྲངས། 10—11ན།(ཕྲེང་2)

003–4–7
ལེའུ་བདུན་པ། གཙང་དག་སྒྲིབ་པ་ཁྲུས་གསོལ་ལེའུ།
ལྡེབ་གྲངས། 11—11བ།(ཕྲེང་2)

003–4–8
ལེའུ་བརྒྱད་པ། བདེ་གསལ་མ་རྟོག་མདུན་པའི་ལེའུ།
ལྡེབ་གྲངས། 11—12ན།(ཕྲེང་3)

003–4–9
ལེའུ་དགུ་པ། ཞུ་གནང་དྲིན་ཆེན་ལེའུ།
ལྡེབ་གྲངས། 12—12བ།(ཕྲེང་2)

003–4–10
ལེའུ་བཅུ་པ། སངས་འཇུད་ལམ་གཙོད་པའི་ལེའུ།
ལྡེབ་གྲངས། 12—13ན།(ཕྲེང་7)

003–4–11
ལེའུ་བཅུ་གཅིག་པ། འབྱུང་བ་སྟོན་སྦྱུངས་ལྷ་མཆོད་ལེའུ།
ལྡེབ་གྲངས། 13—14ན།(ཕྲེང་4)

003–4–12
ལེའུ་བཅུ་གཉིས་པ། མི་མཆོད་མཉེས་པ་དབུལ་བའི་ལེའུ།
ལྡེབ་གྲངས། 14—15ན།(ཕྲེང་1)

003–4–13
ལེའུ་བཅུ་གསུམ་པ། འགྲོ་བ་སྤྱི་མཉེས་ལེའུ།
ལྡེབ་གྲངས། 15—15བ།(ཕྲེང་2)

003–4–14
ལེའུ་བཅུ་བཞི་པ། དམིགས་པ་དམིགས་བཏང་སྟོན་མོའི་ལེའུ།
ལྡེབ་གྲངས། 15—16བ།(ཕྲེང་3)

003–4–15
ལེའུ་བཅོ་ལྔ་པ། གྲལ་གདན་ཞུ་གསོལ་ལེའུ།

ལྡེབ་གྲངས། 16—17ན།(ཕྲེང་4)

003–4–16
ལེའུ་བཅུ་དྲུག་པ། གསས་གདན་གནང་བཀག་ལེའུ།
ལྡེབ་གྲངས། 17—18ན།(ཕྲེང་2)

003–4–17
ལེའུ་བཅུ་བདུན་པ། པད་ལྷམ་པད་རྩེགས་གཉིས་སྦྱོར་ལེའུ།
ལྡེབ་གྲངས། 18—19ན།(ཕྲེང་4)

003–4–18
ལེའུ་བཅོ་བརྒྱད་པ། སྨད་གོས་ཤམ་ཐབས་ལེགས་སྒྲུབ་ལེའུ།
ལྡེབ་གྲངས། 19—19བ།(ཕྲེང་6)

003–4–19
ལེའུ་བཅུ་དགུ་པ། སྟོད་གོས་སུམ་ཙུ་ཙ་ལྷོ་ལྷ་བྲན་བསྒྲིགས་པའི་ལེའུ།
ལྡེབ་གྲངས། 19—20བ།(ཕྲེང་4)

003–4–20
ལེའུ་ཉི་ཤུ་པ། སྟོད་སྨད་བླ་གོས་ཚད་མའི་ལེའུ།
ལྡེབ་གྲངས། 20—21བ།(ཕྲེང་1)

003–4–21
ལེའུ་ཉེར་གཅིག་པ། སྨད་གོས་རྩུལ་ཆས་ལེའུ།
ལྡེབ་གྲངས། 21—22ན།(ཕྲེང་4)

003–4–22
ལེའུ་ཉེར་གཉིས་པ། པད་ཞུ་རྩུལ་འཛིན་དམ་པའི་ལེའུ།
ལྡེབ་གྲངས། 22ན—22བ།(ཕྲེང་7)

003–4–23
ལེའུ་ཉེར་གསུམ་པ། གཡུང་དྲུང་པད་ཁྱུགས་ཕྱིས་གནང་ལེའུ།
ལྡེབ་གྲངས། 22—24ན།(ཕྲེང་3)

003–4–24
ལེའུ་ཉེར་བཞི་པ། ཞུས་གསོལ་གནང་བའི་ལེའུ།
ལྡེབ་གྲངས། 24—25ན།(ཕྲེང་5)

003–4–25
ལེའུ་ཉེར་ལྔ་པ། ཉོན་མོངས་དྲི་མ་འཕྲུད་བྱེད་སྣས་བུམ་པའི་དོན་བསྟན་ལེའུ།
ལྡེབ་གྲངས། 25—26ན།(ཕྲེང་4)

003–4–26
ལེའུ་ཉེར་དྲུག་པ། ཧོས་ཏུ་དོན་ལྡན་ཡོངས་རྫོགས་རྣམ་དག་ལེའུ།
ལྡེབ་གྲངས། 26—27བ།(ཕྲེང་2)

003–4–27
ལེའུ་ཉེར་བདུན་པ། སྲས་མཁྲིག་རབ་བསྐུར་བཟོ་ལས་བྱུང་བའི་སྟོད་ཀྱི་ལེའུ།[①]
ལྡེབ་གྲངས། 27—27བ།(ཕྲེང་7)

003–4–28
ལེའུ་ཉེར་བརྒྱད་པ། སྐུ་གྲི་ངར་འཛམ་རྗེ་ལྡན་ལེའུ།
ལྡེབ་གྲངས། 27—28ན།(ཕྲེང་4)

003–4–29
ལེའུ་ཉེར་དགུ་པ། ཆོམས་ཁབ་དབལ་མོའི་དགོས་དོན་གནང་བཀག་ལེའུ།
ལྡེབ་གྲངས། 28—28བ།(ཕྲེང་2)

003–4–30
ལེའུ་སུམ་ཅུ་བ། ཉལ་དུས་ཀྱི་སྤྱོད་ལམ་ལེའུ།[②]
ལྡེབ་གྲངས། 28—29ན།(ཕྲེང་5)

003–4–31
ལེའུ་སོ་གཅིག་པ། ཞུ་གནང་བཀག་ཐོབ་ལུང་གནང་ལེའུ།
ལྡེབ་གྲངས། 29—29བ།(ཕྲེང་7)

003–4–32
ལེའུ་སོ་གཉིས་པ། སྲོག་གཅོད་སྲུང་བྱའི་ལེའུ།
ལྡེབ་གྲངས། 29—31ན།(ཕྲེང་1)

003–4–33
ལེའུ་སོ་གསུམ་པ། རྒྱུན་གྲོག་སྲུང་བྱའི་ཁྲིམས་ནོད་ལེའུ།
ལྡེབ་གྲངས། 31—31བ།(ཕྲེང་3)

003–4–34
ལེའུ་སོ་བཞི་པ། གཡེམ་པ་ཀུན་བཅད་བསམ་མེས་ལེའུ།
ལྡེབ་གྲངས། 31—32ན།(ཕྲེང་5)

003–4–35
ལེའུ་སོ་ལྔ་པ། རྫུན་སྨྲ་དྲན་པའི་སྲུང་བྱའི་ལེའུ།
ལྡེབ་གྲངས། 32—32བ།(ཕྲེང་7)

003–4–36
ལེའུ་སོ་དྲུག་པ། སེར་སྣའི་མདུད་པ་དང་ཐབས་ཤེས་ལེའུ།
ལྡེབ་གྲངས། 32—33བ།(ཕྲེང་3)

003–4–37
ལེའུ་སོ་བདུན་པ། ཆགས་བློ་སྐྱེ་བྱེད་ཡིད་འཕྲོག་ལེའུ།
ལྡེབ་གྲངས། 33—34ན།(ཕྲེང་6)

---

① ལེའུ་འདིའི་མཇུག་མ་ཚང་བ་འདྲ། མཚན་བྱང་གཞུང་དངོས་ལ་བསྡུན་ནས་སྒྲིག་མཁན་གྱིས་སྦྱར།
② གཞུང་ལ་མཚན་བྱང་དང་བཅས་མ་ཡོད་པས་སྒྲིག་མཁན་གྱིས་སྦྱར།

003–4–38
ལེའུ་སོ་བརྒྱད་པ། དྲང་རྫོལ་གཡོ་སྒྱུར་འཕྲིན་བྱེད་རྩད་བཅད་ལེའུ།
ལྡེབ་གྲངས། 34—35ན།(ཕྲེང་4)

003–4–39
ལེའུ་སོ་དགུ་པ། སྔོན་ལས་སྐྱེས་ངན་སྤང་བྱའི་ལེའུ།
ལྡེབ་གྲངས། 35—36ན།(ཕྲེང་3)

003–4–40
ལེའུ་བཞི་བཅུ་པ། ཡན་ལག་བྱ་བྱེད་ཚུལ་ཁྲིམས་ལེའུ།
ལྡེབ་གྲངས། 36—36བ།(ཕྲེང་7)

003–4–41
ལེའུ་ཞེ་གཅིག་པ། སྤང་བྱ་ཚུལ་ཁྲིམས་སྲོག་དོན་ལེའུ།
ལྡེབ་གྲངས། 36—37བ།(ཕྲེང་8)

003–4–42
ལེའུ་ཞེ་གཉིས་པ། བྱ་བཞག་དམ་ཁྲིམས་དང་ལེན་ལེའུ།
ལྡེབ་གྲངས། 37—38ན།(ཕྲེང་4)

003–4–43
ལེའུ་ཞེ་གསུམ་པ། ༼གོང༽བཀྲ་ཤིས་མཐར་རྒྱས་ལེའུ།
ལྡེབ་གྲངས། 38ན—39བ།(ཕྲེང་6)

003–4–44
ལེའུ་ཞེ་གསུམ་པ། ༼འོག༽སྨོན་ལམ་དོན་དང་འཚམས་པའི་ལེའུ།
ལྡེབ་གྲངས། 39བ—41ན།(ཕྲེང་4)

003–4–45
ལེའུ་ཞེ་བཞི་པ། བསྔོ་བ་རྣམ་དག་ལེའུ།
ལྡེབ་གྲངས། 41—44ན།(ཕྲེང་7)

003–4–46
ལེའུ་ཞེ་ལྔ་པ། མཐའ་བྲལ་དམིགས་མེད་ལེའུ།
ལྡེབ་གྲངས། 44—45ན།(ཕྲེང་6)

003–5
ཆོས་ཚན་ལྔ་པ། འདུལ་བ་སོ་སོར་ཐར་པའི་བྱེ་བྲག་རྒྱུད་ཅེས་བྱ་བཞུགས་སོ། །

003–5–1
ལེའུ་དང་པོ། སྐད་གཞུང་མཛུག་དོན་ཉེར་གཅིག་བསྟན་པའི་ལེའུ།①
ལྡེབ་གྲངས། 1—5བ།(ཕྲེང་3)

003–5–2
ལེའུ་གཉིས་པ། པར་པ་གྲངས་བྱེད་ལེའུ།

① གཞུང་ལ་མཚན་བྱང་མེད་པས་སྒྲིག་མཁན་གྱིས་སྦྱར།

ལྡེབ་གྲངས། 5—7ན།(ཁྲིང་3)

003–5–3
ལེའུ་གསུམ་པ། ཕུན་སུམ་ཚོགས་ལྡན་རྒྱུད་འབྱུང་ལེའུ།
ལྡེབ་གྲངས། 7—8ན།(ཁྲིང་4)

003–5–4
ལེའུ་བཞི་པ། རབ་བྱུང་འདུལ་ཞུ་གསོལ་ལེའུ།
ལྡེབ་གྲངས། 8—9བ།(ཁྲིང་3)

003–5–5
ལེའུ་ལྔ་པ། འདུལ་བ་ཐོབ་པ་བསྙེན་རྫོགས་ཀྱི་ལེའུ།
ལྡེབ་གྲངས། 9—12ན།(ཁྲིང་3)

003–5–6
ལེའུ་དྲུག་པ། སྲུང་ཐུབ་གཉེན་པོའི་ལེའུ།
ལྡེབ་གྲངས། 12—14ན།(ཁྲིང་7)

003–5–7
ལེའུ་བདུན་པ། སྡོམ་ཉམས་གསོ་བྱེད་སྨྲུ་མའི་ལེའུ།
ལྡེབ་གྲངས། 14—16བ།(ཁྲིང་6)

003–5–8
ལེའུ་བརྒྱད་པ། ཤེས་འབྱུང་དྲུག་ལྡན་ལེའུ།
ལྡེབ་གྲངས། 16—19ན།(ཁྲིང་3)

003–5–9
ལེའུ་དགུ་པ། མཁས་པ་ཤེས་རིག་སྦྱངས་པའི་ལེའུ།
ལྡེབ་གྲངས། 19—21བ།(ཁྲིང་2)

003–5–10
ལེའུ་བཅུ་པ། དགེ་སློལ་རིག་སྲུང་བརྟན་པར་བྱ་བའི་ལེའུ།
ལྡེབ་གྲངས། 21—23བ།(ཁྲིང་4)

003–5–11
ལེའུ་བཅུ་གཅིག་པ། ཁྲིམ་སྤྱངས་འཁོར་བ་བྱ་སྦྱར་གྱི་ལེའུ།
ལྡེབ་གྲངས། 23བ—25བ།(ཁྲིང་3)

003–5–12
ལེའུ་བཅུ་གཉིས་པ། ཡུལ་སྤྱངས་ཐར་པ་ཐོབས་པའི་ལེའུ།
ལྡེབ་གྲངས། 25—28བ།(ཁྲིང་3)

003–5–13
ལེའུ་བཅུ་གསུམ་པ། དགེ་སྡིག་གྲོགས་ཀའི་སྤང་བླང་ལེའུ།
ལྡེབ་གྲངས། 28—29བ།(ཁྲིང་4)

003–5–14
ལེའུ་བཅུ་བཞི་པ། སྨིན་པ་བྱང་ཆུབ་སྤྱོད་པའི་ལེའུ།
ལྡེབ་གྲངས། 29—31བ།(ཕྲེང་4)

003–5–15
ལེའུ་བཅོ་ལྔ་པ། རྒྱན་དྲུག་འགྱུར་མེད་པ་རྡོ་རྗེ་སྲ་བྱེད་ལེའུ།
ལྡེབ་གྲངས། 31—32བ།(ཕྲེང་2)

003–5–16
ལེའུ་བཅུ་དྲུག་པ། ཆགས་སྲིད་ནོར་རྫས་རྒྱན་བྲལ་ལེའུ།
ལྡེབ་གྲངས། 32—33བ།(ཕྲེང་3)

003–5–17
ལེའུ་བཅུ་བདུན་པ། རྗེས་དཔོན་དབང་རྒྱན་གྱིས་མི་ཟློག་པའི་ལེའུ།
ལྡེབ་གྲངས། 33—34བ།(ཕྲེང་3)

003–5–18
ལེའུ་བཅོ་བརྒྱད་པ། བཙན་རིགས་སྲིད་ལུགས་ཀྱིས་མི་ཟློག་པའི་ལེའུ།
ལྡེབ་གྲངས། 34—35བ།(ཕྲེང་3)

003–5–19
ལེའུ་བཅུ་དགུ་པ། ནད་གདོན་རྒྱན་དབང་གི་མི་ཟློག་པའི་ལེའུ།
ལྡེབ་གྲངས། 35—36བ།(ཕྲེང་1)

003–5–20
ལེའུ་ཉི་ཤུ་པ། དད་པ་འཕོ་འགྱུར་སྲིན་དཔུང་དཔེ་བསྟན་ལེའུ།
ལྡེབ་གྲངས། 36—37བ།(ཕྲེང་1)

003–5–21
ལེའུ་ཉེར་གཅིག་པ། ཐེག་ཆེན་བཟང་རྒྱན་དབང་གི་མི་ཟློག་པའི་ལེའུ།
ལྡེབ་གྲངས། 37—38བ།(ཕྲེང་2)

003–6
ཚོས་ཚན་དྲུག་པ། འདུལ་བའི་ཉམས་གསོ་ལམ་སྔོམ་རྒྱུད་བཞུགས་པའི་དབྱུ་ཡི་གཟིགས་ཕྱོགས་སུ་ཧྲ། མཚན་བྱང་ཟུར་བ། གཅིག་ཉམས་གཅིག་ལེན་ལས་སྔོམ་རྒྱུད།

003–6–1
ལེའུ་དང་པོ། བྱེ་བྲག་རྒྱས་སྤུས་མོ་ཁྲིམས་ལེའུ།
ལྡེབ་གྲངས། 1—3བ།(ཕྲེང་4)

003–6–2
ལེའུ་གཉིས་པ། འདུལ་བ་སྤོང་ལེན་གསོ་སྦྱོང་ལེའུ།
ལྡེབ་གྲངས། 3—4བ།(ཕྲེང་2)

003–6–3
ལེའུ་གསུམ་པ། འདུལ་བ་སྤོང་ལེན་སྦྱོང་གསོའི་ལེའུ།

ལྡེབ་གྲངས། 4—5ན།(ཁྲིང་6)

003–6–4
ལེའུ་བཞི་པ། འདུལ་བ་སྟོང་གསོའི་ལེའུ།
ལྡེབ་གྲངས། 5—6ན།(ཁྲིང་6)

003–6–5
ལེའུ་ལྔ་པ། ཀུན་ཏུ་ཤེས་པར་བྱ་བའི་ལེའུ།
ལྡེབ་གྲངས། 6—7བ།(ཁྲིང་6)

003–6–6
ལེའུ་དྲུག་པ། སྨན་དོང་ངན་ལུད་ཕྱུང་བར་བཞག་སྦྱོང་བའི་ལེའུ།
ལྡེབ་གྲངས། 7—8བ།(ཁྲིང་2)

003–6–7
ལེའུ་བདུན་པ། སྦྱོང་བ་གཉིས་པའི་ལེའུ།
ལྡེབ་གྲངས། 8—9བ།(ཁྲིང་2)

003–6–8
ལེའུ་བརྒྱད་པ། དྲང་སྲོང་ཚོས་བསྒྲུར་ངན་གསོ་སྐྱོན་པའི་ལེའུ།
ལྡེབ་གྲངས། 9—10ན།(ཁྲིང་6)

003–6–9
ལེའུ་དགུ་པ། ཉམས་པ་ཅན་སྲུན་དབྱུང་བའི་ལེའུ།
ལྡེབ་གྲངས། 10—11ན།(ཁྲིང་4)

003–6–10
ལེའུ་བཅུ་པ། ཡུལ་གྱི་སྦྱངས་པའི་ལེའུ།
ལྡེབ་གྲངས། 11—12ན།(ཁྲིང་3)

003–6–11
ལེའུ་བཅུ་གཅིག་པ། ཆུ་དགུའི་ལེན་གྲངས་སྦྱངས་པའི་ལེའུ།
ལྡེབ་གྲངས། 12—13ན།(ཁྲིང་3)

003–6–12
ལེའུ་བཅུ་གཉིས་པ། སྲིད་པའི་ལ་ཚོག་བརྟུང་བཙོག་ལེའུ།
ལྡེབ་གྲངས། 13—14ན།(ཁྲིང་2)

003–6–13
ལེའུ་བཅུ་གསུམ་པ། དགུ་བཏུད་ཟས་ཀྱི་ལེའུ།
ལྡེབ་གྲངས། 14—15ན།(ཁྲིང་2)

003–6–14
ལེའུ་བཅུ་བཞི་པ། ཡུན་རིང་ཐུང་བག་ཤས་དབྱེ་བའི་ལེའུ།
ལྡེབ་གྲངས། 15—15བ།(ཁྲིང་6)

003–6–15
ལེའུ་བཅོ་ལྔ་པ། གསོ་བ་དང་པོའི་ལེའུ།
ལྡེབ་གྲངས། 15—16བ།(ཕྲེང་2)

003–6–16
ལེའུ་བཅུ་དྲུག་པ། ཚུལ་ཁྲིམས་རྩ་བ་གཅིག་པའི་ལེའུ།
ལྡེབ་གྲངས། 16—17བ།(ཕྲེང་1)

003–6–17
ལེའུ་བཅུ་བདུན་པ། བསླབ་པ་དོན་འབྲེལ་དག་བྱེད་ལེའུ།
ལྡེབ་གྲངས། 17—18ན།(ཕྲེང་5)

003–6–18
ལེའུ་བཅོ་བརྒྱད་པ། བྱ་བྱེད་སྤྱོད་ལམ་དག་བྱེད་ལེའུ།
ལྡེབ་གྲངས། 18—19ན།(ཕྲེང་1)

003–6–19
ལེའུ་བཅུ་དགུ་པ། ལྷ་བསྐྱེད་སྙིང་པོ་དྲང་པོའི་ལེའུ།
ལྡེབ་གྲངས། 19—20ན།(ཕྲེང་1)

003–6–20
ལེའུ་ཉི་ཤུ་པ། ཡན་ལག་མཐར་འདོན་པའི་ལེའུ།
ལྡེབ་གྲངས། 20—20བ།(ཕྲེང་5)

003–6–21
ལེའུ་ཉེར་གཅིག་པ། རྟེན་གསུམ་སྤྱོང་ཉམས་དག་ཚངས་ལེའུ།
ལྡེབ་གྲངས། 20—22ན།(ཕྲེང་2)

003–6–22
ལེའུ་ཉེར་གཉིས་པ། མཁན་སློབ་གྲངས་བརྩེ་རྟེན་ཐུག་ལེའུ།
ལྡེབ་གྲངས། 22—22བ།(ཕྲེང་7)

003–6–23
ལེའུ་ཉེར་གསུམ་པ། ཉམས་ཆོར་ཤེས་དང་སྦྱར་བའི་ལེའུ།
ལྡེབ་གྲངས། 22—23བ།(ཕྲེང་5)

003–6–24
ལེའུ་ཉེར་བཞི་པ། ཞེ་བཅད་དང་པོའི་ལེའུ།
ལྡེབ་གྲངས། 23—25ན།(ཕྲེང་1)

003–6–25
ལེའུ་ཉེར་ལྔ་པ། ཁྲིམས་ཀྱི་རྟ་ཕུར་གདབ་པའི་ལེའུ།
ལྡེབ་གྲངས། 25—25བ།(ཕྲེང་7)

003–6–26
ལེའུ་ཉེར་དྲུག་པ།༼གོང་༽ཡུལ་སྣང་བདུད་འདུལ་སངས་པའི་ལེའུ།

ལྡེབ་གྲངས། 25—26བ།(ཕྲེང་7)

003–6–27
ལེའུ་ཉེར་དྲུག་པ།〈འོག〉གྲོངས་(གྲོང་)སྤྱོངས་ཐེམས་(ཐེམ་)དོར་ཉོན་མོངས་དོར་བའི་ལེའུ།
ལྡེབ་གྲངས། 26—27བ།(ཕྲེང་6)

003–6–28
ལེའུ་ཉེར་བདུན་པ། ཕོ་མོ་རིག་སྤྱངས་མི་ཉེ་དོར་བའི་ལེའུ།
ལྡེབ་གྲངས། 27—28བ།(ཕྲེང་4)

003–6–29
ལེའུ་ཉེར་བརྒྱད་པ། ཁྱི་ཐྲག་གཉེན་པོའི་ལེའུ།
ལྡེབ་གྲངས། 28—29བ།(ཕྲེང་1)

003–6–30
ལེའུ་ཉེར་དགུ་པ། འདོད་པ་ཞེ་བཅད་འདོད་སྤེལ་སྤྱོངས་བྱེད་ལེའུ།
ལྡེབ་གྲངས། 29—30ན།(ཕྲེང་6)

003–6–31
ལེའུ་སུམ་ཅུ་བ། མཐུན་བཅུག་བྱ་བྱེད་སྤང་པའི་ལེའུ།
ལྡེབ་གྲངས། 30—30བ།(ཕྲེང་6)

003–6–32
ལེའུ་སོ་གཅིག་པ། ཡི་དམ་དོན་གྲུབ་འདུལ་བ་བགག་པའི་ལེའུ།
ལྡེབ་གྲངས། 30—31བ།(ཕྲེང་1)

003–6–33
ལེའུ་སོ་གཉིས་པ། ཞེ་བཅད་ཁོང་ན་བྱ་བའི་ལེའུ།
ལྡེབ་གྲངས། 30—31བ།(ཕྲེང་4)

003–6–34
ལེའུ་སོ་གསུམ་པ། ཁོ་མ་ནེའུས་མཛད་པའི་ལེའུ
ལྡེབ་གྲངས། 30—32ན།(ཕྲེང་2)

003–7
ཆོས་ཚན་བདུན་པ། འདུལ་བ་སྤྱི་ལྷོས་འགོག་པ་སྡོམ་བྱེད་རྒྱུད་བཞུགས་པའི་དབུའོ། །

003–7–1
ལེའུ་དང་པོ། སྤྱི་དོན།[1]
ལྡེབ་གྲངས། 1—4འོག(ནཕྲེང་6)

003–7–2
ལེའུ་གཉིས་པ། དགོས་དོན་མ་རིག་ཤན་འབྱེད་ལེའུ།
ལྡེབ་གྲངས། 4འོག—5བ།(ཕྲེང་2)

---

① གཞུང་དུ་མཚན་བྱང་མེད་པས་སྒྲིག་མཁན་གྱིས་སྦྲར།

003–7–3
ལེའུ་གསུམ་པ། ཕུན་སུམ་འཚོགས་པ་དགུ་དོན་ལེའུ།
ལྡེབ་གྲངས། 5—6བ།(ཕྲེང་7)

003–7–4
ལེའུ་བཞི་པ། འཁྲུལ་སྣང་དགག་པ་གཉེན་པོ་འདུལ་བའི་ལེའུ།
ལྡེབ་གྲངས། 6—8བ།(ཕྲེང་4)

003–7–5
ལེའུ་ལྔ་པ། ཉོན་མོངས་སྣང་བ་འདུལ་བར་བསྒྲེ་བའི་ལེའུ།
ལྡེབ་གྲངས། 8—12ན།(ཕྲེང་2)[ལྡེབ་11པ་ཆད།]

003–7–6
ལེའུ་དྲུག་པ། རིག་པ་གནས་ལུགས་རྫོ་གསལ་བསྐྱུམ་པའི་ལེའུ།
ལྡེབ་གྲངས། 12—13བ།(ཕྲེང་6)

003–7–7
ལེའུ་བདུན་པ། མ་རིག་ལོག་པས་སད་མ་ནུས་པའི་ལེའུ།
ལྡེབ་གྲངས། 12—15བ།(ཕྲེང་3)

003–7–8
ལེའུ་བརྒྱད་པ། མེད་ལ་ཡོད་བརྟག་མ་རིག་ལེའུ།
ལྡེབ་གྲངས། 15—17བ།(ཕྲེང་5)

003–7–9
ལེའུ་དགུ་པ། ལས་རྒྱུ་འབྲས་བྱེ་བྲག་འབྱེད་པའི་ལེའུ།
ལྡེབ་གྲངས། 17—19ན།(ཕྲེང་7)

003–7–10
ལེའུ་བཅུ་པ། མངོན་ཞེན་རྗེས་བཟུང་ཟློ་བའི་ལེའུ།
ལྡེབ་གྲངས། 19—20ན།(ཕྲེང་8)

003–7–11
ལེའུ་བཅུ་གཅིག་པ། སྣང་པའི་དམིགས་དངོས་པ་མཛེད་པའི་ལེའུ།
ལྡེབ་གྲངས། 20—21ན།(ཕྲེང་1)

003–7–12
ལེའུ་བཅུ་གཉིས་པ། སྣང་བ་གཞི་ས་མི་ཟིན་འགྱུར་བའི་ལེའུ།
ལྡེབ་གྲངས། 21—22བ།(ཕྲེང་3)

003–7–13
ལེའུ་བཅུ་གསུམ་པ། སྣང་བ་ཐུག་ཕྲད་ལོན་པའི་ལེའུ།
ལྡེབ་གྲངས། 22—24བ།(ཕྲེང་1)

003–7–14
ལེའུ་བཅུ་བཞི་པ། སྲིད་རྩེ་ལམ་ལོག་མ་རིག་པའི་ལེའུ།

ལྡེབ་གྲངས། 24—26ན།(ཕྲེང་7)

003–7–15
ལེའུ་བཅོ་ལྔ་པ། མི་དགེ་བཅུ་རྒྱུ་འབྲས་དབྱུང་བའི་ལེའུ།
ལྡེབ་གྲངས། 26—28བ།(ཕྲེང་3)

003–7–16
ལེའུ་བཅུ་དྲུག་པ། ཡོ་ཟླ་ཉི་མ་དུས་བཟུང་ལེའུ།
ལྡེབ་གྲངས། 28—30ན།(ཕྲེང་2)

003–7–17
ལེའུ་བཅུ་བདུན་པ། དྲང་སྲོང་མ་ཡི་སྤྱི་དོན་ལེའུ།
ལྡེབ་གྲངས། 30—35ན།(ཕྲེང་5)

003–7–18
ལེའུ་བཅོ་བརྒྱད་པ། དྲང་སྲོང་མ་ཡི་སིལ་བུའི་ལེའུ།
ལྡེབ་གྲངས། 35—36བ།(ཕྲེང་2)

003–8
ཆོས་ཚན་བརྒྱད་པ། འདུལ་བ་དོན་གྱི་ཀུན་བརྗོད་བཞུགས་པའི་དབུ་ཕྱོགས་སྣོ། །
མཚན་བྱང་ཟུར་བ། གསོ་སྦྱང་།
ལྡེབ་གྲངས། 1—13ཚོན།

004 {ང}[1]
མཚན་བྱང་། བཀའ་ལུང་དྲི་མ་མེད་པའི་མདོ་དྲུང་མུ་བསྐལ་བཟང་སངས་རྒྱས་སྟོང་གི་མཚན་བརྗོད་པོད་སྟོད་བཞུགས། །
བསྡུས་བྱང་། དྲུང་མུ་བསྐལ་བཟང་།
གྲངས་ཚད། ལེའུ་9ལ་ལྡེབ་337ཡོད། ཤོག་གྲངས་673བཞུགས།
རིགས་རྣམ། སྙན་བརྒྱུད།
སྙན་བརྒྱུད་མཁན། དྲུང་མུ་ཏ་ར།
སྦྲིག་མཁན། བླ་ཆེན་དྲན་པ་ལྷུང་རྒྱུང་ཚེ་དབང་དམ་དྲུང་མུ་ཏ་ར།

004–1
ལེའུ་དང་པོ། སྲིད་གཞི་འཁོར་འདས་ཀྱི་སྲིད་ལུགས། བསྐལ་སྲིད་ས་གཙོད་བསྟན་པའི་ལེའུ། སྲིད་པོན་མུ་ཚོ་ལྡེམ་དྲུག་གིས་ཞུས་པ།
ལྡེབ་གྲངས། 1—12ན།(ཕྲེང་1)

004–2
ལེའུ་གཉིས་པ། འཁོར་བ་སེམས་ཅན་འཁྲུལ་ཞིང་སྲིད་ཐབས་བསྟན་པའི་ལེའུ། སྲིད་པོན་མུ་ཚོ་ལྡེམ་དྲུག་གིས་ཞུས་པ།
ལྡེབ་གྲངས། 12—16བ།(ཕྲེང་3)

004–3
ལེའུ་གསུམ་པ། བོན་ཉིད་དང་ལས་ཡེ་ཤེས་གཡོས་ཏེ་རྫོགས་སྐུར་སྤྲུལ་ལུགས་འཆད་པའི་ལེའུ། འཕྲུལ་དགའ་གཙུག་ཕུད་ཀྱིས་ཞུས་པ།
ལྡེབ་གྲངས། 16—23ན།(ཕྲེང་6)

---

[1] མདོ་དྲུང་མུ་བསྐལ་བཟང་གི་པོད་སྟོད་སྨད་གཉིས་ཀྱི་ཆོས་ཚན་གྱི་མཚན་བྱང་ཏན་མར་ཐེན་སོགས་ཀྱི་དཀར་ཆག་དང་འདྲ་ཡང་ལྡེབ་གྲངས་ལ་ཧེ་བག་ཆེ།

004–4
ལེའུ་བཞི་པ། སྐུ་གསུམ་འགྲོ་བའི་དོན་ལ་སྦྱོར་ཤིང་སྤྲུལ་པའི་ལེའུ། གཏོ་བུ་འབུམ་སངས་ཀྱིས་ཞུས་པ།
ལྡེབ་གྲངས། 23—40ན།(ཕྲེང་5)

004–5
ལེའུ་ལྔ་པ། སྤྲུལ་པའི་སྐུ་ལས་ཚིག་དང་ཡི་གེ་སྦྱོར་པའི་ལེའུ། ལྷ་བུ་མང་སྐྱེས་ཀྱིས་ཞུས་པ།
ལྡེབ་གྲངས། 40—50ན།(ཕྲེང་4)

004–6
ལེའུ་དྲུག་པ། བསྐལ་པའི་གཤེན་རབ་འབྱུང་ལུགས་དང་། དབྱིངས་དང་ཡེ་ཤེས་ཐབས་དང་ཤེས་རབ་སྤྲོལ་ཚུལ་བསྟན་པའི་ལེའུ། གཏོ་བུ་འབུམ་སངས་ཀྱིས་ཞུས་པ།
ལྡེབ་གྲངས། 50—55ན།(ཕྲེང་4)

004–7
ལེའུ་བདུན་པ། བསྐལ་བཟང་གཤེན་རབ་སྟོང་རྩ་གཉིས་གླིང་གར་བྱོན་པ་དང་དོན་ཆེད་ཅི་ལ་དགོངས་ནས་བྱོན་པ་བསྟན་པའི་ལེའུ། ཡིད་ཀྱི་ཁྲིའུ་ཆུང་གིས་ཞུས་པ།
ལྡེབ་གྲངས། 55—62ན།(ཕྲེང་5)

004–8
ལེའུ་བརྒྱད་པ། བསྐལ་བཟང་གཤེན་རབ་སྟོང་རྩ་གཉིས་མཛད་པ་བཀོད་བྱང་སྤྱི་སྡོམ་བསྟན་པའི་ལེའུ། གསལ་བ་འོད་ལྡན་གྱིས་ཞུས་པ།
ལྡེབ་གྲངས། 62—65བ།(ཕྲེང་5)

004–9
ལེའུ་དགུ་པ། ལྷ་གཤེན་སྲིད་པ་གསུམ་སྟོང་རྩ་གཉིས་ཀྱི་མཚན་གྲངས་ཡབ་ཡུམ་མཚན་མཁན་དང་། ཞིང་ཁམས་སྐུ་ཚེ་གདུལ་བྱ་བསྟན་པའི་ལེའུ། གསལ་བ་འོད་ལྡན་གྱིས་ཞུས་པ།
ལྡེབ་གྲངས། 65—37[1]

005 ༼ཅ༽
མཚན་བྱང་། བཀའ་ལུང་དྲི་མ་མེད་པའི་མདོ་དྲང་སྲུ་བསྐལ་བཟང་སངས་རྒྱས་སྟོང་གི་མཚན་བརྗོད་པོད་སྟོད་(སྨད་)བཞུགས། །
བསྡུས་བྱང་། དྲང་སྲུ་བསྐལ་བཟང་།
གྲངས་ཚད། ལེའུ་12ལ་ལྡེབ་344ཡོད། ཤོག་གྲངས་686བཞུགས།
རིགས་རྣམ། སྙན་བརྒྱུད།
སྙན་བརྒྱུད་མཁན། དྲང་སྲུ་ཧ་ར།
སྦྲིག་མཁན། བླ་ཆེན་དྲན་པ་ལྷུང་རྒྱུང་ཚེ་དབང་ངམ་དྲང་སྲུ་ཧ་ར།

005–1
ལེའུ་དགུ་པ། ལྷ་གཤེན་སྲིད་པ་གསུམ་སྟོང་རྩ་གཉིས་ཀྱི་མཚན་གྲངས་ཡབ་ཡུམ་མཚན་མཁན་དང་། ཞིང་ཁམས་སྐུ་ཚེ་གདུལ་བྱ་བསྟན་པའི་ལེའུ། གསལ་བ་འོད་ལྡན་གྱིས་ཞུས་པ།

---

[1] པོད་འདིའི་ལྡེབ་གྲངས་65པ་(ཕྲེང་6པ་)ནས་ལྡེབ་337པའི་བར་ཏེ་གླེགས་བམ་མཇུག་རྫོགས་པའི་མཚམས་དང་དེ་ནས་པོད་ཕྱི་མའི་ལྡེབ་117པའི་བར་དུ་ལེའུ་དགུ་པའི་དོན་བསྟན་པ་ལགས།

ལྡེབ་གྲངས། པོད་གོང་མའི་ལྡེབ་གྲངས་65བ་(ཕྲེང་6)ནས་པོད་འདིའི་ལྡེབ་117ན་(ཕྲེང་2)བར།

005–2

ལེའུ་བཅུ་པ། ལྷ་གཤེན་སྲིད་པའི་བསྟན་པ་རྫོགས་ནས། འཁོར་དོང་སྤྲུགས་མཛད་ཚུལ་བསྟན་པའི་ལེའུ། གཏོ་བུ་འབུམ་སངས་ཀྱིས་ཞུས་པ།

ལྡེབ་གྲངས། 117ན—124བ།(ཕྲེང་3)

005–3

ལེའུ་བཅུ་གཅིག་པ། ཕ་རོལ་ཕྱིན་བཅུའི་དོན་བསླབ་ཐབས་ཀྱི་ལེའུ།

ལྡེབ་གྲངས། 124—149ན།(ཕྲེང་4)

005–4

ལེའུ་བཅུ་གཉིས་པ། དགེ་སྡིག་གི་རྒྱུ་འབྲས་སོ་སོ་ཕྱེ་ནས་གཤེན་རབ་སྟོང་དང་རྩ་གཉིས་ཀྱི་མཚན་དང་དཔེ་བྱད་ཡོན་ཏན་འབྱུང་གནས་ཞུས་པའི་ལེའུ། གཏོ་བུ་འབུམ་སངས་ཀྱིས་ཞུས་པ།

ལྡེབ་གྲངས། 149—190ན།(ཕྲེང་6)

005–5

ལེའུ་བཅུ་གསུམ་པ། ལྷ་གཤེན་སྲིད་པ་ཐམས་ཅད་ལ་མཆོད་འབུལ་སྒྲུབ་ཐབས་བསྟན་པ་དང་། ཐུགས་གཟུངས་ལས་རིམ་བསྟན་པའི་ལེའུ། ཡིད་ཀྱི་ཁྲིའུ་ཆུང་གིས་ཞུས་པ།

ལྡེབ་གྲངས། 190—236ན།(ཕྲེང་5)

005–6

ལེའུ་བཅུ་བཞི་པ། ཀུན་རྫོབ་ཀྱི་བདེན་པ་དང་། དོན་དམ་པའི་བདེན་པ་གཉིས་ཀྱིས། འཁོར་འདས་བོན་རྣམས་མ་ལུས་ཀུན། བདག་མེད་སྤྲུངས་ནས། ལྷ་གཤེན་སྲིད་པ་ཐམས་ཅད་ཀྱི། ཡོན་ཏན་མཚན་དཔེ་ཐུགས་རྗེས་བསྒྲུབ་པའི་ཐབས་བསྟན་པའི་ལེའུ། གཏོ་བུ་འབུམ་སངས་ཀྱིས་ཞུས་པ།

ལྡེབ་གྲངས། 236—250བ།(ཕྲེང་3)

005–7

ལེའུ་བཅོ་ལྔ་པ། བཀུར་བསྟི་ཕྱུ་དུད་ཀྱི་ཡོན་ཏན་བསྟན་པའི་ལེའུ། ཡིད་ཀྱི་ཁྲིའུ་ཆུང་གིས་ཞུས་པ།

ལྡེབ་གྲངས། 250—259བ།(ཕྲེང་4)

005–8

ལེའུ་བཅུ་དྲུག་པ། ཐབས་དང་ཤེས་རབ་ཟུང་འབྲེལ་གྱི་ཐབས་བསྟན་ནས། གཤེན་རབ་སྟོང་དང་རྩ་གཉིས་ཀྱི་མཚན་དང་དཔེ་བྱད་ཡོན་ཏན་བསྒྲུབ་པའི་ལེའུ། ཚངས་པ་གཙུག་ཕུད་ཀྱིས་ཞུས་པའི་མདོ།

ལྡེབ་གྲངས། 259—323བ།(ཕྲེང་3)

005–9

ལེའུ་བཅུ་བདུན་པ། དོན་གཉིས་མཐར་ཕྱིན་ཡིད་བཞིན་སྨོན་ལམ་གྱི་ལེའུ། སྲིད་པོན་མུ་ཆོ་ལྡེམ་དྲུག་གིས་ཞུས་པ།

ལྡེབ་གྲངས། 323—338ན།(ཕྲེང་2)

005–10

ལེའུ་བཅོ་བརྒྱད་པ། འཁོར་འདས་ཀྱི་བོན་སེམས་ལ་འདུས་ཞིང་(ཤིང་)། ལྷ་གཤེན་སྲིད་པ་ཐིག་ལེར་འདུས་པའི་ལེའུ། ཡིད་ཀྱི་ཁྲིའུ་ཆུང་ལ་སོགས་པས་ཞུས་པ།

ལྡེབ་གྲངས། 338—341བ།(ཕྲེང་4)

005–11
ལེའུ་བཅུ་དགུ་པ། རྒྱུད་ཡོངས་སུ་གཏད་ནས། འཁོར་གྱིས་བསྟོད་ཅིང་ཡི་རངས་ཕུལ་བའི་ལེའུ། ཡིད་ཀྱི་ཁྲིའུ་ཆུང་ལ་སོགས་པས་ཞུས་པ།
ལྡེབ་གྲངས། 341—343ན།(ཕྲེང་5)

005–12
ལེའུ་ཉི་ཤུ་པ། བསྐལ་བཟང་འགྲོ་བ་འདྲེན་པའི་མདོ་ལས་འབྲས་བུའི་ལེའུ།
ལྡེབ་གྲངས། 343—344ན།(ཕྲེང་3)
མཇུག་བྱང་། བསྐལ་བཟང་འགྲོ་བ་འདྲེན་པའི་མདོ་འདི་ནི། སྟོན་དུས་རྣམ་པ་ཐམས་ཅད་མཁྱེན་པའི་གཤེན་རབ་ཀྱིས། དགོངས་པོ་བདུན་སྟོང་བཞེས་པའི་དུས་སུ། ཁྲི་སྨོན་རྒྱལ་བཞད་ཤམ་པོ་ལྷ་རྩེ་རུ། འཁོར་གྱི་གཡུང་དྲུང་སེམས་དཔའ་རྣམས་ལ་བཤད། མི་བརྗེད་ལུང་ཐོབ་ཡིད་རྒྱུས་ཡོད་པ་ལ། བླ་ཆེན་དྲན་པ་སྟོང་རྒྱུང་ཚེ་དབང་གི། ཡང་ཡང་གསོལ་བཏབ་སྙན་དུ་བརྒྱུད། ཡི་གེར་བཀོད་པའི་དབང་ལུང་གནང་། སྲིད་པ་རྒྱལ་མོ་ལས་གྲུབ་མཁའ་འགྲོ་ཡིས། ཆད་ལྷག་མེད་ཅིང་གོང་འོག་མ་ནོར་བའི། ལྷང་འཛིན་བཀའ་ཡི་བྱ་ར་མཛད། གཞན་གྱིས་རབ་བསྐུལ་བདག་གིས་སེམས་བསྐྱེད་ཀྱིས། ཡི་གེར་བཀོད་བགྱིས་འདི་དག་ལ། ར་ཆོད་ཆད་ལྷག་འགལ་སྲིད་ན། གཤེན་རབ་གཡུང་དྲུང་སེམས་དཔའ་དང་། བླ་མ་ཡི་དམ་མཁའ་འགྲོ་བོན་སྐྱོང་རྣམས་ལ་བཤགས། ····

006 (ཆ)
མཚན་བྱང་། མདོ་སྡེ་ཁོད་པོ་བསྐལ་བཟང་པོད་སྟོད་ཀ་དུམ་པ་བཞུགས།
བསྡུས་བྱང་། ཁོད་པོ་བསྐལ་བཟང་།
གྲངས་ཚད། ལེའུ་8ལ་ལྡེབ་307བཞུགས། ཤོག་གྲངས་614བཞུགས།
རིགས་རྣམ། སྙན་བརྒྱུད།
སྙན་བརྒྱུད་མཁན། ཁོད་པོ་བློ་གྲོས་ཐོགས་མེད།

006–1
ལེའུ་དང་པོ། བསྐལ་པ་བཟང་པོ་ཞེས་བྱ་བ་ཐེག་པ་ཆེན་པོའི་མདོ་འབུམ་ལས། བོན་ཉིད་སྙིང་གཞིའི་ལེའུ།
ལྡེབ་གྲངས། 1—21ན།(ཕྲེང་2)

006–2
ལེའུ་གཉིས་པ། ཅི་ལྟར་གཞི་ཉིད་རྟོགས་པར་བྱ་བ་ཕ་རོལ་ཏུ་ཕྱིན་པའི་ལམ།①
ལྡེབ་གྲངས། 21—33བ།(ཕྲེང་1)

006–3
ལེའུ་གསུམ་པ། ཤེས་རབ་ཀྱི་ཕ་རོལ་ཏུ་ཕྱིན་པའི་ལམ་ལ་འཇུག་པའི་ལམ་ལ་འཇུག་པའི་བམ་པོ།
ལྡེབ་གྲངས། 33—52ན།(ཕྲེང་2)

006–4
ལེའུ་བཞི་པ། ཤེས་རབ་ཀྱི་ཕ་རོལ་ཏུ་ཕྱིན་པའི་རྣམ་གྲངས་ཀྱི་ལེའུ།
ལྡེབ་གྲངས། 52—63བ།(ཕྲེང་6)

006–5
ལེའུ་ལྔ་པ། བསྐལ་པ་བཟང་པོའི་སངས་རྒྱས་ཀྱི་ལྟ་བའི་རྣམ་གྲངས་སོགས། ལྷ་སྲས་གཞོན་ནུ་དབང་ཕྱུག་གིས་ཞུས་པ།

① ཏན་མར་ཐེན་དང་ཡ་ཐེ་ཁྲུ་སེ་སོགས་ཀྱིས་ཐེག་པ་ཆེན་མོའི་མདོ་ཡི་བམ་པོ་ཞེས་བཀོད།

ལྗིབ་གྲངས། 63—84བ།(ཕྲེང་2)

006–6

ལེའུ་དྲུག་པ། བསྐལ་བཟང་སངས་རྒྱས་སྟོང་རྩ་གཉིས་ཀྱི་མཚན་བརྗོད་ལ་ཉན་ཞིང་རྟོགས་པའི་དགོས་པ། ལྷའི་དབང་པོ་བརྒྱ་བྱིན་གྱིས་ཞུས་པ།

ལྗིབ་གྲངས། 84—96ན།(ཕྲེང་3)

006–7

ལེའུ་བདུན་པ། བསྐལ་བཟང་སངས་རྒྱས་སྟོང་རྩ་གཉིས་ཀྱི་མཚན་གྱི་རྣམ་གྲངས། ལྷ་སྲས་གཞོན་ནུས་ཞུས་པ།

ལྗིབ་གྲངས། 96—105བ།(ཕྲེང་4)

006–8

ལེའུ་བརྒྱད་པ། བསྐལ་པ་བཟང་པོའི་སངས་རྒྱས་སྟོང་རྩ་གཉིས་པོ་དེ་ཡི་ཡབ་དང་། ཡུམ་དང་། སྲས་དང་། རིམ་གྲོ་བ་དང་། ཡེ་ཤེས་ཀྱི་ལྷ་དང་། སྲིད་པའི་མཆོག་དང་། འདུས་པའི་འཁོར་དང་། སྐུ་ཡི་ཚད་དང་། གཡུང་དྲུང་གི་བོན་ནི་ལོ་དུ་ཡི་བར་དུ་གནས་ཤིང་། རང་འབྱུང་གི་སྐུ་གདུང་མཆོད་རྟེན་གྱི་རྣམ་གྲངས་དང་། སངས་རྒྱས་རྣམས་ཀྱི་འགྲོ་དོན་གྱི་ཚད་དང་། དེ་དག་ཡོན་ཏན་རྒྱས་པའི་མཚན་ཕུན་སུམ་འཚོགས་པ་བརྗོད་པ། ལྷ་སྲས་བྱམས་པ་བློ་གྲོས་ཀྱིས་ཞུས་པ།

ལྗིབ་གྲངས། པོད་གོང་མའི་ལྗིབ་གྲངས་105བ་(ཕྲེང་4)ནས་པོད་འདིའི་ལྗིབ་134བ་(ཕྲེང་6)བར།①

007 ༼ཛ༽

མཚན་བྱང་། མདོ་སྡེ་ཁོད་པོ་བསྐལ་བཟང་པོད་སྨད་ཁ་དུམ་པ་བཞུགས།

བསྡུས་བྱང་། ཁོད་པོ་བསྐལ་བཟང་།

གྲངས་ཚད། ལེའུ་6ལ་ལྗིབ་319ཡོད། ཤོག་གྲངས་638བཞུགས།

རིགས་རྣམ། སྣན་བརྒྱུད།

སྣན་བརྒྱུད་མཁན། ཁོད་པོ་བློ་གྲོས་ཐོགས་མེད།

007–1

ལེའུ་བརྒྱད་པ། བསྐལ་པ་བཟང་པོའི་སངས་རྒྱས་སྟོང་རྩ་གཉིས་པོ་དེ་ཡི་ཡབ་དང་། ཡུམ་དང་། སྲས་དང་། རིམ་གྲོ་བ་དང་། ཡེ་ཤེས་ཀྱི་ལྷ་དང་། སྲིད་པའི་མཆོག་དང་། འདུས་པའི་འཁོར་དང་། སྐུ་ཡི་ཚད་དང་། གཡུང་དྲུང་གི་བོན་ནི་ལོ་དུ་ཡི་བར་དུ་གནས་ཤིང་། རང་འབྱུང་གི་སྐུ་གདུང་མཆོད་རྟེན་གྱི་རྣམ་གྲངས་དང་། སངས་རྒྱས་རྣམས་ཀྱི་འགྲོ་དོན་གྱི་ཚད་དང་། དེ་དག་ཡོན་ཏན་རྒྱས་པའི་མཚན་ཕུན་སུམ་འཚོགས་པ་བརྗོད་པ། ལྷ་སྲས་བྱམས་པ་བློ་གྲོས་ཀྱིས་ཞུས་པ།

ལྗིབ་གྲངས། པོད་འདིའི་ལྗིབ་གྲངས་105བ་(ཕྲེང་4)ནས་ལྗིབ་307ན་བར་གླེགས་བམ་མཇུག་རྫོགས་པའི་མཚམས་དང་དེ་ནས་པོད་ཕྱི་མའི་ལྗིབ་134བ་(ཕྲེང་6)པ་བར་དུ་ལེའུ་བརྒྱད་པའི་དོན་བསྟན་པ་ལགས།

007–2

ལེའུ་དགུ་པ། དུས་གསུམ་གྱི་བདེ་བར་གཤེགས་པ་རྣམས་ཀྱི་མཚན་ཕུན་སུམ་ཚོགས་པ་བརྗོད་པར་བྱ་བའི་ཡོན་ཏན།

ལྗིབ་གྲངས། 134—138བ།(ཕྲེང་7)

007–3

ལེའུ་བཅུ་པ། བསྐལ་པ་བཟང་པོའི་སངས་རྒྱས་སྟོང་རྩ་གཉིས་ཀྱི་མཚན་དཔེ་བཟང་པོ་བསྟན་པ། ལྷ་སྲས་བློ་གྲོས་སྟོབས་ལྡན་

① པོད་འདིའི་ལྗིབ་གྲངས་105བ་(ཕྲེང་4)ནས་ལྗིབ་307ན་བར་གླེགས་བམ་མཇུག་རྫོགས་པའི་མཚམས་དང་དེ་ནས་པོད་ཕྱི་མའི་ལྗིབ་134བ་(ཕྲེང་6)པའི་བར་དུ་ལེའུ་བརྒྱད་པའི་དོན་བསྟན་པ་ལགས།

གྲིས་ཞུས་པ།
ལྡེབ་གྲངས། 138—153བ།(ཕྲེང་3)

007–4
ལེའུ་ཉི་ཤུ་པ། ཕྱག་འཚལ་བའི་ལེའུ་སྟེ་ཉི་ཤུ་པའོ། །
ལྡེབ་གྲངས། 153—287ན།(ཕྲེང་2)

007–5
ལེའུ་ཉེར་གཅིག་པ། མཆོད་འབུལ་དང་སེམས་བསྐྱེད་རྣམ་དག་གི་ལེའུ།
ལྡེབ་གྲངས། 287—301ན།(ཕྲེང་7)

007–6
ལེའུ་ཉེར་···པ། རྗེས་སུ་འབྲས་བུ་བརྒྱུད་ཚུལ་གྱི་ལེའུ།
ལྡེབ་གྲངས། 301—319ན།(ཕྲེང་1)[1]

མཇུག་བྱང་། ངོ་མཚར་ཀུན་འབྱུང་རྒྱུད་སྡེ་ཆེན་པོའི་འབུམ། དུས་གསུམ་སངས་རྒྱས་ཀུན་འབྱུང་རྣམ་གྲངས་འདི། ལྷ་སྐུ་མི་གསུམ་གནས་སུ་སྤེལ་བ་ལས། བར་དུ་ཆོས་ཀྱི་འཕྲུག་དོག་དར་ནས་སུ། བོན་གྱི་བསྟན་པ་བསྐྱང་གི་ཐབས་ཅུང་ཏེ། སྐུའི་ཡུལ་ནས་སྦས་ཏེ་བཞུགས་སོ། །བསྐལ་པ་ཕྲ་མོ་ཅིག་ལ་སྐུའི་འགྲོ་དོན་མཛད་པའོ། །དེ་ལྟར་དངོས་གྲུབ་བརྒྱུད་ཚུལ་ཙུང་ཞིག་བཤད་པ་ནི། དང་པོ་རིག་འཛིན་མཆོག་གི་མངའ་བསྟམས་ནས། ཞང་ཞུང་གུ་ཤེར་སྟོང་རྒྱུང་མཐུ་ཆེན་གྱིས། སེམས་དཔའ་བརྒྱའི་ཐུགས་བཅུད་བླངས། གསས་མཁར་ཉིང་མུར་གཡུ་རྩེ་རུ། ཡེ་གཤེན་འཆི་མེད་གཙུག་ཕུད་ལ། བསྐལ་པ་བཟང་པོའི་མདོ་སྡེ་འདི། དངོས་གྲུབ་དབང་བཀའ་བཅས་པ་ཞུས། འགྲོ་དོན་རྒྱ་ལག་ཕྱེད་པའི་ཕྱིར། ཞང་ཞུང་སྟག་གཟིག་ཡུལ་དུ་སྤེལ། དེ་ནས་ཁྱུང་ལུང་དངུལ་མཁར་རྩེ་མོ་རུ། ཕོད་སྤྱངས་དྲན་པ་ནམ་མཁའ་ཡི། ཚོགས་འཁོར་བརྒྱ་དང་རྩ་བརྒྱད་བཏེགས། ཞང་ཞུང་སྟོང་རྒྱུང་མཐུ་ཆེན་ལ། བསྐལ་པ་བཟང་པོའི་མདོ་སྡེ་འདི། དངོས་གྲུབ་དབང་བཀའ་བཅས་པར་ཞུས། དེ་ནས་རིག་འཛིན་བརྒྱད་ལ་བརྒྱུད། སྒྲ་བསྒྱུར་ལོ་པཎ་མཆོག་བརྒྱད་ཀྱིས། རིག་འཛིན་ལོ་ཙ་བཞི་ལ་བརྒྱུད། ཞང་ཞུང་བོད་དང་རྒྱ་གར་གཤེན་བཞི། བོད་དུ་བསྒྱུར་ཏེ་སྤེལ་མ་ནུས། རྒྱ་བོད་བོན་བསྡུབ་གུ་གེ་རུ། དེ་དུས་གཤེན་པོ་བཞི་པ་བཞེངས་ནས། མདོ་སྡེ་ཟབ་མོ་ཕྱག་སུ་སྦས། ཡང་གསང་སྦས་པའི་ལྡེ་མིག་རྣམས། ཟླ་འོད་མཁས་པས་ཐུགས་ལ་གབ། ཕྱི་དུས་དར་བའི་སྨོན་ལམ་བཏབ། རིག་འཛིན་སྨོན་ལམ་མཐའ་བརྩན་ནས། ད་ལྟ་དུས་བབ་ལས་སུ་འཛོམ། ཁོ་བོ་བློ་གྲོས་ཐོག་མེད་། རིག་འཛིན་རྣམས་ཀྱི་མཆོག་ཏུ་རྒྱུད། མཁའ་འགྲོ་རྣམས་ཀྱི་ཉེས་ལེགས་ལྷང་ཡང་འཛིན། སེམས་ཉིད་གློང་དུ་བོན་གྱི་གཏེར་ཁ་ཕྱེ། སྤྲུལ་པ་བགྲོད་དྲང་ངེས་པའི་རྒྱུད་ཚུལ་ནི། བླ་བ་རྒྱལ་མཚན་རྣམ་སྤྲུལ་སྒྲ་འགྱུར་གཤེན། ཡོན་ཏན་ཀུན་འབྱུང་ཡིད་བཞིན་ནོར་བུ་ལྟར། འཕྲིན་ལས་ཟད་མེད་རིན་ཆེན་གཏེར་གྱི་མཛོད། དུས་གསུམ་རྟ་ཕྱི་མཐོང་བ་རྣམ་པར་དག། སྦྱངས་ཐོབ་ཆེན་པོ་ཡང་དག་རྨད་དུ་བྱུང་། ལས་ལྡན་སེམས་དཔའ་འགྲོ་བའི་དོན་དུ་སྤྲུལ། རིག་འཛིན་རྣམས་ཀྱི་དབང་བསྒྱུར་བྱིན་གྱིས་བརླབས། རིག་པའི་གནས་ལྔ་མ་བསླབ་ཕུལ་དུ་ཕྱིན། ལོ་ཙ་སྒྲ་བསྒྱུར་བཀའི་ལྡེ་མིག་སྟོན། བོན་གྱི་སྒོ་མོ་གང་ལ་མ་འགག་ཅིང་། དོན་ལྡན་མཁས་པ་ཀུན་གྱི་བླ་རུ་ཕྱུང་། ལྷན་སྐྱེས་རིག་པའི་ཡེ་ཤེས་རབ་རྣོན་པོའི། ཤེས་རིག་རྒྱལ་པོ་དྲལ་གསལ་དབྱིངས་སུ་གྲོལ། སེམས་ལས་དབང་ཐོབ་རིག་པའི་བཀའ་ལུང་གིས། བློ་གྲོས་གྱེར་མེད་གང་གི་མཚུང་པ་མེད། རང་འབྱུང་ཁྱིའུ་ཆུང་མཁས་པ་ཀུན་གྱི་དཔལ། མི་ཡི་མཆོག་གྱུར་སྨྲ་བའི་སེང་གེའི། བསྐལ་པ་བཟང་པོ་མདོ་སྡེ་རྣམ་གྲངས་འདི། གྱེར་སྤྱངས་བཀའ་བཞིན་བདག་གི་བགོད་པ་ལས། མི་བརྗེད་གཟུངས་ཐོབ་དཔལ་འབྱུང་ལྷུགས་པའི་ཚིགས། ཆད་ལག་ནོར་འཁྲུལ་མི་མངའ་རྣམ་པར་དག། བཀའ་དང་ལུང་ལས་མ་འགལ་ཐ་དད་མེད། ཚིག་གི་གྲངས་ལས་འགལ་བ་ཅི་མཆིས་པ། དུས་གསུམ་བདེ་གཤེགས་རྣམས་ལ་བཟོད་པར་གསོལ།

[1] ཏན་མར་ཐེན་ལགས་ཀྱི་དེབ་ལས་ཤོག་གྲངས་88པ་ནས་90པའི་བར་ཡ་ཐེ་ཁྲུ་སེ་ཡི་དཀར་ཆག་ཀྱང་ཟུར་བཀོད་གནང་ནས་ཡོད་པར། སྔ་མ་ལ་བམ་གྲངས་དང་ལེའུ་གྲངས་འདྲིས་མར་པོད་སྟོད་སྨད་གཉིས་ལ་ལེ་ཚན་26བསྟན་པ་དང་། ཕྱི་མ་ལ་ལེའུ་གྲངས་དང་བམ་གྲངས་འདྲིས་མར་ལེ་ཚན་25བཀོད་ཡོད། ཁོ་བོས་ནི་དཔེ་དངོས་ལས་ནང་དོན་ཚན་པ་བཞིན་བཅལ་ཡང་ལེའུ་གྲངས་ཁོ་ན་ལ་གཤམ་བཀོད་ཁག་ལས་མ་རྙེད་དོ། །

008 ༼ཉ༽
མཚན་བྱང་། ཡེ་སྲིད་ཐོག་མཐའ་འབྱུང་བའི་བདེ་བར་གཤེགས་པ་བསྐལ་པའི་གྲངས་རྩིས་ཀྱི་མདོ་ཁྲོ་གཉེན་གྱི་གདན་ལ་ཕབས་པ་བཞུགས།
བསྡུས་བྱང་། ཁྲོ་གཉེན་བསྐལ་བཟང་།
གྲངས་ཚད། ལེའུ་7ལ་ལྡེབ་254ཡོད། ཤོག་གྲངས་509བཞུགས།
རིགས་རྣམ། དགོངས་གཏེར།
གཏེར་སྟོན། སྤྲུལ་སྐུ་ཁྲོ་གཉེན།①

008–1
ལེའུ་དང་པོ། བསྐལ་པ་མ་ཐོག་འབྱུང་བ་ཡི་བདེ་བར་གཤེགས་པ་ཐམས་ཅད་འཁྲུན་པའི་ལུང་བསྟན་གྱིས་གྲངས་བརྩིས་མདོ་ཡི་ལེའུ།
ལྡེབ་གྲངས། 1—23ན།(ཕྲེང་6)

008–2
ལེའུ་གཉིས་པ། བདེ་བར་གཤེགས་པའི་བསྐལ་བའི་གྲངས་རྩིས་ལས་འཕོར་འདས་ཀྱི་ལེའུ།
ལྡེབ་གྲངས། 23—52བ།(ཕྲེང་4)

008–3
ལེའུ་གསུམ་པ། སྣང་སྲིད་མངོན་རྫོགས་ཀྱི་ལེའུ།
ལྡེབ་གྲངས། 52—79ན།(ཕྲེང་3)

008–4
ལེའུ་བཞི་པ། གནས་མཆོག་ཁྱད་པར་བཀོད་པ་དང་སྐྱིད་བ་བཞེད་པའི་ལེའུ།
ལྡེབ་གྲངས། 79—103ན།(ཕྲེང་1)

008–5
ལེའུ་ལྔ་པ། མཚན་བསྡུས་གསལ་བར་རྗོད་པའི་ལེའུ།
ལྡེབ་གྲངས། 103—127བ།(ཕྲེང་4)

008–6
ལེའུ་དྲུག་པ། གཤེན་རབ་སྟོང་དང་རྩ་གཉིས་ཀྱིས་འགྲོ་བའི་དོན་ནི་མཛད་པའི་ཕྱིར་ཐམས་ཅད་བདེ་བར་དྲང་དོན་དུ་སེམས་བསྐྱེད་པའི་ལེའུ།
ལྡེབ་གྲངས། 127—241ན།(ཕྲེང་1)

008–7
ལེའུ་བདུན་པ། ངོ་མཚར་དག་པའི་ལེའུ།
ལྡེབ་གྲངས། 241—254ན།(ཕྲེང་2)

009 ༼ཏ༽
མཚན་བྱང་། ཡེ་སྲིད་ཐོག་མཐའ་འབྱུང་བའི་བདེ་བར་གཤེགས་པ་བསྐལ་པའི་གྲངས་རྩིས་ཀྱི་མདོ་ཁྲོ་གཉེན་གྱི་གདན་ལ་ཕབས་པ་བཞུགས།
བསྡུས་བྱང་། ཁྲོ་གཉེན་བསྐལ་བཟང་།
གྲངས་ཚད། ལེའུ་2ལ་ལྡེབ་347ཡོད། ཤོག་གྲངས་649བཞུགས།

---

① གངས་ཅན་རིག་མཛོད་དུ་བསྡུས་པའི་བཀའ་འགྱུར་དཀར་ཆག་ཏུ་ཁྲོ་གཉེར་རྒྱལ་མཚན་དང་། སི་ཁྲོན་ལྗུམ་ཐང་སོགས་སུ་ཁྲོ་གཉན་ཞེས་བཀོད་ཡོད།

རིགས་རྣམ། དགོངས་གཏེར།
གཏེར་སྟོན། སྤྲུལ་སྐུ་ཁྲོ་གཉེན།

009–1
ལེའུ་བརྒྱད་པ། གྲངས་རྩིས་མདོ་སྡེའི་བཀའ་རྒྱུད་ལས་མཚན་བརྗོད་པའི་ལེའུ།
ལྡེབ་གྲངས། 1—336བ།(ཕྲེང་1)

009–2
ལེའུ་དགུ་པ། འབུམ་ཁྲི་གློག་གི་ལྷེ་ཅན་ལ། གཤིན་རབ་མུ་ཆོ་ལྡེམ་དྲུག་གིས་ཞུས་ནས་གསུངས་པ་ཐུགས་རྗེ་དགོངས་པས་གཏན་ལ་ཕབ་ནས་མཛད་པའི་ལེའུ།
ལྡེབ་གྲངས། 336—344ན།(ཕྲེང་1)
མཇུག་བྱང་། སྲིད་པ་མུ་མེད་པའི་བོན་ལ་མཁས་པ། བསྐལ་པ་གྲངས་མེད་པའི་ཚེ་རབ་ཐོན་པ། ལྷ་གཤེན་བསྐལ་སྲིད་ཐོག་མཐའི་བོན་རྒྱུད་སེམ་བུར་མཁྱེན་པའི། སྟོན་མཁན་མུ་ཆོ་ལྡེམ་དྲུག་གི་འགག་མེད་གསུང་གི་བསྟན་པ་ཏྲ། དཔེའུ་ཅེར་བཀོད་ནས་བཀའ་ཡི་གནང་བཞག་གོ། ཨེ་མ་ཧོ། ཐུགས་རྗེ་བཞི་ལྡན་འགྲོ་མགོན་སྟོན་པའི་མཆོག། མཁྱེན་བརྩེ་སྟོབས་ལྡན་སྤྲུལ་སྐུ་ཁྲོ་གཉེན་གྱི། སྲིད་པ་སྟོང་རྩིས་བོན་རྒྱུད་གཏན་ལ་ཕབ། འགྲོ་བ་ཡོངས་ལ་བཀའ་གནང་བཞག་པ་ཡང་། སློབ་མ་དད་ལྡན་ནམ་མཁའ་འོད་ཟེར་གྱིས། འགྲོ་བ་ཡོངས་ལ་ཚིག་གིས་སྐུལ་བཏབ་ནས། ཀ་སྐད་སུམ་ཅུའི་སྒྲ་ཡི་དོན་སྒྱུར་ཞིང་། ཡིད་ཆེས་དད་པའི་སྒོ་ནས་བསྟོད་པའི་མདོ། ཨེ་མ་ཧོ། ······འདི་རྗེས་གནས་མཆོག་ཁྱད་འཕགས་སྤྱི་ཕུད་འཛམ་གླིང་དུ་ཡོན་ཏན་ཁྱད་འཕགས་སྤྲུལ་སྐུ་ཁྲོ་གཉན་གྱི་ངོ་མཚར་ཆེ་བའི་ཁྱད་འཕགས་ཡོན་ཏན་ལ་བསྟོད་པའི་དོན་བསྟན་པ།

010 〈ཐ〉
མཚན་བྱང་། མདོ་སྡེ་བསྐལ་པ་བཟང་པོ་གླིང་གཤེན་ནམ་མཁའ་མཐོང་གསལ་ལ་སྙན་དུ་བརྒྱུད་པའི་དབུ་གོང་མ་བཞུགས།
བསྡུས་བྱང་། གླིང་གཤེན་བསྐལ་བཟང་།
གྲངས་ཚད། ལེའུ་38ལ་ལྡེབ་298ཡོད། ཤོག་གྲངས་595བཞུགས།
རིགས་རྣམ། སྙན་བརྒྱུད།
སྙན་བརྒྱུད་མཁན། གླིང་གཤེན་མུ་ལ་ཐོགས་མེད།[1]

010–1
ལེའུ་དང་པོ། སངས་རྒྱས་ཐམས་ཅད་ཀྱི་མཚན་ཉིད། ཡི་གེའི་དབུའི་ལེའུ།
ལྡེབ་གྲངས། 1—9ན།(ཕྲེང་5)

010–2
ལེའུ་གཉིས་པ། བདེ་བར་གཤེགས་པ་བརྒྱ་སྟོང་པས་མཚན་ཉིད། ཡེ་གཤེན་འཆི་མེད་གཙུག་ཕུད་ཀྱིས་ཞུས་པ།
ལྡེབ་གྲངས། 9—18བ།(ཕྲེང་2)

010–3
ལེའུ་གསུམ་པ། ཤར་ཕྱོགས་འཇིག་རྟེན་ཁམས་སུ་སྟོང་པས་མཚན་ཉིད་ཡབ་ཡུམ་གྱི་ལོ་རྒྱུས་དང་སྐུའི་སྐྱེས་རབས་ཐོག་མ། ཡེ་གཤེན་འཆི་མེད་གཙུག་ཕུད་ཀྱིས་ཞུས་པ།
ལྡེབ་གྲངས། 18—25བ།(ཕྲེང་1)

---

① གངས་ཅན་རིག་མཛོད་དུ་བསྡུས་པའི་བཀའ་འགྱུར་དཀར་ཆག་ཏུ་གླིང་གཤེན་ནམ་མཁའ་ཐོགས་མེད་ཅེས་མཐོང་།

010–4
ལེའུ་བཞི་པ། བསྐལ་པ་བཟང་པོའི་སངས་རྒྱས་བརྒྱ་བྱུང་ཕྱོགས་འཇིག་རྟེན་གྱི་ཁམས་སུ་སྤྲོས་པའི་མཚན་ཉིད་ཐོག་མ། ཡེ་གཤེན་འཆི་མེད་གཙུག་ཕུད་ཀྱིས་ཞུས་པ།
ཤོག་གྲངས། 25—36ན།(ཕྲེང་3)

010–5
ལེའུ་ལྔ་པ། བསྐལ་པ་བཟང་པོའི་བདེ་བར་གཤེགས་པའི་རིགས་ཉིས་བརྒྱའི་སྐུའི་མཚན་ཉིད་དང་ཡབ་ཡུམ་གྱི་ལོ་རྒྱུས་དང་། སྐུའི་སྐྱེ་རབ་ཐོགས་མ། ཡེ་གཤེན་འཆི་མེད་གཙུག་ཕུད་ཀྱིས་ཞུས་པ།
ཤོག་གྲངས། 36—41བ།(ཕྲེང་1)

010–6
ལེའུ་དྲུག་པ། སྐུའི་འོད་ཟེར་ནུབ་ཕྱོགས་ཀྱི་འཇིག་རྟེན་གྱི་ཁམས་ལ་ཁྱབ་པ། འཁོར་བའི་སེམས་ཅན་དོང་ནས་སྤྲུག་ཅིང་རིས་དྲུག་གི་སྐྱེ་སྒོ་འགོག་པའི་སྟོན་པ་དེ་རྣམས་ཀྱིས་(ཀྱི་)སྐུའི་མཚན་ཉིད།
ཤོག་གྲངས། 41—49བ།(ཕྲེང་3)

010–7
ལེའུ་བདུན་པ། བསྐལ་པ་བཟང་པོའི་སངས་རྒྱས་རྣམས་ཀྱི་མཚན་ཉིད་ཡབ་ཡུམ་གྱི་ལེའུ་སྐུའི་སྐྱེས་རབ་(རབས་)ཐོག་མ།
ཤོག་གྲངས། 49—56ན།(ཕྲེང་4)

010–8
ལེའུ་བརྒྱད་པ། སངས་རྒྱས་བརྒྱའི་མཚན་ཉིད་ཡབ་ཡུམ་གྱི་སྐྱེས་རབས་ཐོགས་མ་ལས་བསྐལ་པ་བཟང་པོའི་བདེ་བར་གཤེགས་པ་བརྒྱ་ཐམས་པ་ཉོན་མོངས་པ་མེད་ཅིང་ཟག་པ་མེད་ཅིང་ཐར་པར་དྲངས་ནས་བོན་ཉིད་ཀྱི་དབྱིངས་སུ་བཀོད་པ།
ཤོག་གྲངས། 56—62བ།(ཕྲེང་5)

010–9
ལེའུ་དགུ་པ། བསྐལ་བ་བཟང་པོའི་སངས་རྒྱས་ལྔ་བཅུ་སོགས་བྱོན་ཚུལ།
ཤོག་གྲངས།[①]

010–10
ལེའུ་བཅུ་པ། བོན་ཉིད་བདེ་བའི་གནས་སུ་བཀོད་པའི་བདེ་བར་གཤེགས་པ་གཉིས་བརྒྱ་པའི་སྐུའི་མཚན་ཉིད་ཐོག་མ་ལ་ཡབ་ཡུམ་དང་སྐུའི་སྐྱེས་རབས་ཀྱི་ལེའུ།
ཤོག་གྲངས། 62བ—69ན།(ཕྲེང་5)

010–11
ལེའུ་བཅུ་གཅིག་པ། བསྐལ་བ་བཟང་པོའི་སངས་རྒྱས་བརྒྱའི་མཚན་ཉིད་དང་ཡབ་ཡུམ་གྱི་ལེའུ་སྐྱེས་རབས་ཐོག་མ།
ཤོག་གྲངས། 69—76ན།(ཕྲེང་1)

010–12
ལེའུ་བཅུ་གཉིས་པ། བསྐལ་བ་བཟང་པོའི་མདོའ་སྔ་རབས་སངས་རྒྱས་སྟོང་གི་ལེའུ།
ཤོག་གྲངས། 76—83ན།(ཕྲེང་2)

010–13
ལེའུ་བཅུ་གསུམ་པ། བདེ་བར་གཤེགས་པ་རྣམས་ཀྱི་མཚན་དང་པོ་ལ་བོན་རྣམ་པར་དག་པའི་ཡང་སྙིང་མཚན་ཉིད་ཀྱི་ཐོག་མ།

① གཞུང་ལ་ལེའུ་དགུ་པ་བཞུགས་མེད།

ལྡེབ་གྲངས། 83—95བ།(ཕྲེང་4)

010–14
ལེའུ་བཅུ་བཞི་པ། བདེ་བར་གཤེགས་པའི་སྐུ་ཡི་སྐྱེས་རབས་ཡབ་ཡུམ་གྱི་མཚན་ཉིད་ཐོག་མ་ལས་ད་ལྟའི་སངས་རྒྱས་མཚན་ཉིད་ཀྱི་ཐོག་མ།
ལྡེབ་གྲངས། 95—107བ།(ཕྲེང་4)

010–15
ལེའུ་བཅོ་ལྔ་པ། ཤར་ཕྱོགས་འཇིག་རྟེན་གྱི་ཁམས་སུ་སྤྲོས་པས་མཚན་ཉིད་ཐོག་མ་ལ་སྐུའི་སྐྱེས་རབས་དང་འགྲོ་བ་འདུལ་ལུགས། ཡབ་ཡུམ་གྱི་མཚན་ཉིད་སོགས་ཀྱི་ལེའུ།
ལྡེབ་གྲངས། 107—113བ།(ཕྲེང་7)

010–16
ལེའུ་བཅུ་དྲུག་པ། བསྐལ་བ་བཟང་པོའི་སངས་རྒྱས་རྣམས་ཀྱིས་མཚན་ཉིད་ཀྱི་ཐོག་མ་སྐུ་ཡུ་(ཡི་)བསྐྱེད་རབ(སྐྱེས་རབས)། ཡབ་ཡུམ་གྱི་མཚན་ཉིད། འདུལ་བའི་ཞིང་ཁམས་ཀྱི་ལེའུ།
ལྡེབ་གྲངས། 113—132ན།(ཕྲེང་3)

010–17
ལེའུ་བཅུ་བདུན་པ། བསྐལ་པ་བཟང་པོའི་སངས་རྒྱ་ཡིས་མཚན་ཉིད་ཀྱིས་ཐོག་མ་ལས་སྐུའི་བསྐྱེད་རབ(སྐྱེས་རབས)། ཡུམ་གྱི་ལེའུ། འདུལ་བའི་ཞིང་ཁམས་སོགས།
ལྡེབ་གྲངས། 132—136བ།(ཕྲེང་4)

010–18
ལེའུ་བཅོ་བརྒྱད་པ། མཚན་ཉིད་རྣམ་པར་དག་པའི་ཐོག་མ་ལ། སྐུ་ཡི་སྐྱེས་རབ་(རབས་)དང་། ཡབ་ཡུམ་གྱི་མཚན་ཉིད་དང་། འདུལ་བའི་ཞིང་ཁམས་སོགས།①
ལྡེབ་གྲངས། 136—155ན།(ཕྲེང་1)

010–19
ལེའུ་བཅུ་དགུ་པ། མཚན་ཉིད་རྣམ་པར་དག་པའི་ཐོག་མ་ལ། སྐུ་ཡི་སྐྱེས་རབ་(རབས་)དང་། ཡབ་ཡུམ་གྱི་མཚན་ཉིད་དང་། འདུལ་བའི་ཞིང་ཁམས་སོགས།
ལྡེབ་གྲངས།

010–20
ལེའུ་ཉི་ཤུ་པ། སྐྱེས་རབ་དང་འདུལ་བའི་ཞིང་ཁམས་ཀྱི་ལེའུ། ཡབ་ཡུམ་གྱི་མཚན་ཉིད་དང་འགྲོ་དོན་མཛད་ལུགས།
ལྡེབ་གྲངས། 155—161བ།(ཕྲེང་2)

010–21
ལེའུ་ཉེར་གཅིག་པ། སྐུའི་བསྐྱེད་རབ་(སྐྱེས་རབས་)ཡབ་ཡུམ་གྱི་ལེའུ། འདུལ་བའི་ཞིང་ཁམས་ཀྱི་མཚན་ཉིད།
ལྡེབ་གྲངས། 161—175བ།(ཕྲེང་2)

010–22
ལེའུ་ཉེར་གཉིས་པ། སྐུ་ཡི་བསྐྱེད་རབ་(སྐྱེས་རབས་)ཡབ་ཡུམ་གྱི་མཚན་ཉིད། འདུལ་བའི་ཞིང་ཁམས་སེམས་ཅན་ཐམས་ཅད་ཐར་པར་འདྲེན་པའི་ལུགས།

① གཞུང་ལ་ལེའུ་བརྒྱད་པ་ཞེས་མཐོང་ཡང་དོན་ལ་བཅོ་བརྒྱད་པ་རེད་འདུག

ལྡེབ་གྲངས། 175—179ན།(ཕྲེང་3)

010–23
ལེའུ་ཉེར་གསུམ་པ། སྐུ་ཡི་བསྐྱེད་རབ་(སྐྱེས་རབས་)ཡབ་ཡུམ་གྱི་མཚན་ཉིད། འདུལ་བའི་ཞིང་ཁམས་སེམས་ཅན་ཐམས་ཅད་ཐར་པར་འདྲེན་པའི་ལུགས།
ལྡེབ་གྲངས། 179—187བ།(ཕྲེང་4)

010–24
ལེའུ་ཉེར་བཞི་པ། སྐུ་ཡི་བསྐྱེད་རབ་(སྐྱེས་རབས་)ཡབ་ཡུམ་གྱི་མཚན་ཉིད། འདུལ་བའི་ཞིང་ཁམས་སེམས་ཅན་ཐམས་ཅད་ཐར་པར་དྲངས་ལུགས།
ལྡེབ་གྲངས། 187—197ན།(ཕྲེང་3)

010–25
ལེའུ་ཉེར་ལྔ་པ། སྐུ་ཡི་བསྐྱེད་རབ་(སྐྱེས་རབས་)ཡབ་ཡུམ་གྱི་མཚན་ཉིད། འདུལ་བའི་ཞིང་ཁམས་སེམས་ཅན་ཐམས་ཅད་ཐར་པར་དྲངས་ལུགས།
ལྡེབ་གྲངས། མེད།

010–26
ལེའུ་ཉེར་དྲུག་པ། སྐུ་ཡི་བསྐྱེད་རབ་(སྐྱེས་རབས་)ཡབ་ཡུམ་གྱི་མཚན་ཉིད། འདུལ་བའི་ཞིང་ཁམས་སེམས་ཅན་ཐམས་ཅད་ཐར་པར་དྲངས་ལུགས།
ལྡེབ་གྲངས། 197ན—213ན།(ཕྲེང་1)

010–27
ལེའུ་ཉེར་བདུན་པ། སྐུ་ཡི་བསྐྱེད་རབ་(སྐྱེས་རབས་)ཡབ་ཡུམ་གྱི་མཚན་ཉིད། འདུལ་བའི་ཞིང་ཁམས་སེམས་ཅན་ཐམས་ཅད་ཐར་པར་དྲངས་ལུགས།
ལྡེབ་གྲངས། མེད།

010–28
ལེའུ་ཉེར་བརྒྱད་པ། སྐུ་ཡི་བསྐྱེད་རབ་(སྐྱེས་རབས་)ཡབ་ཡུམ་གྱི་མཚན་ཉིད། འདུལ་བའི་ཞིང་ཁམས་ཀྱི་ལེའུ་གྲངས་དང་། ཁམས་གསུམ་སེམས་ཅན་འདྲེན་པའི་དོན་ཐབས་རྣམས་ཀྱི་མཚན་ཉིད།
ལྡེབ་གྲངས། 213ན—219བ།(ཕྲེང་3)

010–29
ལེའུ་ཉེར་དགུ་པ། བདེ་བར་གཤེགས་པ་དེ་བརྒྱ་ནི་སྐུའི་བསྐྱེད་རབ་(སྐྱེས་རབས་)ལས་མཚན་ཉིད་ཀྱི་ལེའུ། ཡབ་ཡུམ་གྱི་མཚན་ཉིད་འགྲོ་བ་འདུལ་ལུགས་ཀྱི་དང་པོ།
ལྡེབ་གྲངས། 219—231བ།(ཕྲེང་2)

010–30
ལེའུ་སུམ་ཅུ་བ། སྐྱེ་རབ་ཀྱི་གོང་མ་ཡབ་ཡུམ་གྱི་མཚན་ཉིད་ཀྱི་འདུལ་བའི་ཞིང་ཁམས་ཀྱི་ལེའུ།
ལྡེབ་གྲངས། 231—243ན།(ཕྲེང་6)

010–31
ལེའུ་སོ་གཅིག་པ། སྟོན་པ་བདེ་བར་གཤེགས་པ་བརྒྱའི་མཚན་ཉིད་སྐྱེས་རབས་ཐམས་ཅད་ཀྱི་ཐོག་མ་ཡབ་ཡུམ་གྱི་མཚན་ཉིད་དང་འདུལ་བའི་ཞིང་ཁམས་ཀྱི་ལེའུ།

ལྡེབ་གྲངས། མེད།

010–32
ལེའུ་སོ་གཉིས་པ། སྟོན་པ་བདེ་བར་གཤེགས་པ་བརྒྱའི་མཚན་ཉིད་སྐྱེས་རབས་ཐམས་ཅད་ཀྱི་ཐོག་མ་ཡབ་ཡུམ་གྱི་མཚན་ཉིད་
དང་འདུལ་བའི་ཞིང་ཁམས་ཀྱི་ལེའུ།
ལྡེབ་གྲངས། 243ན—249བ།(ཕྲེང་6)

010–33
ལེའུ་སོ་གསུམ་པ། བདེ་བར་གཤེགས་པ་བརྒྱའི་མཚན་ཉིད་ཀྱི་ཐོག་མ་ཡབ་ཡུམ་གྱི་ལེའུ།
ལྡེབ་གྲངས། མེད།

010–34
ལེའུ་སོ་བཞི་པ། བདེ་བར་གཤེགས་པ་བརྒྱའི་མཚན་ཉིད་ཀྱི་ཐོག་མ་ཡབ་ཡུམ་གྱི་ལེའུ།
ལྡེབ་གྲངས། 249བ—270བ།(ཕྲེང་3)

010–35
ལེའུ་སོ་ལྔ་པ། བདེ་བར་གཤེགས་པ་བརྒྱའི་སྐུ་ཡི་བསྐྱེད་རབ་(སྐྱེས་རབས་)ཡབ་ཡུམ་གྱི་མཚན་ཉིད་འདུལ་བའི་ཞིང་ཁམས་ཀྱི་ལེའུ།
ལྡེབ་གྲངས། མེད།

010–36
ལེའུ་སོ་དྲུག་པ། བདེ་བར་གཤེགས་པ་བརྒྱའི་སྐུ་ཡི་བསྐྱེད་རབ་(སྐྱེས་རབས་)ཡབ་ཡུམ་གྱི་མཚན་ཉིད་འདུལ་བའི་ཞིང་ཁམས་ཀྱི་ལེའུ།
ལྡེབ་གྲངས། 270བ—287བ།(ཕྲེང་4)

010–37
ལེའུ་སོ་བདུན་པ། རིན་པོ་ཆེ་སྐལ་བ་བཟང་པོའི་མདོ་ལས་ཡབ་ཡུམ་གཉིས་ཀྱི་སྐྱེས་རབ་(རབས་)ཀྱི་སྤྲུལ་པས་འགྲོ་དོན་མཛད་
ཐབས་ཀྱི་ལེའུ།
ལྡེབ་གྲངས། 287—288བ།(ཕྲེང་5)

010–38
ལེའུ་སོ་བརྒྱད་པ། རིན་པོ་ཆེ་སྐལ་བ་བཟང་པོའི་མདོ་ལས་ཡབ་ཡུམ་གཉིས་ཀྱི་སྐྱེས་རབ་(རབས་)ཀྱི་སྤྲུལ་པས་འགྲོ་དོན་མཛད་
ཐབས་ཀྱི་ལེའུ།
ལྡེབ་གྲངས། 288—298ན།(ཕྲེང་3)
[མཇུག་གི་ཡིག་ཚུང་དུ། གཏོང་རིགས་དབང་ཆེན་ཉི་མའི་ཕྱག་དཔེ་ནས་ཞལ་བཤུས་སོ། །བཀྲིས། ཞེས་འཁོད།][①]

011 〈ད〉
མཚན་བྱང་། མདོ་སྡེ་བསྐལ་པ་བཟང་པོ་གླིང་གཤེན་ནམ་མཁའ་མཐོང་གསལ་ལ་སྣན་ཏུ་བརྒྱུད་པའི་དབུ་འོག་མ་བཞུགས།
བསྡུས་བྱང་། གླིང་གཤེན་བསྐལ་བཟང་།
གྲངས་ཚད། ལེའུ་32ལ་ལྡེབ་292ཡོད། ཤོག་གྲངས་292བཞུགས།
རིགས་རྣམ། སྣན་བརྒྱུད།
སྣན་བརྒྱུད་མཁན། གླིང་གཤེན་མུ་ལ་ཐོགས་མེད།

① པོ་ཏི་འདིའི་ནང་དོན་གཅིག་ཏུ་ངེས་ནའང་ལེའུ་དང་བམ་ཚད་ཀྱིས་ཕྱེས་ནས་ཡོད། སྐབས་རེར་ལེའུ་དང་བམ་གྲངས་རེ་འགའ་མ་མཆིས་པ་རྣམས་ལེའུ་ཕྱི་མའི་མཚན་ལྟར་སྦྱར་བ་དང་། ལྡེབ་གྲངས་བཀོད་མེད། ཏན་མར་ཐེན་སོགས་ཀྱིས་དཀར་ཆག་ཞིབ་ཏུ་བཀོད་མེད།

011-1
ལེའུ་དང་པོ། གཙང་མ་ལྷའི་བུ་ལ་ལུང་བསྟན་པའི་མདོ།
ལྡེབ་གྲངས། 1—2བ།(ཕྲེང་3)

011-2
ལེའུ་གཉིས་པ། སྟ་རབས་འགྲོ་བ་འདྲེན་ལུགས་ཀྱི་མདོ།
ལྡེབ་གྲངས། 2—11ན།(ཕྲེང་7)

011-3
ལེའུ་གསུམ་པ། དེ་ལྟར་བཞུགས་པའི་བདེ་བར་གཤེགས་པ་རྣམས་ཀྱི་འགྲོ་བའི་དོན་ཅི་ལྟར་མཛད་པའི་ལེའུ།
ལྡེབ་གྲངས། 11—22བ།(ཕྲེང་6)

011-4
ལེའུ་བཞི་པ། སྐལ་པའི་ཆགས་ལུགས་དང་བསྲིད་པའི་གྲོལ་ལུགས་ཀྱི་ལེའུ།
ལྡེབ་གྲངས། 22—31ན།(ཕྲེང་7)

011-5
ལེའུ་ལྔ་པ། ནང་བཅུད་སེམས་ཅན་ཐམས་ཅད་ཀྱི་གྲོལ་ལུགས་ཀྱི་ལེའུ།
ལྡེབ་གྲངས། 31—37བ།(ཕྲེང་3)

011-6
ལེའུ་དྲུག་པ། རིན་པོ་ཆེ་ཡི་ཁྲི་བརྩེགས་ནས་སེམས་བསྐྱེད་པའི་གཞི་བཟུང་པའི་ལེའུ།
ལྡེབ་གྲངས། 37—45ན།(ཕྲེང་2)

011-7
ལེའུ་བདུན་པ། རྣམས་དག་སེམས་བསྐྱེད་པའི་ལེའུ།
ལྡེབ་གྲངས། 45—59ན།(ཕྲེང་2)

011-8
ལེའུ་བརྒྱད་པ། རྣམས་པར་དག་པ་སེམས་བསྐྱེད་ཀྱི་ལེའུ།
ལྡེབ་གྲངས། 59—71བ།(ཕྲེང་6)

011-9
ལེའུ་དགུ་པ། རྣམས་དག་སེམས་བསྐྱེད་པའི་ལེའུ།
ལྡེབ་གྲངས། 71—84བ།(ཕྲེང་3)

011-10
ལེའུ་བཅུ་པ།༼གོང༽ སྟོང་ཉིད་རྣམ་པར་དག་པའི་ལེའུ།
ལྡེབ་གྲངས། 84—91ན།(ཕྲེང་3)

011-11
ལེའུ་བཅུ་པ།༼འོག༽ སྤྱི་ཁྱབ་བོན་གྱི་ལེའུ།
ལྡེབ་གྲངས། 91—100བ།(ཕྲེང་1)

011-12
ལེའུ་བཅུ་གཅིག་པ། འཇིག་རྟེན་འཇིགས་ལུགས་བསྟན་པའི་ལེའུ།

ལྡེབ་གྲངས། 100—106བ།(ཐྲིང་6)

011–13
ལེའུ་བཅུ་གཉིས་པ། ཡོན་ཏན་གསུང་རབ་ཕན་ཡོན་ཏན་གྱི་ལེའུ།
ལྡེབ་གྲངས། 106—114བ།(ཐྲིང་4)

011–14
ལེའུ་དང་པོ། ཕྱག་འཚལ་བའི་ལེའུ།
ལྡེབ་གྲངས། 114—121ན།(ཐྲིང་7)

011–15
ལེའུ་གཉིས་པ། ཕྱག་འཚལ་བའི་ལེའུ།
ལྡེབ་གྲངས། 121—139བ།(ཐྲིང་7)

011–16
ལེའུ་གསུམ་པ། ཕྱག་འཚལ་བའི་ལེའུ།
ལྡེབ་གྲངས། 139—152བ།(ཐྲིང་6)

011–17
ལེའུ་བཞི་པ། ཕྱག་འཚལ་བའི་ལེའུ།
ལྡེབ་གྲངས། 152—166ན།(ཐྲིང་4)

011–18
ལེའུ་ལྔ་པ། ཕྱག་འཚལ་བའི་ལེའུ།
ལྡེབ་གྲངས། 166—173ན།(ཐྲིང་2)

011–19
ལེའུ་དྲུག་པ། ཕྱག་འཚལ་བའི་ལེའུ།
ལྡེབ་གྲངས། 173—189ན།(ཐྲིང་5)

011–20
ལེའུ་བདུན་པ། ཕྱག་འཚལ་བའི་ལེའུ།
ལྡེབ་གྲངས། 189—199ན།(ཐྲིང་6)

011–21
ལེའུ་བརྒྱད་པ། ཕྱག་འཚལ་བའི་ལེའུ།
ལྡེབ་གྲངས། 199—209ན།(ཐྲིང་1)

011–22
ལེའུ་དགུ་པ། ཕྱག་འཚལ་བའི་ལེའུ།
ལྡེབ་གྲངས། 209—216ན།(ཐྲིང་3)

011–23
ལེའུ་བཅུ་པ། ཕྱག་འཚལ་བའི་ལེའུ།
ལྡེབ་གྲངས། 216—227བ།(ཐྲིང་2)

011–24
ལེའུ་བཅུ་གཅིག་པ། ཕྱག་འཚལ་བའི་ལེའུ།
ལྡེབ་གྲངས། 227བ—236ན།(ཕྲེང་5)

011–25
ལེའུ་བཅུ་གཉིས་པ། ཕྱག་འཚལ་བའི་མདོ་ལེའུ།
ལྡེབ་གྲངས། 236—245ན།(ཕྲེང་3)

011–26
ལེའུ་བཅུ་གསུམ་པ། ཕྱག་འཚལ་བའི་ལེའུ།
ལྡེབ་གྲངས། 245—253བ།(ཕྲེང་4)

011–27
ལེའུ་བཅུ་བཞི་པ། ཕྱག་འཚལ་བའི་ལེའུ།
ལྡེབ་གྲངས། 253—262ན།(ཕྲེང་3)

011–28
ལེའུ་བཅོ་ལྔ་པ། ཕྱག་འཚལ་སྙིང་པོ་བསྟན་པའི་ལེའུ།
ལྡེབ་གྲངས། 262—270ན།(ཕྲེང་4)

011–29
ལེའུ་བཅུ་དྲུག་པ། ཕྱག་འཚལ་བའི་ལེའུ།
ལྡེབ་གྲངས། 270—278བ།(ཕྲེང་2)

011–30
ལེའུ་བཅུ་བདུན་པ། ཕྱག་འཚལ་བའི་ལེའུ།
ལྡེབ་གྲངས། 278—280བ།(ཕྲེང་7)

011–31
ལེའུ་བཅོ་བརྒྱད་པ། ཕྱག་འཚལ་བའི་ལེའུ།
ལྡེབ་གྲངས། 280—285ན།(ཕྲེང་6)

011–32
ལེའུ་བཅུ་དགུ་པ། ཕྱག་འཚལ་བའི་ལེའུ།
ལྡེབ་གྲངས། 285—290ན།(ཕྲེང་7)[①]

012 ﹛ན﹜
མཚན་བྱང་། གོ་སྡེ་བསྐལ་བཟང་འགྲོ་བ་འདྲེན་པའི་མདོ་བཞུགས། བོད་སྐད།
བསྡུས་བྱང་། གོ་སྡེ་བསྐལ་བཟང་།
གྲངས་ཚད། ལེའུ་9ལ་ལྡེབ་255ཡོད། ཤོག་གྲངས་502བཞུགས།
རིགས་རྣམ། གཏེར་མ།
གཏེར་སྟོན། གོ་སྡེ་འཕག་སྒོམ་གཡུང་དྲུང་ཡེ་ཤེས།

① བོད་འདིའི་ཤོག་གྲངས་23/24/25པ་བཅས་ལྡེབ་མ་གཅིག་ཏུ་བཀོད་ཡོད། ལེའུ་བཅུ་གཉིས་པ་ཇོགས་མཚམས་ནས་ཡང་བསྐྱར་ལེའུ་དང་པོ་ཞེས་ལེའུ་གྲངས་ནོར་འདུག

012–1
ལེའུ་དང་པོ། གླིང་བཞི་འཁོར་འདས་ཀྱིས་བསྡིད་ལུགས་བསྐལ་བསྡིད་ས་གཙོད་བསྟན་པའི་ལེའུ། བོན་མུ་ཆོ་ལྡེམ་དྲུག་གིས་ཞུས་པ།
ལྡེབ་གྲངས། 1—11ན།(ཕྲེང་5)

012–2
ལེའུ་གཉིས་པ། ཁམས་གསུམ་འཁོར་བའི་སེམས་ཅན་འཁྲུལ་ཅིང་སྲིད་ཐབས་བསྟན་པའི་ལེའུ། བོན་མུ་ཆོ་ལྡེམ་དྲུག་གིས་ཞུས་པ།
ལྡེབ་གྲངས། 11—14བ།(ཕྲེང་7)

012–3
ལེའུ་གསུམ་པ། བོན་ཉིད་དང་ལས་ཡེ་ཤེས་མ་གཡོས་ཏེ། རྫོགས་སྐུར་སྤྲུལ་ལུགས་འཆད་པའི་ལེའུ། འཕྲུལ་དགའ་གཙུག་ཕུད་ཀྱིས་ཞུས་པ།
ལྡེབ་གྲངས། 14—20ན།(ཕྲེང་2)

012–4
ལེའུ་བཞི་པ། སྐུ་གསུམ་འགྲོ་བ་འདྲེན་པའི་དོན་སྨོན་ཤིང་སྤྲུལ་པའི་ལེའུ། གཏོ་བུམ་འབུམ་སངས་ཀྱིས་ཞུས།
ལྡེབ་གྲངས། 20—32ན།(ཕྲེང་6)

012–5
ལེའུ་ལྔ་པ། སྤྲུལ་པའི་སྐུ་ལས་ཚོགས་(ཚོག་)དང་ཡི་གེར་སྨོན་པའི་ལེའུ། ལྷའི་བུ་ཀུ་བྱི་མང་ཀེས་ཞུས།
ལྡེབ་གྲངས། 32—40ན།(ཕྲེང་4)

012–6
ལེའུ་དྲུག་པ། བསྐལ་པའི་གཤེན་རབ་སེམས་ཅན་འབྱུང་ལུགས་དང་། དབྱིངས་དང་ཡེ་ཤེས་ཐབས་དང་ཤེས་རབ་ཚུལ་བསྟན་པའི་ལེའུ། གཏོ་བུམ་འབུམ་སངས་ཀྱིས་ཞུས།
ལྡེབ་གྲངས། 40—44ན།(ཕྲེང་4)

012–7
ལེའུ་བདུན་པ། བསྐལ་བཟང་གཤེན་རབ་སྟོང་རྩ་གཉིས་གླིང་གར་འབྱོན་པ་དོན་ཆེད་ཅི་ལ་དགོངས་ནས་བྱོན་པ་བསྟན་པའི་ལེའུ། ཡིད་ཀྱི་ཁྲིའུ་ཆུང་གིས་ཞུས་པ།
ལྡེབ་གྲངས། 44—50ན།(ཕྲེང་3)

012–8
ལེའུ་བརྒྱད་པ། བསྐལ་བཟང་གཤེན་རབ་སྟོང་རྩ་གཉིས་མཛད་པ་བཅུ་གཉིས་བཀོད་བྱུང་སྤྱི་ལ་སྡོམ་བསྟན་པའི་ལེའུ། གསལ་བ་འོད་ལྡན་གྱིས་ཞུས།
ལྡེབ་གྲངས། 50—52བ།(ཕྲེང་5)

012–9
ལེའུ་དགུ་པ། བོན་གྱིས་སྨོས་བསྡུ་རྩ་བ་ལས་རྩེ་གཅིག་གིས་(གི་)ལུགས་བསྟན་པའི་ལེའུ། གསལ་བ་འོད་ལྡན་གྱིས་ཞུས།
ལྡེབ་གྲངས། 52—61ན།(ཕྲེང་2)①

① པོད་འདིའི་ལྡེབ་གྲངས་61ན་(ཕྲེང་3)ནས་ལྡེབ་255ན་བར་གླེགས་བམ་མཇུག་རྫོགས་པའི་མཚམས་དང་དེ་ནས་པོད་ཕྱི་མའི་ལྡེབ་86པ་བར་དུ་ལེའུ་བཅུ་པའི་དོན་བསྟན་པ་ལགས།

013 ༼པ༽
མཚན་བྱང་། གོ་སྡེ་བསྐལ་བཟང་འགྲོ་བ་འདྲེན་པའི་མདོ་བཞུགས། བོད་སྐད།
བསྡུས་བྱང་། གོ་བདེ་བསྐལ་བཟང་།
གྲངས་ཚད། ལེའུ་11ལ་ལྡེབ་262ཡོད། ཤོག་གྲངས་527བཞུགས།
རིགས་རྣམ། གཏེར་མ།
གཏེར་སྟོན། གོ་སྡེ་འཕགས་སྟོམ་གཡུང་དྲུང་ཡེ་ཤེས།

013–1
ལེའུ་བཅུ་པ། ལྷ་གཤེན་སྲིད་པ་གསུམ་གསུམ་སྟོང་རྩ་གཉིས་ཀྱི་མཚན་གྲངས། ཡབ་ཡུམ་མཚན་མཁན་དང་ཞིང་ཁམས་སྐུ་ཚེ་གདུལ་བྱ་བསྟན་པའི་ལེའུ། གཏོ་བུམ་འབུམ་སངས་ཀྱིས་ཞུས།
ལྡེབ་གྲངས། བོད་གོང་མའི་ལྡེབ་གྲངས་61ན་(ཕྲེང་3)ནས་བོད་འདིའི་ལྡེབ་86ན་(ཕྲེང་1)བར།

013–2
ལེའུ་བཅུ་གཅིག་པ། ལྷ་གཤེན་སྲིད་པའི་བསྟན་པ་རྫོགས་ནས་འཁོར་བ་དོང་སྤྲུག་མཛད་ཚུལ་བསྟན་པའི་ལེའུ། གཏོ་བུམ་འབུམ་སངས་ཀྱིས་ཞུས།
ལྡེབ་གྲངས། 86ན—93ན།(ཕྲེང་6)

013–3
ལེའུ་བཅུ་གཉིས་པ། ཕ་རོལ་ཕྱིན་བཅུའི་དོན་བསླབ་ཐབས་ཀྱི་ལེའུ། གཏོ་བུམ་འབུམ་སངས་ཀྱིས་ཞུས།
ལྡེབ་གྲངས། 93—111བ།(ཕྲེང་6)

013–4
ལེའུ་བཅུ་གསུམ་པ། དགེ་སྡིག་གི་རྒྱུ་འབྲས་སོ་སོར་ཕྱེས་ནས་གཤེན་རབ་སྟོང་རྩ་གཉིས་ཀྱི་མཚན་དང་དཔེ་བྱེད་ཡོན་ཏན་འབྱུང་གནས་ཞུས་པའི་ལེའུ། གཏོ་བུམ་འབུམ་སངས་ཀྱིས་ཞུས།
ལྡེབ་གྲངས། 111—141ན།(ཕྲེང་3)

013–5
ལེའུ་བཅུ་བཞི་པ། ལྷ་གཤེན་སྲིད་པ་ཐམས་ཅད་ལས་མཆོད་འབུལ་སྒྲུབ་པ་བསྟན་པ་དང་། སྔགས་དང་གཟུངས་ཀྱི་ལས་རིམ་བསྟན་པའི་ལེའུ། ཡིད་ཀྱི་ཁྱིའུ་ཆུང་གིས་ཞུས།
ལྡེབ་གྲངས། 141—176བ།(ཕྲེང་4)

013–6
ལེའུ་བཅོ་ལྔ་པ། ཀུན་རྫོབ་བདེན་པ་དང་། དོན་དམ་བདེན་པ་དང་། འཁོར་འདས་བོན་རྣམས་མ་ལུས་ཀུན། བདག་མེད་སྦྱངས་ནས་ལྷ་གཤེན་སྲིད་པ་ཐམས་ཅད་ཀྱི་ཡོན་ཏན་མཚན་དཔེ་ཐུགས་རྗེ་བསྒྲུབས་པའི་ཐབས་བསྟན་པའི་ལེའུ། གཏོ་བུ་འབུམ་སྲས་ཀྱིས་ཞུས།
ལྡེབ་གྲངས། 176—189ན།(ཕྲེང་7)

013–7
ལེའུ་བཅུ་དྲུག་པ། བཀུར་ཏི་(བསྟི་)ཕུ་དུད་ཡོན་ཏན་གྱི་ལེའུ། ཡིད་ཀྱི་ཁྱིའུ་ཆུང་གིས་ཞུས།
ལྡེབ་གྲངས། 189—196བ།(ཕྲེང་4)

013–8
ལེའུ་བཅུ་བདུན་པ། ཐབས་དང་ཤེས་རབ་ཟུང་འབྲེལ་གྱི་དོན་བསྟན་ནས་གཤེན་རབ་སྟོང་རྩ་གཉིས་ཀྱི་མཚན་དང་དཔེ་བྱད་ཡོན་ཏན་བསྒྲུབ་པའི་ལེའུ། ཚངས་པ་གཙུག་ཕུད་ཀྱི་ཞུས་པ།

ལྡེབ་གྲངས། 196—248ན།(ཕྲེང་4)

013–9
ལེའུ་བཅོ་བརྒྱད་པ། དོན་གཉིས་མཐར་ཕྱིན་ཡིད་བཞིན་སྒྲོན་ལམ་གྱི་ལེའུ། ཨུ་ཚོ་ལྡེམ་དྲུག་གིས་ཞུས་པ།
ལྡེབ་གྲངས། 248—258ན།(ཕྲེང་2)

013–10
ལེའུ་བཅུ་དགུ་པ། འཁོར་འདས་ཀྱི་བོན་སེམས་སུ་འདུས་ཤིང་ལྷ་གཤེན་སྲིད་པའི་ཐིག་ལེར་འདུས་པའི་ལེའུ། ཡིད་ཀྱི་ཁྲིའུ་རྒྱུང་གིས་ཞུས་པ།
ལྡེབ་གྲངས། 258—261ན།(ཕྲེང་5)

013–11
ལེའུ་ཉི་ཤུ་པ། རྒྱུད་ཡོངས་སུ་གཏད་ནས་འཁོར་གྱིས་བསྟོད་ཅིང་ཡིད་རང་ཕུལ་བའི་ལེའུ། ཡིད་ཀྱི་ཁྲིའུ་རྒྱུང་གིས་ཞུས་པ།
ལྡེབ་གྲངས། 261—262ན།(ཕྲེང་7)
མཇུག་བྱང་། གོ་སྡེ་འཕགས་སྐོམ་གཡུང་དྲུང་ཡེ་ཤེས་ཀྱིས་ཅེས་འབྲུག་ནས་ཧའི་ཟླ་བ་གསུམ་པའི་ཚེས་བཞིའི་ཉིན་གཏེར་ནས་བཏོན་ནོ། །བཀྲ་ཤིས་ཞལ་ཏྲོ་ཕྱིན་རླབས་ཆེ་བར་ཤོག །བཀྲ་ཤིས་དཔལ་འབར་འཛམ་གླིང་རྒྱན་འགྱུར་ཅིག །དགེའོ།། །།

014 〈ཕ〉
མཚན་བྱང་། འདུས་པ་རིན་པོ་ཆེའི་རྒྱུད་དྲི་མ་མེད་པ་གཟི་བརྗིད་རབ་ཏུ་འབར་བའི་མདོ་བཞུགས་སོ། །〈ཀ〉
བསྡུས་བྱང་། མདོ་དྲི་མེད་གཟི་བརྗིད།
གྲངས་ཚད། ལེའུ་4ལ་ལྡེབ་376ཡོད། ཤོག་གྲངས་752བཞུགས།
རིགས་རྣམ། སྔན་བརྒྱུད།
སྔན་བརྒྱུད་མཁན། སྤྲུལ་སྐུ་བློ་ལྡན་སྙིང་པོ།
སྒྲིག་མཁན། སྤྲུལ་སྐུ་བློ་ལྡན།

014–1
ལེའུ་དང་པོ། འདུས་པ་རིན་པོ་ཆེའི་རྒྱུད་དྲི་མ་མེད་པ་གཟི་བརྗིད་རབ་ཏུ་འབར་བའི་མདོ་ལས་སྟོན་པ་འོད་གསལ་ལྷ་ལས་བབ་པའི་མདོ་བཞུགས་སོ། །
ལྡེབ་གྲངས། 1—152བ།(ཕྲེང་3)

014–2
ལེའུ་གཉིས་པ། འདུས་པ་རིན་པོ་ཆེའི་རྒྱུད་དྲི་མ་མེད་པ་གཟི་བརྗིད་རབ་ཏུ་འབར་བའི་མདོ་ལས་སྟོན་པས་རི་རབ་རྩེ་ན་ལྷ་མཐུ་ཆེན་རྣམས་དམ་ལ་བཏགས་པའི་མདོ་བཞུགས་སོ། །
ལྡེབ་གྲངས། 153ན—207ན།(ཕྲེང་1)

014–3
ལེའུ་གསུམ་པ། འདུས་པ་རིན་པོ་ཆེའི་རྒྱུད་དྲི་མ་མེད་པ་གཟི་བརྗིད་རབ་ཏུ་འབར་བའི་མདོ་ལས་སངས་རྒྱས་ཀྱི་གནས་དང་ཞིང་ཁམས་ལེའུ་བཞུགས་སོ། །
ལྡེབ་གྲངས། 208ན—268ན།(ཕྲེང་6)

014–4
ལེའུ་བཞི་པ། འདུས་པ་རིན་པོ་ཆེའི་རྒྱུད་དྲི་མ་མེད་པ་གཟི་བརྗིད་རབ་ཏུ་འབར་བའི་མདོ་ལས་གཤེན་རབ་སྐྱེ་བ་བཞེས་པའི་མདོ་

བཞུགས་སོ། །

ལྡེབ་གྲངས། 268ན—376ན།(ཕྲེང་5)

015 ༼བ༽

མཚན་བྱང་། འདུས་པ་རིན་པོ་ཆེའི་རྒྱུད་དྲི་མ་མེད་པ་གཟི་བརྗིད་རབ་ཏུ་འབར་བའི་མདོ་བཞུགས་སོ། །༼ཁ༽

བསྡུས་བྱང་། མདོ་དྲི་མེད་གཟི་བརྗིད།

གྲངས་ཚད། ལེའུ་5ལ་ལྡེབ་334ཡོད། ཤོག་གྲངས་668བཞུགས།

རིགས་རྣམ། སྙན་བརྒྱུད།

སྙན་བརྒྱུད་མཁན། སྤྲུལ་སྐུ་བློ་ལྡན་སྙིང་པོ།

སྒྲིག་མཁན། སྤྲུལ་སྐུ་བློ་ལྡན་སྙིང་པོ།

015–1

ལེའུ་ལྔ་པ། འདུས་པ་རིན་པོ་ཆེའི་རྒྱུད་དྲི་མ་མེད་པ་གཟི་བརྗིད་ཀྱི་མདོ་ལས་སངས་རྒྱས་གཞོན་ནུ་རོལ་རྩལ་གྱི་མདོ་བཞུགས་སོ། །

ལྡེབ་གྲངས། 1—120བ།(ཕྲེང་3)

015–2

ལེའུ་དྲུག་པ། འདུས་པ་རིན་པོ་ཆེའི་རྒྱུད་དྲི་མ་མེད་པ་གཟི་བརྗིད་ཀྱི་མདོ་ལས་རྒྱལ་བུ་རྒྱལ་སར་བྱུང་བའི་མདོ་བཞུགས་སོ། །

ལྡེབ་གྲངས། 121ན—191ན།(ཕྲེང་4)

015–3

ལེའུ་བདུན་པ། འདུས་པ་རིན་པོ་ཆེའི་རྒྱུད་དྲི་མ་མེད་པ་གཟི་བརྗིད་ཀྱི་མདོ་ལས་རྒྱལ་པོས་བཀའ་ཁྲིམས་སྤྲུལ་བའི་མདོ་བཞུགས་སོ། །

ལྡེབ་གྲངས། 192ན—268ན།(ཕྲེང་7)

015–4

ལེའུ་བརྒྱད་པ། འདུས་པ་རིན་པོ་ཆེའི་རྒྱུད་དྲི་མ་མེད་པ་གཟི་བརྗིད་ཀྱི་མདོ་ལས་རྒྱལ་བུས་ཐེག་པ་གཉིས་པ་སྣང་གཤེན་གྱི་བོན་གཏན་ལ་ཕབ་པའི་མདོ་བཞུགས་སོ། །

ལྡེབ་གྲངས། 269ན—301ན།(ཕྲེང་3)

015–5

ལེའུ་དགུ་པ། འདུས་པ་རིན་པོ་ཆེའི་རྒྱུད་དྲི་མ་མེད་པ་གཟི་བརྗིད་ཀྱི་མདོ་ལས་རྒྱལ་བུས་ཐེག་པ་གསུམ་པ་འཕྲུལ་གཤེན་གྱི་བོན་གཏན་ལ་ཕབ་པའི་མདོ་བཞུགས་སོ། །

ལྡེབ་གྲངས། 302ན—334ན།(ཕྲེང་2)

016 ༼མ༽

མཚན་བྱང་། འདུས་པ་རིན་པོ་ཆེའི་རྒྱུད་དྲི་མ་མེད་པ་གཟི་བརྗིད་རབ་ཏུ་འབར་བའི་མདོ་བཞུགས་སོ། །༼ག༽

བསྡུས་བྱང་། མདོ་དྲི་མེད་གཟི་བརྗིད།

གྲངས་ཚད། ལེའུ་4ལ་ལྡེབ་327ཡོད། ཤོག་གྲངས་654བཞུགས།

རིགས་རྣམ། སྙན་བརྒྱུད།

སྙན་བརྒྱུད་མཁན། སྤྲུལ་སྐུ་བློ་ལྡན་སྙིང་པོ།

སྒྲིག་མཁན། སྤྲུལ་སྐུ་བློ་ལྡན་སྙིང་པོ།

016–1
ལེའུ་བཅུ་པ། འདུས་པ་རིན་པོ་ཆེའི་རྒྱུད་དྲི་མ་མེད་པ་གཟི་བརྗིད་ཀྱི་མདོ་ལས་སྲིད་གཞིན་ཐེག་པ་གཏན་ཕབ་པའི་མདོ་བཞུགས་སོ། །
ལྡེབ་གྲངས། 1ན—55ན།(ཕྲེང་2)

016–2
ལེའུ་བཅུ་གཅིག་པ། འདུས་པ་རིན་པོ་ཆེའི་རྒྱུད་དྲི་མ་མེད་པ་གཟི་བརྗིད་ཀྱི་མདོ་ལས་ཀུན་དབྱིངས་སྐུ་ལྔའི་དཀྱིལ་འཁོར་གྱི་མདོ་བཞུགས་སོ། །
ལྡེབ་གྲངས། 1—117ན།(ཕྲེང་2)

016–3
ལེའུ་བཅུ་གཉིས་པ། འདུས་པ་རིན་པོ་ཆེའི་རྒྱུད་དྲི་མ་མེད་པ་གཟི་བརྗིད་ཀྱི་མདོ་ལས་སྟོང་བ་ཐེག་པ་དགེ་བསྙེན་པོན་དབྱིངས་རྩ་བའི་དཀྱིལ་འཁོར་གྱི་ཚོ་ག་བཞུགས་སོ། །
ལྡེབ་གྲངས། 1ན—106བ།(ཕྲེང་1)

016–4
ལེའུ་བཅུ་གསུམ་པ། འདུས་པ་རིན་པོ་ཆེའི་རྒྱུད་དྲི་མ་མེད་པ་གཟི་བརྗིད་ཀྱི་མདོ་ལས་སྟོན་པ་ཐེག་པ་དྲུག་པ་དྲངས་མེད་པོན་གཏན་ལ་ཕབ་པའི་མདོ་ཞེས་བྱ་བ་བཞུགས་པའི་དབུས་ཕྱོགས་ལེགས་པ་བཀྲ་ཤིས་སྒོ། །
ལྡེབ་གྲངས། 1ན—49ན།(ཕྲེང་1)
མཇུག་བྱང་། འབྲུ་རིག་འཁོར་རྩ་གཡང་བསྐྱབ་མིང་ཅན་གྱི། རང་ལོ་ཉེར་དྲུག་ཐོགས་དུ་བྲིས། སྒྲིབ་བདག་དང་ཉེས་སམས་བཅས་ཀྱི་གསོར་བྱས། འཛམ་གླིང་ཁྱབ་གྱུར་ཅིག །

017 ༼ཙ༽
མཚན་བྱང་། འདུས་པ་རིན་པོ་ཆེའི་རྒྱུད་དྲི་མ་མེད་པ་གཟི་བརྗིད་རབ་ཏུ་འབར་བའི་མདོ་བཞུགས་སོ། །༼ང༽
བསྡུས་བྱང་། མདོ་དྲི་མེད་གཟི་བརྗིད།
གྲངས་ཚད། ལེའུ་7ལ་ལྡེབ་367ཡོད། ཤོག་གྲངས་734བཞུགས།
རིགས་རྣམ། སྙན་བརྒྱུད།
སྙན་བརྒྱུད་མཁན། སྤྲུལ་སྐུ་བློ་ལྡན་སྙིང་པོ།
སྒྲིག་མཁན། སྤྲུལ་སྐུ་བློ་ལྡན་སྙིང་པོ།

017–1
ལེའུ་བཅུ་བཞི་པ། འདུས་པ་རིན་པོ་ཆེའི་རྒྱུད་དྲི་མ་མེད་པ་གཟི་བརྗིད་ཀྱི་མདོ་ལས་ཨ་དཀར་ཐེག་པ་གཏན་ལ་ཕབ་པའི་མདོ་བཞུགས་སོ། །
ལྡེབ་གྲངས། 1—74ན།(ཕྲེང་6)

017–2
ལེའུ་བཅོ་ལྔ་པ། འདུས་པ་རིན་པོ་ཆེའི་རྒྱུད་དྲི་མ་མེད་པ་གཟི་བརྗིད་ཀྱི་མདོ་ལས་སྟོན་པས་ཐེག་པ་བརྒྱད་པ་ཡེ་ཤེས་ཀྱི་ཐེག་པ་བརྒྱད་པ་ཡེ་གཤེན་གྱི་ཐེག་པ་གཏན་ལ་ཕབ་པའི་མདོ་བཞུགས་སོ། །
ལྡེབ་གྲངས། 75—114ན།(ཕྲེང་2)

017–3
ལེའུ་བཅུ་དྲུག་པ། འདུས་པ་རིན་པོ་ཆེའི་རྒྱུད་དྲི་མ་མེད་པ་གཟི་བརྗིད་ཀྱི་མདོ་ལས་སྟོན་པས་བླ་མེད་ཀྱི་ཐེག་པ་གཏན་ལ་ཕབ་པའི་མདོ་བཞུགས་སོ། །

ལྡེབ་གྲངས། 115—146བ།(ཕྲེང་6)

017–4
ལེའུ་བཅུ་བདུན་པ། འདུས་པ་རིན་པོ་ཆེའི་རྒྱུད་དྲི་མ་མེད་པ་གཟི་བརྗིད་ཀྱི་མདོ་ལས་སྟོན་པས་སྐད་འགྱུར་སོ་སོའི་དོན་བསྟན་པའི་མདོ་བཞུགས་སོ། །
ལྡེབ་གྲངས། 147—194ན།(ཕྲེང་3)

017–5
ལེའུ་བཅོ་བརྒྱད་པ། འདུས་པ་རིན་པོ་ཆེའི་རྒྱུད་དྲི་མ་མེད་པ་གཟི་བརྗིད་ཀྱི་མདོ་ལས་སྟོན་པས་གདུལ་དཀའ་འདུལ་བའི་མདོ་བཞུགས་སོ། །
ལྡེབ་གྲངས། 195—267བ།(ཕྲེང་4)

017–6
ལེའུ་བཅུ་དགུ་པ། འདུས་པ་རིན་པོ་ཆེའི་རྒྱུད་དྲི་མ་མེད་པ་གཟི་བརྗིད་ཀྱི་མདོ་ལས་བྱམས་ལྡན་དཀྱིལ་འཁོར་གྱི་ཆོ་ག་བཞུགས་སོ། །
ལྡེབ་གྲངས། 268—295བ།(ཕྲེང་3)

017–7
ལེའུ་ཉི་ཤུ་པ། འདུས་པ་རིན་པོ་ཆེའི་རྒྱུད་དྲི་མ་མེད་པ་གཟི་བརྗིད་ཀྱི་མདོ་ལས་དབང་ལྡན་དུས་འཁོར་གྱི་ཆོ་ག་བཞུགས་པ་ལེགས།①
ལྡེབ་གྲངས། 296—367ན།(ཕྲེང་2)

018 〈ཚ〉
མཚན་བྱང་། འདུས་པ་རིན་པོ་ཆེའི་རྒྱུད་དྲི་མ་མེད་པ་གཟི་བརྗིད་རབ་ཏུ་འབར་བའི་མདོ་བཞུགས་སོ། །〈ཅ〉
བསྡུས་བྱང་། མདོ་དྲི་མེད་གཟི་བརྗིད།
གྲངས་ཚད། ལེའུ་4ལ་ལྡེབ་328ཡོད། ཤོག་གྲངས་656བཞུགས།
རིགས་རྣམ། སྣན་བརྒྱུད།
སྣན་བརྒྱུད་མཁན། སྤྲུལ་སྐུ་བློ་ལྡན་སྙིང་པོ།
སྒྲིག་མཁན། སྤྲུལ་སྐུ་བློ་ལྡན་སྙིང་པོ།

018–1
ལེའུ་ཉེར་གཅིག་པ། འདུས་པ་རིན་པོ་ཆེའི་རྒྱུད་དྲི་མ་མེད་པ་གཟི་བརྗིད་ཀྱི་མདོ་ལས་སྟོན་པས་པེའུ་ཚེ་རྣམ་པ་གསུམ་གྱི་དོན་བསྟན་པའི་མདོ་བཞུགས་སོ། །
ལྡེབ་གྲངས། 1—55ན།(ཕྲེང་4)

018–2
ལེའུ་ཉེར་གཉིས་པ། འདུས་པ་རིན་པོ་ཆེའི་རྒྱུད་དྲི་མ་མེད་པ་གཟི་བརྗིད་ཀྱི་མདོ་ལས་འགྲོ་འདུལ་འོད་ཟེར་སྤྲོ་བའི་མདོ་ཞེས་བྱ་བའི་དབུས་ཕྱོགས་བཞུགས་སོ། །
ལྡེབ་གྲངས། 56—164ན།(ཕྲེང་3)

018–3
ལེའུ་ཉེར་གསུམ་པ། འདུས་པ་རིན་པོ་ཆེའི་རྒྱུད་དྲི་མ་མེད་པ་གཟི་བརྗིད་ཀྱི་མདོ་ལས་རྒྱུ་འབྲས་རྣམ་པར་འབྱེད་པའི་མདོ་བཞུགས

① མདུན་ཤོག་ཏུ། འདུས་པ་རིན་པོ་ཆེའི་རྒྱུད་དྲི་མ་མེད་པ་གཟི་བརྗིད་ཀྱི་མདོ་ལས་དབང་ལྡན་དུས་འཁོར་གྱི་ཆོ་ག་བཞུགས་པ་ལེགས། ཞེས་དང་། ལྡེབ་དང་པོའི་གང་ཟག་མིའི་སྐད་དུ་ཞེས་པར་མཚན་བྱང་དུ་འདུས་པ་རིན་པོ་ཆེའི་རྒྱུད་དྲི་མ་མེད་པ་གཟི་བརྗིད་ཀྱི་མདོ་ལས་སྟོན་པས་བསྟན་པ་རིན་པོ་ཆེ་རབ་ཏུ་སྤེལ་བའི་བཞུགས་སོ། །ཞེས་བཀོད།

པའི་དབུས་ཕྱོགས་བཞུགས་སོ། །
ལྡེབ་གྲངས། 1—78ན།(ཕྲེང་6)

018–4
ལེའུ་ཉེར་བཞི་པ། འདུས་པ་རིན་པོ་ཆེའི་རྒྱུད་དྲི་མ་མེད་པ་གཟི་བརྗིད་རབ་ཏུ་འབར་བའི་མདོ་ལས་འགྲོ་བ་སེམས་ཅན་ཐར་པར་དྲངས་པའི་མདོ་བཞུགས་པའི་དབུས་ཕྱོགས་བཞུགས་སོ། །①
ལྡེབ་གྲངས། 1—86ན།(ཕྲེང་4)

019 〈ཇ〉
མཚན་བྱང་། འདུས་པ་རིན་པོ་ཆེའི་རྒྱུད་དྲི་མ་མེད་པ་གཟི་བརྗིད་རབ་ཏུ་འབར་བའི་མདོ་བཞུགས་སོ། །〈ཆ〉
བསྡུས་བྱང་། མདོ་དྲི་མེད་གཟི་བརྗིད།
གྲངས་ཚད། ལེའུ་4ལ་ལྡེབ་344ཡོད། ཤོག་གྲངས་688བཞུགས།
རིགས་རྣམ། སྣན་བརྒྱུད།
སྣན་བརྒྱུད་མཁན། སྤྲུལ་སྐུ་བློ་ལྡན་སྙིང་པོ།
ཕྲིག་མཁན། སྤྲུལ་སྐུ་བློ་ལྡན་སྙིང་པོ།

019–1
ལེའུ་ཉེར་ལྔ་པ། འདུས་པ་རིན་པོ་ཆེའི་རྒྱུད་དྲི་མ་མེད་པ་གཟི་བརྗིད་ཀྱི་མདོ་ལས་ཀུན་རིག་སྒྲོན་མའི་ཆོ་ག་བཞུགས་པ་ལེགས་སྟོ། །
ལྡེབ་གྲངས། 1—121ན།(ཕྲེང་1)

019–2
ལེའུ་ཉེར་དྲུག་པ། འདུས་པ་རིན་པོ་ཆེའི་རྒྱུད་དྲི་མ་མེད་པ་གཟི་བརྗིད་ཀྱི་མདོ་ལས་ཀུན་བཟང་རྒྱལ་བ་རྒྱ་མཚོའི་ཆོ་ག་བསྟན་པའི་མདོ།②
ལྡེབ་གྲངས། 122—204བ།(ཕྲེང་1)

019–3
ལེའུ་ཉེར་བདུན་པ། འདུས་པ་རིན་པོ་ཆེའི་རྒྱུད་དྲི་མ་མེད་པ་གཟི་བརྗིད་ཀྱི་མདོ་ལས་གུ་ཤེར་ར་ཙའི་སྒྲིབ་པ་སྦྱོང་པའི་མདོ་བཞུགས་སོ། །
ལྡེབ་གྲངས། 205—239ན།(ཕྲེང་2)

019–4
ལེའུ་ཉེར་བརྒྱད་པ། འདུས་པ་རིན་པོ་ཆེའི་རྒྱུད་དྲི་མ་མེད་པ་གཟི་བརྗིད་ཀྱི་མདོ་ལས་སྟོན་པས་ཁབ་ཀྱི་དཔལ་འབར་བཞེས་པའི་མདོ་བཞུགས་སོ། །
ལྡེབ་གྲངས། 240—344ན།(ཕྲེང་3)

020 〈ཕ〉
མཚན་བྱང་། འདུས་པ་རིན་པོ་ཆེའི་རྒྱུད་དྲི་མ་མེད་པ་གཟི་བརྗིད་རབ་ཏུ་འབར་བའི་མདོ་བཞུགས་སོ། །〈ཇ〉
བསྡུས་བྱང་། མདོ་དྲི་མེད་གཟི་བརྗིད།

---

① ལེའུ་འདི་ཉིད་ཛོགས་མཚམས་སུ་ལེའུ་དྲུག་ཅུ་རེ་གཅིག་པ་ཛོགས་སོ། །ཞེས་འཁོད།

② ལེའུ་འདིའི་ཛོགས་མཚམས་སུ་མདོ་ལས། སྟོན་པས་འགྲོ་བ་ཐར་པར་དྲང་(དྲངས་)བའི་ལེའུ་སྟེ། ཉི་ཤུ་རྩ་དྲུག་པའོ། ཞེས་འཁོད།

གྲངས་ཚད། ལེའུ་7ལ་ལྡེབ་423ཡོད། ཤོག་གྲངས་428བཞུགས།[①]
རིགས་རྣམ། སྙན་བརྒྱུད།
སྙན་བརྒྱུད་མཁན། སྤྲུལ་སྐུ་བློ་ལྡན་སྙིང་པོ།
སྒྲིག་མཁན། སྤྲུལ་སྐུ་བློ་ལྡན་སྙིང་པོ།

020–1
ལེའུ་ཉེར་དགུ་པ། འདུས་པ་རིན་པོ་ཆེའི་རྒྱུད་དྲི་མ་མེད་པ་གཟི་བརྗིད་རབ་ཏུ་འབར་བའི་མདོ་ལས་ཐབས་དང་ཤེས་རབ་སྲས་སྤྲུལ་པ་བཞུགས་སོ། །
ལྡེབ་གྲངས། 1—29ན།(ཕྲེང་4)

020–2
ལེའུ་སུམ་ཅུ་པ། འདུས་པ་རིན་པོ་ཆེའི་རྒྱུད་དྲི་མ་མེད་པ་གཟི་བརྗིད་རབ་ཏུ་འབར་བའི་མདོ་ལས་སྟོན་པས་ཁབ་ཀྱི་ཚབ་སྲིད་འཛིན་པའི་མདོ་བཞུགས་སོ། །
ལྡེབ་གྲངས། 30—69ན།(ཕྲེང་3)

020–3
ལེའུ་སོ་གཅིག་པ། འདུས་པ་རིན་པོ་ཆེའི་རྒྱུད་དྲི་མ་མེད་པ་གཟི་བརྗིད་ཀྱི་མདོ་ལས་འགྲོ་འདུལ་འོད་ཟེར་སྲས་སྤྲུལ་གྱི་མདོ་བཞུགས་སོ། །
ལྡེབ་གྲངས། 90—148ན།(ཕྲེང་3)

020–4
ལེའུ་སོ་གཉིས་པ། འདུས་པ་རིན་པོ་ཆེའི་རྒྱུད་དྲི་མ་མེད་པ་གཟི་བརྗིད་ཀྱི་མདོ་ལས་ལྷ་ལ་བོན་བསྟན་པའི་མདོ་བཞུགས་སོ། །
ལྡེབ་གྲངས། 149—195ན།(ཕྲེང་4)

020–5
ལེའུ་སོ་གསུམ་པ། འདུས་པ་རིན་པོ་ཆེའི་རྒྱུད་དྲི་མ་མེད་པ་གཟི་བརྗིད་ཀྱི་མདོ་ལས་ཕྲོ་བོ་རྣམ་པར་འཛོམས་པའི་གཟུངས་ཀྱི་མདོ་བཞུགས་སོ། །
ལྡེབ་གྲངས། 260—306ན།(ཕྲེང་2)

020–6
ལེའུ་སོ་བཞི་པ། འདུས་པ་རིན་པོ་ཆེའི་རྒྱུད་དྲི་མ་མེད་པ་གཟི་བརྗིད་རབ་ཏུ་འབར་བའི་མདོ་ལས་སྨན་ལྷའི་ཚོ་ག་བཞུགས་པའི་དབུས་ཕྱོགས་སོ། །
ལྡེབ་གྲངས། 1—82ན།(ཕྲེང་6)

020–7
ལེའུ་སོ་ལྔ་པ། འདུས་པ་རིན་པོ་ཆེའི་རྒྱུད་དྲི་མ་མེད་པ་གཟི་བརྗིད་རབ་ཏུ་འབར་བའི་མདོ་ལས་ལེགས་སྤྱོད་སྨོན་ལམ་རྣམ་པར་དག་པའི་ཚོ་ག་བཞུགས་སོ། །[②]
ལྡེབ་གྲངས། 307—346བ།(ཕྲེང་7)

021 ༼ཞ༽
མཚན་བྱང་། འདུས་པ་རིན་པོ་ཆེའི་རྒྱུད་དྲི་མ་མེད་པ་གཟི་བརྗིད་རབ་ཏུ་འབར་བའི་མདོ་བཞུགས་སོ། །༼ཉ༽

① པོ་ཏི་འདིའི་ལྡེབ་གྲངས་དང་ཤོག་གྲངས་འཁོད་སྟངས་ཧ་ལམ་གཅིག་ཏུ་སོང་ཡོད།
② ལེའུ་འདི་ཉིད་རྫོགས་མཚམས་སུ་ལེའུ་དྲུག་ཅུ་རྩ་གཅིག་པའོ། །ཞེས་འཁོད།

བསྡུས་བྱང་། མདོ་དྲི་མེད་གཟི་བརྗིད།
གྲངས་ཚད། ལེའུ་8ལ་ལྡེབ་352ཡོད། ཤོག་གྲངས་341བཞུགས།
རིགས་རྣམ། སྣན་བརྒྱུད།
སྣན་བརྒྱུད་མཁན། སྤྲུལ་སྐུ་བློ་ལྡན་སྙིང་པོ།
སྒྲིག་མཁན། སྤྲུལ་སྐུ་བློ་ལྡན་སྙིང་པོ།

021–1
ལེའུ་སོ་དྲུག་པ། འདུས་པ་རིན་པོ་ཆེའི་རྒྱུད་དྲི་མ་མེད་པ་གཟི་བརྗིད་ཀྱི་མདོ་ལས་སྟོན་པས་ཀླུ་ལ་བོན་བསྟན་པའི་མདོ་བཞུགས་སོ། །
ལྡེབ་གྲངས། 1—52ན།(ཕྲེང་5)

021–2
ལེའུ་སོ་བདུན་པ། འདུས་པ་རིན་པོ་ཆེའི་རྒྱུད་དྲི་མ་མེད་པ་གཟི་བརྗིད་ཀྱི་མདོ་ལས་སྟོན་པ་ལ་བདུད་ཀྱི་ཆོ་འཕྲུལ་བསྟན་པའི་མདོ་བཞུགས་སོ། །
ལྡེབ་གྲངས། 53—94ན།(ཕྲེང་7)

021–3
ལེའུ་སོ་བརྒྱད་པ། འདུས་པ་རིན་པོ་ཆེའི་རྒྱུད་དྲི་མ་མེད་པ་གཟི་བརྗིད་ཀྱི་མདོ་ལས་སྟོ་ཁྲོ་བོའི་རྒྱལ་པོ་བདུད་འཇོམས་གསང་བའི་གཟུངས་བཞུགས་སོ། །
ལྡེབ་གྲངས། 95—113ན།(ཕྲེང་4)

021–4
ལེའུ་སོ་དགུ་པ། འདུས་པ་རིན་པོ་ཆེའི་རྒྱུད་དྲི་མ་མེད་པ་གཟི་བརྗིད་ཀྱི་མདོ་ལས་སྟོན་པས་བདུད་ཁམས་ཐར་པར་བཀོད་པའི་མདོ་བཞུགས་སོ། །
ལྡེབ་གྲངས། 114—204ན།(ཕྲེང་3)

021–5
ལེའུ་བཞི་བཅུ་པ། འདུས་པ་རིན་པོ་ཆེའི་རྒྱུད་དྲི་མ་མེད་པ་གཟི་བརྗིད་ཀྱི་མདོ་ལས་བདུད་བཏུལ་བར་ཆད་བསལ་བའི་མདོ་བཞུགས་སོ། །
ལྡེབ་གྲངས། 204—241ན།(ཕྲེང་3)

021–6
ལེའུ་ཞེ་གཅིག་པ། འདུས་པ་རིན་པོ་ཆེའི་རྒྱུད་དྲི་མ་མེད་པ་གཟི་བརྗིད་ཀྱི་མདོ་ལས་སྟོན་པས་མི་རྗེ་སྲིད་པའི་སྲས་སྤྲུལ་པའི་མདོ་བཞུགས་སོ། །
ལྡེབ་གྲངས། 241—261བ།(ཕྲེང་2)

021–7
ལེའུ་ཞེ་གཉིས་པ། འདུས་པ་རིན་པོ་ཆེའི་རྒྱུད་དྲི་མ་མེད་པ་གཟི་བརྗིད་ཀྱི་མདོ་ལས་ཐེག་པ་རིམ་དགུའི་བསྟན་པ་རྗེས་སུ་བཞག་པའི་ལེའུ།
ལྡེབ་གྲངས། 261—293ན།(ཕྲེང་5)

021–8
ལེའུ་ཞེ་གསུམ་པ། འདུས་པ་རིན་པོ་ཆེའི་རྒྱུད་དྲི་མ་མེད་པ་གཟི་བརྗིད་ཀྱི་མདོ་ལས་སྟོན་པས་སྐུ་གདུང་བསྟན་པ་རྗེས་བཞག་གི་ལེའུ།
ལྡེབ་གྲངས། 293—352ན།(ཕྲེང་1)

022 {ཟ}
མཚན་བྱང་། འདུས་པ་རིན་པོ་ཆེའི་རྒྱུད་དྲི་མ་མེད་པ་གཟི་བརྗིད་རབ་ཏུ་འབར་བའི་མདོ་བཞུགས་སོ། །{ཏ}
བསྡུས་བྱང་། མདོ་དྲི་མེད་གཟི་བརྗིད།
གྲངས་ཚད། ལེའུ་2ལ་ལྡེབ་314ཡོད། ཤོག་གྲངས་314བཞུགས།
རིགས་རྣམ། སྣན་བརྒྱུད།
སྣན་བརྒྱུད་མཁན། སྤྲུལ་སྐུ་བློ་ལྡན་སྙིང་པོ།
སྒྲིག་མཁན། སྤྲུལ་སྐུ་བློ་ལྡན་སྙིང་པོ།

022–1
ལེའུ་ཞེ་བཞི་པ། འདུས་པ་རིན་པོ་ཆེའི་རྒྱུད་དྲི་མ་མེད་པ་གཟི་བརྗིད་ཀྱི་མདོ་ལས་བླ་མེད་གོ་འཕང་ཐར་ལམ་བསྒྲུབ་ཐབས་ཀྱི་མདོ་བཞུགས་སོ། །
ལྡེབ་གྲངས། 1—35བ།(ཕྲེང་3)

022–2
ལེའུ་ཞེ་ལྔ་པ། འདུས་པ་རིན་པོ་ཆེའི་རྒྱུད་དྲི་མ་མེད་པ་གཟི་བརྗིད་ཀྱི་མདོ་ལས་བཀའ་ཤེས་རབ་ཀྱི་ཕ་རོལ་ཏུ་ཕྱིན་པའི་མདོ་བཞུགས་སོ། །
ལྡེབ་གྲངས། 35—314ན།(ཕྲེང་2)

023 {འ}
མཚན་བྱང་། འདུས་པ་རིན་པོ་ཆེའི་རྒྱུད་དྲི་མ་མེད་པ་གཟི་བརྗིད་རབ་ཏུ་འབར་བའི་མདོ་བཞུགས་སོ། །{ཐ}
བསྡུས་བྱང་། མདོ་དྲི་མེད་གཟི་བརྗིད།
གྲངས་ཚད། ལེའུ་3ལ་ལྡེབ་291ཡོད། ཤོག་གྲངས་294བཞུགས།
རིགས་རྣམ། སྣན་བརྒྱུད།
སྣན་བརྒྱུད་མཁན། སྤྲུལ་སྐུ་བློ་ལྡན་སྙིང་པོ།
སྒྲིག་མཁན། སྤྲུལ་སྐུ་བློ་ལྡན་སྙིང་པོ།

023–1
ལེའུ་ཞེ་དྲུག་པ། འདུས་པ་རིན་པོ་ཆེའི་རྒྱུད་དྲི་མ་མེད་པ་གཟི་བརྗིད་འབར་བའི་མདོ་ལས་ཤེས་རབ་ཀྱི་ཕ་རོལ་ཏུ་ཕྱིན་པའི་མདོ་བཞུགས་སོ། །[1]
ལྡེབ་གྲངས། 1—105བ།(ཕྲེང་6)

023–2
ལེའུ་ཞེ་བདུན་པ། འདུས་པ་རིན་པོ་ཆེའི་རྒྱུད་དྲི་མ་མེད་པ་གཟི་བརྗིད་ཀྱི་མདོ་ལས་བྲེ་དུ་རྒྱ་འོད་དམ་པའི་གཟུངས་ཀྱི་ལེའུ།[2]
ལྡེབ་གྲངས། 106—208ན།(ཕྲེང་2)

023–3
ལེའུ་ཞེ་བརྒྱད་པ། འདུས་པ་རིན་པོ་ཆེའི་རྒྱུད་དྲི་མ་མེད་པ་གཟི་བརྗིད་ཀྱི་མདོ་ལས་བྱམས་མ་ཆེན་མོ་རྩ་བའི་དཀྱིལ་འཁོར་བསྟན་པའི་མདོ།[3]

---

① ལེའུ་རྫོགས་མཚམས་སུ་ཐེག་པ་ཆེན་པོ་ཡུམ་གྱིས་དཀྱིལ་འཁོར་གྱི་དོན་བསྟན་པའི་ལེའུ། ཞེས་འཁོད་འདུག
② ལྡེབ་དང་པོར་ཆོས་ཀྱི་མཚན་བྱང་འཁོད་མེད།
③ ལེའུ་མགོ་རྩོམ་སར་མཚན་བྱང་གོང་ལྟར་དང་། མཇུག་རྫོགས་མཚམས་སུ་བྱམས་མ་དཀྱིལ་འཁོར་གྱི་ཆོ་གའི་དོན་བསྟན་པའི་ལེའུ། ཞེས་འཁོད། ལྡེབ་དང་པོར་ཆོས་ཀྱི་མཚན་བྱང་འཁོད་མེད།

ལྡེབ་གྲངས། 1—83ན།(ཕྲེང་1)

མཇུག་བྱང་། གཤེན་རབ་ཞལ་གསུང་བོན་གྱི་ཉིད་ཁུ་འདི། ཆོས་ཆེན་འདི་བཞེང་དགེ་རྩ་འཁོར་རྩ་དྲུང་དགའ་ཡིས་རིགས་པ་སེམས་ཀྱི་ངོ་བོ་ཉིད། ཡུམ་ཆེན་ཤེས་རབ་བྱམས་མའི་ཞལ། འབྱལ་གསུང་ཐོས་ན། དབུས་ཕྱོགས་འོག་མོན་ཞིང་ཁམས་སུ་སྐྱེ་ཞིང་སངས་རྒྱས་པར་ཤོག་ཅིགདགེ་བའི་སྟོང་གྲོགས་འཁོར་རྩགུ་ལྷས་ངས། གཟའ་མི་སྨྲ་ནོར་ཧྲ་ལུག་ར་ཁྱི་བཅས། བྲིས་པའི་མཁན་པོ་འབྲུ་རིགས་བསྐྱབ་མིང་པ་རྣམས་ཀྱི་ཞིས་བྱས་བ་འབྱུང་བ་ལྷའི་ཁྲབ་ཚད་སངས་རྒྱས་པའི་གོ་འཕང་མྱུར་དུ་ཐོབས་པར་ཤོག་ཅིག།

024 ༼ཡ༽

མཚན་བྱང་། འདུས་པ་རིན་པོ་ཆེའི་རྒྱུད་དྲི་མ་མེད་པ་གཟི་བརྗིད་རབ་ཏུ་འབར་བའི་མདོ་བཞུགས་སོ། །༼ད༽

བསྡུས་བྱང་། མདོ་དྲི་མེད་གཟི་བརྗིད།

གྲངས་ཚད། ལེའུ་6ལ་ལྡེབ་343ཡོད། ཤོག་གྲངས་329བཞུགས།

རིགས་རྣམ། སྙན་བརྒྱུད།

སྙན་བརྒྱུད་མཁན། སྤྲུལ་སྐུ་བློ་ལྡན་སྙིང་པོ།

སྤྲིག་མཁན། སྤྲུལ་སྐུ་བློ་ལྡན་སྙིང་པོ།

024–1

ལེའུ་ཞི་དགུ་པ། འདུས་པ་རིན་པོ་ཆེའི་རྒྱུད་དྲི་མ་མེད་པ་གཟི་བརྗིད་ཀྱི་མདོ་ལས་བྱམས་མ་རྩ་བའི་བསྟོད་པ་ཉི་ཤུ་རྩ་གཅིག་བཞུགས་སོ། །[1]

ལྡེབ་གྲངས། 1—75བ།(ཕྲེང་3)[2]

024–2

ལེའུ་ལྔ་བཅུ་པ། འདུས་པ་རིན་པོ་ཆེའི་རྒྱུད་དྲི་མ་མེད་པ་གཟི་བརྗིད་ཀྱི་མདོ་ལས་སྟོན་པས་བསྟན་པ་རྣམ་གསུམ་རྗེས་སུ་བཞག་པའི་མདོ་བཞུགས་སོ། །

ལྡེབ་གྲངས། 1—90ན།(ཕྲེང་4)

024–3

ལེའུ་ང་གཅིག་པ། འདུས་པ་རིན་པོ་ཆེའི་རྒྱུད་དྲི་མ་མེད་པ་གཟི་བརྗིད་ཀྱི་མདོ་ལས་སྟོན་པས་ཁྱིམ་སྤང་རབ་ཏུ་བྱུང་བའི་མདོ་བཞུགས་སོ། །

ལྡེབ་གྲངས། 1—55ན།(ཕྲེང་7)

024–4

ལེའུ་ང་གཉིས་པ། འདུས་པ་རིན་པོ་ཆེའི་རྒྱུད་དྲི་མ་མེད་པ་གཟི་བརྗིད་ཀྱི་མདོ་ལས་གཤེན་གྱི་མཛད་སྤྱོད་དཀའ་བ་མཐར་ཕྱིན་པའི་མདོ་བཞུགས་སོ། །

ལྡེབ་གྲངས། 1—50བ།(ཕྲེང་3)

024–5

ལེའུ་ང་གསུམ་པ། འདུས་པ་རིན་པོ་ཆེའི་རྒྱུད་དྲི་མ་མེད་པ་གཟི་བརྗིད་ཀྱི་མདོ་ལས་སྟོན་པས་བོན་གྱི་འཁོར་ལོ་ཚིག་བཞི་བསྟན་པའི་མདོ་བཞུགས་སོ། །

ལྡེབ་གྲངས། 1—34ན།(ཕྲེང་4)

---

① ལེའུ་ཞི་དགུ་པ་དང་ལྔ་བཅུ་པ་གཉིས་གླེགས་བམ་བསྒྲིགས་སྐབས་ལ་གོང་འོག་འཁྲུགས་ནས་ཡོད་དེ། ལྔ་བཅུ་ཐམ་པ་མདུན་དང་ཞི་དགུ་པ་རྒྱབ་ཏུ་བསྒྲིགས་ཡོད་རྐྱེན་གཡོན་མཐའི་ཤོག་གྲངས་ཀྱང་དེ་བཞིན་ནོར་ནས་ཡོད་པ་ཤེས་པར་བྱ།

② ལྡེབ་གྲངས་དོན་བཞི་པ་ནས་དོན་དྲུག་དང་། དེ་ནས་དོན་ལྔ་འགྲུབ། བགྲིས། ཞེས་ལྡེབ་གྲངས་གོ་རིམ་ལྟར་འཁོད་མེད།

024–6
ལེའུ་ང་བཞི་པ། འདུས་པ་རིན་པོ་ཆེའི་རྒྱུད་དྲི་མ་མེད་པ་གཟི་བརྗིད་ཀྱི་མདོ་ལས་སྨོན་པས་གཤེན་གྱི་མཛད་སྤྱོད་རྣམ་པར་དག་པ་དུས་ཁྲིམས་གཙང་མའི་བོན་བསྟན་པའི་མདོ་བཞུགས་སོ། །①
ལྡེབ་གྲངས། 1—39ན།(ཁྲིང་2)

025 ༼ར༽
མཚན་བྱང་། འདུས་པ་རིན་པོ་ཆེའི་རྒྱུད་དྲི་མ་མེད་པ་གཟི་བརྗིད་རབ་ཏུ་འབར་བའི་མདོ་བཞུགས་སོ། །༼ཨ༽
བསྡུས་བྱང་། མདོ་དྲི་མེད་གཟི་བརྗིད།
གྲངས་ཚད། ལེའུ་7ལ་ལྡེབ་354ཡོད། ཤོག་གྲངས་336བཞུགས།
རིགས་རྣམ། སྣན་བརྒྱུད།
སྣན་བརྒྱུད་མཁན། སྤྲུལ་སྐུ་བློ་ལྡན་སྙིང་པོ།
སྒྲིག་མཁན། སྤྲུལ་སྐུ་བློ་ལྡན་སྙིང་པོ།

025–1
ལེའུ་ང་ལྔ་པ། འདུས་པ་རིན་པོ་ཆེའི་རྒྱུད་དྲི་མ་མེད་པ་གཟི་བརྗིད་ཀྱི་མདོ་ལས་གཤེན་གྱི་སྲུང་ཁྲིམས་རྣམ་པར་དག་པ་རྩ་བའི་མདོ་བཞུགས་སོ། །
ལྡེབ་གྲངས། 1—58ན།(ཁྲིང་1)

025–2
ལེའུ་ང་དྲུག་པ། འདུས་པ་རིན་པོ་ཆེའི་རྒྱུད་དྲི་མ་མེད་པ་གཟི་བརྗིད་ཀྱི་མདོ་ལས་གཤེན་གྱི་སྲུང་ཁྲིམས་རྣམ་པར་དག་པ་ཡན་ལག་གི་མདོ་བཞུགས་སོ། །
ལྡེབ་གྲངས། 59—151བ།(ཁྲིང་1)

025–3
ལེའུ་ང་བདུན་པ། འདུས་པ་རིན་པོ་ཆེའི་རྒྱུད་དྲི་མ་མེད་པ་གཟི་བརྗིད་ཀྱི་མདོ་ལས་གཤེན་གྱི་དགེ་སྤྱོད་རྣམ་པར་དག་པའི་མདོ་བཞུགས་སོ། །
ལྡེབ་གྲངས། 152—190ན།(ཁྲིང་4)

025–4
ལེའུ་ང་བརྒྱད་པ། འདུས་པ་རིན་པོ་ཆེའི་རྒྱུད་དྲི་མ་མེད་པ་གཟི་བརྗིད་ཀྱི་མདོ་ལས་གཤེན་གྱི་དགེ་སྤྱོད་རྣམ་པར་དག་པ་འདུལ་བའི་རྒྱལ་པོ་པང་ཀོང་རྒྱལ་པོ་ན་རག་སྒྲིབ་པ་སྦྱངས་པའི་མདོ་བཞུགས་སོ། །
ལྡེབ་གྲངས། 191—212བ།(ཁྲིང་5)

025–5
ལེའུ་ང་དགུ་པ། འདུས་པ་རིན་པོ་ཆེའི་རྒྱུད་དྲི་མ་མེད་པ་གཟི་བརྗིད་ཀྱི་མདོ་ལས་སྟོན་པས་འཁོར་སྤྱངས་དགོངས་པ་མཛད་པའི་མདོ་བཞུགས་པའི་དབུས་ཕྱོགས་ལེགས་སོ། །
ལྡེབ་གྲངས། 213—249ན།(ཁྲིང་1)

025–6
ལེའུ་དྲུག་ཅུ་ཐམ་པ། འདུས་པ་རིན་པོ་ཆེའི་རྒྱུད་དྲི་མ་མེད་པ་གཟི་བརྗིད་ཀྱི་མདོ་ལས་སངས་རྒྱས་ཀྱི་མཚན་དཔེ་ཡོན་ཏན་གྱི་དོན་

① ལེའུ་རྫོགས་མཚམས་སུ་ལེའུ་བཞི་བཅུ་རྩ་བཞི་པ་ཞེས་འཁོད་པ་མ་དག་པ་འདྲ།

བསྟན་པའི་མདོ་བཞུགས་སོ། །
ལྡེབ་གྲངས། 250—324བ།(ཕྲེང་3)

025–7
ལེའུ་རེ་གཅིག་པ། འདུས་པ་རིན་པོ་ཆེའི་རྒྱུད་དྲི་མ་མེད་པ་གཟི་བརྗིད་ཀྱི་མདོ་ལས་བསྟན་པ་བོན་གྱི་གཏད་གཉེར་མཛད་པའི་མདོ་བཞུགས་སོ། །
ལྡེབ་གྲངས། 1—25བ།(ཕྲེང་2)
མཇུག་བྱང་། འདི་བཞེངས་སྦྱིན་པའི་བདག་མོ་འཁོར་ཅ་བུས་ལྷ་ངས། ཁ་ཐོག་སྣ་དང་ལགས་ཐོག་ཕྱིགས་བྱས་པ། མཁའ་ཁྱམས་སེམས་ཅན་ཤི་གསོན་ཐམས་ཅད་ལ། རྣམས་མཁྱེན་སྟོགས་པའི་གོ་འཕང་ཐོབ་པར་ཤོག ཐོབས་ནས་འགྲོ་དོན་རྒྱ་མག་ཕྱེད་པར་ཤོག གཙང་ཚ་བསམ་གྲུབ་མིང་གི་བྲིས་སོ། །

025–8
ཟུར་བཀོད། མཚན་ལྡན་གཡོར་པོ་མེད་པར་གྱི་མཛད་པའི་བགྲ་ཤིས་དབུ་ཡི་གཟིགས་ཕྱོགསོ། །
ལྡེབ་གྲངས། 1—3བ།(ཕྲེང་1)

026 ༼ལ༽
མཚན་བྱང་། འདུས་པ་རིན་པོ་ཆེའི་རྒྱུད་གཟེར་མིག་གི་ལེའུ་བཅོ་བརྒྱད་པ་བཞུགས་སོ། །༼སྟ་དུམ།༽
བསྡུས་བྱང་། མདོ་གཟེར་མིག
གྲངས་ཚད། ལེའུ་9ལ་ལྡེབ་253ཡོད། ཤོག་གྲངས་254བཞུགས།
རིགས་རྣམ། གཏེར་མ།
གཏེར་སྟོན། དྲང་སྲོང་བཙུན་པ་གསེར་མིག

026–1
ལེའུ་དང་པོ། སྟ་རབས་འདས་པའི་ལེའུ།
ལྡེབ་གྲངས། 1—8ན།(ཕྲེང་1)

026–2
ལེའུ་གཉིས་པ། གཤེན་རབ་ཀྱི་ཡབ་ཡུམ་གྱི་ལེའུ།
ལྡེབ་གྲངས། 8—18བ།(ཕྲེང་1)

026–3
ལེའུ་གསུམ་པ། གཤེན་རབ་སྐྱེ་བ་བཞེས་པའི་ལེའུ།
ལྡེབ་གྲངས། 18—36བ།(ཕྲེང་4)

026–4
ལེའུ་བཞི་པ། གཤེན་རབ་ཀྱི་བསྟན་པ་སྤེལ་བའི་ལེའུ།
ལྡེབ་གྲངས། 36—42བ།(ཕྲེང་5)

026–5
ལེའུ་ལྔ་པ། ལྷ་གཤེན་བརྒྱ་ལ་ཕྱག་འཚལ་བའི་ལེའུ།
ལྡེབ་གྲངས། 42—71བ།(ཕྲེང་1)

026–6
ལེའུ་དྲུག་པ། ལྷ་མོ་སུམ་བརྒྱ་ལ་ཕྱག་འཚལ་བའི་ལེའུ།
ལྡེབ་གྲངས། 71—106བ།(ཕྲེང་5)

026–7
ལེའུ་བདུན་པ། གཤེན་རབ་ཀྱི་ཁབ་བཞེས་པའི་ལེའུ།
ལྡེབ་གྲངས། 106—114བ།(ཕྲེང་1)

026–8
ལེའུ་བརྒྱད་པ། གཤེན་རབ་ཀྱིས་སྲས་སྤྲུལ་པའི་ལེའུ།
ལྡེབ་གྲངས། 114—145བ།(ཕྲེང་7)

026–9
ལེའུ་དགུ་པ། ལྷ་མོ་ལྷ་གཤེན་སྲིད་པ་གཤེན་རབ་སྟོང་ལ་ཕྱག་འཚལ་བའི་ལེའུ།
ལྡེབ་གྲངས། 145—253ན།(ཕྲེང་3)

027 ༼ཤ༽
མཚན་བྱང་། འདུས་པ་རིན་པོ་ཆེའི་རྒྱུད་གཟེར་མིག་གི་མདོ་ལས་གཤེན་རབ་ལ་བདུད་ཀྱི་ཚོ་འཕྲུལ་སྣ་དགུ་བསྟན་པའི་ལེའུ།
༼ཕྱི་དུམ།༽
བསྡུས་བྱང་། མདོ་གཟེར་མིག
གྲངས་ཚད། ལེའུ་9ལ་ལྡེབ་318ཡོད། ཤོག་གྲངས་318བཞུགས།
རིགས་རྣམ། གཏེར་མ།
གཏེར་སྟོན། དྲང་སྲོང་བཙུན་པ་གསེར་མིག
027–1
ལེའུ་བཅུ་པ། གཤེན་རབ་ལ་བདུད་ཀྱིས་ཚོ་འཕྲུལ་སྣ་དགུ་བསྟན་པའི་ལེའུ།
ལྡེབ་གྲངས། 1—31བ།(ཕྲེང་2)

027–2
ལེའུ་བཅུ་གཅིག་པ། གཤེན་རབ་ལ་བདུད་ཀྱི་འཁོར་གྱིས་བདུད་ཀྱི་ཚོ་འཕྲུལ་བསྟན་པའི་ལེའུ།
ལྡེབ་གྲངས། 31—82ན།(ཕྲེང་6)

027–3
ལེའུ་བཅུ་གཉིས་པ། གཤེན་རབ་ཀྱི་ནོར་ལ་བདུད་ཀྱི་ཚོ་འཕྲུལ་བསྟན་པའི་ལེའུ།
ལྡེབ་གྲངས། 82—118ན།(ཕྲེང་5)

027–4
ལེའུ་བཅུ་གསུམ་པ། གཤེན་རབ་ཀྱི་བསྟན་པ་རྣམ་གསུམ་རྗེས་སུ་བཞག་པའི་ལེའུ།
ལྡེབ་གྲངས། 118—165བ།(ཕྲེང་6)

027–5
ལེའུ་བཅུ་བཞི་པ། འགྲོ་བའི་དོན་དུ་འཕྲིན་ལས་བཅོ་བརྒྱད་བསྟན་པའི་ལེའུ།
ལྡེབ་གྲངས། 165—229ན།(ཕྲེང་4)

027–6
ལེའུ་བཅོ་ལྔ་པ། སྟོན་པས་ཁྱིམ་སྤྱངས་རབ་ཏུ་བྱུང་བའི་ལེའུ།
ལྡེབ་གྲངས། 229—260བ།(ཁྲིང་1)

027–7
ལེའུ་བཅུ་དྲུག་པ། སྟོན་པས་འཁོར་སྤྱངས་རྐོན་(དགོན་)པ་མཛད་པའི་ལེའུ།
ལྡེབ་གྲངས། 260—273ན།(ཁྲིང་5)

027–8
ལེའུ་བཅུ་བདུན་པ། སྟོན་པ་མྱ་ངན་ལས་འདས་པའི་ལེའུ།
ལྡེབ་གྲངས། 273—309བ།(ཁྲིང་4)

027–9
ལེའུ་བཅོ་བརྒྱད་པ། སླད་ཀྱི་སྟོན་པ་ཅི་ལྟར་འབྱོན་པའི་ལེའུ།
ལྡེབ་གྲངས། 309—318ན།(ཁྲིང་2)

028 〔ས〕
མཚན་བྱང་། ལྷ་ཡི་ཐོན་མདོ་འདུས་པ་རིན་པོ་ཆེའི་རྒྱུད་ཅེས་བྱ་བ་བཞུགས་སོ། །
བསྡུས་བྱང་། མདོ་འདུས།
གྲངས་ཚད། ལེའུ་24ལ་ལྡེབ་104ཡོད། ཤོག་གྲངས་104བཞུགས།
རིགས་རྣམ། གཏེར་མ།
གཏེར་སྟོན། ཨ་ཙ་ར་མི་གཉིས།

028–1
ལེའུ་དང་པོ། གཡུང་དྲུང་ལྷ་ཡི་ཐོན་མདོ་འདུས་པ་རིན་པོ་ཆེའི་རྒྱུད་ལས་གླིང་གཞི་ཕུན་སུམ་ཚོགས་པའི་ལེའུ།
ལྡེབ་གྲངས། 1—5ན།(ཁྲིང་1)

028–2
ལེའུ་གཉིས་པ། གཡུང་དྲུང་ལྷ་ཡི་ཐོན་མདོ་འདུས་པ་རིན་པོ་ཆེའི་རྒྱུད་ལས་ཕྱིའི་སྣོད་ཅི་ལྟར་ཆགས་པའི་ལེའུ།
ལྡེབ་གྲངས། 5—8བ།(ཁྲིང་2)

028–3
ལེའུ་གསུམ་པ། གཡུང་དྲུང་ལྷ་ཡི་ཐོན་མདོ་འདུས་པ་རིན་པོ་ཆེའི་རྒྱུད་ལས་ནང་བཅུད་སེམས་ཅན་སྐྱེ་ཤི་ལས་འབྲེལ་བསྟན་པའི་ལེའུ།
ལྡེབ་གྲངས། 8—14བ།(ཁྲིང་2)

028–4
ལེའུ་བཞི་པ། གཡུང་དྲུང་ལྷ་ཡི་ཐོན་མདོ་འདུས་པ་རིན་པོ་ཆེའི་རྒྱུད་ལས་བདེ་གཤེགས་སྟོང་གི་ལུང་བསྟན་པའི་ལེའུ།
ལྡེབ་གྲངས། 14—16ན།(ཁྲིང་3)

028–5
ལེའུ་ལྔ་པ། གཡུང་དྲུང་ལྷ་ཡི་ཐོན་མདོ་འདུས་པ་རིན་པོ་ཆེའི་རྒྱུད་ལས་གྲུབ་པའི་གཤེན་དགུ་ལུང་བསྟན་པའི་ལེའུ།
ལྡེབ་གྲངས། 16—18ན།(ཁྲིང་6)

028–6
ལེའུ་དྲུག་པ། གཡུང་དྲུང་ལྷ་ཡི་བོན་མདོ་འདུས་པ་རིན་པོ་ཆེའི་རྒྱུད་ལས་དུས་གསུམ་སྟོན་པ་ཅི་ལྟར་འབྱུང་བའི་ལེའུ།
ལྡེབ་གྲངས། 18—23ན།(ཁྲིང་2)

028–7
ལེའུ་བདུན་པ། གཡུང་དྲུང་ལྷ་ཡི་བོན་མདོ་འདུས་པ་རིན་པོ་ཆེའི་རྒྱུད་ལས་སྟོན་པ་གཤེན་རབ་ཀྱི་ལེའུ།
ལྡེབ་གྲངས། 23—26ན།(ཁྲིང་1)

028–8
ལེའུ་བརྒྱད་པ། གཡུང་དྲུང་ལྷ་ཡི་བོན་མདོ་འདུས་པ་རིན་པོ་ཆེའི་རྒྱུད་ལས་ཏོས་དད་པ་ཡིད་རིང་ཞུས་པའི་མདོ།
ལྡེབ་གྲངས། 26—29བ།(ཁྲིང་4)

028–9
ལེའུ་དགུ་པ། གཡུང་དྲུང་ལྷ་ཡི་བོན་མདོ་འདུས་པ་རིན་པོ་ཆེའི་རྒྱུད་ལས་སྟོན་པ་གཤེན་རབ་མི་བོ་དང་རྒྱལ་པོ་ཏོ་དང་བ་ཡིད་རིང་ཞུས་པའི་མདོ། ཏོས་ཟ་རྒྱལ་མེད་ཁབ་ཏུ་བཞེས་ནས་སྲས་འཁྲུངས་པའི་ལེའུ།
ལྡེབ་གྲངས། 29—35ན།(ཁྲིང་1)

028–10
ལེའུ་བཅུ་པ། གཡུང་དྲུང་ལྷ་ཡི་བོན་མདོ་འདུས་པ་རིན་པོ་ཆེའི་རྒྱུད་ལས་རྒྱལ་པོ་དཔལ་བོ་འགྲོ་དོན་མཛད་ཅིང་དཔལ་བོ་ཟ་ཐང་མོ་ཁབ་ཏུ་བཞེས་པའི་ལེའུ།
ལྡེབ་གྲངས། 35—40ན།(ཁྲིང་5)

028–11
ལེའུ་བཅུ་གཅིག་པ། གཡུང་དྲུང་ལྷ་ཡི་བོན་མདོ་འདུས་པ་རིན་པོ་ཆེའི་རྒྱུད་ལས་བསྟན་པ་རྣམ་གསུམ་རྗེས་བཞག་མཛད་པའི་ལེའུ།
ལྡེབ་གྲངས། 40—43བ།(ཁྲིང་7)

028–12
ལེའུ་བཅུ་གཉིས་པ། གཡུང་དྲུང་ལྷ་ཡི་བོན་མདོ་འདུས་པ་རིན་པོ་ཆེའི་རྒྱུད་ལས་སྟོན་པ་བདུད་ཀྱི་ཚེ་འཕྲུལ་སྟན་(བསྟན་)པ་འདུས་པའི་ལེའུ།
ལྡེབ་གྲངས། 43—52བ།(ཁྲིང་2)

028–13
ལེའུ་བཅུ་གསུམ་པ། གཡུང་དྲུང་ལྷ་ཡི་བོན་མདོ་འདུས་པ་རིན་པོ་ཆེའི་རྒྱུད་ལས་སྟོན་པས་ཁྱིམ་སྤྱོང་རབ་ཏུ་བྱུང་ནས་མངོན་པར་རྫོགས་པའི་སངས་རྒྱས་པའི་ལེའུ།
ལྡེབ་གྲངས། 52—57ན།(ཁྲིང་1)

028–14
ལེའུ་བཅུ་བཞི་པ། གཡུང་དྲུང་ལྷ་ཡི་བོན་མདོ་འདུས་པ་རིན་པོ་ཆེའི་རྒྱུད་ལས་སྟོན་པས་བོན་གྱི་འཁོར་ལོ་བསྐོར་བའི་ལེའུ།
ལྡེབ་གྲངས། 57—61ན།(ཁྲིང་7)

028–15
ལེའུ་བཅོ་ལྔ་པ། གཡུང་དྲུང་ལྷ་ཡི་བོན་མདོ་འདུས་པ་རིན་པོ་ཆེའི་རྒྱུད་ལས་གཏོའ་བུ་འབུམ་སངས་ཀྱི་ཀྱེར་འདོན་ཞུས་པའི་ལེའུ།
ལྡེབ་གྲངས། 61—66ན།(ཁྲིང་2)

028–16
ལེའུ་བཅུ་དྲུག་པ། གཡུང་དྲུང་ལྷ་ཡི་བོན་མདོ་འདུས་པ་རིན་པོ་ཆེའི་རྒྱུད་ལས་མཛོད་གནས་ལེའུ།
ལྡེབ་གྲངས། 66—68ན།(ཕྲེང་2)

028–17
ལེའུ་བཅུ་བདུན་པ། གཡུང་དྲུང་ལྷ་ཡི་བོན་མདོ་འདུས་པ་རིན་པོ་ཆེའི་རྒྱུད་ལས་སྟོན་པས་གསུང་པ་མདོ་སྡུད་ལ་ལུང་བསྟན་པའི་ལེའུ།
ལྡེབ་གྲངས། 68—71ན།(ཕྲེང་5)

028–18
ལེའུ་བཅོ་བརྒྱད་པ། གཡུང་དྲུང་ལྷ་ཡི་བོན་མདོ་འདུས་པ་རིན་པོ་ཆེའི་རྒྱུད་ལས་བདེ་གཤེགས་ཀུན་ཏུ་ཡོངས་སུ་རྫོགས་པའི་མཆོད་བཞེས་བྱ་བ་གསུང་བ་མདོའ་བསྡུད་ཀྱི་བཀོད་པའི་ལེའུ།
ལྡེབ་གྲངས། 71—82ན།(ཕྲེང་7)

028–19
ལེའུ་བཅུ་དགུ་པ། གཡུང་དྲུང་ལྷ་ཡི་བོན་མདོ་འདུས་པ་རིན་པོ་ཆེའི་རྒྱུད་ལས་དགེ་བ་རྩ་བ་རྒྱ་ཆེ་བསྔོས་པའི་ལེའུ།
ལྡེབ་གྲངས། 82—84ན།(ཕྲེང་4)

028–20
ལེའུ་ཉི་ཤུ་པ། གཡུང་དྲུང་ལྷ་ཡི་བོན་མདོ་འདུས་པ་རིན་པོ་ཆེའི་རྒྱུད་ལས་མཛད་པ་བཅུ་གཉིས་ཀྱི་བཀྲ་ཤིས་འོལ་མོ་གླིང་དུ་མཛད་པའི་ལེའུ།
ལྡེབ་གྲངས། 84—86ན།(ཕྲེང་4)

028–21
ལེའུ་ཉེར་གཅིག་པ། གཡུང་དྲུང་ལྷ་ཡི་བོན་མདོ་འདུས་པ་རིན་པོ་ཆེའི་རྒྱུད་ལས་ཚེ་འཕྲུལ་བསྟན་པའི་ལེའུ།
ལྡེབ་གྲངས། 86—89བ།(ཕྲེང་3)

028–22
ལེའུ་ཉེར་གཉིས་པ། གཡུང་དྲུང་ལྷ་ཡི་བོན་མདོ་འདུས་པ་རིན་པོ་ཆེའི་རྒྱུད་ལས་སྟོན་པ་གཤེན་རབ་ཀྱི་ཞིང་གི་བཀོད་པ་འོལ་མོ་ལུང་རིང་བཀོད་པ་ལེའུ།
ལྡེབ་གྲངས། 89—94བ།(ཕྲེང་5)

028–23
ལེའུ་ཉེར་གསུམ་པ། གཡུང་དྲུང་ལྷ་ཡི་བོན་མདོ་འདུས་པ་རིན་པོ་ཆེའི་རྒྱུད་ལས་བདུད་རྗེ་ཁྲབ་པ་རབ་ཏུ་བྱུང་སྟེ་སྟོན་པ་བསྟན་པ་རྗེས་སུ་བསླབ་པའི་ལེའུ།
ལྡེབ་གྲངས། 94—98བ།(ཕྲེང་5)

028–24
ལེའུ་ཉེར་བཞི་པ། གཡུང་དྲུང་ལྷ་ཡི་བོན་མདོ་འདུས་པ་རིན་པོ་ཆེའི་རྒྱུད་ལས་སྟོན་པ་མྱ་ངན་ལས་འདས་པའི་ལེའུ།
ལྡེབ་གྲངས། 98—103བ།(ཕྲེང་6)
མཇུག་བྱང་། མདོ་འདུས་པ་རིན་པོ་ཆེ་རྒྱུད། གཡུང་དྲུང་ལྷའི་སྐད་ལས། སྟག་ཆེན་པོ་ཤུ*སྟག་རི་ཀྱི་བོན་སྐད་དུ་བསྒྱུར་བའོ།

029 ༼ཏ༽
མཚན་བྱང་། སངས་རྒྱས་རྣམས་ཀྱི་མཚན་བརྗོད་པ་དུས་གསུམ་ཐུབ་པ་མེད་པའི་མདོ།༼ཀ༽

བསྡུས་བྱང་། མི་ནུབ་མཚན་མདོ།
གྲངས་ཚད། ལེའུ་4ལ་ལྡེབ་425ཡོད། ཤོག་གྲངས་426བཞུགས།
རིགས་རྣམ། སྣན་བརྒྱུད།
སྣན་བརྒྱུད་མཁན། བློ་ལྡན་སྙིང་པོ།

029–1
ལེའུ་དང་པོ། དུས་གསུམ་ནུབ་པ་མེད་པའི་མདོ་ལས་གླིང་བཞི་དང་བདེ་བར་གཤེགས་པ་དཔག་ཏུ་མེད་པའི་སངས་རྒྱས་སྟོང་ལ་ཕྱག་འཚལ་བའི་ལེའུ།
ལྡེབ་གྲངས། 1—129ན།(ཕྲེང་4)

029–2
ལེའུ་གཉིས་པ། དུས་གསུམ་ནུབ་པ་མེད་པའི་མདོ་ལས་འགྲོ་བ་འདུལ་བ་སངས་རྒྱས་སྟོང་གི་མཚན་བཞུགས་པའི་དབུས་ཕྱོགསྷོ། །
ལྡེབ་གྲངས། 1—95ན།(ཕྲེང་1)

029–3
ལེའུ་གསུམ་པ། དུས་གསུམ་ནུབ་པ་མེད་པའི་མདོ་ལས་ཏིང་འཛིན་རྒྱལ་པོའི་སངས་རྒྱས་སྟོང་གི་མཚན་བཞུགས་སྷོ། །
ལྡེབ་གྲངས། 1—96ན།(ཕྲེང་1)

029–4
ལེའུ་བཞི་པ། དུས་གསུམ་ནུབ་པ་མེད་པའི་མདོ་ལས་མཐའ་ཡས་རྒྱལ་པོའི་སངས་རྒྱས་སྟོང་གི་མཚན་ཕྱག་འབུལ་བའི་ལེའུ་བཞི་པ་བཞུགས་སྷོ། །①
ལྡེབ་གྲངས། 1—105བ།(ཕྲེང་6)

030 ༼ཨ༽
མཚན་བྱང་། སངས་རྒྱས་རྣམས་ཀྱི་མཚན་བརྗོད་པ་དུས་གསུམ་ནུབ་པ་མེད་པའི་མདོ།༼ཁ༽
བསྡུས་བྱང་། མི་ནུབ་མཚན་མདོ།
གྲངས་ཚད། ལེའུ་4ལ་ལྡེབ་447ཡོད། ཤོག་གྲངས་447བཞུགས།
རིགས་རྣམ། སྣན་བརྒྱུད།
སྣན་བརྒྱུད་མཁན། བློ་ལྡན་སྙིང་པོ།

030–1
ལེའུ་ལྔ་པ། དུས་གསུམ་ནུབ་པ་མེད་པའི་མདོ་ལས་དྲི་མ་མེད་པའི་སངས་རྒྱས་སྟོང་གིས་མཚན་ཕྱག་ལེའུ་ལྔ་པ་བཞུགསོ། །
ལྡེབ་གྲངས། 1—115ན།(ཕྲེང་1)

030–2
ལེའུ་དྲུག་པ། དུས་གསུམ་ནུབ་པ་མེད་པའི་མདོ་ལས་དབང་དང་ལྡན་པའི་སངས་རྒྱས་སྟོང་གི་མཚན་མདོ་བཞུགས་པའི་དབུས་ཕྱོགས་ལེགསྷོ། །
ལྡེབ་གྲངས། 116—227ན།(ཕྲེང་1)

030–3
ལེའུ་བདུན་པ། དུས་གསུམ་ནུབ་པ་མེད་པའི་མདོ་ལས་བསྐལ་པ་བཟང་པོའི་སངས་རྒྱས་སྟོང་གི་མཚན་ཕྱག་ལེའུ་བདུན་པ་བཞུགས་སོ། །

① གོང་གི་ལེའུ་བཞི་ཡི་སྦྱན་ཕྱིར་དུ་ཀ་ནས་ང་བར་གྱི་ཀ་རྟགས་འགོད་འདུག

ལྡེབ་གྲངས། 228—333ན།(ཐྲེང་1)

030–4

ལེའུ་བརྒྱད་པ། དུས་གསུམ་ཐུབ་པ་མེད་པའི་མདོ་ལས་འོད་ཟེར་འཕྲོ་བའི་སངས་རྒྱས་སྟོང་གི་མཚན་ཕྱག་ལེའུ་བརྒྱད་པ་བཞུགས་སོ། །①
ལྡེབ་གྲངས། 334—447ན།(ཐྲེང་2)

031 ༼ཀི༽
མཚན་བྱང་། སངས་རྒྱས་རྣམས་ཀྱི་མཚན་བརྗོད་པ་དུས་གསུམ་ཐུབ་པ་མེད་པའི་མདོ།༼ག༽
བསྡུས་བྱང་། མི་ཐུབ་མཚན་མདོ།
གྲངས་ཚད། ལེའུ་3ལ་ལྡེབ་318ཡོད། ཤོག་གྲངས་318བཞུགས།
རིགས་རྣམ། སྙན་བརྒྱུད།
སྙན་བརྒྱུད་མཁན། བློ་ལྡན་སྙིང་པོ།

031–1
ལེའུ་དགུ་པ། དུས་གསུམ་ཐུབ་པ་མེད་པའི་མདོ་ལས་གཉིས་མེད་མཉམ་པའི་སངས་རྒྱས་སྟོང་གི་མཚན་ཕྱག་ལེའུ་དགུ་པ་བཞུགསོ། །
ལྡེབ་གྲངས། 1—122ན།(ཐྲེང་5)

031–2
ལེའུ་བཅུ་པ། དུས་གསུམ་ཐུབ་པ་མེད་པའི་མདོ་ལས་བཀོད་པ་ཟབ་མོའི་སངས་རྒྱས་སྟོང་གི་མཚན་ཕྱག་ལེའུ་བཅུ་པ་བཞུགས་པ་ལེགསྷོ། །
ལྡེབ་གྲངས། 1—96བ།(ཐྲེང་3)

031–3
ལེའུ་བཅུ་གཅིག་པ། དུས་གསུམ་ཐུབ་པ་མེད་པའི་མདོ་ལས་དགའ་ལྡན་བྱམས་པའི་སངས་རྒྱས་སྟོང་གི་མཚན་ཕྱག་ལེའུ་བཅུ་པ་བཞུགས་སོ། །②
ལྡེབ་གྲངས། 1—98བ།(ཐྲེང་2)

032 ༼ཁི༽
མཚན་བྱང་། སངས་རྒྱས་རྣམས་ཀྱི་མཚན་བརྗོད་པ་དུས་གསུམ་ཐུབ་པ་མེད་པའི་མདོ།༼ང༽
བསྡུས་བྱང་། མི་ཐུབ་མཚན་མདོ།
གྲངས་ཚད། ལེའུ་3ལ་ལྡེབ་315ཡོད། ཤོག་གྲངས་315བཞུགས།
རིགས་རྣམ། སྙན་བརྒྱུད།
སྙན་བརྒྱུད་མཁན། བློ་ལྡན་སྙིང་པོ།

032–1
ལེའུ་བཅུ་གཉིས་པ། དུས་གསུམ་ཐུབ་པ་མེད་པའི་མདོ་ལས་ཐོགས་པ་མེད་པའི་སངས་རྒྱས་སྟོང་གི་མཚན་ཕྱག་ལེའུ་བཅུ་གཉིས་པ་བཞུགསོ། །
ལྡེབ་གྲངས། 1—101བ།(ཐྲེང་1)

---

① གོང་གི་ལེའུ་བཞི་ཡི་སྤྱན་ཁྲིར་དུ་ཅ་ནས་ཉ་བར་གྱི་ཀ་རྟགས་འཁོད་འདུག
② གོང་གི་ལེའུ་བཞི་ཡི་སྤྱན་ཁྲིར་དུ་ཏ་ནས་ད་བར་གྱི་ཀ་རྟགས་འཁོད་འདུག

032–2
ལེའུ་བཅུ་གསུམ་པ། དུས་གསུམ་ཐུབ་པ་མེད་པའི་མདོ་ལས་མཐུ་དབང་ལྡན་པའི་སངས་རྒྱས་སྟོང་གི་མཚན་ཕྱག་ལེའུ་བཅུ་གསུམ་པ་བཞུགསོ། །
ལྡེབ་གྲངས། 1—104བ།(ཁྲིང་1)

032–3
ལེའུ་བཅུ་བཞི་པ། དུས་གསུམ་ཐུབ་པ་མེད་པའི་མདོ་ལས་མངོན་པར་དགའ་བའི་སངས་རྒྱས་སྟོང་གི་མཚན་ཕྱག་ལེའུ་བཅུ་བཞི་པ་བཞུགསོ། །[①]
ལྡེབ་གྲངས། 1—110ན།(ཁྲིང་2)
མཇུག་བྱང་། ལན་ཅིག་ཞུ་དག་དག་པོར་བྱའོ། །

033 〔གི〕
མཚན་བྱང་། སངས་རྒྱས་རྣམས་ཀྱི་མཚན་བརྗོད་པ་དུས་གསུམ་ཐུབ་པ་མེད་པའི་མདོ།〔ཅ〕
བསྡུས་བྱང་། མི་ཐུབ་མཚན་མདོ།
གྲངས་ཚད། ལེའུ་3ལ་ལྡེབ་340ཡོད། ཤོག་གྲངས་340བཞུགས།
རིགས་རྣམ། སྣན་བརྒྱུད།
སྣན་བརྒྱུད་མཁན། བློ་ལྡན་སྙིང་པོ།

033–1
ལེའུ་བཅོ་ལྔ་པ། དུས་གསུམ་ཐུབ་པ་མེད་པའི་མདོ་ལས་བདེ་ལྡན་བཀོད་པའི་སངས་རྒྱས་སྟོང་གི་མཚན་ཕྱག་ལེའུ་བཅོ་ལྔ་པ་བཞུགས་སོ། །
ལྡེབ་གྲངས། 1—96ན།(ཁྲིང་1)

033–2
ལེའུ་བཅུ་དྲུག་པ། དུས་གསུམ་ཐུབ་པ་མེད་པའི་མདོ་ལས་ཨུ་དུམ་ལྦ་རའི་སངས་རྒྱས་ལ་ཕྱག་འཚལ་བའི་ལེའུ་བཅུ་དྲུག་པ་བཞུགས་སོ། །
ལྡེབ་གྲངས། 1—105ན།(ཁྲིང་3)

033–3
ལེའུ་བཅུ་བདུན་པ། དུས་གསུམ་ཐུབ་པ་མེད་པའི་མདོ་ལས་མཐའ་ཡས་རྫོགས་པའི་སངས་རྒྱས་སྟོང་ལ་ཕྱག་འཚལ་བ་དང་རྒྱུད་ཡོངས་སུ་གཏད་པའི་ལེའུ་བཞུགས་སོ། །[②]
ལྡེབ་གྲངས། 200—340ན།(ཁྲིང་5)
མཇུག་བྱང་། སྟོན་བསག་འབྲས་སྨིན་ཁྲི་ཆེན་རྒྱལ་པོ་ཡི། །འདི་ཕྱི་ལེགས་བྱས་རྒྱུ་རུ་སྤར་བསྒྲུབ་དགེ། ལན་ཅིག་ཞུས་སོ། །

034 〔ངི〕[③]
མཚན་བྱང་། སྲིད་པ་ཁམས་གསུམ་སེམས་ཅན་སྐྱེ་འཆི་ཡི་མདོ་ཞེས་བྱ་བཞུགས་སྷོ། །
བསྡུས་བྱང་། སྲིད་པ་སྐྱེ་འཆིའི་མདོ།
གྲངས་ཚད། ལེའུ་15ལ་ལྡེབ་126ཡོད། ཤོག་གྲངས་126བཞུགས།

---

① གོང་གི་ལེའུ་བཞི་ཡི་ སྤྱན་ཁྲིར་དུ་ན་ནས་ཕ་བར་གྱི་ཀ་རྟགས་འཁོད་འདུག
② གོང་གི་ལེའུ་གསུམ་ཀའི་སྤྱན་ཁྲིར་དུ་རེ་རེ་བཞིན་བ-མ-ཨ་ཡི་ཀ་རྟགས་འཁོད་འདུག
③ པོད་སོ་བཞི་པ་དང་སོ་ལྔ་པ་གཉིས་གླེགས་བམ་གཅིག་ཏུ་བསྒྲིལ་ནས་བཞུགས།

རིགས་རྣམ། གཏེར་མ།
གཏེར་སྟོན། ཨ་ཙ་ར་མི་གཉིས།

034–1
ལེའུ་དང་པོ། སྲིད་པ་ཁམས་གསུམ་སེམས་ཅན་སྐྱེ་འཆི་ཡི་མདོ་ལས་གླིང་བཞིའི་སྲིད་པ་ཕྱུར་སུམ་འཚོགས་པའི་མདོ།
ལྡེབ་གྲངས། 1—11ན།(ཕྲེང་2)

034–2
ལེའུ་གཉིས་པ། སྲིད་པ་ཁམས་གསུམ་སེམས་ཅན་སྐྱེ་འཆི་ཡི་མདོ་ལས་ཐེག་པ་དགུའི་སྤྲོན་མའི་མདོ།①
ལྡེབ་གྲངས། 11—18བ།(ཕྲེང་7)

034–3
ལེའུ་གསུམ་པ། སྲིད་པ་ཁམས་གསུམ་སེམས་ཅན་སྐྱེ་འཆི་ཡི་མདོ་ལས་ཡེ་ཤེས་བཀོད་པ་ལམ་གྱི་མདོ།②
ལྡེབ་གྲངས། 18—26ན།(ཕྲེང་2)

034–4
ལེའུ་བཞི་པ། སྲིད་པ་ཁམས་གསུམ་སེམས་ཅན་སྐྱེ་འཆི་ཡི་མདོ་ལས་མི་སྐྱེ་བའི་ལེའུ།
ལྡེབ་གྲངས། 26—34བ།(ཕྲེང་3)

034–5
ལེའུ་ལྔ་པ། སྲིད་པ་ཁམས་གསུམ་སེམས་ཅན་སྐྱེ་འཆི་ཡི་མདོ་ལས་ཡི་དྭགས་ཀྱི་སྐྱེ་གནས་བསྟན་པ།
ལྡེབ་གྲངས། 34—40བ།(ཕྲེང་5)

034–6
ལེའུ་དྲུག་པ། སྲིད་པ་ཁམས་གསུམ་སེམས་ཅན་སྐྱེ་འཆི་ཡི་མདོ་ལས་ཕྱོལ་སོང་གནས་འོག་སྐྱེ་འཆིའི་ལེའུ།
ལྡེབ་གྲངས། 40—46ན།(ཕྲེང་6)

034–7
ལེའུ་བདུན་པ། སྲིད་པ་ཁམས་གསུམ་སེམས་ཅན་སྐྱེ་འཆི་ཡི་མདོ་ལས་ཕྱོལ་སོང་གསུམ་པོ་གྲོལ་བའི་ལེའུ།
ལྡེབ་གྲངས། 46—55བ།(ཕྲེང་7)

034–8
ལེའུ་བརྒྱད་པ། སྲིད་པ་ཁམས་གསུམ་སེམས་ཅན་སྐྱེ་འཆི་ཡི་མདོ་ལས་ངན་སོང་གནས་གསུམ་ཡོངས་སུ་སྦྱོང་བའི་ལེའུ།
ལྡེབ་གྲངས། 55—68བ།(ཕྲེང་2)

034–9
ལེའུ་དགུ་པ། སྲིད་པ་ཁམས་གསུམ་སེམས་ཅན་སྐྱེ་འཆི་ཡི་མདོ་ལས་སྐལ་བ་འཛིགས་པའི་ལེའུ།
ལྡེབ་གྲངས། 68—76ན།(ཕྲེང་4)

034–10
ལེའུ་བཅུ་པ། སྲིད་པ་ཁམས་གསུམ་སེམས་ཅན་སྐྱེ་འཆི་ཡི་མདོ་ལས་འཛིག་རྟེན་སྨྲ་མའི་ལེའུ།
ལྡེབ་གྲངས། 76—83བ།(ཕྲེང་4)

---

① མཇུག་རྫོགས་མཚམས་སུ་ཐེག་པ་འོག་མའི་གཞི་བཏིང་བའི་ལེའུ་སྟེ་གཉིས་པའོ་ཞེས་འཁོད།
② མཇུག་རྫོགས་མཚམས་སུ་ཐེག་པ་གོང་མའི་ལྷུང་བཤགས་ཀྱི་ལེའུ་སྟེ་གསུམ་པའོ་ཞེས་འཁོད།

034–11
ལེའུ་བཅུ་གཅིག་པ། སྲིད་པ་ཁམས་གསུམ་སེམས་ཅན་སྐྱེ་འཆི་ཡི་མདོ་ལས་འཇིག་རྟེན་ཐམས་ཅད་འདྲེན་པའི་གྲོལ་བར་བྱེད་པའི་ལེའུ།
ཤོག་གྲངས། 83—96བ།(ཕྲེང་7)

034–12
ལེའུ་བཅུ་གཉིས་པ། སྲིད་པ་ཁམས་གསུམ་སེམས་ཅན་སྐྱེ་འཆི་ཡི་མདོ་ལས་སྲིད་པ་གསུམ་ལམ་དུ་ཁྱེར་བའི་མདོ།
ཤོག་གྲངས། 96—103ན།(ཕྲེང་7)

034–13
ལེའུ་བཅུ་གསུམ་པ། སྲིད་པ་ཁམས་གསུམ་སེམས་ཅན་སྐྱེ་འཆི་ཡི་མདོ་ལས་སྣང་བ་འཕྲེང་བ་ལམ་གྱི་མདོ།
ཤོག་གྲངས། 103—109བ།(ཕྲེང་6)

034–14
ལེའུ་བཅུ་བཞི་པ། སྲིད་པ་ཁམས་གསུམ་སེམས་ཅན་སྐྱེ་འཆི་ཡི་མདོ་ལས་བདེ་བར་གཤེགས་པ་སྤྱི་དྲིལ་བ་གཡུང་དྲུང་ལམ་གྱི་སྒྲོན་མ་ཅེས་བྱ་བའི་མདོ།
ཤོག་གྲངས། 109—119ན།(ཕྲེང་5)

034–15
ལེའུ་བཅོ་ལྔ་པ། སྲིད་པ་ཁམས་གསུམ་སེམས་ཅན་སྐྱེ་འཆི་ཡི་མདོ་ལས་འཆི་བ་བཟློག་པའི་མདོ།
ཤོག་གྲངས། 119—125ན།(ཕྲེང་1)
མཇུག་བྱང་། སྟོན་པ་གཤེན་རབ་མི་བོ་ཡིས། དཔའ་བོ་འབྲུ་ལྔའི་ས་བོན་ལ། །དྲུག་ལྔ་ཉོན་མོངས་གཉེན་པོ་ལྔ་ཊ། སྒོ་བཞི་མཛོད་ལྔའི་བོན་སྒོ་གསུངས། མཐོ་ཐོག་མཛོད་ལ་མདོ་སྡེ་བཞི། །ཕྱི་ཐག་ཁམས་གསུམ་སྐྱེ་མཆེད་མདོ། །དང་པོ་སྟོན་པ་ཉིད་ཀྱིས་གསུངས། ཕོ་པན་མཁས་པ་རྣམས་ལ་བརྒྱུད། །བར་དུ་བསྟན་པ་གཏེར་དུ་གཤེགས། །ལས་འཕྲོ་བསྐལ་ལྡན་གཤེན་གྱི་བསྟོན།། །།རྗེས་འཇུག་རྣམས་ལ་རིམ་པར་བརྒྱུད། བྲི་དང་གློག་འདོན་བསོད་ནམས་ཀྱིས། །རྒྱུ་སྦྱོར་ཡོན་བདག་སེམས་ཅན་རྣམས། རྫོགས་པའི་སངས་རྒྱས་ཐོབ་པར་ཤོག། །[ཕྱིས་སུ་སྦྱར་བའི་དབུ་མེད་ཡིག་ཚུང་མཇུག་བྱང་ལ།] སྣང་སེམས་ཀླུང་ཁྱེར་མར་མེ་ལྷ་བུའི་ངང་། བདེ་མོ་རྒྱ་ཤོག་དཀར་པོའི་སྟེང་། སྣག་ཚོད་ཧ་ཕ་འགྲོ་ཆེན་པོར།

035 〈ཅི〉①
མཚན་བྱང་། སྟོད་རྟེན་འབྱུང་བ་ཆགས་འཇིག་པའི་མདོ་བཞུགས་པ་ལེགས།
གྲངས་ཚད། ལེའུ་11ལ་ཤོག་114ཡོད། ཤོག་གྲངས་114བཞུགས།
རིགས་རྣམ། གཏེར་མ།
གཏེར་སྟོན། ཨ་ཙ་ར་མི་གཉིས།

035–1
ལེའུ་དང་པོ། སྟོད་རྟེན་འབྱུང་བ་ཆགས་འཇིག་པའི་མདོ་ལས་སྲིད་པ་ཆགས་ལུགས་དང་མིའི་སྐྱེ་བའི་ལེའུ།
ཤོག་གྲངས། 1—9བ།(ཕྲེང་3)

035–2
ལེའུ་གཉིས་པ། སྟོད་རྟེན་འབྱུང་བ་ཆགས་འཇིག་པའི་མདོ་ལས་དམྱལ་བ་ཡི་དྭགས་ཀྱི་སྐྱེ་བའི་ལེའུ།
ཤོག་གྲངས། 9—14བ།(ཕྲེང་3)

① པོད་སོ་བཞི་པ་དང་སོ་ལྔ་པ་གཉིས་གླེགས་བམ་གཅིག་ཏུ་བསྒྲིལ་ནས་བཞུགས།

035–3
ལེའུ་གསུམ་པ། སྣོད་རྟེན་འབྱུང་བ་ཆགས་འཇིག་པའི་མདོ་ལས་བྱོལ་སོང་གནས་འོག་ཏུ་སྐྱེ་བའི་ལེའུ།
ལྡེབ་གྲངས། 14—19བ།(ཕྲེང་4)

035–4
ལེའུ་བཞི་པ། སྣོད་རྟེན་འབྱུང་བ་ཆགས་འཇིག་པའི་མདོ་ལས་ངན་སོང་གསུམ་པོ་གྲོལ་བའི་ལེའུ།
ལྡེབ་གྲངས། 19—26བ།(ཕྲེང་6)

035–5
ལེའུ་ལྔ་པ། སྣོད་རྟེན་འབྱུང་བ་ཆགས་འཇིག་པའི་མདོ་ལས་ངན་སོང་གནས་གསུམ་སྦྱོང་བའི་ལེའུ།
ལྡེབ་གྲངས། 26—36ན།(ཕྲེང་5)

035–6
ལེའུ་དྲུག་པ། སྣོད་རྟེན་འབྱུང་བ་ཆགས་འཇིག་གི་མདོ།
ལྡེབ་གྲངས། 36—46ན།(ཕྲེང་7)

035–7
ལེའུ་བདུན་པ། སྣོད་རྟེན་འབྱུང་བ་ཆགས་འཇིག་གི་མདོ་ལས་རྒྱལ་པོའི་སྲས་གཏོ་བུ་དོད་དེ་ངན་སོང་གི་གནས་ནས་དྲངས་པའི་ལེའུ།
ལྡེབ་གྲངས། 46—77ན།(ཕྲེང་3)

035–8
ལེའུ་བརྒྱད་པ། སྣོད་རྟེན་འབྱུང་བ་ཆགས་འཇིག་གི་མདོ་ལས་སྡིག་པོ་ཆེའི་གྲོང་ཁྱེར་རམ་གཤེན་རྗེ་འཇིག་རྟེན་ཐམས་ཅད་འདྲེན་པའི་ལམ་གྲོལ་བར་བྱེད་པའི་མདོ།
ལྡེབ་གྲངས། 77—84བ།(ཕྲེང་7)

035–9
ལེའུ་དགུ་པ། སྣོད་རྟེན་འབྱུང་བ་ཆགས་འཇིག་གི་མདོ་ལས་སྲིད་པ་ལམ་དུ་ཁྱེར་བའི་ལེའུ།
ལྡེབ་གྲངས། 84—98བ།(ཕྲེང་1)

035–10
ལེའུ་བཅུ་པ། སྣོད་རྟེན་འབྱུང་བ་ཆགས་འཇིག་གི་མདོ་ལས་བསྐལ་པ་འཇིག་པའི་ལེའུ།
ལྡེབ་གྲངས། 98—105བ།(ཕྲེང་1)

035–11
ལེའུ་བཅུ་གཅིག་པ། སྣོད་རྟེན་འབྱུང་བ་ཆགས་འཇིག་གི་མདོ་ལས་འཇིག་རྟེན་སྒྱུ་མའི་ལེའུ།①
ལྡེབ་གྲངས། 105—112བ།(ཕྲེང་6)

མཇུག་བྱང་། སྐ་ལི་ཤུག་སྟག་རིང་གིས། བོད་དང་ཞང་ཞུང་གི་ཡུལ་དང་། སྟག་གཟིགས་ཀྱི་ཡུལ་དུ་བོན་རིན་པོ་ཆེ་འཚོལ་ནས་བོད་ཀྱི་ཡུལ་དུ་བསྟན་པ་སྤེལ་བར་དགོངས་ནས། སྐྱང་པོ་ཆེ་རྟ་མཆོག་གྲང་སེར་ཁྱེར་ནས་ཆས་སོ། བོད་དང་ཞང་ཞུང་དང་སྟག་གཟིགས་ཀྱིས་བར་ནས་ལམ་འཕྲང་ཤིན་ཏུ་རྩུབ་པ་དང་། མི་ཐར་པའི་ལམ་འགགས་ནི་ཆུ་སྲིད་མ་བུ་དགུ་འཇོལ་བ་དང་། བདུད་ཁྲབ་པའི་གཤེན་རི་ལ་མི་བསྐྱིལ་པའི་སོལ་བའི་རི་ལ་ཉི་མ་བདུན་སོང་བས། རྐང་མགྱོགས་ཀྱི་སྒྲུབ་པ་ལྡན་པས་མཆོད་པར་སྟག་གཟིག་གི་ཡུལ་དུ་ཐོན། གྲུབ་པ་བསྙེམས་པའི་བོན་པོ་ནི། ཁ་ནས་གསེར་ཛེ་འཁྲོ་བ། །ལག་ནས་ཐོག་འཕོང་བས། །ལྷ་སྲིན་བྲན་དུ་འཁོར་བ་མཆོག་ཐུན་མོང་གི་གྲུབ་རྟགས་དུ་མར་དང་ལྡན་པ་རྣམས་ལ། །གསེར་ལ་སོགས་པའི་རིན་པོ་ཆེ་ཕུལ་ནས། རྒྱུ་འབྲས་ཀྱི་བོན་ལ་སོགས་

① ལེའུ་མཇུག་རྫོགས་མཚམས་སུ་འཇིག་རྟེན་མཉམ་པར་བཞག་པའི་ལེའུ། ཞེས་འཁོད།

པ་ཐམས་ཅད་ཞུས་ནས། བོད་དུ་ཡོངས་བསམས་ནས། བྱ་རྒོད་དང་། བྱ་སླུག་ཁྲུང་ཁྲུང་དང་། གང་ག་བཞི་ལས་བཀལ་ནས་འོང་པས། གང་ག་ལ་བཀའ་པའི་དོན་ནི། རྒྱ་ནག་གི་ཡུལ་དུ་འཕུར་ཏེ་སོང་ངོ་། རྒྱ་ནག་གི་བོན་པོ་ལེགས་ཏང་རྒྱང་པོའི་ཕྱག་ཏུ་བབས་སོ། །ཕྱི་མ་གསུམ་པོ་བཀལ་བའི་དོན་ནི། བོད་དུ་ཐོན་ནས་དེ་ལྟ་ཞང་ཞུང་གིས་སྤྱོད་པའི་དོན་རྣམས་སོ། །ལི་ཤུ་སྟག་རིང་ལ་སྤྱོད་པའི་དབང་མེད་རྫེ་ལ་ཕུལ། ལོ་ཙ་བ་སྟག་རིང་གིས་ཡེ་ཤེས་ཡི་གེ་ཐམས་ཅད་བོད་དུ་བསྒྱུར་ནས། བཙད་པོ་ཁྲི་སྲོང་ལྡེ་ལ་བཙན་ལ་ཕུལ་ཏོ། །བཙན་པོས་ཞུས་པ་དོན་ཐམས་ཅད་ལ་རྩིས་བྱང་བཏང་ཡང་བྱང་རེ་གདབ་པར་ཞུས་བྱས་པས། ལི་ཤུས་གསུངས་པའི་དོན་ཐམས་ཅད་ལ་རྩིས་བྱང་བརྒྱད་རེ་དང་བཅས་ནས་འདུག། དེའི་ནང་ནས་མདོ་ཆེན་པོ་བཞི་དང་། གཤེན་རབ་ཀྱིས་གསུངས་པའི་དོན་རྣམས་ཀྱི་ནང་ནས་ཀྱང་སྙིང་པོ་ནི་འདི་ལྟ་སྟེ། དུས་གསུམ་སྟོན་པོ་འབྱུང་ཁུང་མདོ་ལས་སྟ་རབས་འདས་པ་དང་ལྡན་པ་ནས་སྐད་ཀྱི་བར་ལེའུ་ནི་བཅོ་བརྒྱད་ཡོད་པར་སྟོན། སྟོད་རྟེན་འབྱུང་བ་འཇིག་རྟེན་ཆགས་འཇིག་མདོ་ལས། འཇིག་རྟེན་ཆགས་དང་མཉམ་པར་བཞུགས། བར་དུ་བཅུ་གཅིག་ཡོད་པར་སྟོན། ཟླ་མེད་གོ་འཕང་སྒྲུབ་པ་ཐབས་ཀྱི་མདོ་ལས། སྟ་རབས་འདས་དང་འཇིག་རྟེན་བཞུགས། །བར་དུ་ཉི་ཤུ་རྩ་དྲུག་གོ། །ཁམས་གསུམ་སེམས་ཅན་སྐྱེ་འཆི་མདོ་ལས། ཕུན་སུམ་ཚོགས་ནས་ཟློག་གཏོར་བར་དུ་དྲུག་ཅུ་ཡོད་པར་སྟོན། ཞེས་རྒྱལ་པོ་ལ་ཕུལ་ནས། བསམ་ཡས་ཁྲི་ཐར་དུར་ཁྲོད་མཆོད་རྟེན་དམར་པོ་ལ་སྦས་སོ། །བསམ་ཡས་ཀྱི་ལྡེ་མིག་ཐམས་ཅད་སྲུང་བཟའ་དམར་པོ་རྒྱལ་གྱིས་འཛིན་ཏོ། །ཞིབ་ཏུ་ལེའུ་དང་། རྩིས་འབྱུང་ཆེན་མོའི་ནང་ནས་གསལ་ལོ། །ཤད་ཐམས་ཅད་གཉིས་བརྩེགས་ཡིན་ནོ། །འབྲུ་རེ་ཆད་པ་འདྲ་བ་ཡོངས་ཤོག་སེར་ནང་ནས་ཡང་དེ་འདྲ་ཡིན་ནོ། །དེས་བཙན་དུ་བྱས་པ་ཡིན་ནོ། །གཤེན་རབ་ཀྱིས་ཞལ་ནས་གསུངས་པའི་སྟོད་རྟེན་འབྱུང་བའི་ཆགས་འཇིག་གི་མདོ་རྫོགས་སྷོ། །

036 {ཆེ}①

མཚན་བྱང་། ཟླ་མེད་གོ་འཕང་བསྒྲུབ་ཐབས་ཀྱི་མདོ་ཞེས་བྱ་བ་བཞུགས་སྷོ། །

བསྡུས་བྱང་། སྒྲུབ་ཐབས་མདོ།

གྲངས་ཚད། ལེའུ་34ལ་ལྡེབ་270ཡོད། ཤོག་གྲངས་269བཞུགས།

རིགས་རྣམ། གཏེར་མ།

གཏེར་སྟོན། ཨ་ཙ་ར་མི་གཉིས།

ཆོས་ཚན་དང་པོ། ཟླ་མེད་གོ་འཕང་བསྒྲུབ་ཐབས་གཡུང་དྲུང་ལམ་གྱི་སྒྲོན་མའི་མདོ་ཞེས་བྱ་བ་བཞུགས་སྷོ། །

036–1

ལེའུ་དང་པོ། སྟ་རབས་འདས་པའི་གཙོ་རྒྱལ་ཡེ་མཁྱེན་གྱི་བསྟན་པ་རྗེས་སུ་བཞག་པར་གོ་སྐབས་ཀྱི་ལེའུ།

ལྡེབ་གྲངས། 1—12ན།(ཕྲེང་4)

036–2

ལེའུ་གཉིས་པ། གཡུང་དྲུང་ལམ་གྱི་སྒྲོན་མའི་མདོ་ལས་སྲིད་པའི་རྒྱལ་པོ་དོན་བསྟན་གོ་སྐབས་བསྟན་པའི་ལེའུ།

ལྡེབ་གྲངས། 12—22བ།(ཕྲེང་2)

036–3

ལེའུ་གསུམ་པ། གཡུང་དྲུང་ལམ་གྱི་སྒྲོན་མའི་མདོ་ལས་སྟོན་པས་བསྟན་པའི་སྙིང་པོས་བདུད་འགའ་ཞིག་བཏུལ་བའི་ལེའུ།

ལྡེབ་གྲངས། 22—38ན།(ཕྲེང་1)

036–4

ལེའུ་བཞི་པ། གཡུང་དྲུང་ལམ་གྱི་སྒྲོན་མའི་མདོ་ལས་སྡིག་བཅུ་སྤོང་བ་བརྒྱ་བྱིན་གྱི་ལེའུ་སྟེ་དམྱལ་བ་ལས་བརྒྱ་བྱིན་གྱིས་དྲངས་ནས་ཟླ་མེད་བསྒྲུབ་པའི་ལེའུ།

---

① པོད་སོ་དྲུག་པ་དང་སོ་བདུན་པ་གཉིས་གླེགས་བམ་གཅིག་ཏུ་བསྒྲིལ་ནས་བཞུགས།

ལྡེབ་གྲངས། 38—67བ།(ཁྲིང་1)

036–5
ལེའུ་ལྔ་པ། གཡུང་དྲུང་ལམ་གྱི་སྒྲོན་མའི་མདོ་ལས་བོན་ཐམས་ཅད་དབྱིངས་ཀྱི་ངང་གི་ལེའུ།
ལྡེབ་གྲངས། 67—75བ།(ཁྲིང་3)

036–6
ལེའུ་དྲུག་པ། གཡུང་དྲུང་ལམ་གྱི་སྒྲོན་མའི་མདོ་ལས་བོན་རིན་ཆེན་བསྒོམ་པའི་མདོའི་ལེའུ།
ལྡེབ་གྲངས། 75—85ན།(ཁྲིང་3)

036–7
ལེའུ་བདུན་པ། གཡུང་དྲུང་ལམ་གྱི་སྒྲོན་མའི་མདོ་ལས་ཐར་པ་བདེ་བྱེད་ཀྱི་ལེའུ།
ལྡེབ་གྲངས། 85—92བ།(ཁྲིང་3)

036–8
ལེའུ་བརྒྱད་པ། གཡུང་དྲུང་ལམ་གྱི་སྒྲོན་མའི་མདོ་ལས་སྣང་པོ་ཆེ་མཚན་བཅིང་པའི་མདོ།
ལྡེབ་གྲངས། 92—99ན།(ཁྲིང་6)

036–9
ལེའུ་དགུ་པ། གཡུང་དྲུང་ལམ་གྱི་སྒྲོན་མའི་མདོ་ལས་བདེ་གཤེགས་ཀྱི་གཤེན་རབ་ལ་སྦྱིན་པ་འགྱེད་པའི་ལེའུ།
ལྡེབ་གྲངས། 99—110ན།(ཁྲིང་4)

036–10
ལེའུ་བཅུ་པ། གཡུང་དྲུང་ལམ་གྱི་སྒྲོན་མའི་མདོ་ལས་སྟོང་པ་ཉིད་ཀྱི་ལེའུ།
ལྡེབ་གྲངས། 110—118བ།(ཁྲིང་6)

036–11
ལེའུ་བཅུ་གཅིག་པ། གཡུང་དྲུང་ལམ་གྱི་སྒྲོན་མའི་མདོ་ལས་སྟོང་པ་ཉིད་སྟོང་པ་ཉིད་ཀྱི་འཁྲོད་(འཁྲོལ་)ལམ་ཡོངས་སུ་སྦྱོངས་པའི་ལེའུ།①
ལྡེབ་གྲངས། 118—131བ།(ཁྲིང་5)

036–12
ལེའུ་བཅུ་གཉིས་པ། གཡུང་དྲུང་ལམ་གྱི་སྒྲོན་མའི་མདོ་ལས་གཡུང་དྲུང་བདེ་བ་བསྒོ་བའི་མདོ།
ལྡེབ་གྲངས། 131—134བ།(ཁྲིང་3)

036–13
ལེའུ་བཅུ་གསུམ་པ། གཡུང་དྲུང་ལམ་གྱི་སྒྲོན་མའི་མདོ་ལས་གཡུང་དྲུང་རིག་པ་གསལ་བའི་མདོ།
ལྡེབ་གྲངས། 134—144བ།(ཁྲིང་6)
མཇུག་བྱང་། ལེགས་བྱས་བསོད་ནམས་རྒྱལ་མཚོའ་བསྒྲུབ་པ་ལས། །ལེགས་སྦྱིན་ཕྲི་ཆེན་ཀུན་དགའ་ཉ་ཟླས། ལེགས་ལམ་བོན་སྦྱིན་པར་གྱིས་ཟེར་སྒྲོས་འདི། །ལེགས་ཚོགས་ཟླ་བའི་མ་བཞིན་འཕེལ་བར་ཤོག །སཏྭ་མང་ཀ་ལམ། ཞེས་པའི་སྨར་དུ་ནས་ཞལ་བསྡུས་སོ། །
ཆོས་ཚན་གཉིས་པ། [ལྡེབ་དང་པོ་ཆད།]

036–14
ལེའུ་བཅུ་བཞི་པ། སྣ་མེད་གོ་འཕང་དུ་བསྒྲུབ་པའི་མདོ་ལས་དམིགས་པ་མེད་པར་སྦྱིན་པའི་ལེའུ།

① ལེའུ་རྫོགས་མཚམས་སུ། སེམས་བདེ་ཆེན་ལམ་གྱི་མདོ། ཞེས་འཁོད།

ལྡེབ་གྲངས། 1—9བ།(ཕྲེང་5)

036–15

ལེའུ་བཅོ་ལྔ་པ། བླ་མེད་གོ་འཕང་དུ་བསྒྲུབ་པའི་མདོ་ལས་སྒྱུ་མའི་ལེའུ།

ལྡེབ་གྲངས། 9—20ན།(ཕྲེང་5)

036–15–1

ལེའུ་དང་པོ། རིན་པོ་ཆེ་གཏོར་ཟློག་གི་མདོ་ལས་གླིང་བཞིའི་ལེའུ།

ལྡེབ་གྲངས། 20—22ན།(ཕྲེང་3)

036–15–2

ལེའུ་གཉིས་པ། རིན་པོ་ཆེ་གཏོར་ཟློག་གི་མདོ་ལས་མཆོད་པའི་ཡར་སྐྱེགས་ཀྱི་ལེའུ།

ལྡེབ་གྲངས། 22—23ན།(ཕྲེང་7)

036–15–3

ལེའུ་གསུམ་པ། རིན་པོ་ཆེ་གཏོར་ཟློག་གི་རྒྱུད་ལས་བསྒོམ་པའི་ལེའུ།

ལྡེབ་གྲངས། 23—24བ།(ཕྲེང་3)

036–15–4

ལེའུ་བཞི་པ། རིན་པོ་ཆེ་གཏོར་ཟློག་གི་རྒྱུད་ལས་སྔགས་དང་སྙིང་པོའི་ལེའུ།

ལྡེབ་གྲངས། 24—25བ།(ཕྲེང་3)

036–15–5

ལེའུ་ལྔ་པ། སྲིད་ཞུའ་མཆོད་པ།

ལྡེབ་གྲངས། 25—31བ།(ཕྲེང་6)

ལེའུ་དང་པོ། འཆི་བདག་ཟློག་བྱེད་ཀྱི་མདོ་ལས་གླིང་བཞིའི་ལེའུ།

ལྡེབ་གྲངས། 39བ།(ཕྲེང་6)

ལེའུ་གཉིས་པ། འཆི་བདག་ཟློག་བྱེད་ཀྱི་མདོ་ལས་དཀྱིལ་འཁོར་ལས་བྱུང་གི་ལེའུ།

ལྡེབ་གྲངས། 39—41ན།(ཕྲེང་2)

ལེའུ་གསུམ་པ། འཆི་བདག་ཟློག་བྱེད་ཀྱི་མདོ་ལས་ཏིང་ངེ་འཛིན་བསྟན་པའི་ལེའུ།

ལྡེབ་གྲངས། 41—42བ།(ཕྲེང་2)

ལེའུ་གྲངས་མེད། སྔ་རབས་འདས་པའི་ལྷ་མོ་བརྒྱ་ལ་ཕྱག་འཚལ་བའི་ལེའུ།

ལྡེབ་གྲངས། 42—45བ།(ཕྲེང་7)

ལེའུ་གྲངས་མེད། ད་ལྟར་བཞུགས་པའི་ལྷ་མོ་བརྒྱ་ལ་ཕྱག་འཚལ་བའི་ལེའུ།

ལྡེབ་གྲངས། 45—48ན།(ཕྲེང་5)

ལེའུ་གྲངས་མེད། ད་སྣང་ནས་བྱོན་པའི་ལྷ་མོ་བརྒྱའི་ཞལ་མངོན་སུམ་དུ་སྟོན་པ་ལ་ཕྱག་འཚལ་བའི་ལེའུ།

ལྡེབ་གྲངས། 48—50བ།(ཕྲེང་7)

ལེའུ་བཞི་པ། འཆི་བདག་ཟློག་བྱེད་ཀྱི་མདོ་ལས་ལྷ་མོ་སུམ་བརྒྱ་ལ་ཕྱག་འཚལ་བའི་ལེའུ།

ལྡེབ་གྲངས། 42—50བ།(ཕྲེང་7)

ལེའུ་ལྔ་པ། འཆི་བདག་ཟློག་བྱེད་ཀྱི་མདོ་ལས་བཤགས་པའི་ལེའུ།[1]

---

[1] པོད་036པའི་ལེའུ་15པའི་ནང་ཚན་དུ་བྱེ་བྲག་གི་ལེའུ་ཁག་ཅིག་ལ་ལེའུ་གྲངས་མེད་པས་དག་སྒྲིག་བྱ་གཀལ་ཆེ།

ལྡེབ་གྲངས། 50—51ན།(ཁྲིང་7)

036–16
ལེའུ་བཅུ་དྲུག་པ། བླ་མེད་གོ་འཕང་དུ་བསྒྲུབ་པའི་མདོ་ལས་བར་ཆད་བཟློག་པའི་མདོའི་ལེའུ།
ལྡེབ་གྲངས། 73ན།(ཁྲིང་3)

036–17
ལེའུ་བཅུ་བདུན་པ། བླ་མེད་གོ་འཕང་དུ་བསྒྲུབ་པའི་མདོ་ལས་བདུན་ཚིགས་ལས་བྱུང་གི་ལེའུ།
ལྡེབ་གྲངས། 73—104བ།(ཁྲིང་5)

036–18
ལེའུ་བཅོ་བརྒྱད་པ། བླ་མེད་གོ་འཕང་དུ་བསྒྲུབ་པའི་མདོ་ལས་ས་གནས་ཁྱད་པར་ལམ་གྱི་མདོའི་ལེའུ།
ལྡེབ་གྲངས། 104—111བ།(ཁྲིང་6)

036–19
ལེའུ་བཅུ་དགུ་པ། བླ་མེད་གོ་འཕང་དུ་བསྒྲུབ་པའི་མདོ་ལས་གཡུང་དྲུང་ལམ་གྱི་སྒྲོན་མའི་མདོའ་བརྟེན་པའི་ལེའུ།
ལྡེབ་གྲངས། 111—117ན།(ཁྲིང་1)

036–20
ལེའུ་ཉི་ཤུ་པ། བླ་མེད་གོ་འཕང་དུ་བསྒྲུབ་པའི་མདོ་ལས་བདུད་ལྷ་རབ་ཏུ་འཇོམས་པའི་ལེའུ།
ལྡེབ་གྲངས། 117—122ན།(ཁྲིང་5)

036–21
ལེའུ་ཉེར་གཅིག་པ། བླ་མེད་གོ་འཕང་དུ་བསྒྲུབ་པའི་མདོ་ལས་འཇིག་རྟེན་རབ་ཏུ་ཞུགས་པའི་ལེའུ།
ལྡེབ་གྲངས། 122—126ན།(ཁྲིང་1)

མཇུག་བྱང་། སྟག་གཟིགས་ཀྱི་ཡུལ་འོལ་མོ་ལུང་རིང་ན། རང་འབྱུང་གི་མཆོད་རྟེན་གྱི་རྩ་བ་ནས། སྣ་ལི་ཤུ་སྟག་རིང་གིས་འོངས་ནས། ལོ་ཙྪ་བ་སྟག་རིང་གི་བོད་སྐད་དུ་བསྒྱུར་ནས། བཙད་པོ་ཁྲི་སྲོང་ལྡེའུ་བཙན་ལ་ཕུལ་ནས། བསམ་ཡས་གླིང་གི་ཁྲི་ཐང་དུར་ཁྲོད་ཀྱི་ཙར་ཙ་ཧི་དམར་པོར་སྦས་པའོ། །ལྷུགས་མོ་བྱའི་ལོ་ལ་གཏེར་ཤོག་བཇོལ་ནས། ཧོ་རྒྱ་གར་ར་ཙས་བཏོན་པ་ལགས་སོ། །དེ་ནས་དབུའི་མཆོད་སྟོན་ཕུར་བ་འབར་ལ། དངོས་གྲུབ་ཏུ་བབས་པ་ལགས་སོ། །དེ་ལ་སྤྲོ་བ་རྗེ་སྲས་གཤེན་རབ་རྒྱལ་གྱིས། གཏེར་ཤོག་དངོས་ལ་གཏུགས་ནས་བྲིས་སོ། །འབྲུ་རེ་ཆད་པ་འདྲ་བ་ཀུན། ཤོག་སེར་རང་ལ་དེ་བཞིན་སྣང་བའོ། །བཀྲ་ཤིས་དགེའོ། །

037 ༼ཛྀ༽①
མཚན་བྱང་། རིན་པོ་ཆེ་གཏོར་བཟློག་མདོའ་ཆེན་མོ་ཞེས་བྱ་བ་བཞུགས།
བསྡུས་བྱང་། གཏོར་བཟློག་མདོ།
གྲངས་ཚད། ཆོས་ཚན་10ལ་ལེའུ་5དང་ལྡེབ་188ཡོད། ཤོག་གྲངས་188བཞུགས།
རིགས་རྣམ། གཏེར་མ།
གཏེར་སྟོན། ཨ་ཙ་ར་མི་གཉིས།

037–1
ཆོས་ཚན་དང་པོ། རིན་པོ་ཆེའི་གཏོར་བཟློག་མདོའ་ཆེན་མོ་ཞེས་བྱ་བ་བཞུགས།
སྤྱིའི་ལྡེབ་གྲངས། 1—33ན

① པོད་སོ་དྲུག་པ་དང་སོ་བདུན་པ་གཉིས་གླེགས་བམ་གཅིག་ཏུ་བསྒྲིལ་ནས་བཞུགས།

037–1–1
ལེའུ་དང་པོ། གླིང་བཞིའི་ལེའུ།
ལྡེབ་གྲངས། 1—12ན།(ཕྲེང་8)

037–1–2
ལེའུ་གཉིས་པ། རྒྱལ་པོ་རྣམས་ཀྱི་བསྟོད་པའི་ལེའུ།
ལྡེབ་གྲངས། 12—14བ།(ཕྲེང་7)

037–1–3
ལེའུ་གསུམ་པ། སྟེ་བརྒྱད་ཀྱི་གནས་སུ་མཆོད་རྟེན་བཞེངས་པའི་ལེའུ།
ལྡེབ་གྲངས། 14—22ན།(ཕྲེང་6)

037–1–4
ལེའུ་བཞི་པ། ལྡེབ་གྲངས་དང་བཅས་མི་གསལ།

037–1–5
ལེའུ་ལྔ་པ། རིན་པོ་ཆེ་གཏོར་མདོས་ལས་ཕྱག་འཚལ་བའི་ལེའུ།
ལྡེབ་གྲངས། 25ན།(ཕྲེང་1)
མཇུག་བྱང་། སྟོན་བཟོ་རིགས་མ་ཞིག་གི་དུས་སུ། གཡུང་དྲུང་གི་བོན་བདར་བ་ཡིན་ཏེ། རྒྱ་ནག་ལ་མཁས་པ་ཆེན་པོ་གྲུར་པ་ལེགས་ཏང་རྫོང་པོ་བྱ་བ་དེས། གསས་ཁང་དཀར་ནག་བཀྲུགས་གསལ་རྒྱ་མཚོའི་གླིང་ཐོག་འབར་གྱིས་དཔེའ། སློན་པོ་ངམ་སྟག་སླུ་གང་ལ་ཕུལ། བོད་ཀྱི་ས་སྐོར་པ། གཡུང་དྲུང་གི་བོན་ཐེངས་གཅིག་ཞུབ་ནས། རྒྱ་གར་གྱི་སློབ་དཔོན་སམ་ཧྭ་བ་དང་། ཇོ་མོ་མཁར་ཆེ་ཟ། མཚོ་རྒྱལ་དང་། རྒྱལ་པོ་བདག ཁྲི་སྲུང་སྡེ་བཙན་གསུམ་གྱིས། གཡུང་དྲུང་གི་བོན་མཆོད་ཡོན། བདག་པོ་པ་ལ་སྨྲས་ཏེ། བཀགས་སོ། ལེགས་བཏང་རྨང་པོའི་བོན་ནོ། ལྷོ་ནུབ་ཁྲི་དང་དུར་ཁྲོད་གླིང་དུ། ཙ་ཏི་སྨྲ་མང་དུ་བཀགས་སོ། དེ་ནས་སད་ཁྲུ་བེན་ཧྲིས། ཞིག་རལ་གསོལ་བའི་སྐབས་ནས། ཤོག་དྲིལ་གྱི་དུར་ཤོག་སོང་སོ། བར་ཚོད་ཞི་ནས་དགེ་ལེགས་ཐོབ་པར་ཤོག །བཀྲ་ཤིས་བདེ་ལེགས་རྒྱ་མཚོ་བོན་བསྟན་དར་རྒྱས་ཡུན་གནས་ཤོག ཞལ་དྭ་ཕྱིན་རླབས་ཤིན་ཏུ་ཆེ། དག་པར་གཏུག་གོ །

037–2
ཆོས་ཚན་གཉིས་པ། རིན་པོ་ཆེའི་གཏོར་བཟློག་གྱིས་ཡས་རེ་དང་སྟགས་རེ་སྲིད་པ་བཞུགས་སོ། །
ལྡེབ་གྲངས། 1—7བ།(ཕྲེང་3)
མཇུག་བྱང་། བསམ་ཡས་ཙི་ཏི་སྨྲ་མང་ནས་བཏོན་པ།

037–3
ཆོས་ཚན་གསུམ་པ། རིན་པོ་ཆེའི་གཏོར་བཟློག་གིས་ལོ་རྒྱལ་བསྒྱུར་ཚུལ་བཞུགས་པའི་དབུ་ཕྱོགས་ལེགས་སོ། །
ལྡེབ་གྲངས། 1—6བ།(ཕྲེང་3)

037–4
ཆོས་ཚན་བཞི་པ། རིན་པོ་ཆེ་སྤྱིའི་འཆི་བ་བཟློག་པའི་མདོ་ལ་གཏོར་མདོས་འཕེན་བ་བཞུགས་པའི་དབུ་ཕྱོགས་ལེགས་སྷོ། །
ལྡེབ་གྲངས། 1—13བ།(ཕྲེང་4)

037–5
ཆོས་ཚན་ལྔ་པ། གཏོར་བཟློག་བརྒྱ་རྩ་བརྒྱད་བཞུགས་པ་ལེགས་སོ། །
ལྡེབ་གྲངས། 1—30ན།(ཕྲེང་4)

037–6
ཚོས་ཚན་དྲུག་པ། རྐང་གཉིས་འཆི་བདག་བཟློག་པའི་ཚོ་ག་རིན་པོ་ཆེའི་བདུད་གཤེན་འགྲོལ་ཐིག་བཞུགས་སོ། །འཆུ་(འཆི་)བདག་བཟློག་པའོ།
ལྡེབ་གྲངས། 1—26བ།(ཕྲེང་9)

037–7
ཚོས་ཚན་བདུན་པ། རིན་པོ་ཆེ་གཏོར་ཟློག་གི་གཞུང་དྲུག་ཅུ་རྩ་ཅིག་ཞེས་བྱ་བ་བཞུགས་སྱོ། །
ལྡེབ་གྲངས། 1—17ན།(ཕྲེང་4)

037–8
ཚོས་ཚན་བརྒྱད་པ། འཕོ་ངན་བསྐངས་ཤེན་རིས་དྲུག་ལ་སྒྲུ་མ་བཤད་པ་བཞུགས་པ་ལེགས་སྷོ། །
ལྡེབ་གྲངས། 1—12ན།(ཕྲེང་7)
མཇུག་བྱང་། བསམ་ཡས་མཆོད་རྟེན་ནག་པོའི་གཏེར་མ། ཏེ་དང་སད་སྒྲུའི་སྙིང་རིམ་པར་རྒྱུད་ནས། རྒྱལ་མཚན་བཀྲ་ཤིས་བདག་ལ་ཡོད། སྒྲུབ་རྒྱུད་བསྟན་པ་རྒྱན་དུ་ཞལ་གྲོ། བཀྲ་ཤིས།

037–9
ཚོས་ཚན་དགུ་པ། ཕྱིར་བཟློགས་ཆེན་མོ་བཞུགས་པའི་དབུ་ཕྱོགས་ལེགས་དགེ་ལེགས་འཕེལ་འགྱུར་ཅིག །
ལྡེབ་གྲངས། 1—12ན།(ཕྲེང་2)

037–10
ཚོས་ཚན་བཅུ་པ། འབྱུང་བའི་སྐག་བསྒྱུར་སེལ་གཏོ་ཆེན་པོའི་གཟུངས་སྔགས་མདོ་བཞུགས་པ་ལེགས།
ལྡེབ་གྲངས། 1—25ན།(ཕྲེང་1)
མཇུག་བྱང་། བདག་འདྲ་མི་འགྱུར་ཚེ་དབང་གྲགས་པས་རི་ཁྲོད་ཀྱི་ཁང་བཟང་དུ་སྦྱིལ་བའོ། །

038 ༼ཉི༽
མཚན་བྱང་། ཁྲི་རྗེ་ལུང་བསྟན་གྱི་མདོ་ཞེས་བྱ་བ་བཞུགས་པ་ལེགས་སྷོ། །
བསྡུས་བྱང་། ཁྲི་མདོ།
གྲངས་ཚད། ལེའུ་22ལ་ལྡེབ་146ཡོད། ཤོག་གྲངས་291བཞུགས།
རིགས་རྣམ། གཏེར་མ།
གཏེར་སྟོན། གཉེན་མཐིང་ཤེས་རབ་རྗོ་རྗེ།

038–1
ལེའུ་དང་པོ། ཁྲི་རྗེ་ལུང་བསྟན་གྱི་མདོ་དོན་དང་བཅས་ཏེ་གསལ་བར་བསྟན་པ།
ལྡེབ་གྲངས། 1—32བ།(ཕྲེང་1)

038–2
ལེའུ་གཉིས་པ། གཤེན་གྱི་དུས་ཁྲིམས་གཙང་མའི་མདོ།
ལྡེབ་གྲངས། 32—36བ།(ཕྲེང་4)

038–3
ལེའུ་གསུམ་པ། ཡུམ་ལྷ་མོ་ཤེས་རབ་བྱམས་མ་ལ་བསྟོད་པ།
ལྡེབ་གྲངས། 36—44ན།(ཕྲེང་6)

038–4
ལེའུ་བཞི་པ། ཚངས་པ་གཙུག་ཕུད་ཀྱིས་ཡུམ་ལྷ་མོ་ཤེས་རབ་བྱམས་མ་ལ་བསྟོད་པ།
ལྡེབ་གྲངས། 44—49བ།(ཕྲེང་4)

038–5
ལེའུ་ལྔ་པ། གཙོ་བོ་འབུམ་སྲས་ཀྱིས་ཡུམ་ལྷ་མོ་ཤེས་རབ་བྱམས་མ་ལ་བསྟོད་པ།
ལྡེབ་གྲངས། 49—54བ།(ཕྲེང་2)

038–6
ལེའུ་དྲུག་པ། གཤེན་ལྷ་འོད་དཀར་གྱིས་མཚན་ཡང་དག་པར་བརྗོད་པ།
ལྡེབ་གྲངས། 54—62བ།(ཕྲེང་3)

038–7
ལེའུ་བདུན་པ། སྲིད་པ་སངས་པོ་འབུམ་ཁྲི་ལ་མཚན་དང་ཡོན་ཏན་བརྒྱ་རྩ་བརྒྱད་ཀྱིས་བསྟོད་པ།
ལྡེབ་གྲངས། 62—69བ།(ཕྲེང་7)

038–8
ལེའུ་བརྒྱད་པ། གཤེན་རབ་ལ་ཚངས་པ་གཙུག་ཕུད་ཀྱིས་མཚན་དང་ཡོན་ཏན་བརྒྱ་རྩ་བརྒྱད་ཀྱིས་བསྟོད་པ།
ལྡེབ་གྲངས། 69—77བ།(ཕྲེང་3)

038–9
ལེའུ་དགུ་པ། སྟོན་པ་གཤེན་རབ་ལ་ལྷའི་བུ་བློ་གྲོས་བསྟན་པས་ཚིགས་སུ་བཅད་པས་བསྟོད་པ།
ལྡེབ་གྲངས། 77—80ན།(ཕྲེང་7)

038–10
ལེའུ་བཅུ་པ། ལྷའི་འདོན་པ་ཀུན་འཇོམས་རྒྱལ་པོ།
ལྡེབ་གྲངས། 80—82ན།(ཕྲེང་6)

038–11
ལེའུ་བཅུ་གཅིག་པ། འཕྲུལ་གྱི་ཡི་གེ་ལ་བསྟོད་པ།
ལྡེབ་གྲངས། 82—84ན།(ཕྲེང་2)

038–12
ལེའུ་བཅུ་གཉིས་པ། དྲངས་པ་དོན་གྱི་མདོ།
ལྡེབ་གྲངས། 84—89བ།(ཕྲེང་3)

038–13
ལེའུ་བཅུ་གསུམ་པ། ལས་དགེ་སྡིག་མ་འདྲེན་(འདྲེས་)ཞིང་མ་འཚོར་བར་བསྟོད་པའི་མདོ།
ལྡེབ་གྲངས། 89—96བ།(ཕྲེང་6)

038–14
ལེའུ་བཅུ་བཞི་པ། བོན་ཡན་ལག་བརྒྱད་པ་རིན་པོ་ཆེ་ལྟ་བུའི་མདོ།
ལྡེབ་གྲངས། 96—108བ།(ཕྲེང་1)

038–15
ལེའུ་བཅོ་ལྔ་པ། ལྷའི་འདོན་པ་ཀུན་སེལ་རྒྱལ་པོ།

ལྡེབ་གྲངས། 108—111བ།(ཕྲེང་1)

038–16
ལེའུ་བཅུ་དྲུག་པ། རྒྱལ་པོ་ཀྲི་ཤ་སྒྲ་ངན་སྤྱོད་པའི་མདོ་བསྟན་པ།
ལྡེབ་གྲངས། 111—121ན།(ཕྲེང་7)

038–17
ལེའུ་བཅུ་བདུན་པ། ཐབས་དང་ལམ་གྱི་མདོ་བསྟོན་པ།
ལྡེབ་གྲངས། 121—124བ།(ཕྲེང་7)

038–18
ལེའུ་བཅོ་བརྒྱད་པ། རྣམ་དག་ཤེས་པ་སྒྲུང་(སྒྲུངས་)པའི་ཡོན་ཏན་བརྒྱ་རྩ་བརྒྱད།
ལྡེབ་གྲངས། 124—128བ།(ཕྲེང་1)

038–19
ལེའུ་བཅུ་དགུ་པ། བོན་སྤྱོད་བཅུ་པའི་མདོ།
ལྡེབ་གྲངས། 128—131ན།(ཕྲེང་2)

038–20
ལེའུ་ཉི་ཤུ་པ། གཡུང་དྲུང་སེམས་དཔའི་སྒྲིབས་པ་སེལ་བའི་མདོ།
ལྡེབ་གྲངས། 131—138བ།(ཕྲེང་6)

038–21
ལེའུ་ཉེར་གཅིག་པ། ཐེག་པ་ཆེན་པོའི་མདོའ་ཡུམ་གྱི་སྙིང་པོ།
ལྡེབ་གྲངས། 138—144ན།(ཕྲེང་6)

038–22
ལེའུ་ཉེར་གཉིས་པ། རིན་པོ་ཆེ་ས་ས་དང་ལམ་གྱི་མདོ།
ལྡེབ་གྲངས། 144—146ན།(ཕྲེང་6)
མཇུག་བྱང་། ཤེལ་བྲག་གི་རི་བོ་ཆེ་ནས། གཉན་འཐོང་གིས་བཏོན་པའི་གཏེར་མའོ། དྲུང་ཤོག་དཀར་པོ་ལ་གཡུ་ཕྲིས་སྟོན་པོའི་ཕྲིས།[1]

039 ༼ཏྲི༽
མཚན་བྱང་། རིགས་དྲུག་ཐར་ལམ་གྱི་མདོ་གཉེན་མཐིང་གི་གཏེར་མ་བཞུགས་པ་དགེ་ལེགས་འཕེལ་བའི་ལེའུ།
བསྡུས་བྱང་། རིགས་དྲུག་ཐར་ལམ།
གྲངས་ཚད། ལེའུ་33ལ་ལྡེབ་105ཡོད། ཤོག་གྲངས་210བཞུགས།
རིགས་རྣམ། གཏེར་མ།
གཏེར་སྟོན། གཉེན་མཐིང་ཤེས་རབ་རྡོ་རྗེ།[2]

039–1–1
ལེའུ་དང་པོ། སྙིང་བཞིའི་ལེའུ།

---

① པོ་ཏི་འདིར་ལེའུ་མཚམས་ཕྱེས་མེད་པ་ལ་དོན་ཚན་གྱི་མཇུག་ཏུ་རྫོགས་སོ་ཞེས་བཀོད་འདུག་པའི་མཚམས་ནས་ལེའུ་རེ་བྱས་ཏེ་ཁ་ཁར་ཕྱེས་པ་ལགས།
② གངས་ཅན་རིག་མཛོད་དུ་བསྡུས་པའི་བཀའ་འགྱུར་དཀར་ཆག་ཏུ་གཏེར་སྟོན་གཡུ་ལོ་དཀར་པོ་ཞེས་འཁོད། སི་ཁྲིན་སྨུམ་སྤར་མར་གཉེན་མཐིང་དང་གཡུ་ལོ་དཀར་པོ་གཉིས་ཀ་འཁོད། གཞུང་གི་མཇུག་བྱང་དུ་གཉན་སྟོན་ཤེས་རབ་རྡོ་རྗེ་བཞེད་ཅེས་སོ། །

ལྡེབ་གྲངས། 1—6བ།(ཕྲེང་2)

039–1–2
ལེའུ་གཉིས་པ། རིགས་དྲུག་ཐར་ལམ་གྱི་མདོ་ལས་སྨོ་ཕྱིས་ནས་གསུང་པའི་ལེའུ།
ལྡེབ་གྲངས། 6—8ན།(ཕྲེང་2)

039–1–3
ལེའུ་གསུམ་པ། རིགས་དྲུག་ཐར་ལམ་གྱི་མདོ་ལས་བྲུས་དང་མཚན་བརྗོད་ཀྱི་ལེའུ།
ལྡེབ་གྲངས། 8—9ན།(ཕྲེང་7)

039–1–4
ལེའུ་བཞི་པ། རིགས་དྲུག་ཐར་ལམ་གྱི་མདོ་ལས་ཕྱག་འཚལ་བ་དང་བཤགས་པ་ཕུལ་བའི་ལེའུ།
ལྡེབ་གྲངས། 9—13ན།(ཕྲེང་1)

039–1–5
ལེའུ་ལྔ་པ། རིགས་དྲུག་ཐར་ལམ་གྱི་མདོ་ལས་དམྱལ་བའི་ལེའུ།
ལྡེབ་གྲངས། 13—15བ།(ཕྲེང་5)

039–1–6
ལེའུ་དྲུག་པ། རིགས་དྲུག་ཐར་ལམ་གྱི་མདོ་ལས་བྲུས་དང་མཚན་གྱི་ལེའུ།
ལྡེབ་གྲངས། 15—17ན།(ཕྲེང་4)

039–1–7
ལེའུ་བདུན་པ། རིགས་དྲུག་ཐར་ལམ་གྱི་མདོ་ལས་ཕྱག་འཚལ་བ་དང་བཤགས་པ་ཕུལ་བའི་ལེའུ།
ལྡེབ་གྲངས། 17—21ན།(ཕྲེང་4)

039–1–8
ལེའུ་བརྒྱད་པ། རིགས་དྲུག་ཐར་ལམ་གྱི་མདོ་ལས་ཡི་དྭགས་ཀྱི་ལེའུ།
ལྡེབ་གྲངས། 21—24ན།(ཕྲེང་2)

039–1–9
ལེའུ་དགུ་པ། རིགས་དྲུག་ཐར་ལམ་གྱི་མདོ་ལས་བྱོལ་སོང་གི་ལེའུ།
ལྡེབ་གྲངས། 24—25བ།(ཕྲེང་2)

039–1–10
ལེའུ་བཅུ་པ། རིགས་དྲུག་ཐར་ལམ་གྱི་མདོ་ལས་ཕྱག་འཚལ་བ་དང་སྡིག་པ་བཤགས་པའི་ལེའུ།
ལྡེབ་གྲངས། 25—30བ།(ཕྲེང་5)

039–1–11
ལེའུ་བཅུ་གཅིག་པ། རིགས་དྲུག་ཐར་ལམ་གྱི་མདོ་ལས་བྱོལ་སོང་གི་ལེའུ།
ལྡེབ་གྲངས། 30—32བ།(ཕྲེང་7)

039–1–12
ལེའུ་བཅུ་གཉིས་པ། རིགས་དྲུག་ཐར་ལམ་གྱི་མདོ་ལས་མི་རྣམས་འདྲེན་པའི་ལེའུ།
ལྡེབ་གྲངས། 32—35ན།(ཕྲེང་2)

039–1–13
ལེའུ་བཅུ་གསུམ་པ། རིགས་དྲུག་ཐར་ལམ་གྱི་མདོ་ལས་བཤགས་པའི་ལེའུ།
ལྡེབ་གྲངས། 35—38བ།(ཕྲེང་6)

039–1–14
ལེའུ་བཅུ་བཞི་པ། རིགས་དྲུག་ཐར་ལམ་གྱི་མདོ་ལས་མིའི་ལེའུ།
ལྡེབ་གྲངས། 38—41ན།(ཕྲེང་4)

039–1–15
ལེའུ་བཅོ་ལྔ་པ། རིགས་དྲུག་ཐར་ལམ་གྱི་མདོ་ལས་ལྷ་མ་ཡིན་རྣམས་དྲངས་པའི་མདོ།
ལྡེབ་གྲངས། 41—42བ།(ཕྲེང་4)

039–1–16
ལེའུ་བཅུ་དྲུག་པ། རིགས་དྲུག་ཐར་ལམ་གྱི་མདོ་ལས་སྡིག་སྒྲིབ་བཤགས་པའི་ལེའུ།
ལྡེབ་གྲངས། 42—46ན།(ཕྲེང་7)

039–1–17
ལེའུ་བཅུ་བདུན་པ། རིགས་དྲུག་ཐར་ལམ་གྱི་མདོ་ལས་ལྷ་མ་ཡིན་གྱི་ལེའུ།
ལྡེབ་གྲངས། 46—49ན།(ཕྲེང་1)

039–1–18
ལེའུ་བཅོ་བརྒྱད་པ། རིགས་དྲུག་ཐར་ལམ་གྱི་མདོ་ལས་ལྷའི་སྡེ་རྣམས་དྲངས་པའི་མདོ།
ལྡེབ་གྲངས། 49—50ན།(ཕྲེང་6)

039–1–19
ལེའུ་བཅུ་དགུ་པ། རིགས་དྲུག་ཐར་ལམ་གྱི་མདོ་ལས་སྡུག་བསྔལ་བཤགས་པའི་ལེའུ།
ལྡེབ་གྲངས། 50—66བ།(ཕྲེང་3)

039–1–20
ལེའུ་ཉི་ཤུ་པ། རིགས་དྲུག་ཐར་ལམ་གྱི་མདོ་ལས་ལྷའི་ལེའུ།
ལྡེབ་གྲངས། 66—72བ།(ཕྲེང་4)

039–1–21
ལེའུ་ཉེར་གཅིག་པ། རིགས་དྲུག་ཐར་ལམ་གྱི་མདོ་ལས་བར་དོའི་གནས་ནས་དྲངས་པའི་ལེའུ།
ལྡེབ་གྲངས། 72—73བ།(ཕྲེང་7)

039–1–22
ལེའུ་ཉེར་གཉིས་པ། རིགས་དྲུག་ཐར་ལམ་གྱི་མདོ་ལས་བཤགས་པའི་ལེའུ།
ལྡེབ་གྲངས། 73—76ན།(ཕྲེང་7)

039–1–23
ལེའུ་ཉེར་གསུམ་པ། རིགས་དྲུག་ཐར་ལམ་གྱི་མདོ་ལས་སྟོང་གསུམ་སེམས་ཅན་སངས་རྒྱས་པའི་ལེའུ།
ལྡེབ་གྲངས། 76—78བ།(ཕྲེང་2)

039–1–24
ལེའུ་ཉེར་བཞི་པ། རིགས་དྲུག་ཐར་ལམ་གྱི་མདོ་ལས་སྨོན་ཆེན་པོའི་ལེའུ།

ལྡེབ་གྲངས། 78—80ན།(ཤྲིང་4)

039–1–25

ལེའུ་ཉེར་ལྔ་པ། རིགས་དྲུག་ཐར་ལམ་གྱི་མདོ་ལས་སེམས་ཅན་རྣམས་འདྲེན་པའི་སྟོན་པ་ལ་གདམས་པའི་ལེའུ།

ལྡེབ་གྲངས། 80—81བ།(ཤྲིང་5)

039–1–26

ལེའུ་ཉེར་དྲུག་པ། རིགས་དྲུག་ཐར་ལམ་གྱི་མདོ་ལས་གསང་སྔགས་པ་རྣམས་ལ་གདམས་པའི་ལེའུ།

ལྡེབ་གྲངས། 81—83བ།(ཤྲིང་5)

039–1–27

ལེའུ་ཉེར་བདུན་པ། རིགས་དྲུག་ཐར་ལམ་གྱི་མདོ་ལས་ཕྱི་རབས་ཀྱི་མཁས་མགྱོག་པ་རྣམས་ལ་གདམས་པའི་ལེའུ།

ལྡེབ་གྲངས། 83—86བ།(ཤྲིང་3)

039–1–28

ལེའུ་ཉེར་བརྒྱད་པ། རིགས་དྲུག་ཐར་ལམ་གྱི་མདོ་ལས་ཕྱི་རབས་ཀྱི་འཚོ་བྱེད་སྨན་པ་རྣམས་ལ་གདམས་པའི་ལེའུ།

ལྡེབ་གྲངས། 86—89ན།(ཤྲིང་3)

039–1–29

ལེའུ་ཉེར་དགུ་པ། རིགས་དྲུག་ཐར་ལམ་གྱི་མདོ་ལས་ཕྱི་རབས་ཀྱི་བྲིས་པ་དང་གླིག་སྦྲམ་(གླིགས་བམ་)གྱི་མཁན་པོ་རྣམས་ལ་གདམས་པའི་ལེའུ།

ལྡེབ་གྲངས། 89—91བ།(ཤྲིང་4)

039–1–30

ལེའུ་སུམ་ཅུ་བ། རིགས་དྲུག་ཐར་ལམ་གྱི་མདོ་ལས་ཕྱི་རབས་ཀྱི་མོ་མ་རྣམས་ལ་གདམས་པའི་ལེའུ།

ལྡེབ་གྲངས། 91—93བ།(ཤྲིང་2)

039–1–31

ལེའུ་སོ་གཅིག་པ། རིགས་དྲུག་ཐར་ལམ་གྱི་མདོ་ལས་ཕྱི་རབས་ཀྱི་ལྡེ་ལ་སྒྲུང་འཛལ་བའི་བོན་པོ་རྣམས་ལ་གདམས་པའི་ལེའུ།

ལྡེབ་གྲངས། 93—97ན།(ཤྲིང་6)

039–1–32

ལེའུ་སོ་གཉིས་པ། རིགས་དྲུག་ཐར་ལམ་གྱི་མདོ་ལས་ཕྱི་རབས་ཀྱི་སེམས་ཅན་སྡིག་པོ་ཆེ་རྣམས་ལ་གདམས་པའི་ལེའུ།

ལྡེབ་གྲངས། 97—100ན།(ཤྲིང་3)

039–1–33

ལེའུ་སོ་གསུམ་པ། རིགས་དྲུག་ཐར་ལམ་གྱི་མདོ་ལས་སྟོན་པ་གཤེན་རབ་མི་བོའི་སྐུ་ལ་བསྟོད་པའི་ལེའུ།

ལྡེབ་གྲངས། 100—104བ།(ཤྲིང་3)

མཇུག་བྱང་། རིག་དྲུག་ཐར་ལམ་གྱི་མདོ་འདི་ནི། བླ་ན་མེད་པ་ཡང་དག་པར་རྫོགས་པའི་སངས་རྒྱས་སྟོན་པ་གཤེན་རབ། ཁུ་འཁོར་འཆི་མེད་གཙུག་ཕུད་དང་། ཚངས་པ་གཙུག་ཕུད་དང་། ཉན་འཁོར་ཡེ་གཤེན་གསུམ་བརྒྱ་དྲུག་ཅུ་དང་། གཤེན་ཕྲན་ལྔ་སྟོང་ལྔ་བརྒྱ་དང་། འཁོར་དང་སྤྱིན་འཁོར་དང་བཅས་པ་རྣམས་ཀྱི་ཞུས་ནས། དེས་**བླ་མ་ཆེ་དྲུག་ལ་རིམ་བཞིན་བརྒྱུད། དེས་བར་གྱི་གདུང་རྒྱུད་བཅུ་གསུམ་ལ་རིམ་པར་བརྒྱུད། དེས་སྨད་ཀྱི་མཁས་པ་མི་བཞི་ལ་རིམ་པར་བརྒྱུད། དེས་མཁས་པ་ཉི་ཤུ་ལ་རིམ་པར་བརྒྱུད། དེས་བསྒྲུབ་གཤེན་མཁས་པ་བཞི་བཅུ་ཞེ་བརྒྱད་ལ་རིམ་པར་བརྒྱུད། དེ་རྣམས་ཀྱི་རིང་ལ་ཕྱི་དུས་བསྟན་པ་དར་བའི་སྨོན་ལམ་བཏང་ནས། རྫང་ཆུབ་མའི་བྲག་ལ་གཏེར་དུ་སྦས་སོ། །དེ་ནས་སྨོན་ལམ་སྟོབས་ཀྱི་ཡེ་ཤེས་དབལ་མོའི་ལུང་བསྟན་ནས། གཉེན་

མཐིང་གི་གཏེར་ཞལ་ཕྱེས་ནས། གཞན་སྟོན་ཤེས་རབ་རྡོ་རྗེ་ལ་རྒྱུད། དེས་ར་སྒོམ་གཡུང་དྲུང་ལ་བརྒྱུད། དེས་བླ་སྟོན་རྒྱལ་མཚན་གཡུང་དྲུང་ལ་བརྒྱུད། དེས་ཡར་མེ་བ་ཤེས་རབ་འོད་ཟེར་ལ་བརྒྱུད། དེས་གཤེན་སྟོན་ནམ་མཁའ་རྒྱལ་མཚན་ལ་བརྒྱུད། དེས་གཤེན་སྟོན་ཡེ་ཤེས་རྒྱལ་མཚན་ལ་བརྒྱུད། དེས་གཤེན་སྟོན་བློ་གྲོས་སེང་གེ་ལ་བརྒྱུད། དེས་གཤེན་སྟོན་བློ་གྲོས་རྒྱལ་མཚན་ལ་རྒྱུད། དེས་གཤེན་སྟོན་ཀུན་མཁྱེན་ཡེ་ཤེས་བློ་གྲོས་ལ་བརྒྱུད། དེས་གྲུབ་ཐོབ་དམ་པ་རང་གྲོལ་ལ་བརྒྱུད། དེས་ཤར་པ་རྣལ་འབྱོར་ལ་བརྒྱུད། དེས་ཤེས་ཆུང་རིན་ཆེན་རྒྱལ་མཚན་ལ་བརྒྱུད། དེས་རྣལ་འབྱོར་བསམ་གཏན་རིན་ཆེན་རྒྱལ་མཚན་ལ་བརྒྱུད། དེས་རྟོགས་ལྡན་ཀུན་དགའ་འོད་ཟེར་ལ་བརྒྱུད། དེས་མཚུངས་མེད་ཚུལ་ཁྲིམས་འོད་ཟེར་ལ་བརྒྱུད། དེས་གར་ཚ་བསོད་ནམས་བློ་གྲོས་ལ་བརྒྱུད། དེས་ཕྱུག་གཙང་བསྟན་པ་རྒྱལ་མཚན་ལ་བརྒྱུད། དེས་སུམ་སྟོན་རིན་ཆེན་རྒྱལ་ལ་བརྒྱུད། དེས་མཁས་གྲུབ་ཆེན་པོ་ཚུལ་ཁྲིམས་འོད་ཟེར་ལ་བརྒྱུད། དེ་ནས་རིམ་བསྟན་པ་ཉི་ཟེར་བཞིན་དུ་རྒྱས་ནས། ཀུན་ཏུ་འཕེལ་ཅིང་དར་བ་ལེགས་སོ། །དེ་ནས་རིགས་དྲུག་ཐར་ལམ་གྱི་མདོ་འདི་ཀླུ་བ་དང་། འཆང་བ་དང་། ཀློག་པ་དང་། བཀུར་ཏི་དང་། རིམ་གྲོ་དང་། ཕུ་དུད་དང་། ནན་ཏན་ཆེར་བགྱིས་པའི་གང་ཟག་རྣམས། ཚེ་འདིར་ཚེ་རིང་ནད་མེད་དང་ལྡན། བཀྲ་ཤིས་བདེ་ལེག་ལོངས་སྤྱོད་ཕུན་གསུམ་འཚོགས། །ཕྱི་མ་བདེ་བ་ཅན་གྱི་ཞིང་ཁམས་སུ། །སྐད་གཅིག་ཉིད་ལ་སངས་རྒྱས་ཐོབ་པར་ངེས། །དེ་ཕྱིར་འདི་ལ་གཉེར་མཛོད་ཅིག །དེ་ཕྱིར་འདི་ལ་བརྩོན་པར་མཛོད། དེ་ཕྱིར་འདི་ལ་བསྟན་ཆོས་ཅིག །

039-2

ཆོས་ཚན་གཉིས་པ། རིག་འཛིན་ཐུགས་སྤྲུལ་གཡུ་ལོ་དཀར་པོའི་གཏེར་མ་རིགས་དྲུག་ཐར་ལམ་གྱི་མདོ་བཞུགསྷོ། །

གྲངས་ཚད། ལེའུ་33ལ་ལྡེབ་117ཡོད། ཤོག་གྲངས་234བཞུགས།

རིགས་རྣམ། གཏེར་མ།

གཏེར་སྟོན། རིག་འཛིན་ཐུགས་སྤྲུལ་གཡུ་ལོ་དཀར་པོ།

039-2-1

ལེའུ་དང་པོ། གླིང་བཞིའི་ལེའུ།

ལྡེབ་གྲངས། 1—5བ།(ཕྲེང་2)

039-2-2

ལེའུ་གཉིས་པ། རིགས་དྲུག་ཐར་ལམ་གྱི་མདོ་ལས་སྒོ་ཕྱེས་ནས་གསུང་པའི་ལེའུ།

ལྡེབ་གྲངས། 5—7ན།(ཕྲེང་7)

039-2-3

ལེའུ་གསུམ་པ། རིགས་དྲུག་ཐར་ལམ་གྱི་མདོ་ལས་ཁྲུས་དང་མཚམས་བཅད་པའི་ལེའུ།

ལྡེབ་གྲངས། 7—8བ།(ཕྲེང་5)

039-2-4

ལེའུ་བཞི་པ། རིགས་དྲུག་ཐར་ལམ་གྱི་མདོ་ལས་ཕྱག་འཚལ་བ་དང་བཤགས་པ་འབུལ་བའི་ལེའུ།

ལྡེབ་གྲངས། 8—11བ།(ཕྲེང་3)

039-2-5

ལེའུ་ལྔ་པ། རིགས་དྲུག་ཐར་ལམ་གྱི་མདོ་ལས་དམྱལ་བ་འདུལ་བའི་ལེའུ།

ལྡེབ་གྲངས། 11—14ན།(ཕྲེང་3)

039-2-8

ལེའུ་བརྒྱད་པ། རིགས་དྲུག་ཐར་ལམ་གྱི་མདོ་ལས་ཡི་དྭགས་འདུལ་བའི་ལེའུ།

ལྡེབ་གྲངས། 14—21ན།(ཕྲེང་6)

039–2–9
ལེའུ་དགུ་པ། རིགས་དྲུག་ཐར་ལམ་གྱི་མདོ་ལས་ཁྲུས་དང་མཚམས་བཅད་པའི་ལེའུ།
ལྡེབ་གྲངས། 21—23ན།(ཕྲེང་4)

039–2–10
ལེའུ་བཅུ་པ། རིགས་དྲུག་ཐར་ལམ་གྱི་མདོ་ལས་སྤྱོལ་སོང་འདུལ་བའི་ལེའུ།
ལྡེབ་གྲངས། 23—27བ།(ཕྲེང་5)

039–2–11
ལེའུ་བཅུ་གཅིག་པ། རིགས་དྲུག་ཐར་ལམ་གྱི་མདོ་ལས་སྤྱོལ་སོང་འདུལ་བའི་ལྷ་མོའི་ལེའུ།
ལྡེབ་གྲངས། 27—30བ།(ཕྲེང་3)

039–2–12
ལེའུ་བཅུ་གཉིས་པ། རིགས་དྲུག་ཐར་ལམ་གྱི་མདོ་ལས་ཁྲུས་དང་མཚམས་བཅད་ཀྱི་ལེའུ།
ལྡེབ་གྲངས། 30—33བ།(ཕྲེང་6)

039–2–13
ལེའུ་བཅུ་གསུམ་པ། རིགས་དྲུག་ཐར་ལམ་གྱི་མདོ་ལས་བཤགས་པའི་ལེའུ།
ལྡེབ་གྲངས། 33—37བ།(ཕྲེང་3)

039–2–14
ལེའུ་བཅུ་བཞི་པ། རིགས་དྲུག་ཐར་ལམ་གྱི་མདོ་ལས་མི་རྣམས་འདྲེན་པའི་ལེའུ།
ལྡེབ་གྲངས། 37—40ན།(ཕྲེང་2)

039–2–15
ལེའུ་བཅོ་ལྔ་པ། རིགས་དྲུག་ཐར་ལམ་གྱི་མདོ་ལས་ཁྲུས་དང་མཚམས་བཅད་ཀྱི་ལེའུ།
ལྡེབ་གྲངས། 40—42བ།(ཕྲེང་4)

039–2–16
ལེའུ་བཅུ་དྲུག་པ། རིགས་དྲུག་ཐར་ལམ་གྱི་མདོ་ལས་བཤགས་པའི་ལེའུ།
ལྡེབ་གྲངས། 42—46ན།(ཕྲེང་3)

039–2–17
ལེའུ་བཅུ་བདུན་པ། རིགས་དྲུག་ཐར་ལམ་གྱི་མདོ་ལས་ལྷ་མིན་གྱི་སྟོང་པ་ལེའུ།
ལྡེབ་གྲངས། 46—48བ།(ཕྲེང་6)

039–2–18
ལེའུ་བཅོ་བརྒྱད་པ། རིགས་དྲུག་ཐར་ལམ་གྱི་མདོ་ལས་ཁྲུས་དང་མཚམས་བཅད་ཀྱི་ལེའུ།
ལྡེབ་གྲངས། 48—50ན།(ཕྲེང་6)

039–2–19
ལེའུ་བཅུ་དགུ་པ། རིགས་དྲུག་ཐར་ལམ་གྱི་མདོ་ལས་བཤགས་པའི་ལེའུ།
ལྡེབ་གྲངས། 50—68ན།(ཕྲེང་7)

039–2–20
ལེའུ་ཉི་ཤུ་པ། རིགས་དྲུག་ཐར་ལམ་གྱི་མདོ་ལས་ལྷའི་ལེའུ།

ལྡེབ་གྲངས། 68—75བ།(ཁྲིང་5)

039–2–21
ལེའུ་ཉེར་གཅིག་པ། རིགས་དྲུག་ཐར་ལམ་གྱི་མདོ་ལས་ཁྲུས་དང་མཆམས་བཅད་ཀྱི་ལེའུ།
ལྡེབ་གྲངས། 75—77ན།(ཁྲིང་3)

039–2–22
ལེའུ་ཉེར་གཉིས་པ། རིགས་དྲུག་ཐར་ལམ་གྱི་མདོ་ལས་བཤགས་པའི་ལེའུ།
ལྡེབ་གྲངས། 77—79ན།(ཁྲིང་6)

039–2–23
ལེའུ་ཉེར་གསུམ་པ། རིགས་དྲུག་ཐར་ལམ་གྱི་མདོ་ལས་བར་དོའི་སེམས་ཅན་དྲངས་པའི་ལེའུ།
ལྡེབ་གྲངས། 79—81བ།(ཁྲིང་6)

039–2–24
ལེའུ་ཉེར་བཞི་པ། རིགས་དྲུག་ཐར་ལམ་གྱི་མདོ་ལས་བསྒོམ་ཆེན་པོའི་ལེའུ།
ལྡེབ་གྲངས། 78—80ན།(ཁྲིང་4)

039–2–25
ལེའུ་ཉེར་ལྔ་པ། རིགས་དྲུག་ཐར་ལམ་གྱི་མདོ་ལས་ཕྱི་རབས་ཀྱི་སེམས་ཅན་འདྲེན་པའི་སྟོན་པ་རྣམས་ལ་ཕན་གདག་པའི་ལེའུ།
ལྡེབ་གྲངས། 80—86བ།(ཁྲིང་1)

039–2–26
ལེའུ་ཉེར་དྲུག་པ། རིགས་དྲུག་ཐར་ལམ་གྱི་མདོ་ལས་གསང་སྔགས་པ་རྣམས་ལ་གདམས་པའི་ལེའུ།
ལྡེབ་གྲངས། 86—87བ།(ཁྲིང་2)

039–2–27
ལེའུ་ཉེར་བདུན་པ། རིགས་དྲུག་ཐར་ལམ་གྱི་མདོ་ལས་ཕྱི་རབས་ཀྱི་མཁས་མགྲོགས་པ་རྣམས་ལ་གདམས་པའི་ལེའུ།
ལྡེབ་གྲངས། 87—91ན།(ཁྲིང་4)

039–2–28
ལེའུ་ཉེར་བརྒྱད་པ། རིགས་དྲུག་ཐར་ལམ་གྱི་མདོ་ལས་ཕྱི་རབས་ཀྱི་འཚོ་བྱེད་སྨན་པ་རྣམས་ལ་གདམས་པའི་ལེའུ།
ལྡེབ་གྲངས། 91—95ན།(ཁྲིང་7)

039–2–29
ལེའུ་ཉེར་དགུ་པ། རིགས་དྲུག་ཐར་ལམ་གྱི་མདོ་ལས་ཕྱི་རབས་ཀྱི་གླིགས་བམ་དང་བྲིས་ཀྱི་མཁན་པོ་རྣམས་ལ་ཕན་གདག་པའི་ལེའུ།
ལྡེབ་གྲངས། 95—98ན།(ཁྲིང་7)

039–2–30
ལེའུ་སུམ་ཅུ་པ། རིགས་དྲུག་ཐར་ལམ་གྱི་མདོ་ལས་ཕྱི་རབས་ཀྱི་མོ་མ་རྣམས་ལ་གདམས་པའི་ལེའུ།
ལྡེབ་གྲངས། 98—100བ།(ཁྲིང་6)

039–2–31
ལེའུ་སོ་གཅིག་པ། རིགས་དྲུག་ཐར་ལམ་གྱི་མདོ་ལས་ཕྱི་རབས་ཀྱི་ལྷ་འདྲི་ལ་སྒྲུད་འཇལ་བའི་བོན་པོ་རྣམས་ལ་གདམས་པའི་ལེའུ།
ལྡེབ་གྲངས། 100—106ན་(ཁྲིང་6)གྲངས་104དང་105མི་འདུག

039–2–32

ལེའུ་སོ་གཉིས་པ། རིགས་དྲུག་ཐར་ལམ་གྱི་མདོ་ལས་ཕྱི་རབས་ཀྱི་སེམས་ཅན་སྡིག་པོ་ཆེ་རྣམས་ལ་ཕན་གདག་པའི་ལེའུ།

ལྡེབ་གྲངས། 106—109ན།(ཕྲེང་6)

039–2–33

ལེའུ་སོ་གསུམ་པ། རིགས་དྲུག་ཐར་ལམ་གྱི་མདོ་ལས་སྟོན་པ་གཤེན་རབ་མི་བོའི་སྐུ་ལ་བསྟོད་པའི་ལེའུ།

ལྡེབ་གྲངས། 109—114ན།(ཕྲེང་1)

མཇུག་བྱང་། ཨེ་མ་ཧོ། ཀུན་ཏུ་བཟང་པོ་གཤེན་ལྷ་འོད་དཀར་གྱིས་ལུང་། ཐམས་ཅད་མཁྱེན་པའི་སྟོན་པ་གཤེན་རབ་ཀྱིས་གསུངས། གཤེན་འཆི་མེད་གཙུག་ཕུད་ཀྱི་གསུངས། གསུངས་བ་འདུས་པ་ལ་བརྒྱུད། དེས་ནས་སྟག་ལ་མེ་འབར་ལ་བརྒྱུད། དེས་ཡོངས་སུ་དག་པ་ལ་བརྒྱུད། དེས་རྒྱལ་རིགས་ཀྱི་གཤེན་པོ་མི་ལུས་བསམ་ལེགས་ལ་བརྒྱུད། དེས་གླུ་སྒྲུབ་ཡེ་གཤེན་སྙིང་པོ་ལ་བརྒྱུད། དེས་གཤེན་ནམ་མཁའ་སྣང་བ་མདོག་ཅན་ལ་བརྒྱུད། དེས་རྒྱལ་མུ་ཁྲི་བཙུན་པོ། དེས་ཧ་ར་ཅི་སར་ལ་བརྒྱུད། དེས་སྟག་སྟག་ས་ཧེར་མེ་ཧེར་ལ་བརྒྱུད། དེས་ཞང་ཞུང་ཨ་ནུ་འཕྲག་ཐག་ལ་བརྒྱུད། དེས་རྒྱ་བོན་ཟིང་ས་མཐུ་ཆེན་ལ་བརྒྱུད། དེས་ཞང་ཞུང་སད་ནེ་གའུ་ལ་བརྒྱུད། དེས་ཐ་ལི་ཐད་ཀེ་ལ་བརྒྱུད། དེས་ཤད་པུ་ར་ཁུག་ལ་བརྒྱུད། དེས་སྤྱི་བོན་ཐོག་རྩེ་ལ་བརྒྱུད། དེས་སྤྱི་བོན་ཐོག་འཕྲུལ་ལ་བརྒྱུད། དེས་ཞང་ཞུང་སྟོང་རྒྱུང་མཐུ་ཆེན་ལ་བརྒྱུད། དེས་ཤ་རི་དབུ་ཆེན་ལ་བརྒྱུད། དེས་མེ་ཉག་ལྕོག་ཚ་ཁར་བུ་ལ་བརྒྱུད། དེས་ལྡེ་གྱིམ་ཚ་རྨ་ཆུ་ལ་བརྒྱུད། གཤེན་དེ་རྣམས་ཀྱིས་རིམ་ལ་མཐོ་ཁྱུང་ལུང་དངུལ་མཁར། ཞང་ཞུང་ཁ་ཡུག་གི་ནས་དམའ་ཤེལ་ལེ་རྒྱ་དཀར། སུམ་པ་གླང་གི་གྱིམ་ཤོད་ཡན་ཆོད་ན། བོན་གྱི་འདུ་གནས་སུམ་ཅུ་རྩ་བདུན། གཤེན་བོན་བཞི་བཅུ་རྩ་བརྒྱད་དང་། བོན་ཆེན་ཉི་ཤུ་རྩ་བཞི་དང་། མཐུ་པོ་ཆེ་མི་གུ་ལ་སོགས་ཏེ། སྲིད་པའི་བོན་རབ་ཏུ་གཉེན་ཞིང་བཞུགས་པ་དང་། རྒྱལ་པོ་གྲི་གུམ་བཙན་པོ་གླེན་པའི་རིང་ལ། བོད་ཀྱིས་སྒོ་ཏུ་སྲིད་པའི་ཐང་ཅིག་ནུབ་པ་ལགས་ཏེ། གཤེན་ཀུང་རྒྱལ་པོ་གླེན་པའི་རིང་ལ། བཀའ་ཁྲིམས་མ་རྒྱུག་ཞིག་ནས། གཤེན་པོ་རྣམས་བོད་ཡུལ་དུ་བཞུགས་པ་ཐུགས་མི་བདེ་སྟེ། སྟོ་བལ་མོན་གྱིས་ཡུལ་དུ་བསྟན་པ་བཟུགས་པར་དགོངས་ནས། ཀུ་རྡང་གསོན་མ་དང་། མ་ཧེ་གསོན་མ། གླང་པོ་ཆེ་དང་། ཀྱི་ལིང་དང་། འཕྲུལ་གྱི་བྱ་རྒོད་དང་། དེ་རྣམས་ལ་རྒྱུ་འབྲས་ཀྱི་བོན་སྒོ་ཆེན་པོ་དགྲ་བཀལ་ཏེ། ཡར་ཡུལ་རྩེང་སྟོད་ཀྱི་བྲེ་མ་ལ་གཡུང་དྲུང་གི་མཁར་ལ་གསལ་བར་གྱིས། བྲེ་མའི་མཁར་ལ་མཆག་ནས་གཤེགས་སོ། །རྒྱུ་འབྲས་ཀྱི་བོན་སྒོ་དྲུག་དང་བཅས་ཏེ་གཤེགས་སོ། །ལྷ་མོ་དམོ་སྒྲོ་ནག་པོ་ཏུ་བསྟན་པ་ཚུགས་པར་དགོངས་ཏེ། གཤེགས་ནས་མི་ཚུགས་པའི་རྟགས་མང་དུ་བྱུང་སྟེ། ནམ་མཁའ་ལ་སྒྲ་ཆེན་པོ་མི་སྙན་པ་དང་། ཁ་བ་དང་། བུ་ཡུག་དང་། ཆུང་དམར་དང་། སྒྲོག་དང་སེར་བ་དང་། རི་འགྱུལ་བ་དང་། ས་འཇིགས་པ་དང་། བྱུང་པ་སྟེ། དེ་ཡང་བསྟན་པ་མ་ཚུགས་སོ། །དེ་ནས་གནམ་མཚོ་དང་། ལྡེའུ་ཡེ་འགྱུལ་ནས་ཕྱིར་ལོག་སྟེ། རིག་འཛིན་ཐམས་ཅད་འདུས་ནས་བོན་ཐམས་ཅད་རིན་པོ་ཆེའི་གཏེར་མཛོད་དུ་སྦས་སོ། །སྦས་ནས་བཞུགས་ཙམ་ན། གཤེན་པོ་རྣམས་སུམ་པ་གླང་པོ་གི་གྱིམ་ཤོད་ཀྱི་བྱང་ཕྱོགས་ནས་བྱུང་སྟེ། སྡིག་པོ་སྦྲུལ་གྱི་སླག་པ་ན་ཅན་དང་། འཇིག་མོ་མིག་དགུ་མ་དང་། ཧོར་དང་རྒྱ་དང་། སོག་པོ་རྩ་མི་ཤིང་མི་ལ་སོགས་ཏེ། རྩེ་ཤིང་གི་དམིག་རྣམས་ཀྱང་བྱུང་སྟེ། འདི་རྣམས་བོན་ལ་གནོད་པའི་ཡུལ་གྲོལ་བས། དེར་རིག་འཛིན་རྣམས་ཀྱང་རྒྱུན་མ་ཆད་པར་བསམ་པའི་ས་རེས་རེར་ཕྱིར་པར་གྱུར་གཅིག ཕྱིན་ནས་ཕྱིན་པའི་ཡུལ་དུ་ཡང་། གཡུང་དྲུང་གི་བོན་བཀའ་གཉེན་པར་གྱུར་ཅིག བསྟན་པ་གཏེར་དུ་སྦས་ནས་ཀྱང་། དུས་ཚོད་ལ་བབ་ཙམ་ནས། མེ་ཏོག་གིས་སྤང་རྫོལ་བ་ལྟར། ལས་འཕྲོ་དང་སྐལ་བ་ལྡན་པའི། བོན་ལ་ཡེ་ཤེས་ཀྱིས་བར་རིགས་པ་གསལ། གཡུང་དྲུང་བོན་གྱི་རྒྱལ་མཚན། ཞྭ་དཀར་ལ་ཆལ་དྲགས་པ། ཐབས་ལ་མཁས་པ། རྟུལ་ཕྱུགས་ཆེ་བ། རྒྱན་རྣམ་པར་དག་པ། རྒྱུད་ཐག་རིངས་ལ་ཁུར་ཤུགས་ཆེ་བ། ཕོངས་དར་ལ་བྲུངས་ཐུབ་པ། བསྒོམ་བསྒྲུབ་ལ་བརྩོན་ཞིང་ཡིད་གཞུང་པ། གདམས་ངག་འཕྲ་འདུས་ལ་མཁས་པ། གཏེར་བཞག་ཚོད་ཟིན་པ། བསྒོམ་བསྒྲུབས་ལ་བརྩོན་ཞིང་ཡིད་གཞུང་པ། ངག་ཞི་ལ་ཕོང་དལ་བ། བཀའ་དམ་ལ་ཟབ་པ་ལྟོད་ལ་འགྲིམ་པའི་སྐྱེ་བུ། གཞོན་ནུ་དལ་འབྱོར་ཅིག་གིས་རྙེད་པར་ཤོག རྙེད་ནས་བསྟན་པ་ཚུགས་ཤིང་བཀྲ་ཤིས་པར་གྱུར་ཅིག་ཅེས་སྨོན་ལམ་བཏབ་པས། ཤེལ་གུང་སྒྲ་རི་དང་། བཀའ་རྟགས་རིན་པོ་ཆེའི་རྒྱས་བཏབ་ནས། ལྡེམ་གྱིས་ཚ་རྨ་ཆུང་གིས་རྨ་རྒྱལ་གཏེར་ལ་སྦས་སོ། །སྦས་ནས་རིག་འཛིན་རྣམ་ལྔ་དང་། དུང་དང་བྱ་རྒོད་འདབ་ཆགས་དུ་མའི་རྟགས་ལ་ཆིབས་ནས། ནམ་

མཁའི་དབྱིངས་སུ་གཤེགས་སོ། །དེ་ནས་རིག་འཛིན་ཐུགས་སྤྲུལ་གཡུ་ལོ་དཀར་པོས། ལྷུགས་མོ་སྤྲུལ་གྱི་ལོ་ལ་བཀོལ། དཔྱིད་ཟླ་འབྲིང་པོའི་གདུག་ལ་གཏེར་མ་སྒོ་ཕྱེས་ནས། ཤོག་སེར་སྟ་ལ་མཐོན་དོ་དང་ཞིང་ལ་སོར་བཞི། ཡིག་འབྲི་བརྒྱད་ཡོད་པ་ལ་ཞལ་བཤུས་པའོ། །སྡུག་བསྔལ་འཁོར་བར་འཁྱམས་པའི་སེམས་ཅན་རྣམས་སྣ་ཙམ་ཐོས་པས་ཡེ་སངས་རྒྱས་པར་ཤོག ལོག་ལྟས་བཅིངས་ཤིང་དུག་ལྔ་འགག་པ་རྣམས། རང་འདོད་སེལ་བའི་ཆར་དུ་བབ་ནས་ཀྱང་། འཁོར་བའི་སེམས་ཆན་ཀུན་འདྲེན་སྟོན་ལམ་ཐེབས་པར་ཤོག །བཀྲ་ཤིས་དཔལ་འབར་འཛམ་གླིང་ཡོངས་ཁྱབ་ཤོག །ཞལ་དྲོའོ། །ཡང་དག་དགེ་ཞིང་མཁའ་མཉམ་ཉི་ཟླ་ལ་ཡང་ཁྱབ་རྒྱས་ཤོག །སྔང་རིག་རིས་ཚ་འཛམ་དཔལ་རིས་ཚ་སྟོབས་རྒྱལ་ལ་སོགས་མཁའ་ལ་འཕེལ་བར་རྒྱུན་དུ་ཤོག །

040 ༼ཐི༽

མཚན་བྱང་། བདུན་ཚིགས་པོ་སྡོང་ངན་སོང་དུང་སྤྲུག་གི་མདོ་བཞུགས་སོ། །

གྲངས་ཚད། ལེའུ་15ལ་ལྡེབ་234ཡོད། ཤོག་གྲངས་468བཞུགས།

རིགས་རྣམ། གཏེར་མ།

གཏེར་སྟོན། ཁུ་ཚ་ཟླ་འོད།

040–1–1

ལེའུ་དང་པོ། ༼ཀ༽དམྱལ་བའི་གནས་ལས་འདྲེན་པའི་ཐབས།

ལྡེབ་གྲངས། 1—19ན།(ཕྲེང་3)

040–1–2

ལེའུ་གཉིས་པ། ༼ཁ༽དམྱལ་བའི་གནས་ལས་འདྲེན་པའི་ཐབས།

ལྡེབ་གྲངས། 1—15བ།(ཕྲེང་7)

040–1–3

ལེའུ་གསུམ་པ། ༼ག༽ཡི་དྭགས་སོང་གི་གནས་སུ་སྐྱེས་པ་དྲངས་པའི་ཐབས།

ལྡེབ་གྲངས། 1—15ན།(ཕྲེང་4)

040–1–4

ལེའུ་བཞི་པ། ༼ང༽མཐའ་འཁོབ་མི་ཡི་གནས་སུ་སྐྱེ་བ་དྲངས་པའི་ཐབས།

ལྡེབ་གྲངས། 1—12ན།(ཕྲེང་2)

040–1–5

ལེའུ་ལྔ་པ། ༼ཅ༽ལྷ་མིན་གནས་སུ་སྐྱེ་བ་དྲངས་པའི་ཐབས།

ལྡེབ་གྲངས། 1—15ན།(ཕྲེང་4)

040–1–6

ལེའུ་དྲུག་པ། ༼ཆ༽ལྷ་ཡི་གནས་སུ་སྐྱེས་པ་དྲངས་པའི་ཐབས།

ལྡེབ་གྲངས། 1—34ན།(ཕྲེང་1)

040–1–7

ལེའུ་བདུན་པ། ༼ཆ༽བར་དོའི་གནས་ནས་འདྲེན་པའི་ཐབས།

ལྡེབ་གྲངས། 1—13ན།(ཕྲེང་7)

ཚོས་ཚན་གཉིས་པ། ལྷ་མོ་མུན་སེལ་སྒྲོན་མ་མཚོད་བསྐོར་བདུན་པ་ཞེས་བྱ་བ་ལྷ་མོ་སུམ་བརྒྱའི་གཞུང་བཞུགས་སོ། །

བསྡུས་བྱང་། ལྷ་མོ། མོ་སྡོང་པད་མ་མུན་སེལ།

040–2–1
ལེའུ་དང་པོ། མདུན་ཚོགས་མཆོད་བསྐོར་བདུན་པ།
ཤོག་གྲངས། 1—9ན

040–2–2
ལེའུ་གཉིས་པ། དམྱལ་བའི་གནས་ལས་འདྲེན་པའི་ཐབས།
ཤོག་གྲངས། 1—17ན།(ཁྲིང་1)

040–2–3
ལེའུ་གསུམ་པ། ཡི་དྭགས་ཀྱི་གནས་ནས་དྲངས་པའི་ལེའུ།
ཤོག་གྲངས། 1—15ན།(ཁྲིང་3)

040–2–4
ལེའུ་བཞི་པ། ཕྱོལ་སོང་གི་གནས་ནས་དྲངས་པའི་ལེའུ།
ཤོག་གྲངས། 1—13ན།(ཁྲིང་7)

040–2–5
ལེའུ་ལྔ་པ། མི་ཡི་གནས་ནས་དྲངས་པའི་ལེའུ།
ཤོག་གྲངས། 1—13ན།(ཁྲིང་2)

040–2–6
ལེའུ་དྲུག་པ། ལྷ་མིན་གནས་སུ་སྐྱེས་པ་དྲངས་པའི་ལེའུ།
ཤོག་གྲངས། 1—13ན།(ཁྲིང་6)

040–2–7
ལེའུ་བདུན་པ། ལྷ་ཡི་གནས་ནས་དྲངས་ཐབས་ལེའུ།
ཤོག་གྲངས། 1—13ན།(ཁྲིང་1)

040–2–8
ལེའུ་བརྒྱད་པ། བར་དོའི་གནས་ནས་འདྲེན་པའི་ཐབས།
ཤོག་གྲངས། 1—13ན།(ཁྲིང་5)

མཇུག་བྱང་། མོ་ཡི་སྤྲུལ་སྒྲུངས་འདི་ལ། ད་ལྟའི་ལྷ་མོ་རྣམས་དང་། ཡེ་ཤེས་ཀྱི་ལྷ་མོ་དང་། ལས་གྲུབ་ཀྱི་ལྷ་མོ་དང་། སྤྲུལ་པའི་ལྷ་མོ་མང་བས་གཉེན་ནོ། གཏོ་བུ་འབུམ་སང་གི་དམ་པར་བྱུང་ནས། གཅིག་རྒྱུད་དུ་རིམ་པར་བརྒྱུད་ནས། སེམས་ཅན་མོ་རིགས་རྣམས་ཀྱི་དོན་དུ་བླ་ཆེན་དྲན་པ་ཁོད་སྤུང་གིས། བསྟན་པ་འཕེལ་འགྲིབ་བྱུང་བའི་དུས་སུ། སྤ་གྲོ་སྟག་ཚངས་ཤམ་པོའི་གཏེར་དུ་སྦས། ལས་ཅན་གཅིག་གི་རྙེད་པར་ཤོག །མཐའ་ཡས་སེམས་ཅན་ཐར་པར་ཤོག །སྤ་གྲོའི་གཏེར་དཔེ་ལ་ཞལ་བཤུས་སོ། །

041 ༼དེ༽
041-1
སྒྲིགས་བམ་དང་པོ། མཚན་བྱང་། ལྷ་བུ་པད་མ་འཕྲུལ་གྱི་མདོ་བཞུགས་སོ། །
བསྡུས་བྱང་། འཕྲུལ་མདོ།
གྲངས་ཚད། ལེའུ་61ལ་ཤོག་238ཡོད། ཤོག་གྲངས་476བཞུགས།
རིགས་རྣམ། གཏེར་མ།

གཏེར་སྟོན། གཉེན་མཐིང་ཤེས་རབ་རྡོ་རྗེ།

041–1–1
ལེའུ་དང་པོ། ཡབ་ཡུམ་གཉིས་ཀྱི་སྤྲིང་གཞི་ཡི་ལེའུ།
ལྡེབ་གྲངས། 1—5ན།(ཕྲེང་3)

041–1–2
ལེའུ་གཉིས་པ། ཕ་མ་དྲན་པའི་ལེའུ།
ལྡེབ་གྲངས། 5—6ན།(ཕྲེང་3)

041–1–3
ལེའུ་གསུམ་པ། ཕ་མའི་དོན་དུ་བསྒོམས་པའི་ལེའུ།
ལྡེབ་གྲངས། 6—7བ།(ཕྲེང་2)

041–1–4
ལེའུ་བཞི་པ། ཡབ་དང་འཕྲད་པའི་ལེའུ།
ལྡེབ་གྲངས། 7—9བ།(ཕྲེང་1)

041–1–5
ལེའུ་ལྔ་པ། ལམ་དུ་སྡོང་བུ་ལས་ངན་དང་འཕྲད་པའི་ལེའུ།
ལྡེབ་གྲངས། 9—11ན།(ཕྲེང་5)

041–1–6
ལེའུ་དྲུག་པ། བར་མ་དོར་ཕྱིན་པའི་ལེའུ།
ལྡེབ་གྲངས། 11—14ན།(ཕྲེང་3)

041–1–7
ལེའུ་བདུན་པ། མ་འཚོལ་དུ་གཤེགས་པའི་ལེའུ།
ལྡེབ་གྲངས། 14—22ན།(ཕྲེང་2)

041–1–8
ལེའུ་བརྒྱད་པ། དམྱལ་བའི་ལམ་བདག་དང་འཕྲད་པའི་ལེའུ།
ལྡེབ་གྲངས། 22—25ན།(ཕྲེང་5)

041–1–9
ལེའུ་དགུ་པ། སྟོན་པས་བསྟན་པའི་ལེའུ།
ལྡེབ་གྲངས། 25—26ན།(ཕྲེང་4)

041–1–10
ལེའུ་བཅུ་པ། དད་མེད་མ་དམྱལ་བ་ནས་དྲངས་པའི་ལེའུ།
ལྡེབ་གྲངས། 26—34ན།(ཕྲེང་5)

041–1–11
ལེའུ་བཅུ་གཅིག་པ། དད་མེད་མ་ཡི་དགས་(དྭགས་)ནས་དྲངས་པའི་ལེའུ།
ལྡེབ་གྲངས། 34—37བ།(ཕྲེང་4)

041–1–12
ལེའུ་བཅུ་གཉིས་པ། མ་དད་མེད་མ་སྐྱོལ་སོང་ལས་དྲངས་པའི་ལེའུ།
ལྡེབ་གྲངས། 37—40ན།(ཕྲེང་4)

041–1–13
ལེའུ་བཅུ་གསུམ་པ། སྟ་རབས་འདས་པའི་ལྷ་མོ་བརྒྱ་ལ་ཕྱག་འཚལ་བའི་ལེའུ།
ལྡེབ་གྲངས། 40—46བ།(ཕྲེང་1)

041–1–14
ལེའུ་བཅུ་བཞི་པ། ད་ལྟ་བཞུགས་པའི་ལྷ་མོ་བརྒྱ་ལ་ཕྱག་འཚལ་བའི་ལེའུ།
ལྡེབ་གྲངས། 46—49བ།(ཕྲེང་5)

041–1–15
ལེའུ་བཅོ་ལྔ་པ། ལྷ་མོ་སུམ་བརྒྱ་ལ་ཕྱག་འཚལ་བའི་ལེའུ།
ལྡེབ་གྲངས། 49—53བ།(ཕྲེང་2)

041–1–16
ལེའུ་བཅུ་དྲུག་པ། ལྟུང་བཤགས་ཕུལ་བའི་ལེའུ།
ལྡེབ་གྲངས། 53—55བ།(ཕྲེང་7)

041–1–17
ལེའུ་བཅུ་བདུན་པ། དད་མེད་མའི་སྒྲིབ་པ་བྱང་ནས་ལྷ་མོའི་སྐུར་སངས་རྒྱས་པའི་ལེའུ།
ལྡེབ་གྲངས། 55—59བ།(ཕྲེང་6)

041–1–18
ལེའུ་བཅོ་བརྒྱད་པ། རྗེས་སུ་ཡི་རངས་ཕུལ་བའི་ལེའུ།
ལྡེབ་གྲངས། 59—62བ།(ཕྲེང་2)

མཇུག་བྱང་། སྟོང་རིག་མཁའ་བྲུ་བདག་གི་དྲིན་ཆེན་པ་མའི་དྲིན་ལན་བསམ་ནས་རྩེ་གཅིག་དད་མོས་གུས་པར་བཞེངས། བཞེངས་པའི་ཡོན་ཏན་དཔག་མེད་འདི་དག་གི། བདག་དང་འགྲོ་བ་སེམས་ཅན་མ་ལུས་ཐམས་ཅད་དྲིན་ཆེན་པ་མས་གཙོར་བྱས་ནམ་མཁའས་ཁྱབ་ཚད་འགྲོ་བ་རིས་དྲུག་གི་དོན་དུ་བསྔོ་བར་བགྱིའོ། །ཚེ་འཕོས་དེ་དག་མ་ལུས་ཀུན། སྟོན་པ་གཤེན་རབ་ཀྱི་ཞལ་མཐོང་ནས། འབྲས་བུའི་བོན་གྱི་སྐུ་བདེ་བ་རིན་པོ་ཆེ་ཐོབ་པར་ཤོག །དེ་དག་ཐོབས་ནས་ཀྱང་། དེ་རྣམས་ཕྱིར་ཇོག་མེད་པའི་ས་ལ་འཁོད་པར་ཤོག །

041–2
གླེགས་བམ་གཉིས་པ། མཚན་བྱང་། དྲིན་ལེན་འབུམ་གྱིས་བསབས་པའི་མདོ་བཞུགས་སོ། །
བསྡུས་བྱང་། དྲིན་ལན་བསབས་མདོ།
གྲངས་ཚད། ལེའུ་43ལྡེབ་176ཡོད། ཤོག་གྲངས་352བཞུགས།
རིགས་རྣམ། གཏེར་མ།
གཏེར་སྟོན། གཉེན་མཐིང་ཤེས་རབ་རྡོ་རྗེ།

041–2–1
ལེའུ་དང་པོ། དྲིན་ཆེན་ཕ་མོ་རྒྱུད།
ལྡེབ་གྲངས། 1—7བ།(ཕྲེང་5)

041–2–2
ལེའུ་གཉིས་པ། ལྷ་མོ་དགེ་བའི་དྲིན་ལེན་(ལན)།
ལྡེབ་གྲངས། 7—11བ།(ཁྲིང་7)

041–2–3
ལེའུ་གསུམ་པ། ལྷ་མོ་ཐུགས་རྗེ་དྲིན་ལེན་(ལན)།
ལྡེབ་གྲངས། 11—12བ།(ཁྲིང་3)

041–2–4
ལེའུ་བཞི་པ། མ་སངས་ཁྲིའུ་ཚེ་དྲིན་ལེན་(ལན་)མདོ།
ལྡེབ་གྲངས། 12—16བ།(ཁྲིང་3)

041–2–5
ལེའུ་ལྔ་པ། ཁྲིའུ་ཚེ་དྲིན་ལེན་(ལན་)བསབས་པའི་མདོ།
ལྡེབ་གྲངས། 16—17བ།(ཁྲིང་4)

041–2–6
ལེའུ་དྲུག་པ། འོག་མིན་ལྷ་ལ་དྲིན་ལེན་(ལན་)བསབས་པའི་མདོ།
ལྡེབ་གྲངས། 17—18ན།(ཁྲིང་2)

041–2–7
ལེའུ་བདུན་པ། གཤེན་རབ་ལྷ་འཕྲུམ།
ལྡེབ་གྲངས། 18—21བ།(ཁྲིང་3)

041–2–8
ལེའུ་བརྒྱད་པ། ཤེས་རབ་ལྷ་འཕྲུམ་བྱ་བ་དང་དཔོན་ལ་དྲིན་ལན་བསབས་པའི་ལེའུ།
ལྡེབ་གྲངས། 21—25ན།(ཁྲིང་6)

041–2–9
ལེའུ་དགུ་པ། སྲིད་འཛིན་དྲིན་ལན་ཞེས་བྱ་བའི་ལེའུ།
ལྡེབ་གྲངས། 25—33ན།(ཁྲིང་1)

041–2–10
ལེའུ་བཅུ་པ། ཡབ་ལ་དྲིན་ལན་བསབས་པའི་ལེའུ།
ལྡེབ་གྲངས། 33—35ན།(ཁྲིང་5)

041–2–11
ལེའུ་བཅུ་གཅིག་པ། ཡུམ་ལ་དྲིན་ལན་བསབས་པའི་ལེའུ།
ལྡེབ་གྲངས། 35—38བ།(ཁྲིང་2)

041–2–12
ལེའུ་བཅུ་གཉིས་པ། ཡབ་ཡུམ་གཉིས་ལ་དྲིན་ལན་བསབས་པའི་མདོ།
ལྡེབ་གྲངས། 38—42ན།(ཁྲིང་7)

041–2–13
ལེའུ་བཅུ་གསུམ་པ། གཤེན་རབ་ཀྱི་ཡབ་ཡུམ་ལ་དྲིན་ལན་བསབས་པའི་མདོ།

ལྡེབ་གྲངས། 42—44ན།(ཕྲེང་4)

041–2–14
ལེའུ་བཅུ་བཞི་པ། སངས་པོ་འབུམ་ཁྲི་དྲིན་ལན་བསབས་པའི་ལེའུ།
ལྡེབ་གྲངས། 44—55ན།(ཕྲེང་2)

041–2–15
ལེའུ་བཅོ་ལྔ་པ། རྒྱལ་བུ་དྲིན་ལན་ལེའུ།①
ལྡེབ་གྲངས། 55—62ན།(ཕྲེང་5)

041–2–16
ལེའུ་བཅུ་དྲུག་པ། ཁྱད་པར་དྲིན་ལན་བསབས་པའི་ལེའུ།
ལྡེབ་གྲངས། 62—64ན།(ཕྲེང་5)

041–2–17
ལེའུ་བཅུ་བདུན་པ། སློབ་བུ་མ་སངས་གསས་མགོན་ལ་དྲིན་ལན་བསབས་པར་བཀའ་བསྒྲགས་པའི་ལེའུ།
ལྡེབ་གྲངས། 64—65བ།(ཕྲེང་1)

041–2–18
ལེའུ་བཅོ་བརྒྱད་པ། མ་སངས་སྟོན་པ་གསས་མགོན་ལ་དྲིན་ལན་བསབས་པར་བཀས་བསྐུལ་བའི་ལེའུ།
ལྡེབ་གྲངས། 65—69ན།(ཕྲེང་1)

041–2–19
ལེའུ་བཅུ་དགུ་པ། དཔོན་ལ་དྲིན་ལན་བསྐོར་བའི་ལེའུ།
ལྡེབ་གྲངས། 69—70ན།(ཕྲེང་7)

041–2–20
ལེའུ་ཉི་ཤུ་པ། མ་སངས་སྟོན་པ་གསས་མགོན་གྱིས་སྟོན་པ་གཤེན་རབ་ལ་དྲིན་ལན་བསབས་པའི་ལེའུ།
ལྡེབ་གྲངས། 70—71བ།(ཕྲེང་4)

041–2–21
ལེའུ་ཉེར་གཅིག་པ། དྲིན་ལན་བསབས་པའི་མདོ་དོན།
ལྡེབ་གྲངས། 71—79བ།(ཕྲེང་7)

041–2–22
ལེའུ་ཉེར་གཉིས་པ། སྐྱེས་པོ་ལྔ་ལ་དྲིན་ལན་བསབས་པའི་ལེའུ།
ལྡེབ་གྲངས། 79—84ན།(ཕྲེང་5)

041–2–23
ལེའུ་ཉེར་གསུམ་པ། ཡབ་ཀྱི་དྲིན་ལན་བསབས་པའི་ལེའུ།
ལྡེབ་གྲངས། 84—87བ།(ཕྲེང་6)

041–2–24
ལེའུ་ཉེར་བཞི་པ། དྲིན་ལན་འབུམ་གྱི་ལེའུ།
ལྡེབ་གྲངས། 87—88བ།(ཕྲེང་1)

---

① རྒྱལ་བུས་ཤ་ཁྲག་གིས་ཕ་མར་དྲིན་ལན་འཇལ་བ།

041–2–25
ལེའུ་ཉེར་ལྔ་པ། དྲིན་ལན་བསབས་པའི་ལེའུ།
ལྡེབ་གྲངས། 88—89བ།(ཁྲིང་1)

041–2–26
ལེའུ་ཉེར་དྲུག་པ། དྲིན་ལན་བསབས་པའི་ལེའུ།
ལྡེབ་གྲངས། 89—91ན།(ཁྲིང་1)

041–2–27
ལེའུ་ཉེར་བདུན་པ། དྲིན་ལན་བསབས་པའི་ལེའུ།
ལྡེབ་གྲངས། 91—91བ།(ཁྲིང་4)

041–2–28
ལེའུ་ཉེར་བརྒྱད་པ། སྐྱེས་པོ་ཕྱི་མོ་ལ་དྲིན་ལན་བསབས་པའི་ལེའུ།
ལྡེབ་གྲངས། 91—93བ།(ཁྲིང་2)

041–2–29
ལེའུ་ཉེར་དགུ་པ། དྲིན་ལན་བསབས་པའི་ལེའུ།
ལྡེབ་གྲངས། 93—97ན།(ཁྲིང་3)

041–2–30
ལེའུ་སུམ་ཅུ་པ། ཡུམ་ལ་དྲིན་ལན་བསབས་པའི་མདོ།
ལྡེབ་གྲངས། 97—104ན།(ཁྲིང་4)

041–2–31
ལེའུ་སོ་གཅིག་པ། བཙན་ལྡན་ཤིང་ལ་དྲིན་ལན་བསྐོར་བའི་མདོ།
ལྡེབ་གྲངས། 104—111ན།(ཁྲིང་7)

041–2–32
ལེའུ་སོ་གཉིས་པ། ལྷ་བོན་དྲིན་བསབས་པའི་མདོ།
ལྡེབ་གྲངས། 111—116བ།(ཁྲིང་6)

041–2–33
ལེའུ་སོ་གསུམ་པ། ལྷ་བོན་དྲིན་ལན་གྱི་ལེའུ།
ལྡེབ་གྲངས། 116—118བ།(ཁྲིང་3)

041–2–34
ལེའུ་སོ་བཞི་པ། སྟག་གཟིག་དྲིན་ལན་གྱི་ལེའུ།
ལྡེབ་གྲངས། 118—132བ།(ཁྲིང་2)

041–2–35
ལེའུ་སོ་ལྔ་པ། སྟག་གཟིག་གསེར་འབར་ལེའུ།
ལྡེབ་གྲངས། 132—137ན།(ཁྲིང་3)

041–2–36
ལེའུ་སོ་དྲུག་པ། སྟག་གཟིག་རྒྱལ་བུ་གསེར་འབར་གྱིས་དྲིན་བསབས་པའི་ལེའུ།

ལྡེབ་གྲངས། 137—143ན།(ཕྲེང་7)

041–2–37
ལེའུ་སོ་བདུན་པ། སྟག་གཟིག་རྒྱལ་བུ་གསེར་འབར་གྱི་དྲིན་ལན་ལེའུ།
ལྡེབ་གྲངས། 143—147ན།(ཕྲེང་1)

041–2–38
ལེའུ་སོ་བརྒྱད་པ། བཤགས་པ་དྲིན་ལན་ཆེན་པོའི་ལེའུ།
ལྡེབ་གྲངས། 147—155ན།(ཕྲེང་5)

041–2–39
ལེའུ་སོ་དགུ་པ། དྲིན་ལན་བཤགས་པའི་ལེའུ།
ལྡེབ་གྲངས། 155—161བ།(ཕྲེང་2)

041–2–40
ལེའུ་བཞི་བཅུ་པ། དྲིན་ལན་འབུམ་གྱི་ལེའུ།
ལྡེབ་གྲངས། 161—166ན།(ཕྲེང་1)

041–2–41
ལེའུ་ཞེ་གཅིག་པ། དྲིན་ལན་སྨོན་ལམ་ལེའུ།
ལྡེབ་གྲངས། 166—172ན།(ཕྲེང་1)

041–2–42
ལེའུ་ཞེ་གཉིས་པ། བསྟན་པའི་དྲིན་ལན་ལེའུ།
ལྡེབ་གྲངས། 172—174བ།(ཕྲེང་5)

041–2–43
ལེའུ་ཞེ་གསུམ་པ། སྨོན་ལམ།
ལྡེབ་གྲངས། 174—176ན།(ཕྲེང་3)

042 ༼ཉི༽
མཚན་བྱང་། ཀ་བ་སྒྲིང་དགུའི་མདོ།
བསྡུས་བྱང་། ཀ་བ་སྒྲིང་མདོ།
གྲངས་ཚད། ཆོས་ཚན་3ལ་ལེའུ་74དང་ལྡེབ་401ཡོད། ཤོག་གྲངས་802བཞུགས།
རིགས་རྣམ། གཏེར་མ། དབུས་གཏེར།
གཏེར་སྟོན། ཨ་ཙ་ར་མི་གཉིས།

042–1
ཆོས་ཚན་དང་པོ། ཀ་བ་སྒྲིང་དགུའི་མདོ་ལས་རིན་པོ་ཆེ་དྲན་པ་འབུམ།༼ཀ༽
ལྡེབ་གྲངས། 1—119

042–1–1
ལེའུ་དང་པོ། དབུ་མ་རྒྱུད་ཀྱི་ལེའུ།
ལྡེབ་གྲངས། 1—8བ།(ཕྲེང་3)

042–1–2

ལེའུ་གཉིས་པ། ཀུན་སྣང་འབར་བའི་ལེའུ།

ལྡེབ་གྲངས། 8—11བ།(ཕྲེང་1)

042–1–3

ལེའུ་གསུམ་པ། རིན་པོ་ཆེ་ནམ་མཁའ་གསལ་བའི་ལེའུ།

ལྡེབ་གྲངས། 11—14ན།(ཕྲེང་2)

042–1–4

ལེའུ་བཞི་པ། ཀུན་གཞི་རིག་པའི་ལེའུ།

ལྡེབ་གྲངས། 14—16ན།(ཕྲེང་5)

042–1–5

ལེའུ་ལྔ་པ། ཀུན་རིག་དབང་གི་རྒྱལ་པོའི་ལེའུ།

ལྡེབ་གྲངས། 16—19ན།(ཕྲེང་4)

042–1–6

ལེའུ་དྲུག་པ། རིན་པོ་ཆེ་དབང་འོད་ཀྱི་རྒྱུད།

ལྡེབ་གྲངས། 19—23ན།(ཕྲེང་7)

042–1–7

ལེའུ་བདུན་པ། འོད་དབང་གཡུང་དྲུང་རྒྱལ་པོའི་རྒྱུད།

ལྡེབ་གྲངས། 23—26ན།(ཕྲེང་5)

042–1–8

ལེའུ་བརྒྱད་པ། རིན་པོ་ཆེ་འདུས་དབང་དཀར་པོའི་རྒྱུད།

ལྡེབ་གྲངས། 26—29བ།(ཕྲེང་6)

042–1–9

ལེའུ་དགུ་པ། རིན་པོ་ཆེ་དབྱིངས་ངང་དབང་རྒྱལ་པོའི་རྒྱུད།

ལྡེབ་གྲངས། 29—32བ།(ཕྲེང་1)

042–1–10

ལེའུ་བཅུ་པ། རིན་པོ་ཆེ་ཀུན་གྲུབ་དབང་གི་རྒྱལ་པོའི་རྒྱུད།

ལྡེབ་གྲངས། 32—42ན།(ཕྲེང་4)

042–1–11

ལེའུ་བཅུ་གཅིག་པ། ཟེར་དབང་རྒྱལ་པོའི་རྒྱུད།

ལྡེབ་གྲངས། 42—49ན།(ཕྲེང་5)

042–1–12

ལེའུ་བཅུ་གཉིས་པ། དྲུང་ལེ་དཀར་པོའི་རྒྱུད།

ལྡེབ་གྲངས། 49—62ན།(ཕྲེང་5)

042–1–13

ལེའུ་བཅུ་གསུམ་པ། སྣང་གྲགས་ཀྱི་རྒྱུད།

ལྡེབ་གྲངས། 62—67བ།(ཕྲེང་6)

042–1–14
ལེའུ་བཅུ་བཞི་པ། སྣང་འཕྲུལ་གྱི་རྒྱུད།
ལྡེབ་གྲངས། 67—72ན།(ཕྲེང་7)

042–1–15
ལེའུ་བཅོ་ལྔ་པ། སྒྱུ་འཕྲུལ་གྱི་རྒྱུད།
ལྡེབ་གྲངས། 72—79བ།(ཕྲེང་4)

042–1–16
ལེའུ་བཅུ་དྲུག་པ། མཁའ་ལ་གསང་ཆེན་གྱི་རྒྱུད།
ལྡེབ་གྲངས། 79—92བ།(ཕྲེང་6)

042–1–17
ལེའུ་བཅུ་བདུན་པ། རིན་པོ་ཆེ་མཛོད་ཀྱི་ལེའུ།
ལྡེབ་གྲངས། 92—100ན།(ཕྲེང་5)

042–1–18
ལེའུ་བཅོ་བརྒྱད་པ། དྲ་བ་ཁྲི་ཕྲག་ལྔ་བས་ཡང་ཕོལ་གྱི་རྒྱུད།
ལྡེབ་གྲངས། 100—111བ།(ཕྲེང་5)

042–1–19
ལེའུ་བཅུ་དགུ་པ། ཀུན་རིག་འབྱུང་འདེབས་ཀྱི་རྒྱུད།
ལྡེབ་གྲངས། 111—118ན།(ཕྲེང་4)

མཇུག་བྱང་། འབུམ་སྡེ་གླིང་བཞི་འདི། རྒྱལ་པོ་ཤོ་ཤག་བཙན་པོའི་རིང་ལས། ཕས་ཁྲི་ཟུངས་སྣང་དང་གིས་མཛོད་ཀྱིས་གཉེན་མཛོད་རྣམས་ཐོད་ཡག་བཙན་པོའི་རིངས་ལས། ཕས་རྣམས་གཞིར་ཟླ་རྨང་གིས་མཛོད་ཀྱིས་གཉེར་མཛད། འཁྲོང་གཞིའ་ཡག་པ་བཙན་པོའི་རིངས་ལས། ཕས་སྟོན་པས་ཞང་གཉན་གྱིས་མཛོད་ཀྱིས་གཉེར་མཛད། རྒྱལ་པོས་དེ་ཤོ་ཡག་བཙན་པོའི་རིངས་ལ། ཕས་ཟླ་ཉ་འོད་ཀྱིས་མཛད་ཀྱིས་གཉེར་མཛད། རྒྱ་པོས་ཛ་གནམ་ཟེལ་གྱིས་རིངས་ལ། ཕས་ཀླུ་བཞེར་ལན་པོས་མཛོད་ཀྱིས་གཉེར་མཛད། རྒྱལ་པོ་ཁྲི་གནམ་ལྡེ་མགོན་བཙན་གྱིས་རིངས་ལས། ཕས་སྟོན་པེས་རྒྱལ་སྣང་ཉི་འོད་ཀྱིས་བཀའ་སྒྲོམ་བཞི་བཅུ་ལ། སྐོས་ཀྱིས་ཏི་གས་མཉན་ཏེ། དབུས་ཕོ་བྲང་བྲག་དམར་དབུས་ཀྱིས་ཁྲི་སྒོ་མཁར། གསེར་ཆེན་ཉི་མ་མཁར། རྩེ་ཚ་ཉི་མ་ལུང་དུ་གཏན་ལ་ཕབས་པ་ལགས། དེ་ནས་ཞོ་བ་སྟོན་པ་དབང་ཆེན་ལ། སུམ་པ་འཕེན་རྗེ་གཉིས་ཀྱིས་མཛད། དེ་ནས་རྣམ་པར་བརྒྱུད་དེ། ཧོག་ཞང་མཆོས་ཞུས། དེ་ལ་ཕག་སྟོན་པ་ཚེ་མགོན་གྱིས། དེ་ལ་ཕུ་སྟོན་པ་ཧོར་ཕྲུག་གིས་ཞུས། དེ་ལ་རོག་ཀུ་མཆོད་ནས་རྒྱལ་གྲགས་ཀྱིས་ཞུས། དེ་ལྷུ་སེ་མཆོད་ནས་དབེན་སྐྱབས་ཀྱིས་ཞུས་པ་ལགས་སོ། །དེ་ལ་བཙུན་པ་སྐྱུ་མཆེད་ཀྱིས་ཞུས་སོ། །ཞུས་སོ། །ཁ་བྱང་མ་བཤད་ཤིག །བཀྲ་ཤིས་ཞལ་རྡོ་བྱིན་ཆེ་བར་ཤོག །།

042–2
ཆོས་ཚན་གཉིས་པ། ཀ་བ་གླིང་དགུའི་མདོ་ལས་རིན་པོ་ཆེ་འོད་སྟོང་འདུས་སོ། །(ཁ)
ལྡེབ་གྲངས། 1—150

042–2–1
ལེའུ་དང་པོ། གླིང་བཞིའི་ལེའུ།
ལྡེབ་གྲངས། 1—10ན།(ཕྲེང་4)

042–2–2
ལེའུ་གཉིས་པ། བྱུང་ཚུལ་དང་པོའི་ལེའུ།
ལྡེབ་གྲངས། 10—15ན།(ཕྲེང་4)

042–2–3
ལེའུ་གསུམ་པ། ནམ་མཁའ་སེམས་ཀྱི་སྒོ་མོའི་རྒྱུད།
ལྡེབ་གྲངས། 15—23ན།(ཕྲེང་6)

042–2–4
ལེའུ་བཞི་པ། འོད་འདུས་སྣང་ཤར་གྱི་རྒྱུད།
ལྡེབ་གྲངས། 23—30ན།(ཕྲེང་3)

042–2–5
ལེའུ་ལྔ་པ། འོད་འདུས་ཕུང་པོའི་རྒྱུད།
ལྡེབ་གྲངས། 30—37ན།(ཕྲེང་3)

042–2–6
ལེའུ་དྲུག་པ། འོད་འདུས་བསྟན་པའི་རྒྱུད།
ལྡེབ་གྲངས། 37—40ན།(ཕྲེང་2)

042–2–7
ལེའུ་བདུན་པ། རྒྱུ་འབྲས་འདུས་པའི་རྒྱུད།
ལྡེབ་གྲངས། 40—45བ།(ཕྲེང་2)

042–2–8
ལེའུ་བརྒྱད་པ། བདུད་རྩི་ལམ་གྱི་རྒྱུད།
ལྡེབ་གྲངས། 45—51བ།(ཕྲེང་2)

042–2–9
ལེའུ་དགུ་པ། རྒྱུ་རང་སངས་ཀྱི་རྒྱུད།
ལྡེབ་གྲངས། 51—56བ།(ཕྲེང་5)

042–2–10
ལེའུ་བཅུ་པ། རིན་པོ་ཆེ་སྒྲོན་མེ་ཡང་ཆེན་གྱི་རྒྱུད།
ལྡེབ་གྲངས། 56—64ན།(ཕྲེང་5)

042–2–11
ལེའུ་བཅུ་གཅིག་པ། རིན་པོ་ཆེ་དྲག་ཏུ་འཕར་བའི་རྒྱུད།
ལྡེབ་གྲངས། 64—69ན།(ཕྲེང་3)

042–2–12
ལེའུ་བཅུ་གཉིས་པ། རིན་པོ་ཆེ་ཁྲི་མཛོད་ཀྱི་རྒྱུད།
ལྡེབ་གྲངས། 69—74བ།(ཕྲེང་5)

042–2–13
ལེའུ་བཅུ་གསུམ་པ། རིན་པོ་ཆེ་སྒོ་བཞིའི་རྒྱུད།

ལྡེབ་གྲངས། 74—78བ།(ཕྲེང་4)

042–2–14
ལེའུ་བཅུ་བཞི་པ། རིན་པོ་ཆེ་སྟོང་སངས་ཀྱི་རྒྱུད།
ལྡེབ་གྲངས། 78—82ན།(ཕྲེང་2)

042–2–15
ལེའུ་བཅོ་ལྔ་པ། གླིང་འབྲས་འབར་བའི་རྒྱུད།
ལྡེབ་གྲངས། 82—86བ།(ཕྲེང་3)

042–2–16
ལེའུ་བཅུ་དྲུག་པ། གསས་ཆེན་སྣང་གི་རྒྱུད།
ལྡེབ་གྲངས། 86—92ན།(ཕྲེང་2)

042–2–17
ལེའུ་བཅུ་བདུན་པ། ཁྲི་སངས་སྟགས་ཀྱི་རྒྱུད།
ལྡེབ་གྲངས། 92—95བ།(ཕྲེང་2)

042–2–18
ལེའུ་བཅོ་བརྒྱད་པ། སྟོང་འཇོམས་ཀྱི་རྒྱུད།
ལྡེབ་གྲངས། 95—101ན།(ཕྲེང་4)

042–2–19
ལེའུ་བཅུ་དགུ་པ། དོན་འདུས་ཀྱི་རྒྱུད།
ལྡེབ་གྲངས། 101—108ན།(ཕྲེང་1)

042–2–20
ལེའུ་ཉི་ཤུ་པ། འོད་འགྱུལ་གྱི་རྒྱུད།
ལྡེབ་གྲངས། 108—111ན།(ཕྲེང་3)

042–2–21
ལེའུ་ཉེར་གཅིག་པ། ཁྲི་ཁྱབ་ཀྱི་རྒྱུད།
ལྡེབ་གྲངས། 111—115ན།(ཕྲེང་3)

042–2–22
ལེའུ་ཉེར་གཉིས་པ། ཞུར་དབང་གི་རྒྱུད།①
ལྡེབ་གྲངས། 115—120བ།(ཕྲེང་3)

042–2–23
ལེའུ་ཉེར་གསུམ་པ། སྐལ་པ་འཕར་འདུལ་གྱི་རྒྱུད།
ལྡེབ་གྲངས། 120—125བ།(ཕྲེང་4)

042–2–24
ལེའུ་ཉེར་བཞི་པ། མང་བ་དུག་འདུལ་གྱི་རྒྱུད།
ལྡེབ་གྲངས། 125—131ན།(ཕྲེང་2)

---

① ཞུར་དུ་འབར་བའི་གདོན་བགེགས་བཅོམས་པ།

042–2–25
ལེའུ་ཉེར་ལྔ་པ། ནད་ཀྱི་བསྐལ་པ་གཉིས་བཅུ་འདུལ་བའི་རྒྱུད།
ལྡེབ་གྲངས། 131—136བ།(ཕྲེང་1)

042–2–26
ལེའུ་ཉེར་དྲུག་པ། སྒྲོམ་བུ་རང་གྲུབ་ཀྱི་རྒྱུད།
ལྡེབ་གྲངས། 136—149བ།(ཕྲེང་3)
མཇུག་བྱང་། དཀོད་མེ་ཉག་ཁྱུང་གསས་ཀྱི་ཐུགས་དམ་མོ། །དེ་ནས་སྟོན་པ་རྒྱལ་འབར་གྱིས་ཞུས་སོ། །དེ་ལ་རྫོ་རྗེ་མཆོད་གནས་ཀྱིས་ཞུས། དེ་ལ་ཧོག་ཞལ་རྒྱ་མཚོས་ཞུས། དེ་ལ་དབག་སྟོན་པ་ཚེ་མགོན་གྱིས་ཞུས། དེ་ལ་ཅེ་ཕུ་སྟོན་པ་ཧོར་ཕྲུག་གིས་ཞུས། དེ་ལ་རོག་ཀུ་མཆོད་གནས་རྒྱལ་གྲགས་ཀྱིས་ཞུས། དེ་ལ་འོད་ཀ་སོལ་སྤྲང་པོས་ཞུས། དེ་ལ་ལྔ་སེ་མཆོད་གནས་དབེན་སྐྱབས་ཀྱིས་ཞུས་པ་ལགས་སོ། །དགེ་ཞིང་ཞལ་བྲོ་བར་གྱུར་ཅིག །ཁ་བྱང་མ་བཅད་ཅིག །བཀྲ་ཤིས་པར་ཤོག །ཞལ་དྲོའོ། །ཁྲིན་ཆེའོ། །

042–3
ཆོས་ཚན་གསུམ་པ། ཀ་བ་གླིང་དགུའི་མདོ་ལས་དབང་དབུ་རྒྱན་ཞེས་བྱ་བ་བཞུགས་སོ། །༼ག༽
ལྡེབ་གྲངས། 1—133

042–3–1
ལེའུ་དང་པོ། གླིང་བཞིའི་ལེའུ།
ལྡེབ་གྲངས། 1—7ན།(ཕྲེང་3)

042–3–2
ལེའུ་གཉིས་པ། གླིང་བཞི་བར་མ་བྱུང་ཚུལ་གྱི་རྒྱུད།
ལྡེབ་གྲངས། 7—11ན།(ཕྲེང་7)

042–3–3
ལེའུ་གསུམ་པ། རིན་པོ་ཆེ་དབང་རྒྱན་གླིང་བཞི་ཐ་མའི་རྒྱུད།
ལྡེབ་གྲངས། 11—18ན།(ཕྲེང་6)

042–3–4
ལེའུ་བཞི་པ། ལྟ་བའི་རྒྱུད།
ལྡེབ་གྲངས། 18—22བ།(ཕྲེང་5)

042–3–5
ལེའུ་ལྔ་པ། ཕོག་པར་བྱུང་འདེབས་པའི་རྒྱུད།
ལྡེབ་གྲངས། 22—25ན།(ཕྲེང་7)

042–3–6
ལེའུ་དྲུག་པ། ལྷ་མོ་མེ་ཏོག་ཀུན་འབར་མའི་རྒྱུད།
ལྡེབ་གྲངས། 25—31ན།(ཕྲེང་4)

042–3–7
ལེའུ་བདུན་པ། རང་བཞིན་ལྷ་མོ་མེ་ཏོག་གི་རྒྱུད།
ལྡེབ་གྲངས། 31—45ན།(ཕྲེང་1)

042–3–8
ལེའུ་བརྒྱད་པ། ལྷ་མོ་མེ་ཏོག་གཟུགས་ལྡན་གྱི་རྒྱུད།
ལྡེབ་གྲངས། 45—50ན།(ཕྲེང་6)

042–3–9
ལེའུ་དགུ་པ། ལུང་རྒྱུ་བའི་རྒྱུད།
ལྡེབ་གྲངས། 50—53བ།(ཕྲེང་1)

042–3–10
ལེའུ་བཅུ་པ། སྔོ་གསུམ་བྱུང་འདེབས་ཀྱི་རྒྱུད།
ལྡེབ་གྲངས། 53—59ན།(ཕྲེང་1)

042–3–11
ལེའུ་བཅུ་གཅིག་པ། འཁོར་ལོ་སུམ་བརྒྱའི་རྒྱུད།
ལྡེབ་གྲངས། 59—63ན།(ཕྲེང་4)

042–3–12
ལེའུ་བཅུ་གཉིས་པ། ཡང་དག་འབྲས་བུའི་རྒྱུད།
ལྡེབ་གྲངས། 63—67ན།(ཕྲེང་3)

042–3–13
ལེའུ་བཅུ་གསུམ་པ། མཛོད་ཁང་བཅུ་དྲུག་གི་རྒྱུད།
ལྡེབ་གྲངས། 67—70བ།(ཕྲེང་6)

042–3–14
ལེའུ་བཅུ་བཞི་པ། ལྟ་བའི་ཡང་རྒྱུད།
ལྡེབ་གྲངས། 70—74བ།(ཕྲེང་4)

042–3–15
ལེའུ་བཅོ་ལྔ་པ། ཡིག་འབྲུ་རྣམ་པར་འབྱེད་པའི་རྒྱུད།
ལྡེབ་གྲངས། 74—80ན།(ཕྲེང་4)

042–3–16
ལེའུ་བཅུ་དྲུག་པ། རིན་པོ་ཆེ་གཏེར་མཛོད་ཀྱི་རྒྱུད།
ལྡེབ་གྲངས། 80—86ན།(ཕྲེང་2)

042–3–17
ལེའུ་བཅུ་བདུན་པ། རིན་པོ་ཆེ་ན་ཟེའུ་དགུ་པའི་རྒྱུད།[1]
ལྡེབ་གྲངས། 86—88ན།(ཕྲེང་5)

042–3–18
ལེའུ་བཅོ་བརྒྱད་པ། དབང་གི་སྤྲིན་ནག་གི་རྒྱུད།
ལྡེབ་གྲངས། 88—95ན།(ཕྲེང་4)

---

① ལྷ་མོ་དགུ

042–3–19
ལེའུ་བཅུ་དགུ་པ། རིན་པོ་ཆེ་སྤྱི་མ་དགུའི་རྒྱུད།
ཤོག་གྲངས། 95—97ན།(ཁྲིང་7)

042–3–20
ལེའུ་ཉི་ཤུ་པ། རིན་པོ་ཆེ་པར་བུ་①དགུའི་རྒྱུད།
ཤོག་གྲངས། 97—99ན།(ཁྲིང་5)

042–3–21
ལེའུ་ཉེར་གཅིག་པ། ཞུར་ཐིགས་②ཀྱི་རྒྱུད།
ཤོག་གྲངས། 99—103ན།(ཁྲིང་3)

042–3–22
ལེའུ་ཉེར་གཉིས་པ། འོད་ཟེར་སྤྲིན་དམར་གྱི་རྒྱུད།
ཤོག་གྲངས། 103—104བ།(ཁྲིང་3)

042–3–23
ལེའུ་ཉེར་གསུམ་པ། ཐུ་ལམ་ཕྱག་རྒྱའི་རྒྱུད།
ཤོག་གྲངས། 104—106ན།(ཁྲིང་5)

042–3–24
ལེའུ་ཉེར་བཞི་པ། རལ་གྲི་ཕྱག་རྒྱ་སུམ་བརྒྱ་དྲུག་ཅུའི་རྒྱུད།
ཤོག་གྲངས། 106—108ན།(ཁྲིང་5)

042–3–25
ལེའུ་ཉེར་ལྔ་པ། ཆེ་རྒྱལ་ཕྱག་རྒྱའི་རྒྱུད།
ཤོག་གྲངས། 108—112ན།(ཁྲིང་3)

042–3–26
ལེའུ་ཉེར་དྲུག་པ། གཤེགས་པའི་རྒྱུད།
ཤོག་གྲངས། 112—117བ།(ཁྲིང་7)

042–3–27
ལེའུ་ཉེར་བདུན་པ། དབང་སྤྱོད་པ་ཡངས་ཆེན་གྱི་རྒྱུད།
ཤོག་གྲངས། 117—120ན།(ཁྲིང་2)

042–3–28
ལེའུ་ཉེར་བརྒྱད་པ། ས་མི་འཕར་བའི་རྒྱུད།③
ཤོག་གྲངས། 120—128བ།(ཁྲིང་7)

042–3–29
ལེའུ་ཉེར་དགུ་པ། ལྕགས་ཀྱི་ཕྱག་རྒྱའི་རྒྱུད། ཐུགས་རྗེ་ཕྱག་རྒྱའི་ལེའུ་སྟེ་ཉེར་དགུ་པའོ། །

---

① དཔར་བུ།
② ཞུར་སྐད་དང་ཐུགས་སྐྲ།
③ ས་དང་མི་འདྲ་ཐ་དག་མི་འཕར་བར་བྱས་སོ། །

ལྡེབ་གྲངས། 128—133ན།(ཕྲེང་3)

མཇུག་བྱང་། ཉོ་བ་སྟོན་པའི་ཐུགས་དམ་མོ། །དེ་ལ་ཡང་སྟོན་པ་ཚ་མགོན་གྱིས་ཞུས། དེ་རྗེ་བུ་སྟོན་པ་ཧོར་ཕྲུལ་ཀྱིས་ཞུས་སོ། ། དེ་ལ་བདག་དབང་བསྒོམ་རྒྱལ་ཁྲིས་ཞུས་སོ། །འདི་བཞེངས་དགེ་སྟོབས་དར་ཞིང་རྒྱས་པར་ཤོག །བཀྲ་ཤིས་ཉི་མའི་དཀྱིལ་འཁོར་གྱིས། དཔལ་འབར་འཛམ་གླིང་ཡོངས་ལ་ཁྱབ། ཞལ་དྲོ་བདེ་སྐྱིད་ལྡན་པ་ཡི། བྱིན་ཆེ་དངོས་གྲུབ་འབྱུང་གནས་ཐོབས། དགེའོ། བཀྲ་ཤིས། ཞལ་དྲོ། ཞུས་སོ་དག་གོ།

043 〔ཐི〕①

མཚན་བྱང་། ཀ་བ་གླིང་དགུའི་མདོ།

བསྡུས་བྱང་། ཀ་བ་གླིང་མདོ།

གྲངས་ཚད། ཆོས་ཚན་3ལ་ལེའུ་34དང་ལྡེབ་366ཡོད། ཤོག་གྲངས་732བཞུགས།

རིགས་རྣམ། གཏེར་མ། དབུས་གཏེར།

གཏེར་སྟོན། ཨ་ཙ་ར་མི་གཉིས།

043–1

ཆོས་ཚན་དང་པོ། ཀ་བ་གླིང་དགུའི་མདོ་ལས་རིན་པོ་ཆེ་དོན་སེལ་སྒྲོན་མ།〔ཇ〕

043–1–1

ལེའུ་དང་པོ། གནས་སེལ་སྒྲོན་མའི་རྒྱུད།

ལྡེབ་གྲངས། 1—13ན།(ཕྲེང་2)

043–1–2

ལེའུ་གཉིས་པ། སེམས་རིན་པོ་ཆེ་གསལ་བའི་རྒྱུད།

ལྡེབ་གྲངས། 13—22བ།(ཕྲེང་7)

043–1–3

ལེའུ་གསུམ་པ། རིན་པོ་ཆེ་རྒྱུ་སེལ་སྒྲོན་མའི་རྒྱུད།

ལྡེབ་གྲངས། 22—33ན།(ཕྲེང་2)

043–1–4

ལེའུ་བཞི་པ། རིན་པོ་ཆེ་སེམས་ཀྱི་རྒྱུད།

ལྡེབ་གྲངས། 33—41བ།(ཕྲེང་7)

043–1–5

ལེའུ་ལྔ་པ། རིན་པོ་ཆེ་མན་ངག་གི་རྒྱུད།

ལྡེབ་གྲངས། 41—51ན།(ཕྲེང་2)

043–1–6

ལེའུ་དྲུག་པ། རིན་པོ་ཆེ་གསལ་བྱེད་ཀྱི་རྒྱུད།

ལྡེབ་གྲངས། 51—60ན།(ཕྲེང་5)

---

① ཀ་བ་གླིང་མདོ་ལ་པོ་ཏི་གསུམ་བཞུགས་པ་དཔེ་ཚོགས་ཀྱི་པོད་ཨང་གི་གོ་རིམ་ནང་བཞིན་བསྒྲིགས་པ་ལགས་མོད། ནང་གསེས་ཆོས་ཚན་ལ་སྦྱར་བའི་ཀ་རྟགས་ལྟར་ན་པོད་འདི་ཉིད་པོད་གསུམ་ལས་ཕྱི་མ་ཡིན་དགོས་པར་མཐོང་།

043–1–7
ལེའུ་བདུན་པ། རིན་པོ་ཆེ་སྤྲིན་མའི་རྒྱུད།
ལྡེབ་གྲངས། 60—68ན།(ཁྲིང་1)

043–1–8
ལེའུ་བརྒྱད་པ། རིན་པོ་ཆེ་ཁྲི་རྟོགས་ཀྱི་རྒྱུད།①
ལྡེབ་གྲངས། 68—96བ།(ཁྲིང་6)

043–1–9
ལེའུ་དགུ་པ། རིན་པོ་ཆེ་གསང་ལེ་རྫོགས་པའི་རྒྱུད།
ལྡེབ་གྲངས། 96—106ན།(ཁྲིང་2)

043–1–10
ལེའུ་བཅུ་པ། དཔལ་ཆེན་མཐུ་འདུས་ཀྱི་རྒྱུད།
ལྡེབ་གྲངས། 106—115ན།(ཁྲིང་1)

043–1–11
ལེའུ་བཅུ་གཅིག་པ། རིན་པོ་ཆེ་གསང་བའི་རྒྱུད།
ལྡེབ་གྲངས། 115—131བ།(ཁྲིང་3)

043–1–12
ལེའུ་བཅུ་གཉིས་པ། རིན་པོ་ཆེ་སེམས་ཀྱི་འཁོར་ལོའི་རྒྱུད།
ལྡེབ་གྲངས། 131—141བ།(ཁྲིང་1)

043–1–13
ལེའུ་བཅུ་གསུམ་པ། རིན་པོ་ཆེ་བསྟན་པའི་སྤྲིན་མའི་རྒྱུད།
ལྡེབ་གྲངས། 141—149ན།(ཁྲིང་5)

043–1–14
ལེའུ་བཅུ་བཞི་པ། འདོད་ཁམས་ཀྱི་རྒྱུད།
ལྡེབ་གྲངས། 141—164ན།(ཁྲིང་5)

043–1–15
ལེའུ་བཅོ་ལྔ་པ། གཟུགས་ཁམས་ཀྱི་རྒྱུད།
ལྡེབ་གྲངས། 164—169ན།(ཁྲིང་1)

043–1–16
ལེའུ་བཅུ་དྲུག་པ། གཟུགས་མེད་ཁམས་ཀྱི་རྒྱུད།
ལྡེབ་གྲངས། 169ན།(ཁྲིང)

043–1–17
ལེའུ་བཅུ་བདུན་པ། གྲུབ་པ་གནས་དགུ་བསྒྲོད་ཐབས་བསྟན་པ།
ལྡེབ་གྲངས། (ཁྲིང)ཤོག་ངོས་172བ་བར་དུ་འདུག 173ན་ནས་ཆད།

---

① རྟོགས་པའི་ལྟ་བ།

043-2

ཆོས་ཚན་གཉིས་པ། རིན་པོ་ཆེ་ཉིལ་སྒྲོམ་ཞེས་བྱ་བ།《ཉ》

ལྡེབ་གྲངས། 1—135

043–2–1

ལེའུ་དང་པོ། རིན་པོ་ཆེ་ཉིལ་སྒྲོམ་གླིང་གཞི་ཡི་ལེའུ།

ལྡེབ་གྲངས། 1—26བ།(ཕྲེང་1)

043–2–2

ལེའུ་གཉིས་པ། རིན་པོ་ཆེ་ཉིལ་སྒྲོམ་ངོས་བསྟོན་གྱི་རྒྱུད།

ལྡེབ་གྲངས། 26—38ན།(ཕྲེང་7)

043–2–3

ལེའུ་གསུམ་པ། རིན་པོ་ཆེ་ཉིལ་འབྲས་གསང་བའི་རྒྱུད།

ལྡེབ་གྲངས། 38—46བ།(ཕྲེང་6)

043–2–4

ལེའུ་བཞི་པ། ཉིལ་གྱི་ཕ་བོང་གསུམ་གྱི་རྒྱུད།

ལྡེབ་གྲངས། 46—50བ།(ཕྲེང་3)

043–2–5

ལེའུ་ལྔ་པ། དུས་སྔ་པའི་འགྲོ་བའི་དོན་བྱས་པའི་ལེའུ།

ལྡེབ་གྲངས། 50—55ན།(ཕྲེང་4)

043–2–6

ལེའུ་དྲུག་པ། ད་ལྟར་གྱི་དོན་བྱས་པའི་རྒྱུད།

ལྡེབ་གྲངས། 55—69བ།(ཕྲེང་7)

043–2–7

ལེའུ་བདུན་པ། ཕྱི་མའི་དོན་བྱས་པའི་རྒྱུད།

ལྡེབ་གྲངས། 69—74བ།(ཕྲེང་2)

043–2–8

ལེའུ་བརྒྱད་པ། ལུང་མདོ་མ་དགུ་འདུས་ཀྱི་རྒྱུད།

ལྡེབ་གྲངས། 74—111ན།(ཕྲེང་5)

043–2–9

ལེའུ་དགུ་པ། ལུང་གི་ཐིག་པ་ནག་པོ།

ལྡེབ་གྲངས། 111—134ན།(ཕྲེང་6)

མཇུག་བྱང་། དོན་བཅོ་བརྒྱད་དོ། །མན་ངག་ཉིལ་སྒྲོམ་དོན་འདུས་སོ། །གླིང་བཞི་དུམ་པ་བརྒྱད་པ་ཡང་། །རྒྱལ་པོ་ཐོས་ཡགས་བཙན་པོའི་རིང་ལ། ཕས་ཁྲི་ཐུངས་སྣང་དང་ཡིས། མཛོད་ཀྱི་གཉེར་བྱས་ནས། འབུམ་སྡེ་གཏན་ལ་ཕབས། རྒྱལ་པོ་ཁྲོད་ལེགས་བཙན་པོའི་རིང་ལ། ཕས་སྣང་བཞིན་ཟླ་རྒྱང་གིས་མཛོད་ཀྱི་གཉེར་བྱས་ནས། འབུམ་སྡེ་ལ་མངའ་གཏན་ལ་ཕབས། བཙད་པོ་འབྲོང་ཞིང་ཡགས་བཙན་པོའི་རིང་ལ། ཕས་སྟོན་པོ་ཞང་གཉེར་གྱིས་མཛོད་ཀྱི་གཉེར་བྱས་ནས། འབུམ་སྡེ་མངའ་མཛད། རྒྱལ་པོ་དེ་ནོ་ཡགས་བཙན་པོའི་རིང་ལ། ཕས་ཟླ་ཉི་འོད་ཀྱིས་མཛོད་ཀྱི་གཉེར་བྱས། རྒྱལ་པོ་ཛ་གནམ་ཟིལ་གྱི་ཉིང་ལ། ཕས་ཀླུ་བཞེར་ལེན་

ཐོས་མཛོད་གཉེར་མཛད། རྒྱལ་པོ་སྲུང་བཙན་སྒམ་པོའི་རིང་ལ། ཕས་པས་གསས་ཀྱིས་མཛོད་ཀྱི་གཉེར་མཛད། རྒྱལ་པོ་མགོན་ལྡེ་གནམ་བཙན་གྱི་རིང་ལ། ཕས་སྟོན་པ་རྒྱལ་སྣང་གིས་ཉེ་འོད་ཀྱི་མཛོད་ཀྱི་གཉེར་མཛད། བཀའ་སྒྲོམ་བཞི་ལ་སྐོས་ཀྱི་ཏི་ཀས་ཞུལ་ཏེ། ཕས་ཀྱིས་ཁྲི་སྒོ་མཁར་ལ་གཏན་དུ་ཕབས། དེ་ནས་ཕས་ཁྲི་བཙན་རྗེས། ཞང་ཞུང་རྐོད་ཀྱི་ཡུལ་དུ་བསྐུར། དེ་ལ་བསྟན་པ་འཕེལ་བ། མེ་ཉག་སྟོན་པ་ཁྱུང་གསས་ཀྱིས། ཞང་ཞུང་རྐོད་ཀྱི་ཡུལ་ནས་བླངས། ཏོ་ཏ་དབང་ཆེན་གྲགས་ལ་བརྒྱུད། ཅོག་རོ་མཆོག་གནས་མགོན་རྒྱལ་ལ། དཔག་སྟོན་ཚོས་མགོན་གྱིས་ཞུས། དེ་ལ་ཅོ་བྲུ་སྟོན་པ་ཧོར་ཕྱུགས་ཀྱིས་ཞུས་སྐོ། །དེ་ལ་བདག་སྒོམ་པ་རྒྱལ་ཁྲི་ཡི་ཐུགས་དམ་གྱི་དགེ་རྩ་ལ་བཞེངས་པ་ལེགས་སྐོ། །དགེའོ། །བཀྲ་ཤིས་པར་ཤོག །ཞལ་གྲོ་བར་ཤོག །དག་གོ། དག་པོ་མི་སྣང་ཞུ་དག་ཡང་ཡང་དགོས། མཁས་པ་རྣམས་ཀྱིས་རྟོགས་གཟིགས་མཛོད་ཞུ།

ལྡེབ་གྲངས། 134—135ན

043–3

ཚོས་ཚན་གསུམ་པ། རིན་པོ་ཆེ་གསང་བ་འབུམ་ཕྲུག་ཅེས་བྱ་བ།〈ཛྷ〉

ལྡེབ་གྲངས། 1—59བ

043–3–1

ལེའུ་དང་པོ། དབང་ཆེན་དབྱུ་རྒྱན་གྱི་ཕྲུག་གི་ལེའུ།

ལྡེབ་གྲངས། 1—9བ།(ཁྲིང་7)

043–3–2

ལེའུ་གཉིས་པ། མ་འོངས་པའི་ཕྲུག་གི་ལེའུ།

ལྡེབ་གྲངས། 9—15ན།(ཁྲིང་5)

043–3–3

ལེའུ་གསུམ་པ། གཤེན་པོ་མཉམས་པའི་བསྟོད་བཤགས་ཀྱི་ལེའུ།[①]

ལྡེབ་གྲངས། 15—23བ།(ཁྲིང་5)

043–3–4

ལེའུ་བཞི་པ། ཏིལ་གྱི་ཕྲུག་གི་ལེའུ།

ལྡེབ་གྲངས། 23—28བ།(ཁྲིང་2)

043–3–5

ལེའུ་ལྔ་པ། ཡེ་ཤེས་མགོན་ལྷ་ཕྲུག་གི་ལེའུ།

ལྡེབ་གྲངས། 28—35ན།(ཁྲིང་5)

043–3–6

ལེའུ་དྲུག་པ། མགོན་ལྷ་ཐུགས་རྗེ་སྤྲུལ་པའི་ཕྲུག་གི་ལེའུ།

ལྡེབ་གྲངས། 35—41བ།(ཁྲིང་5)

043–3–7

ལེའུ་བདུན་པ། སྒྲིབས་པ་སེལ་བའི་ལྷ་སུམ་བརྒྱ་དྲུག་ཅུ་ཡི་ལེའུ།

ལྡེབ་གྲངས། 41—52ན།(ཁྲིང་2)

043–3–8

སྨོན་ལམ།

① ལྷ་རྟོགས་མཉམས་པར་ཐོབ་པར་ཤོག

ལྡེབ་གྲངས། 52—59བ།(ཕྲེང་6)

མཇུག་བྱང་། བཀའི་གཡུང་དྲུང་རིན་པོ་ཆེ། གསང་བ་འབུམ་ཕྲུག་ཅེས་བྱ་དོན་འདུས་སོ། །འབུམ་སྡེ་དུ་མ་གླིང་དགུ་འདི། དབས་སོ་ཀྱིས་ཁྲི་སྨོ་ཉི་མ་མཁར་དུ། དབས་སྟོན་པ་རྒྱལ་འབར་ལ། སླན་སྟོན་གཡུ་གྱིས་མནོས། དེ་ལ་བདག་སྟོན་པ་ཉག་གསས་ཀྱིས་མནོས། དེ་ལ་སླ་བཙུན་གཉན་གསས་ཀྱིས་མནོས། དེ་ལ་ཧོག་ཞང་ཚོས་མནོས། དེ་ལ་དཔག་ཚེ་མགོན་གྱིས་མནོས། དེ་ལ་བདག་ཕྱུ་སྟོན་པ་ཧོར་ཕྲུག་མནོས། དེ་བལྟམས་པ་དབང་སྤྲུས་ཀྱིས་མནོས། དེ་འབེ་སྨོམ་ཐ་བས་མནོས། དེ་ལ་ངོ་ཆེ་མཆོད་གནས་ཀྱིས་མནོས། དེ་ལ་ཧོག་ཞང་འཚོས་མནོས། དེ་ལས་བདག་དབལ་སྨོམ་རྒྱལ་ཁྲི་བ་སྤྲར་གྱིས་ཞུས་སྣོ། །བཀྲ་ཤིས་པར་ཤོག །ཞལ་དྲོ་བར་ཤོག །ཕྱིན་ཆེ། དགེའོ། །

044 ༼ཕི༽①

མཚན་བྱང་། ཀ་བ་གླིང་དགུའི་མདོ།

བསྡུས་བྱང་། ཀ་བ་གླིང་མདོ།

གྲངས་ཚད། ལེའུ་58ལ་ལྡེབ་468ཡོད། ཤོག་གྲངས་936བཞུགས།

རིགས་རྣམ། གཏེར་མ། དབུས་གཏེར།

གཏེར་སྟོན། ཨ་ཙ་ར་མི་གཉིས།

044–1

ཆོས་ཚན་དང་པོ། ཀ་བ་གླིང་དགུའི་མདོ་ལས་དབང་ཆུ་བོ་དིར་བརྩེས་བྱ་བ།༼ང༽

ལྡེབ་གྲངས། 1—190

044–1–1

ལེའུ་དང་པོ། གླིང་བཞིའི་ལེའུ།

ལྡེབ་གྲངས། 1—22ན།(ཕྲེང་4)

044–1–2

ལེའུ་གཉིས་པ། རིན་པོ་ཆེ་དབང་ཆུ་བོ་དིར་བ་ཚེ་འདུས་དཀར་པོ་སྟོང་སོབ་ཀྱི་རྒྱུད།

ལྡེབ་གྲངས། 22—52ན།(ཕྲེང་5)

044–1–3

ལེའུ་གསུམ་པ། དྲ་བ་སྟོང་འདུས་ཕྱིན་འབེབས་དཀར་པོའི་རྒྱུད།

ལྡེབ་གྲངས། 52—55ན།(ཕྲེང་4)

044–1–4

ལེའུ་བཞི་པ། འདུས་པ་སེམས་ཀྱི་རྒྱུད།

ལྡེབ་གྲངས། 55—60ན།(ཕྲེང་4)

044–1–5

ལེའུ་ལྔ་པ། འཕྲ་རྒྱན་སྣང་སྲིད་ཅེ་ཐབ་ཁྲུས་ཀྱི་རྒྱུད།

ལྡེབ་གྲངས། 60—66བ།(ཕྲེང་1)

---

① ཀ་བ་གླིང་མདོ་ལ་པོ་ཏི་གསུམ་བཞུགས་པ་དཔེ་ཚོགས་ཀྱི་པོད་ཨང་གི་གོ་རིམ་ནང་བཞིན་བསྒྲིགས་པ་ལགས་སོད། ནང་གསེས་ཆོས་ཚན་ལ་སྦྱར་བའི་ཀ་རྟགས་ལྟར་ན་པོད་འདི་ཉིད་པོད་གསུམ་ལས་པོད་བར་མ་ཡིན་དགོས་པར་མཐོང་།

044–1–6
ལེའུ་དྲུག་པ། གཡུང་དྲུང་ཁྲི་སྐོར་གྱི་རྒྱུད།
ལྗིད་གྲངས། 66—70བ།(ཕྲེང་5)

044–1–7
ལེའུ་བདུན་པ། ཁྲི་ཁྱབ་ཀྱི་རྒྱུད།
ལྗིད་གྲངས། 70—73བ།(ཕྲེང་7)

044–1–8
ལེའུ་བརྒྱད་པ། རིན་པོ་ཆེ་སེམས་འབར་བའི་རྒྱུད།
ལྗིད་གྲངས། 73—82ན།(ཕྲེང་6)

044–1–9
ལེའུ་དགུ་པ། རིན་པོ་ཆེ་འདུས་པ་སྤྱོབས་སོགས་ཀྱི་རྒྱུད།
ལྗིད་གྲངས། 82—92བ།(ཕྲེང་2)

044–1–10
ལེའུ་བཅུ་པ། རིན་པོ་ཆེ་དྲ་བ་དགུ་རྒྱུད་①ཁྲུས་ཀྱི་རྒྱུད།
ལྗིད་གྲངས། 92—104བ།(ཕྲེང་7)

044–1–11
ལེའུ་བཅུ་གཅིག་པ། རིན་པོ་ཆེ་སྣ་དགུ་རྩ་འགྲེལ་གྱི་རྒྱུད།
ལྗིད་གྲངས། 104—110བ།(ཕྲེང་3)

044–1–12
ལེའུ་བཅུ་གཉིས་པ། ཕྱག་རྒྱའི་སྦྱོམས་ཀྱི་རྒྱུད།
ལྗིད་གྲངས། 110—118བ།(ཕྲེང་2)

044–1–13
ལེའུ་བཅུ་གསུམ་པ། ཕྱག་རྒྱ་ཐམས་ཅད་འཇོམས་པའི་རྒྱུད།
ལྗིད་གྲངས། 118—125ན།(ཕྲེང་5)

044–1–14
ལེའུ་བཅུ་བཞི་པ། དབང་ཆེན་རྒྱལ་ཆེན་པོའི་རྒྱུད།
ལྗིད་གྲངས། 125—132ན།(ཕྲེང་3)

044–1–15
ལེའུ་བཅོ་ལྔ་པ། དབང་ཡང་རྒྱལ་ཆེན་པོའི་རྒྱུད།
ལྗིད་གྲངས། 132—138བ།(ཕྲེང་6)

044–1–16
ལེའུ་བཅུ་དྲུག་པ། དབང་ཐོག་སྔག་ཆེན་པོའི་རྒྱུད།
ལྗིད་གྲངས། 138—144ན།(ཕྲེང་1)

---

① མང་པོ་སྤྲེལ་བ།

044-1-17
ལེའུ་བཅུ་བདུན་པ། དབང་ཕྱུག་པ་ཆེན་པོའི་རྒྱུད།
ལྡེབ་གྲངས། 144—149བ།(ཕྲེང་4)

044-1-18
ལེའུ་བཅོ་བརྒྱད་པ། དབང་འོད་སླག་ཆེན་པོའི་རྒྱུད།
ལྡེབ་གྲངས། 149—153ན།(ཕྲེང་3)

044-1-19
ལེའུ་བཅུ་དགུ་པ། དབང་བདུད་རྩི་ཆར་སླག་གི་རྒྱུད།
ལྡེབ་གྲངས། 153—160བ།(ཕྲེང་1)

044-1-20
ལེའུ་ཉི་ཤུ་པ། དབང་རོལ་བ་ཁབ་སླག་ཆེན་པོའི་རྒྱུད།
ལྡེབ་གྲངས། 160—163ན།(ཕྲེང་5)

044-1-21
ལེའུ་ཉེར་གཅིག་པ། དབང་འཁོར་བ་སྐར་སླག་གི་རྒྱུད།
ལྡེབ་གྲངས། 163—169ན།(ཕྲེང་3)

044-1-22
ལེའུ་ཉེར་གཉིས་པ། དབང་མྱུ་འདུས་ཆེན་པོའི་རྒྱུད།
ལྡེབ་གྲངས། 169—191ན།(ཕྲེང་2)

མཇུག་བྱང་། དབང་ཆུ་བོ་དྲིར་བ་ཅེས་བྱ་བའི་མདོ་འདུས་སོ། ཉོ་བ་སྟོན་པའི་ཐུགས་དམ་མོ། ཐྱཾ་དེ་ལ་དཔག་སྟོན་ཆོས་མགོན་གྱིས་ཞུས། ལྷ་ང་རི་བོ་ཆེའི་རྩར་བྲིས། མདོ་གཾ་སྐད་དུ་བསྟན་པ་སྤྱིལ་བ་ལ། བདག་ཅེས་སུ་སྟོན་པ་ཧོར་ཕྲུག་གིས་ཞུས་པ་ལགས་སོ། ། དེ་ལ་བདག་ཅག་གིས་ཐུགས་དམ་གྱི་དགེ་རྩར་བྲིས་པ་ལགས་སོ། །བཀྲ་ཤིས། ཞལ་དྲོ། བྱིན་ཆེའོ། །

044-2
ཆོས་ཚན་གཉིས་པ། འབུམ་སྡེ་གླིང་བཞི་ཁོག་པ། རིན་པོ་ཆེ་འབར་བའི་སྒྲོང་།༼ཙ༽
ལྡེབ་གྲངས། 1—164

044-2-1
ལེའུ་དང་པོ། ཡེ་ཤེས་མེ་ལོང་གི་རྒྱུད།
ལྡེབ་གྲངས། 1—7བ།(ཕྲེང་7)

044-2-2
ལེའུ་གཉིས་པ། རིན་པོ་ཆེ་ཤངས་ཀྱི་རྒྱུད།
ལྡེབ་གྲངས། 7—12ན།(ཕྲེང་1)

044-2-3
ལེའུ་གསུམ་པ། རིན་པོ་ཆེ་ལྷགས་ཀྱི་རྒྱུད།
ལྡེབ་གྲངས། 12—16ན།(ཕྲེང་4)

044-2-4
ལེའུ་བཞི་པ། རིན་པོ་ཆེ་སྤྲན་གྱི་རྒྱུད།

ལྡེབ་གྲངས། 16—21བ།(ཐྲིང་2)

044-2-5
ལེའུ་ལྔ་པ། རིན་པོ་ཆེ་གཉིས་གུར་ཁ་དོག་གི་རྒྱུད།
ལྡེབ་གྲངས། 21—27ན།(ཐྲིང་2)

044-2-6
ལེའུ་དྲུག་པ། རིན་པོ་ཆེ་གཞའ་གུར་གྱི་རྒྱུད།
ལྡེབ་གྲངས། 27—33ན།(ཐྲིང་5)

044-2-7
ལེའུ་བདུན་པ། རིན་པོ་ཆེ་འོད་ཟེར་དཀར་པོའི་རྒྱུད།
ལྡེབ་གྲངས། 33—39ན།(ཐྲིང་2)

044-2-8
ལེའུ་བརྒྱད་པ། རིན་པོ་ཆེ་འབར་བ་འོད་མདངས་ཀྱི་རྒྱུད།
ལྡེབ་གྲངས། 39—45ན།(ཐྲིང་5)

044-2-9
ལེའུ་དགུ་པ། རིན་པོ་ཆེ་ཐིག་སྐོར་གྱི་རྒྱུད།
ལྡེབ་གྲངས། 45—49བ།(ཐྲིང་3)

044-2-10
ལེའུ་བཅུ་པ། སྤྲུལ་པའི་ཐིག་གི་རྒྱུད།
ལྡེབ་གྲངས། 49—58ན།(ཐྲིང་2)

044-2-11
ལེའུ་བཅུ་གཅིག་པ། རིན་པོ་ཆེ་འབར་བའི་འོད་མདངས་ཀྱི་རྒྱུད།
ལྡེབ་གྲངས། 58—64ན།(ཐྲིང་5)

044-2-12
ལེའུ་བཅུ་གཉིས་པ། རིན་པོ་ཆེ་མངོན་ཤེས་ཀྱི་རྒྱུད།
ལྡེབ་གྲངས། 64—71བ།(ཐྲིང་3)

044-2-13
ལེའུ་བཅུ་གསུམ་པ། རིན་པོ་ཆེ་མངོན་ཤེས་གསལ་བའི་རྒྱུད།
ལྡེབ་གྲངས། 71—78བ།(ཐྲིང་6)

044-2-14
ལེའུ་བཅུ་བཞི་པ། ཡི་གེ་བརྒྱད་ཁྲི་བཞི་སྟོང་གི་རྒྱུད།
ལྡེབ་གྲངས། 78—87ན།(ཐྲིང་4)

044-2-15
ལེའུ་བཅོ་ལྔ་པ། ཡེ་གྲུབ་རྒྱལ་པོའི་རྒྱུད།
ལྡེབ་གྲངས། 87—92ན།(ཐྲིང་8)

044–2–16
ལེའུ་བཅུ་དྲུག་པ། རིན་པོ་ཆེ་སྒྲོམ་བུ་སུམ་ཅུ་ཡི་རྒྱུད།
ལྡེབ་གྲངས། 92—109བ།(ཕྲེང་3)

044–2–17
ལེའུ་བཅུ་བདུན་པ། རིན་པོ་ཆེ་ཏིལ་གྱི་རྒྱུད།
ལྡེབ་གྲངས། 109—118ན།(ཕྲེང་2)

044–2–18
ལེའུ་བཅོ་བརྒྱད་པ། དབང་ཡེ་གྲུབ་ཆེན་པོའི་རྒྱུད།
ལྡེབ་གྲངས། 118—125བ།(ཕྲེང་5)

044–2–19
ལེའུ་བཅུ་དགུ་པ། ཡེ་དབང་འབར་བའི་རྒྱུད།
ལྡེབ་གྲངས། 125—132ན།(ཕྲེང་7)

044–2–20
ལེའུ་ཉི་ཤུ་པ། ཡེ་འཕྲུལ་ཆེན་པོའི་རྒྱུད།
ལྡེབ་གྲངས། 132—140བ།(ཕྲེང་1)

044–2–21
ལེའུ་ཉེར་གཅིག་པ། ཨུ་རྒྱུང་སྤྲུལ་པའི་རྒྱུད།
ལྡེབ་གྲངས། 140—147བ།(ཕྲེང་3)

044–2–22
ལེའུ་ཉེར་གཉིས་པ། ཕ་བོང་སྤྲུལ་པའི་རྒྱུད།
ལྡེབ་གྲངས། 147—155བ།(ཕྲེང་1)

044–2–23
ལེའུ་ཉེར་གསུམ་པ། རིན་པོ་ཆེ་ཕ་བོང་དགུ་བརྩེགས་ཀྱི་རྒྱུད།
ལྡེབ་གྲངས། 155—165ན།(ཕྲེང་6)

044–3
ཆོས་ཚན་གསུམ་པ། སྐྱེ་བ་དག་པ་ཞེས་བྱ་བ་བཞུགས།༼ཆ༽
ལྡེབ་གྲངས། 1—114

044–3–1
ལེའུ་དང་པོ། ཤླིང་བཞིའི་ལེའུ།
ལྡེབ་གྲངས། 1—7བ།(ཕྲེང་4)

044–3–2
ལེའུ་གཉིས་པ། སྐལ་བ་དགུ་སྦྱོངས་ཀྱིས་དོན་བསྟན་པའི་རྒྱུད།
ལྡེབ་གྲངས། 7—16བ།(ཕྲེང་2)

044–3–3
ལེའུ་གསུམ་པ། ཡི་དྭགས་ཀྱི་གནས་བརྟག་ཅིང་སྦྱོངས་པའི་རྒྱུད།

ལྡེབ་གྲངས། 16—20ན།(ཕྲེང་6)

044–3–4
ལེའུ་བཞི་པ། ཕྱོལ་སོང་གི་སྐྱེ་བ་བླངས་ནས་སྲུངས་ནས་སྲུངས་ཐབས་ཀྱི་རྒྱུད།
ལྡེབ་གྲངས། 20—24བ།(ཕྲེང་3)

044–3–5
ལེའུ་ལྔ་པ། སྲིད་པ་སྟོང་སྡེ་བཅོ་བརྒྱད་ལས་ལྷ་མ་ཡིན་གྱི་སྐྱེ་བས་དྲངས་པའི་རྒྱུད།
ལྡེབ་གྲངས། 24—30བ།(ཕྲེང་5)

044–3–6
ལེའུ་དྲུག་པ། སྲིད་པ་སྟོང་སྡེ་བཅོ་བརྒྱད་ལས་མི་འདུལ་ཞིང་གནས་བརྟགས་ནས་དྲངས་པའི་རྒྱུད།
ལྡེབ་གྲངས། མི་གསལ།

044–3–7
ལེའུ་བདུན་པ། མགོན་ལྷ་གཟུགས་མདང་གི་རྒྱུད།[①]
ལྡེབ་གྲངས། 30—42ན།(ཕྲེང་3)

044–3–8
ལེའུ་བརྒྱད་པ། མགོན་ལྷ་སུམ་ཅུས་སྐལ་པ་སུམ་ཅུ་མནན་པའི་རྒྱུད།
ལྡེབ་གྲངས། 42—49བ།(ཕྲེང་1)

044–3–9
ལེའུ་དགུ་པ། གསས་མཁར་གསང་བ་འབུམ་རྫོགས་ཀྱི་རྒྱུད།
ལྡེབ་གྲངས། 49—64ན།(ཕྲེང་2)

044–3–10
ལེའུ་བཅུ་པ། གསས་མཁར་གསང་བ་འབུམ་ཆེན་གྱི་རྒྱུད།
ལྡེབ་གྲངས། 64—78ན།(ཕྲེང་1)

044–3–11
ལེའུ་བཅུ་གཅིག་པ། དཔག་ཚད་ཆེན་པོ་དགུའི་རྒྱུད།
ལྡེབ་གྲངས། 78—90ན།(ཕྲེང་7)

044–3–12
ལེའུ་བཅུ་གཉིས་པ། ལྡེའུ་རྗེ་གླིང་ཁྲོམ་གྱི་རྒྱུད།
ལྡེབ་གྲངས། 90—95ན།(ཕྲེང་6)

044–3–13
ལེའུ་བཅུ་གསུམ་པ། སྐྱེ་བ་བཟང་ངན་གྱི་དོན་བསྟན་པའི་རྒྱུད།
ལྡེབ་གྲངས། 95—107ན།(ཕྲེང་4)

044–3–14
ལེའུ་བཅུ་བཞི་པ། དགེ་བ་ཅི་བྱས་པ་ཐ་དག་དོན་དམ་མ་རེས་པའི་དགེ་བའི་བཙ་བར་བསྔོ་བའི་རྒྱུད།
ལྡེབ་གྲངས། 107—114ན།(ཕྲེང་3)

① མགོན་ལྷ་འོད་མདང་།

045 ༼བི༽[1]

045–1

ཆོས་ཚན་དང་པོ། ངན་སོང་སྐྱེ་སྒོ་གཅོད་པའི་མདོ་བཞུགས་པའི་དབུས་ཕྱོགས་ལགསྐྱི། །

བསྡུས་བྱང་། ངན་སོང་སྐྱེ་སྒོ་གཅོད་མདོ།

གྲངས་ཚད། ལྡེབ་32ཡོད། ཤོག་གྲངས་64བཞུགས།

རིགས་རྣམ། གཏེར་མ།

གཏེར་སྟོན། ལྷུན་གྲུབ་ཐོགས་མེད།

ལྡེབ་གྲངས། 1—32

མཇུག་བྱང་། མ་རིགས་སྐྱེ་སྒོ་གཅོད་པའི་མདོ་འདི། གཏེར་སྟོན་ལྷུན་གྲུབ་ཐོགས་མེད་ཀྱིས། ཤོག་སེར་ཡིག་ཆུང་ལ་སྦྱར་ནས། དགེ་བཤེས་ཚུལ་ཁྲིམས་རྒྱལ་མཚན་གྱིས་ཤོག་སེར་མ་དཔེ་ལ་ཕབ། བཀྲ་ཤིས་ཉི་ཟླ་ནོར་བུའི་རྒྱ། གབ་རྒྱ། གསང་རྒྱ། ཟབ་རྒྱ། སྦས་རྒྱ། བཀྲིས།

045–2

ཆོས་ཚན་གཉིས་པ། རྣམ་དག་ཡེ་ཤེས་བོན་ཉིད་དགོངས་པ་དགེ་སྤྱོད་ཕྱག་བཀག་སྨོན་ལམ་ཡན་ལག་གསུམ་པ་བཞུགསྐྱི། །

བསྡུས་བྱང་། དགེ་སྤྱོད་ཡན་ལག་གསུམ་པ།

གྲངས་ཚད། ལྡེབ་37ཡོད། ཤོག་གྲངས་74བཞུགས།

རིགས་རྣམ། སྙན་བརྒྱུད།

སྙན་བརྒྱུད་མཁན། སྤྲུལ་སྐུ་བློ་ལྡན།

ལྡེབ་གྲངས། 33—70

མཇུག་བྱང་། ཡན་ལག་གསུམ་པའི་བོན་སྤྱོད་འདི། ཀོད་ལྷམ་དོན་འབར་ཐུགས་རྗེས་སྤྲུལ་པ་སྟེ། ཡུམ་ཅིག་མཁའ་འགྲོ་འོད་ལྡན་འབར་མའི། ལོ་རྒྱལ་བྱིའི་བའི་མགོའི་དུས་བཟང་ལ། ངེས་མེད་སྤྲང་པོ་བདག་ལ་བསྙེན་དུ་བརྒྱུད། བདག་གིས་གསང་སྔགས་བཀའ་རྒྱ་ཐུབ་པར་བྱས། དེ་ལྟར་ཡོས་ལོ་སྟོན་ཟླ་འབྲིང་པོ་ལ། དད་ལྡན་གྲོགས་པོ་རྣམས་ཀྱིས་རྐྱེན་བསྐུལ་ནས། གནས་ལ་ཁྱད་འཕགས་སྤུ་ཟེ་ཟལ་མོའི་སྒོངས། མཚོའ་རྒྱ་མཚོའི་གླུའི་ཕོ་བྲང་དུ། དཀར་ནག་ཆབས་ཡིག་གེ་རིས་སུ་བྲིས་པ་འདི། བཀའ་སྐྱོང་མཁའ་འགྲོ་རྣམས་ལ་བཟོད་པར་གསོལ། ལྔ་བརྒྱ་དུས་ངན་སྐལ་པའི་སྙིགས་མ་འདིར། འཛམ་གླིང་དབུས་ཀྱི་ཁ་བ་ཅན་ལྗོངས་སུ། བསྟན་པའི་བོན་འདིར་དར་རྒྱས་འཕེལ་ནུས་ནས། གདུལ་བྱའི་ནམ་མཁའ་དང་མཉམ་ནས་སུ། མཁའ་ལ་ཉི་ཤར་བཞིན་དུ་བཀྲ་ཤིས་ཤོག།[འདིའི་མན་ལ་ཡིག་ཆུང་།] འགྲོ་མགོན་རིན་པོ་ཆེ་ལྷུན་གྲུབ་དབང་གིས་རྒྱལ་མཚན་གྱིས་ཕྱག་བྲིས་ལ། ཁྱུང་པོ་རིན་པོ་ཆེ་ཡིད་བཞིན་རྒྱལ་མཚན་བ་ཚུལ་ཁྲིམས་ཀྱིས་ཞལ་བཤུས་སོ། །དགེའོ། །

045–3

ཆོས་ཚན་གསུམ་པ། སྡིག་བཤགས་གསེར་གྱི་སྤུ་གྲི་བཞུགས་པའི་དབུས་ཕྱོགསྐྱི། །

བསྡུས་བྱང་། སྡིག་བཤགས་གསེར་གྱི་སྤུ་གྲི།

གྲངས་ཚད། ལྡེབ་5ཡོད། ཤོག་གྲངས་10བཞུགས།

རིགས་རྣམ། གཏེར་མ།

གཏེར་སྟོན། གཉེན་མཐིང་།

ལྡེབ་གྲངས། 71—75

མཇུག་བྱང་། མཛད་པ་ནི་གཡུང་དྲུང་དགུ་བརྩེགས་རི་ཡི་རྩེ་མོར་མཛད། མཛད་པའི་དཔོན་གསས་ནི་སྟོན་པ་གཤེན་རབ་ཀྱིས་

① པོད་འདིར་སྐྱེ་སྒོ་གཅོད་པའི་མདོ་སོགས་ཆོས་ཚན་4བཞུགས།

མཛད། མཛད་པའི་དོན་ཆེད་ནི། གཡུང་དྲུང་ཁྲིམ་བདུན་གྱི་མི་རྣམས་ཀྱི་དོན་དུ་མཛད། མཛད་པའི་དོན་ནི་སེམས་ཅན་སངས་རྒྱས་པར་དགོངས་པའོ། །

045–4

ཆོས་ཚན་བཞི་པ། མནའ་བཤགས་རིན་ཆེན་འཕྲེང་བ་སྤྲུལ་མདོ་དང་བཅས་པ་བཞུགསྷོ། །

བསྡུས་བྱང་། མནའ་བཤགས་རིན་ཆེན་འཕྲེང་བ།

གྲངས་ཚད། ལྡེབ་15ཡོད། ཤོག་གྲངས་30བཞུགས།

རིགས་རྣམ། སྣན་བརྒྱུད།

སྣན་བརྒྱུད་མཁན། དྲུང་མི་ཏ་ར།

ལྡེབ་གྲངས། 76-90

046 ༼མི༽

མཚན་བྱང་། རྒྱུད་རྣམ་དག་གམ་རྒྱུད་དག

བསྡུས་བྱང་། རྣམ་དག་པདྨ་གླིང་ཡངས།

གྲངས་ཚད། ལེའུ་59ལ་ལྡེབ་243ཡོད། ཤོག་གྲངས་481བཞུགས།

རིགས་རྣམ། གཏེར་མ།

གཏེར་སྟོན། ཁུ་ཚ་ཟླ་འོད།

046–1

ཆོས་ཚན་དང་པོ། གཡུང་དྲུང་ལས་རྣམ་པར་དག་པའི་རྒྱུད་ཅེས་བྱ་བ་བཞུགས་སྷོ། །

ལྡེབ་གྲངས། 1—255

046–1–1

ལེའུ་དང་པོ། གླིང་བཞིའི་ལེའུ།

ལྡེབ་གྲངས། 1—5ན།(ཕྲེང་6)

046–1–2

ལེའུ་གཉིས་པ། གཞི་དོན་ཚུལ་གསུམ་དུ་བསྟེན་པའི་ལེའུ།

ལྡེབ་གྲངས། 5—6ན།(ཕྲེང་5)

046–1–3

ལེའུ་གསུམ་པ། ཆག་ཆག་དང་ཐིག་གདབ་པའི་ལེའུ།

ལྡེབ་གྲངས། 6—8བ།(ཕྲེང་2)

046–1–4

ལེའུ་བཞི་པ། སྣན་གསན་ཕབ་ཅིང་སྣ་བོན་ལ་གནས་པའི་བྱ་བའི་ལེའུ།

ལྡེབ་གྲངས། 8—10བ།(ཕྲེང་2)

046–1–5

ལེའུ་ལྔ་པ། དཀྱིལ་འཁོར་བྲི་བའི་ལེའུ།

ལྡེབ་གྲངས། 10—11བ།(ཕྲེང་5)

046–1–6
ལེའུ་དྲུག་པ། མཆོད་རྫས་བཤམས་པ་དང་བུ་པ་བཅའ་བའི་ལེའུ།
ལྡེབ་གྲངས། 11—14ན།(ཕྲེང་2)

046–1–7
ལེའུ་བདུན་པ། རྫས་བྱིན་གྱིས་བརླབས་ཤིང་དགོད་པའི་ལེའུ།
ལྡེབ་གྲངས། 14—15བ།(ཕྲེང་2)

046–1–8
ལེའུ་བརྒྱད་པ། དཀྱིལ་འཁོར་དང་རྒྱན་བཤད་པའི་ལེའུ།
ལྡེབ་གྲངས། 15—18ན།(ཕྲེང་5)
ལེའུ་བཅུ་གཅིག་པ། དཀྱིལ་འཁོར་བཤད་པ།
ལྡེབ་གྲངས། 28བ།(ཕྲེང་4)

046–1–9
ལེའུ་དགུ་པ། ལྷ་བསྒོམ་པའི་ལེའུ།
ལྡེབ་གྲངས། 18—36བ།(ཕྲེང་1)

046–1–10
ལེའུ་བཅུ་པ། ལྷ་རྣམས་ཀྱི་སྙིང་པོ་མ་ནོར་པ་བསྟན་པའི་ལེའུ།
ལྡེབ་གྲངས། 36—40བ།(ཕྲེང་7)

046–1–11
ལེའུ་བཅུ་གཅིག་པ། གདན་འབུལ་བའི་ལེའུ།
ལྡེབ་གྲངས། 40—42ན།(ཕྲེང་1)

046–1–12
ལེའུ་བཅུ་གཉིས་པ། སྤྱན་དྲངས་པ་དང་བཞུགས་སུ་གསོལ་བའི་ལེའུ།
ལྡེབ་གྲངས། 42—45བ།(ཕྲེང་1)

046–1–13
ལེའུ་བཅུ་གསུམ་པ། དགྲེས་པ་བསྐྱེད་ཅིང་ཕྱག་བཙལ་བའི་ལེའུ།
ལྡེབ་གྲངས། 45—56ན།(ཕྲེང་6)

046–1–14
ལེའུ་བཅུ་བཞི་པ། སྡིག་པ་བཤགས་པ་དང་མཆོད་པ་འབུལ་བའི་ལེའུ།
ལྡེབ་གྲངས། 56—57བ།(ཕྲེང་4)

046–1–15
ལེའུ་བཅོ་ལྔ་པ། དཀྱིལ་འཁོར་རྩ་བའི་སྐུ་བསྟོད་ཅིང་མཆོད་པ་འབུལ་བའི་ལེའུ།
ལྡེབ་གྲངས། 57—59བ།(ཕྲེང་2)

046–1–16
ལེའུ་བཅུ་དྲུག་པ། མཚན་དོན་སྤྱི་བསྡུས་ཀྱི་སྒོ་ནས་བསྟོད་ཅིང་མཆོད་པ་དབུལ་བའི་ལེའུ།
ལྡེབ་གྲངས། 59—62ན།(ཕྲེང་1)

046–1–17
ལེའུ་བཅུ་བདུན་པ། འཕྲིན་ལས་བཅོལ་བའི་ལེའུ།
ལྡེབ་གྲངས། 62—62བ།(ཕྲེང་2)

046–1–18
ལེའུ་བཅོ་བརྒྱད་པ། བཀྲ་ཤིས་མཆོད་པ་ཕུལ་བའི་ལེའུ།
ལྡེབ་གྲངས། 62—66ན།(ཕྲེང་6)

046–1–19
ལེའུ་བཅུ་དགུ་པ། ཡོན་ཏན་བརྗོད་ཅིང་བཀྲ་ཤིས་གསོལ་བའི་མཆོད་པ་དབུལ་བའི་ལེའུ།
ལྡེབ་གྲངས། 66—78བ།(ཕྲེང་7)

046–1–20
ལེའུ་ཉི་ཤུ་པ། མཆོད་གཏོར་ཆ་དགུ་གཏང་བའི་ལེའུ།
ལྡེབ་གྲངས། 78—80ན།(ཕྲེང་2)

046–1–21
ལེའུ་ཉེར་གཅིག་པ། མཆོད་གཏོར་ཆ་དགུ་བསྔོ་ཞིང་གཏོང་བའི་ལེའུ།
ལྡེབ་གྲངས། 80—89ན།(ཕྲེང་7)

046–1–22
ལེའུ་ཉེར་གཉིས་པ། སྒོ་དབྱེ་ཞིང་འཇུག་པ་དང་སྔོམ་པ་སྦྱོང་བའི་ལེའུ།
ལྡེབ་གྲངས། 89—91ན།(ཕྲེང་7)

046–1–23
ལེའུ་ཉེར་གསུམ་པ། བུམ་པ་ཡུམ་རྣམས་ཀྱི་དབང་བསྐུར་བའི་ལེའུ།
ལྡེབ་གྲངས། 91—96བ།(ཕྲེང་1)

046–1–24
ལེའུ་ཉེར་བཞི་པ། དབང་རྣམས་རྫོགས་པར་བསྐུར་བའི་ལེའུ།
ལྡེབ་གྲངས། 96—100ན།(ཕྲེང་1)

046–1–25
ལེའུ་ཉེར་ལྔ་པ། སྐུ་ཁྲུས་གསོལ་བའི་ལེའུ།
ལྡེབ་གྲངས། 100—106ན།(ཕྲེང་2)

046–1–26
ལེའུ་ཉེར་དྲུག་པ། བུམ་པ་སུམ་ཅུ་རྩ་གསུམ་གྱིས་སྨོན་ལམ་མ་འདྲེས་པར་གདབ་པའི་ལེའུ།
ལྡེབ་གྲངས། 106—113བ།(ཕྲེང་6)

046–1–27
ལེའུ་ཉེར་བདུན་པ། ལྷ་བསྐྱོད་ཅིང་དཀྱིལ་འཁོར་བསྡུའ་བའི་ལེའུ།
ལྡེབ་གྲངས། 113—114ན།(ཕྲེང་7)

046–1–28
ལེའུ་ཉེར་བརྒྱད་པ། ཡུམ་གྱིས་ཕྲིན་ལས་བསྡུས་པར་བསྟན་པའི་ལེའུ།

ལྡེབ་གྲངས། 114—116བ།(ཕྲེང་7)

046–1–29
ལེའུ་ཉེར་དགུ་པ། ཡང་སྙིང་གཙོ་མོ་སྒྲུབ་པའི་ལེའུ།
ལྡེབ་གྲངས། 116—120བ།(ཕྲེང་5)

046–1–30
ལེའུ་སུམ་ཅུ་པ། བཀྲ་ཤིས་ཀྱི་ལྷ་མོ་བརྒྱད་ཀྱིས་ཐམས་ཅད་བཀྲ་ཤིས་པར་བྱ་བའི་ལེའུ།
ལྡེབ་གྲངས། 120—123ན།(ཕྲེང་1)

046–1–31
ལེའུ་སོ་གཅིག་པ། མཆོད་གཏོར་བཤམས་ཤིང་བཙལ་བ་དང་བྱིན་གྱིས་བརླབས་པའི་ལེའུ།
ལྡེབ་གྲངས། 123—126བ།(ཕྲེང་6)

046–1–32
ལེའུ་སོ་གཉིས་པ། མཆོད་གཏོར་བསྔོ་ཞིང་བཏང་བའི་ལེའུ།
ལྡེབ་གྲངས། 126—128ན།(ཕྲེང་3)

046–1–33
ལེའུ་སོ་གསུམ་པ། རྒྱུད་ཡོངས་སུ་གཏད་ཅིང་མངོན་པར་བསྟོད་པའི་ལེའུ།
ལྡེབ་གྲངས། 128—129ན།(ཕྲེང་2)
མཇུག་བྱང་། སྲ་གློའི་གཏེར་ཤོག་ལ། བདག་འགར་སྟོན་ཁྲི་རྒྱལ་གྱིས་དཔེའ་བླངས་ནས་བྲིས་པ་ལགས། བླ་མ་དམ་པ་ཟླ་འོད་དྲིན། ཨུ་ཀྲ་སིགསྲ་གློའི་གཏེར། འགར་ལ་བབས། བྲུའི་ཞུས། དགེའོ། །

046–2
ཚོས་ཚན་གཉིས་པ། རྣམ་དག་གི་སྒྲུབ་གཞུང་བཞུགས་ལེགསྷོ། །
ལྡེབ་གྲངས། 1—114

046–2–1
ལེའུ་དང་པོ། རྣམ་དག་པད་མ་གཡུང་དྲུང་གླིང་གི་གསས་མཁར་གྱི་བླ་ཁྱུངས་དང་། བྱུང་ཚུལ་བསྟན་པའི་ལེའུ།
ལྡེབ་གྲངས། 1—7ན།(ཕྲེང་3)

046–2–2
ལེའུ་གཉིས་པ། རྣམ་དག་པད་མ་གཡུང་དྲུང་གླིང་གི་ནང་ནས་ཕྲིན་ལས་ཀྱི་གོ་རིམས་དང་། ཕྱག་བཞེས་ཀྱི་ཐབས་བསྟན་པའི་ལེའུ།
ལྡེབ་གྲངས། 7—8ན།(ཕྲེང་4)

046–2–3
ལེའུ་གསུམ་པ། གནམ་ཐིག་ས་ཐིག་གདབ་པའི་ལེའུ།[ལེའུའི་མཚན་བྱང་ཆད། ནང་དོན་ཏ་ལམ་དེ་འདྲར་ལགས།]
ལྡེབ་གྲངས། 8

046–2–4
ལེའུ་བཞི་པ། དཀྱིལ་འཁོར་བརྩིག་ཐབས་བསྟན་པའི་ལེའུ།
ལྡེབ་གྲངས། 8—9ན།(ཕྲེང་2)

046–2–5
ལེའུ་ལྔ་པ། ཆག་ཆག་གདབ་པའི་ལེའུ།
ལྡེབ་གྲངས། 9—9བ།(ཕྲེང་2)

046–2–6
ལེའུ་དྲུག་པ། གཞག་ཐིག་གདབ་པའི་ལེའུ།
ལྡེབ་གྲངས། 9—10ན།(ཕྲེང་5)

046–2–7
ལེའུ་བདུན་པ། སྔན་གསན་དབབ་པའི་ལེའུ།
ལྡེབ་གྲངས། 10—11བ།(ཕྲེང་5)

046–2–8
ལེའུ་བརྒྱད་པ། ལྷ་ལྷ་བོན་ལེའུ།
ལྡེབ་གྲངས། 11—13བ།(ཕྲེང་4)

046–2–9
ལེའུ་དགུ་པ། དཀྱིལ་འཁོར་བྲིས་ནས་རྒྱན་དང་མཆོད་རྫས་བཤམ་པའི་ལེའུ།
ལྡེབ་གྲངས། 13—14བ།(ཕྲེང་7)

046–2–10
ལེའུ་བཅུ་པ། སྤྲུལ་པ་སྣ་ཚོགས་འབྱུང་བའི་མདའ་དར་བཞེངས་པའི་ལེའུ།
ལྡེབ་གྲངས། 14—15བ།(ཕྲེང་4)

046–2–11
ལེའུ་བཅུ་གཅིག་པ། དཀྱིལ་འཁོར་བཤད་པ།①
ལྡེབ་གྲངས།

046–2–12
ལེའུ་བཅུ་གཉིས་པ། ཏིང་འཛིན་ཟབ་མོ་དང་ཕྱག་རྒྱ་བསྟན་པའི་ལེའུ།
ལྡེབ་གྲངས། 15—28བ།(ཕྲེང་21)

046–2–13
ལེའུ་བཅུ་གསུམ་པ། གདན་འབུལ་བའི་ལེའུ།
ལྡེབ་གྲངས། 28—31ན།(ཕྲེང་4)

046–2–14
ལེའུ་བཅུ་བཞི་པ། སྤྱན་དྲངས་པའི་ལེའུ།
ལྡེབ་གྲངས། 31—36ན།(ཕྲེང་4)

046–2–15
ལེའུ་བཅོ་ལྔ་པ། བཞུགས་སུ་གསོལ་བའི་ལེའུ།
ལྡེབ་གྲངས། 36—36བ།(ཕྲེང་5)

---

① མཚན་བྱང་མེད་པ་སྒྲིག་མཁན་གྱིས་སྣྲར།

046–2–16
ལེའུ་བཅུ་དྲུག་པ། དགྱེས་པ་བསྐྱེད་པའི་ལེའུ།
ལྡེབ་གྲངས། 36—37ན།(ཕྲེང་5)

046–2–17
ལེའུ་བཅུ་བདུན་པ། ཕྱག་དང་པང་གོང་གི་ལེའུ།
ལྡེབ་གྲངས། 37—39ན།(ཕྲེང་2)

046–2–18
ལེའུ་བཅོ་བརྒྱད་པ། སྡིག་པ་བཤགས་པའི་ལེའུ།
ལྡེབ་གྲངས། 39—39བ།(ཕྲེང་5)

046–2–19
ལེའུ་བཅུ་དགུ་པ། མཆོད་པ་རྣམ་པ་ལྔ་དབུལ་བའི་ལེའུ།
ལྡེབ་གྲངས། 39—41ན།(ཕྲེང་1)

046–2–20
ལེའུ་ཉི་ཤུ་པ། མཚན་དང་སྤྱི་བསྡུས་ཀྱི་མཆོད་པ་དབུལ་བའི་ལེའུ།
ལྡེབ་གྲངས། 41—75བ།(ཕྲེང་2)

046–2–21
ལེའུ་ཉེར་གཅིག་པ། མཚན་དང་སྤྱི་བསྡུས་ཀྱི་སྒོ་ནས་བསྟོད་པའི་ལེའུ།
ལྡེབ་གྲངས། 75—80ན།(ཕྲེང་5)

046–2–22
ལེའུ་ཉེར་གཉིས་པ། འཕྲིན་ལས་བཅོལ་བའི་ལེའུ།
ལྡེབ་གྲངས། 80—81བ།(ཕྲེང་1)

046–2–23
ལེའུ་ཉེར་གསུམ་པ། ཡོན་ཏན་གྱི་སྒོ་ནས་བསྟོད་ཅིང་བཀྲ་ཤིས་ཀྱི་སྒོ་ནས་མཆོད་པའི་ལེའུ།
ལྡེབ་གྲངས། 81—98ན།(ཕྲེང་1)

046–2–24
ལེའུ་ཉེར་བཞི་པ། དཀྱིལ་འཁོར་སྒོ་དབྱེའི་ལེའུ།
ལྡེབ་གྲངས། 98—102བ།(ཕྲེང་2)

046–2–25
ལེའུ་ཉེར་ལྔ་པ། བུམ་པའི་སྨོན་ལམ་གྱི་ལེའུ།
ལྡེབ་གྲངས། 102—109ན།(ཕྲེང་2)

046–2–26
ལེའུ་ཉེར་དྲུག་པ། ལྷ་མོ་བཀྲ་ཤིས་ཀྱི་ལེའུ།
ལྡེབ་གྲངས། 109—113ན།(ཕྲེང་2)

མཇུག་བྱང་། དྲང་སྲོང་ཡེ་ཤེས་རིན་ཆེན་གྱིས། རྣམ་དག་པད་མའི་གསས་མཁར་འདིར། སྨོམ་ལེགས་བླ་དཔེ་དངོས་ལ་བྲིས། ཞུ་དག་ནན་ཏན་ཆེ་བར་བགྱིས། ལྷག་ཆད་ཡིག་འབྲུ་ཅིག་མ་མཆིས། ཕྱི་རབས་རྣམས་ཀྱང་ཡིད་ཆེས་མཛོད། བཀྲ་ཤིས།

ལྡེབ་གྲངས། 114ན།

047 ༼ཙི༽[1]

047–1

མཚན་བྱང་། ཚོས་ཚན་དང་པོ། གཤེན་རབ་རྣམ་པར་རྒྱལ་བ་ཡིད་བཞིན་གྱི་ནོར་བུ་རིན་པོ་ཆེ་དཔལ་མགོན་རྒྱལ་པོའི་གཟུངས་བཞུགས།

བསྡུས་བྱང་། རྣམ་རྒྱལ་གཟུངས་ཆེན། མདོ་ཐུང་།

གྲངས་ཚད། ཚོས་ཚན་2ལ་ལེའུ་55དང་ལྡེབ་189ཡོད། ཤོག་གྲངས་378བཞུགས།

རིགས་རྣམ། གཏེར་མ།

གཏེར་སྟོན། དབང་ལྡན་གཤེན་སྲས།

047–1–1

ལེའུ་དང་པོ། རྣམ་པར་རྒྱལ་བའི་ལེའུ།

ལྡེབ་གྲངས། 1—20ན།(ཐྲིང་2)

047–1–2

ལེའུ་གཉིས་པ། ཡིད་བཞིན་གྱི་ནོར་བུ་རིན་པོ་ཆེ་བཙལ་བའི་ལེའུ།

ལྡེབ་གྲངས། 20—37བ།(ཐྲིང་1)

047–1–3

ལེའུ་གསུམ་པ། སྟོན་བྱུང་གྲུབ་པ་ཐོབ་པའི་ལེའུ།

ལྡེབ་གྲངས། 37—56ན།(ཐྲིང་3)

047–1–4

ལེའུ་བཞི་པ། སྟོན་བྱུང་དཀའ་བ་སྤྱོད་པའི་ལེའུ།

ལྡེབ་གྲངས། 56—66ན།(ཐྲིང་3)

047–1–5

ལེའུ་ལྔ་པ། ཁྱུང་གསས་སངས་རྒྱལ་པོའི་གཟུངས་ཀྱི་ལེའུ།

ལྡེབ་གྲངས། 66—68བ།(ཐྲིང་3)

047–1–6

ལེའུ་དྲུག་པ། འབྲུག་གསས་ལྷ་བོ་གསུང་ཆེན་གྱི་གཟུངས་ཀྱི་ལེའུ།

ལྡེབ་གྲངས། 68—70བ།(ཐྲིང་4)

047–1–7

ལེའུ་བདུན་པ། འབྲུག་གསས་གནམ་གྲགས་ངར་ཆེན་གྱི་གཟུངས་ཀྱི་ལེའུ།

ལྡེབ་གྲངས། 70—72བ།(ཐྲིང་5)

047–1–8

ལེའུ་བརྒྱད་པ། སེང་གསས་ལྷ་དབང་རྒྱལ་པོའི་གཟུངས་ཀྱི་ལེའུ།

ལྡེབ་གྲངས། 72—74བ།(ཐྲིང་4)

---

① ཤོག་གྲངས་ཐོད་མི་ཐུག་པར་གཞིགས་ན། གླེགས་བམ་འདི་ཏན་མར་ཐེན་གྱི་དཔེ་གཞི་དང་མི་འདྲ་བར་འདུག

047–1–9

ལེའུ་དགུ་པ། སེང་གསས་མི་མགོན་རྒྱལ་པོ་ཞེས་བྱ་བའི་གཟུངས་ཀྱི་ལེའུ།

ལྡེབ་གྲངས། 74—76བ།(ཁྲིང་2)

047–1–10

ལེའུ་བཅུ་པ། ཁྲོ་བོའི་རྒྱལ་པོ་ཟློ་བོ་དབུ་དགུ་ཞེས་བྱ་བའི་གཟུངས།

ལྡེབ་གྲངས། 76—79ན།(ཁྲིང་2)

047–1–11

ལེའུ་བཅུ་གཅིག་པ། ཁྲོ་བོའི་རྒྱལ་པོ་གཟི་མ་མགོ་དགུ་ཞེས་བྱ་བའི་གཟུངས།

ལྡེབ་གྲངས། 79—81ན།(ཁྲིང་4)

047–1–12

ལེའུ་བཅུ་གཉིས་པ། ཁྲོ་བོའི་རྒྱལ་པོ་ཏུ་ཙོ་སྦེ་དགུ་ཞེས་བྱ་བའི་གཟུངས།

ལྡེབ་གྲངས། 81—83ན།(ཁྲིང་5)

047–1–13

ལེའུ་བཅུ་གསུམ་པ། ཁྲོ་བོའི་རྒྱལ་པོ་རོམ་པོ་རྩེ་དགུ་ཞེས་བྱ་བ་གཟུངས་ཡི་གེ་བརྒྱ་པའི་ལེའུ།

ལྡེབ་གྲངས། 83—85ན།(ཁྲིང་5)

047–1–14

ལེའུ་བཅུ་བཞི་པ། གཤེན་རབ་རྣམ་པར་རྒྱལ་བ་ཞེས་བྱ་བའི་གཟུངས་ཀྱི་ལེའུ།

ལྡེབ་གྲངས། 85—87བ།(ཁྲིང་5)

047–1–15

ལེའུ་བཅོ་ལྔ་པ། དཔལ་མགོན་ཐམས་ཅད་ཀྱི་གཙོ་བོ་གཅེན་ལྷ་མིག་དགུ་ཞེས་བྱ་བའི་གཟུངས།

ལྡེབ་གྲངས། 87—93ན།(ཁྲིང་4)

047–1–16

ལེའུ་བཅུ་དྲུག་པ། དཔལ་མགོན་གསང་བ་ལག་པོ་ཆེ་ཞེས་བྱ་བའི་གཟུངས།

ལྡེབ་གྲངས། 93—95བ།(ཁྲིང་5)

047–1–17

ལེའུ་བཅུ་བདུན་པ། དཔལ་མགོན་དཔའ་ཆེན་འཇིགས་མེད་ཅེས་བྱ་བའི་གཟུངས།

ལྡེབ་གྲངས། 95—97ན།(ཁྲིང་5)

047–1–18

ལེའུ་བཅོ་བརྒྱད་པ། བརླབས་ཆེན་མགྱོགས་བྱེད་ཅེས་བྱ་བའི་གཟུངས།

ལྡེབ་གྲངས། 97—99བ།(ཁྲིང་1)

047–1–19

ལེའུ་བཅུ་དགུ་པ། དཔལ་མགོན་སྟོབས་ཆེན་གཏུམ་པོ་ཞེས་བྱ་བའི་གཟུངས།

ལྡེབ་གྲངས། 99—101ན།(ཁྲིང་3)

047–1–20

ལེའུ་ཉི་ཤུ་པ། དཔལ་མགོན་དྲག་ཆེན་གྲགས་པ་ཞེས་བྱ་བའི་གཟུངས།

ལྡེབ་གྲངས། 101—103ན།(ཕྲེང་2)

047–1–21
ལེའུ་ཉེར་གཅིག་པ། དཔལ་མགོན་གྱི་རྒྱལ་པོ་ཡིད་བཞིན་རྒྱལ་བ་ཞེས་བྱ་བའི་གཟུངས།
ལྡེབ་གྲངས། 103—106ན།(ཕྲེང་2)

047–1–22
ལེའུ་ཉེར་གཉིས་པ། དཔལ་མགོན་ཐུགས་རྗེ་གཡོ་བྱེད་མ་ཞེས་བྱ་བའི་གཟུངས།
ལྡེབ་གྲངས། 106—107ན།(ཕྲེང་6)

047–1–23
ལེའུ་ཉེར་གསུམ་པ། དཔལ་མགོན་མངོན་རྟོགས་ལྷུན་གྲུབ་མ་ཞེས་བྱ་བའི་གཟུངས།
ལྡེབ་གྲངས། 107—108བ།(ཕྲེང་5)

047–1–24
ལེའུ་ཉེར་བཞི་པ། དཔལ་མགོན་རྒྱ་ཆེ་རྣམ་འཕེལ་མ་ཞེས་བྱ་བའི་གཟུངས།
ལྡེབ་གྲངས། 108—110ན།(ཕྲེང་5)

047–1–25
ལེའུ་ཉེར་ལྔ་པ། དཔལ་མགོན་དབང་བསྒྱུར་རྒྱས་འདེབས་མ་ཞེས་བྱ་བའི་གཟུངས།
ལྡེབ་གྲངས། 110—111བ།(ཕྲེང་5)

047–1–26
ལེའུ་ཉེར་དྲུག་པ། དཔལ་མགོན་ལྷའི་དབང་པོ་བརྒྱ་བྱིན་ཞེས་བྱ་བའི་གཟུངས།
ལྡེབ་གྲངས། 111—114བ།(ཕྲེང་4)

047–1–27
ལེའུ་ཉེར་བདུན་པ། དཔལ་མགོན་རྒྱལ་ཆེན་ཡུལ་འཁོར་སྲུང་ཞེས་བྱ་བའི་གཟུངས།
ལྡེབ་གྲངས། 114—116བ།(ཕྲེང་1)

047–1–28
ལེའུ་ཉེར་བརྒྱད་པ། དཔལ་མགོན་རྒྱལ་ཆེན་རྣམ་ཐོས་སྲས་ཞེས་བྱ་བའི་གཟུངས།
ལྡེབ་གྲངས། 116—118ན།(ཕྲེང་4)

047–1–29
ལེའུ་ཉེར་དགུ་པ། དཔལ་མགོན་རྒྱལ་ཆེན་སྤྱན་མི་བཟང་ཞེས་བྱ་བའི་གཟུངས།
ལྡེབ་གྲངས། 118—120ན།(ཕྲེང་2)

047–1–30
ལེའུ་སུམ་ཅུ་པ། དཔལ་མགོན་རྒྱལ་ཆེན་འཕགས་སྐྱེས་པོ་ཞེས་བྱ་བའི་གཟུངས།
ལྡེབ་གྲངས། 120—122ན།(ཕྲེང་2)

047–1–31
ལེའུ་སོ་གཅིག་པ། གཞེན་རབ་འདོད་པ་དགུ་འགྱུར་ཞེས་བྱ་བའི་གཟུངས།
ལྡེབ་གྲངས། 122—124བ།(ཕྲེང་2)

047–1–32
ལེའུ་སོ་གཉིས་པ། དཔལ་མགོན་ཨཏྲ་ཧཱུྃ་ཧྲ་ལ་ཞེས་བྱ་བའི་གཟུངས།
ཤོག་གྲངས། 124—126ན།(ཕྲེང་4)

047–1–33
ལེའུ་སོ་གསུམ་པ། དཔལ་མགོན་དྲག་རྩལ་སྙིང་པོ་ཞེས་བྱ་བའི་གཟུངས།
ཤོག་གྲངས། 126—127བ།(ཕྲེང་3)

047–1–34
ལེའུ་སོ་བཞི་པ། དཔལ་མགོན་ལྷ་ཆེན་ཚོགས་ཀྱི་རྒྱལ་པོ་ཞེས་བྱ་བའི་གཟུངས།
ཤོག་གྲངས། 127—129ན།(ཕྲེང་4)

047–1–35
ལེའུ་སོ་ལྔ་པ། དཔལ་མགོན་གྱི་རྒྱལ་པོ་དོན་གྲུབ་རྗེ་ཞེས་བྱ་བའི་གཟུངས།
ཤོག་གྲངས། 129—131ན།(ཕྲེང་1)

047–1–36
ལེའུ་སོ་དྲུག་པ། དཔལ་མགོན་གཙུག་ན་རིན་ཆེན་ཞེས་བྱ་བའི་གཟུངས།
ཤོག་གྲངས། 131—133ན།(ཕྲེང་5)

047–1–37
ལེའུ་སོ་བདུན་པ། དཔལ་མགོན་རྒྱལ་རིགས་འོད་ལྡན་དཀར་པོ་ཞེས་བྱ་བའི་གཟུངས།
ཤོག་གྲངས། 133—134བ།(ཕྲེང་3)

047–1–38
ལེའུ་སོ་བརྒྱད་པ། དཔལ་མགོན་ཟེར་འཕྲོ་སྟོབས་མཆོག་ཅེས་བྱ་བའི་གཟུངས།
ཤོག་གྲངས། 134—136ན།(ཕྲེང་3)

047–1–39
ལེའུ་སོ་དགུ་པ། དཔལ་མགོན་རལ་ཆེན་ཏ་ལ་ཞེས་བྱ་བའི་གཟུངས།
ཤོག་གྲངས། 136—137བ།(ཕྲེང་5)

047–1–40
ལེའུ་བཞི་བཅུ་པ། དཔལ་མགོན་འཛིན་པ་ལག་མང་ཞེས་བྱ་བའི་གཟུངས།
ཤོག་གྲངས། 137—139བ།(ཕྲེང་3)

047–1–41
ལེའུ་ཞེ་གཅིག་པ། དཔལ་མགོན་སྐུ་རྒྱལ་འཇོག་པོ་ཞེས་བྱ་བའི་གཟུངས།
ཤོག་གྲངས། 139—142ན།(ཕྲེང་3)

047–1–42
ལེའུ་ཞེ་གཉིས་པ། དཔལ་མགོན་ཁྲུ་མཆོག་དབང་ཕྱུག་མ་ཞེས་བྱ་བའི་གཟུངས།
ཤོག་གྲངས། 142—143བ།(ཕྲེང་4)

047–1–43
ལེའུ་ཞེ་གསུམ་པ། དཔལ་མགོན་ནོར་མཆོག་དཔལ་ཕྱུག་མ་ཞེས་བྱ་བའི་གཟུངས།

ལྡེབ་གྲངས། 143—145ན།(ཕྲེང་5)

047–1–44
ལེའུ་ཞི་བཞི་པ། དཔལ་མགོན་གཡང་མཆོག་ཡོངས་ཕྱུག་མ་ཞེས་བྱ་བའི་གཟུངས།
ལྡེབ་གྲངས། 145—146བ།(ཕྲེང་6)

047–1–45
ལེའུ་ཞི་ལྔ་པ། དཔལ་མགོན་ཟས་མཆོག་སྦྱིན་པའི་ཕྱུག་བདག་མོ་ཞེས་བྱ་བའི་གཟུངས།
ལྡེབ་གྲངས། 146—148ན།(ཕྲེང་6)

047–1–46
ལེའུ་ཞི་དྲུག་པ། དཔལ་མགོན་གྱི་རྒྱལ་པོ་ཐང་བཟང་རིང་སྐྱེས་ཞེས་བྱ་བའི་གཟུངས།
ལྡེབ་གྲངས། 148—150བ།(ཕྲེང་6)

047–1–47
ལེའུ་ཞི་བདུན་པ། དཔལ་མགོན་གཟའ་ལུམ་འཕར་མ་ཞེས་བྱ་བའི་གཟུངས།
ལྡེབ་གྲངས། 150—152ན།(ཕྲེང་6)

047–1–48
ལེའུ་ཞི་བརྒྱད་པ། དཔལ་མགོན་སྐར་ལུམ་རྒྱལ་མོ་ཞེས་བྱ་བའི་གཟུངས།①
ལྡེབ་གྲངས། 152—154ན་(ཕྲེང་1)-155བ།(ཕྲེང་1)

047–1–49
ལེའུ་ཞི་དགུ་པ། དཔལ་མགོན་ རླུང་ལུམ་སྒྲོལ་མ་ཞེས་བྱ་བའི་གཟུངས།
ལྡེབ་གྲངས། 155—156བ།(ཕྲེང་4)

047–1–50
ལེའུ་ལྔ་བཅུ་པ། དཔལ་མགོན་ཐོག་ལྷུམ་འཁྲོས་མ་ཞེས་བྱ་བའི་གཟུངས།
ལྡེབ་གྲངས། 156—158ན།(ཕྲེང་2)

047–1–51
ལེའུ་ང་གཅིག་པ། དཔལ་མགོན་ཐ་ལ་འོད་འབར་མ་ཞེས་བྱ་བའི་གཟུངས།
ལྡེབ་གྲངས། 158—160ན།(ཕྲེང་3)

047–1–52
ལེའུ་ང་གཉིས་པ། དཔལ་མགོན་ལྷ་མོ་བརྟན་མ་ཞེས་བྱ་བའི་གཟུངས།
ལྡེབ་གྲངས། 160—161བ།(ཕྲེང་1)

047–1–53
ལེའུ་ང་གསུམ་པ། དཔལ་མགོན་ལྷ་མོ་སྣང་ཟེར་ལྡན་ཞེས་བྱ་བའི་གཟུངས།
ལྡེབ་གྲངས། 161—162བ།(ཕྲེང་6)

047–1–54
ལེའུ་ང་བཞི་པ། དཔལ་མགོན་སྒྲ་དབྱངས་རྒྱལ་མོ་ཞེས་བྱ་བའི་གཟུངས།
ལྡེབ་གྲངས། 162—164ན།(ཕྲེང་6)

① ལེའུ་ཞི་བརྒྱད་པ་སྔ་ཕྱིར་ཐེངས་གཉིས་སུ་བཤུས་འདུག

047–1–55

ལེའུ་ང་ལྔ་པ། དཔལ་མགོན་དཔལ་མོ་ཆེ་ཞེས་བྱ་བའི་གཟུངས།

ལྡེབ་གྲངས། 164—167ན།(ཕྲེང་2)

མཇུག་བྱང་། སྟོན་པའི་ཞལ་ནས་གཟུངས་སྔེ་བཞི་གསུངས་ཏེ། དབྱིངས་ཀྱི་ཡུམ་ཆེན་རྒྱས་པའི་སྔེ། ཡེ་ཤེས་ལྷ་ཆེན་རྒྱས་པའི་སྔེ། ཐབས་མཆོག་སྲིད་པ་རྒྱས་པའི་སྔེ། ཤེས་རབ་གཤེན་རྒྱལ་རྒྱས་པའི་སྔེ། དེའི་ནང་ནས་ཤེས་རབ་ལ་ཡང་སྔེ་ལྔ་སྟེ། རིན་ཆེན་ཀུན་གསལ་སློབ་དཔོན་སྔེ། སྐུ་གསུམ་བསྒྲུབ་ཐབས་ཡབ་ཀྱི་སྔེ། ཁམས་གསུམ་སྐྱེ་འཆི་ཡུམ་གྱི་སྔེ། དུས་གསུམ་འབྱུང་སྡོགས་སྲས་ཀྱི་སྔེ། སྟོང་གསུམ་སྟོད་རྟེན་མཆོད་ཀྱི་སྔེར་བསྡུའོ། །དེ་ལྔའི་ནང་ནས་འདི་ནི་སྲས་ཀྱི་སྔེ་ཏུ་གཏོགས། སྲས་ཀྱི་མཛད་པའི་ཆེན་པོ་བཅུ་གཉིས་ལ། གཟུངས་སྔེ་ཆེན་པོ་བཅུ་གཉིས་བྱུང་། དེའི་ནང་ནས་འདི་ནི་རྣམ་པར་རྒྱལ་བའི་གཟུངས་སྔེ་ཡིན་ནོ། །གཟུངས་སྔེ་འདི་ལ་ཡང་། གླིགས་བམ་དགུའི་མདོའི་བསྡུས། བམ་པོ་དགུ་པའོ། །དཔལ་མགོན་ལ་སོགས། སྒྲ་ཙམ་ཟུར་འཕང་ནས། དོན་ཚངས་པར་མཆིས་ཏེ། ཞང་ཞུང་ཕུག་པའི་ཡུལ་ནས། ལོ་ཙྪ་བ་གྱིམ་རྩ་རྨ་ཆུང་གིས་བསྒྱུར་བའོ། །གཟུངས་སྔེ་འདི་ཡང་། སྲིད་ནི་མཛོད་ཀྱི་བོན་སྡེར་འདུས། དེ་ནས་འཆད་པ་དང་། བསྒོམ་པ་དང་། བསྐྱིར་བ་དང་། འདོན་པ་དང་། བསྒྲུབས་པ་ཀུན་ཀ་ཡོད་པའོ། །ཤུ་དྷ་སིག། སླར་རོ། །ཡུ་ཙུག། ཆུ་དར་གསེར་མདོག་ཅན་ལ། ཀ་སུ་ན་རོའི་གོང་གསང་དུ། དག་པ་ལྷའི་ཡིག་གེ་བོད་ཡིག་ཏུ་བསྒྱུར་བའོ། །རྒྱ་དགུས་འདོབ་གདབ་ནས་རིན་ཆེན་གཏེར་དུ་སྦས། སྤྲུལ་སྐུ་གོ་སྔེ་འཕགས་པས། རག་ཤྲོམ་ནས་གཏེར་ལ་བཏོན་པའོ། །དག་དཔེ་ཅི་བཞིན་དུ་ལེགས་པར་ཞུས་སོ། །དགེའོ། །ཞུས་སོ། །དག་གོ།

ལྡེབ་གྲངས། 167—168ན།(ཕྲེང་4)

047–2

ཆོས་ཚན་གཉིས་པ། གཤེན་རབ་རྣམ་པར་རྒྱལ་བའི་མཚན་ལེགས་པར་བསྟོད་པའི་མདོ་བཞུགས་པ་ལེགས་སྙོ། །

ལྡེབ་གྲངས། 1—20ན།(ཕྲེང་3)

མཇུག་བྱང་། མཁྱེན་ལྡན་གསལ་ཁྲབ་སྤྱོངས་པའི་དཀྱིལ་འཁོར་དབུས། གང་དགོས་འདོད་པ་ཀུན་རྣམ་རྒྱལ་མཚན་མདོ། དད་ལྡན་བཟང་པོ་རྒྱ་རུ་དཔལ་འབྱོར་ཚངས་གིས་དད་ལྡན་མོས་གུས་སྒོ་ནས་བཞེངས་པས། བཞུགས་པ་རྣམས་ཀྱི་རྐྱེན་བཟློག་བར་ཆོད་ཞི་བ་དང་། འདིར་ཡང་རིགས་རྒྱུད་འཕེལ་ཞིང་བཀྲ་ཤིས་འཕུན་གསུམ་འཚོགས་པར་ཤོག །གཞན་ཡང་ཆེ་ལས་འདས་པ་རྣམས་ཀྱི་སྡིག་སྒྲིབ་དག་ནས། རྣམ་པར་རྒྱལ་བའི་སྐུ་རུ་སངས་རྒྱས་ཤོག །ཤི་གསོན་ཁ་ལག་འབྲེལ་ཚད་དོན་དུ་བསྔོའོ། །ད་ལྟ་བཀྲིས་དཔལ་འབར་ཚེ་བསོད་འཛོམས་པར་ཤོག །ཞུས་སོ། །

048 {ཚོ}[1]

མཚན་བྱང་། བྱམས་མ་ཆེན་མོ་རྩ་བའི་མདོ།

བསྡུས་བྱང་། རྩ་འབུམ།

གྲངས་ཚད། ཆོས་ཚན་3ལ་ལེའུ་21དང་ལྡེབ་69ཡོད། ཤོག་གྲངས་138བཞུགས།

རིགས་རྣམ། གཏེར་མ།

གཏེར་སྟོན། ཁྲོ་ཚངས་འབྲུག་ལྷ།

048–1

ཆོས་ཚན་དང་པོ། བྱམས་མ་ཆེན་མོ་རྩ་བའི་མདོ་དོན་བསྡུས་པ་ཐུགས་ཀྱི་བསྟོད་པ་བཞུགས་སོ། །

ལྡེབ་གྲངས། 1—4ན།

མཇུག་བྱང་། བྱམས་མ་རྩ་བའི་འབུམ་གཟུངས་མདོ་གསུམ་སྒྲུབ་སྐོར་རིགས་མང་པོ་ཆ་ལག་ཆ་རྐྱེན་དང་བཅས་པ། རྫོགས་པའི་

① འདི་དང་པོད་འོག་མ་གཉིས་གླེགས་བམ་གཅིག་ཏུ་བསྒྲིལ་འདུག

སངས་རྒྱས་སྟོན་པ་གཤེན་རབ་ཀྱི་འཁོར་ཡེ་གཤེན་ཞེས****སེམས་དཔའ་རྣམས་གསུམ་ལ་གསུངས། དེ་ནས་རིག་འཛིན་སེམས་རྣམས་ལ་རིམ་པར་བརྒྱུད་ནས། རེས་ཤིག་བསྟན་པ་རིན་པོ་ཆེ་གཏེར་དུ་གཤེགས་ཏེ། ཕྱིས་ཁྲི་ཚང་འབྲུག་ལྷས་ཟར་གྱི་སྟག་སྣས་དང་རྩེ་སྟེད་ཡང་དབེན་རྣམས་ནས་གཏེར་དུ་དྲངས་ཏེ། དམྱལ་སྟོན་གཞོན་ནུ་འབུམ་སོགས་ལ་གནང་པའོ། །དཔལ་གཤེན་བསྟན་སྨན་རི་བའི་འཚོགས་འདྲོན་ནོར་བུའི་གཏེར། སྡེ་དགེའི་སྤྱར་དཔེ། ཅི་བཞིན་འཁྲུལ་མེད་པ། ཞུ་དག་ཁྲི་ཚང་ནི་སྡེ་དགེའི་དཔལ་དཔེའི་ཅི་བཞིན་བྲིས་ཀྱང་། པར་དཔེ་འདྲ་མིན་གཉིས་མཐོང་ཚེ་ཐེ་ཚོམ་མང་བས། པར་དཔེ་གཉིས་གཅིག་ཏུ་བྲིས་པ་ཡིན་གསུངས་པའི། གྲུབ་དབང་རིན་པོ་ཆེའི་ཕྱག་དཔེ་ནས་ཞལ་བཤུས་སོ། །བཀྲིས་པར་ཤོག །

048–2
ཆོས་ཚན་གཉིས་པ། བྱམས་མ་ཆེན་མོ་རྩ་བའི་འབུམ་བཞུགས་པའི་དབུས་ཕྱོགས་ལེགས་སྟོ། །
ལྡེབ་གྲངས། 1—58ན།(ཕྲེང་4)

048–2–1
ལེའུ་དང་པོ། རྒྱས་པ་ཀུན་གསལ་འབུམ་ལྔའི་བདག་ཉིད་ཞིང་ཁམས་བཞིན་དུ་བསྟོད་པའི་ལེའུ།
ལྡེབ་གྲངས། 1—4བ།(ཕྲེང་4)

048–2–2
ལེའུ་གཉིས་པ། ཕན་ཡོན་བསྟན་པའི་ལེའུ།
ལྡེབ་གྲངས། 4—9བ།(ཕྲེང་6)

048–2–3
ལེའུ་གསུམ་པ། སྲིད་པ་ཁམས་མི་སྐྱེ་མི་འགག་བསྟན་པའི་ལེའུ།
ལྡེབ་གྲངས། 9—11བ།(ཕྲེང་4)

048–2–4
ལེའུ་བཞི་པ། རྒྱུན་གྱི་ཁམས་ནམ་མཁའི་རང་བཞིན་ཅན་བསྟན་པའི་ལེའུ།
ལྡེབ་གྲངས། 11—12བ།(ཕྲེང་1)

048–2–5
ལེའུ་ལྔ་པ། ཡོད་ཁམས་ཤེས་རབ་གསལ་བ་བསྟན་པའི་ལེའུ།
ལྡེབ་གྲངས། 12—13ན།(ཕྲེང་5)

048–2–6
ལེའུ་དྲུག་པ། མེད་ཁམས་ཀུན་གྱི་ཡུམ་གཅིག་མ་བསྟན་པའི་ལེའུ།
ལྡེབ་གྲངས། 13—13བ།(ཕྲེང་7)

048–2–7
ལེའུ་བདུན་པ། སོ་སོའི་ཁམས་སྐྱེ་མེད་དབྱིངས་ནས་སུ་བསྟན་པའི་ལེའུ།
ལྡེབ་གྲངས། 13—14བ།(ཕྲེང་3)

048–2–8
ལེའུ་བརྒྱད་པ། རིག་པའི་ཁམས་གསལ་བའི་འོད་འབྱུང་ཞིང་དུ་བསྟན་པའི་ལེའུ།
ལྡེབ་གྲངས། 14—15ན།(ཕྲེང་7)

048–2–9
ལེའུ་དགུ་པ། དབྱིངས་ཁམས་ཐམས་ཅད་ཐུགས་ཕྱིས་བསྟན་པའི་ལེའུ།

སྡེབ་གྲངས། 15—16ན།(ཕྲེང་6)

048–2–10
ལེའུ་བཅུ་པ། མཉམ་པའི་ཁམས་གྱུར་པ་མོ་རྒྱལ་བའི་ཡུམ་བསྟན་པའི་ལེའུ།
སྡེབ་གྲངས། 16—17ན།(ཕྲེང་7)

048–2–11
ལེའུ་བཅུ་གཅིག་པ། དགེ་རྒྱས་འབུམ་བསྟན་པའི་ལེའུ།
སྡེབ་གྲངས། 17—23བ།(ཕྲེང་7)

048–2–12
ལེའུ་བཅུ་གཉིས་པ། རྣམ་དག་འདུལ་བའི་འབུམ་བསྟན་པའི་ལེའུ།
སྡེབ་གྲངས། 23—29བ།(ཕྲེང་1)

048–2–13
ལེའུ་བཅུ་གསུམ་པ། གཡུང་དྲུང་ས་བཅུ་ལམ་འབུམ་བསྟན་པའི་ལེའུ།
སྡེབ་གྲངས། 29—37ན།(ཕྲེང་1)

048–2–14
ལེའུ་བཅུ་བཞི་པ། ཡེ་གཤེན་བཀོད་པ་དོན་གྱི་འབུམ་བསྟན་པའི་ལེའུ།
སྡེབ་གྲངས། 37—43བ།(ཕྲེང་7)

048–2–15
ལེའུ་བཅོ་ལྔ་པ། གཡུང་དྲུང་སེམས་དཔའ་རྣམས་ཀྱིས་མཐོང་ཚུལ་དུ་བསྟོད་པའི་ལེའུ།
སྡེབ་གྲངས། 43—46བ།(ཕྲེང་5)

048–2–16
ལེའུ་བཅུ་དྲུག་པ། དགེ་རྒྱས་ཚོགས་ཆེན་རྫོགས་པའི་འབུམ་གྱི་ངོས་ནས་བསྟོད་པའི་ལེའུ།
སྡེབ་གྲངས། 46—49ན།(ཕྲེང་2)

048–2–17
ལེའུ་བཅུ་བདུན་པ། རྣམ་དག་འདུལ་བའི་འབུམ་གྱི་ངོས་ནས་བསྟོད་པའི་ལེའུ།
སྡེབ་གྲངས། 49—52བ།(ཕྲེང་2)

048–2–18
ལེའུ་བཅོ་བརྒྱད་པ། གཡུང་དྲུང་བཅུ་ལམ་འབུམ་གྱི་སྒོ་ནས་བསྟོད་པའི་ལེའུ།
སྡེབ་གྲངས། 52—54བ།(ཕྲེང་1)

048–2–19
ལེའུ་བཅུ་དགུ་པ། ཡེ་གཤེན་བཀོད་པ་དོན་འབུམ་གྱི་ངོས་ནས་བསྟོད་པའི་ལེའུ།
སྡེབ་གྲངས། 54—58ན།(ཕྲེང་3)

མཇུག་བྱང་། རྒྱས་པ་ཀུན་གསལ་འབུམ་ལྡེའི་བདག་ཉིད་ངོ་བོ་གཅིག་ཏུ་བསྡུས་པ། བྱམས་མ་ཆེན་མོ་རྩ་བའི་འབུམ་འདི། རྗེ་འབྲུག་ཁྲི་ཚང་གིས་གཏེར་ནས་བཏོན། བླ་མ་གཞོན་ནུ་ལ་དངོས་གྲུབ་ཏུ་བབས། རིམ་གྱིས་བརྒྱུད་ནས་གཤེན་མཁན་ཆེན་དཔོན་སློབ་ལ། རྟོགས་ལྡན་ཤེས་རྒྱལ་གྱིས་ཞུས་སོ། །དེ་ལ་ཚུལ་རྒྱལ་བདག་གིས་ལུང་ཐོབ་ཙམ་བྱས་སོ། །བྱམས་མ་ཆེན་མོ་རྩ་བའི་འབུམ་རྫོགས་སོ། །འབུམ་ལྡེ་བསྡུས་པས་རྩ་ཚིག་ཙམ་ཞིག་གདའ་འོ། །

ལྡེབ་གྲངས། 58ན།

048–3

ཆོས་ཚན་གསུམ་པ། བྱམས་མ་ཆེན་མོ་ཡང་སྙིང་རྩ་བའི་གཟུངས་བཞུགས་པའི་དབུ་ཕྱོགས་ལེགས་སྟོ། །

ལྡེབ་གྲངས། 1—5ན།(ཕྲེང་4)

མཇུག་བྱང་། རྗེ་འབྲུག་ཁྲི་ཚང་འབྲུག་ལྷས་གཏེར་ནས་བཏོན། རིམ་གྱིས་བརྒྱུད་ནས་བླ་མ་གཞན་ལ་བབ། ད་ལྟ་བདག་ལའོ། །དགེའོ། །

048–3–1

ལེ་ཚན་དང་པོ། བྱམས་མ་ཆེན་མོ་འབུམ་ལྔའི་ཡང་སྙིང་།

ལྡེབ་གྲངས། ཤོག་གཅིག་གི་རྒྱབ་མདུན།

048–3–2

ལེ་ཚན་གཉིས་པ། གཙུག་ཏོར་འབར་མའི་གཟུངས།

ལྡེབ་གྲངས། ཤོག་གཅིག་གི་རྒྱབ་མདུན།

མཇུག་བྱང་། ཏ་ནག་དུང་ཕོར་གསང་བྲག་ནས། འཛམ་ཏྭ་རྣོན་རྩེས་གཏེར་ནས་བཏོན། གཞན་ནུ་འབུམ་བདག་ལ་བརྒྱུད་པའོ། །བཀྲིས་དཔལ་འབར་འཛིྃང་①རྒྱན་འགྱུར་ཅིག། ཞགྷྱོ།

049 ﹝ཇོ﹞②

མཚན་བྱང་། བཀླས་ཆོག་རིན་ཆེན་སྦྲོན་མའི་མདོ།

བསྡུས་བྱང་། བཀླས་ཆོག

གྲངས་ཚད། ཆོས་ཚན་5ལ་ལེའུ་9དང་ལྡེབ་103ཡོད། ཤོག་གྲངས་206བཞུགས།

རིགས་རྣམ། སྔན་བརྒྱུད།

སྔན་བརྒྱུད། སྤྲུལ་སྐུ་བློ་ལྡན་སྙིང་པོ།

049–1

ཆོས་ཚན་དང་པོ། བཀླས་ཆོག་རིན་ཆེན་སྦྲོན་མ་བཞུགས་པའི་དབུ་ཡི་གཟིགས་ཕྱོགས་དགེ་ལེགས་འཕེལ་རྒྱས་ཞེས་བྱ་བ།

ལྡེབ་གྲངས། 1—18ན།

049–2

ཆོས་ཚན་གཉིས་པ། རིན་ཆེན་སྦྲོན་མ་འཕོར་བ་དོང་སྤྲུག་གི་མདོ་བཞུགས་སྟོ། །

ལྡེབ་གྲངས། 1—65བ།

049–2–1

ལེའུ་དང་པོ། གླིང་བཞིའི་ལེའུ།

ལྡེབ་གྲངས། 1—9བ།(ཕྲེང་5)

049–2–2

ལེའུ་གཉིས་པ། སྦྲིབ་སྦྱོང་ཞུན་སེལ་སྒྲོན་མའི་ཚ་ག་བསྟན་པའི་ལེའུ།

ལྡེབ་གྲངས། 9—29བ།(ཕྲེང་1)

① འཛམ་གླིང་།

② འདི་དང་པོད་གོང་མ་གཉིས་གླེགས་བམ་གཅིག་ཏུ་བསྒྲིལ་འདུག

049–2–3
ལེའུ་གསུམ་པ། རྒྱུད་ལུང་བསྟན་པའི་ལེའུ།
ལྡེབ་གྲངས། 29—35བ།(ཕྲེང་3)

049–2–4
ལེའུ་བཞི་པ། བརླས་ཚིག་རིན་ཆེན་སྒྲོན་མའི་མདོ་བསྟན་པའི་ལེའུ།
ལྡེབ་གྲངས། 35—41ན།(ཕྲེང་1)

049–2–5
ལེའུ་ལྔ་པ། ཡང་སྙིང་ཐིག་ལེའི་གཟུངས་བསྟན་པའི་ལེའུ།
ལྡེབ་གྲངས། 41—48གོང་མའི་བ།(ཕྲེང་2)

049–2–6
ལེའུ་དྲུག་པ། མན་ངག་རིན་ཆེན་སྒྲོན་མ་བསྟན་པའི་ལེའུ།
ལྡེབ་གྲངས། 48—56ན།(ཕྲེང་7)

049–2–7
ལེའུ་བདུན་པ། འཇིག་རྟེན་དཔལ་མགོན་གྱི་ཚིག་བསྟན་པའི་ལེའུ།
ལྡེབ་གྲངས། 56—61ན།(ཕྲེང་4)

049–2–8
ལེའུ་བརྒྱད་པ། རྒྱུད་ཡོངས་སུ་གཏད་པའི་ལེའུ།
ལྡེབ་གྲངས། 61—63བ།(ཕྲེང་6)
ལེའུ་གྲངས་མེད། བསྟན་པའི་རྒྱལ་པོ་གཡུང་དྲུང་བོན་འདི་དག་བརྒྱུད་ཚུལ་བྱུང་ཁུངས་ལོ་རྒྱུས་བསྟན་པ།
ལྡེབ་གྲངས། 63—65བ།(ཕྲེང་2)
མཇུག་བྱང་། འདི་ཡི་བརྒྱུད་ཚུལ་ནི། སངས་རྒྱས་བསྟན་པའི་གཙོ་བོ། མཚན་ལྡན་ཁྲིའུ་བཞི། གོང་ཙེ་འཕྲུལ་རྒྱལ། གདུང་འཚོབ་མུ་ཚོ་ལྡེམ་དྲུག མུ་ཙ་ཏྲ་ཧེ། ལྷ་གླུ་མིའི་གཤེན་པོ་གསུམ། དྲན་པ་ནམ་མཁའ། མཁས་པ་མི་བཞི། མུ་ལ་རནྡ་ན། །ཡང་ཅིག་ལ། དུས་གསུམ་སངས་རྒྱས། རྒྱལ་པ་གོང་ཙེ། མུ་ཚོ་ལྡེམ་དྲུག ལོ་ཙ་ཆེན་པོ། མི་ལུས་བསམ་ལེགས། དྲན་པ་ནམ་མཁའ། མུ་ལ་རིན་ཆེན། །ཡང་ཅིག་ལ། རྒྱལ་བ་སྟོན་པ། གཏོ་བུ་འབུམ་སྲས། ཡོངས་སུ་དག་པ། ནམ་མཁའ་རིན་ཆེན། རྫ་བའི་བླ་མ། བདག་ལའོ། །སྤྲུལ་སྐུ་ཆེན་པོའི་སྙན་རྒྱུད། རིན་ཆེན་སྒྲོན་མ་འདི། བཀྲ་ཤིས་དཔལ་འབར་འཛམ་གླིང་རྒྱན་གྱུར་ཅིག །
ལྡེབ་གྲངས། 65བ།

049–3
ཚོས་ཚན་གསུམ་པ། ཡང་དག་རིན་ཆེན་སྒྲོན་མའི་བདག་གཞན་གཉིས་མེད་ཐོ་བཞུགས་སྷོ། །
ལྡེབ་གྲངས། 1—5ན།
མཇུག་བྱང་། དེ་ལྟར་བརླས་ཚིག་རིན་ཆེན་སྒྲོན་མ་ཡི། གཞུང་སྐབས་ཆ་ལག་ཕན་ཡོན་དང་བཅས་པ་འདི་ནི། རྒྱལ་བ་བསྟན་པའི་གཙོ་བོས། གཏོ་བུ་འབུམ་སངས་ལ་བརྒྱུད། གཤེན་རབ་གཏོ་བུ་འབུམ་སངས་ཀྱིས། ལྷ་བོན་ཡོངས་སུ་དག་པ་ལ་རྒྱུད། ལྷ་བོན་ཡོངས་སུ་དག་པས། དབྲ་བཙུན་ནམ་མཁའ་རིན་ཆེན་ལ་བརྒྱུད། དབྲ་བཙུན་ནམ་མཁའ་རིན་ཆེན་གྱིས། རྟོགས་ལྡན་ཤེས་རབ་བློ་གྲོས་ལ་བརྒྱུད། རྟོགས་ལྡན་ཤེས་རབ་བློ་གྲོས་ཀྱིས། བདག་འགྲུ་བཙུན་ཤེས་རབ་འོད་ཟེར་ལ་བརྒྱུད། དེ་ནས་རིམ་པར་བརྒྱུད་ནས། ཕྱི་རབས་རྗེས་འབྲངས་རྣམས་ཀྱང་དེ་ལྟར་སྤྱད་པར་བྱའོ། །འགྲོ་དོན་ཉི་མའི་ཟེར་བཞིན་རྒྱས་པར་གྱུར་ཅིག །བཀྲ་ཤིས་པར་ཤོག །དགེའོ། །ཞིན་ཆེའོ། །

049–4
ཆོས་ཚན་བཞི་པ། བཟླས་ཆོག་རིན་ཆེན་སྒྲོན་མའི་ཕན་ཡོན་བཅས་བཞུགས་སོ། །
ལྡེབ་གྲངས། 1—8ན།

049–5
ཆོས་ཚན་ལྔ་པ། བཟླས་ཆོག་རིན་ཆེན་སྒྲོན་མའི་བཏགས་གྲོལ་ཆེན་མོ་བཞུགས་པ་དགེ་ལེགས་འཕེལ།
ལྡེབ་གྲངས། 1—7ན།

050 ༼ཕི༽[1]
མཚན་བྱང་། རྣམ་དག་འདུལ་བའི་རྒྱུད་ཀྱི་འབུམ་ཞེས་བྱ་བ་བཞུགས་སོ། །
བསྡུས་བྱང་། འདུལ་འབུམ།
གྲངས་ཚད། ཆོས་ཚན་2ལ་ལེའུ་7དང་ལྡེབ་461ཡོད། ཤོག་གྲངས་922བཞུགས།
རིགས་རྣམ། གཏེར་མ།
གཏེར་སྟོན། སེ་སྟན་ཞིག་པོ།

050–1
ཆོས་ཚན་དང་པོ། འདུལ་འབུམ་པོད་ཀ་པ།
ལྡེབ་གྲངས། 1—245ན།

050–1–1
ལེའུ་དང་པོ། གླིང་གཞིའི་ལེའུ།
ལྡེབ་གྲངས། 1—9ན།(ཕྲེང་2)

050–1–2
ལེའུ་གཉིས་པ། དོན་གྱི་ངོ་བོ་མ་རྟོག་པས་འཁྲུལ་བའི་མཚན་ཉིད་འབྱུང་བའི་ལེའུ། ཡིད་ཀྱི་ཁྱེའུ་ཆུང་གིས་ཞུས།
ལྡེབ་གྲངས། 9—47བ།(ཕྲེང་3)

050–1–3
ལེའུ་གསུམ་པ། ཚུལ་ཁྲིམས་ཟབ་མོའི་གྲངས་དང་གོ་རིམ་བསྟན་པའི་ལེའུ། ཡིད་ཀྱི་ཁྱེའུ་ཆུང་གིས་ཞུས།
ལྡེབ་གྲངས། 47—116ན།(ཕྲེང་1)

050–1–4
ལེའུ་བཞི་པ། ཕ་རོལ་ཏུ་ཕྱིན་པ་བཅུ་ལས་སྤྱད་ན། བླ་ན་མེད་པའི་འབྲས་བུ་མངོན་དུ་ཐོབ་པའི་པར་བསྟན་པའི་ལེའུ། གཙོ་བོ་འབུམ་སྲས་ཀྱིས་ཞུས།
ལྡེབ་གྲངས། 116—178བ།(ཕྲེང་1)

050–1–5
ལེའུ་ལྔ་པ། རྒྱུ་འབྲས་ཐེ་བྲག་བསྟན་པའི་ལེའུ། གཙོ་བོ་འབུམ་སངས་ཀྱིས་ཞུས་པ།
ལྡེབ་གྲངས། 178—245ན།(ཕྲེང་6)

---

[1] འདུལ་འབུམ་པོད་ཀ་པ་དང་ཁ་པ་གཉིས་གླེགས་བམ་གཅིག་ཏུ་བསྒྲིལ་ནས་བཞུགས།

050–2
ཆོས་ཚན་གཉིས་པ། འདུལ་འབུམ་པོད་ཁ་པ།[①]
ལྡེབ་གྲངས། 1—216ན།

050–2–1
ལེའུ་ལྔ་པ། རྒྱ་འབྲས་བྱེ་བྲག་བསྟན་པའི་ལེའུ། གཏོ་བུ་འབུམ་སངས་ཀྱིས་ཞུས་པ།
ལྡེབ་གྲངས། 1—33ན།(ཕྲེང་4)

050–2–2
ལེའུ་དྲུག་པ། མི་དགེ་བའི་ལས་ཐམས་ཅད་རྣམས་སྤངས་ནས། བགེགས་དང་སྒྲིབ་པ་བྱང་ཞིང་། བླ་ན་མེད་པའི་འབྲས་བུ་ཐོབ་པར་བསྟན་པའི་ལེའུ། གསས་བུ་རྒྱ་ལོས་ཞུས་པ།
ལྡེབ་གྲངས། 33—142བ།(ཕྲེང་3)

050–2–3
ལེའུ་བདུན་པ། རྣམ་དག་འདུལ་འབུམ་ལས་བླ་ན་མེད་པའི་འབྲས་བུ་མངོན་དུ་གྲུབ་པར་བསྟན་པའི་ལེའུ། གསས་བུ་གཡུ་ལོས་ཞུས་པ།
ལྡེབ་གྲངས། 142—216ན། འགྲོ་མཐུད།

051 〔ཞི〕[②]
མཚན་བྱང་། རྣམ་དག་འདུལ་བའི་རྒྱུད་ཀྱི་འབུམ་ཞེས་བྱ་བ་བཞུགས་སོ། །
བསྡུས་བྱང་། འདུལ་འབུམ།
གྲངས་ཚད། ཆོས་ཚན་2ལ་ལེའུ་7དང་ལྡེབ་495ཡོད། ཤོག་གྲངས་990བཞུགས།
རིགས་རྣམ། གཏེར་མ།
གཏེར་སྟོན། སེ་སྟན་ཞིག་པོ།

051–1
ཆོས་ཚན་དང་པོ། འདུལ་འབུམ་པོད་ག་པ།

051–1–1
ལེའུ་བདུན་པ། རྣམ་དག་འདུལ་འབུམ་ལས་བླ་ན་མེད་པའི་འབྲས་བུ་མངོན་དུ་གྲུབ་པར་བསྟན་པའི་ལེའུ། གསས་བུ་གཡུ་ལོས་ཞུས་པ།
ལྡེབ་གྲངས། 1—114བ།(ཕྲེང་6) གོང་མཐུད།

051–1–2
ལེའུ་བརྒྱད་པ། རྣམ་དག་འདུལ་བ་རྒྱུད་འབུམ་ལས། བོན་ཐམས་ཅད་བརྗོལ་(རྗོལ་)བ་མེད་པར་མ་བཅོས་ལྷུན་གྱིས་གྲུབ་པར་བསྟན་པའི་ལེའུ། གསས་བུ་གཡུ་ལོ་སོགས་ཞུས་པ།
ལྡེབ་གྲངས། 114—137བ།(ཕྲེང་6)

051–1–3
ལེའུ་དགུ་པ། རྣམ་དག་འདུལ་བ་རྒྱུད་འབུམ་ལས། བོན་ཐམས་ཅད་ཀྱི་དྲང་བདེན་སེམས་སུ་ཤེས་པར་བསྟན་པའི་ལེའུ། འོད་ཀྱི་ལྡང་ལོ་ཅན་སོགས་ཞུས་པ།
ལྡེབ་གྲངས། 137—182བ།(ཕྲེང་7)

---

① ནང་དོན་གོང་གི་འགྲོ་མཐུད། ཤོག་གྲངས་བསྐྱར་དུ་མགོ་བཙུགས།
② འདུལ་འབུམ་པོད་ག་པ་དང་ང་པ་གཉིས་གླེགས་བམ་གཅིག་ཏུ་བསྒྲིལ་ཡོད། ནང་དོན་གོང་གི་འགྲོ་མཐུད། ཤོག་གྲངས་བསྐྱར་དུ་མགོ་བཙུགས།

051–1–4
ལེའུ་བཅུ་པ། རྣམ་དག་འདུལ་བ་རྒྱུད་འབུམ་ལས། ཉོན་མོངས་པ་འཁྲུལ་པ་ཐམས་ཅད་སེམས་སུ་དག་པར་བསྟན་པའི་ལེའུ། འོད་ཀྱི་ལྷང་ལོ་ཅན་སོགས་ཞུས་པ།
ལྡེབ་གྲངས། 182—246ན།(ཕྲེང་5)འཕྲོ་མཐུད།

051–2
ཆོས་ཚན་གཉིས་པ། འདུལ་འབུམ་པོད་ང་པ།[①]

051–2–1
ལེའུ་བཅུ་པ། རྣམ་དག་འདུལ་བ་རྒྱུད་འབུམ་ལས། ཉོན་མོངས་པ་འཁྲུལ་པ་ཐམས་ཅད་སེམས་སུ་དག་པར་བསྟན་པའི་ལེའུ། འོད་ཀྱི་ལྷང་ལོ་ཅན་སོགས་ཞུས་པ།
ལྡེབ་གྲངས། 1—15བ།(ཕྲེང་5)གོང་མཐུད།

051–2–2
ལེའུ་བཅུ་གཅིག་པ། རྣམ་དག་འདུལ་བ་རྒྱུད་འབུམ་ལས། བོན་ཐམས་ཅད་ཀྱི་རང་བཞིན་མཐའ་ལས་འདས་པར་བསྟན་པའི་ལེའུ། འོད་ཀྱི་ལྷང་ལོ་ཅན་སོགས་ཞུས་པ།
ལྡེབ་གྲངས། 15—128ན།(ཕྲེང་6)

051–2–3
ལེའུ་བཅུ་གཉིས་པ། རྣམ་དག་འདུལ་བ་རྒྱུད་འབུམ་ལས། བོན་ཉིད་སེམས་ཉིད་ཡེ་ནས་འདུ་འབྲལ་མེད་པར་བསྟན་པའི་ལེའུ། ཚུ་བོན་དག་པ་སོགས་ཞུས་པ།
ལྡེབ་གྲངས། 128—173བ།(ཕྲེང་4)

051–2–4
ལེའུ་བཅུ་གསུམ་པ། རྣམ་དག་འདུལ་བ་རྒྱུད་འབུམ་ལས། བོན་ཉིད་ལྷུན་གྱིས་གྲུབ་པར་བསྟན་པའི་ལེའུ། ཚུ་བོན་དག་པ་སོགས་ཞུས་པ།
ལྡེབ་གྲངས། 173—249ན།(ཕྲེང་3)

052 〈ཟེ〉[②]
མཚན་བྱང་། རྣམ་དག་འདུལ་བའི་རྒྱུད་ཀྱི་འབུམ་ཞེས་བྱ་བ་བཞུགས་སོ། །〈ཅ〉
བསྡུས་བྱང་། འདུལ་འབུམ།
གྲངས་ཚད། ལེའུ་5ལ་ལྡེབ་260ཡོད། ཤོག་གྲངས་520བཞུགས།
རིགས་རྣམ། གཏེར་མ།
གཏེར་སྟོན། སེ་སྟན་ཞིག་པོ།

052–1
ལེའུ་བཅུ་བཞི་པ། རྣམ་དག་འདུལ་པའི་རྒྱུད་འབུམ་ལས་བོན་ཉིད་ཐམས་ཅད་ཀྱི་ངོ་བོ་གཏོད་ནས་དེ་ལ་ཡོན་ཏན་གྱི་ཚོགས་འབྱུང་པར་བསྟན་པའི་ལེའུ། ཚུ་བོན་དག་པ་སོགས་ཞུས་པ།
ལྡེབ་གྲངས། 1—70བ།(ཕྲེང་6) གོང་མཐུད།

① ནང་དོན་གོང་གི་འཕྲོ་མཐུད། ཤོག་གྲངས་བསྐྱར་དུ་མགོ་བཙུགས།
② ནང་དོན་གོང་གི་འཕྲོ་མཐུད། ཤོག་གྲངས་བསྐྱར་དུ་མགོ་བཙུགས།

052–2
ལེའུ་བཅོ་ལྔ་པ། རྣམ་དག་འདུལ་པའི་རྒྱུད་འབུམ་ལས། བོན་ཐམས་ཅད་གཡོ་བ་མེད་པའི་དབྱིངས་སུ་སྟོན་པའི་ལེའུ། དར་བོན་སྲུ་བརྟན་གཡུང་དྲུང་ཅན་སོགས་ཞུས་པ།
ལྡེབ་གྲངས། 70—151ན།(ཕྲེང་2)

052–3
ལེའུ་བཅུ་དྲུག་པ། རྣམ་དག་འདུལ་པའི་རྒྱུད་འབུམ་ལས། བོན་ཐམས་ཅད་ཡེ་ནས་བོན་ཉིད་ཀྱི་དབྱིངས་སུ་མཉམ་པར་རྫོགས་པར་བསྟན་པའི་ལེའུ། ས་བོན་སྲུ་བརྟན་གཡུང་དྲུང་ཅན་སོགས་ཞུས་པ།
ལྡེབ་གྲངས། 151—198ན།(ཕྲེང་3)

052–4
ལེའུ་བཅུ་བདུན་པ། རྣམ་དག་འདུལ་པའི་རྒྱུད་འབུམ་ལས། བོན་ཉིད་ཀྱིས་དོན་སྤྲོས་པའི་མཐའ་དང་བྲལ་བར་བསྟན་པའི་ལེའུ། དར་བོན་གཡུང་དྲུང་ཅན་སོགས་ཞུས་པ།
ལྡེབ་གྲངས། 198—212ན།(ཕྲེང་5)

052–5
ལེའུ་བཅོ་བརྒྱད་པ། རྣམ་དག་འདུལ་པའི་རྒྱུད་འབུམ་ལས། བོན་ཉིད་ཀྱིས་དོན་སྤྲོས་པའི་མཐའ་དང་བྲལ་བར་བསྟན་པའི་ལེའུ། རླུང་བོན་དྲི་ཞིམས་གཡུའ་མདངས་ཅན་སོགས་ཞུས་པ།
ལྡེབ་གྲངས། 212—260ན།(ཕྲེང་7) འཕྲོ་མཐུད།

053 ༼འི༽①
མཚན་བྱང་། རྣམ་དག་འདུལ་བའི་རྒྱུད་ཀྱི་འབུམ་ཞེས་བྱ་བ་བཞུགས་སོ།། ༼ཨ༽
བསྡུས་བྱང་། འདུལ་འབུམ།
གྲངས་ཚད། ལེའུ་6ལ་ལྡེབ་271ཡོད། ཤོག་གྲངས་542བཞུགས།
རིགས་རྣམ། གཏེར་མ།
གཏེར་སྟོན། སེ་སྟོན་ཞིག་པོ།

053–1
ལེའུ་བཅོ་བརྒྱད་པ། རྣམ་དག་འདུལ་པའི་རྒྱུད་འབུམ་ལས་བོན་ཐམས་ཅད་ཡེ་ནས་རྣམ་པར་དག་པའིདོན་ནི་མི་དམིགས་པ་བསྟན་པའི་ལེའུ། རླུང་བོན་དྲི་ཞིམ་སོགས་ཞུས་པ།
ལྡེབ་གྲངས། 1—76ན།(ཕྲེང་4) གོང་མཐུད།

053–2
ལེའུ་བཅུ་དགུ་པ། རྣམ་དག་འདུལ་པའི་རྒྱུད་འབུམ་ལས་བོན་ཐམས་ཅད་ཀྱི་རང་བཞིན་ལ་དབྱིངས་སུ་གྲོལ་ནས་བླ་ན་མེད་པའི་འབྲས་བུ་ཐོབ་པར་བསྟན་པའི་ལེའུ། རླུང་བོན་དྲི་ཞིམ་གཡུ་མདངས་ཅན་སོགས་ཞུས་པ།
ལྡེབ་གྲངས། 76—217ན།(ཕྲེང་6)

053–3
ལེའུ་ཉི་ཤུ་པ། རྣམ་དག་འདུལ་པའི་རྒྱུད་འབུམ་ལས་བླ་ན་མེད་པའི་ལ་སྤྱོད་ཅིང་རྟོགས་ན་ཡོན་ཏན་གྱི་རྟགས་འབྱུང་པར་བསྟན་པའི་ལེའུ། རྟུལ་ཤུགས་སྟོབས་དང་ལྡན་པའི་བཙུན་པ་སོགས་ཞུས་པ།

① ནང་དོན་གོང་གི་འཕྲོ་མཐུད། ཤོག་གྲངས་བསྐྱར་དུ་མགོ་བཟུང་།

ལྡེབ་གྲངས། 217—227བ།(ཕྲེང་1)

053–4
ལེའུ་ཉེར་གཅིག་པ། ནམ་དག་འདུལ་བའི་རྒྱུད་འབུམ་ལས་ཕྱུགས་རྫི་ཆེན་པོ་བཞིའི་དོན་སྟོན་པའི་ལེའུ། ཚུལ་ཁྲིམས་རྣམ་པར་དག་པའི་གཉེན་རབ་ཟླ་ནེའུ་ཆུང་སོགས་ཞུས་པ།
ལྡེབ་གྲངས། 227—256བ།(ཕྲེང་1)

053–5
ལེའུ་ཉེར་གཉིས་པ། རྣམ་དག་འདུལ་བའི་རྒྱུད་འབུམ་ལས་བོན་ཐམས་ཅད་འགྱུར་བ་མེད་པའི་མཉམ་པ་ཉིད་དུ་བསྟན་པའི་ལེའུ།
ལྡེབ་གྲངས། 256—265བ།(ཕྲེང་1)

053–6
ལེའུ་ཉེར་གསུམ་པ། རྣམ་དག་འདུལ་བའི་རྒྱུད་འབུམ་ལས། བོན་ཐམས་ཅད་ཐིག་ལེ་ཆེན་པོའི་ངང་དུ་རྫོགས་པར་བསྟན་པ།
ལྡེབ་གྲངས། 265—271ན།(ཕྲེང་3)

054 ༼ཡི༽
མཚན་བྱང་། ཁྲུ་བྱུག་རིག་པའི་མདོ་སྡེ་བཞུགས་པ་ལེགས་སོ། །༼ཀ༽
བསྡུས་བྱང་། རིག་པ་ཁྲུ་བྱུག་གི་མདོ།
གྲངས་ཚད། ལེའུ་18ལ་ལྡེབ་164ཡོད། ཤོག་གྲངས་328བཞུགས།
རིགས་རྣམ། གཏེར་མ།
གཏེར་སྟོན། རྒྱ་རོང་སེ་གཉེན་སྲུ་འོད།

054–1
ལེའུ་དང་པོ། ཁྲུ་བྱུག་རིག་པའི་མདོ་སྡེ་ལས་རང་བཞིན་བྱུང་ཁུང་(ཁུངས་)བསྟན་པའི་ལེའུ།
ལྡེབ་གྲངས། 1—7བ།(ཕྲེང་2)

054–2
ལེའུ་གཉིས་པ། ཁྲུ་བྱུག་རིག་པའི་མདོ་སྡེ་ལས་གདུབ་པའི་བདུད་རྣམས་བཏུལ་བའི་ལེའུ། ཡིད་ཀྱི་ཁྱེའུ་ཆུང་གིས་ཞུས།
ལྡེབ་གྲངས། 7—13བ།(ཕྲེང་6)

054–3
ལེའུ་གསུམ་པ། ཁྲུ་བྱུག་རིག་པའི་མདོ་སྡེ་ལས་སྲིད་པ་རྒྱུད་བྱུང་གི་ལེའུ། སྲིད་པ་ཡིད་ཀྱི་ཁྱེའུ་ཆུང་གིས་ཞུས།
ལྡེབ་གྲངས། 13—18ན།(ཕྲེང་1)

054–4
ལེའུ་བཞི་པ། ཁྲུ་བྱུག་རིག་པའི་མདོ་སྡེ་ལས་དུས་བསྐལ་པའི་ལེའུ། བློ་གསལ་རིག་པའི་ཁྱེའུ་ཆུང་གིས་ཞུས།
ལྡེབ་གྲངས། 18—23བ།(ཕྲེང་2)

054–5
ལེའུ་ལྔ་པ། ཁྲུ་བྱུག་རིག་པའི་མདོ་སྡེ་ལས་སྟོད་བཅུད་བསྟན་པའི་ལེའུ། བློ་གསལ་ཡིད་ཀྱི་ཁྱེའུ་ཆུང་གིས་ཞུས།
ལྡེབ་གྲངས། 23—32བ།(ཕྲེང་2)

054–6
ལེའུ་དྲུག་པ། ཁྲུ་བྱུག་རིག་པའི་མདོ་སྡེ་ལས་ས་གནས་བསྟན་པའི་ལེའུ། ཡིད་ཀྱི་ཁྱེའུ་ཆུང་གིས་ཞུས།

ལྡེབ་གྲངས། 32—35ན།(ཕྲེང་3)

054–7
ལེའུ་བདུན་པ། ཁུ་བྱུག་རིག་པའི་མདོ་སྡེ་ལས་མཁའ་ལྡིང་བརྡའ་བསྟན་གྱི་ལེའུ།
ལྡེབ་གྲངས། 35—44བ།(ཕྲེང་1)

054–8
ལེའུ་བརྒྱད་པ། ཁུ་བྱུག་རིག་པའི་མདོ་སྡེ་ལས་ལས་ཀྱི་རྣམ་པར་སྨིན་པའི་རྒྱུ་འབྲས་བསྟན་པའི་ལེའུ།
ལྡེབ་གྲངས། 44—51ན།(ཕྲེང་2)

054–9
ལེའུ་དགུ་པ། ཁུ་བྱུག་རིག་པའི་མདོ་སྡེ་ལས་བདེན་གཉིས་ཀྱི་བྲག་བསྟན་པའི་ལེའུ། ཡིད་ཀྱི་ཁྱིའུ་ཆུང་གིས་ཞུས།
ལྡེབ་གྲངས། 51—56བ།(ཕྲེང་2)

054–10
ལེའུ་བཅུ་པ། ཁུ་བྱུག་རིག་པའི་མདོ་སྡེ་ལས་འཁོར་བའི་མཚན་ཉིད་བསྟན་པའི་ལེའུ། མཚན་ལྡན་ཁྱིའུ་ཆུང་གིས་ཞུས།
ལྡེབ་གྲངས། 56—63ན།(ཕྲེང་2)

054–11
ལེའུ་བཅུ་གཅིག་པ། ཁུ་བྱུག་རིག་པའི་མདོ་སྡེ་ལས་འདུ་བྱེད་རྣམ་གྲངས་བསྟན་པའི་ལེའུ། སྲིད་པའི་ཁྱིའུ་ཆུང་གིས་ཞུས།
ལྡེབ་གྲངས། 63—78ན།(ཕྲེང་3)

054–12
ལེའུ་བཅུ་གཉིས་པ། ཁུ་བྱུག་རིག་པའི་མདོ་སྡེ་ལས་མྱང་འདས་གསལ་བར་བསྟན་པའི་ལེའུ། ཡིད་ཀྱི་ཁྱིའུ་ཆུང་གིས་ཞུས།
ལྡེབ་གྲངས། 78—96ན།(ཕྲེང་5)

054–13
ལེའུ་བཅུ་གསུམ་པ། ཁུ་བྱུག་རིག་པའི་མདོ་སྡེ་ལས་ནད་སེལ་གཏོ་དཔྱེད་(དཔྱད་)ཀྱི་ལེའུ། ཡིད་ཀྱི་ཁྱིའུ་ཆུང་གིས་ཞུས།
ལྡེབ་གྲངས། 96—101བ།(ཕྲེང་1)

054–14
ལེའུ་བཅུ་བཞི་པ། ཁུ་བྱུག་རིག་པའི་མདོ་སྡེ་ལས་བདུད་སྲིན་འཁོར་དུ་བཀོད་པའི་ལེའུ།
ལྡེབ་གྲངས། 101—112བ།(ཕྲེང་1)

054–15
ལེའུ་བཅོ་ལྔ་པ། ཁུ་བྱུག་རིག་པའི་མདོ་སྡེ་ལས་ལྷ་གཤེན་བརྒྱུས་ཉོན་མོངས་སྒྲིབ་པ་སྦྱངས་པའི་ལེའུ། ཡིད་ཀྱི་ཁྱིའུ་ཆུང་གིས་ཞུས།
ལྡེབ་གྲངས། 112—154ན།(ཕྲེང་4)

054–16
ལེའུ་བཅུ་དྲུག་པ། ཁུ་བྱུག་རིག་པའི་མདོ་སྡེ་ལས་སྟོན་པའི་སྐུ་མཆོད་པ་ཕུལ་བའི་ལེའུ།
ལྡེབ་གྲངས། 154—157བ།(ཕྲེང་5)

054–17
ལེའུ་བཅུ་བདུན་པ། ཁུ་བྱུག་རིག་པའི་མདོ་སྡེ་ལས་སྟོན་པའི་སྐུ་ལ་སྟོད་(བསྟོད་)པའི་ལེའུ། སྲིད་པའི་སྲས་མཆོག་ཁྱིའུ་ཆུང་གིས་བསྟོད་པ།
ལྡེབ་གྲངས། 157—159བ།(ཕྲེང་1)

054–18

ལེའུ་བཅོ་བརྒྱད་པ། ཁུ་བྱུག་རིག་པའི་མདོ་སྡེ་ལས་འཁོར་གྱི་གཡུང་དྲུང་སེམས་དཔའི་ཡིད་རང་ཕྱུལ་བའི་ལེའུ། ཡིད་ཀྱི་ཁྲིའུ་ཆུང་གིས་ཞུས།

ལྡེབ་གྲངས། 159—161བ།(ཕྲེང་3)

མཇུག་བྱང་། ཀྱེ་སྟོན་པའི་ཐུགས་ལ་ངེས་པའི་བཅུད་འདྲིལ་བ། །ཡང་དག་མ་ནོར་ངེས་པའི་དོན་འདི་ནི། །བདེར་གཤེགས་བཀའ་ལ་སློབ་དཔོན་མུ་ཚེ་ཡིས། །ཤམ་པོའི་ཙ་ཏྲ་ཅེ་བྲག་མང་པོ་ཕྱེས། །བརྒྱད་ཁྲི་བཞི་སྟོང་སོ་སོར་གསལ་བར་བསྟན། །ཕྱོགས་བཅུའི་མཁས་པ་གཤེན་པོ་གྲངས་མེད་བྱུང་། །ལྷ་ཀླུའི་སྟག་གཟིག་ཞང་ཞུང་བྲུ་ཤ་དང་། །རྒྱ་གར་རྒྱ་ནག་ཕྲོམ་དང་ཐོ་གར་བོད། །རང་རང་སྐད་དུ་ལོ་ཙྪ་སྒྲ་བསྒྱུར་ནས། །ཕྱོགས་བཅུ་ཀུན་ཏུ་དར་ཞིང་རྒྱས་པར་མཛད། །རྒྱལ་བའི་བཀའ་ལ་བརྟེན་པའི་བོན་འདི་ཡང་། །སུ་ཙ་ཧེ་བ་འགྱུ་ཧེ་ལི་སྤྱར་དང་། །ཁྲི་ཐོག་བར་ཙ་གསུམ་གྱིས་དཀའ་བས་བསྒྱུར། །ཞིག་ཧང་རྨངས་པ་གསེར་ཐོག་ལྡེ་འབུམ་གྱིས། །ཕྲོམ་དང་རྒྱ་ནག་ཡུལ་དུ་དར་བར་བྱས། །སད་ནེ་ག་བུ་ཞང་ཞུང་ཡུལ་དུ་བསྒྱུར། །སྟོང་བརྒྱུད་བདག་དང་མཁས་པའི་བུ་གསུམ་གྱིས། །དཀའ་བ་སྤྱད་ཅིང་བོད་ཁམས་གནས་སུ་འོང་། །འགྲོ་བའི་དོན་དུ་དར་ཅིང་རྒྱས་པར་སྤེལ། །བར་དུ་རྒྱལ་པོའི་སེམས་ལ་བདུད་ཞུགས་ནས། །ལོག་པའི་བཙུན་མོ་བློན་པོ་འཕྲ་མས་རྒྱེན། །དུན་ཅེའི་འཕྲུག་དོག་གདུབ་པའི་ཤེད་བཏབ་ཅིང་། །བདེན་པའི་དོན་བསྟུབ་བོན་བསྒྱུར་ལ་ཐུགས། །བོན་སྡེ་རང་རང་གཏེར་བླངས་སོ་སོར་བྲིས། །གཏེར་ཁ་གྲངས་སུ་སྤྱས་པའི་བཀའ་བསྒྲིས་ནས། །རང་རང་ལུས་སུ་བསྒྱུར་བའི་སྒྲ་ལ་སྦྱར། །ཟབ་མོ་བདེན་པའི་བོན་གྱི་བཅུད་འདི་ནི། །སྟོང་རྒྱུང་བདག་གིས་རྒྱས་འབྲིང་བསྡུས་གསུམ་ཕྱེས། །ཁྲུང་ལུང་མཁར་དུ་རྒྱ་ཤོག་ལྡེམ་པར་བྲིས། ཁྲུང་ཁྲུང་ཁལ་འགལ་རྫུ་འཕྲུལ་གོམ་པས་གཤེགས། །བོན་སྡེ་ཆ་གཅིག་ལྷ་གཉེན་གཡས་ཟུར་ལ། །བཀྲ་ཤིས་པདྨ་གསལ་བའི་བྲག་ཁུང་དུ། །སྲིད་པའི་ཡུམ་ལ་གསང་བའི་གཏེར་གཏད་ནས། །བཀའ་རྟག་གཡུང་དྲུང་རྒྱས་བཏབ་གཏེར་དུ་སྦས། །ཕྱི་རབས་ལས་འཕྲོ་ཅན་ལ་འཕྲད་པར་ཤོག །ཁུ་བྱུག་རིག་པའི་མདོ་རྫོགས་སྷོ། །རྒྱ་རྒྱ་རྒྱ། སྨར་རོ། །དགེའོ། །བཀྲ་ཤིས། ཨེ་མ་ཧོ། །[འདིར་མཇུག་བྱང་ཕྱི་མ་ཞིག་བཏབ་འདུག་པར། དཔུ་ནས་གོང་དང་འདྲ་བ་ཙམ་འདུག་པ་བསྡུས། མཇུག་ཏུ་གཏེར་ནས་སྤྱན་དྲངས་ཚུལ་བཀོད་པ་གཤམ་ལྟར།] རྒྱ་རོང་སེ་གཉེན་མུ་འོད་བསྟེན་པ་ལ། །ཕྱུག་མོ་གླང་ལོ་སྟག་ཟླའི་ཡར་ཚེས་སུ། །སྲིད་པའི་རྒྱལ་མོས་ངེས་པའི་ལུང་བསྟན་ནས། །ཆུ་མོ་གླང་ལོ་དཀྲུན་ཟླ་ར་བ་འི། །བཅུ་དགུ་ཐོ་རངས་གསལ་བའི་དངོས་གྲུབ་བསྐྱེམས། །ལས་གྲུབ་མཁའ་འགྲོས་ཁྲིད་ནས་གཏེར་སྒོ་འབྱེད། །བདག་ལུས་འོད་ལྟར་མ་ལགས་བྱ་རྗོད། །གསང་ཕྱུག་བརྒྱད་ལ་ཡུད་རེ་རིམ་བཞིན་བསྒྲོད། །ཀླུ་སྲིན་ཁྲུང་བུར་བོན་གྱི་སྐལ་ཐོབ་ནས། །བསེ་དུང་སྒྲིང་གསུམ་ཁ་ཕྱེས་དོས་ཅིག་བླངས། །འགྲོ་བའི་དོན་དུ་དད་ལྡན་དགེ་སྤྱོལ་བའི། །སྒོ་གསུམ་གུས་བཏུད་འདུན་པས་རབ་ཏུ་བསྐལ། །སྒྱུག་གུ་བར་བརྒྱའི་འབྲུ་ལ་དཀའ་བས་བཅད། །ཤོག་སེར་དམར་སྨུག་རྒྱ་ཤོག་ལྡེམ་པ་འི། །ཞིང་ལ་མཛུབ་གང་སྣ་ལ་མཛུབ་གསུམ་དུ། །ཤོག་དྲིལ་གཉིས་ལ་ཡིག་འབྲིང་བཞི་བཅུ་གཅིག །སྟོད་སྨད་འབྲུ་ལེན་བྱས་ཤིང་ཞལ་བཤུས་ནས། །བོད་ཤོག་དཀར་ལ་ཡི་གེར་བཏབ་པ་དགེ །འགལ་འཁྲུལ་གཏེར་བདག་གཉེན་ལ་བཟོད་པར་གསོལ། །དྲི་མེད་ཟབ་མོ་བདེན་པའི་བོན་འདི་ཡང་། །དུས་གསུམ་མི་ནུབ་ཉི་མའི་འོད་གསལ་ཤོག །དགེའོ། དགེའོ། བཀྲ་ཤིས་པར་གྱུར་ཅིག །

ལྡེབ་གྲངས། 161—164བ།(ཕྲེང་6)

055 〈རི〉

མཚན་བྱང་། གསེར་འོད་ནོར་བུ་འོད་འབར་གྱི་གཞུང་བཞུགས་པའི་དབུ་ཕྱོགས་ལེགས་སོ། །

བསྡུས་བྱང་། གསེར་འོད།

གྲངས་ཚད། ཆོས་ཚན་9ལ་ལེའུ་37དང་ལྡེབ་266ཡོད། ཤོག་གྲངས་532བཞུགས།

རིགས་རྣམ། གཏེར་མ།

གཏེར་སྟོན། གླིང་གཤེན་བློ་གྲོས་རྒྱལ་མཚན།

055–1
ཆོས་ཚན་དང་པོ། གསེར་འོད་ནོར་བུ་འོད་འབར་གྱི་གཞུང་བཞུགས་པའི་དབུ་ཕྱོགས་ལེགས་སོ། །

055–1–1
ལེའུ་དང་པོ། རིན་ཆེན་ནོར་བུ་འོད་འབར་ལས་སླིང་(གླིང་)གཞི་ཞུས་པའི་ལེའུ།
ལྡེབ་གྲངས། 1—10བ།(ཕྲེང་1)

055–1–2
ལེའུ་གཉིས་པ། རིན་ཆེན་ནོར་བུ་འོད་འབར་ལས་བོད་བཤད་སེམས་བསྐྱེད་ཀྱི་ལེའུ། འ་ཞ་གསང་བས་ཞུས་པ།
ལྡེབ་གྲངས། 1—16བ།(ཕྲེང་4)

055–1–3
ལེའུ་གསུམ་པ། རིན་ཆེན་ནོར་བུ་འོད་འབར་ལས་ཏིང་འཛིན་དགོངས་རིམ་གྱི་ལེའུ། འ་ཞ་གསང་བས་ཞུས་པ།
ལྡེབ་གྲངས། 16—22ན།(ཕྲེང་1)

055–1–4
ལེའུ་བཞི་པ། རིན་ཆེན་ནོར་བུ་འོད་འབར་ལས་འགྲོ་བ་ཐར་པར་འདྲེན་པའི་གཟུངས་ཀྱི་ལེའུ། འ་ཞ་གསང་བས་ཞུས་པ།
ལྡེབ་གྲངས། 22—24བ།(ཕྲེང་5)

055–1–5
ལེའུ་ལྔ་པ། རིན་ཆེན་ནོར་བུ་འོད་འབར་ལས་གདུག་རྩུབ་འཇོམས་བྱེད་ཀྱི་གཟུངས་ཀྱི་ལེའུ། འ་ཞ་གསང་བས་ཞུས་པ།
ལྡེབ་གྲངས། 24—26བ།(ཕྲེང་4)

055–1–6
ལེའུ་དྲུག་པ། རིན་ཆེན་ནོར་བུ་འོད་འབར་ལས་ཚེ་ནོར་བསོད་ནམས་ལོངས་སྤྱོད་འཕེལ་བའི་ལེའུ། འ་ཞ་གསང་བས་ཞུས་པ།
ལྡེབ་གྲངས། 26—31བ།(ཕྲེང་6)

055–1–7
ལེའུ་བདུན་པ། རིན་ཆེན་ནོར་བུ་འོད་འབར་ལས་འཁོར་འདས་མྱང་འདས་ཀྱི་ལེའུ། འ་ཞ་གསང་བས་ཞུས་པ།
ལྡེབ་གྲངས། 31—39ན།(ཕྲེང་7)

055–1–8
ལེའུ་བརྒྱད་པ། རིན་ཆེན་ནོར་བུ་འོད་འབར་ལས་བདུད་རིགས་བཏུལ་བའི་ལེའུ། འ་ཞ་གསང་བས་ཞུས་པ།
ལྡེབ་གྲངས། 39—45བ།(ཕྲེང་1)

055–1–9
ལེའུ་དགུ་པ། རིན་ཆེན་ནོར་བུ་འོད་འབར་ལས་རྣམ་དག་གཟུངས་ཀྱི་ལེའུ། ཕྱྭ་གཤེན་སྣང་བ་འོད་ལྡན་གྱིས་ཞུས་པ།
ལྡེབ་གྲངས། 45—49ན།(ཕྲེང་4)

055–1–10
ལེའུ་བཅུ་པ། རིན་ཆེན་ནོར་བུ་འོད་འབར་ལས་ཕྱི་ཁམས་སུ་བདུད་བཏུལ་ཞིང་ཕྱི་ཁམས་བོད་ལ་བཀོད་པའི་ལེའུ། སྣང་གྲགས་ཕྱི་གསས་དཔོན་བཙུན་གྱིས་ཞུས་པ།
ལྡེབ་གྲངས། 49—52ན།(ཕྲེང་4)

055–1–11
ལེའུ་བཅུ་གཅིག་པ། རིན་ཆེན་ནོར་བུ་འོད་འབར་ལས་ཀླུ་ལ་མི་རྟག་མཐར་ཕྱིན་སངས་རྒྱས་གྲུབ་ཚུལ་བཤད་པའི་ལེའུ། འ་ཞ་

གསང་བ་མདོ་སྡུད་ཀྱིས་ཞུས་པ།
ལྡེབ་གྲངས། 52—61ན།(ཁྲིང་7)

055–1–12
ལེའུ་བཅུ་གཉིས་པ། རིན་ཆེན་ནོར་བུ་འོད་འབར་ལས་སྐྱུད་བཏུ་པའི་སྐུ་རྣམས་བོད་ལ་བཀོད་པའི་ལེའུ།
ལྡེབ་གྲངས། 61—67བ།(ཁྲིང་2)

055–1–13
ལེའུ་བཅུ་གསུམ་པ། རིན་ཆེན་ནོར་བུ་འོད་འབར་ལས་དངོས་གྲུབ་ཀུན་འདུས་གཟུངས་ཀྱི་ལེའུ།
ལྡེབ་གྲངས། 67—70བ།(ཁྲིང་1)

055–1–14
ལེའུ་བཅུ་བཞི་པ། རིན་ཆེན་ནོར་བུ་འོད་འབར་ལས་ཡོན་ཏན་ལེགས་པ་ངོ་མཚར་གྱི་ལེའུ། འ་ཞ་གསང་བ་མདོ་སྡུད་ཀྱིས་ཞུས་པ།
ལྡེབ་གྲངས། 70—74ན།(ཁྲིང་6)

055–1–15
ལེའུ་བཅོ་ལྔ་པ། རིན་ཆེན་ནོར་བུ་འོད་འབར་ལས་བཀྲ་ཤིས་ཚེ་ནོར་གཡང་སྐྱབས་སྨོན་ལམ་རྒྱས་འདེབས་ཀྱི་ལེའུ། འ་ཞ་གསང་བ་མདོ་སྡུད་ཀྱིས་ཞུས་པ།
ལྡེབ་གྲངས། 74—80ན།(ཁྲིང་2)

055–2
ཆོས་ཚན་གཉིས་པ། གསེར་འོད་ནོར་བུ་འོད་འབར་གྱི་གཡང་སྐྱབས་བཞུགས་པའི་དགེ་ལེགས་འཕེལ་ལོ། །གཡང་འབོད།
བསྡུས་བྱང་། གསེར་འོད་གཡང་སྐྱབས།

055–2–1
ལེའུ་བཅུ་དྲུག་པ། གསེར་འོད་ནོར་བུ་འོད་འབར་ལས་བཀྲ་ཤིས་ཚེ་ནོར་གཡང་སྐྱབས་ཀྱི་ལེའུ། འ་ཞ་གསང་བ་མདོ་སྡུད་ཀྱིས་ཞུས་པ།
ལྡེབ་གྲངས། 1—20ན།(ཁྲིང་5)

055–2–2
ལེའུ་བཅུ་བདུན་པ། གསེར་འོད་ནོར་བུ་འོད་འབར་གྱི་རིག་འཛིན་རྒྱུད་ཚུལ་དང་གང་ཟག་རྗེས་སུ་ཡིད་རངས་འགའ་དང་གུས་བསྟོད་ཀྱི་ལེའུ། འ་ཞ་གསང་བ་མདོ་སྡུད་ཀྱིས་ཞུས་པ།
ལྡེབ་གྲངས། 20—21ན།(ཁྲིང་3)

055–3
ཆོས་ཚན་གསུམ་པ། གཟུངས་སྡེ་ལྔ་པ་ཞེས་བྱ་བ་བཞུགས་སོ། །
བསྡུས་བྱང་། གྲ་ལྔ།
ལྡེབ་གྲངས། 1—86ན།(ཁྲིང་1)

055–4
ཆོས་ཚན་བཞི་པ། གསང་བའི་གཟུངས་སྡེ་ཉི་ཤུ་ཞེས་བྱ་བ་བཞུགས་པའི་དབུས་ཕྱོགས་ལེགས་སྷོ། །[①]
ལྡེབ་གྲངས། 1—49ན།(ཁྲིང་3)
མཇུག་བྱང་། དེ་ལྟར་གསང་བའི་གཟུངས་སྔགས་ཉི་ཤུ་ཞེས་བྱ་བ། སྟོན་པས་ཞུ་འཁོར་རྣམས་ལ་གསུངས་སྟེ། གཡུང་དྲུང་གཙུག

① གླེགས་བམ་81པ། ཆོས་ཚན་འདི་ལ་ལེའུ་20ཡོད། གཞུང་ཚད་ཐུང་དྲག་པས་རེ་རེ་བཞིན་བཀོད་མེད།

གཤེན་རྒྱལ་བས། སུ་ཚེ་ལྷེམ་དྲུག་ལ་བརྒྱུད། དེས་མཁས་པ་ཁྲི་ཐོག་སྤར་རྩ་བརྒྱུད། ནམ་མཁའ་སྣང་བ་མདོག་ཅན་དང་། རྒྱལ་པོ་མུ་ཁྲི་བཙན་པོ་ལ་བརྒྱུད། དེས་གཉིས་ཀྱིས་ཤེང་སྐྱང་ཟླ་ཚེས་ལ། གནས་བོན་ཆེན་བོན་རིའི་དབུ་རྩེ་ལྷ་ཏུ་གྲུང་ཐོར། ཉམས་སྣང་དང་རྨི་ལམ་མ་ཡིན་པར་དངོས་སུ་ལུང་བཀའ་རྒྱ་མེད་པར་གནང་ནས། མི་བོ་སྟག་གི་ལོ་ལ་རྣལ་འབྱོར་ཀུན་དགའ་ཚུལ་ཁྲིམས་ཀྱིས་གཏན་ལ་ཕབས་པ་འཕོར་བ་མ་སྟོང་བར་དུ་མ་རྫོགས་སོ། །

055–5

ཆོས་ཚན་ལྔ་པ། གཡུང་དྲུང་གཙང་མའི་གསང་གཟུངས་ཞེས་བྱ་བ་བཞུགས་སོ། །

ལྡེབ་གྲངས། 1—12ན།(ཕྲེང་1)

མཇུག་བྱང་། ཁྱུང་རྒོད་རྩལ་གྱིས་ཟངས་ཟངས་ལྷ་བྲག་ནས་གཏེར་ལས་བཏོན་པ་ལགས་སོ། །རྩང་ཞིགས་རྟོགས་ལྡན་ཞིགས་པོ་ཉིད་ལ་བདག་གིས་ཞུས།

055–6

ཆོས་ཚན་དྲུག་པ། གཡུང་དྲུང་གཙང་མའི་སྒྲིབ་སེལ་གྱི་ཚེ་མདོ་གཟུངས་བཞུགས་སོ། །

ལྡེབ་གྲངས། 1—9བ།(ཕྲེང་1)

མཇུག་བྱང་། སྒྲིབ་པ་ཀུན་སེལ་ཐེག་པའི་མདོ་གཟུངས་འདི། འགྲོ་མགོན་ཚེ་དབང་གྱིས། གླིང་གཤེན་ནམ་མཁའ་མཐོང་གསལ་ལ་བསྟན་རྒྱུད་རྫོགས་སོ།

055–7

ཆོས་ཚན་བདུན་པ། གཡུང་དྲུང་ཚེ་མཆོག་མཐའ་ཡས་ཀྱི་གཟུངས་བཞུགས་སོ། །

ལྡེབ་གྲངས། 1—4ན།(ཕྲེང་1)

མཇུག་བྱང་། གཡུང་དྲུང་མཐའ་ཡས་ཞེས་བྱ་བ། རྨ་ལོ་རང་གྲོལ་གྱི་སྙན་དུ་བརྒྱུད་པ་རྫོགས་སོ།

055–8

ཆོས་ཚན་བརྒྱད་པ། ཡོན་གཙུག་ཕུད་ཀྱིས་མཛད་པའི་ཏ་ལྷ་རིགས་ལྔའི་གཟུང་(གཟུངས་)བཞུགས་པ་ལེགས་སོ། །

ལྡེབ་གྲངས། 1—3བ།(ཕྲེང་4)

མཇུག་བྱང་། དེ་སྐད་ཡེ་ཤེས་གཙུག་ཕུད་ཀྱིས་གསུངས་པ་ལ་མངོན་པར་བསྟོད་དོ། །རིན་པོ་ཆེའི་ཏ་གཟུང་རྫོགས་སོ། །

055–9

ཆོས་ཚན་དགུ་པ། ལྷ་ཡི་བུ་ཚེ་རབས་ཏུ་བསྲིངས་བའི་གཟུངས་ཞེས་བྱ་བ་བཞུགསོ། །

ལྡེབ་གྲངས། 1—2བ།(ཕྲེང་3)

056 ﹝ལི﹞

མཚན་བྱང་། དུས་གསུམ་མི་ནུབ་བསྟན་པའི་རྒྱལ་མཚན་ཀུན་ཏུ་བཟང་པོ་ནམ་མཁའི་རྒྱལ་པོ་ཐུགས་རྗེ་ཆེན་པོ་འཁོར་བ་ཀུན་གྲོལ་གྱི་རྒྱུད་བཞུགས་སོ། །

བསྡུས་བྱང་། མི་ནུབ་བསྟན་མདོ།

གྲངས་ཚད། ཆོས་ཚན་8ལ་ལེའུ་28དང་ལྡེབ་244ཡོད། ཤོག་གྲངས་488བཞུགས།

རིགས་རྣམ། གཏེར་མ།

གཏེར་སྟོན། རིག་འཛིན་ཀུན་གྲོལ་གསང་བ་རྩལ།

056–1

ཆོས་ཚན་དང་པོ། དུས་གསུམ་མི་ནུབ་བསྟན་པའི་མདོ།

056–1–1
ལེའུ་དང་པོ། གླིང་གཞི་སྤྱངས་པའི་རྣམ་བཞགས་ཀྱི་(བཞག་གི་)ལེའུ།
ལྡེབ་གྲངས། 1—4ན།(ཕྲེང་7)

056–1–2
ལེའུ་གཉིས་པ། དགོས་ཀྱི་ལོ་རྒྱུས་བསྟན་པའི་ལེའུ།
ལྡེབ་གྲངས། 4—16ན།(ཕྲེང་3)

056–1–3
ལེའུ་གསུམ་པ། ཕྱི་བྲག་གི་དོན་བསྟན་པའི་ལེའུ།
ལྡེབ་གྲངས། 16—44བ།(ཕྲེང་3)

056–1–4
ལེའུ་བཞི་པ། ས་ལམ་གྱི་འབྲས་བུའི་དོན་བསྟན་པའི་ལེའུ།
ལྡེབ་གྲངས། 44—45བ།(ཕྲེང་5)
མཇུག་བྱང་། དེ་ལྟར་བདག་འདྲ་ཨུ་རྒྱན་བདེ་ཆེན་གླིང་པ་འཝམ། རིག་འཛིན་ཀུན་གྲོལ་གསང་བ་རྩལ་གྱི་མ་མཁའ་འགྲོས་ལུང་གི་བསྐུལ་བ་དང་གནས་བདག་འཇིག་རྟེན་སྐྱོངས་མས་མཐུན་རྐྱེན་བསྐུལ་ངོར། འཛམ་གླིང་ས་ཡི་ཡོངས་བཅུད་རྒྱལ་བའི་ཐུགས་སྤྲུལ་རྟག་ཏུ་ཏུ་བའི་རི་བོ་ཐུ་དབང་དཔལ་གྱིས་གདུང་ཚོབ་ཀྱི་དབུས་ཕྱོགས་ཡོངས་རྫོགས་རིན་ཆེན་གཏེར་དུ་སྤྱན་དྲངས། སྣར་ཇ་ཆེན་ཞེས་པ་ཚ་ཁྲི་ས་ག་ཟླ་བའི་ཚེས་བཟང་པོར་མཚན་བཅས་ཉོག་སེར་ངོས་ལ་སྤྲུལ་པའི་མཁའ་འགྲོ་ཧྲ་རིས་ལ་གནས། དུས་ཀྱི་རྟེན་འབྲེལ་ཕུན་སུམ་འཚོགས་པའི་བཤད་པ་དག འཆི་མེད་བླ་མ་དགྱེས་པའི་འབངས་དཔོན་གསས་གཡུང་དྲུང་རྒྱལ་མཚན་གྱིས་ཡི་གེར་མཐུན་རྐྱེན་མཛད་པའི་རྣམ་པར་དཀར་བའི་དགེ་བས་རྒྱལ་བརྟེན་ཉིན་མོར་བྱེད་དོ། །འགྲོ་རྣམས་སྨིན་གྲོལ་བདེ་སྐྱིད་རྫོགས་ལྡན་གསར་པའི་མགྲོན་ལ་རྟག་ཏུ་སྤྱོད་པར་གྱུར་ཅིག །བཀྲ་ཤིས་པར་ཤོག །
ལྡེབ་གྲངས། 46—47ན།(ཕྲེང་5)

056–2
ཆོས་ཚན་གཉིས་པ། ཀུན་བཟང་ནམ་མཁའི་རྒྱལ་པོའི་རྒྱུད་ལས་སྒྲིབ་པ་ཀུན་སྦྱོངས་གཟུངས་ཀྱི་ལེའུ་བཞུགས་པ་ལེགས་སྷོ། །
ལྡེབ་གྲངས། 1—13ན།(ཕྲེང་5)[①]
མཇུག་བྱང་། བདག་འདྲ་ཨུ་རྒྱན་བདེ་ཆེན་གླིང་པ་འཝམ། རིག་འཛིན་ཀུན་གྲོལ་གསང་བ་རྩལ་གྱིས་ས་ཏ་ཟླ་ཚེས་བཟང་པོར་སྣང་ཡུལ་དགའ་ཚལ་གྱིས། ཡོངས་རྫོང་དཔལ་གྱི་ཕུག་ནས་ཟབ་མོ་གཏེར་དུ་སྤྱན་དྲངས་ནས་སྣར་ལྟགས་བྱ་ལོར་བོད་ཡིག་ཏུ་བཏུག་པའོ། །དྲུང་ཡིག་པ་ནི་དམུ་ཕྱེར་མཐྲག་གྱིས་པའི་དགེ་དེས། བོན་འདི་ཉི་ཟེར་ས་ཡི་རྟུལ་བཞིན་ཕྱོགས་བཅུར་ཡོངས་ལ་འཕེལ་ཞིང་རྒྱས་པར་ཤོག །བཀྲ་ཤིས་པར་ཤོག །

056–3
ཆོས་ཚན་གསུམ་པ། གསང་བ་རིན་ཆེན་ཡན་ལག་སྙིང་རྒྱུད་དགོངས་འདུས་རྒྱབ་རྟེན་ལུང་གི་རྒྱུད་བཞུགསྷོ། །
ལྡེབ་གྲངས། 1—112ན།(ཕྲེང་7)

056–3–1
ལེའུ་དང་པོ། བོན་གྱི་ལོ་རྒྱུས་བསྟན་ཏེ་གླིང་གཞིའི་ལེའུ།
ལྡེབ་གྲངས། 1—7བ།(ཕྲེང་6)

① ཤོག་གྲངས་བརྒྱད་པ་མ་བཞུགས་ཀྱང་གཞུང་དོན་སྔ་ཕྱི་འབྲེལ་ཐུབ།

056–3–2
ལེའུ་གཉིས་པ། སྤྱིར་བསྟན་རྣམ་པ་བཅུ་དྲུག་གི་རྒྱུད་བསྟན་པའི་ལེའུ། བླ་ཆེན་པོ་ནམ་མཁའི་དང་ཅན།
ཤོག་གྲངས། 7—22ན།(ཕྲེང་3)

056–3–3
ལེའུ་གསུམ་པ། ཕྱི་ཐྲག་གི་དོན་བསྟན་པའི་ལེའུ།[①]
ཤོག་གྲངས། 22—26བ།(ཕྲེང་5)

056–3–4
ལེའུ་བཞི་པ། རྩ་རྒྱུད་གཞི་འཛིན་ཆེ་བ་གོ་ལམ་དུ་ཞུགས་པའི་རྒྱུད་བསྟན་པའི་ལེའུ།
ཤོག་གྲངས། 26—27བ།(ཕྲེང་3)

056–3–5
ལེའུ་གྲངས་མ་འཁོད་པ། རྒྱུད་སྣ་ཚོགས།
ཤོག་གྲངས། 27—172ན།

056–4
ཆོས་ཚན་བཞི་པ། ཀུན་འདུས་རིན་ཆེན་གཡུང་དྲུང་གསང་བའི་རྒྱུད་ལས་བདེར་གཤེགས་དགོངས་འདུས་བཞུགས་པ་ལགས་སྷོ། །
ཤོག་གྲངས། 1-19ན།(ཕྲེང་6)
མཇུག་བྱང་། ཁོ་བོ་རིག་འཛིན་ཀུན་གྲོལ་གསང་བ་རྩལ་གྱིས་བོད་དང་བོད་ཀྱི་ས་མཚམས། ས་སྐྱོང་སེ་ཆེན་ཧོར་གྱི་རྒྱལ་པོའི་སོག་རྒྱལ་ཁབ་དཔལ་འབྱོར་ལྡན་གྲུབ་རྣམ་རྒྱལ་ཕོ་བྲང་གི་ཤར་ཕྱོགས། སྤུ་རྒྱལ་རི་བོའི་ཚེ་ལུང་དཔལ་འབར་གདོང་ཅན་བྲག་གི་མཐིལ་ནས། རང་ལོ་སོ་དྲུག་གི་ས་འབྲུག་ཟླ་བ་དང་པོའི་ཉི་ཤར་དུ་མེ་ཏོག་གི་ཆར་དང་ཆས་ཏེ་འདུས་པའི་སྐལ་ལྡན་ཤག་རིགས་བསྟན་འཛིན་གྲགས་པ་གཙོས་ལྔ་ཙམ་གྱི་དབང་པོའི་སྤྱོད་ཡུལ་དུ་གྱུར་པར་སྤྱན་དྲངས་ཤིང་། དེ་འཕྲལ་ས་སྐྱོང་མི་ཡི་དབང་པོ་ཙུང་ཆེ་ཧུ་རྣམ་རྒྱལ་དབང་འདུས་བཀྲ་ཤིས་སོགས་ལ་བྱིན་གྱིས་བརླབས་ནས། སླར་ཤེལ་བྲག་ཚལ་དུ་མཆུ་ཟླའི་ཚེས་བཅུར་ཤོག་སེར་ལས་བཀའ་བ་ཆེད་དུས་དཔྱད་དེ་ཚར་ལྔ་བཤུས་ཤིང་གུ་རུ་རིན་པོ་ཆེའི་དངོས་ལུང་བཞི་སྡེ་ས་ཆུ་མེ་ཀླུང་གི་ཡུམ་ཆེན་བཞི་ཡི་མཁའ་ཧྭ་གཏད་ནས་མཆོག་ཐུན་དངོས་གྲུབ་ཀྱི་གཏེར་ཆེན་པོར་སྤྱོད་པར་བྱས་པའི་ཕྱི་མ་འདི་ཡང་རྟེན་འབྲེལ་གྱི་སྒོ་དུ་མར་བསྟན་ཏེ་ལྔ་འདུས་ཡེ་ཤེས་ནམ་མཁའི་ཁམས་ལ་སྤྱོད་པ་རྣམས་ཀྱི་སྐལ་པར་བཞག་པས་བསྟན་འཛིན་མཆོག་རྣམས་ཞབས་པད་སྐལ་བརྒྱར་བརྟན་ཅིང་། བསྟན་པ་རིན་ཆེན་རྟག་བརྟན་དར་རྒྱས་ཀྱི་རྒྱུ་རྟེ་ཟབ་གཏེར་འདིས་བསྐྱེད་ཕྱིར་ཕྱོགས་དུས་གནས་སྐབས་ཀུན་ཏུ་དར་ཞིང་རྒྱས་པར་གྱུར་ཅིག །བླ་བྲང་གི་ཕྱག་དཔེ་གཏེར་ཆེན་ཉིད་ཀྱི་ཕྱག་བྲིས་གཏེར་ཚལ་བྲིས་ཞུས་དག །བཀྲ་ཤིས་པར་ཤོག །

056–5
ཆོས་ཚན་ལྔ་པ། བདེར་གཤེགས་དགོངས་པ་ཐུགས་བསྐུལ་ཡིད་བཞིན་ནོར་བུའི་ལུང་གི་རྩ་བ་ས་བོན་ལྷ་བུའི་རྒྱུད་བཞུགས་སྷོ། །
ཤོག་གྲངས། 1—19ན།(ཕྲེང་6)

056–5–1
ལེའུ་དང་པོ། གླིང་སློང་བའི་ལེའུ།
ཤོག་གྲངས། 1—3ན།(ཕྲེང་5)

056–5–2
ལེའུ་གཉིས་པ། སྤྱི་སྟོམ་བསྟན་པའི་ལེའུ།
ཤོག་གྲངས། 3—4ན།(ཕྲེང་7)

---

① ལེའུ་མིང་དངོས་སུ་བཀོད་མི་འདུག་པ་སྒྲིག་མཁན་གྱིས་སྦྱར།

056–5–3

ལེའུ་གསུམ་པ། འབྱུང་བ་ཆགས་ཚུལ་བསྟན་པའི་ལེའུ།

ལྡེབ་གྲངས། 4—5ན།(ཕྲེང་3)

056–5–4

ལེའུ་བཞི་པ། ནང་གི་བཞི་རུ་འཆད་པའི་ལེའུ།

ལྡེབ་གྲངས། 5—5བ།(ཕྲེང་5)

056–5–5

ལེའུ་ལྔ་པ། གསང་བའི་བཞི་རྒྱུད་འཆད་པའི་ལེའུ།

ལྡེབ་གྲངས། 5—6ན།(ཕྲེང་4)

056–5–6

ལེའུ་དྲུག་པ། ཡང་གསང་བཞི་རྒྱུད་འཆད་པའི་ལེའུ།

ལྡེབ་གྲངས། 6—6བ།(ཕྲེང་5)

056–5–7

ལེའུ་བདུན་པ། ལེའུ་བདུན་པ་མེད།

056–5–8

ལེའུ་བརྒྱད་པ། འཕྲིན་ལས་རིམ་པ་བསྟན་པའི་ལེའུ།

ལྡེབ་གྲངས། 6—7བ།(ཕྲེང་2)

056–5–9

ལེའུ་དགུ་པ། ཐུགས་སྐྱབ་ཡིད་བཞིན་ནོར་བུའི་སྔོན་འགྲོའི་རིམ་པ་བསྟན་པའི་ལེའུ།

ལྡེབ་གྲངས། 7—9ན།(ཕྲེང་5)

056–5–10

ལེའུ་བཅུ་པ། བཅའ་བཞི་[①]བསྙེན་པའི་རིམ་པ་བསྟན་པའི་ལེའུ།

ལྡེབ་གྲངས། 9—10བ།(ཕྲེང་1)

056–5–11

ལེའུ་བཅུ་གཅིག་པ། དངོས་གཞི་སྒྲུབ་པའི་ཡན་ལག་བསྟན་པའི་ལེའུ།

ལྡེབ་གྲངས། 10—12བ།(ཕྲེང་2)

056–5–12

ལེའུ་བཅུ་གཉིས་པ། རྗེས་བྱ་འཕྲིན་ལས་བཞི་རུ་བསྟན་པའི་ལེའུ།

ལྡེབ་གྲངས། 12—13ན།(ཕྲེང་6)

056–5–13

ལེའུ་བཅུ་གསུམ་པ། བྱིན་རླབས་དབང་གི་འཕྲིན་ལས་བསྟན་པའི་ལེའུ།

ལྡེབ་གྲངས། 13—13བ།(ཕྲེང་5)

056–5–14

ལེའུ་བཅུ་བཞི་པ། ཐུགས་དམ་བསྐང་བའི་འཕྲིན་ལས་བསྟན་པའི་ལེའུ།

---

① དམ་བཅའ།

ལྡེབ་གྲངས། 13—15བ།(ཕྲེང་1)

056–5–15
ལེའུ་བཅོ་ལྔ་པ། བཞི་རྒྱུན་གྱི་འཕྲིན་ལས་བསྟན་པའི་ལེའུ།
ལྡེབ་གྲངས། 15—16ན།(ཕྲེང་1)

056–1–16
ལེའུ་བཅུ་དྲུག་པ། ཁ་ཚར་ཕྱི་ནང་གསང་གསུམ་བསྟན་པའི་ལེའུ།
ལྡེབ་གྲངས། 16—17ན།(ཕྲེང་2)

056–5–17
ལེའུ་བཅུ་བདུན་པ། དུས་ཀྱི་རྩུབ་འགྱུར་སེལ་གཏོ།
ལྡེབ་གྲངས། 17བ།(ཕྲེང་3)

056–5–18
ལེའུ་བཅོ་བརྒྱད་པ། བཀའ་ཡི་བྲེ་བྲག་གཉེར་བསྟན་པའི་ལེའུ།
ལྡེབ་གྲངས། 17—18ན།(ཕྲེང་4)

056–5–19
ལེའུ་བཅུ་དགུ་པ། མཐར་ཕྱིན་བསྔོད་ཅིང་གསོལ་བ་བཏབ་པར་བསྟན་པའི་ལེའུ།
ལྡེབ་གྲངས། 18—19ན།(ཕྲེང་1)
མཇུག་བྱང་། རིགས་འཛིན་གྱི་གཟུགས་བརྙེན་འཛིན་པ་ཀུན་སྣང་རང་གྲོལ་གསང་བའི་ངོ་བོ་རྩལ་མེད་ཤུག་འབྱུང་གི་རྣམས་འཕྲོར། མི་འགྱུར་ཚེ་དབང་གསང་སྔགས་གྲགས་པས་འབྲུག་ཟླ་བ་དང་པོའི་ཚེས་བཅུའི་ཉི་ཤར་དུ། ཕྱུ་རྒྱལ་གནས་ཀྱི་ལྷོ་ཤར་ཚེ་ལུང་དཔལ་འབར་གདོང་ཅན་བྲག་གི་ངོག་དཀྱིལ་གྱེར་ཕུངས་རིགས་འཛིན་ཆེན་པོའི་ཕྱག་རྒྱས་གདབ་པ་བསྒྲོལ་ནས། སྐལ་ལྡན་འདུས་པའི་ཐོག་མར་ཤག་རིགས་བསྟན་འཛིན་གྲགས་པ་གཙོས་ལམ་གྲུབ་ལྡན་གྱིས་མཐོང་བར་སྤྱན་དྲངས་ནས། སྣར་རིག་བཞིའི་ནང་ཚན་རིན་ཆེན་རིགས་ཀྱི་གནས་མཆོག་བམ་གྲག་གཅིག་པའི་མཐིལ་བདེ་ལྡན་གསང་སྔགས་སྒྲུབ་ཁང་དུ་གཏན་ལ་ཕབ་སྟེ་ཡི་གེ་འདི་ཕྲིན་ལས་ལྷུན་གྲུབ་ཀྱི་བྲུས་པའི་དགེ་ཚོགས་ཀྱི་བོན་འདིས་བསྟན་པ་ཉི་འོད་ས་སྟེང་ཡོངས་ལ་ཁྱབ་པའི་རྒྱུར་གྱུར་ཅིག །

056–6
ཚོས་ཚན་དྲུག་པ། གཡུང་དྲུང་སེམས་དཔའ་ལྷུང་བ་བཤགས་པའི་མདོ་བཞུགས་པའི་དབུ་ལེགས་སྷོ། །
ལྡེབ་གྲངས། 1—12བ།(ཕྲེང་3)
མཇུག་བྱང་། མི་འགྱུར་ཚེ་དབང་གསང་གྲགས་པས་གཏན་ལ་ཕབས་པ་དགེའོ། །

056–7
ཚོས་ཚན་བདུན་པ། གཡུང་དྲུང་སེམས་དཔའ་ལྷུང་བ་བཤགས་པའི་མདོ་ཚོག་འབྲེལ་པའི་མན་ངག་བཞུགསྷོ། །
ལྡེབ་གྲངས། 1—9ན།(ཕྲེང་5)
མཇུག་བྱང་། མི་འགྱུར་ཚེ་དབང་གསང་སྔགས་གྲགས་པས་གཏན་ལ་ཕབས་པ་དགེ།

056–8
ཚོས་ཚན་བརྒྱད་པ། ལྷུང་བ་བཤགས་པའི་ཚོ་ག་ངན་སོང་དོང་སྤྲུག་གཡུང་དྲུང་སེམས་དཔའི་མདོ་བཞུགས་པ་ལེགས་སྷོ། །
ལྡེབ་གྲངས། 1—15བ།(ཕྲེང་2)[①]

---

① པོད་འདིར་ལྡེབ་འབྲུགས་པ་དང་ཚོས་ཚན་གྱི་གོ་རིམ་ནོར་བ་ཤིན་ཏུ་མང་བ་རྣམས་རེ་རེ་བཞིན་དག་པར་བསྒྲིགས་ཏེ་དཀར་ཆག་བཀོད་པའོ། །

057 ཤི

མཚན་བྱང་། བཀའ་རབ་འབྱམས་ཐེག་པ་ཆེན་པོ་མན་ངག་དགོས་འདོད་ཀུན་འབྱུང་ཡིད་བཞིན་ནོར་བུ་རིན་པོ་ཆེ་གསེར་འོད་དམ་པའི་མདོ་སྡེ་ཚེ་གཡང་དཔལ་གསུམ་འབྱུང་བའི་སྙིང་པོ་ཉེ་ལམ་ཟབ་མོ་གཟུངས་ཀྱི་རྒྱལ་པོ་ཞེས་བྱ་བ་བཞུགས་སོ། །

བསྡུས་བྱང་། གསེར་འོད་དམ་པའི་མདོ་སྡེ།

གྲངས་ཚད། ལེའུ་108ལ་ལྡེབ་318ཡོད། ཤོག་གྲངས་636བཞུགས།

རིགས་རྣམ། གཏེར་མ།

གཏེར་སྟོན། མི་གསལ།

057–1

ལེའུ་དང་པོ། གླིང་གཞིའི་ལེའུ།

ལྡེབ་གྲངས། 1—14བ།(ཕྲེང་3)

057–2

ལེའུ་གཉིས་པ། བཀའ་བབ་གཉེར་བཙོལ་ཆེ་བའི་ཡོན་ཏན་ངེས་པའི་དགོས་དོན་བསྟན་པའི་ལེའུ།

ལྡེབ་གྲངས། 14—21བ།(ཕྲེང་2)

057–3

ལེའུ་གསུམ་པ། ཡེ་ཤེས་ལྷ་ཡི་གཙུག་གཟུངས་དམ་པ་བསྟན་པའི་ལེའུ།

ལྡེབ་གྲངས། 21—34ན།(ཕྲེང་4)

057–4

ལེའུ་བཞི་པ། གཤེན་རབ་མི་མགོན་རྒྱལ་པོ་འདོད་པ་དགུ་འགྱུར་གྱི་མདོ་གཟུངས་དམ་པ་བསྟན་པའི་ལེའུ།

ལྡེབ་གྲངས། 34—40ན།(ཕྲེང་1)

057–5

ལེའུ་ལྔ་པ། གནོད་སྦྱིན་རྒྱལ་པོ་བླ་ཏི་ཧི་ཡི་གཟུངས་སྡེ་དམ་པ་བསྟན་པའི་ལེའུ།

ལྡེབ་གྲངས། 40—43བ།(ཕྲེང་4)

057–6

ལེའུ་དྲུག་པ། གནོད་སྦྱིན་རྒྱལ་མོ་ནོར་རྒྱུན་མའི་མདོ་གཟུངས་དམ་པ་བསྟན་པའི་ལེའུ།

ལྡེབ་གྲངས། 43—46ན།(ཕྲེང་4)

057–7

ལེའུ་བདུན་པ། གནོད་སྦྱིན་གྱི་རྒྱལ་མོ་ཁ་འབར་མའི་མདོ་གཟུངས་དམ་པ་བསྟན་པའི་ལེའུ།

ལྡེབ་གྲངས། 46—49ན།(ཕྲེང་5)

057–8

ལེའུ་བརྒྱད་པ། ནོར་ལྷའི་རྒྱལ་པོ་ཨཙྪ་ཛམྦྷ་ལྷའི་མདོ་གཟུངས་དམ་པ་བསྟན་པའི་ལེའུ།

ལྡེབ་གྲངས། 49—53ན།(ཕྲེང་2)

057–9

ལེའུ་དགུ་པ། གནོད་སྦྱིན་གྱི་ཁྲོ་བོ་མི་གཡོ་རྒྱལ་བའི་མདོ་གཟུངས་དམ་པ་བསྟན་པའི་ལེའུ།

ལྡེབ་གྲངས། 53—55བ།(ཕྲེང་2)

057–10
ལེའུ་བཅུ་པ། གནོད་སྦྱིན་གྱི་ཕྲོ་བོ་ཀྱད་ཀྱི་བདག་པོའི་མདོ་གཟུངས་དམ་པ་བསྟན་པའི་ལེའུ།
ཤོག་གྲངས། 55—58ན།(ཕྲེང་3)

057–11
ལེའུ་བཅུ་གཅིག་པ། གནོད་སྦྱིན་གྱི་ཕྲོ་བོ་ཏྲ་ཧྲི་བའི་མདོ་གཟུངས་དམ་པ་བསྟན་པའི་ལེའུ།
ཤོག་གྲངས། 58—60བ།(ཕྲེང་5)

057–12
ལེའུ་བཅུ་གཉིས་པ། གནོད་སྦྱིན་གྱི་ཕྲོ་བོ་བདུད་རྩི་རྒྱལ་བའི་མདོ་གཟུངས་དམ་པ་བསྟན་པའི་ལེའུ།
ཤོག་གྲངས། 60—63བ།(ཕྲེང་5)

057–13
ལེའུ་བཅུ་གསུམ་པ། ནོར་ལྷའི་རྒྱལ་པོ་གང་བ་བཟང་པོའི་མདོ་གཟུངས་དམ་པ་བསྟན་པའི་ལེའུ།
ཤོག་གྲངས། 63—66ན།(ཕྲེང་4)

057–14
ལེའུ་བཅུ་བཞི་པ། ནོར་ལྷའི་རྒྱལ་པོ་ཨཙྪ་ནོར་བུ་བཟང་པོའི་མདོ་གཟུངས་དམ་པ་བསྟན་པའི་ལེའུ།
ཤོག་གྲངས། 66—68བ།(ཕྲེང་5)

057–15
ལེའུ་བཅོ་ལྔ་པ། ཧ་བདག་ཀུ་བེེ་ར་ཙའི་མདོ་གཟུངས་དམ་པ་བསྟན་པའི་ལེའུ།
ཤོག་གྲངས། 68—71བ།(ཕྲེང་1)

057–16
ལེའུ་བཅུ་དྲུག་པ། གནོད་སྦྱིན་ཡང་དག་ཤེས་པའི་མདོ་གཟུངས་དམ་པ་བསྟན་པའི་ལེའུ།
ཤོག་གྲངས། 71—74ན།(ཕྲེང་1)

057–17
ལེའུ་བཅུ་བདུན་པ། གནོད་སྦྱིན་ལྔ་རྩེ་འཛིན་པའི་མདོ་གཟུངས་དམ་པ་བསྟན་པའི་ལེའུ།
ཤོག་གྲངས། 74—76ན།(ཕྲེང་5)

057–18
ལེའུ་བཅོ་བརྒྱད་པ། གནོད་སྦྱིན་ནོར་བདག་མཛོད་ལྡན་གྱིས་(གྱི་)མདོ་གཟུངས་དམ་པ་བསྟན་པའི་ལེའུ།
ཤོག་གྲངས། 76—78བ།(ཕྲེང་4)

057–19
ལེའུ་བཅུ་དགུ་པ། གནོད་སྦྱིན་ནོར་བདག་མཛོད་སྲུང་གི་མདོ་གཟུངས་དམ་པ་བསྟན་པའི་ལེའུ།
ཤོག་གྲངས། 78—81ན།(ཕྲེང་1)

057–20
ལེའུ་ཉི་ཤུ་པ། གནོད་སྦྱིན་རྒྱལ་པོ་འཕྲོག་གནས་ཀྱི་མདོ་གཟུངས་དམ་པ་བསྟན་པའི་ལེའུ།
ཤོག་གྲངས། 81—83ན།(ཕྲེང་3)

057–21
ལེའུ་ཉེར་གཅིག་པ། ནོར་གྱི་ལྷ་མོ་དཔལ་འབར་མའི་མདོ་གཟུངས་དམ་པ་བསྟན་པའི་ལེའུ།

ལྡེབ་གྲངས། 83—85ན།(ཕྲེང་6)

057–22
ལེའུ་ཉེར་གཉིས་པ། དོན་གྱི་ལྷ་མོ་ཆེན་མོ་འདོད་ཁམས་རྒྱལ་མོའི་མདོ་གཟུངས་དམ་པ་བསྟན་པའི་ལེའུ།
ལྡེབ་གྲངས། 85—87བ།(ཕྲེང་3)

057–23
ལེའུ་ཉེར་གསུམ་པ། དོན་གྱི་ལྷ་མོ་ཆེན་མོ་འདོད་པའི་དབང་ཕྱུག་མའི་མདོ་གཟུངས་དམ་པ་བསྟན་པའི་ལེའུ།
ལྡེབ་གྲངས། 87—90ན།(ཕྲེང་3)

057–24
ལེའུ་ཉེར་བཞི་པ། དོན་གྱི་ལྷ་མོ་ཆེན་མོ་གླིང་བཞི་སྤྱི་ཕུད་མའི་མདོ་གཟུངས་དམ་པ་བསྟན་པའི་ལེའུ།
ལྡེབ་གྲངས། 90—93ན།(ཕྲེང་1)

057–25
ལེའུ་ཉེར་ལྔ་པ། དོན་གྱི་ལྷ་མོ་ཆེན་མོ་ཀུན་གྲགས་མའི་མདོ་གཟུངས་དམ་པ་བསྟན་པའི་ལེའུ།
ལྡེབ་གྲངས། 93—95བ།(ཕྲེང་1)

057–26
ལེའུ་ཉེར་དྲུག་པ། དོན་གྱི་ལྷ་མོ་ཆེན་མོ་ཉི་ཟླ་ཐོད་ཕྲེང་མའི་མདོ་གཟུངས་དམ་པ་བསྟན་པའི་ལེའུ།
ལྡེབ་གྲངས། 95—98ན།(ཕྲེང་1)

057–27
ལེའུ་ཉེར་བདུན་པ། དོན་གྱི་ལྷ་མོ་ཆེན་མོ་ཁམས་གསུམ་རྣམ་ཁྲོས་མའི་མདོ་གཟུངས་དམ་པ་བསྟན་པའི་ལེའུ།
ལྡེབ་གྲངས། 98—100བ།(ཕྲེང་4)

057–28
ལེའུ་ཉེར་བརྒྱད་པ། དོན་གྱི་ལྷ་མོ་དཔལ་བཟང་མའི་མདོ་གཟུངས་དམ་པ་བསྟན་པའི་ལེའུ།
ལྡེབ་གྲངས། 100—103བ།(ཕྲེང་1)

057–29
ལེའུ་ཉེར་དགུ་པ། ལྷ་ཆེན་ཚོགས་ཀྱི་བདག་པོའི་མདོ་གཟུངས་དམ་པ་བསྟན་པའི་ལེའུ།
ལྡེབ་གྲངས། 103—106ན།(ཕྲེང་3)

057–30
ལེའུ་སུམ་ཅུ་པ། བསོད་ནམས་ལྷ་མོ་བསམ་འགྲུབ་མའི་མདོ་གཟུངས་དམ་པ་བསྟན་པའི་ལེའུ།
ལྡེབ་གྲངས། 106—108བ།(ཕྲེང་4)

057–31
ལེའུ་སོ་གཅིག་པ། དོན་ལྷའི་རྒྱལ་པོ་ཨཙྪ་ཁྲི་བདག་གདོང་གི་མདོ་གཟུངས་དམ་པ་བསྟན་པའི་ལེའུ།
ལྡེབ་གྲངས། 108—111བ།(ཕྲེང་1)

057–32
ལེའུ་སོ་གཉིས་པ། དཔལ་མོ་ཆེན་མོ་སྲིད་འཛིན་མའི་མདོ་གཟུངས་དམ་པ་བསྟན་པའི་ལེའུ།
ལྡེབ་གྲངས། 111—115ན།(ཕྲེང་3)

057–33
ལེའུ་སོ་གསུམ་པ། ནོར་ལྷའི་རྒྱལ་པོ་ཨཙྪ་པྲ་ཕུད་ཅན་གྱི་མདོ་གཟུངས་དམ་པ་བསྟན་པའི་ལེའུ།
ལྡེབ་གྲངས། 115—118ན།(ཞིང་1)

057–34
ལེའུ་སོ་བཞི་པ། སྨོན་ལམ་ལྷ་མོ་ཡིད་བཞིན་མའི་མདོ་གཟུངས་དམ་པ་བསྟན་པའི་ལེའུ།
ལྡེབ་གྲངས། 118—120ན།(ཞིང་6)

057–35
ལེའུ་སོ་ལྔ་པ། ནོར་ལྷའི་རྒྱལ་པོ་ཨཙྪ་རེ་མན་ཏའི་མདོ་གཟུངས་དམ་པ་བསྟན་པའི་ལེའུ།
ལྡེབ་གྲངས། 120—123ན།(ཞིང་2)

057–36
ལེའུ་སོ་དྲུག་པ། བཀྲ་ཤིས་ལྷ་མོ་ཆར་འབེབ་མའི་མདོ་གཟུངས་དམ་པ་བསྟན་པའི་ལེའུ།
ལྡེབ་གྲངས། 123—126ན།(ཞིང་1)

057–37
ལེའུ་སོ་བདུན་པ། དཔལ་མགོན་ལྷ་དབང་བརྒྱ་བྱིན་གྱི་མདོ་གཟུངས་དམ་པ་བསྟན་པའི་ལེའུ།
ལྡེབ་གྲངས། 126—128བ།(ཞིང་2)

057–38
ལེའུ་སོ་བརྒྱད་པ། དཔལ་གྱི་ལྷ་བརྒྱད་གསང་བའི་མདོ་གཟུངས་དམ་པ་བསྟན་པའི་ལེའུ།
ལྡེབ་གྲངས། 128—131བ།(ཞིང་1)

057–39
ལེའུ་སོ་དགུ་པ། དཔལ་མགོན་ཡིད་ལ་སེམས་དཔའི་མདོ་གཟུངས་དམ་པ་བསྟན་པའི་ལེའུ།
ལྡེབ་གྲངས། 131—134ན།(ཞིང་2)

057–40
ལེའུ་བཞི་བཅུ་པ། དཔལ་མགོན་དྲེག་པའི་རྒྱལ་པོའི་མདོ་གཟུངས་དམ་པ་བསྟན་པའི་ལེའུ།
ལྡེབ་གྲངས། 134—136བ།(ཞིང་4)

057–41
ལེའུ་ཞེ་གཅིག་པ། དཔལ་མགོན་སྲིད་རྗེ་འཕྲང་དཀར་གྱི་མདོ་གཟུངས་དམ་པ་བསྟན་པའི་ལེའུ།
ལྡེབ་གྲངས། 136—139ན།(ཞིང་2)

057–42
ལེའུ་ཞེ་གཉིས་པ། དཔལ་མགོན་ལྷ་རབ་འོད་ཙམ་གྱི་མདོ་གཟུངས་དམ་པ་བསྟན་པའི་ལེའུ།
ལྡེབ་གྲངས། 139—141བ།(ཞིང་2)

057–43
ལེའུ་ཞེ་གསུམ་པ། དཔལ་མགོན་སྐུ་རྒྱལ་གཙུག་ན་རིན་ཆེན་གྱི་མདོ་གཟུངས་དམ་པ་བསྟན་པའི་ལེའུ།
ལྡེབ་གྲངས། 141—144ན།(ཞིང་4)

057–44
ལེའུ་ཞེ་བཞི་པ། དཔལ་མགོན་སྐུ་བརྒྱད་བཀྲ་ཤིས་ཀྱི་མདོ་གཟུངས་དམ་པ་བསྟན་པའི་ལེའུ།

ལྡེབ་གྲངས། 144—147ན།(ཕྲེང་2)

057–45
ལེའུ་ཞེ་ལྔ་པ། དཔལ་མགོན་རྒྱལ་རིགས་འོད་ལྡན་གྱི་མདོ་གཟུངས་དམ་པ་བསྟན་པའི་ལེའུ།
ལྡེབ་གྲངས། 147—149བ།(ཕྲེང་3)

057–46
ལེའུ་ཞེ་དྲུག་པ། དཔལ་མགོན་རྗེ་རིགས་ཟེར་འཕྲོའི་མདོ་གཟུངས་དམ་པ་བསྟན་པའི་ལེའུ།
ལྡེབ་གྲངས། 149—152བ།(ཕྲེང་1)

057–47
ལེའུ་ཞེ་བདུན་པ། དཔལ་མགོན་བྲམ་ཟེ་རལ་ཆེན་གྱི་མདོ་གཟུངས་དམ་པ་བསྟན་པའི་ལེའུ།
ལྡེབ་གྲངས། 152—155ན།(ཕྲེང་4)

057–48
ལེའུ་ཞེ་བརྒྱད་པ། དཔལ་མགོན་གདོལ་པ་འཛིན་པའི་མདོ་གཟུངས་དམ་པ་བསྟན་པའི་ལེའུ།
ལྡེབ་གྲངས། 155—157བ།(ཕྲེང་6)

057–49
ལེའུ་ཞེ་དགུ་པ། དཔལ་མགོན་ཐང་བཟང་རིང་སྐྱེས་ཀྱི་མདོ་གཟུངས་དམ་པ་བསྟན་པའི་ལེའུ།
ལྡེབ་གྲངས། 157—161ན།(ཕྲེང་1)

057–50
ལེའུ་ལྔ་བཅུ་པ། དཔལ་མགོན་གཟའ་བརྒྱད་ཀིང་ཀང་ཞི་བའི་མདོ་གཟུངས་དམ་པ་བསྟན་པའི་ལེའུ།
ལྡེབ་གྲངས། 161—164ན།(ཕྲེང་2)

057–51
ལེའུ་ང་གཅིག་པ། དཔལ་མགོན་ཤིང་སྐར་ལྷ་མོ་བདུན་གྱི་མདོ་གཟུངས་དམ་པ་བསྟན་པའི་ལེའུ།
ལྡེབ་གྲངས། 164—166བ།(ཕྲེང་1)

057–52
ལེའུ་ང་གཉིས་པ། དཔལ་མགོན་ཚུ་ལྷུན་བདུན་གྱི་མདོ་གཟུངས་དམ་པ་བསྟན་པའི་ལེའུ།
ལྡེབ་གྲངས། 166—169ན།(ཕྲེང་3)

057–53
ལེའུ་ང་གསུམ་པ། དཔལ་མགོན་ལྷགས་ལྷམ་བདུན་གྱི་མདོ་གཟུངས་དམ་པ་བསྟན་པའི་ལེའུ།
ལྡེབ་གྲངས། 169—171བ།(ཕྲེང་6)

057–54
ལེའུ་ང་བཞི་པ། དཔལ་མགོན་མེ་ལྷམ་བདུན་གྱི་མདོ་གཟུངས་དམ་པ་བསྟན་པའི་ལེའུ།
ལྡེབ་གྲངས། 171—175བ།(ཕྲེང་2)

057–55
ལེའུ་ང་ལྔ་པ། དཔལ་མགོན་གསང་བ་ལག་ཆེན་གྱི་མདོ་གཟུངས་དམ་པ་བསྟན་པའི་ལེའུ།
ལྡེབ་གྲངས། 175—178བ།(ཕྲེང་5)

057–56
ལེའུ་ང་དྲུག་པ། དཔལ་མགོན་ལྷ་མོ་བརྟན་མའི་མདོ་གཟུངས་དམ་པ་བསྟན་པའི་ལེའུ།
ལྡེབ་གྲངས། 178—181བ།(ཕྲེང་6)

057–57
ལེའུ་ང་བདུན་པ། དཔལ་མགོན་ཁམས་ཀྱི་ལྷ་བརྒྱད་ཀྱི་མདོ་གཟུངས་དམ་པ་བསྟན་པའི་ལེའུ།
ལྡེབ་གྲངས། 181—185བ།(ཕྲེང་4)

057–58
ལེའུ་ང་བརྒྱད་པ། དཔལ་མགོན་དཔལ་ཆེན་འཇིག་མེད་ཀྱི་མདོ་གཟུངས་དམ་པ་བསྟན་པའི་ལེའུ།
ལྡེབ་གྲངས། 185—188བ།(ཕྲེང་1)

057–59
ལེའུ་ང་དགུ་པ། དཔལ་མགོན་སྟབས་ཆེན་གཏུམ་པོའི་མདོ་གཟུངས་དམ་པ་བསྟན་པའི་ལེའུ།
ལྡེབ་གྲངས། 188—191ན།(ཕྲེང་6)

057–60
ལེའུ་དྲུག་ཅུ་པ། དཔལ་མགོན་སྟོབས་ཆེན་གཏུམ་པོའི་མདོ་གཟུངས་དམ་པ་བསྟན་པའི་ལེའུ།
ལྡེབ་གྲངས། 191—193བ།(ཕྲེང་6)

057–61
ལེའུ་རེ་གཅིག་པ། དཔལ་མགོན་གྲགས་ཆེན་གྲགས་པའི་མདོ་གཟུངས་དམ་པ་བསྟན་པའི་ལེའུ།
ལྡེབ་གྲངས། 193—196ན།(ཕྲེང་6)

057–62
ལེའུ་རེ་གཉིས་པ། དཔལ་མགོན་དྲ་རྩལ་སྙིང་པོའི་མདོ་གཟུངས་དམ་པ་བསྟན་པའི་ལེའུ།
ལྡེབ་གྲངས། 196—198བ།(ཕྲེང་6)

057–63
ལེའུ་རེ་གསུམ་པ། དཔལ་མགོན་ཆུ་དབང་རྒྱལ་པོའི་མདོ་གཟུངས་དམ་པ་བསྟན་པའི་ལེའུ།
ལྡེབ་གྲངས། 198—201ན།(ཕྲེང་2)

057–64
ལེའུ་རེ་བཞི་པ། དཔལ་མགོན་རྒྱལ་པོ་དཔལ་འཁོར་ལྡན་དབང་གི་མདོ་གཟུངས་དམ་པ་བསྟན་པའི་ལེའུ།
ལྡེབ་གྲངས། 201—203བ།(ཕྲེང་2)

057–65
ལེའུ་རེ་ལྔ་པ། དཔལ་མགོན་རྒྱལ་པོ་ཡིད་བཞིན་བློ་ལྡན་ཀྱི་མདོ་གཟུངས་དམ་པ་བསྟན་པའི་ལེའུ།
ལྡེབ་གྲངས། 203—205བ།(ཕྲེང་4)

057–66
ལེའུ་རེ་དྲུག་པ། དཔལ་མགོན་རྒྱལ་པོ་སྒྲ་བའི་དགུང་ལྡན་ཀྱི་མདོ་གཟུངས་དམ་པ་བསྟན་པའི་ལེའུ།
ལྡེབ་གྲངས། 205—208ན།(ཕྲེང་3)

057–67
ལེའུ་རེ་བདུན་པ། དཔལ་མགོན་སྟོབས་མཆོག་མཐའ་ཡས་ཀྱི་མདོ་གཟུངས་དམ་པ་བསྟན་པའི་ལེའུ།

ལྡེབ་གྲངས། 208—210བ།(ཐྲིང་4)

057–68
ལེའུ་རེ་བརྒྱད་པ། དཔལ་མགོན་འཕྲོག་གནས་དཔལ་ལྡན་གྱི་མདོ་གཟུངས་དམ་པ་བསྟན་པའི་ལེའུ།
ལྡེབ་གྲངས། 210—213ན།(ཐྲིང་4)

057–69
ལེའུ་རེ་དགུ་པ། དཔལ་མགོན་ཡོ་ལྡན་ཤེས་དབང་གི་མདོ་གཟུངས་དམ་པ་བསྟན་པའི་ལེའུ།
ལྡེབ་གྲངས། 213—215བ།(ཐྲིང་1)

057–70
ལེའུ་བདུན་ཅུ་པ། དཔལ་མགོན་ཚད་མེད་དདཔལ་མཆོག་གི་མདོ་གཟུངས་དམ་པ་བསྟན་པའི་ལེའུ།
ལྡེབ་གྲངས། 215—217བ།(ཐྲིང་6)

057–71
ལེའུ་དོན་གཅིག་པ། དཔལ་མགོན་མཐའ་ཡས་ཟེར་འཕྲོའི་གཟུངས་སྡེ་དམ་པ་བསྟན་པའི་ལེའུ།
ལྡེབ་གྲངས། 217—220ན།(ཐྲིང་3)

057–72
ལེའུ་དོན་གཉིས་པ། དཔལ་མགོན་འོར་སྒྲུབ་རྫེ་བོའི་གཟུངས་སྡེ་དམ་པ་བསྟན་པའི་ལེའུ།
ལྡེབ་གྲངས། 220—223བ།(ཐྲིང་3)

057–73
ལེའུ་དོན་གསུམ་པ། དཔལ་མགོན་ལྷ་མོ་ཆེན་མོ་དཔལ་ཆེན་མའི་གཟུངས་སྡེ་དམ་པ་བསྟན་པའི་ལེའུ།
ལྡེབ་གྲངས། 223—225ན།(ཐྲིང་1)

057–74
ལེའུ་དོན་བཞི་པ། དཔལ་མགོན་ལྷ་མོ་དཔལ་སྦྱིན་མའི་གཟུངས་སྡེ་དམ་པ་བསྟན་པའི་ལེའུ།
ལྡེབ་གྲངས། 225—227ན།(ཐྲིང་4)

057–75
ལེའུ་དོན་ལྔ་པ། དཔལ་མགོན་ལྷ་མོ་ཆེན་མོ་དཔལ་འབྱོར་མའི་གཟུངས་སྡེ་དམ་པ་བསྟན་པའི་ལེའུ།
ལྡེབ་གྲངས། 227—229བ།(ཐྲིང་3)

057–76
ལེའུ་དོན་དྲུག་པ། དཔལ་མགོན་ལྷ་མོ་ཆེན་མོ་སྒྲ་དབྱངས་མའི་གཟུངས་སྡེ་དམ་པ་བསྟན་པའི་ལེའུ།
ལྡེབ་གྲངས། 229—232ན།(ཐྲིང་2)

057–77
ལེའུ་དོན་བདུན་པ། དཔལ་མགོན་དབང་ཕྱུག་ཆེན་པོའི་གཟུངས་སྡེ་དམ་པ་བསྟན་པའི་ལེའུ།
ལྡེབ་གྲངས། 232—234ན།(ཐྲིང་6)

057–78
ལེའུ་དོན་བརྒྱད་པ། དཔལ་མགོན་ལྷ་མོ་འོར་བདག་བི་ཧྲྀ་མའི་གཟུངས་སྡེ་དམ་པ་བསྟན་པའི་ལེའུ།
ལྡེབ་གྲངས། 234—236བ།(ཐྲིང་4)

057–79
ལེའུ་དོན་དགུ་པ། དཔལ་མགོན་ལྷ་མོ་བརྟེན་ནམ་མའི་གཟུངས་སྡེ་དམ་པ་བསྟན་པའི་ལེའུ།
ལྡེབ་གྲངས། 236—238ན།(ཕྲེང་4)

057–80
ལེའུ་བརྒྱད་ཅུ་པ། དཔལ་མགོན་ལྷ་མོ་ཆེན་མོ་གཙུག་མཛེས་མའི་གཟུངས་སྡེ་དམ་པ་བསྟན་པའི་ལེའུ།
ལྡེབ་གྲངས། 238—241བ།(ཕྲེང་3)

057–81
ལེའུ་གྱ་གཅིག་པ། དཔལ་མགོན་ལྷ་མོ་ཏ་རི་མའི་གཟུངས་སྡེ་དམ་པ་བསྟན་པའི་ལེའུ།
ལྡེབ་གྲངས། 241—244བ།(ཕྲེང་1)

057–82
ལེའུ་གྱ་གཉིས་པ། དཔལ་མགོན་ནོར་ལྷའི་རྒྱལ་པོ་ཨ་པར་ཙིཀྵའི་གཟུངས་སྡེ་དམ་པ་བསྟན་པའི་ལེའུ།
ལྡེབ་གྲངས། 244—247ན།(ཕྲེང་1)

057–83
ལེའུ་གྱ་གསུམ་པ། དཔལ་མགོན་ལྷ་མོ་སྐར་མ་ཏུན་ཏིང་མའི་གཟུངས་སྡེ་དམ་པ་བསྟན་པའི་ལེའུ།
ལྡེབ་གྲངས། 247—249བ།(ཕྲེང་4)

057–84
ལེའུ་གྱ་བཞི་པ། ལྷ་མོ་ཆེན་མོ་ནོར་འཛིན་མའི་གཟུངས་སྡེ་དམ་པ་བསྟན་པའི་ལེའུ།
ལྡེབ་གྲངས། 249—252ན།(ཕྲེང་6)

057–85
ལེའུ་གྱ་ལྔ་པ། ལྷ་མོ་ཆེན་མོ་ཕྱུ་པེ་ལུག་མཆོག་མའི་གཟུངས་སྡེ་དམ་པ་བསྟན་པའི་ལེའུ།
ལྡེབ་གྲངས། 252—255ན།(ཕྲེང་1)

057–86
ལེའུ་གྱ་དྲུག་པ། ལྷ་མོ་ཆེན་མོ་ཧྲུ་ཧྲ་ཧྲ་རི་མའི་གཟུངས་སྡེ་དམ་པ་བསྟན་པའི་ལེའུ།
ལྡེབ་གྲངས། 255—257བ།(ཕྲེང་1)

057–87
ལེའུ་གྱ་བདུན་པ། རྒྱལ་པོ་སྣང་སྲིད་ཁྱབ་བདལ་གྱི་གཟུངས་སྡེ་དམ་པ་བསྟན་པའི་ལེའུ།
ལྡེབ་གྲངས། 257—259བ།(ཕྲེང་5)

057–88
ལེའུ་གྱ་བརྒྱད་པ། ལྷ་མོ་དཔྱིད་ཀྱི་རྒྱལ་མོའི་གཟུངས་སྡེ་དམ་པ་བསྟན་པའི་ལེའུ།
ལྡེབ་གྲངས། 259—262ན།(ཕྲེང་5)

057–89
ལེའུ་གྱ་དགུ་པ། ལྷ་མོ་དབྱར་གྱི་རྒྱལ་མོ་ལྷུན་གྲུབ་མའི་གཟུངས་སྡེ་དམ་པ་བསྟན་པའི་ལེའུ།
ལྡེབ་གྲངས། 262—264བ།(ཕྲེང་5)

057–90
ལེའུ་དགུ་ཅུ་པ། ལྷ་མོ་སྟོན་གྱི་རྒྱལ་མོ་རྒྱ་ཆེ་མའི་གཟུངས་སྡེ་དམ་པ་བསྟན་པའི་ལེའུ།

ལྡེབ་གྲངས། 264—267ན།(ཕྲེང་4)

057–91
ལེའུ་གོ་གཅིག་པ། ལྷ་མོ་དཀུན་གྱི་རྒྱལ་མོ་རྒྱས་འདེབས་མའི་གཟུངས་སྡེ་དམ་པ་བསྟན་པའི་ལེའུ།
ལྡེབ་གྲངས། 267—269བ།(ཕྲེང་6)

057–92
ལེའུ་གོ་གཉིས་པ། ཀླུ་དབང་འཛོག་པོའི་གཟུངས་སྡེ་དམ་པ་བསྟན་པའི་ལེའུ།
ལྡེབ་གྲངས། 269—272ན།(ཕྲེང་5)

057–93
ལེའུ་གོ་གསུམ་པ། ཀླུ་མོ་ཧ་ལྷ་དབང་མོའི་གཟུངས་སྡེ་དམ་པ་བསྟན་པའི་ལེའུ།
ལྡེབ་གྲངས། 272—274བ།(ཕྲེང་4)

057–94
ལེའུ་གོ་བཞི་པ། ཀླུ་མོ་ཆེན་མོ་དཔལ་མོ་ནོར་ཕྱུག་མའི་གཟུངས་སྡེ་དམ་པ་བསྟན་པའི་ལེའུ།
ལྡེབ་གྲངས། 274—277ན།(ཕྲེང་3)

057–95
ལེའུ་གོ་ལྔ་པ། ཀླུ་མོ་ལུག་ཕྱུག་མའི་གཟུངས་སྡེ་དམ་པ་བསྟན་པའི་ལེའུ།
ལྡེབ་གྲངས། 277—279བ།(ཕྲེང་1)

057–96
ལེའུ་གོ་དྲུག་པ། ཀླུ་མོ་ཟས་མཆོག་སྦྱིད་ཕྱུག་མའི་གཟུངས་སྡེ་དམ་པ་བསྟན་པའི་ལེའུ།
ལྡེབ་གྲངས། 279—282ན།(ཕྲེང་1)

057–97
ལེའུ་གོ་བདུན་པ། རྒྱལ་པོ་ཁྲི་ཁྲབ་བསྟན་པའི་གཟུངས་སྡེ་དམ་པ་བསྟན་པའི་ལེའུ།
ལྡེབ་གྲངས། 282—284བ།(ཕྲེང་2)

057–98
ལེའུ་གོ་བརྒྱད་པ། འཁོར་རྣམས་ལ་རྒྱལ་པོ་ས་འཛིན་ལྔ་བཙུ་རྩ་བརྒྱད་ཀྱི་གཟུངས་སྡེ་དམ་པ་བསྟན་པའི་ལེའུ།
ལྡེབ་གྲངས། 284—288ན།(ཕྲེང་5)

057–99
ལེའུ་གོ་དགུ་པ། སྨན་གྱི་ལྷ་མོ་གྲུབ་པའི་སློ་གྲོས་མའི་གཟུངས་སྡེ་དམ་པ་བསྟན་པའི་ལེའུ།
ལྡེབ་གྲངས། 288—291ན།(ཕྲེང་1)

057–100
ལེའུ་བརྒྱ་ཐམ་པ། ལྷ་མོ་སྙི་མ་འཁྲུངས་མའི་གཟུངས་སྡེ་དམ་པ་བསྟན་པའི་ལེའུ།
ལྡེབ་གྲངས། 291—293ན།(ཕྲེང་5)

057–101
ལེའུ་བརྒྱ་དང་གཅིགགཙུག་ལག་ལྷ་མོ་མཛེས་ལྡན་མའི་གཟུངས་སྡེ་དམ་པ་བསྟན་པའི་ལེའུ།
ལྡེབ་གྲངས། 293—295བ།(ཕྲེང་2)

057–102
ལེའུ་བརྒྱ་དང་གཉིས། ཤེས་རབ་ལྷ་མོ་བློ་ལྡན་མའི་གཟུངས་སྔེ་དམ་པ་བསྟན་པའི་ལེའུ།
ལྡེབ་གྲངས། 295—298ན།(ཁྲིང་3)

057–103
ལེའུ་བརྒྱ་དང་གསུམ། རྒྱལ་པོ་ཕྱོགས་སྐྱོང་བ་བཅུའི་གཟུངས་སྔེ་དམ་པ་བསྟན་པའི་ལེའུ།
ལྡེབ་གྲངས། 298—301ན།(ཁྲིང་3)

057–104
ལེའུ་བརྒྱ་དང་བཞི། སྲིད་པའི་སྡེ་བརྒྱད་ཀྱི་གཟུངས་སྔེ་དམ་པ་བསྟན་པའི་ལེའུ།
ལྡེབ་གྲངས། 301—303བ།(ཁྲིང་3)

057–105
ལེའུ་བརྒྱ་དང་ལྔ། རྒྱལ་པོ་ཆེན་པོ་ཡུལ་འཁོར་སྲུང་གི་གཟུངས་སྔེ་དམ་པ་བསྟན་པའི་ལེའུ།
ལྡེབ་གྲངས། 303—306ན།(ཁྲིང་4)

057–106
ལེའུ་བརྒྱ་དང་དྲུག་རྒྱལ་པོ་རྣམ་ཐོས་སྲས་ཞེས་གཟུངས་སྔེ་དམ་པ་བསྟན་པའི་ལེའུ།
ལྡེབ་གྲངས། 306—308བ།(ཁྲིང་3)

057–107
ལེའུ་བརྒྱ་དང་བདུན། རྒྱལ་པོ་སྤྱན་མི་བཟང་ཞེས་གཟུངས་སྔེ་དམ་པ་བསྟན་པའི་ལེའུ།
ལྡེབ་གྲངས། 308—311ན།(ཁྲིང་3)

057–108
ལེའུ་བརྒྱ་དང་བརྒྱད། རྒྱལ་པོ་ཆེན་པོ་འཕགས་སྐྱེས་པོ་ཞེས་གཟུངས་སྔེ་དམ་པ་བསྟན་པའི་ལེའུ།
ལྡེབ་གྲངས། 311—313བ།(ཁྲིང་1)
ལེའུ་གྲངས་མེད། གསེར་འོད་དམ་པའི་མདོ་སྡེའི་ཕན་ཡོན་དང་བཅས།
ལྡེབ་གྲངས། 313—318བ།①

058 ༼སི༽②
མཚན་བྱང་། བདུན་རྩེ་སྤྱན་གྱི་མདོ་དགུ་ལས་གསོ་རིག་རྩ་བ་ཐུགས་འབུམ་མཁའ་སྟོན་བཞུགས་པ་དབུ་ཕྱོགས་ལེགས།
བསྡུས་བྱང་། ཐུགས་འབུམ།
གྲངས་ཚད། ཆོས་ཚན་4ལ་ལེའུ་163དང་ལྡེབ་649ཡོད། ཤོག་གྲངས་1298བཞུགས།
རིགས་རྣམ། གཏེར་མ།
གཏེར་སྟོན། བན་ཧྲེ་མི་གསུམ།
སྒྲིག་མཁན། དཔྱད་བུ་ཁྲི་ཤེས།

---

① མཇུག་ཆ་མ་ཚང་བར་བཞུགས།
② མཚན་གཞན་དུ། འབུམ་སྡེ་བཞི། གསོ་རིག་རྩ་བ་བདུད་རྩི་སྤྱན་གྱི་མདོ་དགུའི་མདོ་སྡེ་གསུམ་པ་བདུད་རྩི་བང་མཛོད་འབུམ་སྡེ་བཞིའི་མདོ་ལས་ལེའུ་དང་པོ་རྩ་བ་ཐུགས་འབུམ་ནམ་མཁའ་སྟོན་པོ་ཞེས་ཀྱང་བྱ།

058–1
ཆོས་ཚན་དང་པོ། བདུད་རྩི་སྨན་གྱི་མདོ་དགུ་ལས་གསོ་རིག་རྩ་བ་ཐུགས་འབུམ་མཁའ་སྤྱོད་བཞུགས་པ་དབུ་ཕྱོགས་ལེགས།
བསྡུས་བྱང་། ཐུགས་འབུམ།

058–1–1
ལེའུ་དང་པོ། གླེང་གཞིའི་ལེའུ།
ལྡེབ་གྲངས། 1—5བ།(ཕྲེང་6)

058–1–2
ལེའུ་གཉིས་པ། རྣམ་གྲངས་ཀྱི་རྣམ་པར་བཀོད་པའི་ལེའུ།
ལྡེབ་གྲངས། 5—8བ།(ཕྲེང་1)

058–1–3
ལེའུ་གསུམ་པ། གནས་ལུགས་ནད་གཞིའི་ལེའུ།
ལྡེབ་གྲངས། 8—9བ།(ཕྲེང་3)

058–1–4
ལེའུ་བཞི་པ། དོན་འཛིན་རྟགས་ཀྱི་ལེའུ།
ལྡེབ་གྲངས། 9—10ན།(ཕྲེང་5)

058–1–5
ལེའུ་ལྔ་པ། གསོ་ཐབས་ཀྱི་ལེའུ།
ལྡེབ་གྲངས། 10—11ན།(ཕྲེང་2)

058–1–6
ལེའུ་དྲུག་པ། དཔེ་དོན་གྱི་རྣམ་གྲངས་རྣམ་པར་བཀོད་པའི་ལེའུ།
ལྡེབ་གྲངས། 11བ།(ཕྲེང་4)

མཇུག་བྱང་། བདུད་རྩི་སྨན་གྱི་མདོ་དགུའི་བརྒྱུད་རིམ་ནི། སངས་རྒྱས་བསྟན་པའི་གཙོ་བོ་དཔྱད་བུ་ཁྲི་ཤེས་ལ་གསུངས། དེས་དམུ་ཙ་ཏྲ་ཧེ་ལ་བཤད། དེས་གསེར་ཐོག་ལྗེ་འབྲམས་ལ་བཤད། དེས་སྟོང་རྒྱུང་མཐུ་ཆེན་ལ་བརྒྱུད། དེས་གྱིམ་ཚ་རྨ་ཆུང་ལ་བརྒྱུད། དེས་བན་ཧྲི་མི་བདུན་གྱི་ཆོས་སུ་བསྒྱུར་སྐབས། དཔེ་ཆ་མེ་ལ་བསྲེགས་པའི་གྲབ་བྱས་དུས། བོན་པོ་མི་བདུན་གྱིས་ཁྱེར་ནས་གཙང་སྟོད་བྱེ་མ་གཡུང་དྲུང་གསང་ཕུག་ཏུ་སྦས། ཕྱིས་དུས་ལ་བབ་ཙམ་ན། གཙང་གི་གཤེན་པོ་བུ་འཚོ་སྲིད་པའི་རྒྱལ་པོ་ཞེས་པས་གཏེར་ཞལ་ཕྱེས་ནས། རྨེའུ་མཁས་པ་དཔལ་ཆེན་ལ་སྤེལ་བའོ། །བསྟན་པའི་གསལ་བྱེད་ཀྱི་ཞབས་འདེགས་ཁམས་ཡུལ་ཏན་གྱི་བཙུན་པ་དྲུང་མུ་ཉི་ཞེར་གྱིས་བགྱིས་པ་སརྦ་ཛ་ཡནྟུ། །

058–2
ཆོས་ཚན་གཉིས་པ། ཐུག་བསྡུལ་ཞི་བྱེད་གསོ་བའི་སྨན་འབུམ་དཀར་པོ་ཞེས་བྱ་བ་བཞུགས་པ་ལེགས་སོ།། །
བསྡུས་བྱང་། སྨན་འབུམ་དཀར་པོ།

058–2–1
ལེའུ་དང་པོ། གླེང་བསླང་བ་སྤྱི་ཡི་དོན།
ལྡེབ་གྲངས། 1—5ན།(ཕྲེང་5)

058–2–2
ལེའུ་གཉིས་པ། རིག་པ་རྩ་ཡིས་དོན་བཟུང་བའི་ལེའུ།

ལྡེབ་གྲངས། 5—13བ།(ཁྲིང་7)

058–2–3
ལེའུ་གསུམ་པ། མདོན་པ་ཚུའིས་ནད་ངོས་བཟུང་བའི་ལེའུ།
ལྡེབ་གྲངས། 13—20བ།(ཁྲིང་4)

058–2–4
ལེའུ་བཞི་པ། ཐང་གི་སྦྱོར་སྡེ་བསྟན་པའི་ལེའུ།
ལྡེབ་གྲངས། 20—25ན།(ཁྲིང་4)

058–2–5
ལེའུ་ལྔ་པ། ཁྱི་མའི་སྦྱོར་སྡེ་བསྟན་པའི་ལེའུ།
ལྡེབ་གྲངས། 25—35བ།(ཁྲིང་5)

058–2–6
ལེའུ་དྲུག་པ། རིལ་བུའི་སྦྱོར་སྡེ་བསྟན་པའི་ལེའུ།
ལྡེབ་གྲངས། 35—38ན།(ཁྲིང་4)

058–2–7
ལེའུ་བདུན་པ། སྨན་མར་ཧྲེ་གུའི་སྦྱོར་སྡེ་བསྟན་པའི་ལེའུ།
ལྡེབ་གྲངས། 38—40བ།(ཁྲིང་2)

058–2–8
ལེའུ་བརྒྱད་པ། སྨན་མར་གྱི་སྦྱོར་སྡེ་བསྟན་པའི་ལེའུ།
ལྡེབ་གྲངས། 40—43བ།(ཁྲིང་1)

058–2–9
ལེའུ་དགུ་པ། ཐལ་སྨན་གྱི་སྦྱོར་སྡེ་བསྟན་པའི་ལེའུ།
ལྡེབ་གྲངས། 43—46ན།(ཁྲིང་7)

058–2–10
ལེའུ་བཅུ་པ། ཁན་ཧྲའི་སྦྱོར་སྡེ་བསྟན་པའི་ལེའུ།
ལྡེབ་གྲངས། 46—48ན།(ཁྲིང་4)

058–2–11
ལེའུ་བཅུ་གཅིག་པ། ཆང་སྨན་གྱི་སྦྱོར་སྡེ་བསྟན་པའི་ལེའུ།
ལྡེབ་གྲངས། 48—51ན།(ཁྲིང་1)

058–2–12
ལེའུ་བཅུ་གཉིས་པ། སྔོ་སྨན་འབུམ་གྱི་སྦྱོར་སྡེ་བསྟན་པའི་ལེའུ།
ལྡེབ་གྲངས། 51—54ན།(ཁྲིང་1)

058–2–13
ལེའུ་བཅུ་གསུམ་པ། ཡོག་ནོན་རིན་པོ་ཆེའི་སྦྱོར་སྡེ་བསྟན་པའི་ལེའུ།
ལྡེབ་གྲངས། 54—57ན།(ཁྲིང་1)

058–2–14
ལེའུ་བཅུ་བཞི་པ། ལས་ལྔའི་སྔོན་འགྲོ་སྣུམ་ཆོས་བསྟན་པའི་ལེའུ།
ལྡེབ་གྲངས། 57—58བ།(ཕྲེང་2)

058–2–15
ལེའུ་བཅོ་ལྔ་པ། བཤལ་གྱི་ལེའུ།
ལྡེབ་གྲངས། 58—66བ།(ཕྲེང་7)

058–2–16
ལེའུ་བཅུ་དྲུག་པ། སྐོད་འདྲེན་གྱི་ལེའུ།
ལྡེབ་གྲངས། 66—68བ།(ཕྲེང་6)

058–2–17
ལེའུ་བཅུ་བདུན་པ། འཇམ་རྩི་སྣད་སྲུན་①གྱི་ལེའུ།
ལྡེབ་གྲངས། 68—70ན།(ཕྲེང་5)

058–2–18
ལེའུ་བཅོ་བརྒྱད་པ། སྣད་སྲུན་ནི་ཏུ་ཏ་ཡི་སྦྱོར་བ་བསྟན་པའི་ལེའུ།
ལྡེབ་གྲངས། 70—71བ།(ཕྲེང་2)

058–2–19
ལེའུ་བཅུ་དགུ་པ། སྣ་སྦྱོང་བསྟན་པའི་ལེའུ།
ལྡེབ་གྲངས། 71—72བ།(ཕྲེང་7)

058–2–20
ལེའུ་ཉི་ཤུ་པ། རྩ་སྦྱོང་བསྟན་པའི་ལེའུ།
ལྡེབ་གྲངས། 72—77བ།(ཕྲེང་2)
མཇུག་བྱང་། བདུད་རྩི་སྙིང་པོ་སྨན་གྱི་མདོ་ལས་གསོ་བ་རིག་པའི་དངོས་གཞི་དཔྱད་ཀྱི་མདོ་སྡེ་རྫོགས་སོ། །

058–2–21
ལེའུ་ཉེར་གཅིག་པ། གཏར་ཁའི་ལེའུ།
ལྡེབ་གྲངས། 77—84བ།(ཕྲེང་5)

058–2–22
ལེའུ་ཉེར་གཉིས་པ། མེ་བཙའ་བསྲེག་ཚོགས་ཀྱི་ལེའུ།
ལྡེབ་གྲངས། 84—88བ།(ཕྲེང་4)

058–2–23
ལེའུ་ཉེར་གསུམ་པ། དཔྱད་མཆོག་དུགས་ཀྱི་སྡེ་བསྟན་པའི་ལེའུ།
ལྡེབ་གྲངས། 88—90ན།(ཕྲེང་4)

058–2–24
ལེའུ་ཉེར་བཞི་པ། ༡དཔྱད་མཆོག་ལུམས་ཀྱི་སྡེ་བསྟན་པའི་ལེའུ།
ལྡེབ་གྲངས། 90—91བ།(ཕྲེང་7)

① སྣན་སྲུན།

058–2–24
ལེའུ་ཉེར་བཞི་པ། ༼དཔྱད་མཆོག་ཐུག་པའི་ལེའུ།
ལྗིབ་གྲངས། 91—93བ།(ཕྲེང་5)

058–2–25
ལེའུ་ཉེར་ལྔ་པ། དཔྱད་ཀྱི་ལོག་རྟོན་ཕྲུར་མའི་ལག་ལེན་གྱི་ལེའུ།
ལྗིབ་གྲངས། 93—102ན།(ཕྲེང་3)

058–2–26
ལེའུ་ཉེར་དྲུག་པ། གཉེན་པོ་ཅིག་རྒྱུག་གང་རྩི་བསྟན་པའི་ལེའུ།
ལྗིབ་གྲངས། 102—103ན།(ཕྲེང་7)

058–2–27
ལེའུ་ཉེར་བདུན་པ། འགོ་ནད་སྲུང་བའི་ལེའུ།
ལྗིབ་གྲངས། 103—109ན།(ཕྲེང་3)

058–2–28
ལེའུ་ཉེར་བརྒྱད་པ། གསོ་བྱེད་མདོར་བསྡུས་ནས་བསྟན་པའི་ལེའུ།
ལྗིབ་གྲངས། 109—110བ།(ཕྲེང་3)

058–2–29
ལེའུ་ཉེར་དགུ་པ། གསོ་བྱེད་རྒྱུད་ཀྱི་ཆེ་བ་བསྟན་པའི་ལེའུ།
ལྗིབ་གྲངས། 110—115བ།(ཕྲེང་1)

058–2–30
ལེའུ་སུམ་ཅུ་པ། གཙོ་འཁོར་ལ་རྒྱུད་གཏད་པའི་ལེའུ།
ལྗིབ་གྲངས། 115—116ན།(ཕྲེང་6)

058–2–30
ལེའུ་སོ་གཅིག་པ། འཁོར་རྣམས་ཀུན་གྱིས་བསྟོད་པ་ཕུལ་བའི་ལེའུ།
ལྗིབ་གྲངས། 116—117ན།(ཕྲེང་3)
མཇུག་བྱང་། རི་གཡུང་དྲུང་དགུ་བརྩེགས་ཀྱི་རྩ་བ་ལ། དཔྱད་བུ་སོགས་འཚོ་གཞོན་རྣམས་ཀྱི་དོན་ལ་གཏན་ལ་ཕབ་པའོ། །རྟེན་འབྲེལ་འགྲིག་པའི་དུས་སུ་བསམ་ཡས་རྩེ་ནས། བན་དྷེ་མི་གསུམ་གྱིས་བཏོན་པའོ། །དེ་ནས་ལྷ་རྗེ་གཡུའ་ཐོག་པས་ཞུས་སྟོ། །

058–3
ཆོས་ཚན་གསུམ་པ། སྡུག་བསྔལ་ཞི་བྱེད་གསོ་བྱེད་དཔྱད་འབུམ་ཁྲ་བོ་ཞེས་བྱ་བ་བཞུགས་པའི་དབུ་ཕྱོགས་ལེགས་སོ། །
བསྡུས་བྱང་། དཔྱད་འབུམ་ཁྲ་བོ།

058–3–1
ལེའུ་དང་པོ། དཔྱད་འབུམ་ཁྲ་བོའི་སྔོམ་ཚིག་བསྟན་པའི་ལེའུ།
ལྗིབ་གྲངས། 1—4བ།(ཕྲེང་7)

058–3–2
ལེའུ་གཉིས་པ། ལུས་ཀྱི་ཆགས་ཚུལ་བསྟན་པའི་ལེའུ།
ལྗིབ་གྲངས། 4—8ན།(ཕྲེང་4)

058–3–3
ལེའུ་གསུམ་པ། ལུས་ཀྱི་དཔེར་བསྟན་པའི་ལེའུ།
ལྡེབ་གྲངས། 8—9ན།(ཕྲེང་4)

058–3–4
ལེའུ་བཞི་པ། ལུས་ཀྱི་གནས་ལུགས་བསྟན་པའི་ལེའུ།
ལྡེབ་གྲངས། 9—11བ།(ཕྲེང་4)

058–3–5
ལེའུ་ལྔ་པ། ལུས་ཀྱི་མཚན་ཉིད་བསྟན་པའི་ལེའུ།
ལྡེབ་གྲངས། 11—13བ།(ཕྲེང་7)

058–3–6
ལེའུ་དྲུག་པ། ལུས་ཀྱི་ལས་དང་བྱེ་བྲག་དབྱེ་བ་བསྟན་པའི་ལེའུ།
ལྡེབ་གྲངས། 13—14བ།(ཕྲེང་6)

058–3–7
ལེའུ་བདུན་པ། ལུས་ཀྱི་འཇིག་ལྟས་①བསྟན་པའི་ལེའུ།
ལྡེབ་གྲངས། 14—17བ།(ཕྲེང་6)

058–3–8
ལེའུ་བརྒྱད་པ། ནད་ཀྱི་རྒྱུ་བསྟན་པའི་ལེའུ།
ལྡེབ་གྲངས། 17—18བ།(ཕྲེང་4)

058–3–9
ལེའུ་དགུ་པ། ནད་ཀྱི་རྐྱེན་བསྟན་པའི་ལེའུ།
ལྡེབ་གྲངས། 18—20བ།(ཕྲེང་2)

058–3–10
ལེའུ་བཅུ་པ། ནད་ཞུགས་ཚུལ་བསྟན་པའི་ལེའུ།
ལྡེབ་གྲངས། 20—21ན།(ཕྲེང་5)

058–3–11
ལེའུ་བཅུ་གཅིག་པ། ནད་ཀྱི་མཚན་ཉིད་བསྟན་པའི་ལེའུ།
ལྡེབ་གྲངས། 21—23ན།(ཕྲེང་5)

058–3–12
ལེའུ་བཅུ་གཉིས་པ། ནད་ཀྱི་དབྱེ་བ་བསྟན་པའི་ལེའུ།
ལྡེབ་གྲངས། 23—27ན།(ཕྲེང་1)

058–3–13
ལེའུ་བཅུ་གསུམ་པ། ཉིན་རེ་བཞིན་རྒྱུན་དུ་སྤྱོད་པའི་ལེའུ།②
ལྡེབ་གྲངས། 27—29ན།(ཕྲེང་7)

---

① འཆི་ལྟས།

② བྱ་བ་སྤྱོད་ལམ།

058–3–14
ལེའུ་བཅུ་བཞི་པ། དུས་སུ་སྤྱོད་པའི་ལེའུ།
ལྡེབ་གྲངས། 29—30བ།(ཕྲེང་3)

058–3–15
ལེའུ་བཅོ་ལྔ་པ། གནས་སྐབས་སྤྱོད་པའི་ལེའུ།
ལྡེབ་གྲངས། 30—31བ།(ཕྲེང་5)

058–3–16
ལེའུ་བཅུ་དྲུག་པ། ཟས་ཀྱི་ཚུལ་ཤེས་པར་བྱ་བའི་ལེའུ།
ལྡེབ་གྲངས། 31—36བ།(ཕྲེང་6)

058–3–17
ལེའུ་བཅུ་བདུན་པ། ཁ་ཟས་སྡོམ་པའི་ལེའུ།
ལྡེབ་གྲངས། 36—37བ།(ཕྲེང་5)

058–3–18
ལེའུ་བཅོ་བརྒྱད་པ། ཁ་ཟས་བསྲུང་བར་ཚོད་རན་པར་ཟ་བའི་ལེའུ།
ལྡེབ་གྲངས། 37—38བ།(ཕྲེང་2)

058–3–19
ལེའུ་བཅུ་དགུ་པ། རོ་དང་ཞུ་རྗེས་བསྟན་པའི་ལེའུ།
ལྡེབ་གྲངས། 38—41ན།(ཕྲེང་6)

058–3–20
ལེའུ་ཉི་ཤུ་པ། སྨན་གྱི་ནུས་པ་བསྟན་པའི་ལེའུ།
ལྡེབ་གྲངས། 41—50ན།(ཕྲེང་1)

058–3–21
ལེའུ་ཉེར་གཅིག་པ། སྨན་གྱི་སྡེ་ཚན་དང་སྦྱར་ཐབས་བསྟན་པའི་ལེའུ།
ལྡེབ་གྲངས། 50—51བ།(ཕྲེང་2)

058–3–22
ལེའུ་ཉེར་གཉིས་པ། གཉེན་པོ་ཆ་དཔྱད་བསྟན་པའི་ལེའུ།
ལྡེབ་གྲངས། 51—53བ།(ཕྲེང་5)

058–3–23
ལེའུ་ཉེར་གསུམ་པ། མི་ན་བར་གནས་པར་བྱེད་པའི་ལེའུ།
ལྡེབ་གྲངས། 53—54བ།(ཕྲེང་7)

058–3–24
ལེའུ་ཉེར་བཞི་པ། ངོས་འཛིན་རྟགས་ཀྱི་ལེའུ།
ལྡེབ་གྲངས། 54—56ན།(ཕྲེང་5)

058–3–25
ལེའུ་ཉེར་ལྔ་པ། ངན་གཡོ་སྐྱོན་གྱི་སྒོ་ནས་བརྟག་པའི་ལེའུ།

ལྡེབ་གྲངས། 56—57ན།(ཁྲིང་4)

058–3–26

ལེའུ་ཉེར་དྲུག་པ། ཡོངས་བྱང་མྱུ་བཞི་བརྟག་པའི་ལེའུ།

ལྡེབ་གྲངས། 57—58ན།(ཁྲིང་3)

058–3–27

ལེའུ་ཉེར་བདུན་པ། གསོ་ཚུལ་གྱི་ལེའུ།

ལྡེབ་གྲངས། 58—60ན།(ཁྲིང་7)

058–3–28

ལེའུ་ཉེར་བརྒྱད་པ། ཁྱད་པར་གྱིས་བཅོས་ཚུལ་རྒྱས་པར་བཤད་པའི་ལེའུ།

ལྡེབ་གྲངས། 60—63ན།(ཁྲིང་3)

058–3–29

ལེའུ་ཉེར་དགུ་པ། གསོ་ཐབས་གཉིས་བསྟན་པའི་ལེའུ།

ལྡེབ་གྲངས། 63—63བ།(ཁྲིང་6)

058–3–30

ལེའུ་སུམ་ཅུ་པ། གསོ་ཐབས་དངོས་བསྟན་པའི་ལེའུ།

ལྡེབ་གྲངས། 63—65ན།(ཁྲིང་4)

058–3–31

ལེའུ་སོ་གཅིག་པ། གསོ་བྱེད་སྨན་པའི་གནས་ལ་ཇི་ལྟར་སྤྱངས་བའི་ཚུལ་བསྟན་པའི་ལེའུ།

ལྡེབ་གྲངས། 65—70ན།(ཁྲིང་4)

མཇུག་བྱང་། གསོ་བྱེད་དཔྱད་འབུམ་ཁྲ་བོ་ཡན་ལག་བརྒྱད་པ་གསང་བའི་མན་ངག་གི་རྒྱུད་རྫོགས་སོ། །

058–4

ཆོས་ཚན་བཞི་པ། སྡུག་བསྔལ་ཞི་བྱེད་གསོའ་བྱེད་ནད་འབུམ་ནག་པོ་ཞེས་བྱ་བ་བཞུགས་པ་ལེགས་སྒྲ། །

བསྡུས་བྱང་། ནད་འབུམ་ནག་པོ།

058–4–1

ལེའུ་དང་པོ། རྩ་བ་སྨད་དོན་སྙིང་བསྡངས་བའི་ལེའུ།

ལྡེབ་གྲངས། 1—8ན།(ཁྲིང་1)

058–4–2

ལེའུ་གཉིས་པ། རླུང་ནད་གསོ་བའི་བཅོས་པའི་ལེའུ།

ལྡེབ་གྲངས། 8—20ན།(ཁྲིང་2)

058–4–3

ལེའུ་གསུམ་པ། མཁྲིས་པའི་ནད་གསོ་ཐབས་ཀྱི་ལེའུ།

ལྡེབ་གྲངས། 20—26བ།(ཁྲིང་6)

058–4–4

ལེའུ་བཞི་པ། བད་ཀན་བཅོས་པའི་ལེའུ།

ལྡེབ་གྲངས། 26—32ན།(ཁྲིང་5)

058–4–5
ལེའུ་ལྔ་པ། ཁྲག་ནད་འདུ་བ་གསོ་བའི་ལེའུ།
ལྷེབ་གྲངས། 32—46ན།(ཁྲིང་3)

058–4–6
ལེའུ་དྲུག་པ། ཕོང་ནད་ཀུན་གྱི་རྩ་བ་མ་ཞུ་བ་བཅོས་པའི་ལེའུ།
ལྷེབ་གྲངས། 46—51ན།(ཁྲིང་4)

058–4–7
ལེའུ་བདུན་པ། ཅོང་ཆེན་སྐྲན་ནད་གསོ་བའི་ལེའུ།
ལྷེབ་གྲངས། 51—59ན།(ཁྲིང་5)

058–4–8
ལེའུ་བརྒྱད་པ། ཕོང་ནད་སྐྱ་སྦལ་བཅོས་པའི་ལེའུ།
ལྷེབ་གྲངས། 59—61བ།(ཁྲིང་6)

058–4–9
ལེའུ་དགུ་པ། འོར་ནད་གསོ་བའི་ལེའུ།
ལྷེབ་གྲངས། 61—63ན།(ཁྲིང་5)

058–4–10
ལེའུ་བཅུ་པ། ཕོང་ནད་དམུ་ཆུ་གསོ་བའི་ལེའུ།
ལྷེབ་གྲངས། 63—73བ།(ཁྲིང་5)

058–4–11
ལེའུ་བཅུ་གཅིག་པ། ཕོང་ནད་ཟད་པོའི་བཅོས་པའི་ལེའུ།
ལྷེབ་གྲངས། 73—76ན།(ཁྲིང་2)

058–4–12
ལེའུ་བཅུ་གཉིས་པ། ཚ་བ་སྤྱི་ཏུ་བཅོས་པའི་ལེའུ།
ལྷེབ་གྲངས། 76—96ན།(ཁྲིང་2)

058–4–13
ལེའུ་བཅུ་གསུམ་པ། ཚ་གྲང་འཁྲུལ་གཞི་བསལ་བའི་ལེའུ།
ལྷེབ་གྲངས། 96—99བ།(ཁྲིང་3)

058–4–14
ལེའུ་བཅུ་བཞི་པ། རི་ཐང་འཚམས་ཀྱིས་ཚ་བ་བཅོས་ཐབས་བསྟན་པའི་ལེའུ།
ལྷེབ་གྲངས། 99—103ན།(ཁྲིང་3)

058–4–15
ལེའུ་བཅོ་ལྔ་པ། མ་སྨིན་ཚ་བ་བཅོས་པའི་ལེའུ།
ལྷེབ་གྲངས། 103—108ན།(ཁྲིང་2)

058–4–16
ལེའུ་བཅུ་དྲུག་པ། རྒྱས་ཚད་བཅོས་པའི་ལེའུ།

ལྡེབ་གྲངས། 108—112བ།(ཕྲེང་6)

058–4–17
ལེའུ་བཅུ་བདུན་པ། སྦྱོངས་ཚད་བཅོས་པའི་ལེའུ།
ལྡེབ་གྲངས། 112—115བ།(ཕྲེང་7)

058–4–18
ལེའུ་བཅོ་བརྒྱད་པ། གབ་ཚད་བཅོས་པའི་ལེའུ།
ལྡེབ་གྲངས། 115—119བ།(ཕྲེང་3)

058–4–19
ལེའུ་བཅུ་དགུ་པ། སྙིངས་ཚད་བཅོས་པའི་ལེའུ།
ལྡེབ་གྲངས། 119—122ན།(ཕྲེང་7)

058–4–20
ལེའུ་ཉི་ཤུ་པ། སྙོངས་ཚད་བཅོས་པའི་ལེའུ།
ལྡེབ་གྲངས། 122—126ན།(ཕྲེང་2)

058–4–21
ལེའུ་ཉེར་གཅིག་པ། འགྲམས་ཚད་བཅོས་པའི་ལེའུ།
ལྡེབ་གྲངས། 126—131ན།(ཕྲེང་2)

058–4–22
ལེའུ་ཉེར་གཉིས་པ། འཁྲུགས་ཚད་བཅོས་པའི་ལེའུ།
ལྡེབ་གྲངས། 131—137བ།(ཕྲེང་4)

058–4–23
ལེའུ་ཉེར་གསུམ་པ། རིམས་ཚད་བད་ནད་བཅོས་པའི་ལེའུ།
ལྡེབ་གྲངས། 137—150བ།(ཕྲེང་7)

058–4–24
ལེའུ་ཉེར་བཞི་པ། འབྲུམ་རིམས་བཅོས་པའི་ལེའུ།
ལྡེབ་གྲངས། 150—154ན།(ཕྲེང་6)

058–4–25
ལེའུ་ཉེར་ལྔ་པ། དམར་བཤལ་གྱི་རྒྱུ་རིམས་བཅོས་པའི་ལེའུ།
ལྡེབ་གྲངས། 154—157བ།(ཕྲེང་2)

058–4–26
ལེའུ་ཉེར་དྲུག་པ། གློག་དང་གག་པ་བཅོས་པའི་ལེའུ།
ལྡེབ་གྲངས། 157—163ན།(ཕྲེང་5)

058–4–27
ལེའུ་ཉེར་བདུན་པ། ཚ་རིམས་བཅོས་པའི་ལེའུ།
ལྡེབ་གྲངས། 163—165ན།(ཕྲེང་5)

058–4–28
ལེའུ་ཉེར་བརྒྱད་པ། མགོ་ནད་གསོ་བའི་ལེའུ།
ལྡེབ་གྲངས། 165—167བ།(ཕྲེང་1)

058–4–29
ལེའུ་ཉེར་དགུ་པ། མིག་ནད་བཅོས་པའི་ལེའུ།
ལྡེབ་གྲངས། 167—175བ།(ཕྲེང་2)

058–4–30
ལེའུ་སུམ་ཅུ་པ། སྟོད་ནད་རྣ་བ་བཅོས་པའི་ལེའུ།
ལྡེབ་གྲངས། 175—177ན།(ཕྲེང་6)

058–4–31
ལེའུ་སོ་གཅིག་པ། སྟོད་ནད་བཅོས་པའི་ལེའུ།
ལྡེབ་གྲངས། 177—178ན།(ཕྲེང་5)

058–4–32
ལེའུ་སོ་གཉིས་པ། སྟོད་ནད་ཁ་སོའི་ལེའུ།
ལྡེབ་གྲངས། 178—181བ།(ཕྲེང་1)

058–4–33
ལེའུ་སོ་གསུམ་པ། མགུལ་ནད་སྣ་བ་བཅོས་པའི་ལེའུ།
ལྡེབ་གྲངས། 181—182བ།(ཕྲེང་6)

058–4–34
ལེའུ་སོ་བཞི་པ། སྙིད་ནད་གསོ་བའི་ལེའུ།
ལྡེབ་གྲངས། 182—184བ།(ཕྲེང་4)

058–4–35
ལེའུ་སོ་ལྔ་པ། གློ་ནད་གསོ་བའི་ལེའུ།
ལྡེབ་གྲངས། 184—187བ།(ཕྲེང་3)

058–4–36
ལེའུ་སོ་དྲུག་པ། མཆིན་ནད་གསོ་བའི་ལེའུ།
ལྡེབ་གྲངས། 187—191ན།(ཕྲེང་1)

058–4–37
ལེའུ་སོ་བདུན་པ། མཆེར་ནད་བཅོས་པའི་ལེའུ།
ལྡེབ་གྲངས། 191—191བ།(ཕྲེང་4)

058–4–38
ལེའུ་སོ་བརྒྱད་པ། མཁལ་མའི་ནད་གསོ་བའི་ལེའུ།
ལྡེབ་གྲངས། 191—193བ།(ཕྲེང་7)

058–4–39
ལེའུ་སོ་དགུ་པ། ཕོ་ནད་གསོ་བའི་ལེའུ།

ལྡེབ་གྲངས། 193—195བ།(ཕྲེང་3)

058–4–40
ལེའུ་བཞི་བཅུ་པ། རྒྱུ་མ་བཅོས་པའི་ལེའུ།
ལྡེབ་གྲངས། 195—196ན།(ཕྲེང་6)

058–4–41
ལེའུ་ཞེ་གཅིག་པ། ལུང་ནད་གསོ་བའི་ལེའུ།
ལྡེབ་གྲངས། 196—197ན།(ཕྲེང་4)

058–4–42
ལེའུ་ཞེ་གཉིས་པ། ཐོ་མཚན་གསོ་བའི་ལེའུ།
ལྡེབ་གྲངས། 197—198ན།(ཕྲེང་5)

058–4–43
ལེའུ་ཞེ་གསུམ་པ། མོ་མཚན་གྱི་ནད་གསོ་བའི་ལེའུ།
ལྡེབ་གྲངས། 198—199བ།(ཕྲེང་2)

058–4–44
ལེའུ་ཞེ་བཞི་པ། མོ་ནད་གཙོ་བོ་སྤྱི་བཅོས་ཀྱི་ལེའུ།
ལྡེབ་གྲངས། 199—202བ།(ཕྲེང་1)

058–4–45
ལེའུ་ཞེ་ལྔ་པ། མོ་ནད་བྱེ་བྲག་ཏུ་བཅོས་པའི་ལེའུ།
ལྡེབ་གྲངས། 202—206ན།(ཕྲེང་6)

058–4–46
ལེའུ་ཞེ་དྲུག་པ། མོ་ནད་ཕལ་བ་བཅོས་པའི་ལེའུ།
ལྡེབ་གྲངས། 206—208བ།(ཕྲེང་3)

058–4–47
ལེའུ་ཞེ་བདུན་པ། སྐྱེད་འགག་གསོ་བའི་ལེའུ།
ལྡེབ་གྲངས། 208—210ན།(ཕྲེང་5)

058–4–48
ལེའུ་ཞེ་བརྒྱད་པ། ཡི་ག་འཆུས་པ་བཅོས་པའི་ལེའུ།
ལྡེབ་གྲངས། 210—211ན།(ཕྲེང་6)

058–4–49
ལེའུ་ཞེ་དགུ་པ། སྨྱོམ་པའི་ནད་གསོ་བའི་ལེའུ།
ལྡེབ་གྲངས། 211—211བ།(ཕྲེང་5)

058–4–50
ལེའུ་ལྔ་བཅུ་པ། སྐྱིག་བུའི་ནད་གསོ་བའི་ལེའུ།
ལྡེབ་གྲངས། 211—212བ།(ཕྲེང་2)

058–4–51
ལེའུ་ང་གཅིག་པ། དབུགས་མི་བདེ་བ་བཅོས་པའི་ལེའུ།
ལྡེབ་གྲངས། 212—214ན།(ཐྲེང་1)

058–4–52
ལེའུ་ང་གཉིས་པ། སྣང་ཐབས་གྲོལ་མ་བཅོས་པའི་ལེའུ།
ལྡེབ་གྲངས། 214—216ན།(ཐྲེང་7)

058–4–53
ལེའུ་ང་གསུམ་པ། སྐྲིན་ནད་གསོ་བའི་ལེའུ།
ལྡེབ་གྲངས། 216—218ན།(ཐྲེང་4)

058–4–54
ལེའུ་ང་བཞི་པ། སྐྱུགས་ནད་བཅོས་པའི་ལེའུ།
ལྡེབ་གྲངས། 218—219ན།(ཐྲེང་4)

058–4–55
ལེའུ་ང་ལྔ་པ། འབྲུ་ནད་བཅོས་པའི་ལེའུ།
ལྡེབ་གྲངས། 219—220ན།(ཐྲེང་5)

058–4–56
ལེའུ་ང་དྲུག་པ། ཞྭི་བ་འགག་པ་བཅོས་པའི་ལེའུ།
ལྡེབ་གྲངས། 220—220བ།(ཐྲེང་6)

058–4–57
ལེའུ་ང་བདུན་པ། ཆུ་འགག་གསོ་བའི་ལེའུ།
ལྡེབ་གྲངས། 220—223བ།(ཐྲེང་1)

058–4–58
ལེའུ་ང་བརྒྱད་པ། གཅིན་སྙིའི་ནད་བཅོས་པའི་ལེའུ།
ལྡེབ་གྲངས། 223—224བ།(ཐྲེང་5)

058–4–59
ལེའུ་ང་དགུ་པ། བལ་ནད་བཅོས་པའི་ལེའུ། བད་ནད
ལྡེབ་གྲངས། 224—226ན།(ཐྲེང་1)

058–4–60
ལེའུ་དྲུག་ཅུ་པ། དྲེག་ནད་བཅོས་པའི་ལེའུ།
ལྡེབ་གྲངས། 226—227ན།(ཐྲེང་7)

058–4–61
ལེའུ་རེ་གཅིག་པ། གྲུམ་བུ་གསོ་བའི་ལེའུ།
ལྡེབ་གྲངས། 227—229བ།(ཐྲེང་3)

058–4–62
ལེའུ་རེ་གཉིས་པ། ཆུ་སེར་གསོ་བའི་ལེའུ།

ལྡེབ་གྲངས། 229—232བ།(ཕྲེང་4)

058–4–63
ལེའུ་རེ་གསུམ་པ། རྩ་དཀར་གསོ་བའི་ལེའུ།
ལྡེབ་གྲངས། 232—236ན།(ཕྲེང་7)

058–4–64
ལེའུ་རེ་བཞི་པ། ལྤགས་ནད་བཅོས་པའི་ལེའུ།
ལྡེབ་གྲངས། 236—237ན།(ཕྲེང་7)

058–4–65
ལེའུ་རེ་ལྔ་པ། བཞུགས་མེད།

058–4–66
ལེའུ་རེ་དྲུག་པ། འཕྲན་བུའི་ནད་གསོ་བའི་ལེའུ།
ལྡེབ་གྲངས། 237—239ན།(ཕྲེང་2)

058–4–67
ལེའུ་རེ་བདུན་པ། བྱིས་པའི་ཉེར་སྤྱོད་གསོ་བའི་ལེའུ།
ལྡེབ་གྲངས། 239—241ན།(ཕྲེང་2)

058–4–68
ལེའུ་རེ་བརྒྱད་པ། བྱིས་པའི་ནད་གསོ་བའི་ལེའུ།
ལྡེབ་གྲངས། 241—250བ།(ཕྲེང་2)

058–4–69
ལེའུ་རེ་དགུ་པ། བྱིས་པའི་གདོན་ནད་གསོ་བའི་ལེའུ།
ལྡེབ་གྲངས། 250—252ན།(ཕྲེང་7)

058–4–70
ལེའུ་བདུན་ཅུ་པ། འབྲས་གསོ་བའི་ལེའུ།
ལྡེབ་གྲངས། 252—256ན།(ཕྲེང་4)

058–4–71
ལེའུ་དོན་གཅིག་པ། གཞོང་འབྲུམ་གསོ་བའི་ལེའུ།
ལྡེབ་གྲངས། 256—258བ།(ཕྲེང་6)

058–4–72
ལེའུ་དོན་གཉིས་པ། མེ་དབལ་བཅོས་པའི་ལེའུ།
ལྡེབ་གྲངས། 258—259བ།(ཕྲེང་6)

058–4–73
ལེའུ་དོན་གསུམ་པ། སུར་ཡ་བཅོས་པའི་ལེའུ།
ལྡེབ་གྲངས། 259—260བ།(ཕྲེང་4)

058–4–74
ལེའུ་དོན་བཞི་པ། རྨེན་བུ་བཅོས་པའི་ལེའུ།

ཤོག་གྲངས། 260—263ན།(ཕྲེང་1)

058–4–75
ལེའུ་དོན་ལྔ་པ། རིག་སྔགས་བཅོས་པའི་ལེའུ།
ཤོག་གྲངས། 263—264ན།(ཕྲེང་1)

058–4–76
ལེའུ་དོན་དྲུག་པ། རྐང་བམ་བཅོས་པའི་ལེའུ།
ཤོག་གྲངས། 264—264བ།(ཕྲེང་1)

058–4–77
ལེའུ་དོན་བདུན་པ། མཚན་མར་རྫོལ་བ་བཅོས་པའི་ལེའུ།
ཤོག་གྲངས། 264—265ན།(ཕྲེང་5)

058–4–78
ལེའུ་དོན་བརྒྱད་པ། རྨ་སྐྱིར་གསོ་བའི་ལེའུ།
ཤོག་གྲངས། 265—274བ།(ཕྲེང་1)

058–4–79
ལེའུ་དོན་དགུ་པ། མགོ་རྨ་གསོ་བའི་ལེའུ།
ཤོག་གྲངས། 274—291བ།(ཕྲེང་4)

058–4–80
ལེའུ་བརྒྱད་ཅུ་པ། ལུས་སྟོད་ཀྱི་རྨ་གསོ་བའི་ལེའུ།
ཤོག་གྲངས། 291—319ན།(ཕྲེང་2)

058–4–81
ལེའུ་གྱ་གཅིག་པ། བྱང་ཁོག་སྨད་ཀྱི་རྨ་གསོ་བའི་ལེའུ།
ཤོག་གྲངས། 319—325བ།(ཕྲེང་4)

058–4–82
ལེའུ་གྱ་གཉིས་པ། ཡན་ལག་གི་རྨ་གསོ་བའི་ལེའུ།
ཤོག་གྲངས། 325—366ན།(ཕྲེང་6)

058–4–83
ལེའུ་གྱ་གསུམ་པ། སྐེ་རྨ་གསོ་བའི་ལེའུ།
ཤོག་གྲངས། 366—369ན།(ཕྲེང་3)

058–4–84
ལེའུ་གྱ་བཞི་པ། འབྱུང་པོའི་གདོན་གསོ་བའི་ལེའུ།
ཤོག་གྲངས། 369—371བ།(ཕྲེང་3)

058–4–85
ལེའུ་གྱ་ལྔ་པ། རྣམ་ཤེ་(ཤེས་)སྨྱོ་བ་གསོ་བའི་ལེའུ།
ཤོག་གྲངས། 371—373བ།(ཕྲེང་2)

058–4–86
ལེའུ་གྱ་དྲུག་པ། བརྗེད་བྱེད་རྒྱལ་གདོན་གསོ་བའི་ལེའུ།
ལྡེབ་གྲངས། 373—374བ།(ཕྲེང་4)

058–4–87
ལེའུ་གྱ་བདུན་པ། གཟའ་གདོན་བཅོས་པའི་ལེའུ།
ལྡེབ་གྲངས། 374—379ན།(ཕྲེང་3)

058–4–88
ལེའུ་གྱ་བརྒྱད་པ། སྲུ་གདོན་ཅི་ཅི་ཛ་ལའི་ནད་གསོ་བའི་ལེའུ།
ལྡེབ་གྲངས། 379—390བ།(ཕྲེང་7)

058–4–89
ལེའུ་གྱ་དགུ་པ། རྐྱེན་གྱིས་དུག་ཏུ་གྱུར་བའི་ནད་བཅོས་པའི་ལེའུ།
ལྡེབ་གྲངས། 390—428ན།(ཕྲེང་5)

058–4–90
ལེའུ་དགུ་ཅུ་པ། རྒྱུ་དང་མི་རྒྱུའི་དུག་ནད་བཅོས་པའི་ལེའུ།
ལྡེབ་གྲངས། 428—434བ།(ཕྲེང་6)

058–4–91
ལེའུ་གོ་གཅིག་པ། རྣམ་གསོ་བའི་བཅུད་ལེན་གྱི་ལེའུ།
ལྡེབ་གྲངས། 434—439བ།(ཕྲེང་2)

058–4–92
ལེའུ་གོ་གཉིས་པ། ས་བོན་ཁུ་བ་གསོ་བའི་ལེའུ།
ལྡེབ་གྲངས། 439—443ན།(ཕྲེང་1)

058–4–93
ལེའུ་གོ་གསུམ་པ། དེའི་ཡན་ལག་མདོ་བཙལ་བའི་ལེའུ།
ལྡེབ་གྲངས། 443—445ན།(ཕྲེང་2)

058–4–94
ལེའུ་གོ་བཞི་པ། འཁོར་རྣམས་ཀྱིས་བསྟོད་པའི་ལེའུ།
ལྡེབ་གྲངས། 445—447བ།(ཕྲེང་1)
མཇུག་བྱང་། རྟེན་འབྲེལ་འགྲིག་པའི་དུས་སུ་བསམ་ཡས་རྩེ་ན། བན་རྡེ་མི་གསུམ་གྱིས་བརྟོན་པའོ། །དེ་ནས་ལྷ་རྗེ་གཡུའ་ཐོག་པས་ཞུས་སྟོ། །
ལྡེབ་གྲངས། 448ན།

059 〔ཏི〕①
མཚན་བྱང་། བོན་རིན་པོ་ཆེ་འཕྲུལ་དག་བདེན་པ་གཙང་མ་ཀླུ་འབུམ་ནག་པོའི་གཞུང་བཞུགས་སོ། །〔ཀ〕
བསྡུས་བྱང་། ཀླུ་འབུམ་ནག་པོ།

① མཚན་བྱང་གཞན་ཞིག་ཏུ། བོན་རིན་པོ་ཆེ་འཕྲུལ་དག་བདེན་པ་ཐེག་པ་ཆེན་པོའི་མདོ་བཞུགས་སོ། །ཞེས་མཐོང་།

གྲངས་ཚད། ཆོས་ཚན་2ལ་ལེའུ་29དང་ལྡེབ་131ཡོད། ཤོག་གྲངས་261བཞུགས།
རིགས་རྣམ། གཏེར་མ།
གཏེར་སྟོན། ཨ་ཙ་ར་མི་གཉིས།

059–1
ཆོས་ཚན་དང་པོ། གཙང་མ་ཀླུ་འབུམ་ནག་པོ།
བསྡུས་བྱང་། ཀླུ་འབུམ་ནག་པོ།

059–1–1
ལེའུ་དང་པོ། བྱ་ཁྱུང་དཀར་པོའི་མདོ། བྱ་ཁྱུང་དཀར་པོས་ཞུས་པ།
ལྡེབ་གྲངས། 1—10ན།(ཁྲིང་6)

059–1–2
ལེའུ་གཉིས་པ། དྲང་སྲོང་སྐར་མཁན་རྒྱལ་པོས་ཞུས་པའི་ལེའུ།
ལྡེབ་གྲངས། 10—14བ།(ཁྲིང་3)

059–1–3
ལེའུ་གསུམ་པ། ལྷའི་བསོད་ནམས་ཀླུས་བསྐྱེད་པའི་ལེའུ། ལྷ་ཡི་བུ་རྒྱལ་བས་ཞུས།
ལྡེབ་གྲངས། 14—18ན།(ཁྲིང་1)

059–1–4
ལེའུ་བཞི་པ། འཐབ་རྩོད་ཞི་བའི་ལེའུ། ལྷ་མ་ཡིན་གྱི་རྒྱལ་པོ་ཐང་བཟང་རིང་པོས་ཞུས།
ལྡེབ་གྲངས། 18—23ན།(ཁྲིང་5)

059–1–5
ལེའུ་ལྔ་པ། མི་ཡུལ་བདེ་བར་བྱམས་པའི་ལེའུ། མིའི་རྒྱལ་པོ་བསམ་འགྲུབ་ཀྱིས་ཞུས་པ།
ལྡེབ་གྲངས། 23—29བ།(ཁྲིང་1)

059–1–6
ལེའུ་དྲུག་པ། ཕྱོལ་སོང་དྲན་པ་སངས་པའི་མདོ། ཕྱོལ་སོང་གི་རྒྱལ་པོ་ཨ་བ་འདུས་ཏས་ཞུས་པ།
ལྡེབ་གྲངས། 29—35ན།(ཁྲིང་4)

059–1–7
ལེའུ་བདུན་པ། བཏང་སྙོམས་སྦྱིན་པའི་ལེའུ། ཡི་དགས་(དྭགས་)རྒྱལ་པོས་ཞུས་པ།
ལྡེབ་གྲངས། 35—41ན།(ཁྲིང་3)

059–1–8
ལེའུ་བརྒྱད་པ། ན་ཚ་སྡུག་བསྔལ་ལ་བྱང་ནས་སངས་རྒྱས་པའི་ལེའུ། དམྱལ་རྒྱ་ཨ་བ་གླང་མགོས་ཞུས་པ།
ལྡེབ་གྲངས། 41—50བ།(ཁྲིང་5)

059–1–9
ལེའུ་དགུ་པ། བདུད་མངོན་པར་གདུག་པ་བྱང་ནས་ཤེས་རབ་ཀྱི་ཕ་རོལ་ཏུ་ཕྱིན་པའི་མདོ། བདུད་རྒྱལ་དབང་ལྡན་གྱིས་ཞུས་པ།
ལྡེབ་གྲངས། 50—57ན།(ཁྲིང་2)

059–1–10
ལེའུ་བཅུ་པ། ཀླུ་སྲིན་གདུག་པའི་མཚོན་སངས་ནས་ཐར་པ་ཐོབ་པའི་ལེའུ། སྲིད་པའི་རྒྱལ་པོ་ཁ་ཏ་ཡམས་པས་ཞུས་པ།

ལྡེབ་གྲངས། 57—61ན།(ཁྲིང་1)

059–1–11
ལེའུ་བཅུ་གཅིག་པ། ཁྱབ་འཇུག་ནག་པོས་ཞུས་ནས་ཐར་བ་ཐོབས་པའི་ལེའུ།
ལྡེབ་གྲངས། 61—64བ།(ཁྲིང་1)

059–1–12
ལེའུ་བཅུ་གཉིས་པ། མི་མོ་བཟང་མོ་བུ་འདོད་ཀྱིས་ཞུས་པའི་མདོ།
ལྡེབ་གྲངས། 64—66བ།(ཁྲིང་6)

059–1–13
ལེའུ་བཅུ་གསུམ་པ། དབུལ་པོ་ནོར་འདོད་ཟས་ནོར་སྐྱིད་པའི་ལེའུ། འཛམ་གླིང་གྲོལ་བ་བསམ་དག་གིས་ཞུས་པ།
ལྡེབ་གྲངས། 66—68བ།(ཁྲིང་3)

059–1–14
ལེའུ་བཅུ་བཞི་པ། བགེགས་ཀྱི་གདུག་པ་བྱུང་ནས་ཐར་པ་ཐོབ་པའི་ལེའུ། བགེགས་ཅི་ན་ཡ་ཀས་ཞུས་པ།
ལྡེབ་གྲངས། 68—71བ།(ཁྲིང་6)

059–1–15
ལེའུ་བཅོ་ལྔ་པ། ཚད་མེད་སྦྱིན་པ་བཏང་ནས་ཐར་པ་ཐོབ་པར་བསྟེན་པའི་ལེའུ། ནོར་ལྷ་ཨཏྲ་འཛམ་ཛྷ་ལྷས་ཞུས་པ།
ལྡེབ་གྲངས། 71—81བ།(ཁྲིང་4)
ལེའུ་གྲངས་མེད། སྔགས།
ལྡེབ་གྲངས། 81—82བ།(ཁྲིང་1)

059–2
ཆོས་ཚན་གཉིས་པ། གཙང་མའི་སྐུ་འབུམ་དཀར་པོ་བཞུགས་པ་ལེགསྶོ། །①
བསྡུས་བྱང་། སྐུ་འབུམ་དཀར་པོ།

059–2–1②
ལྡེབ་གྲངས། 1—14ན།(ཁྲིང་5)

059–2–8
ལེའུ་བརྒྱད་པ། སྐུ་ཡི་དཀྱིལ་འཁོར་གྱི་གོ་རིམ་བསྟན་པ། བོན་ཡེ་ཤེས་སྙིང་པོས་ཞུས།
ལྡེབ་གྲངས། 14—17ན།(ཁྲིང་5)

059–2–9
ལེའུ་དགུ་པ། རྒྱུ་འབྲས་ཀྱི་དོན་བསྟན་པ།
ལྡེབ་གྲངས། 17—23ན།(ཁྲིང་2)

059–2–10
ལེའུ་བཅུ་པ། སྐུ་རྒྱལ་ཡབ་ཡུམ་སྤྲུལ་པ་འཁོར་བཅས་རྣམས་བཞུགས་གསོལ་བསྟན་པ་དང་། བཀོད་པ་ལྷ་ཡི་མཇལ་དབུལ་བ།
ལྡེབ་གྲངས། 23—29ན།(ཁྲིང་7)

---

① སྤྱན་ཁྲིར་ཏུ་ཀ་པོད་ཅེས་འཁོད།
② ལེའུ་དང་པོ་ནས་བདུན་པའི་བར་ལེའུ་མཚམས་ཕྱེས་མེད་ཅིང་ལེའུ་མཚན་བྱང་ཡང་འཁོད་མེད། ནང་དོན་གཙོ་བོ་གཙང་མ་སྐུ་འབུམ་དཀར་པོའི་གླིང་གཞི་དང་། སྐུའི་རིགས་བསྟན་པ། སྤངས་བླངས་ཀྱི་མཐའ་ལས་འདས་པའི་ཚུལ་སོགས་བསྟན་པའོ། །

059–2–11
ལེའུ་བཅུ་གཅིག་པ།①
ལྡེབ་གྲངས། 29—33ན།(ཕྲེང་6)

059–2–12
ལེའུ་བཅུ་གཉིས་པ། སྡིག་པ་བཤགས་པ།
ལྡེབ་གྲངས། 33—38ན།(ཕྲེང་6)

059–2–13
ལེའུ་བཅུ་གསུམ་པ། མཆོད་པ་རྣམ་ལྔའི་བསྡུས་དོན།
ལྡེབ་གྲངས། 38—42བ།(ཕྲེང་5)

059–2–14
ལེའུ་བཅུ་བཞི་པ། སྐུ་བསྟོད་ཅིང་སྨོན་ལམ་བཏབ་པའི་ལེའུ།
ལྡེབ་གྲངས། 42—46བ།(ཕྲེང་3)

060 ༼ཨི༽
མཚན་བྱང་། བོན་རིན་པོ་ཆེ་འཕྲུལ་དག་བདེན་པ་གཙང་མ་ཀླུ་འབུམ་ནག་པོའི་གཞུང་བཞུགས་སོ། །༼ཁ༽
བསྡུས་བྱང་། ཀླུ་འབུམ་ནག་པོ།
གྲངས་ཚད། ལེའུ་23ལ་ལྡེབ་246ཡོད། ཤོག་གྲངས་477བཞུགས།
རིགས་རྣམ། གཏེར་མ།
གཏེར་སྟོན། ཨ་ཙ་ར་མི་གཉིས།

060–30
ལེའུ་སུམ་ཅུ་པ།② ཀླུ་ཡི་རྒྱལ་པོ་བེཧྟེའུ་གྱི་ལེའུ།
ལྡེབ་གྲངས། 1—16བ།(ཕྲེང་4)

060–31
ལེའུ་སོ་གཅིག་པ། ཀླུ་ཐེག་ཆེན་གྱི་ལེའུ། ལྟུ་ཅོ་ལྡེམ་དྲུག་གིས་ཞུས་པ།
ལྡེབ་གྲངས། 16—28བ།(ཕྲེང་2)

060–32
ལེའུ་སོ་གཉིས་པ། ཀླུའི་རྒྱལ་པོ་ཁྲི་འཕང་སྐྱོང་གི་ལེའུ། སྲ་བོན་མགོན་སྐྱབས་ཀྱིས་ཞུས་པ།
ལྡེབ་གྲངས། 28—36བ།(ཕྲེང་7)

060–33
ལེའུ་སོ་གསུམ་པ། ཀླུ་ཉི་འོད་ཀྱི་ལེའུ། བུ་མི་ཙུང་གིས་ཞུས་པ།
ལྡེབ་གྲངས། 36—43བ།(ཕྲེང་6)

---

① ལེའུ་མཚམས་ཕྱིས་མེད་ཅིང་ལེའུ་ཡི་མཚན་བྱང་ཡང་འཁོད་མེད། ནང་དོན་གཙོ་བོ་བག་ཆགས་སྦྱིབས་པ་བཤལ་བའི་དབང་བསྐུར་བསྟན་པའོ། །
② གློགས་བམ་འདིར་ལེའུ་སུམ་ཅུ་པ་ནས་མགོ་བཙམས་ཡོད་པ་ནི། གློགས་བམ་གོང་མའི་ཆོས་ཚན་གཉིས་ཀྱི་ལེའུ་གྲངས་བསྡོམས་པས་ཉེར་དགུའི་མཇུག་མཐུད་པར་ངེས།

060–34
ལེའུ་སོ་བཞི་པ། ཀླུའི་རྒྱལ་མཚན་འཕོར་གྱི་ལེའུ། དབང་གཞིན་ཡང་དག་གིས་ཞུས་པ།
ལྡེབ་གྲངས། 43—52ན།(ཁྲིང་5)

060–35
ལེའུ་སོ་ལྔ་པ། ཀླུ་རྒྱལ་རིང་ཁུག་གི་ལེའུ། གཞིན་འོད་མ་རིང་སེལ་གྱིས་ཞུས་པ།
ལྡེབ་གྲངས། 52—58བ།(ཁྲིང་6)

060–36
ལེའུ་སོ་དྲུག་པ། ཀླུའི་རྒྱལ་པོ་ནག་རྒྱལ་གྱི་ལེའུ།
ལྡེབ་གྲངས། 58—69ན།(ཁྲིང་1)

060–37
ལེའུ་སོ་བདུན་པ། ཀླུའི་རྒྱལ་པོ་ཀུན་ཏུ་དགེ་ཞེས་བྱ་བའི་ལེའུ། སྲིད་པ་ལེགས་གསུམ་གྲགས་གིས་ཞུས་པ།
ལྡེབ་གྲངས། 69—77བ།(ཁྲིང་1)

060–38
ལེའུ་སོ་བརྒྱད་པ། བུ་མོ་ཡོངས་སུ་ཁྱབ་མ་དེ་ཡབ་དེ་དགེ་བ་སོག་ཏུ་གསལ་བའི་ལེའུ།
ལྡེབ་གྲངས། 77—86བ།(ཁྲིང་2)

060–39
ལེའུ་སོ་དགུ་པ། ཀླུ་རྒྱལ་པོ་སྐྲིན་ཐིང་ཤགས་ཀྱི་ལེའུ། བུ་མོ་ཡོངས་སུ་དག་མས་ཞུས་པ།
ལྡེབ་གྲངས། 86—94ན།(ཁྲིང་2)

060–40
ལེའུ་བཞི་ཙུ་པ། རྒྱལ་པོ་འཕགས་སྐྱེས་པོས་ཞུས་པའི་ལེའུ།
ལྡེབ་གྲངས། 94—95བ།(ཁྲིང་2)

060–41
ལེའུ་ཞེ་གཅིག་པ། རྒྱལ་པོ་རྣམ་ཐོས་སྲས་ཀྱི་ལེའུ།
ལྡེབ་གྲངས། 95—98ན།(ཁྲིང་3)

060–42
ལེའུ་ཞེ་གཉིས་པ། ཀླུའི་རྒྱལ་མོ་གཙུག་འཁྱིལ་མའི་ལེའུ།
ལྡེབ་གྲངས། 98—101བ།(ཁྲིང་3)

060–43
ལེའུ་ཞེ་གསུམ་པ། ཀླུའི་རྒྱལ་མོ་པ་ཏ་མའི་ལེའུ།
ལྡེབ་གྲངས། 101—110ན།(ཁྲིང་1)

060–44
ལེའུ་ཞེ་བཞི་པ། ཀླུའི་རྒྱལ་མོ་ཐོག་ཆེན་གྱི་ལེའུ། པོད་ཀ་རྩལ་གྱིས་ཞུས་པ།
ལྡེབ་གྲངས། 110—136ན།(ཁྲིང་4)

060–45
ལེའུ་ཞེ་ལྔ་པ། ཀླུའི་རྒྱལ་མོ་ཉི་འོད་མའི་ལེའུ།

ལྡེབ་གྲངས། 136—147ན།(ཁྲིང་3)

060–46
ལེའུ་ཞེ་དྲུག་པ། སྐུའི་རྒྱལ་མོ་རིག་བྱེད་མའི་ལེའུ། མཚམས་རྗེ་ལྡེའུ་ཁྱུང་གིས་ཞུས་པ།
ལྡེབ་གྲངས། 147—175ན།(ཁྲིང་5)

060–47
ལེའུ་ཞེ་བདུན་པ། སྐུའི་རྒྱལ་མོ་གཡུང་དྲུང་སེམས་མའི་ལེའུ། ལེགས་སུམ་ཀར་གྱིས་ཞུས་པ།
ལྡེབ་གྲངས། 175—185ན།(ཁྲིང་6)

060–48
ལེའུ་ཞེ་བརྒྱད་པ། སྐུའི་རྒྱལ་མོ་གཟི་འབར་མའི་ལེའུ།
ལྡེབ་གྲངས། 185—202བ།(ཁྲིང་3)

060–49
ལེའུ་ཞེ་དགུ་པ། སྐུའི་རྒྱལ་མོ་ཡོངས་སུ་ཧྲོ་བའི་ལེའུ།
ལྡེབ་གྲངས། 202—214ན།(ཁྲིང་2)

060–50
ལེའུ་ལྔ་བཅུ་པ། སྐུའི་རྒྱལ་མོ་དད་པ་ས་སྐྱོང་མའི་ལེའུ།
ལྡེབ་གྲངས། 214—222ན།(ཁྲིང་4)

060–51
ལེའུ་ང་གཅིག་པ། ཧྲོད་འབབས་རྒྱལ་མོའི་ལེའུ།
ལྡེབ་གྲངས། 222—234བ།(ཁྲིང་6)

060–52
ལེའུ་ང་གཉིས་པ། སྐུའི་རྒྱལ་མོ་དཀའ་རབ་ཀྱི་ལེའུ།
ལྡེབ་གྲངས། 234—246ན།(ཁྲིང་6)

061 ༼ཀུ༽
མཚན་བྱང་། གཙང་མ་སྐུ་འབུམ་ཁྲ་བོ་བཞུགས་སོ། །༼ག༽
བསྡུས་བྱང་། སྐུ་འབུམ་ཁྲ་བོ།
གྲངས་ཚད། ལེའུ་27ལ་ལྡེབ་264ཡོད། ཤོག་གྲངས་519བཞུགས།
རིགས་རྣམ། གཏེར་མ།
གཏེར་སྟོན། ཨ་ཙ་ར་མི་གཉིས།

061–53
ལེའུ་ང་གསུམ་པ།[①] སྐུ་གཙུག་ན་རིན་ཆེན་གྱི་ལེའུ།
ལྡེབ་གྲངས། 1—24ན།(ཁྲིང་2)

061–54
ལེའུ་ང་བཞི་པ། སྐུའི་གཡུང་དྲུང་སེམས་མའི་ལེའུ།

① གླེགས་བམ་འདིར་ལེའུ་ང་གསུམ་པ་ནས་མགོ་བཙམས་ཡོད་པ་ནི་གླེགས་བམ་གོང་མའི་ལེའུ་ང་གཉིས་པའི་མཇུག་མཐུད་ཡོད་པར་ངེས།

ལྡེབ་གྲངས། 24—32ན།(ཕྲེང་5)

061–55
ལེའུ་ང་ལྔ་པ། སྨུའི་རྒྱལ་མོ་གཟི་བྱིན་མའི་ལེའུ།
ལྡེབ་གྲངས། 32—36ན།(ཕྲེང་1)

061–56
ལེའུ་ང་དྲུག་པ། སྨུའི་རྒྱལ་མོ་ཀུན་ཏུ་གཟིགས་ཀྱི་ལེའུ།
ལྡེབ་གྲངས། 36—45བ།(ཕྲེང་7)

061–57
ལེའུ་ང་བདུན་པ། སྨུའི་རྒྱལ་མོ་དུང་སྐྱོང་བདེ་ལྡན་མའི་ལེའུ།
ལྡེབ་གྲངས། 45—64ན།(ཕྲེང་7)

061–58
ལེའུ་ང་བརྒྱད་པ། སྨུའི་རྒྱལ་མོ་དུང་སྐྱོངས་མའི་ལེའུ།
ལྡེབ་གྲངས། 64—72ན།(ཕྲེང་3)

061–59
ལེའུ་ང་དགུ་པ། སྨུའི་རྒྱལ་མོ་དབང་ཆེན་འབྱམས་མའི་ལེའུ།
ལྡེབ་གྲངས། 72—78བ།(ཕྲེང་5)

061–60
ལེའུ་དྲུག་ཅུ་པ། སྨུ་མ་དྲོས་ཀྱི་ལེའུ།
ལྡེབ་གྲངས། 78—88བ།(ཕྲེང་4)

061–61
ལེའུ་རེ་གཅིག་པ། སྨུའི་རྒྱལ་མོ་ཤེལ་དཀར་མའི་ལེའུ།
ལྡེབ་གྲངས། 88—96ན།(ཕྲེང་7)

061–62
ལེའུ་རེ་གཉིས་པ། སྨུའི་རྒྱལ་མོ་གཙོད་འབར་མའི་ལེའུ།
ལྡེབ་གྲངས། 96—102ན།(ཕྲེང་3)

061–63
ལེའུ་རེ་གསུམ་པ། སྨུའི་རྒྱལ་མོ་དགའ་བྲོད་མའི་ལེའུ།
ལྡེབ་གྲངས། 102—108བ།(ཕྲེང་7)

061–64
ལེའུ་རེ་བཞི་པ། སྨུའི་རྒྱལ་མོ་རྫི་ལྡན་མའི་ལེའུ།
ལྡེབ་གྲངས། 108—120བ།(ཕྲེང་6)

061–65
ལེའུ་རེ་ལྔ་པ། སྨུའི་རྒྱལ་མོ་རིང་ནམ་མའི་ལེའུ།
ལྡེབ་གྲངས། 120—122བ།(ཕྲེང་2)

061–66
ལེའུ་རེ་དྲུག་པ། སླུའི་རྒྱལ་མོ་དབང་ཕྱུག་སྐྱབས་ཀྱི་ལེའུ།
ལྡེབ་གྲངས། 122—136བ།(ཁྲིང་6)

061–67
ལེའུ་རེ་བདུན་པ། སླུའི་རྒྱལ་མོ་དཀར་ཟ་མའི་ལེའུ།
ལྡེབ་གྲངས། 136—149བ།(ཁྲིང་6)

061–68
ལེའུ་རེ་བརྒྱད་པ། སླུའི་རྒྱལ་མོ་དཀར་མོ་རི་ཧྲི་ཤག་གི་ལེའུ།
ལྡེབ་གྲངས། 149—170ན།(ཁྲིང་2)

061–69
ལེའུ་རེ་དགུ་པ། གཙང་མ་སླུ་འབུམ་ཞེས་བྱ་བ་གཡུང་དྲུང་ཐེག་པ་ཆེན་པོའི་མདོ།
ལྡེབ་གྲངས། 170—171ན།(ཁྲིང་2)

061–70
ལེའུ་བདུན་ཅུ་པ། སླུ་མོ་སྐྱོངས་ཆེན་མོའི་ལེའུ།
ལྡེབ་གྲངས། 171—182བ།(ཁྲིང་1)

061–71
ལེའུ་དོན་གཅིག་པ། སླུའི་རྒྱལ་མོ་རྫི་མཆོག་མའི་ལེའུ།
ལྡེབ་གྲངས། 182—193བ།(ཁྲིང་1)

061–72
ལེའུ་དོན་གཉིས་པ། སྲིད་གསལ་རབ་གྱིས་སྟོན་པ་གཤེན་རབ་ལ་ཞུས་པའི་ལེའུ།
ལྡེབ་གྲངས། 193—202བ།(ཁྲིང་4)

061–73
ལེའུ་དོན་གསུམ་པ། སླུའི་རྒྱལ་མོ་མ་ཤགས་ཀྱི་ལེའུ།
ལྡེབ་གྲངས། 202—212བ།(ཁྲིང་4)

061–74
ལེའུ་དོན་བཞི་པ། སླུའི་རྒྱལ་མོ་དེ་རྒྱལ་གྱི་ལེའུ།
ལྡེབ་གྲངས། 212—225ན།(ཁྲིང་1)

061–75
ལེའུ་དོན་ལྔ་པ། སླུའི་རྒྱལ་མོ་དུན་ཙུག་ཀར་ཤམ་མའི་ལེའུ།
ལྡེབ་གྲངས། 225—240ན།(ཁྲིང་3)

061–76
ལེའུ་དོན་དྲུག་པ། སླུའི་རྒྱལ་མོའི་ལེའུ། གཡུང་དྲུང་གི་བུ་ཕྱྭ་མཚན་གྱིས་ཞུས་པ།
ལྡེབ་གྲངས། 240—252ན།(ཁྲིང་2)

061–77
ལེའུ་དོན་བདུན་པ། སླུའི་རིགས་ཀྱི་སྙིང་པོའི་མདོ་མན་ངག་སྟགས་ཀྱི་ལེའུ།

ལྡེབ་གྲངས། 252—253བ།(ཕྲེང་6)

061–78
ལེའུ་དོན་བརྒྱད་པ། ཀླུ་མོ་རིགས་ཀྱི་སྙིང་པོའི་མདོ་མན་ངག་སྔགས་ཀྱི་ལེའུ།
ལྡེབ་གྲངས། 253—255བ།(ཕྲེང་2)

061–79
ལེའུ་དོན་དགུ་པ། ཀླུའི་རྒྱལ་མོ་ཀུན་ཏུ་ཁྱབ་ཞེས་བྱ་བའི་ལེའུ། ཡིད་ཀྱི་ཁྲིའུ་ཆུང་ཞུས།
ལྡེབ་གྲངས། 255—264ན།(ཕྲེང་4)
མཇུག་བྱང་། ཀླུ་ཐམས་ཅད་ཀྱི་མཇུག་མའི་ལེའུ་སྟེ། རྫོགས་སོ། །ཀླུའ་འབུམ་ཞབས་མེད་བྱ་བ་ནི། འཛིག་རྟེན་མི་ཡུལ་དུ་དུ་མ་ཙུ་བཞི་ལས་མ་འགྱུར་རོ། །ཞབས་ནི་རྒྱ་མཚོ་ཀླུའི་ཡུལ་ན་སྟོང་ཕྲག་སུམ་བརྒྱ་དྲུག་བཅུ་བཞུགས་སོ། །[གཤམ་དུ་ཡིག་ཆུང་།] ཡི་གེ་འདི་སྡེ་དགེའི་པར་མ་དང་འདྲ། ཀུན་གྲོལ་དཀར་ཆགས་དང་ལེའུ་མང་ཉུང་མི་འདྲ་བས། ཀླུ་འདི་ཕྱིར་འདྲ་ཡང་། ཉུང་ཟད་མི་འདྲ་བའི་རིགས་གཉིས་ཡོད་པར་སྣང་ངོ། །

062 〔ཁུ〕
མཚན་བྱང་། གཙང་མ་ཀླུ་འབུམ་ཁྲ་བོ་བཞུགས་སོ། །〔ང〕
བསྡུས་བྱང་། ཀླུ་འབུམ་ཁྲ་བོ།
གྲངས་ཚད། ལེའུ་85ལ་ལྡེབ་231ཡོད། ཤོག་གྲངས་461བཞུགས།
རིགས་རྣམ། གཏེར་མ།
གཏེར་སྟོན། ཨ་ཙ་ར་མི་གཉིས།

062–1
ལེའུ་དང་པོ། གཙང་མ་ཀླུ་འབུམ་དུ་བོན་ལེའུ་བཞི་བཅུ་རྩ་གཉིས་གསུངས་པའོ། །རྩ་གཉིས་དང་པོ།
ལྡེབ་གྲངས། 1—7ན།(ཕྲེང་2)①

062–10
ལེའུ་བཅུ་པ། སྟེང་ཕྱོགས་ཀྱི་གཉན་སྤར་བ་དུང་མགོ་གཡུའི་ཐོར་ཙུགས་ཅན་གྱིས་ཞུས་པའི་ལེའུ།
ལྡེབ་གྲངས། 67ན།(ཕྲེང་7)

062–82②
ལེའུ་གྱ་གཉིས་པ། ཤར་ཕྱོགས་ཀྱི་ཀླུ་རྒྱལ་རིག་དཀར་པོ་འོད་ལྡན་དུང་སྐྱོང་གིས་ཞུས་པའི་ལེའུ།
ལྡེབ་གྲངས། 131བ།(ཕྲེང་1)

062–83
ལེའུ་གྱ་གསུམ་པ། ཤར་ཕྱོགས་ཀླུ་རྗེའུ་རིགས་སེར་པོ་ཟེར་འཕྲོས་སྟོབས་མཆོག་གིས་ཞུས་པའི་ལེའུ།
ལྡེབ་གྲངས། 154བ།(ཕྲེང་6)

062–84
ལེའུ་གྱ་བཞི་པ། ཤར་ཕྱོགས་ཀྱི་ཀླུ་རྗེའུ་རིགས་སེར་པོ་འོད་འཕྲོས་སྟོབས་ཀྱིས་ཞུས་པའི་ལེའུ།
ལྡེབ་གྲངས། 167ན།(ཕྲེང་1)

---

① འདི་ནས་བཟུང་ལེའུ་བཅུ་པའི་བར་དུ་ལེའུའི་མཚམས་མ་ཕྱེས་ཤིང་མཚན་བྱང་སོགས་གང་ཡང་བཀོད་མེད།

② ལེའུ་བཅུ་པ་ནས་གྱ་གཉིས་པའི་བར་ལེའུའི་མཚམས་དབྱེ་མེད།

062–85
ལེའུ་གྱ་ལྔ་པ། ཤར་ཕྱོགས་ཀྱི་ཀླུ་རྨངས་རིགས་སྔོན་པོ་འབབ་བ་ཁྲབ་ལྡན་གྱིས་ཞུས་པའི་ལེའུ།
ལྡེབ་གྲངས། 200ན།(ཕྲེང་7)
མཇུག་བྱང་། ཡོན་གྱི་བདག་པོ་བ་འོ་མཆོག་རྒྱལ་གྱིས་ཟས་ཀྱི་མཆོག་གྱུར་ཤ་དམར་ཐུལ་གསུམ་གནང་སྨོམ་གྱི་མཆོག་གྱུར་རྒྱ་ཇ་འོ་ཞོ་དྲངས། ཨེ་མ་ངོ་མཚར་ཆེའོ། །ཀྵ། །ཡོན་གྱི་བདག་པོ་བ་འོ་གསང་ཅུའི་ཟས་སྨོམ་གནང་བཀའ་དྲིན་ཆེ་བ་ལགས།
ལྡེབ་གྲངས། 230ན།(ཕྲེང་5)

063 ༼གུ༽①
མཚན་བྱང་། གཡུང་དྲུང་གླིང་རྒྱས་ཀྱི་སྤྱི་རྒྱུན་ལག་ཁྲིད་ཞེས་བྱ་བ་བཞུགས་སོ། །
གྲངས་ཚད། ཆོས་ཚན་6ལ་ལེའུ་5དང་ལྡེབ་177ཡོད། ཤོག་གྲངས་354བཞུགས།
རིགས་རྣམ། གཏེར་མ།
གཏེར་སྟོན། གཤེན་ཆེན་ཀླུ་དགའ།
063–1
ཆོས་ཚན་དང་པོ། གཡུང་དྲུང་གླིང་རྒྱས་ཀྱི་སྤྱི་རྒྱུན་ལག་ཁྲིགས་ཞེས་བྱ་བ་བཞུགས་སོ། །༼ཀ༽
བསྡུས་བྱང་། སྤྱི་རྒྱུན་ལག་ཁྲིགས། ཡིད་ཀྱི་ཁྱིའུ་ཆུང་གིས་ཞུས་པ།
063–1–1
ལེའུ་དང་པོ། གླིང་གཞི་ཁོག་དབུབ།
ལྡེབ་གྲངས། 1—3བ།(ཕྲེང་2)
063–1–2
ལེའུ་གཉིས་པ། བོན་བྱུང་ཁོག་དབུབ།
ལྡེབ་གྲངས། 3—6བ།(ཕྲེང་2)
[གཤམ་དུ་ལེའུ་གྲངས་སོགས་འཁོད་ཡོད་པ་མ་མཐོང་།]
ལྡེབ་གྲངས། 6—40ན།(ཕྲེང་2)
063–2
ཆོས་ཚན་གཉིས་པ། ཡིག་གེ་སྨྲ་ཡི་མདའ་དབུལ་བཞུགས་སྷོ། །༼ཁ༽
ལྡེབ་གྲངས། 1—21ན།(ཕྲེང་2)
063–3
ཆོས་ཚན་གསུམ་པ། གླིག་བམ་བཞུགས་སྷོ། །༼ག༽
ལྡེབ་གྲངས། 1—38ན།(ཕྲེང་2)
མཇུག་བྱང་། སློབ་དཔོན་ཇོ་མཁར་ལ་ཟུག་སྨོམ་ཇོས་གྲུབ་གྲགས་ཀྱིས་ཞུས་སོ། །བཀྲ་ཤིས་པར་ཤོག། [ཡིག་ཆུང་།] ཞལ་ཤོག་མ་དཔེ་ཅི་བཞིན་བྲིས་པས་ཕྱིན་ཆེའོ། །
063–4
ཆོས་ཚན་བཞི་པ། མཆོད་རྟེན་བཞུགས་སྷོ། །༼ང༽
ལྡེབ་གྲངས། 1—63ན།(ཕྲེང་3)

① རབ་གནས་སྐོར་གསུམ།

063–4–1
ལེའུ་དང་པོ། མཆོད་རྟེན་གྱི་གླིང་གཞི།
ལྡེབ་གྲངས། 1—10བ།(ཕྲེང་5)

063–4–2
ལེའུ་གཉིས་པ། མཆོད་རྟེན་གྱི་རྟེག་ཐབས།
ལྡེབ་གྲངས། 10—21ན།(ཕྲེང་2)

063–4–3
ལེའུ་གསུམ་པ། མཆོད་རྟེན་གྱི་རིམ་འགྲོ།
ལྡེབ་གྲངས། 21—63ན།(ཕྲེང་3)
མཇུག་བྱང་། སློམ་ཆེན་གཤེན་རྒྱུར་གྱིས་མན་ངག་གཏེར་ནས་བཏྟེས་པ་ལགས་སོ། །དེ་ལ་བདག་ཞུ་གཡས་སློམ་ཆེན་མགོས་པོས་ཞུས་པ་ལགས་སོ། །

063–5
ཆོས་ཚན་ལྔ་པ། མཆོད་རྟེན་ཁྱིན་བརླབས་བཞུགས་པའི་དབུ་ཕྱོགས་ལེགས་སྷོ། །༼ཅ༽

ལྡེབ་གྲངས། 1—5བ།(ཕྲེང་1)

063–6
ཆོས་ཚན་དྲུག་པ། ལྡེར་སོ་སྤྱན་དབྱེ་བཞུགས་པའི་དབུ་ཕྱོགས་སྷོ། །སྤྱན་དབྱེ།༼ཆ༽
ལྡེབ་གྲངས། 1—10ན།(ཕྲེང་3)

གཉིས་པ། རྣམ་པར་དག་པའི་འབུམ་སྡེ།

064 〔ཀ〕
མཚན་བྱང་། ཁམས་བརྒྱད་གདན་ལ་ཕབས་པའི་སྟོང་ཕྲག་བརྒྱ་པ་བཞུགས་སོ། །དུམ་བུ་དང་པོ།①
བསྡུས་བྱང་། ཁམས་ཆེན་པོ།
གྲངས་ཚད། ལེའུ་4ལ་ལྡེབ་490ཡོད། ཤོག་གྲངས་977བཞུགས།
རིགས་རྣམ། གཏེར་མ།
གཏེར་སྟོན། གཤེན་ཆེན་ཀླུ་དགའ། ༄་གཏེར།

064–1
ལེའུ་དང་པོ། སྲིད་པའི་གླིང་གཞི།②
ལྡེབ་གྲངས། 1—61ན།(ཁྲིང་5)

064–2
ལེའུ་གཉིས་པ། གཡུང་དྲུང་སེམས་དཔའི་སྤྱོད་པ་ཟབ་མོ་ལས་སྤྱད་པའི་ལེའུ།
ལྡེབ་གྲངས། 61—178ན།(ཁྲིང་1)

064–3
ལེའུ་གསུམ་པ། བོན་ཐམས་ཅད་མཚན་མ་མེད་པ་ལས་དེ་བཞིན་ཉིད་དུ་བསྟན་པའི་ལེའུ།
ལྡེབ་གྲངས། 178—353ན།(ཁྲིང་1)

064–4
ལེའུ་བཞི་པ། བོན་ཐམས་ཅད་ངེས་པར་རྗེས་སུ་ཡི་ནས་བསྟན་པའི་ལེའུ།
ལྡེབ་གྲངས། 353—489ན།(ཁྲིང་3) འགྲོ་མཐུད།

065 〔ཁ〕
མཚན་བྱང་། ཁམས་བརྒྱད་གདན་ལ་ཕབས་པའི་སྟོང་ཕྲག་བརྒྱ་པ་བཞུགས་སོ། །དུམ་བུ་གཉིས་པ།③
བསྡུས་བྱང་། ཁམས་ཆེན་པོ།
གྲངས་ཚད། ལེའུ་8ལ་ལྡེབ་436ཡོད། ཤོག་གྲངས་861བཞུགས།
རིགས་རྣམ། གཏེར་མ།

---

① ཕྲུག་རྒྱ་དང་པོ་ནས་ཕྲུག་བརྒྱ་བཅོ་བརྒྱད་པའི་བར། མཚམས་རེར་ཕྲུག་རྒྱའི་གྲངས་མཐོང་ཡང་གྲངས་རིམ་ཆ་ཚང་བཀོད་མེད་ཅིང་། བམ་གྲངས་ཀྱང་དེ་བཞིན་ནོ། །བམ་གྲངས་བཀོད་པ་གཤམ་ལྟར། དུམ་བུ་དང་པོ། བམ་པོ་གསུམ་པ། 71བ་140 བམ་པོ་བཞི་པ། 106ན་209 བམ་པོ་ལྔ་པ། 142ན་281 བམ་པོ་དྲུག་པ། 178ན་353 བམ་པོ་བཅུ་པ། 300ན་595 དུམ་བུ་གཉིས་པ།(དང་པོ།) བམ་པོ་བཅུ་གཉིས་པ། 359ན་701 དུམ་བུ་དང་པོ། བམ་པོ་བཅུ་དྲུག་པ། 447ན་893 བམ་པོ་བཅུ་བདུན་པ། 470བ་941(གྲངས་ཀ་སྔ་མ་ནི་སྤྱན་ཕྲིར་དུ་བཀོད་པའི་ལྡེབ་གྲངས་དང་ཕྱི་མ་ནི་ལྡེབ་ཀྱི་གཡོན་སྟེར་བཀོད་པའི་ཨ་རབ་ཀྱི་ཤོག་གྲངས་ཡིན།) ཡན་ལག་1-12བར།

② མཇུག་ཏུ་སྲིད་པ་གླིང་བཞིའི་ལེའུ། ཞེས་འཕོད།

③ དུམ་བུ་གཉིས་པ། བམ་པོ་གཉིས་པ། 17ན་33 བམ་པོ་གསུམ་པ། 42ན་83 བམ་པོ་བཞི་པ། 73ན་145 བམ་པོ་ལྔ་པ། 102བ་202 བམ་པོ་དྲུག་པ། 127བ་254 བམ་པོ་བདུན་པ། 155བ་310 བམ་པོ་བརྒྱད་པ། 181ན་361 བམ་པོ་དགུ་པ། 203ན་405བམ་པོ་བཅུ་པ། 227བ་454 བམ་པོ་བཅུ་གཅིག་པ། 250ན་495 བམ་པོ་བཅུ་གཉིས་པ། 278ན་551 བམ་པོ་བཅུ་གསུམ་པ། 306བ་606 བམ་པོ་བཅུ་བཞི་པ། 330བ་650 བམ་པོ་བཅོ་ལྔ་པ། 350བ་690 བམ་པོ་བཅུ་དྲུག་པ། 369བ་728 བམ་པོ་བཅུ་བདུན་པ། 389བ་768 བམ་པོ་ཉེར་གཅིག་པ། 405བ་800 བམ་པོ་ཉེར་གཉིས་པ། 414བ་818 བམ་པོ་ཉེར་གསུམ་པ། 427ན་843(གྲངས་ཀ་སྔ་མ་ནི་སྤྱན་ཕྲིར་དུ་བཀོད་པའི་ལྡེབ་གྲངས་དང་ཕྱི་མ་ནི་ལྡེབ་ཀྱི་གཡོན་སྟེར་བཀོད་པའི་ཨ་རབ་ཀྱི་ཤོག་གྲངས་ཡིན།)

གཏེར་སྟོན། གཤེན་ཆེན་ཀླུ་དགའ། ལྷོ་གཏེར།

065–4

ལེའུ་བཞི་པ། བོན་ཐམས་ཅད་ངེས་པར་རྗེས་སུ་ཡི་ནས་བསྟན་པའི་ལེའུ།

ཤོག་གྲངས། 1—17ན།(ཕྲེང་4) གོང་མཐུད།

065–5

ལེའུ་ལྔ་པ། བོན་ཐམས་ཅད་གཉིས་སུ་མེད་པའི་དོན་ལྷུན་གྱིས་གྲུབ་པར་བསྟན་པའི་ལེའུ།

ཤོག་གྲངས། 17—217ན།(ཕྲེང་3)

065–6

ལེའུ་དྲུག་པ། བོན་ཐམས་ཅད་ཁམས་ཆེན་པོ་བརྒྱད་ཀྱི་རྒྱུ་ཅི་ལས་བྱུང་པ།

ཤོག་གྲངས། མི་གསལ།

065–7

ལེའུ་བདུན་པ། མི་གསལ།

ཤོག་གྲངས། མི་གསལ།

065–8

ལེའུ་བརྒྱད་པ། རྣམ་པར་བྱུང་པའི་རྒྱུ་ཅི་ལས་བྱུང་པ།

ཤོག་གྲངས། མི་གསལ།

066 ༼ག༽

མཚན་བྱང་། ཁམས་བརྒྱད་གཏན་ལ་ཕབས་པའི་སྟོང་ཕྲག་བརྒྱ་པ་བཞུགས་སོ། །དུམ་བུ་གསུམ་པ།[1]

བསྡུས་བྱང་། ཁམས་ཆེན་པོ།

གྲངས་ཚད། ལེའུ་3ལ་ཤོག་487ཡོད། ཤོག་གྲངས་973བཞུགས།

རིགས་རྣམ། གཏེར་མ།

གཏེར་སྟོན། གཤེན་ཆེན་ཀླུ་དགའ། ལྷོ་གཏེར།

066–9

ལེའུ་དགུ་པ། སྲིད་པ་རིན་པོ་ཆེའི་ལེའུ། གཙོ་བོ་འབུམ་སྲས་ཞུས་པ།

ཤོག་གྲངས། 1—216ན།(ཕྲེང་5) འཕྲོ་མཐུད།

066–10

ལེའུ་བཅུ་པ། བསྐལ་པ་རིན་པོ་ཆེའི་ལེའུ། གཙོ་བོ་འབུམ་སྲས་ཞུས་པ།

ཤོག་གྲངས། 216—318བ།(ཕྲེང་2)

---

① དུམ་བུ་གསུམ་པ། བམ་པོ་གཉིས་པ། 21ན་41 བམ་པོ་བཞི་པ། 64བ་128 བམ་པོ་ལྔ་པ། 75བ་152 བམ་པོ་དྲུག་པ། 87བ་176 བམ་པོ་བདུན་པ། 113ན་229 བམ་པོ་བརྒྱད་པ། 137ན་273 བམ་པོ་དགུ་པ། 158བ་316 བམ་པོ་བཅུ་པ། 180ན་359 བམ་པོ་བཅུ་གཅིག་པ། 199ན་397 བམ་པོ་བཅུ་གསུམ་པ། 242ན་483 བམ་པོ་བཅུ་བཞི་པ། 260ན་521 བམ་པོ་བཅུ་དྲུག་པ། 296བ་594 བམ་པོ་བཅུ་བདུན་པ། 316བ་634 བམ་པོ་བཅོ་བརྒྱད་པ། 334བ་670 བམ་པོ་བཅུ་དགུ་པ། 356བ་714 བམ་པོ་ཉི་ཤུ་པ། 376བ་754 བམ་པོ་བཅུ་དྲུག་པ།(དཔེ་དངོས་ལ་བམ་པོ་ཉེར་གཅིག་པ་ཞེས་འཁོད།) 394བ་790 བམ་པོ་བཅོ་བརྒྱད་པ།(དཔེ་དངོས་ལ་བམ་པོ་ཉེར་གསུམ་པ་ཞེས་འཁོད།) 429ན་859 བམ་པོ་བཅུ་དགུ་པ།(དཔེ་དངོས་ལ་བམ་པོ་ཉེར་བཞི་པ་ཞེས་འཁོད།) 447ན་895(གྲངས་ཀ་ སྔ་མ་ནི་སྤྱན་ཕྱིར་དུ་བཀོད་པའི་ཤོག་གྲངས་དང་ཕྱི་མ་ནི་ཤོག་གི་གཡོན་སྟེར་བཀོད་པའི་ཨ་རབ་ཀྱི་ཤོག་གྲངས་ཡིན།)

066–11
ལེའུ་བཅུ་གཅིག་པ། སྣང་བ་རིན་པོ་ཆེའི་ལེའུ།
ལྡེབ་གྲངས། 318—485ན།(ཕྲེང་4) འཕྲོ་མཐུད།

067 (ང)
མཚན་བྱང་། ཁམས་བརྒྱད་གདན་ལ་ཕབས་པའི་སྟོང་ཕྲག་བརྒྱ་པ་བཞུགས་སོ། །དུམ་བུ་བཞི་པ།①
བསྡུས་བྱང་། ཁམས་ཆེན་པོ།
གྲངས་ཚད། ལེའུ་3ལ་ལྡེབ་438ཡོད། ཤོག་གྲངས་876བཞུགས།
རིགས་རྣམ། གཏེར་མ།
གཏེར་སྟོན། གཤེན་ཆེན་ཀླུ་དགའ། སྟོ་གཏེར།
067–11
ལེའུ་བཅུ་གཅིག་པ། སྣང་བ་རིན་པོ་ཆེ་བསྟན་པའི་ལེའུ། གཏོ་བུ་འབུམ་སྲས་ཞུས་པ།
ལྡེབ་གྲངས། 1—45བ།(ཕྲེང་1) གོང་མཐུད།
067–12
ལེའུ་བཅུ་གཉིས་པ། སྟོན་པ་རིན་པོ་ཆེའི་བསྟན་པའི་ལེའུ། གཏོ་བུ་འབུམ་སྲས་ཞུས་པ།
ལྡེབ་གྲངས། 45—271བ།(ཕྲེང་4)
067–13
ལེའུ་བཅུ་གསུམ་པ། སོ་སོར་གསལ་བ་རིན་པོ་ཆེ་བསྟན་པའི་ལེའུ། གཏོ་བུ་འབུམ་སྲས་ཞུས་པ།
ལྡེབ་གྲངས། 271—438བ།(ཕྲེང་7) འཕྲོ་མཐུད།

068 (ཅ)
མཚན་བྱང་། ཁམས་བརྒྱད་གདན་ལ་ཕབས་པའི་སྟོང་ཕྲག་བརྒྱ་པ་བཞུགས་སོ། །དུམ་བུ་ལྔ་པ།②
བསྡུས་བྱང་། ཁམས་ཆེན་པོ།
གྲངས་ཚད། ལེའུ་7ལྡེབ་468ཡོད། ཤོག་གྲངས་936བཞུགས།
རིགས་རྣམ། གཏེར་མ།
གཏེར་སྟོན། གཤེན་ཆེན་ཀླུ་དགའ། སྟོ་གཏེར།

---

① དུམ་བུ་བཞི་པ། བམ་པོ་གཉིས་པ། 40བ་80 བམ་པོ་བཞི་པ། 82བ་164 བམ་པོ་ལྔ་པ། 101བ་201 བམ་པོ་དྲུག་པ། 120ན་239 བམ་པོ་བདུན་པ། 139ན་277 བམ་པོ་བརྒྱད་པ། 158བ་316 བམ་པོ་དགུ་པ། 178བ་356 བམ་པོ་བཅུ་པ། 197ན་393 བམ་པོ་བཅུ་གཅིག་པ། 218བ་436 བམ་པོ་བཅུ་གཉིས་པ། 271བ་542 བམ་པོ་བཅུ་བཞི་པ། 282ན་563 བམ་པོ་བཅོ་ལྔ་པ། 305ན་609 བམ་པོ་བཅུ་དྲུག་པ། 329བ་658 བམ་པོ་བཅུ་བདུན་པ། 350བ་699 བམ་པོ་བཅུ་དགུ་པ། 396ན་791 བམ་པོ་ཉི་ཤུ་པ། 418ན་835(གྲངས་ཀ་སྔ་མ་ནི་སྦྲུན་ཁྲིར་དུ་བཀོད་པའི་ལྡེབ་གྲངས་དང་ཕྱི་མ་ནི་ལྡེབ་ཀྱི་གཡོན་སྟེར་བཀོད་པའི་ཨ་རབ་ཀྱི་ཤོག་གྲངས་ཡིན།)

② ཕྱག་བརྒྱ་བཅུ་དགུ་པ། དུམ་བུ་ལྔ་པ། བམ་པོ་གཉིས་པ། 32ན་63 བམ་པོ་གསུམ་པ། 53ན་105 བམ་པོ་བཞི་པ། 68བ་130 བམ་པོ་ལྔ་པ། 87ན་173 བམ་པོ་དྲུག་པ། 107ན་213 བམ་པོ་བདུན་པ། 128ན་255 བམ་པོ་བརྒྱད་པ། 146ན་291 བམ་པོ་དགུ་པ། 172ན་343 བམ་པོ་བཅུ་པ། 207བ་414 བམ་པོ་བཅུ་གཅིག་པ། 232བ་462 བམ་པོ་བཅུ་གཉིས་པ། 262ན་521 བམ་པོ་བཅོ་ལྔ་པ། 319ན་635 བམ་པོ་བཅུ་དྲུག་པ། 332བ་662 བམ་པོ་བཅུ་བདུན་པ། 350ན་697 བམ་པོ་བཅོ་བརྒྱད་པ། 370ན་737 བམ་པོ་བཅུ་དགུ་པ། 385བ་768 བམ་པོ་ཉེར་གཅིག་པ། 423ན་841 བམ་པོ་ཉེར་གཉིས་པ། 440བ་878 བམ་པོ་ཉེར་གསུམ་པ། 446བ་890(469བ་936ནས་གཞུང་ད་དུང་རྫོགས་མེད། གྲངས་ཀ་སྔ་མ་ནི་སྦྲུན་ཁྲིར་དུ་བཀོད་པའི་ལྡེབ་གྲངས་དང་ཕྱི་མ་ནི་ལྡེབ་ཀྱི་གཡོན་སྟེར་བཀོད་པའི་ཨ་རབ་ཀྱི་ཤོག་གྲངས་ཡིན།)

068–14
ལེའུ་བཅུ་བཞི་པ། རིག་པ་རིན་པོ་ཆེ་བསྟན་པའི་ལེའུ། ཡིད་ཀྱི་ཁྱིའུ་ཆུང་ཞུས།
ལྡེབ་གྲངས། 1—113བ།(ཁྲིང་7) སོང་མཐུད།

068–15
ལེའུ་བཅོ་ལྔ་པ། གཡུང་དྲུང་གི་དབྱིངས་བསྟན་པའི་ལེའུ།① གཏོ་བུ་འབུམ་སངས་ཞུས།
ལྡེབ་གྲངས། 113—138བ།(ཁྲིང་7)

068–16
ལེའུ་བཅུ་དྲུག་པ། མཉམ་པ་ཉིད་རིན་པོ་ཆེ་བསྟན་པའི་ལེའུ། ཡིད་ཀྱི་ཁྱིའུ་ཆུང་ཞུས།
ལྡེབ་གྲངས། 138—146ན།(ཁྲིང་4)

068–17
ལེའུ་བཅུ་བདུན་པ། བོན་ཐམས་ཅད་མི་དམིགས་པའི་ངང་ལ་གནས་པ། ཡིད་ཀྱི་ཁྱིའུ་ཆུང་ཞུས།②
ལྡེབ་གྲངས། མ་རྙེད།

068–18
ལེའུ་བཅོ་བརྒྱད་པ། བོན་ཐམས་ཅད་ཡོད་པ།
ལྡེབ་གྲངས། མ་རྙེད།

068–19
ལེའུ་བཅུ་དགུ་པ། མ་རྙེད།
ལྡེབ་གྲངས། མ་རྙེད།

068–20
ལེའུ་ཉི་ཤུ་པ། བོན་ཐམས་ཅད་མི་དམིགས་པ་ཆེན་པོའི་ངང་ལས་མི་འགྱུར་པར་གནས་པ།
ལྡེབ་གྲངས། མ་རྙེད།

069 ༼ཆ༽
མཚན་བྱང་། ཁམས་བརྒྱད་གཏན་ལ་ཕབས་པའི་སྟོང་ཕྲག་བརྒྱ་པ་བཞུགས་སོ། །དུམ་བུ་དྲུག་པ།③
བསྡུས་བྱང་། ཁམས་ཆེན་པོ།
གྲངས་ཚད། ལེའུ་9ལ་ལྡེབ་425ཡོད། ཤོག་གྲངས་848བཞུགས། [དོན་དངོས་སུ་ལྡེབ་375ལས་མེད།]

---

① མཚན་བྱང་རྒྱས་པར་བླ་ན་མེད་པ་ཡང་དག་པར་རྫོགས་པའི་འབྲས་བུ་མ་ཡིན་པའི་དེ་བཞིན་ཉིད་ལས་འབྱུང་བའི་ཡོན་ཏན་གྱི་ཚོགས་བསམ་གྱིས་མི་ཁྱབ་པ་ཐམས་ཅད་མི་འབྱུང་བ་མེད་པས་གཡུང་དྲུང་གི་དབྱིངས་རིན་པོ་ཆེ་ཞེས་བྱ།

② ལེའུ་བཅུ་བདུན་པ་ནས་ཉི་ཤུ་པའི་བར་གྱི་ལེའི་མཚན་བྱང་རྣམས་གཞུང་དངོས་ལས་མ་རྙེད་པས། Dan Martinསོགས་ཀྱིས་བསྒྲིགས་པའིA Catalogue of the Bon Kanjurཞེས་པ་གཞིར་བཟུང་བ་ཡིན།

③ ལེའུ་སོ་སོའི་མཚན་བྱང་དང་བཅས་ཏན་མར་ཐེན་སོགས་ཀྱི་དཀར་ཆག་ལས་ཁ་བསྐངས་པ་དང་། དབྱིན་དེབ་དང་ཨ་གཡུང་དཔེ་གཞིའི་ཁམས་ཆེན་གྱི་པོད་གྲངས་འདྲ་ཡང་ལྡེབ་གྲངས་ཐོད་མི་ཐུག་པར་འདུག དུམ་བུ་དྲུག་པ། བམ་པོ་གཉིས་པ། 19ན་37 བམ་པོ་དྲུག་པ། 110ན་221 བམ་པོ་བདུན་པ། 123ན་247 བམ་པོ་དགུ་པ། 163བ་328 བམ་པོ་བཅུ་པ། 207བ་414 བམ་པོ་བཅུ་བཞི་པ། 272ན་545 བམ་པོ་བཅོ་ལྔ་པ། 319ན་635 བམ་པོ་བཅུ་དྲུག་པ། 332བ་662 བམ་པོ་བཅུ་བདུན་པ། 350ན་697 བམ་པོ་བཅོ་བརྒྱད་པ། 370ན་737 བམ་པོ་བཅུ་དགུ་པ། 385བ་768 བམ་པོ་ཉེར་གཅིག་པ། 423ན་841 བམ་པོ་ཉེར་གཉིས་པ། 440བ་878 བམ་པོ་ཉེར་གསུམ་པ། 446བ་890(ལྡེབ་49-74ཤོག་གྲངས་99-150བར། ལྡེབ་124-149ཤོག་གྲངས་248-301བར། ལྡེབ་199-224ཤོག་གྲངས་398-450བར། ལྡེབ་350-375ཤོག་གྲངས་699-750བར་བཅས་ལ་ཆད་སྐྱོན་ཡོད། གྲངས་ཀ་སྔ་མ་ནི་སྦྲུན་ཁྲིར་དུ་བཀོད་པའི་ལྡེབ་གྲངས་དང་ཕྱི་མ་ནི་ལྡེབ་ཀྱི་གཡོན་ནྟེར་བཀོད་པའི་ཨ་རབ་ཀྱི་ཤོག་གྲངས་ཡིན།)

རིགས་རྣམ། གཏེར་མ།
གཏེར་སྟོན། གཤེན་ཆེན་ཀླུ་དགའ། སྟོ་གཏེར།

069–22
ལེའུ་ཉེར་གཉིས་པ། ཚུལ་ཁྲིམས་བསྲུང་བའི་རྒྱུད་དང་འབྲས་བུ་མི་དམིགས་པ།
ལྡེབ་གྲངས། 54བ།(ཕྲེང་5)

069–23
ལེའུ་ཉེར་གསུམ་པ། བཟོད་པ་བླ་ན་མེད་པར་ཕྱིན་པ་ཡང་དག་པའི་དོན་ལ་བསྒོམ་པ།
ལྡེབ་གྲངས། 79བ།(ཕྲེང་5)

069–24
ལེའུ་ཉེར་བཞི་པ། བརྩོན་འགྲུས་རྩོམ་པ།
ལྡེབ་གྲངས། 104བ།(ཕྲེང་3)

069–25
ལེའུ་ཉེར་ལྔ་པ། བསམ་གཏན་བསྒོམ་པ།
ལྡེབ་གྲངས། 131བ།(ཕྲེང་2)

069–26
ལེའུ་ཉེར་དྲུག་པ། སྟོབས་བསྐྱེད་པ།
ལྡེབ་གྲངས། 136བ།(ཕྲེང་6)

069–27
ལེའུ་ཉེར་བདུན་པ། སྙིང་རྗེ་བསྐྱེད་པ།
ལྡེབ་གྲངས། 143ན།(ཕྲེང་1)

069–28
ལེའུ་ཉེར་བརྒྱད་པ། སྨོན་ལམ་གདབ་(བཏབ་)པ།
ལྡེབ་གྲངས། 148ན།(ཕྲེང་6)

069–29
ལེའུ་ཉེར་དགུ་པ། ཐབས་ལ་མཁས་པ།
ལྡེབ་གྲངས། 155ན།(ཕྲེང་6)

069–30
ལེའུ་སུམ་ཅུ་པ། ཤེས་རབ་སྣང་དུ་ཡོད་པ།
ལྡེབ་གྲངས། 169ན།(ཕྲེང་6) འགྲོ་མཐུད།

070 ༼ཇ༽

མཚན་བྱང་། ཁམས་བརྒྱད་གཏན་ལ་ཕབས་པའི་སྟོང་ཕྲག་བརྒྱ་པ་བཞུགས་སོ། །དུམ་བུ་བདུན་པ།①

བསྡུས་བྱང་། ཁམས་ཆེན་པོ།

གྲངས་ཚད། ལེའུ་2ལ་ལྡེབ་463ཡོད། ཤོག་གྲངས་951བཞུགས།

རིགས་རྣམ། གཏེར་མ།

གཏེར་སྟོན། གཤེན་ཆེན་ཀླུ་དགའ། ལྷོ་གཏེར།

070–31

ལེའུ་སོ་གཅིག་པ། བོན་ཐམས་ཅད་སྒྱུར་མ་ལྟ་བུར་ཤེས་པས་ཇིར་ཡང་མེད་པར་བསྟན་པའི་ལེའུ།

ལྡེབ་གྲངས། 1—260བ།(ཁྲིང་7) གོང་མཐུད།

070–32

ལེའུ་སོ་གཉིས་པ། བོན་ཐམས་ཅད་སྒྱུར་མ་ལྟ་བུར་ཤེས་པས་ཇིར་ཡང་མེད་པར་བསྟན་པའི་ལེའུ།

ལྡེབ་གྲངས། 260—463ན།(ཁྲིང་5) འཕྲོ་མཐུད།

071 ༼ཉ༽

མཚན་བྱང་། ཁམས་བརྒྱད་གཏན་ལ་ཕབས་པའི་སྟོང་ཕྲག་བརྒྱ་པ་བཞུགས་སོ། །དུམ་བུ་བརྒྱད་པ།②

བསྡུས་བྱང་། ཁམས་ཆེན་པོ།

གྲངས་ཚད། ལེའུ་གྲངས་མ་རྙེད། ལྡེབ་429ཡོད། ཤོག་གྲངས་859བཞུགས།

རིགས་རྣམ། གཏེར་མ།

གཏེར་སྟོན། གཤེན་ཆེན་ཀླུ་དགའ། ལྷོ་གཏེར།

072 ༼ཏ༽

མཚན་བྱང་། ཁམས་བརྒྱད་གཏན་ལ་ཕབས་པའི་སྟོང་ཕྲག་བརྒྱ་པ་བཞུགས་སོ། །དུམ་བུ་དགུ་པ།③

བསྡུས་བྱང་། ཁམས་ཆེན་པོ།

གྲངས་ཚད། ལེའུ་གྲངས་མ་རྙེད། ལྡེབ་361ཡོད། ཤོག་གྲངས་723བཞུགས།

---

① དུམ་བུ་བདུན་པ། བམ་པོ་བཅུ་བདུན་པ། 11ན་21 བམ་པོ་བཅོ་བརྒྱད་པ། 34ན་67 བམ་པོ་བཅུ་དགུ་པ། 54བ་108 བམ་པོ་ཉི་ཤུ་པ། 75ན་151 བམ་པོ་ཉེར་གཅིག་པ། 98ན་195 བམ་པོ་ཉེར་གཉིས་པ། 121ན་241 བམ་པོ་ཉེར་གསུམ་པ། 144ན་287 བམ་པོ་ཉེར་བཞི་པ། 169ན་337 བམ་པོ་དྲུག་པ། 182བ་364 བམ་པོ་བདུན་པ། 202ན་405 བམ་པོ་བརྒྱད་པ། 223ན་447 བམ་པོ་དགུ་པ། 245ན་491 བམ་པོ་བཅུ་པ། 269ན་539 བམ་པོ་བཅུ་གཅིག་པ། 290བ་584 བམ་པོ་བཅུ་གཉིས་པ། 311བ་628 བམ་པོ་བཅུ་གསུམ་པ། 333ན་671 བམ་པོ་བཅུ་བཞི་པ། 349ན་703 བམ་པོ་བཅོ་ལྔ་པ། 354ན་713 བམ་པོ་བཅུ་དྲུག་པ། 366བ་758 བམ་པོ་བཅུ་བདུན་པ། 391ན་807 བམ་པོ་བཅོ་བརྒྱད་པ། 415ན་855 བམ་པོ་བཅུ་དགུ་པ། 439ན་903(གྲངས་ཀ་སྔ་མ་ནི་སྤྱན་ཁྲིར་དུ་བཀོད་པའི་ལྡེབ་གྲངས་དང་ཕྱི་མ་ནི་ལྡེབ་ཀྱི་གཡོན་སྟེང་བཀོད་པའི་ཨ་རབ་ཀྱི་ཤོག་གྲངས་ཡིན།)

② དུམ་བུ་བརྒྱད་པ། བམ་པོ་གཉིས་པ། 21ན་40 བམ་པོ་གསུམ་པ། 42བ་84 བམ་པོ་བཞི་པ། 60ན་119 བམ་པོ་ལྔ་པ། 80ན་159 བམ་པོ་དྲུག་པ། 99ན་197 བམ་པོ་བདུན་པ། 116བ་234 བམ་པོ་བརྒྱད་པ། 139ན་279 བམ་པོ་དགུ་པ། 159བ་322 བམ་པོ་བཅུ་པ། 183ན་369 བམ་པོ་བཅུ་གཅིག་པ། 204ན་411 བམ་པོ་ལྔ་པ། 248ན་499 བམ་པོ་དྲུག་པ། 279བ་558 བམ་པོ་དགུ་པ། 329ན་659 བམ་པོ་བཅུ་གཅིག་པ། 374ན་749 བམ་པོ་བཅུ་གཉིས་པ། 396ན་7936 བམ་པོ་བཅུ་བཞི་པ། 417ན་835(གྲངས་ཀ་སྔ་མ་ནི་སྤྱན་ཁྲིར་དུ་བཀོད་པའི་ལྡེབ་གྲངས་དང་ཕྱི་མ་ནི་ལྡེབ་ཀྱི་གཡོན་སྟེང་བཀོད་པའི་ཨ་རབ་ཀྱི་ཤོག་གྲངས་ཡིན།)

③ དུམ་བུ་དགུ་པ། བམ་པོ་གཉིས་པ། 21བ་42 བམ་པོ་གསུམ་པ། 40ན་79 བམ་པོ་བཞི་པ། 56ན་111 བམ་པོ་ལྔ་པ། 72བ་144 བམ་པོ་དྲུག་པ། 88ན་175 བམ་པོ་བདུན་པ། 102ན་205 བམ་པོ་བརྒྱད་པ། 116བ་234 བམ་པོ་དགུ་པ། 134ན་269 བམ་པོ་བཅུ་པ། 151བ་304 བམ་པོ་བཅུ་གཅིག་པ། 170ན་341 བམ་པོ་བཅུ་གཉིས་པ། 188ན་377 བམ་པོ་བཅུ་བཞི་པ། 227ན་455 བམ་པོ་བཅོ་ལྔ་པ། 245བ་492 བམ་པོ་བཅུ་དྲུག་པ། 264བ་530 བམ་པོ་བཅུ་བདུན་པ། 282བ་566 བམ་པོ་བཅོ་བརྒྱད་པ། 301ན་603 བམ་པོ་ཉི་ཤུ་པ། 342བ་686(གྲངས་ཀ་སྔ་མ་ནི་སྤྱན་ཁྲིར་དུ་བཀོད་པའི་ལྡེབ་གྲངས་དང་ཕྱི་མ་ནི་ལྡེབ་ཀྱི་གཡོན་སྟེང་བཀོད་པའི་ཨ་རབ་ཀྱི་ཤོག་གྲངས་ཡིན།)

རིགས་རྣམ། གཏེར་མ།
གཏེར་སྟོན། གཤེན་ཆེན་ཀླུ་དགའ། ལྷོ་གཏེར།
ལེའུ་གྲངས་མེད། བོན་ཐམས་ཅད་མ་འདྲེས་པ་སོ་སོའི་ཁམས་སུ་གཏན་ལ་ཕབ་པ།

073 ༼ཐ༽
མཚན་བྱང་། ཁམས་བརྒྱད་གཏན་ལ་ཕབས་པའི་སྟོང་ཕྲག་བརྒྱ་པ་བཞུགས་སོ། །དུམ་བུ་བཅུ་པ།①
བསྡུས་བྱང་། ཁམས་ཆེན་པོ།
གྲངས་ཚད། ལེའུ་གྲངས་མ་ཆེད། ལྡེབ་406ཡོད། ཤོག་གྲངས་808བཞུགས།
རིགས་རྣམ། གཏེར་མ།
གཏེར་སྟོན། གཤེན་ཆེན་ཀླུ་དགའ། ལྷོ་གཏེར།
ལེའུ་གྲངས་མེད། དགེ་སྡིག་སོ་སོར་བསྟན་པའི་ལེའུ།
ལྡེབ་གྲངས། 276ན།(ཕྲེང་1)

074 ༼ད༽
མཚན་བྱང་། ཁམས་བརྒྱད་གཏན་ལ་ཕབས་པའི་སྟོང་ཕྲག་བརྒྱ་པ་བཞུགས་སོ། །དུམ་བུ་བཅུ་གཅིག་པ།②
བསྡུས་བྱང་། ཁམས་ཆེན་པོ། རང་རིག་པའི་ཡེ་ཤེས་ལ་འདུས་པ།
གྲངས་ཚད། ལེའུ་2ལ་ལྡེབ་435ཡོད། ཤོག་གྲངས་785བཞུགས།③
རིགས་རྣམ། གཏེར་མ།
གཏེར་སྟོན། གཤེན་ཆེན་ཀླུ་དགའ། ལྷོ་གཏེར།

074–47
ལེའུ་ཞེ་བདུན་པ། རིག་པ་ཀུན་སྤྱོར་གྱི་ལེའུ།
ལྡེབ་གྲངས། 181ན།(ཕྲེང་5)

074–48
ལེའུ་ཞེ་བརྒྱད་པ། སྐྱེས་བུ་ངོ་མཚར་གྱི་ལེའུ།
ལྡེབ་གྲངས། 352ན།(ཕྲེང་5)

① དུམ་བུ་བཅུ་པ། བམ་པོ་གཉིས་པ། 24བ་48 བམ་པོ་གསུམ་པ། 45བ་90 བམ་པོ་བཞི་པ། 64ན་127 བམ་པོ་ལྔ་པ། 82ན་163 བམ་པོ་བདུན་པ། 114ན་227 བམ་པོ་བརྒྱད་པ། 130བ་260 བམ་པོ་དགུ་པ། 149ན་297 བམ་པོ་བཅུ་པ། 167ན་333 བམ་པོ་བཅུ་གཅིག་པ། 181བ་362 བམ་པོ་བཅུ་གཉིས་པ། 200ན་399 བམ་པོ་བཅུ་གསུམ་པ། 218ན་435 བམ་པོ་བཅུ་བཞི་པ། 246བ་492 བམ་པོ་བཅོ་ལྔ་པ། 266ན་531 བམ་པོ་བཅུ་དྲུག་པ། 284བ་568 བམ་པོ་བཅུ་བདུན་པ། 309ན་617 བམ་པོ་བཅོ་བརྒྱད་པ། 335ན་667 བམ་པོ་བཅུ་དགུ་པ། 360བ་716 བམ་པོ་ཉི་ཤུ་པ། 379བ་756(གྲངས་ཀ་སྔ་མ་ནི་སྤྱན་ཕྱིར་དུ་བཀོད་པའི་ལྡེབ་གྲངས་དང་ཕྱི་མ་ནི་ལྡེབ་ཀྱི་གཡོན་སྣེར་བཀོད་པའི་ཨ་རབ་ཀྱི་ཤོག་གྲངས་ཡིན།)

② དུམ་བུ་བཅུ་གཅིག་པ། བམ་པོ་གཉིས་པ། 28ན་55 བམ་པོ་གསུམ་པ། 47ན་93 བམ་པོ་ལྔ་པ། 85ན་169 བམ་པོ་དྲུག་པ། 105ན་207 བམ་པོ་བདུན་པ། 121ན་239 བམ་པོ་བརྒྱད་པ། 137བ་272 བམ་པོ་དགུ་པ། 157ན་309 བམ་པོ་བཅུ་པ། 175བ་344 བམ་པོ་བཅུ་གཅིག་པ། 193བ་378 བམ་པོ་བཅུ་གཉིས་པ། 211ན་411 བམ་པོ་བཅུ་གསུམ་པ། 227བ་440 བམ་པོ་བཅོ་ལྔ་པ། 265བ་510 བམ་པོ་བཅུ་དྲུག་པ། 294ན་543 བམ་པོ་བཅུ་བདུན་པ། 312བ་580 བམ་པོ་བཅོ་བརྒྱད་པ། 352ན་619 བམ་པོ་བཅུ་དགུ་པ། 372བ་660 བམ་པོ་ཉི་ཤུ་པ། 388བ་692 བམ་པོ་ཉེར་གཅིག་པ། 404བ་724 བམ་པོ་ཉེར་གཉིས་པ། 418ན་751(གྲངས་ཀ་སྔ་མ་ནི་སྤྱན་ཕྱིར་དུ་བཀོད་པའི་ལྡེབ་གྲངས་དང་ཕྱི་མ་ནི་ལྡེབ་ཀྱི་གཡོན་སྣེར་བཀོད་པའི་ཨ་རབ་ཀྱི་ཤོག་གྲངས་ཡིན།)

③ ལྡེབ་314ནས་336པ་བར་སྡེབ་གྲངས་ཆད་ཀྱང་ནང་དོན་འབྲེལ་ཐུབ་པར་འདུག ལྡེབ་338ཀྱི་འོག་ཏུ་ཡང་བསྐྱར་336དང་དེ་ནས་339མཐུད། ཨ་རབ་ཀྱི་ཤོག་གྲངས་ལ་ནོར་བ་མེད་པར་འདུག

075 ༼ན༽

མཚན་བྱང་། ཁམས་བརྒྱད་གདན་ལ་ཕབས་པའི་སྟོང་ཕྲག་བརྒྱ་པ་བཞུགས་སོ། །དུམ་བུ་བཅུ་གཉིས་པ།①

བསྡུས་བྱང་། ཁམས་ཆེན་པོ།

གྲངས་ཚད། ལེའུ་3ལ་ལྡེབ་352ཡོད། ཤོག་གྲངས་771བཞུགས།

རིགས་རྣམ། གཏེར་མ།

གཏེར་སྟོན། གཤེན་ཆེན་ཀླུ་དགའ། སྟོ་གཏེར།

075–49

ལེའུ་ཞེ་དགུ་པ། རིག་པ་ཀུན་སྦྱོར་གྱི་ལེའུ།②

ལྡེབ་གྲངས། 24བ།(ཕྲེང་7)

075–50

ལེའུ་ལྔ་བཅུ་པ། ཀླུ་མོས་ཞུས་པ་བསྟན་པའི་ལེའུ།

ལྡེབ་གྲངས། 228བ།(ཕྲེང་7)

075–52

ལེའུ་ང་གཉིས་པ། རང་རིག་པ་འདུ་འབྲལ་མེད་པར་བསྟན་པའི་ལེའུ།

ལྡེབ་གྲངས། 330ན།(ཕྲེང་4)

076 ༼པ༽

མཚན་བྱང་། ཁམས་བརྒྱད་གདན་ལ་ཕབས་པའི་སྟོང་ཕྲག་བརྒྱ་པ་བཞུགས་སོ། །དུམ་བུ་བཅུ་གསུམ་པ།③

བསྡུས་བྱང་། ཁམས་ཆེན་པོ།

གྲངས་ཚད། ལེའུ་2ལ་ལྡེབ་437ཡོད།④

རིགས་རྣམ། གཏེར་མ།

གཏེར་སྟོན། གཤེན་ཆེན་ཀླུ་དགའ། སྟོ་གཏེར།

076–54

ལེའུ་ང་བཞི་པ། བོན་ཐམས་ཅད་སྐུ་མེད་པ་གཡུང་དྲུང་གི་དབྱིངས་སུ་སངས་རྒྱས་པར་བསྟན་པའི་ལེའུ།

ལྡེབ་གྲངས། 195ན།(ཕྲེང་4)

---

① དུམ་བུ་བཅུ་གཉིས་པ། བམ་པོ་གཉིས་པ། 17བ་36 བམ་པོ་གསུམ་པ། 37ན་75 བམ་པོ་བཞི་པ། 52བ་106 བམ་པོ་ལྔ་པ། 70ན་141 བམ་པོ་དྲུག་པ། 85བ་172 བམ་པོ་བདུན་པ། 101བ་204 བམ་པོ་བརྒྱད་པ། 118ན་239 བམ་པོ་དགུ་པ། 140བ་284 བམ་པོ་བཅུ་པ། 160བ་328 བམ་པོ་བཅུ་གཅིག་པ། 1181བ་370 བམ་པོ་བཅུ་གཉིས་པ། 207བ་422 བམ་པོ་བཅུ་གསུམ་པ། 229ན་467 བམ་པོ་བཅུ་བཞི་པ། 248བ་506 བམ་པོ་བཅོ་ལྔ་པ། 263ན་535 བམ་པོ་བཅུ་དྲུག་པ། 277བ་564 བམ་པོ་བཅུ་བདུན་པ། 293ན་595 བམ་པོ་བཅོ་བརྒྱད་པ། 316ན་639 བམ་པོ་བཅུ་དགུ་པ། 334ན་675(གྲངས་ཀ་སྔ་མ་ནི་སྤྱན་ཕྱིར་དུ་བཀོད་པའི་ལྡེབ་གྲངས་དང་ཕྱི་མ་ནི་ལྡེབ་ཀྱི་གཡོན་སྟེར་བཀོད་པའི་ཨ་རབ་ཀྱི་ཤོག་གྲངས་ཡིན།)

② ལེའུ་གྲངས་སྨྲིག་མཁན་གྱིས་བཀོད།

③ དུམ་བུ་བཅུ་གསུམ་པ། བམ་པོ་བཅུ་གཅིག་པ། 26བ་26 བམ་པོ་བཅུ་གཉིས་པ། 45བ་60 བམ་པོ་བཅུ་གསུམ་པ། 57བ་86བམ་པོ་བཅུ་བཞི་པ། 69ན་109 བམ་པོ་བཅོ་ལྔ་པ། 195ན་137 བམ་པོ་བཅུ་བདུན་པ། 239ན་225 བམ་པོ་བཅོ་བརྒྱད་པ། 259བ་266 བམ་པོ་བཅུ་དགུ་པ། 285བ་318 བམ་པོ་ཉི་ཤུ་པ། 310ན་367 བམ་པོ་ཉེར་གཅིག་པ། 330ན་407 བམ་པོ་ཉེར་གཉིས་པ། 355བ་438 བམ་པོ་ཉེར་བཞི་པ། 385ན་497 བམ་པོ་ཉེར་ལྔ་པ། 405བ་538(གྲངས་ཀ་སྔ་མ་ནི་སྤྱན་ཕྱིར་དུ་བཀོད་པའི་ལྡེབ་གྲངས་དང་ཕྱི་མ་ནི་ལྡེབ་ཀྱི་གཡོན་སྟེར་བཀོད་པའི་ཨ་རབ་ཀྱི་ཤོག་གྲངས་ཡིན།)

④ གླེགས་བམ་འདིར་ལྡེབ་ཆད་སྐྱོན་དང་ལྡེབ་གྲངས་འགོད་སྟངས་ལ་ནོར་བ་ཅུང་མང་སྟེ། ལྡེབ་2པ་ནས་16པའི་བར་མ་ཚང་བ་རྣམས་གླེགས་བམ་གོང་མའི་མཇུག་ཏུ་བཞུགས་པ་ཚུར་བཏོན་པ་ལ་པོད་རྟགས་དང་ལྡེབ་གྲངས་མཐུད་ཐུབ་ཀྱང་ལྡེབ་3པ་ནས་15པ་བར་གྱི་ནང་དོན་འབྲེལ་ཆགས་དཀའ།

076–55
ལེའུ་ང་ལྔ་པ།[1] བོན་ཐམས་ཅད་འབྱམས་ཡས་པ་གཡུང་དྲུང་གི་དབྱིངས་ཐམས་ཅད་ཡེ་ནས་སངས་རྒྱས་པར་བསྟན་པའི་ལེའུ།
ལྡེབ་གྲངས། 285བ།(ཕྲེང་1)

077 ༼ཕ༽
མཚན་བྱང་། ཁམས་བརྒྱད་གཏན་ལ་ཕབས་པའི་སྟོང་ཕྲག་བརྒྱ་པ་བཞུགས་སོ། །དུམ་བུ་བཅུ་བཞི་པ།[2]
བསྡུས་བྱང་། ཁམས་ཆེན་པོ།
གྲངས་ཚད། ལེའུ་4ལ་ལྡེབ་457ཡོད། ཤོག་གྲངས་831བཞུགས།
རིགས་རྣམ། གཏེར་མ།
གཏེར་སྟོན། གཤེན་ཆེན་ཀླུ་དགའ། ལྷོ་གཏེར།
077–50
ལེའུ་ལྔ་བཅུ་པ། དོག་པ་མེད་པར་བཤད་པའི་ལེའུ།
ལྡེབ་གྲངས། 146བ།(ཕྲེང་6)
077–60
ལེའུ་དྲུག་ཅུ་པ། བོན་ཐམས་ཅད་བདལ་པ་ཆེན་པོ་གཡུང་དྲུང་གི་དབྱིངས་སུ་སངས་རྒྱས་པའི་ལེའུ།
ལྡེབ་གྲངས། 265བ།(ཕྲེང་7)
077–61
ལེའུ་རེ་གཅིག་པ། ཟད་པ་མེད་པ་གཡུང་དྲུང་གི་དབྱིངས་སུ་སངས་རྒྱས་པར་བསྟན་པའི་ལེའུ།
ལྡེབ་གྲངས། 333ན།(ཕྲེང་5)
077–60
ལེའུ་དྲུག་ཅུ་པ། བོན་ཐམས་ཅད་གཡུང་དྲུང་གིས་དབྱིངས་སུ་མི་དམིགས་པ་ལས། མ་བཅོས་པར་བཞག་པ་བསྟན་པའི་ལེའུ།
ལྡེབ་གྲངས། 457ན།(ཕྲེང་2)

078 ༼བ༽
མཚན་བྱང་། ཁམས་བརྒྱད་གཏན་ལ་ཕབས་པའི་སྟོང་ཕྲག་བརྒྱ་པ་བཞུགས་སོ། །དུམ་བུ་བཅོ་ལྔ་པ།[3]

---

① གཞུང་དུ་འདི་ལ་ལེའུ་ལྔ་བཅུ་པ། ཞེས་འཁོད།

② དུམ་བུ་བཅུ་བཞི་པ། བམ་པོ་དགུ་པའི་གོང་དུ་བམ་གྲངས་བཀོད་པ་མ་མཐོང་། བམ་པོ་དགུ་པ། 146བ་292 བམ་པོ། 265བ་436 ལྡེབ་413པ་ཤོག་ངོས་735པར་དུམ་བུ་བདུན་པ། བམ་པོ་བཞི་བཅུ་རྩ་བདུན་པའོ། །ཞེས་འཁོད། སྒྲིགས་བམ་འདིར་གོང་བསྟན་ལྟར་བམ་པོ་ཕལ་ཆེ་བར་བམ་མཚམས་མ་ཕྱེས་ཤིང་བམ་གྲངས་མ་བཀོད་པར་འདུག་ལ། ལེའུ་གྲངས་ཀྱང་གོང་འོག་མུ་འབྲེལ་གྱི་ཚུལ་དུ་བཞུགས་མེད།(གྲངས་ཀ་སྔ་མ་ནི་སྤྱན་ཁྲིར་དུ་བཀོད་པའི་ལྡེབ་གྲངས་དང་ཕྱི་མ་ནི་ལྡེབ་ཀྱི་གཡོན་སྣེར་བཀོད་པའི་ཨ་རབ་ཀྱི་ཤོག་གྲངས་ཡིན།)

③ དུམ་བུ་བཅོ་ལྔ་པ། བམ་པོ་གཉིས་པ། 16བ་32 བམ་པོ་གསུམ་པ། 36ན་71 བམ་པོ་བཞི་པ། 55བ་110 བམ་པོ་ལྔ་པ། 103བ་204 བམ་པོ་དྲུག་པ། 126ན་249 བམ་པོ་བདུན་པ། 151བ་298 བམ་པོ་བརྒྱད་པ། 172བ་340 འདིའི་གོང་དུ་བམ་མཚམས་སུ་༼བམ་པོ།༽ ཞེས་པ་ལས་བམ་གྲངས་བཀོད་མེད། བམ་པོ། 265བ་524 བམ་པོ་བཅུ་བཞི་པ། 282ན་555 བམ་པོ་བཅོ་ལྔ་པ། 287ན་565 བམ་པོ་བཅུ་དྲུག་པ། 295ན་577 འདིའི་གཤམ་ལའང་བམ་གྲངས་བཀོད་མེད། བམ་པོ། 312བ་612 བམ་པོ། 339བ་666 བམ་པོ། 394ན་767 བམ་པོ་ཅིག་པ། 419ན་815 བམ་པོ་གཉིས་པ། 440བ་858 བམ་པོ་གསུམ་པ། 459ན་895 བམ་པོ་བཞི་པ། 490ན་935 བམ་པོ། 497ན་969 བམ་པོ། 507ན་989 བམ་པོ། 524ན་1023 བམ་པོ། 552བ་1080 བམ་པོ། 573བ་1118(གྲངས་ཀ་སྔ་མ་ནི་སྤྱན་ཁྲིར་དུ་བཀོད་པའི་ལྡེབ་གྲངས་དང་ཕྱི་མ་ནི་ལྡེབ་ཀྱི་གཡོན་སྣེར་བཀོད་པའི་ཨ་རབ་ཀྱི་ཤོག་གྲངས་ཡིན།)

བསྡུས་བྱང་། ཁམས་ཆེན་པོ།
གྲངས་ཚད། ལེའུ་5ལ་ལྷེབ་589ཡོད། ཤོག་གྲངས་1151བཞུགས།
རིགས་རྣམ། གཏེར་མ།
གཏེར་སྟོན། གཤེན་ཆེན་ཀླུ་དགའ། སྟོ་གཏེར།

078–69
ལེའུ་དྲུག་བཅུ་དགུ་པ། བོན་ཐམས་ཅད་ཡོད་མེད་རྟག་ཆད་བཅིང་གྲོལ་དུ་མི་རྟོན་པའི་ལེའུ།
ལྷེབ་གྲངས། 51བ།(ཕྲེང་2)

078–70
ལེའུ་བདུན་ཅུ་པ། བོན་ཐམས་ཅད་གསལ་ལ་རང་བཞིན་མེད་པར་བསྟན་པའི་ལེའུ།
ལྷེབ་གྲངས། 176བ།(ཕྲེང་6)

078–71
ལེའུ་དོན་གཅིག་པ། བོན་ཐམས་ཅད་ལ་མི་དམིགས་པ་ལས་བཅད་པར་བསྟན་པའི་ལེའུ།
ལྷེབ་གྲངས། 357བ་(ཕྲེང་7)

078–72
ལེའུ་དོན་གཉིས་པ། བོན་ཐམས་ཅད་རྟོག་པར་དཀའ་ཞིང་ཐུབ་མོངས་མ་ཡིན་པར་བསྟན་པའི་ལེའུ།
ལྷེབ་གྲངས། 382བ།(ཕྲེང་7)

078–73
ལེའུ་དོན་གསུམ་པ། བོན་ཐམས་ཅད་མཉམ་པ་ཉིད་ཀྱི་དོན་ལ་འདུས་པར་བསྟན་པའི་ལེའུ།
ལྷེབ་གྲངས། 471ན།(ཕྲེང་6)

079 ༼མ༽
མཚན་བྱང་། ཁམས་བརྒྱད་གདན་ལ་ཕབ་པའི་སྟོང་ཕྲག་བརྒྱ་པ་བཞུགས་སོ། །དུམ་བུ་བཅུ་དྲུག་པ།①
བསྡུས་བྱང་། ཁམས་ཆེན་པོ།
གྲངས་ཚད། ལེའུ་3ལ་ལྷེབ་392ཡོད། ཤོག་གྲངས་781བཞུགས།
རིགས་རྣམ། གཏེར་མ།
གཏེར་སྟོན། གཤེན་ཆེན་ཀླུ་དགའ། སྟོ་གཏེར།

079–75
ལེའུ་དོན་ལྔ་པ། བོན་ཐམས་ཅད་བ་གཞི་ཀློང་ན་ཡེ་ཤེས་ཆེན་པོ་ལ་རྫོགས་པར་བསྟན་པའི་ལེའུ།
ལྷེབ་གྲངས། 8བ་(ཕྲེང་6)

---

① དུམ་བུ་བཅོ་ལྔ་པ། བམ་པོ་བཞི་པ། 50ན་99 བམ་པོ་ལྔ་པ། 67བ་134 བམ་པོ་བདུན་པ། 96བ་192 བམ་པོ་བརྒྱད་པ། 114བ་228 བམ་པོ་དགུ་པ། 130བ་258 བམ་པོ་བཅུ་པ། 150ན་297 བམ་པོ་བཅུ་གཅིག་པ། 165ན་327 བམ་པོ་བཅུ་གཉིས་པ། 179ན་355 བམ་པོ་བཅུ་གསུམ་པ། 196བ་390 བམ་པོ་བཅུ་བཞི་པ། 215ན་427 བམ་པོ་བཅོ་ལྔ་པ། 231ན་459 བམ་པོ་བཅུ་དྲུག་པ། 251ན་499 བམ་པོ་བཅུ་བདུན་པ། 271བ་540 བམ་པོ་བཅོ་བརྒྱད་པ། 286ན་569 བམ་པོ་བཅུ་དགུ་པ། 305ན་607 བམ་པོ་ཉི་ཤུ་པ། 324ན་645 བམ་པོ་ཉེར་གཉིས་པ། 362བ་722 བམ་པོ་གསུམ་པ། 459ན་895 བམ་པོ་བཞི་པ། 490ན་935 བམ་པོ། 497ན་969 བམ་པོ། 507ན་989 བམ་པོ། 524ན་1023 བམ་པོ། 552བ་1080 བམ་པོ། 573བ་1118(གྲངས་ཀ་སྔ་མ་ནི་སྤྱན་ཕྱིར་དུ་བཀོད་པའི་ལྷེབ་གྲངས་དང་ཕྱི་མ་ནི་ལྷེབ་ཀྱི་གཡོན་སྟེར་་བཀོད་པའི་ཨ་རབ་ཀྱི་ཤོག་གྲངས་ཡིན། བམ་པོ་མང་དག་ཅིག་ལ་བམ་མཚམས་ཕྱིས་ཀྱང་བམ་གྲངས་བཀོད་མེད།)

079–76
ལེའུ་དོན་དྲུག་པ། ཚོན་ཐམས་ཅད་སྟོང་པ་ཉིད་ཀྱི་ཡེ་ཤེས་ལ་ཡོངས་སུ་མཉམ་པར་གནས་པ་བསྟན་པའི་ལེའུ།①
ལྡེབ་གྲངས། 154བ།(ཕྲེང་4)

079–77
ལེའུ་དོན་བདུན་པ། ཚོན་ཐམས་ཅད་མཉམ་པ་ཉིད་ཀྱི་ཡེ་ཤེས་ལ་གནས་པར་བསྟན་པའི་ལེའུ།
ལྡེབ་གྲངས། 386ན།(ཕྲེང་2)

080 ﹛ཙ﹜
མཚན་བྱང་། ཁམས་བརྒྱད་གཏན་ལ་ཕབས་པ་སྟོང་ཕྲག་ཉི་ཤུ་ལྔ་པ་བཞུགས་སོ། །﹛ཀ﹜②
བསྡུས་བྱང་། འཕྱོང་འབུམ།
གྲངས་ཚད། ལེའུ་13ལ་ལྡེབ་203ཡོད། ཤོག་གྲངས་407བཞུགས།
རིགས་རྣམ། གཏེར་མ།
གཏེར་སྟོན། ཨ་ཙ་ར་མི་གཉིས།

080–1
ལེའུ་དང་པོ། སྲིད་པའི་གླིང་བཞི།
ལྡེབ་གྲངས། 1-33ན།(ཕྲེང་2)

080–2
ལེའུ་གཉིས་པ། གཡུང་དྲུང་སེམས་དཔའི་སྤྱོད་པ་ཐབ་མོ་བསྟན་པའི་ལེའུ།
ལྡེབ་གྲངས། 33—49བ།(ཕྲེང་5)

080–3
ལེའུ་གསུམ་པ། གཡུང་དྲུང་བདེ་བ་ཆེན་པོ་དེ་བཞིན་བསྟན་པའི་ལེའུ།
ལྡེབ་གྲངས། 49—75ན།(ཕྲེང་4)

080–4
ལེའུ་བཞི་པ། ཚོན་ཐམས་ཅད་ངེས་པར་རྗེས་སུ་མི་རྟོག་པར་བསྟན་པའི་ལེའུ།
ལྡེབ་གྲངས། 75—100ན།(ཕྲེང་2)

080–5
ལེའུ་ལྔ་པ། ཚོན་ཐམས་ཅད་གཉིས་སུ་མེད་པའི་དོན་བསྟན་པའི་ལེའུ།
ལྡེབ་གྲངས། 100—125ན།(ཕྲེང་4)

080–6
ལེའུ་དྲུག་པ། ཚོན་ཐམས་ཅད་ཡེ་མ་བྱུང་བའི་སྐྱེ་བ་མེད་པར་གདོད་ནས་དག་པར་བསྟན་པའི་ལེའུ།
ལྡེབ་གྲངས། 125—143བ།(ཕྲེང་6)

---

① གཞུང་དུ་ལེའུ་འདིའི་ལེའུ་གྲངས་བཅུ་དྲུག་པའོ་ཞེས་འཁོད།

② དུམ་པ་དང་པོ། བམ་པོ་དང་པོ། 2ན་3 བམ་པོ་གཉིས་པ། 17བ་34 བམ་པོ་གསུམ་པ། 34ན་67 བམ་པོ་བཞི་པ། 59ན་117 བམ་པོ་ལྔ་པ། 79བ་158 བམ་པོ་དྲུག་པ། 97ན་193 བམ་པོ་བདུན་པ། 116ན་231 འདི་ནས་བཟུང་སྟེ་བམ་མཚམས་མ་ཕྱེས་ཤིང་བམ་གྲངས་ཀྱང་བཀོད་མེད། བམ་པོ་བཅུ་གཉིས་པ། 188བ་378(གྲངས་ཀ་སྔ་མ་ནི་སྤྱན་ཕྱིར་དུ་བཀོད་པའི་ལྡེབ་གྲངས་དང་ཕྱི་མ་ནི་ལྡེབ་ཀྱི་གཡོན་སྟེང་བཀོད་པའི་ཨ་རབ་ཀྱི་ཤོག་གྲངས་ཡིན།)

080–7
ལེའུ་བདུན་པ། བོན་ཐམས་ཅད་འགག་པ་མེད་པར་བསྟན་པའི་ལེའུ།
ལྡེབ་གྲངས། 143—147བ།(ཕྲེང་1)

080–8
ལེའུ་བརྒྱད་པ། བོན་ཐམས་ཅད་སྟོང་པའི་མཐར་འཆད་པའི་ལྷུང་བ་མེད་པར་བསྟན་པའི་ལེའུ།
ལྡེབ་གྲངས། 147—151བ།(ཕྲེང་4)

080–9
ལེའུ་དགུ་པ། བོན་ཐམས་ཅད་མཚན་མ་འཛིན་པའམ་དངོས་པོར་འབྱུང་བ་བསྟན་པའི་ལེའུ།
ལྡེབ་གྲངས། 151—156ན།(ཕྲེང་3)

080–10
ལེའུ་བཅུ་པ། བོན་ཐམས་ཅད་ཡོངས་སུ་བཀག་པའམ་སྒྲིབ་པ་མེད་པར་བསྟན་པའི་ལེའུ།
ལྡེབ་གྲངས། 156—160ན།(ཕྲེང་5)

080–11
ལེའུ་བཅུ་གཅིག་པ། བོན་ཐམས་ཅད་དངོས་པོར་ཅིར་ཡང་མ་གྲུབ་ཅིང་དམིགས་པའི་ཡུལ་ཐམས་ཅད་ལས་འདས་པར་བསྟན་པའི་ལེའུ།
ལྡེབ་གྲངས། 160—165བ།(ཕྲེང་3)

080–12
ལེའུ་བཅུ་གཉིས་པ། བོན་ཐམས་ཅད་གཡོ་ཞིང་རྩོལ་བ་མེད་པར་བསྟན་པའི་ལེའུ།
ལྡེབ་གྲངས། 165—169བ།(ཕྲེང་5)

080–13
ལེའུ་བཅུ་གསུམ་པ། བོན་ཐམས་ཅད་ཆེ་ཆུང་མེད་པར་བསྟན་པའི་ལེའུ།
ལྡེབ་གྲངས། 169—173བ།(ཕྲེང་4) འཕྲོ་མཐུད།
མཇུག་བྱང་། བསོད་ནམས་རི་དབང་སྤོ་མཐོར་རྩེར། །བསྟན་པའི་དར་འཛིན་དད་མོས་ཕྱིར། །དམུ་རིགས་རྒྱལ་གཤེན་བསྟན་པ་འཛིན། །བསྐྲུན་པས་ཛོགས་འཚང་རྒྱ་འགྱུར་ཅིག །

081 ༼ཚ༽
མཚན་བྱང་། ཁམས་བརྒྱད་གཏན་ལ་ཕབས་པ་སྟོང་ཕྲག་ཉི་ཤུ་ལྔ་པ་བཞུགས་སོ། །༼ཁ༽①
བསྡུས་བྱང་། འབྲིང་འབུམ།
གྲངས་ཚད། ལེའུ་5ལ་ལྡེབ་203ཡོད། ཤོག་གྲངས་405བཞུགས།
རིགས་རྣམ། གཏེར་མ།
གཏེར་སྟོན། ཨ་ཙ་ར་མི་གཉིས།

081–14
ལེའུ་བཅུ་བཞི་པ། སྲིད་པ་རིན་པོ་ཆེ་བསྟན་པའི་ལེའུ།

① དུམ་པ་གཉིས་པ། བམ་པོ་བཅུ་བཞི་པ། 21ན་41 བམ་པོ་བཅོ་ལྔ་པ། 37ན་73 བམ་པོ། 51ན་101 བམ་པོ། 104ན་207 བམ་པོ། 1121བ་242 བམ་པོ། 180ན་359 པོད་འདིར་བམ་མཚམས་མ་ཕྱེས་ཤིང་བམ་གྲངས་བཀོད་མེད་པ་མང་།(གྲངས་ཀ་སྔ་མ་ནི་སྒྲུབ་ཁྲིར་དུ་བཀོད་པའི་ལྡེབ་གྲངས་དང་ཕྱི་མ་ནི་ལྡེབ་ཀྱི་གཡོན་སྣེར་བཀོད་པའི་ཨ་རབ་ཀྱི་ཤོག་གྲངས་ཡིན།)

ལྡེབ་གྲངས། 16ན།(ཕྲེང་3) གོང་མཐུད།

081–15
ལེའུ་བཅོ་ལྔ་པ། བསྐལ་པ་རིན་པོ་ཆེ་བསྟན་པའི་ལེའུ།
ལྡེབ་གྲངས། 16—41ན།(ཕྲེང་6)

081–16
ལེའུ་བཅུ་དྲུག་པ། སྣང་བ་རིན་པོ་ཆེ་བསྟན་པའི་ལེའུ།
ལྡེབ་གྲངས། 41—107ན།(ཕྲེང་5)

081–17
ལེའུ་བཅུ་བདུན་པ། སྟོང་པ་རིན་པོ་ཆེ་བསྟན་པའི་ལེའུ།
ལྡེབ་གྲངས། 107—158ན།(ཕྲེང་2)

081–18
ལེའུ་བཅོ་བརྒྱད་པ། མི་གཡོ་བ་མི་རྟོལ་བའི་ཁྱད་པར་ལ་མ་སྒྲིབ་པར་གསལ་བས། སོ་སོར་གསལ་བ་རིན་པོ་ཆེ་བསྟན་པའི་ལེའུ།
ལྡེབ་གྲངས། 158—396བ།(ཕྲེང་1) འཕྲོ་མཐུད།
མཇུག་བྱང་། ས་རྒྱ་སེར་རྒྱའི་དཔེ་ཙུ། བ་ཡེ་དམུ་རྒྱལ་འཛིན་གྱིས་མེ་སྟག་ཟླ་ཚེས(2/12)ལ་བྲི་བ་བར་འགྲོ་རྣམས་འཚང་རྒྱ་བའི་རྒྱུ་ཙུ་གྱུར་ཅིག །

082 〔ཛ〕
མཚན་བྱང་། ཁམས་བརྒྱད་གཏན་ལ་ཕབས་པ་སྟོང་ཕྲག་ཉི་ཤུ་ལྔ་པ་བཞུགས་སོ། །〔ག〕[①]
བསྡུས་བྱང་། འཁྲོང་འདུམ།
གྲངས་ཚད། ལེའུ་6ལ་ལྡེབ་226ཡོད། ཤོག་གྲངས་451བཞུགས།
རིགས་རྣམ། གཏེར་མ།
གཏེར་སྟོན། ཨ་ཙ་ར་མི་གཉིས།

082–19
ལེའུ་བཅུ་དགུ་པ། རིག་པ་རིན་པོ་ཆེ་བསྟན་པའི་ལེའུ།
ལྡེབ་གྲངས། 9བ།(ཕྲེང་2) གོང་མཐུད།

082–20
ལེའུ་ཉི་ཤུ་པ། གཡུང་དྲུང་གི་དབྱིངས་རིན་པོ་ཆེ་བསྟན་པའི་ལེའུ།
ལྡེབ་གྲངས། 9—15ན།(ཕྲེང་6)

082–21
ལེའུ་ཉེར་གཅིག་པ། མཉམ་པ་ཉིད་རིན་པོ་ཆེ་བསྟན་པའི་ལེའུ།
ལྡེབ་གྲངས། 15—18ན།(ཕྲེང་3)

082–22
ལེའུ་ཉེར་གཉིས་པ། བོན་ཐམས་ཅད་མི་འགྱུར་བ་གནས་ཏེ་ཡོད་པར་བསྟན་པའི་ལེའུ།

---

① དུམ་པ་གསུམ་པ། བམ་པོ་དང་པོ། 2ན་3 བམ་པོ་གཉིས་པ། 19བ་38 བམ་པོ་གསུམ་པ། 31ན་61 བམ་པོ། 87བ་176 བམ་པོ། 98ན་197 བམ་པོ། 118བ་238 བམ་པོ། 152བ་304 བམ་པོ། 183ན་365 བམ་པོ། 202བ་404(གྲངས་ཀ་སྔ་མ་ནི་སྤྱན་ཁྲིར་དུ་བཀོད་པའི་ལྡེབ་གྲངས་དང་ཕྱི་མ་ནི་ལྡེབ་ཀྱི་གཡོན་སྣེར་བཀོད་པའི་ཨ་རབ་ཀྱི་ཤོག་གྲངས་ཡིན།)

ལྡེབ་གྲངས། 18—53བ།(ཕྲེང་4)

083–23
ལེའུ་ཉེར་གསུམ་པ། སྦྱིན་པའི་རྒྱུ་འབྲས་མི་དམིགས་པའི་ངང་ལས་འཇོག་པར་བསྟན་པའི་ལེའུ།
ལྡེབ་གྲངས། 53—98ན།(ཕྲེང་5)

082–24
ལེའུ་ཉེར་བཞི་པ། ཚུལ་ཁྲིམས་ཀྱིས་རྒྱུ་འབྲས་མི་དམིགས་པ་བསྟན་པའི་ལེའུ།
ལྡེབ་གྲངས། 98—202བ།(ཕྲེང་1)འཕྲོ་མཐུད།

083 ﹛ཟ﹜
མཚན་བྱང་། ཁམས་བརྒྱད་གཏན་ལ་ཕབས་པ་སྟོང་ཕྲག་ཉི་ཤུ་ལྔ་པ་བཞུགས་སོ། །﹛ང﹜[1]
བསྡུས་བྱང་། འབྲིང་འབུམ།
གྲངས་ཚད། ལེའུ་11ལ་ལྡེབ་183ཡོད། ཤོག་གྲངས་363བཞུགས།
རིགས་རྣམ། གཏེར་མ།
གཏེར་སྟོན། ཨ་ཙ་ར་མི་གཉིས།

083–25
ལེའུ་ཉེར་ལྔ་པ། སེམས་རིག་པ་ལྡན་པའི་ཆུ་བོས་ཡོངས་སུ་ཁྲུས་བྱས་ནས། རྣམ་པར་དག་པ་བསྟན་པའི་ལེའུ།
ལྡེབ་གྲངས། 62ན།(ཕྲེང་5) གོང་མཐུད།

083–26
ལེའུ་ཉེར་དྲུག་པ།[2] ཀུན་འབྱུང་མེད་པར་བསྟན་པའི་ལེའུ།
ལྡེབ་གྲངས། 62—65བ།(ཕྲེང་3)

083–27
ལེའུ་ཉེར་བདུན་པ། སེམས་མི་འདས་ཤིང་བགྲོད་དུ་མེད་པར་རྟོགས་པར་རྣམ་པར་དག་པའི་འབྲས་བུ་ཐོབ་པར་བསྟན་པའི་ལེའུ།
ལྡེབ་གྲངས། 65—84བ།(ཕྲེང་7)

083–28
ལེའུ་ཉེར་བརྒྱད་པ། སེམས་ཅིར་ཡང་གསལ་བ་ཉིད་ཀྱི་དོན་རྟོགས་པས། རྣམ་པར་དག་པའི་འབྲས་བུ་ཐོབ་པར་བསྟན་པའི་ལེའུ།
ལྡེབ་གྲངས། 84—116བ།(ཕྲེང་6)

083–29
ལེའུ་སོ་གཉིས་པ། སེམས་འགྱུར་བ་མེད་པ་ཉིད་ཀྱི་དོན་རྟོགས་ན་རྣམ་པར་དག་པའི་འབྲས་བུ་ཐོབ་པར་བསྟན་པའི་ལེའུ།
ལྡེབ་གྲངས། 116—131བ།(ཕྲེང་1)

083–30
ལེའུ་གཉིས་པ། སེམས་དེ་བཞིན་ཉིད་བཅོས་སུ་མེད་པའི་དོན་རྟོགས་ནས་རྣམ་པར་དག་པའི་འབྲས་བུ་བསྟན་པའི་ལེའུ།

---

① དུམ་པ་བཞི་པ། བམ་པོ་དང་པོ། 2ན་3 བམ་པོ། 100བ་198 བམ་པོ། 121ན་239བམ་པོ། 139བ་276 གླེགས་བམ་འདིར་བམ་མཚམས་དང་བམ་གྲངས་ལ་དོ་སྣང་ཆེར་མེད་པར་འདུག གླེགས་བམ་གྱི་ལེའུ་གྲངས་བཀོད་པ་རྣམས་མ་ལུས་པར་ཐོ་འགོད་བྱས་ཀྱང་། གཞུང་ལ་ལེའུ་གྲངས་ནོར་འཛོལ་དུ་མངོན་པས། ཨ་རབ་ཀྱི་ཤོག་གྲངས་བཀོད་པ་ལྟར་ངོས་འཛིན་པར་འོས།(གྲངས་ཀ་སྔ་མ་ནི་སྦྱན་ཁྲིར་དུ་བཀོད་པའི་ལྡེབ་གྲངས་དང་ཕྱི་མ་ནི་ལྡེབ་ཀྱི་གཡོན་སྐེར་བཀོད་པའི་ཨ་རབ་ཀྱི་ཤོག་གྲངས་ཡིན།)
② གཞུང་ལ་ལེའུ་ཉེར་ལྔ་པ་ཞེས་འཁོད།

ལྡེབ་གྲངས། 131—152ན།(ཕྲེང་6)

083–31
ལེའུ་སོ་གཉིས་པ། སེམས་དེ་བཞིན་ཉིད་བཙོས་སུ་མེད་པའི་དོན་རྟོགས་ནས་རྣམ་པར་དག་པའི་འབྲས་བུ་བསྟན་པའི་ལེའུ།
ལྡེབ་གྲངས། 152—162ན།(ཕྲེང་3)

083–32
ལེའུ་སོ་ལྔ་པ། བོན་ཐམས་ཅད་གཡོ་བ་མེད་པར་བསྟན་པའི་ལེའུ།
ལྡེབ་གྲངས། 162—167ན།(ཕྲེང་2)

083–33
ལེའུ་སོ་དྲུག་པ། འཛིན་ཆགས་མེད་པར་བསྟན་པའི་ལེའུ།
ལྡེབ་གྲངས། 167—169བ།(ཕྲེང་3)

083–34
ལེའུ་སོ་བདུན་པ། བོན་ཐམས་ཅད་བྱུང་ཚོར་མེད་པར་བསྟན་པའི་ལེའུ།
ལྡེབ་གྲངས། 169—175ན།(ཕྲེང་5)

083–35
ལེའུ་སོ་བརྒྱད་པ། བོན་ཐམས་ཅད་སྟོང་སྣོམས་མེད་པར་བསྟན་པའི་ལེའུ།
ལྡེབ་གྲངས། 175—183ན།(ཕྲེང་2) འགྲོ་མཐུད།
[གོང་གི་ལེའུ་བདུན་པོའི་ལེའུ་གྲངས་སོགས་ལ་ནོར་སྐྱོན་ཤོར་འདུག]
མཇུག་བྱང་། ག་རྒྱ་བསོད་ནམས་བསྟན་དར་དེས་ཏྭ། ཕན་བ་ཡེ་དམུ་རྒྱལ་བསྟན་འཛིན་ནས་སྟག་ཟླ་ཚེས་ཉིན(3/27)གྲུབ་པས་ལུས་ཅན་ཐར་པ་འཐོབ་པའི་རྒྱུ་རུ་གྱུར་ཅིག །

084 ༼ཞ༽
མཚན་བྱང་། ཁམས་བརྒྱད་གཏན་ལ་ཕབས་པ་སྟོང་ཕྲག་ཉི་ཤུ་ལྔ་པ་བཞུགས་སོ། །༼ཅ༽[①]
བསྡུས་བྱང་། འབྱུང་འབུམ།
གྲངས་ཚད། ལེའུ་8ལ་ལྡེབ་283ཡོད། ཤོག་གྲངས་557བཞུགས།
རིགས་རྣམ། གཏེར་མ།
གཏེར་སྟོན། ཨ་ཙ་ར་མི་གཉིས།

084–36
ལེའུ་་པ། བོན་ཐམས་ཅད་རེ་དོག་མེད་པ་ཡང་དག་པར་བསྟན་པའི་ལེའུ།
ལྡེབ་གྲངས། 15ན།(ཕྲེང་3) གོང་མཐུད།

084–37
ལེའུ་་པ། བོན་ཐམས་ཅད་འཁོར་ཆགས་མེད་པར་བསྟན་པའི་ལེའུ།
ལྡེབ་གྲངས། 15—18ན།(ཕྲེང་3)

---

① དུམ་པ་ལྔ་པ། བམ་པོ་དང་པོ། 2ན་3 བམ་པོ་གཉིས་པ། 24བ་48 བམ་པོ་གསུམ་པ། 46ན་93 བམ་པོ་བཞི་པ། 68བ་136 བམ་པོ་ལྔ་པ། 92བ་184 བམ་པོ། 148བ་296 བམ་པོ། 177བ་334 བམ་པོ། 203བ་384 བམ་པོ་བཅུ་པ། 229ན་435 བམ་པོ། 251ན་491 བམ་པོ། 273བ་538(གྲངས་ཀ་སྔ་མ་ནི་སྤྱན་ཕྱིར་དུ་བཀོད་པའི་ལྡེབ་གྲངས་དང་ཕྱི་མ་ནི་ལྡེབ་ཀྱི་གཡོན་སྣེར་བཀོད་པའི་ཨ་རབ་ཀྱི་ཤོག་གྲངས་ཡིན།)

084–38

ལེའུ་སོ་དྲུག་པ། རྣམ་པར་ཤེས་པའི་ཁམས་སྟོང་པའི་ཡེ་ཤེས་ཀྱི་འབྲས་བུ་ཐོབ་པར་བསྟན་པའི་ལེའུ།

ལྡེབ་གྲངས། 18—60ན།(ཕྲེང་4)

084–39

ལེའུ་སོ་བདུན་པ། བོན་ཉིད་བསྟན་པ་བསྟན་པའི་ལེའུ།

ལྡེབ་གྲངས། 60—77བ།(ཕྲེང་1)

084–40

ལེའུ་སོ་བརྒྱད་པ།[1] བོན་ཐམས་ཅད་གཡུང་དྲུང་གི་དབྱིངས་བདེ་བ་ཆེན་པོ་དེ་བཞིན་ཉིད་ཀྱི་སྙིང་པོ་བསྒོམ་པར་བསྟན་པའི་ལེའུ།

ལྡེབ་གྲངས། 77—137བ།(ཕྲེང་4)

084–41

ལེའུ་སོ་དགུ་པ། བདེན་པ་རྣམས་གཉིས་པ་སོ་སོར་བསྟན་པའི་ལེའུ།

ལྡེབ་གྲངས། 137—144ན།(ཕྲེང་2)

084–42

ལེའུ་བཞི་བཅུ་པ། བོན་ཐམས་ཅད་དགེ་སྡིག་མི་འཚོལ་ཞིང་མ་འདྲེས་སོ་སོར་བསྟན་པའི་ལེའུ།

ལྡེབ་གྲངས། 144—174ན།(ཕྲེང་6)

084–43

ལེའུ་ཞེ་གཅིག་པ།[2] སྤྱོད་པ་ཡང་དག་པའི་དོན་ལ་བསླབ་པར་བསྟན་པའི་ལེའུ།

ལྡེབ་གྲངས། 174—229བ།(ཕྲེང་3)འགྲོ་མཐུད།

085 〈ཟ〉

མཚན་བྱང་། ཁམས་བརྒྱད་གདན་ལ་ཕབ་པ་སྟོང་ཕྲག་ཉི་ཤུ་ལྔ་པ་བཞུགས་སོ། །〈ཆ〉[3]

བསྡུས་བྱང་། འབྲིང་འབུམ།

གྲངས་ཚད། ལེའུ་10ལ་ལྡེབ་217ཡོད། ཤོག་གྲངས་435བཞུགས།

རིགས་རྣམ། གཏེར་མ།

གཏེར་སྟོན། ཨ་ཙ་ར་མི་གཉིས།

085–44

ལེའུ་ང་གཉིས་པ། དགེ་སྡིག་སོ་སོར་བསྟན་པའི་ལེའུ།

ལྡེབ་གྲངས། 33བ།(ཕྲེང་1) གོང་མཐུད།

085–45

ལེའུ་ང་གསུམ་པ། བོན་ཐམས་ཅད་དགེ་བའི་རྩ་བ་ཡོངས་སུ་སྨིན་ཅིང་། མི་དམིགས་པའི་སྒོམས་པར་བསྟན་པའི་ལེའུ།

ལྡེབ་གྲངས། 33—40བ།(ཕྲེང་2)

---

① གཞུང་ལ་སོ་གསུམ་པ་ཞེས་འཁོད།

② གཞུང་ལ་སོ་དགུ་པ་ཞེས་འཁོད།

③ དུམ་པ་དྲུག་པ། བམ་པོ་དང་པོ། 2ན་3 བམ་པོ་གཉིས་པ། 26ན་53 བམ་པོ། 94བ་190 བམ་པོ། 116བ་234 བམ་པོ། 132ན་265 བམ་པོ། 151ན་303 བམ་པོ། 174ན་349 བམ་པོ། 195ན་391(གྲངས་ཀ་སྔ་མ་ནི་སྦྲུན་ཁྲིར་དུ་བཀོད་པའི་ལྡེབ་གྲངས་དང་ཕྱི་མ་ནི་ལྡེབ་ཀྱི་གཡོན་སྣེར་བཀོད་པའི་ཨ་རབ་ཀྱི་ཤོག་གྲངས་ཡིན།)

085–46
ལེའུ་ང་བཞི་པ།[1] བོན་ཐམས་ཅད་དངོས་པོ་མ་མཆིས་པར་རྟོག་ཅིང་། རང་རིག་པའི་ཡེ་ཤེས་རང་ལ་རང་འཆར་པར་བསྟན་པའི་ལེའུ།
ལྡེབ་གྲངས། 40—46བ།(ཤྲེང་5)

085–47
ལེའུ་ང་ལྔ་པ།[2] བོན་ཐམས་ཅད་ཀྱིས་རྣམ་གྲངས་ལས་ཡང་དག་ལ་མཁས་པའི་རིག་པ་ཤར་པ་བསྟན་པའི་ལེའུ།
ལྡེབ་གྲངས། 46—52ན།(ཤྲེང་3)

085–48
ལེའུ་ང་དྲུག་པ།[3] རིག་པ་ཤར་བའི་ལེའུ།
ལྡེབ་གྲངས། 52—121ན།(ཤྲེང་1)

085–49
ལེའུ་ང་བདུན་པ།[4] སྐྱེས་བུ་ངོ་མཚར་གྱི་ལེའུ།
ལྡེབ་གྲངས། 121—166བ།(ཤྲེང་1)

085–50
ལེའུ་ང་བརྒྱད་པ།[5] ཏིང་ངེ་འཛིན་ཟབ་མོ་ལ་སྒོམས་པར་གནས་པ་བསྟན་པའི་ལེའུ།
ལྡེབ་གྲངས། 166—176ན།(ཤྲེང་1)

085–51
ལེའུ་ང་དགུ་པ།[6] རིག་པ་དང་ལོངས་སྤྱོད་ཀྱི་ཁྱབ་པར་བསྟན་པའི་ལེའུ།
ལྡེབ་གྲངས། 176—182ན།(ཤྲེང་1)

085–52
ལེའུ་དྲུག་ཅུ་པ།[7] བོན་ཐམས་ཅད་ཡེ་ཤེས་ཀྱི་འབྲས་བུ་ཐོབ་པར་བསྟན་པའི་ལེའུ།
ལྡེབ་གྲངས། 182—188ན།(ཤྲེང་3)

085–53
ལེའུ་རེ་གཅིག་པ།[8] རིག་པ་ཀུན་འགྱུར་གྱི་ལེའུ།
ལྡེབ་གྲངས། 188—211བ།(ཤྲེང་2) འཕྲོ་མཐུད།
མཇུག་བྱང་། ས་ཡེ་དམུ་རྒྱལ་བསྟན་འཛིན་ནས་གུ་གེར་བྲིས།

① གཞུང་ལ་ང་གསུམ་པ་ཞེས་འཁོད།
② གཞུང་ལ་ང་བཞི་པ་ཞེས་འཁོད།
③ གཞུང་ལ་དོན་ལྔ་པ་ཞེས་འཁོད།
④ གཞུང་ལ་ང་དྲུག་པ་ཞེས་འཁོད།
⑤ གཞུང་ལ་ང་བདུན་པ་ཞེས་འཁོད།
⑥ གཞུང་ལ་ང་བརྒྱད་པ་ཞེས་འཁོད།
⑦ གཞུང་ལ་ང་དགུ་པ་ཞེས་འཁོད།
⑧ གཞུང་ལ་དྲུག་ཅུ་པ་ཞེས་འཁོད།

086 ༼འ༽

མཚན་བྱང་། ཁམས་བརྒྱད་གཏན་ལ་ཕབ་པ་སྟོང་ཕྲག་ཉི་ཤུ་ལྔ་པ་བཞུགས་སོ། །༼ཇ༽①

བསྡུས་བྱང་། འཕྲོང་འབུམ།

གྲངས་ཚད། ལེའུ་18ལ་ལྡེབ་203ཡོད། ཤོག་གྲངས་399བཞུགས།

རིགས་རྣམ། གཏེར་མ།

གཏེར་སྟོན། ཨ་ཙ་ར་མི་གཉིས།

086–52

ལེའུ་ང་གཉིས་པ། བོན་ཐམས་ཅད་ནམ་མཁའ་ལྟ་བུ་གསལ་ལ་རྟག་ཏུ་མེད་པར་བསྟན་པའི་ལེའུ།

ལྡེབ་གྲངས། 1—20ན།(ཁྲིང་1) གོང་མཐུད།

086–53

ལེའུ་གསུམ་པ། རིག་པའི་ཡེ་ཤེས་ལ་སྤྱོད་པ་ལས་འདས་པར་བསྟན་པའི་ལེའུ།

ལྡེབ་གྲངས། 20—42ན།(ཁྲིང་6)

086–54

ལེའུ་བཞི་པ། བོན་ཐམས་ཅད་ཡེ་ཤེས་ཀྱི་འབྲས་བུ་ཐོབ་པར་བསྟན་པའི་ལེའུ།

ལྡེབ་གྲངས། 42—54ན།(ཁྲིང་6)

086–55

ལེའུ་ལྔ་པ། བོན་ཐམས་ཅད་སྐྱེ་མེད་པ་གཡུང་དྲུང་གི་དབྱིངས་སུ་སངས་རྒྱས་པའི་ལེའུ།

ལྡེབ་གྲངས། 54—65བ།(ཁྲིང་1)

086–56

ལེའུ་དྲུག་པ།② བོན་ཐམས་ཅད་འབྲས་ཡངས་པ་གཡུང་དྲུང་གིས་དབྱིངས་སུ་འབྲས་ཡས་པ་གསལ་བ་ཡེ་ཤེས་སངས་རྒྱས་པའི་ལེའུ།

ལྡེབ་གྲངས། 65—68ན།(ཁྲིང་4)

086–57

ལེའུ་བདུན་པ། བོན་ཐམས་ཅད་མཉམ་པ་ཉིད་འགྱུར་བ་མེད་པ་གཡུང་དྲུང་གིས་དབྱིངས་སུ་སངས་རྒྱས་པའི་ལེའུ།

ལྡེབ་གྲངས། 68—72ན།(ཁྲིང་3)

086–58

ལེའུ་བརྒྱད་པ། བོན་ཐམས་ཅད་ཁ་གཏིང་མེད་པ་གཡུང་དྲུང་གི་དབྱིངས་སུ་སངས་རྒྱས་པར་བསྟན་པའི་ལེའུ།

ལྡེབ་གྲངས། 72—76བ།(ཁྲིང་5)

086–59

ལེའུ་དགུ་པ། བོན་ཐམས་ཅད་དཔག་ཏུ་མེད་པས་སངས་རྒྱས་པར་བསྟན་པའི་ལེའུ།

ལྡེབ་གྲངས། 76—78བ།(ཁྲིང་7)

---

① དུམ་པ་བདུན་པ། བམ་པོ་དང་པོ། 2ན་3 བམ་པོ་བཞི་པ། 67ན་139 བམ་པོ་ལྔ་པ། 90ན་187 བམ་པོ་དྲུག་པ། 113བ་234 བམ་པོ། 132ན་265 བམ་པོ། 155ན་283 བམ་པོ། 175བ་324 བམ་པོ། 194བ་362(གྲངས་ཀ་སྔ་མ་ནི་སྒྲུབ་ཁྲིར་དུ་བཀོད་པའི་ལྡེབ་གྲངས་དང་ཕྱི་མ་ནི་ལྡེབ་ཀྱི་གཡོན་སྟེང་བཀོད་པའི་ཨ་རབ་ཀྱི་ཨང་གྲངས་ཡིན།)

② གཞུང་ལ་གཉིས་པ་ཞེས་འཁོད།

086–60
ལེའུ་…པ།[1] ཟླ་ན་མེད་པ་ཡང་དག་པར་རྫོགས་པའི་འབྲས་བུ་བོན་ཐམས་ཅད་དོག་པ་མེད་པ་གཡུང་དྲུང་གི་དབྱིངས་སུ་སངས་རྒྱས་པའི་ལེའུ།
ལྡེབ་གྲངས། 78—83བ།(ཕྲེང་4)

086–61
ལེའུ་…པ།[2] བོན་ཐམས་ཅད་བདལ་པ་ཆེན་པོ་གཡུང་དྲུང་གི་དབྱིངས་སུ་སངས་རྒྱས་པར་བསྟན་པའི་ལེའུ།
ལྡེབ་གྲངས། 83—88ན།(ཕྲེང་3)

086–63
ལེའུ་…པ།[3] རེ་གཉིས་པ་མེད། བོན་ཐམས་ཅད་ཡེ་ཤེས་ཀྱི་འབྲས་བུ་ཐོབ་པར་བསྟན་པའི་ལེའུ།
ལྡེབ་གྲངས། 88—95བ།(ཕྲེང་4)

086–64
ལེའུ་…པ།[4] བོན་ཐམས་ཅད་སྐུ་མེད་པ་གཡུང་དྲུང་གི་དབྱིངས་ཐམས་ཅད་ཡེ་ནས་སངས་རྒྱས་པར་བསྟན་པའི་ལེའུ།
ལྡེབ་གྲངས། 95—106ན།(ཕྲེང་4)

086–66
ལེའུ་…པ།[5] བོན་ཐམས་ཅད་ཡོངས་སུ་རྒྱུན་མ་ཆད་པར་གཡུང་དྲུང་གི་དབྱིངས་སུ་སངས་རྒྱས་པར་བསྟན་པའི་ལེའུ།
ལྡེབ་གྲངས། 106—146ན།(ཕྲེང་4)

086–68
ལེའུ་…པ།[6] བོན་ཐམས་ཅད་དཔག་ཏུ་མེད་པར་གཡུང་དྲུང་གི་དབྱིངས་ཐམས་ཅད་སངས་རྒྱས་པར་བསྟན་པའི་ལེའུ།
ལྡེབ་གྲངས། 146—166ན།(ཕྲེང་7)

086–69
ལེའུ་…པ།[7] བོན་ཐམས་ཅད་དོག་པ་མེད་པར་གཡུང་དྲུང་གི་དབྱིངས་སུ་སངས་རྒྱས་པར་བསྟན་པའི་ལེའུ།
ལྡེབ་གྲངས། 166—178ན།(ཕྲེང་4)

086–70
ལེའུ་…པ།[8] བོན་ཐམས་ཅད་བདལ་པ་ཆེན་པོ་གཡུང་དྲུང་གི་དབྱིངས་སུ་སངས་རྒྱས་པར་བསྟན་པའི་ལེའུ།
ལྡེབ་གྲངས། 178—189བ།(ཕྲེང་3)

086–71
ལེའུ་…པ།[9] ཟད་པ་མེད་པ་གཡུང་དྲུང་གི་དབྱིངས་སུ་སངས་རྒྱས་པར་བསྟན་པའི་ལེའུ།

---

① གཞུང་ལ་བཅུ་དྲུག་པ་ཞེས་འཁོད།
② གཞུང་ལ་རེ་གཅིག་པ་ཞེས་འཁོད།
③ གཞུང་ལ་རེ་གསུམ་པ་ཞེས་འཁོད།
④ གཞུང་ལ་བཞི་པ་ཞེས་འཁོད།
⑤ གཞུང་ལ་ལྔ་པ་མེད་པར་དྲུག་པ་ཞེས་འཁོད།
⑥ གཞུང་ལ་བདུན་པ་མེད། བརྒྱད་པ་ཞེས་འཁོད།
⑦ གཞུང་ལ་དགུ་པ་ཞེས་འཁོད།
⑧ གཞུང་ལ་བཅུ་པ་ཞེས་འཁོད།
⑨ གཞུང་ལ་དོན་གཅིག་པ་ཞེས་འཁོད།

ལྡེབ་གྲངས། 189—199བ།(ཕྲེང་7)

086–72

ལེའུ···པ།[①] བོན་ཐམས་ཅད་འགྱུར་བ་མེད་པ་གཡུང་དྲུང་གི་དབྱིངས་སུ་སངས་རྒྱས་པར་བསྟན་པའི་ལེའུ།

ལྡེབ་གྲངས། 199—202ན།(ཕྲེང་6)འཕྲོ་མཐུད།

མཇུག་བྱང་། ཁམས་ཆེན་པོ་སྟོང་ཕྲག་བརྒྱ་པའི་ནང་ནས་གུད་དུ་ཕྱུང་བའི་འབུམ་འདི། སྤྱི་རྒྱལ་རི་བོ་ཆེའི་ལྷོ་ཕྱོགས་ཕྲིས་མིང་ཐོག་ཙམ་ཕྲན་ས་ཡེ་དམུ་རྒྱལ་བདག་གིས་གུ་གེ་རིས་སུ་ཕྲིས་པས། དགེ་དེ་རྒྱལ་བསྟན་ཞབས་འདེགས་སུ་གྱུར་ཞིང་བདག་གཞན་རྣམས་ཕྱུང་འབུམ་དོན་གཞན་***རྒྱུར་གྱུར་ཅིག །

087 ༼ཡ༽

མཚན་བྱང་། ཁམས་བརྒྱད་གཏན་ལ་ཕབས་པ་སྟོང་ཕྲག་ཉི་ཤུ་ལྔ་པ་བཞུགས་སོ། །༼ཨ༽[②]

བསྡུས་བྱང་། འཕྲོང་འབུམ།

གྲངས་ཚད། ལེའུ་8ལ་ལྡེབ་209ཡོད། ཤོག་གྲངས་417བཞུགས།

རིགས་རྣམ། གཏེར་མ།

གཏེར་སྟོན། ཨ་ཙ་ར་མི་གཉིས།

087–73

ལེའུ···པ།[③] བོན་ཐམས་ཅད་གཡུང་དྲུང་གི་དབྱིངས་སུ་མི་དམིགས་པ་ལས་མ་བཅོས་པར་བསྟན་པའི་ལེའུ།

ལྡེབ་གྲངས། 8བ།(ཕྲེང་1) གོང་མཐུད།

087–74

ལེའུ་དོན་བཞི་པ། མཚན་དང་དཔེ་བྱད་བསྟན་པའི་ལེའུ།

ལྡེབ་གྲངས། 8—21ན།(ཕྲེང་2)

087–75

ལེའུ་དོན་ལྔ་པ། བོན་ཐམས་ཅད་གསལ་ལ་རང་བཞིན་མེད་པ་བསྟན་པའི་ལེའུ།

ལྡེབ་གྲངས། 21—48ན།(ཕྲེང་4)

087–76

ལེའུ་དོན་དྲུག་པ།[④] བོན་ཐམས་ཅད་མི་དམིགས་པའི་ས་ལ་བཅད་པར་བསྟན་པའི་ལེའུ།

ལྡེབ་གྲངས། 48—74བ།(ཕྲེང་1)

087–77

ལེའུ་དོན་དྲུག་པ། བོན་ཐམས་ཅད་རྟོག་པར་དཀའ་ཞིང་ཐུན་མོང་མ་ཡིན་པ་བསྟན་པའི་ལེའུ།

ལྡེབ་གྲངས། 74—82བ།(ཕྲེང་7)

---

① གཞུང་ལ་དོན་གཉིས་པ་ཞེས་འཁོད།

② དུམ་པ་བརྒྱད་པ། (དུམ་བུ་ཐ་མ)བམ་པོ་བཅུ་པ། 2ན་3 བམ་པོ་བཅུ་གཅིག་པ། 19ན་37 བམ་པོ་བཅུ་གཉིས་པ། 31ན་61 བམ་པོ་བཅུ་གསུམ་པ། 60བ་120 བམ་པོ། 77བ་156 བམ་པོ། 102ན་205 བམ་པོ། 134བ་270(གྲངས་ཀ་སྔ་མ་ནི་སྤྱན་ཁྲིར་དུ་བཀོད་པའི་ལྡེབ་གྲངས་དང་ཕྱི་མ་ནི་ལྡེབ་ཀྱི་གཡོན་སྟེར་བཀོད་པའི་ཨ་རབ་ཀྱི་ཤོག་གྲངས་ཡིན།)

③ ལེའུ་གྲངས་མ་འཁོད་པ།

④ གཞུང་ལ་དོན་བརྒྱད་པའོ། །ཞེས་འཁོད།

087–78
ལེའུ་…་པ།[1] ཐོན་ཐམས་ཅད་བ་གའི་སྒྲོང་དུ་ཡེ་ཤེས་ཆེན་པོ་རྫོགས་ཤིང་གནས་སོ་བསྟན་པའི་ལེའུ།
ལྡེབ་གྲངས། 82—120བ།(ཕྲེང་6)

087–79
ལེའུ་…་པ།[2] ཐོན་ཐམས་ཅད་སྟོང་པ་ཉིད་ཀྱི་ཡ་ཤེས་ལ་ཡོངས་སུ་མཉམ་ཉིད་བསྟན་པའི་ལེའུ།
ལྡེབ་གྲངས། 120—145བ།(ཕྲེང་6)

087–80
ལེའུ་…་པ།[3] ཐོན་ཉིད་མི་འགྱུར་བ་བསྟན་པའི་ལེའུ།
ལྡེབ་གྲངས། 145—194བ།(ཕྲེང་2)
མཇུག་བྱང་། གུད་ཕྱུང་འབུམ་སྡེ་ཕུ་ཏི་གླེགས་བམ་བརྒྱད། ག་རྒྱལ་སེར་སྐྱ་བསྟན་འཛིན་ཐུང་བགྱིས་ཕྱིར། དགུ་རྒྱལ་བསྟན་འཛིན་མིང་གིས་བསྐུན་པ་དགེ།

088 ﹝ར﹞
མཚན་བྱང་། ཁམས་བརྒྱད་གཏན་ལ་ཕབས་པ། སྟུག་བསྡལ་ཞི་བྱེད་དཔྱད་འབུམ་ཁྲ་བོ་ཞེས་བྱ་བ་བཞུགས་སོ། །﹝ཀ﹞[4]
བསྡུས་བྱང་། དཔྱད་འབུམ།
གྲངས་ཚད། ལེའུ་16ལ་ལྡེབ་220ཡོད། ཤོག་གྲངས་439བཞུགས།
རིགས་རྣམ། གཏེར་མ།
གཏེར་སྟོན། གཉེན་མཐིང་།

088–1
ལེའུ་དང་པོ། སྲིད་པ་གླིང་གཞི།
ལྡེབ་གྲངས། 1—18ན།(ཕྲེང་4)

088–2
ལེའུ་གཉིས་པ། གཡུང་དྲུང་སེམས་དཔའི་སྤྱོད་པ་ཟབ་མོ་བསྟན་པའི་ལེའུ།
ལྡེབ་གྲངས། 18—22ན།(ཕྲེང་2)

088–3
ལེའུ་གསུམ་པ། མཚན་མ་མེད་པ་ལ་དེ་བཞིན་ཉིད་ཀྱི་ལེའུ།
ལྡེབ་གྲངས། 22—25ན།(ཕྲེང་6)

088–4
ལེའུ་བཞི་པ། ཐོན་ཐམས་ཅད་འཁྲུལ་པ་སོ་སོའི་རྗེས་སུ་མི་རྟོགས་པ་བསྟན་པའི་ལེའུ།

---

① གཞུང་ལ་དོན་དགུ་པའོ། །ཞེས་འཁོད།
② གཞུང་ལ་གྱ་གཅིག་པའོ། །ཞེས་འཁོད།
③ གཞུང་ལ་བརྒྱ་བཅུ་གཅིག་པའོ། །ཞེས་འཁོད།
④ དུམ་པ་གཅིག་པ། བམ་པོ་དང་པོ། 2ན་3 བམ་པོ་གཉིས་པ། 24ན་47 བམ་པོ་གསུམ་པ། 45ན་89 བམ་པོ་བཞི་པ། 70བ་140 བམ་པོ་ལྔ་པ། 95བ་190 བམ་པོ་དྲུག་པ། 123ན་245 བམ་པོ་བདུན་པ། 148ན་295 བམ་པོ་བརྒྱད་པ། 174བ་348 བམ་པོ་དགུ་པ། 200ན་399 དཔྱད་འབུམ་ཁྲ་བོའི་པོད་སྔ་ཕྱི་གཉིས་ཀྱི་ལེའུ་གྲངས་དང་མཚན་བྱང་ལ་ནོར་འཛོལ་ཤིན་ཏུ་མང་བས་དག་སྒྲིག་གི་དགོས་པ་ཆེ།(གྲངས་ཀ་སྔ་མ་ནི་སྨན་ཁྲིར་དུ་བཀོད་པའི་ལྡེབ་གྲངས་དང་ཕྱི་མ་ནི་ལྡེབ་ཀྱི་གཡོན་སྣེར་བཀོད་པའི་ཨ་རབ་ཀྱི་ཤོག་གྲངས་ཡིན།)

ལྡེབ་གྲངས། 25—29ན།(ཁྲིང་6)

088–5
ལེའུ་ལྔ་པ། བོན་ཐམས་[ཅད་]གཉིས་སུ་མེད་པའི་དོན་ལྷུན་གྱིས་གྲུབ་པར་བསྟན་པའི་ལེའུ།
ལྡེབ་གྲངས། 29—35ན།(ཁྲིང་3)
[ལེའུ་གྲངས་དྲུག་པ། བདུན་པ། བརྒྱད་པ་བཅས་བཀོད་མེད།]

088–6
ལེའུ་དགུ་པ། སྲིད་པ་རིན་པོ་ཆེའི་ལེའུ།
ལྡེབ་གྲངས། 35—57ན།(ཁྲིང་6)

088–7
ལེའུ་བཅུ་པ། བསྐལ་པ་རིན་པོ་ཆེ་བསྟན་པའི་ལེའུ།
ལྡེབ་གྲངས། 57—61བ།(ཁྲིང་6)
[བཅུ་གཅིག་པ་མ་རྙེད།]

088–8
ལེའུ་བཅུ་གཉིས་པ། སྟོང་པ་རིན་པོ་ཆེ་བསྟན་པའི་ལེའུ།
ལྡེབ་གྲངས། 102ན།(ཁྲིང་4)

088–9
ལེའུ་བཅུ་གསུམ་པ། སོ་སོར་གསལ་བ་རིན་པོ་ཆེ་བསྟན་པའི་ལེའུ།
ལྡེབ་གྲངས། 102—110བ།(ཁྲིང་6)

088–10
ལེའུ་བཅུ་བཞི་པ། རིག་པའི་ཡེ་ཤེས་རིན་པོ་ཆེ་བསྟན་པའི་ལེའུ།
ལྡེབ་གྲངས། 110—112བ།(ཁྲིང་5)

088–11
ལེའུ་བཅོ་ལྔ་པ། གཡུང་དྲུང་གི་དབྱིངས་རིན་པོ་ཆེ་བསྟན་པའི་ལེའུ།
ལྡེབ་གྲངས། 112—113བ།(ཁྲིང་3)

088–12
ལེའུ་བཅུ་དྲུག་པ། མཉམ་པ་རིན་པོ་ཆེ་བསྟན་པའི་ལེའུ།
ལྡེབ་གྲངས། 113—114ན།(ཁྲིང་4)

088–13
ལེའུ་བཅུ་བདུན་པ། བོན་ཐམས་ཅད་ནི་མི་དམིགས་པ་ཆེན་པོའི་ངང་ལས་མི་འགྱུར་བར་གནས་ཏེ་ཡོད་པར་བསྟན་པའི་ལེའུ།
ལྡེབ་གྲངས། 114—122བ།(ཁྲིང་1)

088–14
ལེའུ་སོ་གཅིག་པ། བོན་ཐམས་ཅད་སྒྱུ་མ་ལྟ་བུར་ཤེས་པས་ཅི་ཡང་མ་ཡིན་པས་བྱ་རྩ་མེད་པར་བསྟན་པའི་ལེའུ།
ལྡེབ་གྲངས། 176ན།(ཁྲིང་2)

088–15
ལེའུ་སོ་དགུ་པ། འཁོར་བའི་བོན་དང་མྱ་ངན་ལས་འདས་པའི་བོན་གྱི་རྣམ་གྲངས་དང་ངེས་ཚིག་བསྟན་པའི་ལེའུ།

ལྡེབ་གྲངས། 207བ།(ཕྲེང་4)

088–16
ལེའུ་བཞི་བཅུ་པ། རྣམ་གྲངས་ཀྱི་ལེའུ།
ལྡེབ་གྲངས། 207—218ན།(ཕྲེང་3)
མཇུག་བྱང་། འབུམ་སྡེ་ཁམས་བརྒྱད་*འདུས་ཀྱི་ཀ་དུམ་ལེའུ་དང་དབུ་ཞབས་རྒྱན་དྲུག་སྡེབ་གཉིས་ཡོད།

089 ༼ལ༽
མཚན་བྱང་། ཁམས་བརྒྱད་གཏན་ལ་ཕབས་པ། སྡུག་བསྔལ་ཞི་བྱེད་དཔྱད་འབུམ་ཁྲ་བོ་ཞེས་བྱ་བ་བཞུགས་སོ། །༼ཁ༽[①]
བསྡུས་བྱང་། དཔྱད་འབུམ།
གྲངས་ཚད། ལེའུ་29ལ་ལྡེབ་217ཡོད། ཤོག་གྲངས་427བཞུགས།
རིགས་རྣམ། གཏེར་མ།
གཏེར་སྟོན། གཉེན་མཐིང་།

089–50
ལེའུ་ལྔ་བཅུ་པ། དགེ་སྡིག་མི་འཚལ་(འཚོལ་)བར་སོ་སོར་བསྟན་པའི་ལེའུ།
ལྡེབ་གྲངས། 35བ།(ཕྲེང་6)

089–51
ལེའུ་ཞེ་བདུན་པ། རིག་པ་ཀུན་སྦྱོར་གྱི་ལེའུ།
ལྡེབ་གྲངས། 35—77བ།(ཕྲེང་6)

089–52
ལེའུ་ཞེ་བརྒྱད་པ། སྐྱེས་བུ་ངོ་མཚར་གྱི་ལེའུ།
ལྡེབ་གྲངས། 77—89ན།(ཕྲེང་4)

089–53
ལེའུ་ཞེ་དགུ་པ། ཉིང་དེ་འཛིན་ཟབ་མོ་ལ་སློམས་པར་གནས་པ་བསྟན་པའི་ལེའུ།
ལྡེབ་གྲངས། 89—99བ།(ཕྲེང་2)

089–54
ལེའུ་…པ།[②] རིག་པ་ཀུན་སྦྱོར་གྱི་ལེའུ།
ལྡེབ་གྲངས། 99—112ན།(ཕྲེང་4)

089–55
ལེའུ་ལྔ་བཅུ་པ། ཐྲུ་མོས་ཞུས་པ་བསྟན་པའི་ལེའུ།
ལྡེབ་གྲངས། 112—116ན།(ཕྲེང་6)

---

① དུམ་པ་གཉིས་པ། བམ་པོ་བཅུ་པ། 12ན་23 བམ་པོ་བཅུ་གཅིག་པ། 38ན་75 བམ་པོ་བཅུ་གཉིས་པ། 63ན་125 བམ་པོ་བཅུ་གསུམ་པ། 89ན་177 བམ་པོ་བཅུ་བཞི་པ། 119བ་238 བམ་པོ་བཅོ་ལྔ་པ། 150བ་296 བམ་པོ་བཅུ་དྲུག་པ། 176ན་345 བམ་པོ་བཅུ་བདུན་པ། 201ན་395 བམ་པོ་བཅོ་བརྒྱད་པ། 216ན་425 དཔྱད་འབུམ་ཁྲ་བོའི་པོད་སྟ་ཕྱི་གཉིས་ཀྱི་ལེའུ་གྲངས་དང་མཚན་བྱང་ལ་ནོར་འཛོལ་ཤིན་ཏུ་མང་བས་དག་སྒྲིག་གི་དགོས་པ་ཆེ།(གྲངས་ཀ་སྔ་མ་ནི་སྤྱན་ཕྱིར་དུ་བཀོད་པའི་ལྡེབ་གྲངས་དང་ཕྱི་མ་ནི་ལྡེབ་ཀྱི་གཡོན་སྟེར་བཀོད་པའི་ཨ་རབ་ཀྱི་ཤོག་གྲངས་ཡིན།)

② གཞུང་ལ་བཞི་བཅུ་རྩ་དགུ་པ་ཞེས་འཁོད།

089–56
ལེའུ་···པ།① རིག་པ་དགྱོད་པ་ལས་འདས་པར་བསྟོན་པའི་ལེའུ།
ལྡེབ་གྲངས། 116—118ན།(ཕྲེང་5)

089–57
ལེའུ་ལྔ་བཅུ་གསུམ་པ། བོན་ཐམས་ཅད་ཡེ་ཤེས་ཀྱི་འབྲས་བུ་ཐོབ་པར་བསྟན་པའི་ལེའུ།
ལྡེབ་གྲངས། 118—137ན།(ཕྲེང་5)

089–58
ལེའུ་ལྔ་བཅུ་བཞི་པ། བོན་ཐམས་ཅད་སྐུ་མེད་པ་གཡུང་དྲུང་གི་དབྱིངས་སུ་སངས་རྒྱས་པར་བསྟན་པའི་ལེའུ།
ལྡེབ་གྲངས། 137—139བ།(ཕྲེང་4)

089–59
ལེའུ་ལྔ་བཅུ་རྩ་ལྔ་པ། བོན་ཐམས་ཅད་འབྲས་ཡས་པ་གཡུང་དྲུང་གི་དབྱིངས་སུ་སངས་རྒྱས་པར་བསྟན་པའི་ལེའུ།
ལྡེབ་གྲངས། 139—142བ།(ཕྲེང་1)

089–60
ལེའུ་ལྔ་བཅུ་རྩ་དྲུག་པ། བོན་ཐམས་ཅད་ཡོངས་སུ་རྒྱ་མ་ཆད་པ་གཡུང་དྲུང་གི་དབྱིངས་སུ་ཡེ་ནས་སངས་རྒྱས་པར་བསྟན་པའི་ལེའུ།
ལྡེབ་གྲངས། 142—145ན།(ཕྲེང་7)

089–61
ལེའུ་ལྔ་བཅུ་རྩ་བདུན་པ། བོན་ཐམས་ཅད་ཁ་གཏིང་མེད་པ་གཡུང་དྲུང་གི་དབྱིངས་སུ་སངས་རྒྱས་པར་བསྟན་པའི་ལེའུ།
ལྡེབ་གྲངས། 145—147བ།(ཕྲེང་7)

089–62
ལེའུ་ལྔ་བཅུ་རྩ་བརྒྱད་པ། བོན་ཐམས་ཅད་དཔག་ཏུ་མེད་པ་གཡུང་དྲུང་གི་དབྱིངས་སུ་སངས་རྒྱས་པར་བསྟན་པའི་ལེའུ།
ལྡེབ་གྲངས། 147—150ན།(ཕྲེང་7)

089–63
ལེའུ་ལྔ་བཅུ་རྩ་དགུ་པ། བོན་ཐམས་ཅད་རྟོག་པ་མེད་པ་གཡུང་དྲུང་གི་དབྱིངས་སུ་སངས་རྒྱས་པར་བསྟན་པའི་ལེའུ།
ལྡེབ་གྲངས། 150—153ན།(ཕྲེང་1)

089–64
ལེའུ་དྲུག་བཅུ་པ། བོན་ཐམས་ཅད་བདལ་པ་ཆེན་པོ་གཡུང་དྲུང་གི་དབྱིངས་སུ་སངས་རྒྱས་པར་བསྟན་པའི་ལེའུ།
ལྡེབ་གྲངས། 153—155ན།(ཕྲེང་7)

089–65
ལེའུ་རེ་གཅིག་པ། བོན་ཐམས་ཅད་ཟད་པ་མེད་པར་གཡུང་དྲུང་གི་དབྱིངས་སུ་སངས་རྒྱས་པར་བསྟན་པའི་ལེའུ།
ལྡེབ་གྲངས། 155—158བ།(ཕྲེང་4)

089–66
ལེའུ་རེ་གཉིས་པ། བོན་ཐམས་ཅད་འགྱུར་བ་མེད་པ་གཡུང་དྲུང་གི་དབྱིངས་སུ་སངས་རྒྱས་པར་བསྟན་པའི་ལེའུ། ལྡེབ་གྲངས། 158—161ན།(ཕྲེང་5)

---

① གཞུང་ལ་ང་གཅིག་མེད། ལྔ་བཅུ་གཉིས་པ་ཞེས་ཡོད།

089–67
ལེའུ་རེ་གསུམ་པ། ། དོན་ཐམས་ཅད་གཡུང་དྲུང་གི་དབྱིངས་སུ་གཞི་མ་སྐྱེས་པ་ལ་བཞག་པ་བསྟན་པའི་ལེའུ།
ཤོག་གྲངས། 161—162ན།(ཕྲེང་6)

089–68
ལེའུ་རེ་བཞི་པ། མཚན་དང་དཔེ་བྱད་བསྟན་པའི་ལེའུ།
ཤོག་གྲངས། 162—176ན།(ཕྲེང་7)

089–69
ལེའུ་དྲུག་ཅུ་ལྔ་པ། དོན་ཐམས་ཅད་ཡོད་མེད་རྟགས་ཆད་བཅིང་གྲོལ་དུ་མི་སྟོན་པའི་ལེའུ།
ཤོག་གྲངས། 176—178ན།(ཕྲེང་6)

089–70
ལེའུ་དྲུག་ཅུ་རྩ་དྲུག་པ། དོན་ཐམས་ཅད་གསལ་ལ་རང་བཞིན་མེད་པར་བསྟན་པའི་ལེའུ།
ཤོག་གྲངས། 178—181ན།(ཕྲེང་6)

089–71
ལེའུ་དྲུག་ཅུ་རྩ་བདུན་པ། དོན་ཐམས་ཅད་མི་དམིགས་པའི་སྒྲུ་ལ་བཅད་པ་བསྟན་པའི་ལེའུ།
ཤོག་གྲངས། 181—185ན།(ཕྲེང་3)

089–72
ལེའུ་དྲུག་ཅུ་རྩ་བརྒྱད་པ། དོན་ཐམས་ཅད་རྟོགས་པར་དཀའ་ཞིང་ཐུན་མོང་མ་ཡིན་པ་བསྟན་པའི་ལེའུ།
ཤོག་གྲངས། 185—186བ།(ཕྲེང་7)

089–73
ལེའུ་དྲུག་ཅུ་རྩ་དགུ་པ། དོན་ཐམས་ཅད་མཉམ་པ་ཉིད་ཀྱི་དོན་ལ་འདུས་པར་བསྟན་པའི་ལེའུ།
ཤོག་གྲངས། 186—189ན།(ཕྲེང་6)

089–74
ལེའུ་བདུན་བཅུ་པ། དོན་ཐམས་ཅད་མཉམ་པ་ཉིད་ཀྱི་དོན་ལ་རྫོགས་ཏེ་བཙོས་སུ་མེད་པར་བསྟན་པའི་ལེའུ།
ཤོག་གྲངས། 189—193བ།(ཕྲེང་6)

089–75
ལེའུ་དོན་གཅིག་པ། དོན་ཐམས་ཅད་བ་གའི་ཀློང་དུ་ཡེ་ཤེས་ཀྱི་ངང་ལ་རྫོགས་པར་བསྟན་པའི་ལེའུ།
ཤོག་གྲངས། 193—194བ།(ཕྲེང་6)

089–76
ལེའུ་དོན་གཉིས་པ། དོན་ཐམས་ཅད་སྟོང་པ་ཉིད་ཀྱི་ཡེ་ཤེས་ལ་ཡོངས་སུ་མཉམ་པའི་ལེའུ།
ཤོག་གྲངས། 194—201ན།(ཕྲེང་4)

089–77
ལེའུ···པ།[1] དོན་ཐམས་ཅད་མཉམ་པ་ཉིད་ཀྱི་ཡེ་ཤེས་ལ་གནས་པར་བསྟན་པའི་ལེའུ།
ཤོག་གྲངས། 201—216ན།(ཕྲེང་5)

---

① གཞུང་ལ་བརྒྱ་ཅུ་རྩ་གཅིག་པ་ཞེས་འཁོད།

089–78
ལེའུ…པ།[①] བོན་ཐམས་ཅད་མ་བཅོས་པའི་ཐིག་ལེ་ཅིག་ལ་བཞག་པར་བསྟན་པའི་ལེའུ།
ལྡེབ་གྲངས། 216—217ན།(ཕྲེང་2)

090 ༼ཤ༽
མཚན་བྱང་། ཁམས་བརྒྱད་གཏན་ལ་ཕབས་པའི་རྩ་བ་དོན་རྣམ་པ་ངེས་པ་ཞེས་བྱ་བ་བཞུགས་སོ། །༼ཀ༽[②]
བསྡུས་བྱང་། ཁམས་འདུས།
གྲངས་ཚད། ལེའུ་41ལ་ལྡེབ་210ཡོད། ཤོག་གྲངས་389བཞུགས།
རིགས་རྣམ། གཏེར་མ།
གཏེར་སྟོན། གཉེན་མཐིང་།

090–1
ལེའུ་དང་པོ། སྲིད་པ་སྒྲིང་བཞི།
ལྡེབ་གྲངས། 1—21ན།(ཕྲེང་6)

090–2
ལེའུ་གཉིས་པ། གཡུང་དྲུང་སེམས་དཔའི་སྤྱོད་པ་ཟབ་མོ་ཡིས་སྤྱོད་པའི་ལེའུ།
ལྡེབ་གྲངས། 21—26བ།(ཕྲེང་4)

090–3
ལེའུ་གསུམ་པ། མཚན་མེད་པའི་དེ་བཞིན་ཉིད་དུ་བསྟན་པའི་ལེའུ།
ལྡེབ་གྲངས། 26—32བ།(ཕྲེང་7)

090–4
ལེའུ་བཞི་པ། བོན་ཐམས་ཅད་ངེས་པར་འབྱུལ་བ་སོ་སོའི་རྗེས་སུ་མི་རྟོག་པར་བསྟན་པའི་ལེའུ།
ལྡེབ་གྲངས། 32—36ན།(ཕྲེང་3)

090–5
ལེའུ་ལྔ་པ། བོན་ཐམས་ཅད་གཉིས་སུ་མེད་པའི་དོན་མ་བཙལ་ལྷུན་གྱིས་གྲུབ་པ་བསྟན་པའི་ལེའུ།
ལྡེབ་གྲངས། 36—46བ།(ཕྲེང་2)

090–6
ལེའུ་དྲུག་པ། ཁམས་བརྒྱད་ཀྱི་རྒྱུ་ཅི་ལས་བྱུང་བར་བསྟན་པའི་ལེའུ།
ལྡེབ་གྲངས། 46—49བ།(ཕྲེང་4)

090–7
ལེའུ་བདུན་པ། ཀུན་ནས་ཉོན་མོངས་པ་རྒྱུ་ཅི་ལས་བྱུང་བར་བསྟན་པའི་ལེའུ།
ལྡེབ་གྲངས། 49—52ན།(ཕྲེང་7)

---

① གཞུང་ལ་བརྒྱ་རྩ་རྩ་གཉིས་པ་ཞེས་འབོད།

② དུམ་བུ་ཐོག་མ། བམ་པོ་དང་པོ། 2ན་3 བམ་པོ་གཉིས་པ། 19ན་33 བམ་པོ་གསུམ་པ། 36བ་66 བམ་པོ་བཞི་པ། 55བ་102 བམ་པོ་དྲུག་པ། 87བ་166 བམ་པོ་བདུན་པ། 103ན་197 བམ་པོ་བརྒྱད་པ། 117ན་225 བམ་པོ་དགུ་པ། 134བ་258 བམ་པོ་བཅུ་པ། 151ན་291 བམ་པོ་བཅུ་གཅིག་པ། 172ན་323 བམ་པོ་བཅུ་གཉིས་པ། 190བ་354 བམ་པོ་བཅུ་གསུམ་པ། 205ན་379(གྲངས་ཀ་སྔ་མ་ནི་སྐྱན་ཁྲིར་དུ་བཀོད་པའི་ལྡེབ་གྲངས་དང་ཕྱི་མ་ནི་ལྡེབ་ཀྱི་གཡོན་ནྡེར་བཀོད་པའི་ཨ་རབ་ཀྱི་ཤོག་གྲངས་ཡིན།)

090–8
ལེའུ་བརྒྱད་པ། རྣམ་པར་བྱང་བ་རྒྱུ་ཅི་ལས་བྱུང་བར་བསྟན་པའི་ལེའུ།
ལྡེབ་གྲངས། 52—58ན།(ཕྲེང་4)

090–9
ལེའུ་དགུ་པ། སྲིད་པ་རིན་པོ་ཆེའི་ལེའུ།
ལྡེབ་གྲངས། 52—58ན།(ཕྲེང་4)

090–10
ལེའུ་བཅུ་པ། བསྐལ་པ་རིན་པོ་ཆེའི་ལེའུ།
ལྡེབ་གྲངས། 58—73ན།(ཕྲེང་2)

090–11
ལེའུ་བཅུ་གཅིག་པ། ཁམས་བརྒྱད་གཏན་ལ་ཕབ་པའི་རིན་པོ་ཆེའི་ལེའུ།
ལྡེབ་གྲངས། 73—109ན།(ཕྲེང་5)

090–12
ལེའུ་བཅུ་གཉིས་པ། སྟོན་པ་རིན་པོ་ཆེ་བསྟན་པའི་ལེའུ།
ལྡེབ་གྲངས། 109—115ན།(ཕྲེང་6)

090–13
ལེའུ་བཅུ་གསུམ་པ། སོ་སོར་གསལ་བ་རིན་པོ་ཆེ་བསྟན་པའི་ལེའུ།
ལྡེབ་གྲངས། 115—123ན།(ཕྲེང་5)

090–14
ལེའུ་བཅུ་བཞི་པ། རིག་པ་རིན་པོ་ཆེ་བསྟན་པའི་ལེའུ།
ལྡེབ་གྲངས། 123—125ན།(ཕྲེང་2)

090–15
ལེའུ་བཅོ་ལྔ་པ། གཡུང་དྲུག་གི་དབྱིངས་རིན་པོ་ཆེ་བསྟན་པའི་ལེའུ།
ལྡེབ་གྲངས། 125—126ན།(ཕྲེང་2)

090–16
ལེའུ་བཅུ་དྲུག་པ། མཉམ་པ་ཉིད་རིན་པོ་ཆེ་བསྟན་པའི་ལེའུ།
ལྡེབ་གྲངས། 126—126བ།(ཕྲེང་7)

090–17
ལེའུ་བཅུ་བདུན་པ། བོན་ཐམས་ཅད་མི་དམིགས་པའི་ས་ལ་གནས་པར་བསྟན་པའི་ལེའུ།
ལྡེབ་གྲངས། 126—130བ།(ཕྲེང་5)

090–18
ལེའུ་བཅོ་བརྒྱད་པ། བོན་ཐམས་ཅད་མི་དམིགས་པའི་ཆེན་པོའི་ངང་ལ་གནས་ཏེ་ཡོད་པར་བསྟན་པའི་ལེའུ།
ལྡེབ་གྲངས། 130—133བ།(ཕྲེང་3)

090–19
ལེའུ་བཅུ་དགུ་པ། བོན་ཐམས་ཅད་མི་དམིགས་པའི་ཆེན་པོའི་ངང་ལ་གནས་ཏེ་ཡོད་པར་བསྟན་པའི་ལེའུ།

ལྡེབ་གྲངས། 130—133བ།(ཐྲིང་3)

090–20
ལེའུ་ཉི་ཤུ་པ། སྣང་བ་ཚུལ་ཁྲིམས་ཀྱི་ལེའུ།
ལྡེབ་གྲངས། 133—148བ།(ཐྲིང་2)

090–21
ལེའུ་ཉེར་གཅིག་པ། བཟོད་པའི་ལེའུ།
ལྡེབ་གྲངས། 148—149ན།(ཐྲིང་4)

090–22
ལེའུ་ཉེར་གཉིས་པ། བརྩོན་འགྲུས་བརྩོན་པའི་ལེའུ།
ལྡེབ་གྲངས། 149བ།(ཐྲིང་6)

090–23
ལེའུ་ཉེར་གསུམ་པ། བསམ་གཏན་བསྒོམ་པ་བསྟན་པའི་ལེའུ།
ལྡེབ་གྲངས། 149—150ན།(ཐྲིང་7)

090–24
ལེའུ་ཉེར་བཞི་པ། སྟོབས་བསྐྱེད་པའི་ལེའུ།
ལྡེབ་གྲངས། 150བ།(ཐྲིང་5)

090–25
ལེའུ་ཉེར་ལྔ་པ། སྙིང་རྗེ་བསྐྱེད་པའི་ལེའུ།
ལྡེབ་གྲངས། 151ན།(ཐྲིང་2)

090–26
ལེའུ་ཉེར་དྲུག་པ། སྨོན་ལམ་གདབ་པའི་ལེའུ།
ལྡེབ་གྲངས། 151བ།(ཐྲིང་1)

090–27
ལེའུ་ཉེར་བདུན་པ། ཐབས་ལ་མཁས་པ་བསྟན་པའི་ལེའུ།
ལྡེབ་གྲངས། 151—152ན།(ཐྲིང་1)

090–28
ལེའུ་ཉེར་བརྒྱད་པ། ཤེས་རབ་སྦྱང་དུ་ཡོད་པར་བསྟན་པའི་ལེའུ།
ལྡེབ་གྲངས། 152བ།(ཐྲིང་1)

090–29
ལེའུ་ཉེར་དགུ་པ། སེམས་ཉིད་རྣམ་པར་དག་པ་བསྟན་པའི་ལེའུ།
ལྡེབ་གྲངས། 152—178ན།(ཐྲིང་5)

090–30
ལེའུ་སུམ་ཅུ་པ། དོན་དྲུག་འབྲེལ་བ་རྣམ་པར་དག་པ་བསྟན་པའི་ལེའུ།
ལྡེབ་གྲངས། 178—181བ།(ཐྲིང་5)

090–31
ལེའུ་སོ་གཅིག་པ། ཆོས་ཐམས་ཅད་སྒྱུ་མ་ལྟ་བུར་ཤེས་ཤིང་ཅི་ཡང་མེད་པ་བསྟན་པའི་ལེའུ།
ལྡེབ་གྲངས། 181—183ན།(ཕྲེང་2)

090–32
ལེའུ་སོ་གཉིས་པ། ཆོས་ཐམས་ཅད་གཡོ་བར་བསྟན་པའི་ལེའུ།
ལྡེབ་གྲངས། 183ན།(ཕྲེང་7)

090–33
ལེའུ་སོ་གསུམ་པ། བླ་ན་མེད་པ་ཡང་དག་པར་ཕྱིན་པ་བཅུ་ཡིས་དོན་བསྟན་པའི་ལེའུ།
ལྡེབ་གྲངས། 183—193ན།(ཕྲེང་2)

090–34
ལེའུ་སོ་བཞི་པ། ཆོས་ཐམས་ཅད་ཟག་པ་མེད་པ་ཤེས་རབ་ཀྱི་ཕུང་པོ་བསྟན་པའི་ལེའུ།
ལྡེབ་གྲངས། 193—194བ།(ཕྲེང་1)

090–35
ལེའུ་སོ་ལྔ་པ།[①] ཆོས་ཐམས་ཅད་འཕྲུལ་པའི་མཚན་མ་མེད་པར་བསྟན་པའི་ལེའུ།
ལྡེབ་གྲངས། 194—196བ།(ཕྲེང་5)

090–36
ལེའུ་སོ་དྲུག་པ། ཆོས་ཐམས་ཅད་མཁྱེན་པའི་ཡེ་ཤེས་ཀྱི་འབྲས་བུ་ཐོབ་པར་བསྟན་པའི་ལེའུ།
ལྡེབ་གྲངས། 196—199བ།(ཕྲེང་7)

090–37
ལེའུ་སོ་བདུན་པ། ཆོས་ཐམས་ཅད་སྟོང་པའི་དྲན་པ་ལས་ལན་ཅིག་ཕྱིར་འོང་བ་བསྟན་པའི་ལེའུ།
ལྡེབ་གྲངས། 199—205ན།(ཕྲེང་6)

090–38
ལེའུ་སོ་བརྒྱད་པ། ཆོས་ཐམས་ཅད་སོ་སོར་རྣམ་པར་རྟོག་པ་མི་དམིགས་པར་བསྟན་པའི་ལེའུ།
ལྡེབ་གྲངས། 205—206བ།(ཕྲེང་3)

090–39
ལེའུ་སོ་དགུ་པ། ཆོས་ཐམས་ཅད་དེ་ཉིད་ཀྱིས་སྙིང་པོ་བསྒོམ་པར་བསྟན་པའི་ལེའུ།
ལྡེབ་གྲངས། 206—207བ།(ཕྲེང་3)

090–40
ལེའུ་བཞི་བཅུ་པ།[②] ཆོས་ཀྱི་ངེས་དོན་དང་རྣམ་གྲངས་བསྟན་པའི་ལེའུ།
ལྡེབ་གྲངས། 207—209ན།(ཕྲེང་1)

090–41
ལེའུ་ཞེ་གཅིག་པ། ཆོས་ཐམས་ཅད་ཀྱི་རྣམ་གྲངས་ལ་རང་བཞིན་མེད་པའི་ལེའུ།
ལྡེབ་གྲངས། 209—210ན།(ཕྲེང་3) འགྲོ་མཐུད།

---

① གཞུང་ལ་གསུམ་བཅུ་གཅིག་པ་ཞེས་འཁོད།
② གཞུང་ལ་བཞི་བཅུ་དགུ་པ་ཞེས་འཁོད།

091 ༼ས༽
མཚན་བྱང་། ཁམས་བརྒྱད་གཏན་ལ་ཕབ་པ་བཀའ་རྣམ་པ་ངེས་པ་ཞེས་བྱ་བ་བཞུགས་སོ། །༼ཨ༽[①]
བསྡུས་བྱང་། ཁམས་འདུས།
གྲངས་ཚད། ཆོས་ཚན་4ལ་ལེའུ་40དང་ལྡེབ་237ཡོད། ཤོག་གྲངས་475བཞུགས།
རིགས་རྣམ། གཏེར་མ།
གཏེར་སྟོན། གཤེན་ཆེན་ཀླུ་དགའ།

091–1
ཆོས་ཚན་དང་པོ། ཁམས་བརྒྱད་གཏན་ལ་ཕབ་པ་བཀའ་རྣམ་པ་ངེས་པ་ཞེས་བྱ་བ་བཞུགས་སོ། །

091–1–42
ལེའུ་ཞེ་གཉིས་པ། འཁོར་འདས་སོ་བསྟན་པའི་ལེའུ།
ལྡེབ་གྲངས། 1—6ན།(ཁྲིང་3) གོང་མཇུད།

091–1–43
ལེའུ་ཞེ་གསུམ་པ། དགེ་བཅུ་སྡིག་བཅུ་སོ་སོར་བསྟན་པའི་ལེའུ།
ལྡེབ་གྲངས། 6—15བ།(ཁྲིང་6)

091–1–44
ལེའུ་ཞེ་བཞི་པ། དུག་ལྔ་དང་ཡེ་ཤེས་ལྔ་སོ་སོར་བསྟན་པའི་ལེའུ།
ལྡེབ་གྲངས། 15—30ན།(ཁྲིང་2)

091–1–45
ལེའུ་ཞེ་ལྔ་པ། ཚུལ་ཁྲིམས་སྲུང་བ་དགེ་བ་དང་ཉམས་སྡིག་སོ་སོར་བསྟན་པའི་ལེའུ།
ལྡེབ་གྲངས། 30—32ན།(ཁྲིང་2)

091–1–46
ལེའུ་ཞེ་དྲུག་པ། དགེ་བའི་རྩ་བ་ཐམས་ཅད་དམིགས་མེད་དབྱིངས་སུ་བསྔོ་བའི་ལེའུ།
ལྡེབ་གྲངས། 32བ།(ཁྲིང་5)

091–1–47
ལེའུ་ཞེ་བདུན་པ། འབྲས་བུ་ཐོབ་ཚུལ་བསྟན་པའི་ལེའུ།
ལྡེབ་གྲངས། 32—34བ།(ཁྲིང་6)

091–1–48
ལེའུ་ཞེ་བརྒྱད་པ། བོན་ཐམས་ཅད་རང་རིག་ཡེ་ཤེས་ལ་འདུས་པར་བསྟན་པའི་ལེའུ།
ལྡེབ་གྲངས། 34—35བ།(ཁྲིང་7)

091–1–49
ལེའུ་ཞེ་དགུ་པ། རིག་པ་ཀུན་འབྱུང་གི་ལེའུ།
ལྡེབ་གྲངས། 35—63ན།(ཁྲིང་2)

① དུམ་བུ་འོག་མ། བམ་པོ་དང་པོ། 2ན་3 བམ་པོ་གསུམ་པ། 36ན་73 བམ་པོ་དང་པོ། 64ན་129 བམ་པོ་དྲུག་པ། 79ན་159 བམ་པོ་བདུན་པ། 91བ་186 བམ་པོ་བརྒྱད་པ། 105བ་214 བམ་པོ་དགུ་པ། 117བ་238 བམ་པོ་བཅུ་པ། 135བ་274 བམ་པོ་བཅུ་གཉིས་པ། 168ན་337 བམ་པོ་བཅུ་གསུམ་པ། 182ན་365(གྲངས་ཀ་སྔ་མ་ནི་སྤྱན་ཕྱིར་དུ་བཀོད་པའི་ལྡེབ་གྲངས་དང་ཕྱི་མ་ནི་ལྡེབ་ཀྱི་གཡོན་སྟེར་བཀོད་པའི་ཨ་རབ་ཀྱི་ཤོག་གྲངས་ཡིན།)

091–1–50
ལེའུ་ལྔ་བཅུ་པ། སྐྱེས་བུ་ངོ་མཚར་གྱི་ལེའུ།
ལྡེབ་གྲངས། 63—75བ།(ཕྲེང་1)

091–1–51
ལེའུ་ང་གཅིག་པ། ཉིད་དེ་འཛིན་ཟབ་མོ་ལ་སློམས་པར་གནས་པ་བསྟན་པའི་ལེའུ།
ལྡེབ་གྲངས། 75—81ན།(ཕྲེང་3)

091–1–52
ལེའུ་ང་གཉིས་པ། རིག་པ་ཀུན་འགྱུར་གྱི་ལེའུ།
ལྡེབ་གྲངས། 81—89བ།(ཕྲེང་5)

091–1–53
ལེའུ་ང་གསུམ་པ། སྒྲུ་མོས་ཞུས་པའི་ལེའུ།
ལྡེབ་གྲངས། 89—94ན།(ཕྲེང་3)

091–1–54
ལེའུ་ང་བཞི་པ། རིག་པ་ཀུན་དགྱོད་ལས་འདས་པར་བསྟན་པའི་ལེའུ།
ལྡེབ་གྲངས། 94—96ན།(ཕྲེང་4)

091–1–55
ལེའུ་ང་ལྔ་པ། རིག་པ་འདུ་འབྲལ་མེད་པར་བསྟན་པའི་ལེའུ།
ལྡེབ་གྲངས། 96—97ན།(ཕྲེང་6)

091–1–56
ལེའུ་ང་དྲུག་པ། རིག་པའི་ས་གནོན་པར་བསྟན་པའི་ལེའུ།
ལྡེབ་གྲངས། 97—98ན།(ཕྲེང་4)

091–1–57
ལེའུ་ང་བདུན་པ། ཐོན་ཐམས་ཅད་ཡེ་ཤེས་ཀྱི་འབྲས་བུ་ཐོབ་པར་བྱ་བ་བསྟན་པའི་ལེའུ།
ལྡེབ་གྲངས། 98—109བ།(ཕྲེང་2)

091–1–58
ལེའུ་ང་བརྒྱད་པ། ཐོན་ཐམས་ཅད་སྨུ་མེད་པ་གཡུང་དྲུང་གི་དབྱིངས་སུ་སངས་རྒྱས་པར་བསྟན་པའི་ལེའུ།
ལྡེབ་གྲངས། 109—110བ།(ཕྲེང་2)

091–1–59
ལེའུ་ང་དགུ་པ། ཐོན་ཐམས་ཅད་འབྱམས་ཡས་པ་གཡུང་དྲུང་གི་དབྱིངས་སུ་ཡེ་ནས་སངས་རྒྱས་པར་བསྟན་པའི་ལེའུ།
ལྡེབ་གྲངས། 110—111བ།(ཕྲེང་3)

091–1–60
ལེའུ་དྲུག་ཅུ་པ། ཐོན་ཐམས་ཅད་ཡོངས་སུ་རྒྱ་མ་ཆད་པར་གཡུང་དྲུང་གི་དབྱིངས་སུ་སངས་རྒྱས་པར་བསྟན་པའི་ལེའུ།
ལྡེབ་གྲངས། 111—112བ།(ཕྲེང་6)

091–1–61
ལེའུ་རེ་གཅིག་པ། ཐོན་ཐམས་ཅད་ཁ་གཉིང་མེད་པ་གཡུང་དྲུང་གི་དབྱིངས་སུ་སངས་རྒྱས་པའི་ལེའུ།

ལྡེབ་གྲངས། 112—113བ།(ཕྲེང་6)

091–1–62
ལེའུ་རེ་གཉིས་པ། བོན་ཐམས་ཅད་དཔག་ཏུ་མེད་པར་གཡུང་དྲུང་གི་དབྱིངས་སུ་སངས་རྒྱས་པར་བསྟན་པའི་ལེའུ།
ལྡེབ་གྲངས། 113—114བ།(ཕྲེང་6)

091–1–63
ལེའུ་རེ་གསུམ་པ། བོན་ཐམས་ཅད་དོག་པ་མེད་པར་གཡུང་དྲུང་གི་དབྱིངས་སུ་སངས་རྒྱས་པར་བསྟན་པའི་ལེའུ།
ལྡེབ་གྲངས། 114—115བ།(ཕྲེང་6)

091–1–64
ལེའུ་རེ་བཞི་པ། བོན་ཐམས་ཅད་བདལ་པ་ཆེན་པོ་གཡུང་དྲུང་གི་དབྱིངས་སུ་སངས་རྒྱས་པར་བསྟན་པའི་ལེའུ།
ལྡེབ་གྲངས། 115—116བ།(ཕྲེང་6)

091–1–66
ལེའུ་རེ་དྲུག་པ།[1] བོན་ཐམས་ཅད་འགྱུར་བ་མེད་པ་གཡུང་དྲུང་གི་དབྱིངས་སུ་སངས་རྒྱས་པར་བསྟན་པའི་ལེའུ།
ལྡེབ་གྲངས། 116—119ན།(ཕྲེང་2)

091–1–67
ལེའུ་རེ་བདུན་པ། བོན་ཐམས་ཅད་གཡུང་དྲུང་གི་དབྱིངས་སུ་དམིགས་པ་ལ་བཙོས་པར་བཞག་པར་བསྟན་པའི་ལེའུ།
ལྡེབ་གྲངས། 119—120ན།(ཕྲེང་3)

091–1–68
ལེའུ་རེ་བརྒྱད་པ།[2] མཚན་དང་དཔེ་བྱད་བསྟན་པའི་ལེའུ།
ལྡེབ་གྲངས། 120—135བ།(ཕྲེང་1)

091–1–69
ལེའུ་རེ་དགུ་པ། བོན་ཐམས་ཅད་ཡོད་མེད་རྟག་ཆད་དུ་མི་སྟོན་པའི་ལེའུ།
ལྡེབ་གྲངས། 135—138ན།(ཕྲེང་5)

091–1–70
ལེའུ་བདུན་ཅུ་པ། བོན་ཐམས་ཅད་གསལ་ལ་རང་བཞིན་མེད་ཅེས་བྱ་བ་བསྟན་པའི་ལེའུ།
ལྡེབ་གྲངས། 138—141ན།(ཕྲེང་6)

091–1–71
ལེའུ་དོན་གཅིག་པ། བོན་ཐམས་ཅད་མི་དམིགས་པ་ལ་བཅད་པ་བསྟན་པའི་ལེའུ།
ལྡེབ་གྲངས། 141—145ན།(ཕྲེང་5)

091–1–72
ལེའུ་དོན་གཉིས་པ། བོན་ཐམས་ཅད་རྟོགས་པ་དཀའ་ཞིང་ཐུན་མོངས་མ་ཡིན་པར་བསྟན་པའི་ལེའུ།
ལྡེབ་གྲངས། 145—147བ།(ཕྲེང་3)

091–1–73
ལེའུ་དོན་གསུམ་པ། བོན་ཐམས་ཅད་མཉམ་པ་ཉིད་ཀྱི་དོན་ལ་འདུས་པར་བསྟན་པའི་ལེའུ།

---

① གཞུང་ལ་རེ་ལྔ་པ་མེད།
② གཞུང་ལ་ལེའུ་གྲངས་བཀོད་མེད།

ལྡེབ་གྲངས། 147—152ན།(ཕྲེང་1)

091–1–74
ལེའུ་དོན་བཞི་པ། བོན་ཐམས་ཅད་མཉམ་པ་ཉིད་ཀྱི་དོན་ལ་རྫོགས་པས་བཅོས་སུ་མེད་པར་བསྟན་པའི་ལེའུ།
ལྡེབ་གྲངས། 152—159ན།(ཕྲེང་7)

091–1–75
ལེའུ་དོན་ལྔ་པ། བོན་ཐམས་ཅད་ཧྲ་གའི་ཀློང་དུ་སྐྱེ་བ་མེད་པ་ཡེ་ཤེས་ཆེན་པོ་ལ་རྫོགས་པར་བསྟན་པའི་ལེའུ།
ལྡེབ་གྲངས། 159—161བ།(ཕྲེང་2)

091–1–76
ལེའུ་དོན་དྲུག་པ། བོན་ཐམས་ཅད་སྟོངས་པ་ཉིད་ཀྱི་ཡེ་ཤེས་ལ་ཡོངས་སུ་མཉམ་པར་གནས་པ་བསྟན་པའི་ལེའུ།
ལྡེབ་གྲངས། 161—170བ།(ཕྲེང་1)

091–1–77
ལེའུ་དོན་བདུན་པ། བོན་ཐམས་ཅད་མེ་ལོང་ལྟ་བུའི་ཡེ་ཤེས་ལ་མཉམ་པར་གནས་པ་བསྟན་པའི་ལེའུ།
ལྡེབ་གྲངས། 170—177ན།(ཕྲེང་4)

091–1–78
ལེའུ་དོན་བརྒྱད་པ། བོན་ཐམས་ཅད་བྱ་བ་ནན་ཏན་གྱི་རང་བཞིན་མཁྱེན་པའི་ཡེ་ཤེས་ལ་མཉམ་པར་གནས་པར་བསྟན་པའི་ལེའུ།
ལྡེབ་གྲངས། 177—180བ།(ཕྲེང་6)

091–1–79
ལེའུ་དོན་དགུ་པ། བོན་ཐམས་ཅད་སོ་སོར་རྟོག་པའི་ཡེ་ཤེས་ལ་མཁས་མཉམ་པར་གནས་པར་བསྟན་པའི་ལེའུ།
ལྡེབ་གྲངས། 180—182ན།(ཕྲེང་3)

091–1–80
ལེའུ་བརྒྱད་ཅུ་པ། བོན་ཐམས་ཅད་མཉམ་པ་ཉིད་ཀྱི་ཡེ་ཤེས་ལ་གནས་པར་བསྟན་པའི་ལེའུ།
ལྡེབ་གྲངས། 182—183ན།(ཕྲེང་5)

091–1–81
ལེའུ་གྱ་གཅིག་པ། བོན་ཐམས་ཅད་མ་བཅོས་པའི་ཐིག་ལེ་གཅིག་ལ་བཞག་པའི་ལེའུ།
ལྡེབ་གྲངས། 183—185བ།(ཕྲེང་2) 187ན་375པ་ནས་རྫོགས་སོ། །

091–2
ཆོས་ཚན་གཉིས་པ། ཁམས་སྟུད་ཚིགས་བཅད་མ་བཞུགས་སོ། །
ལྡེབ་གྲངས། 1—38ན།(ཕྲེང་5)
མཇུག་བྱང་། གཉེན་མཐིང་གི་གཏེར་མའོ། །དཔེ་གཉིས་ལ་བརྒྱུག་རོ་ལེན་གཉིས་དག་པར་ཞུས། བཀྲ་ཤིས།

091–3
ཆོས་ཚན་གསུམ་པ། ཁམས་བརྒྱད་གཏན་ལ་ཕབ་པ་ཐིག་ལེའི་མདོའ་ཞེས་བྱ་བ་ཤྲུ་ཧྃ། །
ལྡེབ་གྲངས། 1—5ན།(ཕྲེང་7)
མཇུག་བྱང་། མ་ལྟར་ཞུས་སོ། །མ་གཉིས་ལྟར་ལེན་གཉིས་ཞུས་སོ། །

091–4
ཆོས་ཚན་བཞི་པ། དཔལ་གཤེན་བསྟན་སྨན་རིའི་ཚོགས་འདོད་ལས། ཐེག་ཆེན་ཡུམ་གྱི་མདོ་བཞུགས་སོ། །༼ཡུམ་མདོ།༽

ལྡེབ་གྲངས། 1—7ན།(ཁྲིང་3)

མཇུག་བྱང་། དཔལ་གཤེན་བསྟན་སྐྱོན་རིའི་ཚོགས་འདོན་ནོར་བུའི་གཏེར། སྣེ་དགེའི་སྤྱར་དཔེ་ཅི་བཞིན་འབྲུལ་མེད་པ། ཞུ་དག་ཉི་དཔལ་དཔེའི་ཅི་བཞིན་བྲིས་ཀྱང་། སྤྱར་དཔེ་འདྲ་མིན་གཉིས་བྱུང་ཚེ་ཐར་ཚོམ་ལང་པའི། པར་གཉིས་ཅིག་སྒྲིལ་དུ་བྲིས་པ་ཡིན་གསུངས་པའི། གྲུ་དབང་རིན་པོ་ཆེའི་ཕྱག་དཔེ་ནས་ཞལ་བཤུས་སོ། །མ་ལྟར་ལེན་ཅིག་གཡར་ཞུས་སོ། །

092 〈ཏ〉

མཚན་བྱང་། བོན་ཉིད་ཀྱིས་སྙིང་པོ་བདལ་བའི་འབུམ་ཀ་དུམ་བཞུགས་སོ། །〈ཀ〉

བསྡུས་བྱང་། བདལ་འབུམ།

གྲངས་ཚད། ལེའུ་6ལ་ལྡེབ་294ཡོད། ཤོག་གྲངས་587བཞུགས།

རིགས་རྣམ། གཏེར་མ།

གཏེར་སྟོན། བན་དེ་མི་གསུམ། དབུས་གཏེར།

092–1

ལེའུ་དང་པོ། རིན་པོ་ཆེ་དོན་ཀྱིས་གླིང་བཞིའི་ལེའུ།

ལྡེབ་གྲངས། 1—30བ།(ཁྲིང་1)

092–2

ལེའུ་གཉིས་པ། ཐམས་ཅད་མཁྱེན་པའི་སྐུ་ཐོབ་པའི་ལེའུ།

ལྡེབ་གྲངས། 30—40ན།(ཁྲིང་6)

092–3

ལེའུ་གསུམ་པ། འབུམ་གྱི་སྡེ་དོན་དང་བྱེ་བྲག་ཏུ་བསྟན་པའི་ལེའུ།

ལྡེབ་གྲངས། 40—43བ།(ཁྲིང་4)

092–4

ལེའུ་བཞི་པ། སྤྱོད་པའི་ལེའུ།

ལྡེབ་གྲངས། 43—124ན།(ཁྲིང་2)

092–5

ལེའུ་ལྔ་པ། ཁམས་བརྒྱད་ཀྱི་སྡེ་ཡུམ་ས་ཏིག་ཨེར་སངས་ཀྱིས་བྱིན་གྱིས་བརླབས་སུ་བསྟན་པའི་ལེའུ།

ལྡེབ་གྲངས། 124—125ན།(ཁྲིང་3)

092–6

ལེའུ་དྲུག་པ། ཐེག་པ་ཆེན་པོའི་སེམས་ཉིད་སྒྲོང་གླྭ་རབ་ལ་བསྟན་ཅིང་ཕྱིར་མི་ལྡོག་པའི་ལེའུ།

ལྡེབ་གྲངས། 125—294ན།(ཁྲིང་5)འཕྲོ་མཐུད།

མཇུག་བྱང་། ལེན་ཅིག་དག་པར་ཞུས་སྒོ། །

093 〈ཨ〉

མཚན་བྱང་། བོན་ཉིད་ཀྱིས་སྙིང་པོ་བདལ་བའི་འབུམ་ཁ་དུམ་བཞུགས་སོ། །〈ཁ〉

བསྡུས་བྱང་། བདལ་འབུམ།

གྲངས་ཚད། ལེའུ་6ལ་ལྡེབ་252ཡོད། ཤོག་གྲངས་501བཞུགས།

རིགས་རྣམ། གཏེར་མ།
གཏེར་སྟོན། བན་དེ་མི་གསུམ། དབུས་གཏེར།

093–6
ལེའུ་དྲུག་པ། ཐེག་པ་ཆེན་པོའི་སེམས་ཉིད་སྒྲོང་བློ་རབ་ལ་བསྟན་ཅིང་ཕྱིར་མི་ལྡོག་པའི་ལེའུ།
ལྡེབ་གྲངས། 1—64བ།(ཕྲེང་3) གོང་མཐུད།

093–7
ལེའུ་བདུན་པ། ཐེག་པ་ཆུ་བའི་སྤྱི་དོན་བསྟན་པའི་ལེའུ།
ལྡེབ་གྲངས། 64—88བ།(ཕྲེང་6)

093–8
ལེའུ་བརྒྱད་པ། ཁམས་བརྒྱད་དོན་དབང་པོ་འབྲིང་ལ་ནམ་མཁའ་གཞིར་བཞག་ནས་ཕྱིར་འོང་བ་བརྒྱད་ཀྱི་དོན་བསྟན་པའི་ལེའུ།
ལྡེབ་གྲངས། 88—132བ།(ཕྲེང་7)

093–9
ལེའུ་དགུ་པ། རྒྱུན་དུ་ཞུགས་འབྲས་བུ་སྣང་བའི་ཁམས་དང་སྦྱར་ཏེ་བསོད་ནམས་རྒྱ་ཆེ་བར་བསྟན་པའི་ལེའུ།
ལྡེབ་གྲངས། 132—174བ།(ཕྲེང་4)

093–10
ལེའུ་བཅུ་པ། སྟོང་པའི་ཁམས་ཚད་མེད་པའི་དོན་དང་ལྡན་པའི་ལེའུ།
ལྡེབ་གྲངས། 174—200ན།(ཕྲེང་6)

093–11
ལེའུ་བཅུ་གཅིག་པ། སོ་སོར་གསལ་བའི་ཁམས་ལས་གཡུང་དྲུང་གི་བོན་ཕྱི་བ་མེད་པ་ལས་མ་འདྲེས་པ་དགུ་དང་སྦྱར་བའི་ལེའུ།
ལྡེབ་གྲངས། 200—252ན།(ཕྲེང་3)
མཇུག་བྱང་། ལེན་ཅིག་དག་པར་ཞུས་སྨོ། །

094 〈ཀི〉
མཚན་བྱང་། བོན་ཉིད་ཀྱིས་སྙིང་པོ་བདལ་བའི་འབུམ་ག་དུམ་བཞུགས་སོ། །〈ག〉
བསྡུས་བྱང་། བདལ་འབུམ།
གྲངས་ཚད། ལེའུ་6ལ་ལྡེབ་260ཡོད། ཤོག་གྲངས་521བཞུགས།
རིགས་རྣམ། གཏེར་མ།
གཏེར་སྟོན། བན་དེ་མི་གསུམ། དབུས་གཏེར།

094–12
ལེའུ་བཅུ་གཉིས་པ། རང་རིག་པ་དང་རིག་པའི་ཁམས་སྦྱར་ནས་ས་ཇོན་ཅིང་གཉིས་སུ་མེད་པར་བསྟན་པའི་ལེའུ།
ལྡེབ་གྲངས། 1—49ན།(ཕྲེང་5)

094–13
ལེའུ་བཅུ་གསུམ་པ། དབྱིངས་དགུ་ཀུན་གཞིར་བསྟན་པའི་ལེའུ།
ལྡེབ་གྲངས། 49—137བ།(ཕྲེང་6)

094–14
ལེའུ་བཅུ་བཞི་པ། ཁམས་བརྒྱད་དང་འགྲེལ་བརྒྱད་སྦྱར་ཞིང་དོན་མཉམ་པ་ལ་འདུས་པར་བསྟན་པའི་ལེའུ།
ལྡེབ་གྲངས། 137—174ན།(ཕྲེང་2)

094–15
ལེའུ་བཅོ་ལྔ་པ། བོན་ཉིད་ཀྱི་སྙིང་པོ་བདལ་བའི་འབུམ་ལས་སྤྱི་དོན་བསྟན་པའི་ལེའུ།
ལྡེབ་གྲངས། 174—175ན།(ཕྲེང་7)

094–16
ལེའུ་བཅུ་དྲུག་པ།[①] སྟོང་གསུམ་ཁ་ལོ་སྒྱུར་ཞིང་ཉི་མ་ལྟར་གསལ་བར་བྱ་བའི་ཕྱིར་ཐུགས་རྗེའི་ཏིང་ངེ་འཛིན་གསལ་བའི་ཉི་མ་
སྟོང་གསུམ་ཁྱབ་པའི་ལེའུ།
ལྡེབ་གྲངས། 175—219བ།(ཕྲེང་7)

094–17
ལེའུ་བཅུ་བདུན་པ། གཡུང་དྲུང་གིས་ས་བཅུ་མར་བསྒྲོད་གནས་སུ་ཕྱིན་པའི་ལེའུ།
ལྡེབ་གྲངས། 219—260ན།(ཕྲེང་4) འཕྲོ་མཐུད།

095 ༼ཁི༽
མཚན་བྱང་། བོན་ཉིད་ཀྱིས་སྙིང་པོ་བདལ་བའི་འབུམ་ང་དུམ་བཞུགས་སོ། །༼ང༽
བསྡུས་བྱང་། བདལ་འབུམ།
གྲངས་ཚད། ལེའུ་15ལ་ལྡེབ་288ཡོད། ཤོག་གྲངས་575བཞུགས།
རིགས་རྣམ། གཏེར་མ།
གཏེར་སྟོན། བན་དེ་མི་གསུམ། དབུས་གཏེར།

095–17
ལེའུ་བཅུ་བདུན་པ། གཡུང་དྲུང་གིས་ས་བཅུ་མར་བསྒྲོད་གནས་སུ་ཕྱིན་པའི་ལེའུ།
ལྡེབ་གྲངས། 1བ།(ཕྲེང་2) གོང་མཐུད།

095–18
ལེའུ་བཅོ་བརྒྱད་པ། བོན་བོན་ཉིད་བདེ་བ་ཆེན་པོའི་དབྱིངས་སུ་སྐུ་གསུང་ཐུགས་སུ་རྫོགས་པའི་ལེའུ།
ལྡེབ་གྲངས། 1—37ན།(ཕྲེང་6)

095–19
ལེའུ་བཅུ་དགུ་པ། ཅིའི་རློམ་སེམས་མེད་ཅིང་ཉི་མ་སྟོང་ཁྱབ་ཀྱི་དོན་རྟོགས་པར་བསྟན་པའི་ལེའུ།
ལྡེབ་གྲངས། 37—51བ།(ཕྲེང་2)

095–20
ལེའུ་ཉི་ཤུ་པ། སྲིད་པ་སྤྱི་དོན་བསྟན་པའི་ལེའུ།
ལྡེབ་གྲངས། 51—54ན།(ཕྲེང་3)

095–21
ལེའུ་ཉེར་གཅིག་པ། སྲིད་པས་སྦྱིན་པ་ལ་དམིགས་ནས་དང་པོ་ནོན་པའི་ལེའུ།

---

① གཞུང་ལ་བཅུ་དགུ་པ་ཞེས་འཁོད།

ལྡེབ་གྲངས། 54—67ན།(ཕྲེང་4)

095–22
ལེའུ་ཉེར་གཉིས་པ། སྲིད་པས་ཁྲིམས་གཉིས་ཐོབ་པའི་ལེའུ།
ལྡེབ་གྲངས། 67—83ན།(ཕྲེང་4)

095–23
ལེའུ་ཉེར་གསུམ་པ། ས་གསུམ་པ་ནོན་པའི་ལེའུ།
ལྡེབ་གྲངས། 83—101བ།(ཕྲེང་3)

095–24
ལེའུ་ཉེར་བཞི་པ། སྲིད་པའི་བརྩོན་འགྲུས་ཙམ་ནས་དེ་བཞི་ཚོལ་བའི་ལེའུ།[1]
ལྡེབ་གྲངས། 101—119ན།(ཕྲེང་6)

095–25
ལེའུ་ཉེར་ལྔ་པ།[2] སྲིད་པ་བསམ་གཏན་སྒོམ་ནས་ས་ནོན་པའི་ལེའུ།
ལྡེབ་གྲངས། 119—138ན།(ཕྲེང་4)

095–26
ལེའུ་ཉེར་དྲུག་པ། སྲིད་པ་སྟོབས་ཀྱི་མཆོག་གིས་ས་དྲུག་པ་ནོན་པའི་ལེའུ།
ལྡེབ་གྲངས། 138—151ན།(ཕྲེང་2)

095–27
ལེའུ་ཉེར་བདུན་པ། སྙིང་རྗེའི་ས་བདུན་པ་ནོན་པའི་ལེའུ།
ལྡེབ་གྲངས། 151—162ན།(ཕྲེང་6)

095–28
ལེའུ་ཉེར་བརྒྱད་པ། སྲིད་པའི་སྨོན་ལམ་གྱིས་ས་བརྒྱད་པ་ནོན་པའི་ལེའུ།
ལྡེབ་གྲངས། 162—177བ།(ཕྲེང་4)

095–29
ལེའུ་ཉེར་དགུ་པ། སྲིད་པ་ཐབས་ཀྱིས་ས་དགུ་པ་ནོན་པའི་ལེའུ།
ལྡེབ་གྲངས། 177—188ན།(ཕྲེང་4)

095–30
ལེའུ་སུམ་ཅུ་པ། སྲིད་པ་ཤེས་རབ་ཀྱི་ས་བཅུ་པ་ནོན་པའི་ལེའུ།
ལྡེབ་གྲངས། 188—204བ།(ཕྲེང་2)

095–31
ལེའུ་སོ་གཅིག་པ། རྣམ་པར་དག་ལ་མཐའ་མ་རིག་པར་དག་པའི་ལེའུ།
ལྡེབ་གྲངས། 204—288ན།(ཕྲེང་6)

---

[1] བཞི་པ་ཕྲུག་རྒྱ་ཀུན་འགྱུར་གྱིས་ས་ནོན་པ།
[2] གཞུང་ལ་སོ་ལྔ་པ་ཞེས་འཁོད།

096 ༼གི༽
མཚན་བྱང་། བོན་ཉིད་ཀྱིས་སྙིང་པོ་བདལ་བའི་འབུམ་ཅ་དུམ་བཞུགས་སོ། །༼ཅ༽
བསྡུས་བྱང་། བདལ་འབུམ།
གྲངས་ཚད། ལེའུ་7ལ་ལྡེབ་297ཡོད། ཤོག་གྲངས་593བཞུགས།
རིགས་རྣམ། གཏེར་མ།
གཏེར་སྟོན། བན་དེ་མི་གསུམ། དབུས་གཏེར།

096–32
ལེའུ་སོ་གཉིས་པ། ཁྲི་རིག་སྔགས་རྒྱུད་ཀྱི་ལེའུ།
ལྡེབ་གྲངས། 1—94བ།(ཁྲིང་2)

096–33
ལེའུ་སོ་གསུམ་པ། ནང་གསང་སྔགས་ཀྱི་སྤྱི་དོན་བཞི་ཁྲི་འདུས་པ།
ལྡེབ་གྲངས། 94—153བ།(ཁྲིང་2)

096–34
ལེའུ་སོ་བཞི་པ། གཟུངས་སྔགས་ཀྱི་དོན་འདུས་པ།
ལྡེབ་གྲངས། 153—170ན།(ཁྲིང་1)

096–35
ལེའུ་སོ་ལྔ་པ། དྲག་པོ་དོན་སྔགས་ཀྱི་རྒྱུད་ཁྲི་དོན་འདུས་པའི་ལེའུ།
ལྡེབ་གྲངས། 170—183ན།(ཁྲིང་3)

096–36
ལེའུ་སོ་དྲུག་པ། ཐུགས་རྗེ་ཉི་མ་རྒྱུན་སྔགས་བསྡུས་པའི་ལེའུ།
ལྡེབ་གྲངས། 183—214ན།(ཁྲིང་6)

096–37
ལེའུ་སོ་བདུན་པ། ཞང་ཞུང་ཐེས་སྔགས་ཀྱི་རྒྱུད་ཁྲི་དོན་བསྡུས་པའི་ལེའུ།
ལྡེབ་གྲངས། 214—234ན།(ཁྲིང་6)

096–38
ལེའུ་སོ་བརྒྱད་པ། བདུན་རྩེ་སྨན་གྱི་རྒྱུད་ཁྲི་ལས་ལས་བསྡུས་པའི་ལེའུ།
ལྡེབ་གྲངས། 234—297ན།(ཁྲིང་5)

097 ༼ངི༽
མཚན་བྱང་། བོན་ཉིད་ཀྱིས་སྙིང་པོ་བདལ་བའི་འབུམ་ཆ་དུམ་བཞུགས་སོ། །༼ཆ༽
བསྡུས་བྱང་། བདལ་འབུམ།
གྲངས་ཚད། ལེའུ་4ལ་ལྡེབ་270ཡོད། ཤོག་གྲངས་535བཞུགས།
རིགས་རྣམ། གཏེར་མ།
གཏེར་སྟོན། བན་དེ་མི་གསུམ། དབུས་གཏེར།

097–39
ལེའུ་སོ་དགུ་པ། དུས་གསུམ་སྟོང་པ་བྱུང་ཁུང་(ཁུངས་)ཀྱི་མེད་གཟུངས་ཁྲིའི་དོན་འདུས་པའི་ལེའུ།
ལྡེབ་གྲངས། 1—49ན།(ཕྲེང་1)

097–40
ལེའུ་བཞི་བཅུ་པ།① སྟོད་འབྱུང་བ་ཆགས་འཇིག་གི་མདོ་དོན་བསྟན་པའི་ལེའུ།
ལྡེབ་གྲངས། 49—62ན།(ཕྲེང་4)

097–41
ལེའུ་ཞེ་གཅིག་པ། ཁམས་གསུམ་འཁོར་བ་སྐྱེས་ཤི་ལས་བརྩན་གྱི་མདོ་བསྟན་པའི་ལེའུ།
ལྡེབ་གྲངས། 62—118ན།(ཕྲེང་4)
[ལེའུ་ཞེ་གཉིས་པ་དང་ཞེ་གསུམ་པ་བཀོད་མེད།]

097–44
ལེའུ་ཞེ་བཞི་པ། སྟོན་པས་འགྲོ་བ་འདུལ་བའི་ལེའུ།②
ལྡེབ་གྲངས། 118—270ན།(ཕྲེང་3) འཕྲོ་མཐུད།

098 〈ཅེ〉
མཚན་བྱང་། བོན་ཉིད་ཀྱིས་སྙིང་པོ་བདལ་བའི་འབུམ་ཇ་དུམ་བཞུགས་སོ། །〈ཇ〉
བསྡུས་བྱང་། བདལ་འབུམ།
གྲངས་ཚད། ལེའུ་1ལ་ལྡེབ་290ཡོད། ཤོག་གྲངས་579བཞུགས།
རིགས་རྣམ། གཏེར་མ།
གཏེར་སྟོན། བན་དེ་མི་གསུམ། དབུས་གཏེར།

098–44
ལེའུ་ཞེ་བཞི་པ། སྟོན་པས་འགྲོ་བ་འདུལ་བའི་ལེའུ།
ལྡེབ་གྲངས། 1—290ན།(ཕྲེང་3)གོང་མཐུད།

099 〈ཆེ〉
མཚན་བྱང་། བོན་ཉིད་ཀྱིས་སྙིང་པོ་བདལ་བའི་འབུམ་ཉ་དུམ་བཞུགས་སོ། །〈ཉ〉
བསྡུས་བྱང་། བདལ་འབུམ།
གྲངས་ཚད། ལེའུ་5ལ་ལྡེབ་297ཡོད། ཤོག་གྲངས་593བཞུགས།
རིགས་རྣམ། གཏེར་མ།
གཏེར་སྟོན། བན་དེ་མི་གསུམ། དབུས་གཏེར།

099–45
ལེའུ་ཞེ་ལྔ་པ། ཕྱོགས་བཅུ་གཟུངས་ཀྱི་ལེའུ།
ལྡེབ་གྲངས། 1—36ན།(ཕྲེང་1)

---

① གཞུང་ལ་བཅུ་བཞི་པ་ཞེས་འཁོད་པ་ནོར་སྐྱོན་དུ་ངེས།
② ལེའུ་ཞེ་གཉིས་པ་དང་ཞེ་གསུམ་པ་མ་རྙེད། ནང་དོན་ལ་གཞིགས་ཚེ་གློག་བམ་འོག་མའི་ལེའུ་ཞེ་བཞི་པའི་དབུ་ཡིན་པར་མཐོང་།

099–46
ལེའུ་ཞེ་དྲུག་པ།[①] ཕྱོགས་བཅུ་གཟུངས་ཀྱི་ལེའུ།
ལྡེབ་གྲངས། 36—39བ།(ཕྲེང་5)

099–47
ལེའུ་ཞེ་བདུན་པ། སྔགས་ཀྱི་རྒྱུད།
ལྡེབ་གྲངས། 39—42བ།(ཕྲེང་3)

099–48
ལེའུ་ཞེ་བརྒྱད་པ། ཧའི་ལྷུང་བུ་བསྐྱེད་པའི་ལེའུ།
ལྡེབ་གྲངས། 42—202བ།(ཕྲེང་5)

099–49
ལེའུ་ཞེ་དགུ་པ། འབུམ་ཕྲག་བརྒྱ་དང་རྩ་བརྒྱད་ཀྱི་དོན་ཅི་ལྟར་ལེགས་པར་བཤད་པ།[②]
ལྡེབ་གྲངས། 202—297ན།(ཕྲེང་5)འཕྲོ་མཐུད།

100 ༼ཇི༽
མཚན་བྱང་། བོན་ཉིད་ཀྱིས་སྙིང་པོ་བདལ་བའི་འབུམ་ཏ་དུམ་བཞུགས་སོ། །༼ཏ༽
བསྡུས་བྱང་། བདལ་འབུམ།
གྲངས་ཚད། ལེའུ་1ལ་ལྡེབ་282ཡོད། ཤོག་གྲངས་561བཞུགས།
རིགས་རྣམ། གཏེར་མ།
གཏེར་སྟོན། བན་དེ་མི་གསུམ། དཔུས་གཏེར།

100–49
ལེའུ་ཞེ་དགུ་པ། འབུམ་ཕྲག་བརྒྱ་དང་རྩ་བརྒྱད་ཀྱི་དོན་ཅི་ལྟར་ལེགས་པར་བཤད་པ།
ལྡེབ་གྲངས། 1—282ན།(ཕྲེང་5)གོང་མཐུད།

101 ༼ཉེ༽
མཚན་བྱང་། བོན་ཉིད་ཀྱིས་སྙིང་པོ་བདལ་བའི་འབུམ་ཨ་དུམ་བཞུགས་སོ། །༼ཨ༽
བསྡུས་བྱང་། བདལ་འབུམ།
གྲངས་ཚད། ལེའུ་7ལ་ལྡེབ་307ཡོད། ཤོག་གྲངས་611བཞུགས།
རིགས་རྣམ། གཏེར་མ།
གཏེར་སྟོན། བན་དེ་མི་གསུམ། དཔུས་གཏེར།

101–50
ལེའུ་ལྔ་བཅུ་པ། སྨྱ་ངན་ལས་འདས་པའི་ལེའུ།
ལྡེབ་གྲངས། 282བ།(ཕྲེང་2)

---

① གཞུང་ལ་ཞེ་གསུམ་པ་ཞེས་འཁོད།
② ལེའུ་གོང་མ་རྫོགས་ཤིང་ཕྱི་མའི་དབུར་མཚན་བྱང་འདི་ལྟར་མཐོང་ཡང་། ཏན་མར་ཐེན་སོགས་ཀྱི་དཀར་ཆག་ཏུ་ཀུན་རྫོབ་བདེན་པ་ཞེས་བཀོད་ཡོད།

101–51
ལེའུ་ང་གཅིག་པ། མཚན་བཟང་པོ་སུམ་ཅུ་རྩ་གཉིས་སྤྲུལ་སྐུ་ལ་ཚངས་པའི་ལེའུ།
ལྡེབ་གྲངས། 282—287ན།(ཕྲེང་4)

101–52
ལེའུ་ང་གཉིས་པ། སྤྲུལ་པའི་སྐུ་ཡི་དཔེ་བྱད་བཟང་པོ་བརྒྱད་ཅུ་རྩ་གཅིག་བསྟན་པའི་ལེའུ།
ལྡེབ་གྲངས། 287—290ན།(ཕྲེང་5)

101–53
ལེའུ་ང་གསུམ་པ། ངེས་པའི་ཐོ་ཡིག་སྤྲུལ་སྐུ་ལ་ཚངས་པའི་ལེའུ།
ལྡེབ་གྲངས། 290—292བ།(ཕྲེང་1)

101–54
ལེའུ་ང་བཞི་པ། སྤྲུལ་པའི་སྐུ་དབྱིངས་སུ་ཡེ་ཤེས་ཐིམ་པའི་བོན་གྱི་སྐུ་ཡི་ལེའུ།
ལྡེབ་གྲངས། 292—304ན།(ཕྲེང་2)

101–55
ལེའུ་ང་ལྔ་པ། འཁོར་བ་འདས་ཤིང་སྨོན་ལམ་གྱི་ལེའུ།
ལྡེབ་གྲངས། 304—305ན།(ཕྲེང་1)

101–56
བསྔོ་བ་སྨོན་ལམ།
ལྡེབ་གྲངས། 306—307ན།

102 ༼ཏི༽
མཚན་བྱང་། ཁམས་བརྒྱད་གཏན་ལ་ཕབ་པ་སྟོང་ཕྲག་བརྒྱ་པ་རྩ་བའི་འབུམ་ཞེས་བྱ་བ་བཞུགས་སོ། །༼ཀ༽
བསྡུས་བྱང་། རྩ་འབུམ།
གྲངས་ཚད། ལེའུ་5ལ་ལྡེབ་268ཡོད། ཤོག་གྲངས་537བཞུགས།
རིགས་རྣམ། གཏེར་མ།
གཏེར་སྟོན། གཤེན་གཏེར།

102–1
ལེའུ་དང་པོ། སྲིད་པའི་གླིང་བཞིའི་ལེའུ།
ལྡེབ་གྲངས། 1—27བ།(ཕྲེང་4)

102–1.1
ལེའུ་དང་པོ། ཡོངས་སུ་སྲིད་པའི་ཁམས་ཀྱི་ལེའུ།
ལྡེབ་གྲངས། 27—56བ།(ཕྲེང་1)

102–2
ལེའུ་གཉིས་པ། རིན་པོ་ཆེ་ཡི་རྒྱན་གྱི་ཁམས་ལས་བྱུང་བའི་ལེའུ།
ལྡེབ་གྲངས། 56—135ན།(ཕྲེང་7)

102–3

ལེའུ་གསུམ་པ། སྣང་བའི་ཁམས་ཀྱི་ལེའུ།

ལྡེབ་གྲངས། 135—205བ།(ཕྲེང་7)

102–4

ལེའུ་བཞི་པ། སྟོང་པའི་ཁམས་ཀྱི་ལེའུ།

ལྡེབ་གྲངས། 205—268ན།(ཕྲེང་2)

མཇུག་བྱང་། **རིགས་ལྔ་ཕྱུག་མིང་གིས་བྲིས་པས་དགེ་ལེགས་འཕེལ་བར་ཤོག །

103 ༼ཛི༽

མཚན་བྱང་། ཁམས་བརྒྱད་གཏན་ལ་ཕབ་པ་སྟོང་ཕྲག་བརྒྱ་པ་རྩ་བའི་འབུམ་ཞེས་བྱ་བ་བཞུགས་སོ། །༼ཁ༽

བསྡུས་བྱང་། རྩ་འབུམ།

གྲངས་ཚད། ལེའུ་22ལ་ལྡེབ་192ཡོད། ཤོག་གྲངས་377བཞུགས།

རིགས་རྣམ། གཏེར་མ།

གཏེར་སྟོན། གཤེན་གཏེར།

103–5

ལེའུ་ལྔ་པ། དུག་དང་ཡེ་ཤེས་སོ་སོར་བསྟན་པའི་ལེའུ།

ལྡེབ་གྲངས། 1—37བ།(ཕྲེང་3)

103–6

ལེའུ་དྲུག་པ། ཚུལ་ཁྲིམས་དགེ་སྡིག་སོ་སོར་བསྟན་པའི་ལེའུ།

ལྡེབ་གྲངས། 37—39བ།(ཕྲེང་2)

103–7

ལེའུ་བདུན་པ། དགེ་བའི་འབྲས་བུ་ཅི་ལྟར་སྨིན་པའི་ལེའུ།

ལྡེབ་གྲངས། 39—42ན།(ཕྲེང་4)

103–8

ལེའུ་བརྒྱད་པ། བོན་ཐམས་ཅད་རང་རིག་པའི་ཡེ་ཤེས་ལ་འདུས་པ་བསྟན་པའི་ལེའུ།

ལྡེབ་གྲངས། 42—46ན།(ཕྲེང་5)

103–9①

ལེའུ་ཞེ་བརྒྱད་པ། རིག་པ་ཀུན་སྤྱོར་གྱི་ལེའུ།

ལྡེབ་གྲངས། 46—48བ།(ཕྲེང་3)

103–10

ལེའུ་ཞེ་དགུ་པ། སྐྱེས་བུ་ངོ་མཚར་གྱི་ལེའུ།

ལྡེབ་གྲངས། 48—66བ།(ཕྲེང་5)

103–11

ལེའུ་ལྔ་བཅུ་པ། ཏིང་ངེ་འཛིན་ཟབ་མོ་ལ་སྙོམས་པར་འཇུག་པའི་ལེའུ།

① ལེའུ་བརྒྱད་པ་ནས་གཞུང་དོན་གྱི་མུ་འབྲེལ་ཡང་ལེའུ་གྲངས་ནོར་བ་དང་། ལེའུ་མཚམས་མི་གསལ་བ། འགའ་ཞིག་ལེའུ་གྲངས་མ་བཀོད་པའང་མཐོང་།

ལྡེབ་གྲངས། 66—76བ།(ཕྲེང་1)

103–12
ལེའུ་ང་གཅིག་པ། རིག་པ་ཀུན་སྦྱོར་གྱི་ལེའུ།
ལྡེབ་གྲངས། 76—91བ།(ཕྲེང་3)

103–13
ཀླུ་མོ་མ་མ་དེས་ཞུས་པ་བསྟན་པའི་ལེའུ།
ལྡེབ་གྲངས། 91—95ན།(ཕྲེང་1)

103–14
རང་རིག་པ་ཉི་དགྱོད་ཡུལ་འདས་པ་བསྟན་པའི་ལེའུ།
ལྡེབ་གྲངས། 95—96བ།(ཕྲེང་5)

103–15
རང་རིག་པའི་ཡེ་ཤེས་འདུ་འབྲལ་མེད་པར་བསྟན་པའི་ལེའུ།
ལྡེབ་གྲངས། 96—98ན།(ཕྲེང་1)

103–16
ལེའུ་བཅོ་ལྔ་པ། རིག་པའི་བོན་གྱི་ས་བོན་པར་བསྟན་པའི་ལེའུ།[1]
ལྡེབ་གྲངས། 98བ།(ཕྲེང་3)

103–17
བོན་ཐམས་ཅད་ཡེ་ཤེས་ཀྱི་འབྲས་བུ་ཐོབ་པར་བྱ་བའི་ལེའུ།
ལྡེབ་གྲངས། 112བ།(ཕྲེང་2)

103–18
བོན་ཐམས་ཅད་སྐྱ་མེད་པར་གཡུང་དྲུང་གི་དབྱིངས་སུ་སངས་རྒྱས་པའི་ལེའུ།
ལྡེབ་གྲངས། 114བ།(ཕྲེང་2)

103–19
བོན་ཐམས་ཅད་དཔག་ཏུ་མེད་པ་གཡུང་དྲུང་གི་དབྱིངས་སུ་སངས་རྒྱས་པའི་ལེའུ།
ལྡེབ་གྲངས། 123ན།(ཕྲེང་2)

103–20
བོན་ཐམས་ཅད་ཁ་དོག་མེད་པ་གཡུང་དྲུང་གི་དབྱིངས་སུ་སངས་རྒྱས་པའི་ལེའུ།
ལྡེབ་གྲངས། 124བ།(ཕྲེང་7)

103–21
བོན་ཐམས་ཅད་བདལ་པ་ཆེན་པོ་གཡུང་དྲུང་གི་དབྱིངས་སུ་སངས་རྒྱས་པའི་ལེའུ།
ལྡེབ་གྲངས། 127ན།(ཕྲེང་4)

103–22
བོན་ཐམས་ཅད་གྲངས་ཀྱིས་ཟད་པ་མེད་པ་གཡུང་དྲུང་གི་དབྱིངས་སུ་སངས་རྒྱས་པའི་ལེའུ།
ལྡེབ་གྲངས། 129ན།(ཕྲེང་1)

---

① རིག་པའི་ཁམས།

103–23
བོན་ཐམས་ཅད་བཅོས་སུ་མེད་པ་གཡུང་དྲུང་གི་དབྱིངས་སུ་ཡེ་ནས་སངས་རྒྱས་པའི་ལེའུ།
ལྡེབ་གྲངས། 131ན།(ཕྲེང་6)

103–24
བོན་ཐམས་ཅད་དབྱིངས་ཀྱི་ངོ་བོ་ཉིད་བཅོས་སུ་མེད་པར་བསྟན་པའི་ལེའུ།
ལྡེབ་གྲངས། 132ན།(ཕྲེང་2)

103–25
མཚན་དང་དཔེ་བྱད་བཟང་པོ་སྟོན་པའི་ལེའུ།
ལྡེབ་གྲངས། 144བ།(ཕྲེང་7)

103–26
བོན་ཐམས་ཅད་མཉམ་པ་ཉིད་ཀྱི་དོན་སྟོན་པའི་ལེའུ།
ལྡེབ་གྲངས། 144—192ན།(ཕྲེང་4)

104 ༼དི༽
མཚན་བྱང་། ཤེས་རབ་ཀྱིས་བླ་ན་མེད་པར་ཕྱིན་པ་མངོན་རྟོགས་རིག་པའི་རྩེ་མོའི་འབུམ་ཞེས་བྱ་བ་བཞུགས་སོ། །༼ཀ༽
བསྡུས་བྱང་། རྩེ་འབུམ།
གྲངས་ཚད། ལེའུ་2ལ་ལྡེབ་321ཡོད། ཤོག་གྲངས་621བཞུགས།
རིགས་རྣམ། གཏེར་མ།
གཏེར་སྟོན། བན་དེ་མི་གསུམ།

104–1
ལེའུ་དང་པོ། གླིང་བཞིའི་ལེའུ།
ལྡེབ་གྲངས། 1—32ན།(ཕྲེང་5)

104–2
ལེའུ་གཉིས་པ། སེམས་བསྐྱེད་དུས་གསུམ་དག་པའི་ལེའུ།
ལྡེབ་གྲངས། 32—321ན།(ཕྲེང་4)

105 ༼ནི༽
མཚན་བྱང་། ཤེས་རབ་ཀྱིས་བླ་ན་མེད་པར་ཕྱིན་པ་མངོན་རྟོགས་རིག་པའི་རྩེ་མོའི་འབུམ་ཞེས་བྱ་བ་བཞུགས་སོ། །༼ཁ༽
བསྡུས་བྱང་། རྩེ་འབུམ།
གྲངས་ཚད། ལེའུ་2ལ་ལྡེབ་320ཡོད། ཤོག་གྲངས་639བཞུགས།
རིགས་རྣམ། གཏེར་མ།
གཏེར་སྟོན། བན་དེ་མི་གསུམ།

105–3
ལེའུ་གསུམ་པ། བདུད་ཀྱི་སྤྱོད་ཡུལ་བསྟན་པའི་ལེའུ།
ལྡེབ་གྲངས། 1—58ན།(ཕྲེང་5)

105–4
ལེའུ་བཞི་པ། སྟོང་ཕྲག་ཉི་ཤུ་ལྔ་པ་ལས་བདུད་ཀྱི་ལྟ་བ་བསྟན་པའི་ལེའུ།
ལྡེབ་གྲངས། 58—320ན།

106 〔ཛི〕
མཚན་བྱང་། ཤེས་རབ་ཀྱིས་བླ་ན་མེད་པར་ཕྱིན་པ་མངོན་རྟོགས་རིག་པའི་རྩེ་མོའི་འབུམ་ཞེས་བྱ་བ་བཞུགས་སོ། །〔ག〕
བསྡུས་བྱང་། རྩེ་འབུམ།
གྲངས་ཚད། ལེའུ་4ལ་ལྡེབ་315ཡོད། ཤོག་གྲངས་629བཞུགས།
རིགས་རྣམ། གཏེར་མ།
གཏེར་སྟོན། བན་དེ་མི་གསུམ།
106–4
ལེའུ་བཞི་པ། སྟོང་ཕྲག་ཉི་ཤུ་ལྔ་པ་ལས་བདུད་ཀྱི་ལྟ་བ་བསྟན་པའི་ལེའུ།
ལྡེབ་གྲངས། 1—79བ།(ཕྲེང་5)
106–5
ལེའུ་ལྔ་པ། སྟོང་ཕྲག་ཉི་ཤུ་ལྔ་པ་ལས་བདུད་ཀྱི་དཔའ་བསྐོང་ཞིང་ཐེལ་གྱིས་གནོན་པའི་ལེའུ།
ལྡེབ་གྲངས། 79—94ན།(ཕྲེང་5)
106–6
ལེའུ་དྲུག་པ། པད་མ་ཡོངས་སུ་རྫོགས་པ་འགྲོ་བ་ཀུན་འདུལ་གྱི་ལེའུ།
ལྡེབ་གྲངས། 94—233བ།(ཕྲེང་1)
106–7
ལེའུ་བདུན་པ། གཡུང་དྲུང་སེམས་དཔའ་དམ་འཆའ་བའི་ལེའུ།
ལྡེབ་གྲངས། 233—315ན།(ཕྲེང་2) འཕྲོ་མཐུད།

107 〔ཛི〕
མཚན་བྱང་། ཤེས་རབ་ཀྱིས་བླ་ན་མེད་པར་ཕྱིན་པ་མངོན་རྟོགས་རིག་པའི་རྩེ་མོའི་འབུམ་ཞེས་བྱ་བ་བཞུགས་སོ། །〔ང〕
བསྡུས་བྱང་། རྩེ་འབུམ།
གྲངས་ཚད། ལེའུ་2ལ་ལྡེབ་345ཡོད། ཤོག་གྲངས་690བཞུགས།
རིགས་རྣམ། གཏེར་མ།
གཏེར་སྟོན། བན་དེ་མི་གསུམ།
107–7
ལེའུ་བདུན་པ། གཡུང་དྲུང་སེམས་དཔའ་དམ་འཆའ་བའི་ལེའུ།
ལྡེབ་གྲངས། 1—29ན།(ཕྲེང་6) གོང་མཐུད།
107–8
ལེའུ་བརྒྱད་པ། རྒྱུ་མའི་རང་བཞིན་བསྟན་པའི་ལེའུ།
ལྡེབ་གྲངས། 29—345བ།(ཕྲེང་3) འཕྲོ་མཐུད།

108 ༼ཝི༽
མཚན་བྱང་། ཤེས་རབ་ཀྱིས་བླ་ན་མེད་པར་ཕྱིན་པ་མངོན་རྟོགས་རིག་པའི་རྩེ་མོའི་འབུམ་ཞེས་བྱ་བ་བཞུགས་སོ། །༼ཅ༽
བསྡུས་བྱང་། རྩེ་འབུམ།
གྲངས་ཚད། ལེའུ་2ལ་ལྡེབ་313ཡོད། ཤོག་གྲངས་623བཞུགས།
རིགས་རྣམ། གཏེར་མ།
གཏེར་སྟོན། བན་དེ་མི་གསུམ།

108–8
ལེའུ་བརྒྱད་པ། རྒྱུ་མའི་རང་བཞིན་བསྟན་པའི་ལེའུ།
ལྡེབ་གྲངས། 1—24བ།(ཕྲེང་6) གོང་མཐུད།

108–9
ལེའུ་དགུ་པ། བསྐལ་པ་རིན་པོ་ཆེ་དང་སྲིད་པ་རིན་པོ་ཆེ་པའི་ལེའུ།
ལྡེབ་གྲངས། 24—313བ།(ཕྲེང་3) འཕྲོ་མཐུད།

109 ༼མི༽
མཚན་བྱང་། ཤེས་རབ་ཀྱིས་བླ་ན་མེད་པར་ཕྱིན་པ་མངོན་རྟོགས་རིག་པའི་རྩེ་མོའི་འབུམ་ཞེས་བྱ་བ་བཞུགས་སོ། །༼ཆ༽
བསྡུས་བྱང་། རྩེ་འབུམ།
གྲངས་ཚད། ལེའུ་3ལ་ལྡེབ་312ཡོད། ཤོག་གྲངས་621བཞུགས།
རིགས་རྣམ། གཏེར་མ།
གཏེར་སྟོན། བན་དེ་མི་གསུམ།

109–9
ལེའུ་དགུ་པ། བསྐལ་པ་རིན་པོ་ཆེ་དང་སྲིད་པ་རིན་པོ་ཆེ་པའི་ལེའུ།
ལྡེབ་གྲངས། 1—128བ།(ཕྲེང་1) གོང་མཐུད།

109–10
ལེའུ་བཅུ་པ། སྐུ་གསུང་དབྱིངས་ཀྱི་ལེའུ།
ལྡེབ་གྲངས། 128—167ན།(ཕྲེང་3)

109–11
ལེའུ་བཅུ་གཅིག་པ། རྣམ་པར་དག་པའི་ལེའུ།[①]
ལྡེབ་གྲངས། 167—312ན།(ཕྲེང་6)འཕྲོ་མཐུད།

110 ༼ཙི༽
མཚན་བྱང་། ཤེས་རབ་ཀྱིས་བླ་ན་མེད་པར་ཕྱིན་པ་མངོན་རྟོགས་རིག་པའི་རྩེ་མོའི་འབུམ་ཞེས་བྱ་བ་བཞུགས་སོ། །༼ཇ༽
བསྡུས་བྱང་། རྩེ་འབུམ།
གྲངས་ཚད། ལེའུ་3ལ་ལྡེབ་299ཡོད། ཤོག་གྲངས་585བཞུགས།
རིགས་རྣམ། གཏེར་མ།

---

① བོན་ཉིད་ཀྱི་དབྱིངས་རྣམ་པར་དག་པ།

གཏེར་སྟོན། བན་དེ་མི་གསུམ།

110–11

ལེའུ་བཅུ་གཅིག་པ། རྣམ་པར་དག་པའི་ལེའུ།①

ལྡེབ་གྲངས། 1—142བ།(ཕྲེང་7)གོང་མཐུད།

110–12

ལེའུ་བཅུ་གཉིས་པ། མཉམ་ཉིད་མཚོན་པ་དཔེ་ཡི་ལེའུ།

ལྡེབ་གྲངས། 142—230བ།(ཕྲེང་3)

110–13

ལེའུ་བཅུ་གསུམ་པ། དབྱིངས་དང་ཡེ་ཤེས་བསྟན་པའི་ལེའུ།

ལྡེབ་གྲངས། 230—299ན།(ཕྲེང་4) འཕྲོ་མཐུད།

111 ༼ཚི༽

མཚན་བྱང་། ཤེས་རབ་ཀྱིས་བླ་ན་མེད་པར་ཕྱིན་པ་མངོན་རྟོགས་རིག་པའི་རྩེ་མོའི་འབུམ་ཞེས་བྱ་བ་བཞུགས་སོ། །༼ཉ༽

བསྡུས་བྱང་། རྩེ་འབུམ།

གྲངས་ཚད། ལེའུ་2ལ་ལྡེབ་283ཡོད། ཤོག་གྲངས་557བཞུགས།

རིགས་རྣམ། གཏེར་མ།

གཏེར་སྟོན། བན་དེ་མི་གསུམ།

111–14

ལེའུ་བཅུ་བཞི་པ། དོན་ཐམས་ཅད་ཀྱི་གཞི་གཏན་ལ་དབབ་པའི་ལེའུ།

ལྡེབ་གྲངས། 1—121བ།(ཕྲེང་2)གོང་མཐུད།

111–15

ལེའུ་བཅོ་ལྔ་པ། ཡང་དག་པའི་ལེའུ།

ལྡེབ་གྲངས། 121—283ན།(ཕྲེང་2)འཕྲོ་མཐུད།

112 ༼ཛི༽

མཚན་བྱང་། ཤེས་རབ་ཀྱིས་བླ་ན་མེད་པར་ཕྱིན་པ་མངོན་རྟོགས་རིག་པའི་རྩེ་མོའི་འབུམ་ཞེས་བྱ་བ་བཞུགས་སོ། །༼ཏ༽

བསྡུས་བྱང་། རྩེ་འབུམ།

གྲངས་ཚད། ལེའུ་2ལ་ལྡེབ་277ཡོད། ཤོག་གྲངས་555བཞུགས།

རིགས་རྣམ། གཏེར་མ།

གཏེར་སྟོན། བན་དེ་མི་གསུམ།

112–15

ལེའུ་བཅོ་ལྔ་པ།② ཡང་དག་པའི་ལེའུ།

ལྡེབ་གྲངས། 1—116ན།(ཕྲེང་2)གོང་མཐུད།

---

① དོན་ཉིད་ཀྱི་དབྱིངས་རྣམ་པར་དག་པ།

② གཞུང་ལ་བཅོ་བརྒྱད་པ་ཞེས་འཁོད།

112–16
ལེའུ་བཅུ་དྲུག་པ། རྟགས་པའི་ལེའུ།
ལྡེབ་གྲངས། 116—277ན།(ཁྲིང་3)

113 {ཕྱི}
མཚན་བྱང་། ཤེས་རབ་ཀྱིས་ལྷ་ན་མེད་པར་ཕྱིན་པ་མངོན་རྟོགས་རིག་པའི་རྒྱ་མོའི་འབུམ་ཞེས་བྱ་བ་བཞུགས་སོ། །{ཨ}
བསྡུས་བྱང་། རྒྱ་འབུམ།
གྲངས་ཚད། ལེའུ་2ལ་ལྡེབ་274ཡོད། ཤོག་གྲངས་543བཞུགས།
རིགས་རྣམ། གཏེར་མ།
གཏེར་སྟོན། བན་དེ་མི་གསུམ།
113–17
ལེའུ་བཅུ་བདུན་པ། བོན་ཐམས་ཅད་ཐ་སྙད་ཙམ་དུ་བསྟན་པའི་ལེའུ།
ལྡེབ་གྲངས། 1—193བ།(ཁྲིང་6)
113–18
ལེའུ་བཅོ་བརྒྱད་པ། ཡོན་ཏན་ཡོངས་སུ་བརྗོད་ཅིང་བསྟད་པའི་ལེའུ།
ལྡེབ་གྲངས། 193—273བ།(ཁྲིང་4)
མཇུག་བྱང་། དང་པོ་བདེ་བར་གཤེགས་པའི་བཀའ། བར་དུ་འོད་ཟེར་དཔག་མེད་ཀྱི་ཐུགས་དམ། ཐ་མར་འགྲོ་བ་སྒྲོལ་བའི་རྟེན་གནས། བོད་དང་ཞང་ཞུང་གཉིས་ཀྱི་མཚམས། ཡུལ་བྱ་བྲེམ་ལ་གཡུང་དྲུང་ཆུ་བོ་འདུམས་པའི་མགོར། ཞང་ཞུང་མཁས་པ་སྟོང་རྒྱུང་མཐུ་ཆེན་དང་། སེ་ནེ་དམུ་ཚ་ཤ་རི་དབུ་ཆེན་གྱིས་ངེས་པར་བསྒྱུར་ཏེ་ལྷ་ཞུས་གཏན་ལ་ཕབས། དྲན་པ་ནམ་མཁའ་རྒྱལ་པོའི་ཕྱག་ཏུ་ཕུལ། རྒྱལ་པོས་ཡེར་པའི་ཛོང་ལ་གཏེར་དུ་སྦས། ཕྱི་རབས་སྐྱལ་པ་གཅིག་གིས་སྤྱིལ་སྒྲོགས་ཤོག། མཁས་པ་རྣམས་ཀྱིས་ངེས་པར་ལུང་བསྟན། ཕྱི་རབས་གཤེན་པོ་མོས་པ་མ་ཆུང་ཅིག། བཀའ་འདི་མ་ནོར་ངེས་པར་འགྲོ་བ་གྲོལ། ཐར་པའི་འབྲས་བུ་ངེས་པར་ཐོབ་པར་འགྱུར། རྒྱ་རྒྱ་རྒྱ་རྒྱ་རྒྱ་རྒྱ་རྒྱ་རྒྱ་རྒྱ། འགྲོ་བ་གྲོལ་བའི་རྟེན་གནས་རྒྱལ་བའི་ཡུམ། ཤེས་རབ་ཀྱི་ལྷ་ན་མེད་པར་ཕྱིན་པ་ནི། དུས་ལ་མ་བབ་ཡེར་པའི་ཛོང་ལ། དྲན་པ་ནམ་མཁའ་ལ་སྩོས་གཤེན་རབ་རྣམས་ཀྱིས། ལུང་བསྟན་སྨོན་ལམ་བཏབ་ནས་གཏེར་དུ་སྦས། སྨོན་ལམ་མཐའ་བཙན་ཡིན་པ་གཤེན་རབ་བཀའ་ཉན་པས། གཙང་གི་བན་འཛི་གསུམ་གྱིས་ཞལ་ཕྱེས་ནས། མདོ་སྟོད་དུ་བྲང་གཉག་སྟོན་གཟི་བརྗིད་ལ། གཡུང་དྲུང་འཕྲུལ་དག་གཏེར་ཛོལ་ད་སློབ་བབས། མཁས་པས་སྐྱལ་པ་ལུང་བསྟན་ཡིན་པར་ངེས། ཐ་མར་དད་ལྡན་མས་པ་དཀྱིར་སྟོན་ལ། ལས་དང་སྨོན་ལམ་ཐུགས་རྗེ་ཤུགས་ཀྱིས་བབས། རྒྱུ་དང་ཤེས་རབ་ལྷ་ཡིས་མི་འབྱོར་དང་། དད་པའི་སྟོབས་ཀྱི་ཡུམ་འདི་དགྲལ་བྱས་ནས། ཕྱི་རབ་གཤེན་ལ་མོས་ཙམ་བསྟན་ལ་གཞག། ཡུམ་སྲས་རྒྱུད་གསུམ་གསུང་རབ་འདི། ཡེར་པའི་ཛོང་གི་གཏེར་ནས་ཐོན། གཉག་དང་དཀྱིར་གྱི་ཕྱག་ན་བདོག། བཞེངས་ནི་དཔའ་གོར་དབེན་ཚར་བཞེངས། དགེའོ། འདི་ཡིས་དགེ་བའི་མཐུ་དཔལ་གྱིས། འགྲོ་བ་སེམས་ཅན་སངས་རྒྱས་མྱུར་ཐོབ་ཤོག། ནོར་འཁྲུལ་ཅི་མཆིས་སངས་རྒྱས་དྲུང་དུ་བཤགས། །
273-274ན།(ཁྲིང་7)

114 {ཞི}
མཚན་བྱང་། བོན་ཉིད་ཀྱི་སྙིང་པོ་ཐུགས་རྗེ་ཉི་མ་དགུ་ཤར་གྱི་འབུམ་ཞེས་བྱ་བ་བཞུགས་སོ། །{ཀ}
བསྡུས་བྱང་། འབུམ་ཉི་མ་དགུ་ཤར།

གྲངས་ཚད། ཆོས་ཚན་2ལ་ལེའུ་6ལྡེབ་282ཡོད། ཤོག་གྲངས་565བཞུགས།
རིགས་རྣམ། གཏེར་མ།
གཏེར་སྟོན། སུམ་པ་དབང་ཚུལ་སོགས།

114–1
ཆོས་ཚན་དང་པོ། རྒྱལ་བའི་གསུང་རབ་རྣམས་ཀྱིས་སློག་བསྐོམ་དབུ་ཡི་གཟིགས་ཕྱོགས་བཞུགས།
ལྡེབ་གྲངས། 1—6བ།(ཁྲིང་6)

114–2
ཆོས་ཚན་གཉིས་པ། བོན་ཉིད་ཀྱི་སྙིང་པོ་ཐུགས་རྗེ་ཉི་མ་དགུ་ཤར་གྱི་འབུམ་ཞེས་བྱ་བ་བཞུགས་སོ། །

114–2–1
ལེའུ་དང་པོ། རིན་པོ་ཆེ་ཡེ་ཤེས་དོན་གྱིས་གླིང་བཞིའི་ལེའུ།
ལྡེབ་གྲངས། 1—32ན།(ཁྲིང་4)

114–2–2
ལེའུ་གཉིས་པ། ཐམས་ཅད་མཁྱེན་པའི་སྐུ་ཐོབ་པའི་ལེའུ།
ལྡེབ་གྲངས། 32—42བ།(ཁྲིང་7)

114–2–3
ལེའུ་གསུམ་པ། འབུམ་གྱི་སྤྱི་དོན་དང་བྱེ་བྲག་ཏུ་བསྟན་པའི་ལེའུ།
ལྡེབ་གྲངས། 42—46ན།(ཁྲིང་4)

114–2–4
ལེའུ་བཞི་པ། སྤྱི་བོན་བསྟན་པའི་ལེའུ།
ལྡེབ་གྲངས། 46—131བ།(ཁྲིང་1)

114–2–5
ལེའུ་ལྔ་པ། ཁམས་བརྒྱད་ཀྱི་སྤྱི་དོན་ཡུམ་ས་ཏྲིག་ཨེར་སངས་ཀྱི་བྱིན་རླབས་སུ་བསྟན་པའི་ལེའུ།
ལྡེབ་གྲངས། 131—132བ།(ཁྲིང་4)

114–2–6
ལེའུ་དྲུག་པ། ཐེག་པར་ཆེན་པོ་སེམས་ཉིད་ཀྱི་བོན་དབང་པོ་རབ་ལ་བསྟན་ཅིང་ཕྱིར་མི་ལྡོག་པའི་ལེའུ།
ལྡེབ་གྲངས། 132—276ན།(ཁྲིང་4)འཕྲོ་མཐུད།

115 ༼ཟི༽
མཚན་བྱང་། བོན་ཉིད་ཀྱི་སྙིང་པོ་ཐུགས་རྗེ་ཉི་མ་དགུ་ཤར་གྱི་འབུམ་ཞེས་བྱ་བ་བཞུགས་སོ། །༼ཁ༽
བསྡུས་བྱང་། འབུམ་ཉི་མ་དགུ་ཤར།
གྲངས་ཚད། ལེའུ་6ལ་ལྡེབ་307ཡོད། ཤོག་གྲངས་615བཞུགས།
རིགས་རྣམ། གཏེར་མ།
གཏེར་སྟོན། སུམ་པ་དབང་ཚུལ་སོགས།

115–6
ལེའུ་དྲུག་པ། ཐེག་པར་ཆེན་པོ་སེམས་ཉིད་ཀྱི་བོན་དབང་པོ་རབ་ལ་བསྟན་ཅིང་ཕྱིར་མི་ལྡོག་པའི་ལེའུ།

ལྡེབ་གྲངས། 1—122ན།(ཁྲིང་2)གོང་མཐུད།

115–7

ལེའུ་བདུན་པ། ཐེག་པར་ཆུང་དུའི་བོན་ལ་སྤྱི་དོན་བསྟན་པའི་ལེའུ།

ལྡེབ་གྲངས། 122—150ན།(ཁྲིང་4)

115–8

ལེའུ་བརྒྱད་པ། ཁམས་བརྒྱད་ཀྱི་དོན་དབང་པོ་འབྲིང་ལ་ནམ་གའི་གཞིར་བཞག་ནས་ཕྱིར་ཕྱོན་བརྒྱད་ཀྱིས་དོན་བསྟན་པའི་ལེའུ།

ལྡེབ་གྲངས། 150—205བ།(ཁྲིང་7)

115–9

ལེའུ་དགུ་པ། རྒྱུན་དུ་ཞུགས་པའི་འབྲས་བུ་སྣང་སྲིད་ཁམས་བརྒྱད་དང་སྦྱར་ཏེ་བསྒོད་ནམས་རྒྱ་ཆེ་སྟོན་པའི་ལེའུ།

ལྡེབ་གྲངས། 205—245ན།(ཁྲིང་2)

115–10

ལེའུ་བཅུ་པ། སྟོང་པའི་ཁམས་ཚད་མེད་པའི་དོན་དང་ལྡན་པའི་ལེའུ།

ལྡེབ་གྲངས། 245—272བ།(ཁྲིང་7)

115–11

ལེའུ་བཅུ་གཅིག་པ། སོ་སོར་གསལ་བའི་ཁམས་དང་གཡུང་དྲུང་གི་བོན་ཕྱི་བ་མེད་པ་ལས་མ་འདྲེས་པ་དགུ་དང་ས་དགུ་སྦྱོར་བའི་ལེའུ།

ལྡེབ་གྲངས། 272—307ན།(ཁྲིང་7)འཕྲོ་མཐུད།

116 ༼འི༽

མཚན་བྱང་། བོན་ཉིད་ཀྱི་སྙིང་པོ་ཐུགས་རྗེ་ཉི་མ་དགུ་ཤར་གྱི་འབུམ་ཞེས་བྱ་བ་བཞུགས་སོ། །༼ག༽

བསྡུས་བྱང་། འབུམ་ཉི་མ་དགུ་ཤར།

གྲངས་ཚད། ལེའུ་7ལ་ལྡེབ་287ཡོད། ཤོག་གྲངས་581བཞུགས།

རིགས་རྣམ། གཏེར་མ།

གཏེར་སྟོན། གསུམ་པ་དབང་ཚུལ་སོགས།

116–11

ལེའུ་བཅུ་གཅིག་པ། སོ་སོར་གསལ་བའི་ཁམས་དང་གཡུང་དྲུང་གི་བོན་ཕྱི་བ་མེད་པ་ལས་མ་འདྲེས་པ་དགུ་དང་ས་དགུ་སྦྱོར་བའི་ལེའུ།

ལྡེབ་གྲངས། 1—26བ།(ཁྲིང་2)གོང་མཐུད།

116–12

ལེའུ་བཅུ་གཉིས་པ། རང་རིག་པ་དང་རིག་པའི་ཁམས་སུ་སྦྱར་ནས་ས་ནོན་ཅིང་གཉིས་སུ་མེད་པར་བསྟན་པའི་ལེའུ།

ལྡེབ་གྲངས། 26—72ན།(ཁྲིང་1)

116–13

ལེའུ་བཅུ་གསུམ་པ། དབྱིངས་ཀུན་གཞིར་བསྟན་པའི་ལེའུ།

ལྡེབ་གྲངས། 72—169བ།(ཁྲིང་3)

116–14
ལེའུ་བཅུ་བཞི་པ། ཁམས་བརྒྱད་འདྲེས་བརྒྱད་སྦྱར་ཅིང་དོན་མཉམ་པ་ཉིད་ལ་འདུས་པར་བསྟན་པའི་ལེའུ།
ལྡེབ་གྲངས། 169—211ན།(ཕྲེང་4)

116–15
ལེའུ་བཅོ་ལྔ་པ། བོན་ཉིད་ཀྱི་སྙིང་པོ་བདལ་པའི་འབུམ་གྱི་ལེའུ།
ལྡེབ་གྲངས། 211—212བ།(ཕྲེང་3)

116–16
ལེའུ་བཅུ་དྲུག་པ། ཐུགས་རྗེ་ཉི་མའི་ཏིང་ངེ་འཛིན་གསལ་བའི་ཉི་མ་སྟོང་གསུམ་ཁྱབ་པའི་ལེའུ།
ལྡེབ་གྲངས། 212—255ན།(ཕྲེང་6)

116–17
ལེའུ་བཅུ་བདུན་པ། བྱ་ལམ་མེད་ཀྱི་དོན་གྱི་གཡུང་དྲུང་གི་ས་བཅུ་མ་བགྲོད་གནས་སུ་ཕྱིན་པའི་ལེའུ།
ལྡེབ་གྲངས། 255—287ན།(ཕྲེང་6)

117 ༼ཡི༽
མཚན་བྱང་། བོན་ཉིད་ཀྱི་སྙིང་པོ་ཐུགས་རྗེ་ཉི་མ་དགུ་ཤར་གྱི་འབུམ་ཞེས་བྱ་བ་བཞུགས་སོ། །༼ང༽
བསྡུས་བྱང་། འབུམ་ཉི་མ་དགུ་ཤར།
གྲངས་ཚད། ལེའུ་15ལ་ལྡེབ་319ཡོད། ཤོག་གྲངས་641བཞུགས།
རིགས་རྣམ། གཏེར་མ།
གཏེར་སྟོན། སུམ་པ་དབང་ཚུལ་སོགས།

117–17
ལེའུ་བཅུ་བདུན་པ། བྱ་ལམ་མེད་ཀྱི་དོན་གྱི་གཡུང་དྲུང་གི་ས་བཅུ་མ་བགྲོད་གནས་སུ་ཕྱིན་པའི་ལེའུ།
ལྡེབ་གྲངས། 1—13བ།(ཕྲེང་6)

117–18
ལེའུ་བཅོ་བརྒྱད་པ། བོན་ཉིད་བདེ་བ་ཆེན་པོའི་གནས་སུ་སྐུ་གསུང་ཐུགས་སུ་རྫོགས་པའི་ལེའུ།
ལྡེབ་གྲངས། 13—55བ།(ཕྲེང་7)

117–19
ལེའུ་བཅུ་དགུ་པ། ཅིའི་རྐྱེན་སེམས་མེད་ཅིང་ཉི་མ་སྟོང་ཁྱབ་ཀྱི་དོན་རྫོགས་པར་བསྟན་པའི་ལེའུ།
ལྡེབ་གྲངས། 55—73བ།(ཕྲེང་1)

117–20
ལེའུ་ཉི་ཤུ་པ། སྲིད་པའི་སྤྱི་དོན་བསྟན་པའི་ལེའུ།
ལྡེབ་གྲངས། 73—76ན།(ཕྲེང་4)

117–21
ལེའུ་ཉེར་གཅིག་པ། སྲིད་པས་(པའི་)སྤྱིན་པ་མི་དམིགས་པའི་གནས་ས་དང་པོ་བོན་པའི་ལེའུ།
ལྡེབ་གྲངས། 76—91ན།(ཕྲེང་3)

117–22
ལེའུ་ཉེར་གཉིས་པ། སྲིད་པའི་ཚུལ་ཁྲིམས་བསྲུང་ནས་ས་གཉིས་པ་ཐོབ་པའི་ལེའུ།
ལྡེབ་གྲངས། 91—107བ།(ཕྲེང་7)

117–23
ལེའུ་ཉེར་གསུམ་པ། སྲིད་པའི་བཟོད་པ་སྒོམ་ནས་ས་གསུམ་པ་ནོན་པའི་ལེའུ།
ལྡེབ་གྲངས། 107—126བ།(ཕྲེང་7)

117–24
ལེའུ་ཉེར་བཞི་པ། སྲིད་པའི་བརྩོན་འགྲུས་བརྩོན་པས་ས་བཞི་པ་ནོན་པའི་ལེའུ།
ལྡེབ་གྲངས། 126—144བ།(ཕྲེང་1)

117–25
ལེའུ་ཉེར་ལྔ་པ། སྲིད་པ་བསམ་གཏན་ཅི་ཡང་མི་དམིགས་པ་སྒོམ་པ་ས་ལྔ་པ་ནོན་པའི་ལེའུ།
ལྡེབ་གྲངས། 144—165ན།(ཕྲེང་3)

117–26
ལེའུ་ཉེར་དྲུག་པ། སྲིད་པ་སྟོབས་ཀྱི་མཆོག་གི་ས་དྲུག་པ་ནོན་པའི་ལེའུ།
ལྡེབ་གྲངས། 165—178བ།(ཕྲེང་7)

117–27
ལེའུ་ཉེར་བདུན་པ། སྲིད་པའི་སྙིང་རྗེ་བསྐྱེད་ནས་ས་བདུན་པ་ནོན་པའི་ལེའུ།
ལྡེབ་གྲངས། 178—190བ།(ཕྲེང་5)

117–28
ལེའུ་ཉེར་བརྒྱད་པ། སྲིད་པའི་སྨོན་ལམ་གྱི་ས་བརྒྱད་པ་ནོན་པའི་ལེའུ།
ལྡེབ་གྲངས། 190—206བ།(ཕྲེང་5)

117–29
ལེའུ་ཉེར་དགུ་པ། སྲིད་པ་ཐམས་ཅད་ཀྱི་ས་དགུ་པ་ནོན་པའི་ལེའུ།
ལྡེབ་གྲངས། 206—217ན།(ཕྲེང་5)

117–30
ལེའུ་སུམ་ཅུ་པ། སྲིད་པའི་ཤེས་རབ་ཀྱི་ས་བཅུ་པ་ནོན་པའི་ལེའུ།
ལྡེབ་གྲངས། 217—230བ།(ཕྲེང་3)

117–31
ལེའུ་སོ་གཅིག་པ། མཚན་བྱང་མེད།
ལྡེབ་གྲངས། 230—319ན།(ཕྲེང་5)

118 〈རི〉
མཚན་བྱང་། བོན་ཉིད་ཀྱི་སྙིང་པོ་ཐུགས་རྗེ་ཉི་མ་དགུ་ཤར་གྱི་འབུམ་ཞེས་བྱ་བ་བཞུགས་སོ། །〈ཅ〉
བསྡུས་བྱང་། འབུམ་ཉི་མ་དགུ་ཤར།
གྲངས་ཚད། ལེའུ་7ལ་ལྡེབ་307ཡོད། ཤོག་གྲངས་641བཞུགས།

རིགས་རྣམ། གཏེར་མ།

གཏེར་སྟོན། སུམ་པ་དབང་ཚུལ་སོགས།

118–32

ལེའུ་སོ་གཉིས་པ། ཕྱི་རིགས་སྔགས་ཀྱི་རྒྱུད་ཀྱི་ལེའུ།

ལྡེབ་གྲངས། 1—105ན།(ཕྲེང་2)

118–33

ལེའུ་སོ་གསུམ་པ།[①] ནང་གསང་སྔགས་ཀྱི་སྤྱི་དོན་བཞི་ཁྲི་བསྡུས་པའི་ལེའུ།

ལྡེབ་གྲངས། 105—165ན།(ཕྲེང་4)

118–34

ལེའུ་སོ་བཞི་པ། སྔགས་ཀྱི་དོན་འདུས་པའི་ལེའུ།

ལྡེབ་གྲངས། 165—175བ།(ཕྲེང་4)

118–35

ལེའུ་སོ་ལྔ་པ། དྲག་པོ་ངན་སྔགས་ཀྱི་རྒྱུད་ཁྲིའི་དོན་ལ་འདུས་པའི་ལེའུ།

ལྡེབ་གྲངས། 175—189བ།(ཕྲེང་6)

118–36

ལེའུ་སོ་དྲུག་པ། ཐུགས་རྗེ་རྒྱུན་སྔགས་ཀྱི་རྒྱུད་ཁྲི་བསྡུས་པའི་ལེའུ།

ལྡེབ་གྲངས། 189—226ན།(ཕྲེང་1)

118–37

ལེའུ་སོ་བདུན་པ། ཞང་ཞུང་གི་སྔགས་ཀྱི་རྒྱུད་ཁྲི་དོན་བསྡུས་པའི་ལེའུ།

ལྡེབ་གྲངས། 226—244ན།(ཕྲེང་5)

118–38

ལེའུ་སོ་བརྒྱད་པ། བདུད་རྩི་སྨན་ལམ་གྱི་སྔགས་ཀྱི་རྒྱུད་ལས་བསྡུས་པའི་ལེའུ།

ལྡེབ་གྲངས། 244—307ན།(ཕྲེང་6)

119 〔ལི〕

མཚན་བྱང་། བོན་ཉིད་ཀྱི་སྙིང་པོ་ཐུགས་རྗེ་ཉི་མ་དག་ཤར་གྱི་འབུམ་ཞེས་བྱ་བ་བཞུགས་སོ། །〔ཆ〕

བསྡུས་བྱང་། འབུམ་ཉི་མ་དག་ཤར།

གྲངས་ཚད། ལེའུ་4ལ་ལྡེབ་325ཡོད། ཤོག་གྲངས་647བཞུགས།

རིགས་རྣམ། གཏེར་མ།

གཏེར་སྟོན། སུམ་པ་དབང་ཚུལ་སོགས།

119–39

ལེའུ་སོ་དགུ་པ། དུས་གསུམ་གྱི་སྟོན་པ་བྱུང་ཁུངས་ཀྱི་མདོ་འབུམ་ཁྲི་ཡི་དོན་དུ་འདུས་པའི་ལེའུ།

ལྡེབ་གྲངས། 1—42བ།(ཕྲེང་4)

① གཞུང་ལ་སོ་གཉིས་པ་ཞེས་འཁོད།

119–40
ལེའུ་བཞི་ཟུ་པ། སྟོད་རྟེན་འབྱུང་བ་ཆགས་འཛིག་གི་མདོ་བསྟན་པའི་ལེའུ།
ལྡེབ་གྲངས། 42—55ན།(ཕྲེང་4)

119–41
ལེའུ་ཞེ་གཅིག་པ། ཁམས་གསུམ་འཁོར་བ་སྐྱེ་འཆི་ལས་བརྩན་གྱི་མདོ་དོན་བསྟན་པའི་ལེའུ།
ལྡེབ་གྲངས། 55—116ན།(ཕྲེང་1)

119–42
ལེའུ་ཞེ་གཉིས་པ། བླ་མེད་གོ་འཕང་བསྒྲུབ་ཐབས་ཀྱི་ལེའུ། སྟོད་ཆ།
ལྡེབ་གྲངས། 116—325ན།(ཕྲེང་5)

120༼ཤི༽
མཚན་བྱང་། བོན་ཉིད་ཀྱི་སྙིང་པོ་ཐུགས་རྗེ་ཉི་མ་དགུ་ཤར་གྱི་འབུམ་ཞེས་བྱ་བ་བཞུགས་སོ། །༼ཛ༽
བསྡུས་བྱང་། འབུམ་ཉི་མ་དགུ་ཤར།
གྲངས་ཚད། ལེའུ་4ལ་ལྡེབ་265ཡོད། ཤོག་གྲངས་529བཞུགས།
རིགས་རྣམ། གཏེར་མ།
གཏེར་སྟོན། སུམ་པ་དབང་ཚུལ་སོགས།

120–42
ལེའུ་ཞེ་གཉིས་པ། བླ་མེད་གོ་འཕང་བསྒྲུབ་ཐབས་ཀྱི་ལེའུ། སྨད་ཆ།
ལྡེབ་གྲངས། 1—212ན།(ཕྲེང་5)

120–43
ལེའུ་ཞེ་གསུམ་པ། ཀུན་སྣང་ཁྱབ་པའི་སྐུ་ལས་འཛིག་རྟེན་མང་པོ་ཆགས་པའི་ལེའུ།
ལྡེབ་གྲངས། 212—227བ།(ཕྲེང་5)

120–44
ལེའུ་ཞེ་བཞི་པ། སྟོང་གསུམ་འཛིག་རྟེན་ཕར་འདས་པའི་སྟོང་གསུམ་འཛིག་རྟེན་དེ་དག་གི་སྟོན་པ་གང་གིས་བྱེད་པའི་ལེའུ།
ལྡེབ་གྲངས། 227—265ན།(ཕྲེང་4)

120–45
ལེའུ་ཞེ་ལྔ་པ།[1]

121༼སི༽
མཚན་བྱང་། བོན་ཉིད་ཀྱི་སྙིང་པོ་ཐུགས་རྗེ་ཉི་མ་དགུ་ཤར་གྱི་འབུམ་ཞེས་བྱ་བ་བཞུགས་སོ། །༼ཉ༽
བསྡུས་བྱང་། འབུམ་ཉི་མ་དགུ་ཤར།
གྲངས་ཚད། ལེའུ་3ལ་ལྡེབ་296ཡོད། ཤོག་གྲངས་587བཞུགས།
རིགས་རྣམ། གཏེར་མ།
གཏེར་སྟོན། སུམ་པ་དབང་ཚུལ་སོགས།

[1] ལེའུ་མཚམས་མི་གསལ། གླེགས་བམ་གྱི་མཇུག་ཏུ་ད་དུང་ལེའུ་གོང་མ་ཚར་མེད་པ་ལྟར་མཐོང་།

121–46
ལེའུ་ཞེ་དྲུག་པ། སྙིང་པོ་དོན་འདུས་པའི་ལེའུ།
ལྡེབ་གྲངས། 1—44ན།(ཁྲིང་1)

121–47
ལེའུ་ཞེ་བདུན་པ། སྔགས་ཀྱི་དོན་བརྒྱའི་ལེའུ།
ལྡེབ་གྲངས། 44—47ན།(ཁྲིང་4)

121–48
ལེའུ་ཞེ་བརྒྱད་པ། ཛ་ཡི་ལྷང་བུ་བསྐྱེད་པའི་[1]ལེའུ།
ལྡེབ་གྲངས། 47—296ན།(ཁྲིང་5)འཕྲོ་མཐུད།
མཇུག་བྱང་། ཁྲོ་ཆེན་ཁབ་ཀྱི་དྲུང་མིང་པས་སྤྱང་ཡུ་ཏ་ར་བསྐྲུན་པས་དགེའོ། །

122 ༼ཏི༽
མཚན་བྱང་། བོན་ཉིད་ཀྱི་སྙིང་པོ་ཐུགས་རྗེ་ཉི་མ་དགུ་ཤར་གྱི་འབུམ་ཞེས་བྱ་བ་བཞུགས་སོ། །༼ཏ༽
བསྡུས་བྱང་། འབུམ་ཉི་མ་དགུ་ཤར།
གྲངས་ཚད། ལེའུ་2ལ་ལྡེབ་296ཡོད། ཤོག་གྲངས་587བཞུགས།
རིགས་རྣམ། གཏེར་མ།
གཏེར་སྟོན། གསུམ་པ་དབང་ཚུལ་སོགས།

122–49
ལེའུ་ཞེ་དགུ་པ། ཀུན་རྫོབ་བདེན་པའི་ལེའུ།
ལྡེབ་གྲངས། 1—202ན།(ཁྲིང་1)གོང་མཐུད།

122–50
ལེའུ་ལྔ་བཅུ་པ། སྒྲ་ངན་ལས་འདས་པའི་ལེའུ།
ལྡེབ་གྲངས། 202—296ན།(ཁྲིང་3)འཕྲོ་མཐུད།

123 ༼ཨི༽
མཚན་བྱང་། བོན་ཉིད་ཀྱི་སྙིང་པོ་ཐུགས་རྗེ་ཉི་མ་དགུ་ཤར་གྱི་འབུམ་ཞེས་བྱ་བ་བཞུགས་སོ། །༼ཨ༽
བསྡུས་བྱང་། འབུམ་ཉི་མ་དགུ་ཤར།
གྲངས་ཚད། ལེའུ་6ལ་ལྡེབ་284ཡོད། ཤོག་གྲངས་560བཞུགས།
རིགས་རྣམ། གཏེར་མ།
གཏེར་སྟོན། གསུམ་པ་དབང་ཚུལ་སོགས།

123–50
ལེའུ་ལྔ་བཅུ་པ། སྒྲ་ངན་ལས་འདས་པའི་ལེའུ།
ལྡེབ་གྲངས། 1—252བ།(ཁྲིང་2)གོང་མཐུད།

---

① དབང་པོའི་རྣམ་པར་ཤེས་པ་རྒྱུ་དང་རྐྱེན་ལས་བསྐྱེད་པ་ལྟ་བུ།

123–51
ལེའུ་ང་གཅིག་པ། འཁོར་ལས་གདམས་ཞིང་སྨོན་ལམ་བཏབ་པ།
ལྡེབ་གྲངས། 252—258བ།(ཁྲིང་4)

123–52
ལེའུ་ང་གཉིས་པ། སྤྲུལ་པའི་སྐུ་ཡི་དཔེ་བྱད་བཟང་པོ་བརྒྱད་ཅུ་རྩ་གཅིག་བསྟན་པའི་ལེའུ།
ལྡེབ་གྲངས། 258—263ན།(ཁྲིང་2)

123–53
ལེའུ་ང་གསུམ་པ། ངེས་པའི་ཐོ་ཡིག་སྤྲུལ་སྐུ་ལ་ཡོད་པའི་ལེའུ།
ལྡེབ་གྲངས། 263—265བ།(ཁྲིང་1)

123–54
ལེའུ་ང་བཞི་པ། སྤྲུལ་པའི་སྐུ་དབྱིངས་སུ་ཐིམ་པའི་བོན་སྐུའི་ལེའུ།
ལྡེབ་གྲངས། 265—277བ།(ཁྲིང་5)

123–55
ལེའུ་ང་ལྔ་པ། འཁོར་ལས་གདམ་ཅིང་སྨོན་ལམ་ཐབས་ཀྱི་ལེའུ།
ལྡེབ་གྲངས། 277—279བ།(ཁྲིང་4)

མཇུག་བྱང་། དཀར་ཆགས། མཇུག་བྱང་ཟུར་དུ་ཕྱུང་པའོ། བོན་གྱི་སྙིང་པོ་གཏན་ལ་ཕབ་པ་འདི། །ལྷོ་རྒྱལ་འཛམ་གླིང་ཟལ་མོ་སྤ་རྒྱུད་ན། །གནས་ཆེན་གངས་རྒྱལ་ཏི་སེའི་ཤར་ཉེའི་འདབ། །པདྨི་ཁྲུ་མཚོག་ཁ་འབབ་གཡས་ཟུའི་ཆར། །ཞང་ཞུང་སྒོ་མོ་བར་མའི་གཡས་ཀྱི་ཟུར། ལྷ་སྲིན་མཁའ་འགྲོ་ཕག་གདོང་གཡོན་གྱི་ཆར། ཐག་དམར་འགྲན་གྱི་རི་གོང་རྒྱབ་ཀྱི་ཕྱོགས། །སྨན་ལུང་བྱང་ཆུབ་རི་ཡི་མདུན་ཕྱོགས་ན། །བཀྲ་ཤིས་ཡིད་འོང་ཕུན་སུམ་འཚོགས་པའི་གླིང་། །ངོ་མཚར་བདེ་སྐྱིད་དཔལ་འབྱོར་འཚོགས་པའི་ས། །ཁྱེར་བསྟན་ནུབ་མེད་བསྒོ་སྒྲ་སྒྲོགས་པའི་ཡུལ། །ཡུལ་གྲུ་ཆེན་པོ་སྒྲི་ལྷོ་མདའ་མོའི་ཁུལ། །རིགས་རུས་ཁུངས་བཙན་རྒྱལ་དཔོན་རྒྱལ་གྱི་རྒྱུད། །ཡུལ་གྱི་མི་རྗེ་ཚུལ་ཁྲིམས་བཟང་པོ་ཞེས། ། སྟོན་ཚོགས་བསགས་པས་དལ་འབྱོར་རྟེན་བཟང་རྙེད། །དགོས་དགུའི་མགོ་ཆ་ལོངས་སྤྱོད་ཕུན་སུམ་འཚོགས། །ཤེས་རྒྱུད་དཀར་བས་ན་ཚ་ཐུག་བསྡལ་དབེན། །ཟབ་མོ་གཡུང་དྲུང་བོན་གྱི་བསྟན་སྐོར་ཚོད། །དེ་ལྟའི་ལྷག་བསམ་སྐྱ་རེངས་ཀྱིས་དྲངས་པའི། །སྤྱིར་ནི་འགྲོ་ཀུན་ཕ་མར་ཤེས་པའི་དོན། །སྒོས་སུ་ཉོན་ཤེས་གཉིས་སྒྲིབ་བསལ་ཕྱིར་དུ། །ཚད་གསུམ་ཤེས་རབ་ཟབ་མོས་མཚམས་སྦྱར་ནས། །ཁྲིམས་ཀྱི་མཁན་པོ་རི་བོའི་གྲངས་ལྡན་ལ། །རྒྱུ་མའི་ནོར་ཟས་ཆུད་མི་འཛའ་བ་དང་། །འབྲས་བུ་ཡེ་ཤེས་ཚོགས་གཉིས་རབ་རྫོགས་ཕྱིར། །ཡོ་བྱེད་རྒྱུ་ལ་འཕོང་སེམས་ཆགས་ཞེན་བྲལ། །བརྩོན་འགྲུས་དཀའ་ཚེག་དཀའ་བ་དང་བླངས་ནས། །ཐོག་མར་ཤོག་སྒྲུབ་གློ་ཡུལ་སྒྲ་བརྒྱད་བར། །འགྲོ་སོང་ཤོག་རིན་བསྡོམ་པ་གོར་ཏཾ་ནི། །མཁའ་སྟོང་ཐིག་གཟུགས་(1000)རང་བཞིན་དབྱིངས་སུ་དག །ཤོག་གུ་སྦྱར་བཟུང་དབྱལ་བཅས་འགྲོ་སོང་ལ། །རིན་གཉིས་གོར་འཁོར་མཁའ་སྟོང་འབྱུང་བ་དོར།(500) མཚལ་སྣག་རིན་ལ་གོར་ཏཾ་ཐིག་རོ་(60)དང་། །ཤིང་ཏ་ཟླ་ལྔའི་ཚེས་གྲངས་ཉེར་ལྔའི་ཉིན། །(5.25) དབུ་འཛུགས་རྟེན་འབྲེལ་ཇ་སྨག་བསླབ་པ་(3)ཕྱུགས། །ལུག་ཐོང་མེ་(3)དང་གོར་ཏཾ་མཁའ་རྒྱན་(60)དང་། །ཁྲིམས་ཡོན་པོད་རེར་རིན་གཉིས་བལ་ཏཾ་ནི། །ཐིག་ལེ་སྟོང་པ་དབང་པོའི་གྲངས་(500)རེར་ཕུལ། །ཕྱུག་དཀར་ལེགས་དར་པད་སྲུང་མདའ་ཐིག་(50)བརྒྱན། །ན་བཟའ་དར་སྣ་གདོང་དར་དཔེ་རས་དང་། །དཔེ་ཤིང་དཔེ་ཐག་དཔེ་ཆབ་ཆ་ཚངས་ལ། རིན་ཆེན་གཉིས་པ་ཐིག་སྟོང་འབྱུང་བ་ལྡན། །(500) དབུ་ཤོག་རིན་ཆེན་དང་པོའི་རིན་བབ་ལ། །འབྱུང་བ་བགྲོད་པ་བསེ་རུ་གནས་སུ་དག །(125) དེ་ལ་རང་གཞན་བསོད་ནམས་ཞིང་ས་དང་། །ལྷག་བསམ་རབ་དཀར་དད་བློས་རབ་བསྐུལ་ནས། །རྒྱ་མཚོ་ཆུ་ཐིག་འབྲེལ་མཚོན་འདི་ལྟར་རོ། །མདོ་སྣོད་བཙུན་གཟུགས་ཏ་ར་ཕྱེར་ཞི་ནས། །དཀོར་གྱི་བཤགས་སྦྱངས་ཀ་དུམ་ཞབས་ཞུས་ཕུལ། །དཔོན་གོང་སྐུ་མཚམས་ཚུལ་མི་ཕྱེར་ཞི་ནས། །རྣམ་དཀར་འབྲེལ་བ་ཇ་དུམ་ཞབས་ཏོག་ཕུལ། །བྱ་དགོན་དབྲ་སྟན་ལང་ནས་འབྲུ་འབོ་གང་། །(1)

ལ་སྡུག་གུ་ཚངས་འབྲེལ་བ་འབྲུ་འབོ་ལྔ། །(5)ལ་སྡུག་ནམ་མཁའ་རྩལ་མའི་འབྲུ་འབོ་དོ། །(2) སྒྲི་ལྔོ་གཉེར་པ་ཆེ་དབང་བཟའ་ཚོ་ནས། །རྒྱ་ཐིག་འབྲེལ་བ་བལ་ཏཾ་མཁའ་ཐིག་ཟུང་། །(200) བཀྲུས་པད་རྒྱ་ཐིག་འབྲེལ་མཆོན་འདུང་གུ་གཅིག །(1) ཏན་ཆེན་ཨ་རྟན་འབྲེལ་མཆོན་འབྲི་གཅིག་དང་། །(1) གོས་ཆེན་དམར་པོའི་གདོང་དར་ཐིག་འོད་དཀར། །(10) ཏན་རྩལ་བྲིང་ཐག་བཅུ(10)ཡི་འབྲེལ་བ་ཕུལ། །ཚེ་རྒྱལ་རྒྱ་ཐིག་འབྲེལ་བ་འབྲི་མོ་གཅིག །ཨ་མ་བེ་ཅོད་འབྲེལ་བ་འདུང་གུ་ཅིག །(1) འཕྲིན་ལས་རྒྱ་ཐིག་འབྲེལ་མཆོན་ལུག་ཆེར་གཅིག །(1) ཐེ་ཕྲན་འབྲེལ་བར་ར་བྲེ་རི་བོ་ཅན། །དམའ་ཏན་ནོར་འཛོམས་འབྲེལ་བ་དཔེ་ཐག་ཅིག །པད་མ་ལྷ་སྐྱབས་འབྲེལ་བ་རྟེད་པུ་ཟུང་། །(2) རྩལ་ཁྲིམས་བཟང་མོའི་འབྲེལ་མཆོན་མོ་འདུང་གཅིག །(1) ཚེ་དབང་སྐྱབས་ཀྱི་འབྲེལ་བ་འདུང་གུ་གཅིག །(1) རྟ་མགྲིན་སྒྲོན་མའི་འབྲེལ་མཆོན་འདུང་གུ་གཅིག །(1) དབྲ་ཤུད་དབང་རྒྱལ་འབྲེལ་མཆོན་རྟེད་པུ་གཅིག །(1) མདོ་སྨད་དྲང་སྲོང་ཡེ་ཤེས་རྒྱལ་མཚན་ཡི། །དབུ་ཤོག་གོས་ཆེན་གསེར་མདོག་སྡེ་པའོ། །(4) ཡེ་ཤེས་མིང་དང་ཤེ་ཙུ་ཕྱེར་ཞི་ནས། །གསེར་དབུ་དར་སྦྲར་རི་རྒྱ་བདར་སག་སོགས། །ཉིན་ཞག་ཐུབ་པའི་གྲངས་(7)ཀྱི་ཞབས་ཞུས་ཕུལ། །དེ་ལྟར་ཕུལ་བས་གསེར་མཆོ་ཐིམ་བཞིན། ཐེ་སྲིད་བར་དུ་རྒྱུན་མི་ཆད་པར་ཤོག ། ……སྦྱིན་པའི་བྱེད་པོ་རྩལ་ཁྲིམས་བཟང་པོས་གཙོས། །གཙུང་ཟླ་རྟ་མགྲིང་གཟའ་ཟླ་སྐྱིད་དཔལ་དང་། །ཕུན་ཚོགས་སྤྲི་ཆོད་དཔལ་འབྱོར་ནོར་བུ་མིང་། །ཡོན་ཏན་བཟང་མོ་གཡུང་དྲུང་ཚེ་སྐྱིད་སྲིང་། །ཨ་མ་སྦྱིན་བཟང་སྤོ་རྟམ་བསྟན་སྦྱིན་གཙོས། །ཀློ་མཐུན་དང་དད་མོས་ཀུས་པས་བཞེངས་པའི་མཐུས། །སངས་རྒྱས་བསྟན་པ་མངའ་ཐང་རྒྱས་པར་ཤོག ། ……ཐར་ཆགས་སྣང་བའི་སྐྱིད་ཞེས་བྱ་བ། ཏན་ཆེན་རྩལ་ཁྲིམས་བཟང་པོ་ཐུགས་བཞེད་དུ། བཀོད་པ་པོ་ནི་ཏ་ར་ཕྱེར་ཞི་པས། སམ་ཧྲུ་ཊ་ཡི་ཕྱུག་ལན་གནང་བ་ལ། ཡི་གེ་པ་ནི་ཤེ་ཙུ་ཕྱེར་ཞིའོ། །

ལྡེབ་གྲངས། 1—4བ།(ཕྲེང་2)

124 ༼ཀུ༽

མཚན་བྱང་། ཁམས་ཆེན་པོ་བརྒྱད་གཏན་ལ་ཕབས་པ་སྟོང་ཕྲག་བརྒྱ་པ་རྩ་བའི་འབུམ།༼ཏ༽*

བསྡུས་བྱང་། ཁམས་རྩ།

གྲངས་ཚད། ལེའུ་1ལ་ལྡེབ་202ཡོད། ཤོག་གྲངས་403བཞུགས།

རིགས་རྣམ། གཏེར་མ།

གཏེར་སྟོན། གཤེན་གཏེར།

124–1

ལེའུ་དང་པོ། སྲིད་པ་གླིང་གཞི།

ལྡེབ་གྲངས། 1—202ན།(ཕྲེང་1)འཕྲོ་མཐུད།

125 ༼ཁུ༽

མཚན་བྱང་། ཁམས་ཆེན་པོ་བརྒྱད་གཏན་ལ་ཕབས་པ་སྟོང་ཕྲག་བརྒྱ་པ་རྩ་བའི་འབུམ།༼ཀ༽①

བསྡུས་བྱང་། ཁམས་རྩ།

གྲངས་ཚད། ལེའུ་4ལ་ལྡེབ་201ཡོད། ཤོག་གྲངས་397བཞུགས།

རིགས་རྣམ། གཏེར་མ།

གཏེར་སྟོན། གཤེན་གཏེར།

125–1

ལེའུ་དང་པོ། སྲིད་པ་གླིང་བཞིའི་ལེའུ།

① པོད་འདི་དང་གཤམ་གྱི་པོད་ཁ་པ་གཉིས་གླེགས་བམ་གཅིག་ཏུ་ཚགས་བྱས་འདུག ལྡེབ་གྲངས་འབྲུགས་པའི་རྩལ་ཤིན་ཏུ་མང་།

ལྡེབ་གྲངས། 1—21བ།(ཕྲེང་2)གོང་མཐུད།

125–1.1
ལེའུ་དང་པོ། ཡོངས་སུ་སྲིད་པའི་ཁམས་ཀྱི་ལེའུ།
ལྡེབ་གྲངས། 21—41བ།(ཕྲེང་6)

125–2
ལེའུ་གཉིས་པ། བོན་ཐམས་ཅད་རིན་པོ་ཆེའི་རྒྱན་དུ་ཞུགས་པའི་ལེའུ།①
ལྡེབ་གྲངས། 41—102ན།(ཕྲེང་3)

125–3
ལེའུ་གསུམ་པ། སྣང་བའི་ཁམས་ཀྱི་ལེའུ།
ལྡེབ་གྲངས། 102—154བ།(ཕྲེང་2)

125–4
ལེའུ་བཞི་པ། སྟོང་པའི་ཁམས་ཀྱི་ལེའུ།
ལྡེབ་གྲངས། 154—201ན།(ཕྲེང་6)

126 ༼གུ༽
མཚན་བྱང་། ཁམས་ཆེན་པོ་བརྒྱད་གདན་ལ་ཕབས་པ་སྟོང་ཕྲག་བརྒྱ་པ་རྩ་བའི་འབུམ།༼ཁ༽②
བསྡུས་བྱང་། ཁམས་རྩ།
གྲངས་ཚད། ལེའུ་21ལ་ལྡེབ་177ཡོད། ཤོག་གྲངས་354བཞུགས།
རིགས་རྣམ། གཏེར་མ།
གཏེར་སྟོན། གཤེན་གཏེར།

126–5
ལེའུ་ལྔ་པ། དུག་དང་ཡེ་ཤེས་སོ་སོར་བསྟན་པའི་ལེའུ།
ལྡེབ་གྲངས། 1—34ན།(ཕྲེང་7)

126–6
ལེའུ་དྲུག་པ། ཚུལ་ཁྲིམས་དགེ་སྡིག་སོ་སོར་བསྟན་པའི་ལེའུ།
ལྡེབ་གྲངས། 34—36ན།(ཕྲེང་6)

126–7
ལེའུ་བདུན་པ། དགེ་བའི་འབྲས་བུ་ཅི་ལྟར་སྨིན་པའི་ལེའུ།
ལྡེབ་གྲངས། 36—38བ།(ཕྲེང་7)

126–8
ལེའུ་བརྒྱད་པ། བོན་ཐམས་ཅད་རང་རིག་པའི་ཡེ་ཤེས་ལས་འདུས་པ་བསྟན་པའི་ལེའུ།
ལྡེབ་གྲངས། 38—42བ།(ཕྲེང་7)

① ལེའུའི་མཚན་བྱང་བཀོད་མེད་པ་སྒྲིག་མཁན་གྱིས་སྣར།
② གོང་གི་ཀ་པོད་དང་ཁ་པོད་འདི་གཉིས་སྒྲིགས་བམ་གཅིག་ཏུ་ཚགས་བྱས་འདུག ལྡེབ་གྲངས་འབྲུགས་པའི་ཚུལ་ཤིན་ཏུ་མང་།

126–9

ལེའུ་⋯པ། རིག་པ་ཀུན་སྤྱོར་གྱི་ལེའུ།①

ལྡེབ་གྲངས། 42—45ན།(ཤོག་2)

126–10

ལེའུ་⋯པ། སྐྱེས་བུ་ངོ་མཚར་གྱི་ལེའུ།②

ལྡེབ་གྲངས། 45—61ན།(ཤོག་6)

126–11

ལེའུ་⋯པ། ཉིད་ངེས་འཛིན་ཟབ་མོ་ལ་སྒོམས་པར་འཇུག་པའི་ལེའུ།③

ལྡེབ་གྲངས། 61—70ན།(ཤོག་7)

126–12

ལེའུ་⋯པ། རིག་པ་ཀུན་སྤྱོར་གྱི་ལེའུ།④

ལྡེབ་གྲངས། 70—84ན།(ཤོག་3)

126–13

ལེའུ་⋯པ། རང་རིག་པ་ནི་དགོད་ལས་འདས་པ་བསྟན་པའི་ལེའུ།⑤

ལྡེབ་གྲངས། 84—89ན།(ཤོག་1)

126–14

ལེའུ་⋯པ། རང་རིག་པའི་ཡེ་ཤེས་ལ་འདུ་འབྲལ་མེད་པར་བསྟན་པའི་ལེའུ།⑥

ལྡེབ་གྲངས། 89—90ན།(ཤོག་1)

126–15

ལེའུ་⋯པ། རིག་པ་ས་ནོན་པར་བསྟན་པའི་ལེའུ།⑦

ལྡེབ་གྲངས། 90བ།(ཤོག་2)

126–16

ལེའུ་⋯པ། བོན་ཐམས་ཅད་སྣ་མེད་པ་གཡུང་དྲུང་གི་དབྱིངས་སུ་སངས་རྒྱས་པའི་ལེའུ།⑧

ལྡེབ་གྲངས། 90—106ན།(ཤོག་1)

126–17

ལེའུ་⋯པ། བོན་ཐམས་ཅད་འབྱམས་ཡས་པ་གཡུང་དྲུང་གི་དབྱིངས་སུ་སངས་རྒྱས་པའི་ལེའུ།⑨

ལྡེབ་གྲངས། 106—108ན།(ཤོག་4)

---

① གཞུང་དུ་ལེའུ་འདིའི་ལེའུ་གྲངས་ནི་བརྒྱད་པ་ཞེས་འཁོད།

② གཞུང་དུ་ལེའུ་འདིའི་ལེའུ་གྲངས་ནི་དགུ་པ་ཞེས་འཁོད།

③ གཞུང་དུ་ལེའུ་འདིའི་ལེའུ་གྲངས་ལྔ་བཅུ་པ་ཞེས་འཁོད།

④ གཞུང་དུ་ལེའུ་འདིའི་ལེའུ་གྲངས་ང་གཅིག་པ་ཞེས་འཁོད།

⑤ གཞུང་དུ་ལེའུ་འདིར་ལེའུ་གྲངས་འཁོད་མེད།

⑥ གཞུང་དུ་ལེའུ་འདིར་ལེའུ་གྲངས་འཁོད་མེད།

⑦ གཞུང་དུ་ལེའུ་འདིའི་ལེའུ་གྲངས་བཅོ་ལྔ་པ་ཞེས་འཁོད།

⑧ གཞུང་དུ་ལེའུ་འདིར་ལེའུ་གྲངས་འཁོད་མེད།

⑨ གཞུང་དུ་ལེའུ་འདིར་ལེའུ་གྲངས་འཁོད་མེད།

126–18
ལེའུ···པ། བོན་ཐམས་ཅད་དཔེའི་ཁ་གཏིང་མེད་པར་གཡུང་དྲུང་གི་དབྱིངས་སུ་ཡེ་ནས་སངས་རྒྱས་པའི་ལེའུ།①
ཤོག་གྲངས། 108—112བ།(ཕྲེང་1)

126–19
ལེའུ···པ། བོན་ཐམས་ཅད་དཔག་ཏུ་མེད་པ་གཡུང་དྲུང་གི་དབྱིངས་སུ་སངས་རྒྱས་པའི་ལེའུ།②
ཤོག་གྲངས། 112—114བ།(ཕྲེང་2)

126–20
ལེའུ···པ། བོན་ཐམས་ཅད་དོག་པ་མེད་པ་གཡུང་དྲུང་གི་དབྱིངས་སུ་སངས་རྒྱས་པའི་ལེའུ།③
ཤོག་གྲངས། 114—116བ།(ཕྲེང་2)

126–21
ལེའུ···པ། བོན་ཐམས་ཅད་བདལ་བ་ཆེན་པོ་གཡུང་དྲུང་གི་དབྱིངས་སུ་སངས་རྒྱས་པའི་ལེའུ།④
ཤོག་གྲངས། 116—118བ།(ཕྲེང་5)

126–22
ལེའུ···པ། བོན་ཐམས་ཅད་ཟད་པ་མེད་པ་གཡུང་དྲུང་གི་དབྱིངས་སུ་སངས་རྒྱས་པའི་ལེའུ།⑤
ཤོག་གྲངས། 118—120བ།(ཕྲེང་4)

126–23
ལེའུ···པ། བོན་ཐམས་ཅད་བཙོས་སུ་མེད་པའི་དོན་འགྱུར་བ་མེད་པ་གཡུང་དྲུང་གི་དབྱིངས་སུ་སངས་རྒྱས་པའི་ལེའུ།⑥
ཤོག་གྲངས། 120—123ན།(ཕྲེང་1)

126–24
ལེའུ···པ། མཚན་དང་དཔེ་བྱད་བཟང་པོ་བསྟན་པའི་ལེའུ།⑦
ཤོག་གྲངས། 123—135ན།(ཕྲེང་7)

126–25
ལེའུ···པ། མ་འདྲེས་པའི་ཡན་ལག་ཕྱག་རྒྱ་དང་བཅས་པའི་ལེའུ།⑧
ཤོག་གྲངས། 135—177ན།(ཕྲེང་6)

127 {ང}
མཚན་བྱང་། ས་བདག་ཀླུ་གཉན་གཏོད་འབུམ་བཞི་བཞུགས།{ཀ}
བསྡུས་བྱང་། ཀླུ་འབུམ།

---

① གཞུང་དུ་ལེའུ་འདིར་ལེའུ་གྲངས་འཀོད་མེད།
② གཞུང་དུ་ལེའུ་འདིར་ལེའུ་གྲངས་འཀོད་མེད།
③ གཞུང་དུ་ལེའུ་འདིར་ལེའུ་གྲངས་འཀོད་མེད།
④ གཞུང་དུ་ལེའུ་འདིར་ལེའུ་གྲངས་འཀོད་མེད།
⑤ གཞུང་དུ་ལེའུ་འདིར་ལེའུ་གྲངས་འཀོད་མེད།
⑥ གཞུང་དུ་ལེའུ་འདིར་ལེའུ་གྲངས་འཀོད་མེད།
⑦ གཞུང་དུ་ལེའུ་འདིར་ལེའུ་གྲངས་འཀོད་མེད།
⑧ གཞུང་དུ་ལེའུ་འདིར་ལེའུ་གྲངས་འཀོད་མེད།

གྲངས་ཚད། ལེའུ་19ལ་ལྡེབ་176ཡོད། ཤོག་གྲངས་341བཞུགས།
རིགས་རྣམ། གཏེར་མ།
གཏེར་སྟོན། མར་པ་འཕེན་བཟང་།

127–1
ལེའུ་དང་པོ། སྐུ་རྣམས་སྲིད་ཐབས་ཀྱི་བལ་པའི་ལེའུ།
ལྡེབ་གྲངས། 1—20བ།(ཕྲེང་4)

127–2
ལེའུ་གཉིས་པ། སྐུ་རྣམས་ཅི་ལྟར་གནས་པའི་རིམ་པ་བསྟན་པའི་ལེའུ།
ལྡེབ་གྲངས། 20—27བ།(ཕྲེང་7)

127–3
ལེའུ་གསུམ་པ། སྐུ་ཡིས་གནོད་པ་བཏང་པའི་ལེའུ།
ལྡེབ་གྲངས། 27—31བ།(ཕྲེང་7)

127–4
ལེའུ་བཞི་པ། གཤེན་རབ་ཀྱིས་དམ་ལ་བཏགས་པའི་ལེའུ།
ལྡེབ་གྲངས། 31—40བ།(ཕྲེང་2)

127–5
ལེའུ་ལྔ་པ། སྐུ་ཡི་གནོད་པ་འབུལ་བའི་ལེའུ།
ལྡེབ་གྲངས། 40—45ན།(ཕྲེང་7)

127–6
ལེའུ་དྲུག་པ།① སྐུ་ཐམས་ཅད་བཞུགས་སུ་གསོལ་བའི་ལེའུ།
ལྡེབ་གྲངས། 45—59ན།(ཕྲེང་7)

127–8
ལེའུ་བརྒྱད་པ། ཞི་བའི་སེམས་དང་བཅས་ཏེ་སྤྱན་དྲངས་བའི་ལེའུ།
ལྡེབ་གྲངས། 59—62ན།(ཕྲེང་2)

127–10
ལེའུ་བཅུ་པ། ཕྱག་དང་མཆོད་པ་ཕུལ་བའི་ལེའུ།
ལྡེབ་གྲངས། 62—86བ།(ཕྲེང་5)

127–11
ལེའུ་བཅུ་གཅིག་པ། སྡིག་པ་བཤགས་པའི་ལེའུ།
ལྡེབ་གྲངས། 86—89ན།(ཕྲེང་2)

127–12
ལེའུ་བཅུ་གཉིས་པ། ཞི་བ་དཀར་པོས་ཡོན་བདག་ལ་མཆོད་པ་འབུལ་བའི་ལེའུ།
ལྡེབ་གྲངས། 89—93བ།(ཕྲེང་5)

---

① གཞུང་དུ་ལེའུ་འདིའི་ལེའུ་གྲངས་དགུ་པ་ཞེས་འཁོད།

127–13
ལེའུ་བཅུ་གསུམ་པ། སྐུ་དགྱེས་པར་བསྟོད་པའི་ལེའུ།
ལྡེབ་གྲངས། 93—100ན།(ཕྲེང་2)

127–14
ལེའུ་བཅུ་བཞི་པ།[1] སྨོན་ལམ་རིམ་པར་བསྟན་པའི་ལེའུ།
ལྡེབ་གྲངས། 100—101བ།(ཕྲེང་1)

127–15
ལེའུ་བཅོ་ལྔ་པ། དངོས་སློབ་གསལ་བསྐྱོད་སྙིང་པོའི་ལེའུ།
ལྡེབ་གྲངས། 101—109བ།(ཕྲེང་4)

127–16
ལེའུ་བཅུ་དྲུག་པ། སྤྱན་འདྲེན་ཕྱག་དང་སྐྱབས་སུ་འགྲོ་བའི་ལེའུ།
ལྡེབ་གྲངས། 109—112བ།(ཕྲེང་3)

127–17
ལེའུ་བཅུ་བདུན་པ། བསྐལ་པ་གསུམ་གྱི་སྐུའི་བྲིས་རབ་ཀྱི་ལེའུ།
ལྡེབ་གྲངས། 112—142བ།(ཕྲེང་5)

127–18
ལེའུ་བཅོ་བརྒྱད་པ། གཙང་མ་སྐུའི་སྲ་སྐོང་ལས་ལོ་རབས་ཡག་དངོས་གྲུབ་གསལ་པའི་ལེའུ།[2]
ལྡེབ་གྲངས། 142—173བ།(ཕྲེང་7)

127–19
ལེའུ་བཅུ་དགུ་པ། མཚན་བྱང་མི་གསལ།
ལྡེབ་གྲངས། 173—176ན།(ཕྲེང་2)

128 〔ཙ〕
མཚན་བྱང་། རྣམ་པར་དག་པའི་འབུམ་བཞི་ལས་ས་བདག་དབང་ཆེན་གྱི་སྒྱུར་བཅོས་ཏེ་བམ་པོ་གཉིས་པའོ། །〔ཁ〕
བསྡུས་བྱང་། ས་བདག
གྲངས་ཚད། ལེའུ་54ལ་ལྡེབ་190ཡོད། ཤོག་གྲངས་377བཞུགས།
རིགས་རྣམ། གཏེར་མ།
གཏེར་སྟོན། མར་པ་འཕེན་བཟང་།

128–1
ལེའུ་དང་པོ། ས་བདག་ཅི་ལྟར་དགོས་ཆེད་ཆེ་བའི་ལེའུ།
ལྡེབ་གྲངས། 1—3ན།(ཕྲེང་6)

128–2
ལེའུ་གཉིས་པ། ཉི་ཟླ་གཟའ་སྐར་ཅི་ལྟར་ཆགས་པའི་ལེའུ།

---

① གཞུང་དུ་ལེའུ་འདིའི་ལེའུ་གྲངས་བཞི་པ་ཞེས་འཁོད།
② བཤགས་པ་དང་སྨོན་ལམ།

ལྡེབ་གྲངས། 3—6ན།(ཕྲེང་2)

128–3
ལེའུ་གསུམ་པ། ས་བདག་དབང་ཆེན་བརྒྱུས་བཙོས་ཀྱི་གཏན་ཚིགས་ལེའུ།
ལྡེབ་གྲངས། 6—6བ།(ཕྲེང་6)

128–4
ལེའུ་བཞི་པ། ས་བདག་གི་དཀྱིལ་འཁོར་བཅའ་བའི་ལེའུ།
ལྡེབ་གྲངས། 6—8ན།(ཕྲེང་5)

128–5
ལེའུ་ལྔ་པ། ས་བདག་མཆོད་རྫས་བཤམས་པའི་ལེའུ།
ལྡེབ་གྲངས། 8—10ན།(ཕྲེང་5)

128–6
ལེའུ་དྲུག་པ། ས་བདག་ལས་ཀྱི་གོ་རིམ་བསྟན་པའི་ལེའུ།
ལྡེབ་གྲངས། 10—11བ།(ཕྲེང་5)

128–7
ལེའུ་བདུན་པ། མ་རྒྱུད་སྨན་དང་ལྷ་རྒྱུད་གཞེན་གྱི་ལོ་རྒྱུས་བསྟན་པའི་ལེའུ།
ལྡེབ་གྲངས། 11—15བ།(ཕྲེང་4)

128–8
ལེའུ་བརྒྱད་པ། ས་བདག་ཅི་ལྟར་སྤྲུལ་བ་སྲིད་པའི་ལེའུ།
ལྡེབ་གྲངས། 15—18བ།(ཕྲེང་3)

128–9
ལེའུ་དགུ་པ། ས་བདག་རྒྱལ་པོ་ཅི་ལྟར་གྲུབ་པའི་ལེའུ།
ལྡེབ་གྲངས། 18—19བ།(ཕྲེང་3)

128–10
ལེའུ་བཅུ་པ། གཏོ་རྒྱལ་གོང་ཙོས་སྦྱིན་དྲངས་པའི་ལེའུ།
ལྡེབ་གྲངས། 19—22ན།(ཕྲེང་3)

128–11
ལེའུ་བཅུ་གཅིག་པ། ས་བདག་གཏོ་གཞི་དང་བུམ་པ་དང་གསས་རྫོ་སྲུད་པའི་ལེའུ།
ལྡེབ་གྲངས། 22—25ན།(ཕྲེང་3)

128–12
ལེའུ་བཅུ་གཉིས་པ། ས་བདག་བཙོས་པའི་གཟུ་དཔང་བཙུགས་པའི་ལེའུ།
ལྡེབ་གྲངས། 25—26བ།(ཕྲེང་6)

128–13
ལེའུ་བཅུ་གསུམ་པ། སྐུ་སྲིན་བཀར་བའི་ལེའུ།
ལྡེབ་གྲངས། 26—28ན།(ཕྲེང་5)

128–14
ལེའུ་བཅུ་བཞི་པ། ས་བདག་བསྐྱེད་རིམ་གྱིས་བསྒོས་པའི་ལེའུ།
ཤོག་གྲངས། 28—30ན།(ཕྲེང་4)

128–15
ལེའུ་བཅོ་ལྔ་པ། སྙིང་པོའི་ལེའུ།
ཤོག་གྲངས། 30—30བ།(ཕྲེང་1)

128–16
ལེའུ་བཅུ་དྲུག་པ། ས་བདག་སྤྱན་དྲངས་པའི་ལེའུ།
ཤོག་གྲངས། 30—52བ།(ཕྲེང་2)

128–17
ལེའུ་བཅུ་བདུན་པ། ས་བདག་བཞུགས་སུ་གསོལ་བའི་ལེའུ།
ཤོག་གྲངས། 52—53ན།(ཕྲེང་3)

128–18
ལེའུ་བཅོ་བརྒྱད་པ། ས་བདག་ཁྲུས་གསོལ་བའི་ལེའུ།
ཤོག་གྲངས། 53—53བ།(ཕྲེང་6)

128–19
ལེའུ་བཅུ་དགུ་པ། ས་བདག་རྣམས་ལ་ཕྱག་འཚལ་བའི་ལེའུ།
ཤོག་གྲངས། 53—56ན།(ཕྲེང་2)

128–20
ལེའུ་ཉི་ཤུ་པ། ས་བདག་སྡིག་པ་བཤགས་པའི་ལེའུ།
ཤོག་གྲངས། 56—58ན།(ཕྲེང་3)

128–21
ལེའུ་ཉེར་གཅིག་པ། ས་བདག་ལ་སྨན་ཆ་མཁྱེན་པ་གསོལ་བའི་ལེའུ།
ཤོག་གྲངས། 58—59བ།(ཕྲེང་3)

128–22
ལེའུ་ཉེར་གཉིས་པ། རྫི་སྨན་གྱི་དུ་བ་བཏང་བའི་ལེའུ།
ཤོག་གྲངས། 59—62ན།(ཕྲེང་3)

128–23
ལེའུ་ཉེར་གསུམ་པ། ས་བདག་ལ་མཆོད་པ་འབུལ་བའི་ལེའུ།
ཤོག་གྲངས། 62—71བ།(ཕྲེང་1)

128–24
ལེའུ་ཉེར་བཞི་པ། ས་བདག་དང་གཟའ་སྐར་རྣམས་ལ་བསྟོད་པ་འབུལ་བའི་ལེའུ།
ཤོག་གྲངས། 71—80བ།(ཕྲེང་2)

128–25
ལེའུ་ཉེར་ལྔ་པ། ས་བདག་དང་གཟའ་སྐར་ལ་བསྙེན་བཀུར་མཆོན་(མཆོད་)པ་འབུལ་བའི་ལེའུ།

ལྡེབ་གྲངས། 80—86བ།(ཕྲེང་3)

128–26
ལེའུ་ཉེར་དྲུག་པ། ས་བདག་ལ་དབང་པོ་ལྔའི་དམ་རྫས་འབུལ་བའི་ལེའུ།
ལྡེབ་གྲངས། 86—90ན།(ཕྲེང་2)

128–27
ལེའུ་ཉེར་བདུན་པ། ས་བདག་ལ་སིལ་སྙན་དང་རྔ་གཤང་དུང་སྣང་གི་མཆོད་པ་འབུལ་བའི་ལེའུ།
ལྡེབ་གྲངས། 90—93ན།(ཕྲེང་3)

128–28
ལེའུ་ཉེར་བརྒྱད་པ། ས་བདག་གཏོད་ཆེན་ལྔ་ལ་གསོལ་བ་འདེབས་པའི་ལེའུ།
ལྡེབ་གྲངས། 93—103ན།(ཕྲེང་6)

128–29
ལེའུ་ཉེར་དགུ་པ། ཚ་བདག་གླུ་བཙོས་པའི་ལེའུ།
ལྡེབ་གྲངས། 103—105བ།(ཕྲེང་5)

128–30
ལེའུ་སུམ་ཅུ་པ། ས་བདག་བཙོས་པའི་ལེའུ།
ལྡེབ་གྲངས། 105—107ན།(ཕྲེང་2)

128–31
ལེའུ་སོ་གཅིག་པ། ས་བདག་བཙོས་པའི་ལེའུ།
ལྡེབ་གྲངས། 107—107བ།(ཕྲེང་4)

128–32
ལེའུ་སོ་གཉིས་པ། ས་བདག་གཟའ་བཙོས་པའི་ལེའུ།
ལྡེབ་གྲངས། 107—115བ།(ཕྲེང་5)

128–33
ལེའུ་སོ་གསུམ་པ། སྐར་མ་བྱུང་ཚུལ་བཤད་པའི་ལེའུ།
ལྡེབ་གྲངས། 115—118ན།(ཕྲེང་4)

128–34
ལེའུ་སོ་བཞི་པ། ས་བླ་ལྷམ་དྲལ་གྱིས་སྐར་མ་བཙོས་པའི་ལེའུ།
ལྡེབ་གྲངས། 118—118བ།(ཕྲེང་5)

128–35
ལེའུ་སོ་ལྔ་པ། ཞང་ཞུང་རྒྱལ་པོས་སྐར་མ་བཙོས་པའི་ལེའུ།
ལྡེབ་གྲངས། 118—119ན།(ཕྲེང་5)

128–36
ལེའུ་སོ་དྲུག་པ། མི་རབས་རྒྱལ་པོ་ཡིས་སྐར་མ་མཆོད་ཅིང་བཙོས་པའི་ལེའུ།
ལྡེབ་གྲངས། 119—119བ།(ཕྲེང་6)

128–37
ལེའུ་སོ་བདུན་པ། མི་བུ་ལྡོང་སྲས་ཀྱིས་སྐར་མ་མཆོད་ཅིང་བཅོས་པའི་ལེའུ།
ལྡེབ་གྲངས། 119—120བ།(ཕྲེང་3)

128–38
ལེའུ་སོ་བརྒྱད་པ། ཞང་ཞུང་རི་མ་ཁྱུང་གིས་སྐར་མ་མཆོད་ཅིང་བཅོས་པའི་ལེའུ།
ལྡེབ་གྲངས། 120—122བ།(ཕྲེང་2)

128–39
ལེའུ་སོ་དགུ་པ། སྐར་མ་ལ་དོམ་(དུམ་)བྱུང་གསོལ་བའི་ལེའུ།
ལྡེབ་གྲངས། 122—124བ།(ཕྲེང་2)

128–40
ལེའུ་བཞི་བཅུ་པ། ས་བདག་མཉེས་ཤིང་གདོན་གསོལ་བའི་ལེའུ།
ལྡེབ་གྲངས། 124—127བ།(ཕྲེང་4)

128–41
ལེའུ་ཞེ་གཅིག་པ། གདོན་ཕྱུབ་ཅིང་ནོན་པའི་ལེའུ།
ལྡེབ་གྲངས། 127—130ན།(ཕྲེང་3)

128–42
ལེའུ་ཞེ་གཉིས་པ། ས་བདག་མ་ལུས་ལ་གུས་པའི་སྒོ་ནས་མཆོད་པ་འབུལ་བའི་ལེའུ།
ལྡེབ་གྲངས། 130—132བ།(ཕྲེང་6)

128–43
ལེའུ་ཞེ་གསུམ་པ། ས་བདག་དར་ཚོན་དང་སྨན་རིས་མཆོད་པའི་ལེའུ།
ལྡེབ་གྲངས། 132—134ན།(ཕྲེང་3)

128–44
ལེའུ་ཞེ་བཞི་པ། སླུངས་ཀྱི་ས་བདག་མཆོད་པའི་ལེའུ།
ལྡེབ་གྲངས། 134—135བ།(ཕྲེང་3)

128–45
ལེའུ་ཞེ་ལྔ་པ། ས་བདག་ལ་མཆོད་པ་འབུལ་བའི་ལེའུ།
ལྡེབ་གྲངས། 135—136ན།(ཕྲེང་5)

128–46
ལེའུ་ཞེ་དྲུག་པ། ས་བདག་ཕྱུགས་དང་འཕད་པའི་མཆོད་པ་འབུལ་བའི་ལེའུ།
ལྡེབ་གྲངས། 136—137ན།(ཕྲེང་6)

128–47
ལེའུ་ཞེ་བདུན་པ། ས་བདག་ལ་དཀོར་འབུལ་བའི་ལེའུ།
ལྡེབ་གྲངས། 137—144བ།(ཕྲེང་6)

128–48
ལེའུ་ཞེ་བརྒྱད་པ། ས་བདག་ལ་ངར་མི་འབུལ་བའི་ལེའུ།

ལྡེབ་གྲངས། 144—146ན།(ཁྲིང་4)

128–49
ལེའུ་ཞེ་དགུ་པ། ས་བདག་ལ་སྡིག་སྒྲིབ་རྩད་ནས་བཤགས་པའི་ལེའུ།
ལྡེབ་གྲངས། 146—153ན།(ཁྲིང་2)

128–50
ལེའུ་ལྔ་བཅུ་པ། མཆོད་པ་འབུལ་ཞིང་འཕྲིན་ལས་བཅོལ་བའི་ལེའུ།
ལྡེབ་གྲངས། 153—165བ།(ཁྲིང་5)

128–51
ལེའུ་ང་གཅིག་པ། བཀྲ་ཤིས་པར་བརྗོད་པའི་ལེའུ།
ལྡེབ་གྲངས། 165—169ན།(ཁྲིང་2)

128–52
ལེའུ་ང་གཉིས་པ། ས་བདག་གཟའ་སྐར་བཅས་ཤིང་བསྐྱོད་པའི་ལེའུ།
ལྡེབ་གྲངས། 169—175བ།(ཁྲིང་3)

128–53
ལེའུ་ང་གསུམ་པ། ས་བདག་བསྐྱོད་དེ་ཕྱག་རྒྱས་བཏབ་པའི་ལེའུ།
ལྡེབ་གྲངས། 175—188ན།(ཁྲིང་1)

128–54
ལེའུ་ང་བཞི་པ། ས་བདག་གི་གཞི་བརྟན་བཀྲ་ཤིས་བརྗོད་པའི་ལེའུ།
ལྡེབ་གྲངས། 188—190ན།(ཁྲིང་2)

129 〔ཚུ〕
མཚན་བྱང་། རྣམ་པ་དག་པའི་འབུམ་བཞི་ལས་སྟོང་གསུམ་གཉན་འབུམ་བཞུགས། །〔ག〕
བསྡུས་བྱང་། གཉན་འབུམ།
གྲངས་ཚད། ལེའུ་26ལ་ལྡེབ་163ཡོད། ཤོག་གྲངས་325བཞུགས།
རིགས་རྣམ། གཏེར་མ།
གཏེར་སྟོན། མར་པ་འཕེན་བཟང་།

129–1
ལེའུ་དང་པོ། གཉན་མནོལ་བསང་གི་ལེའུ།
ལྡེབ་གྲངས། 206—214བ།(ཁྲིང་3)

129–2
ལེའུ་གཉིས་པ། གཟུང་དང་གཉན་དབྱེའི་ལེའུ།
ལྡེབ་གྲངས། 214—216ན།(ཁྲིང་4)

129–3
ལེའུ་གསུམ་པ། ཡོས་ནལ་ཡོས་[1]དབྱེ་བའི་ལེའུ།

---

① ཡོས་བུ་དང་ཡོས་འདྲོགས།

ལྡེབ་གྲངས། 216—218ན།(ཕྲེང་3)

129–4
ལེའུ་བཞི་པ། གཟུང་སྐུགས་①ཀྱི་ལེའུ།
ལྡེབ་གྲངས། 218—219ན།(ཕྲེང་2)

129–5
ལེའུ་ལྔ་པ། སྤྱན་དྲངས་པའི་ལེའུ།
ལྡེབ་གྲངས། 219—221བ།(ཕྲེང་3)

129–6
ལེའུ་དྲུག་པ། གཉན་དབྱེ་བསལ་གྱི་ལེའུ།
ལྡེབ་གྲངས། 221—224ན།(ཕྲེང་7)

129–7
ལེའུ་བདུན་པ། ཕན་ཏེ་བསོད་པའི་ལེའུ།
ལྡེབ་གྲངས། 224—228བ།(ཕྲེང་5)

129–8
ལེའུ་བརྒྱད་པ། ས་བདག་དང་ཡུལ་སྲི་དབྱེ་བསལ་གྱི་ལེའུ།
ལྡེབ་གྲངས། 228—231ན།(ཕྲེང་5)

129–9
ལེའུ་དགུ་པ། རིག་མོ་གདོང་ཡགས་ཀྱི་དབྱེ་བསལ་གྱི་ལེའུ།
ལྡེབ་གྲངས། 231—233བ།(ཕྲེང་5)

129–10
ལེའུ་བཅུ་པ། གཉན་གྱི་རྫ་བཤགས་ཀྱི་ལེའུ།
ལྡེབ་གྲངས། 233—237ན།(ཕྲེང་5)

129–11
ལེའུ་བཅུ་གཅིག་པ། སྲུག་གི་ལེའུ།
ལྡེབ་གྲངས། 237—249ན།(ཕྲེང་5)

129–12
ལེའུ་བཅུ་གཉིས་པ། གཉན་གྱི་སྟོང་དྲིའི་ལེའུ།
ལྡེབ་གྲངས། 249—251བ།(ཕྲེང་2)

129–13
ལེའུ་བཅུ་གསུམ་པ། སྟོང་དྲི་ཕྲ་མོའི་ལེའུ།
ལྡེབ་གྲངས། 251—252བ།(ཕྲེང་2)

129–14
ལེའུ་བཅུ་བཞི་པ། གཉན་གྱི་སྟོང་དྲི་ལེའུ།
ལྡེབ་གྲངས། 252—253བ།(ཕྲེང་2)

---

① གཉན་གཟུང་ཆེན་པོ་སྐུགས།

129–15
ལེའུ་བཅོ་ལྔ་པ། སྨན་གྱི་སྟོང་དྲིའི་ལེའུ།
ལྡེབ་གྲངས། 253—257བ།(ཁྲིང་5)

129–16
ལེའུ་བཅུ་དྲུག་པ། སྟོང་དྲིན་ཆེན་པོའི་ལེའུ།
ལྡེབ་གྲངས། 257—263བ།(ཁྲིང་2)

129–17
ལེའུ་བཅུ་བདུན་པ། སྟོང་འབྲིང་པོའི་ལེའུ།
ལྡེབ་གྲངས། 263—266བ།(ཁྲིང་7)

129–18
ལེའུ་བཅོ་བརྒྱད་པ། མི་དང་གཞན་བསྟུམ་པའི་ལེའུ།
ལྡེབ་གྲངས། 266—306བ།(ཁྲིང་7)

129–19
ལེའུ་བཅུ་དགུ་པ། གཞན་མ་བུ་སྦྲད་པའི་ལེའུ།
ལྡེབ་གྲངས། 306—311བ།(ཁྲིང་4)

129–20
ལེའུ་ཉི་ཤུ་པ། དམར་སྙིང་བརྗེ་བའི་ལེའུ།
ལྡེབ་གྲངས། 311—315བ།(ཁྲིང་2)

129–21
ལེའུ་ཉེར་གཅིག་པ། གཞན་གྱི་ཐ་རམ་གྱི་ལེའུ།
ལྡེབ་གྲངས། 315—320བ།(ཁྲིང་1)

129–22
ལེའུ་ཉེར་གཉིས་པ། གཞན་གསུམ་གཏོད་དེ་རྒྱལ་བའི་ལེའུ།
ལྡེབ་གྲངས། 320—341ན།(ཁྲིང་2)

129–23
ལེའུ་ཉེར་གསུམ་པ། མ་སང་གཞན་ལ་མཆོད་པའི་ལེའུ།
ལྡེབ་གྲངས། 341—349བ།(ཁྲིང་5)

129–24
ལེའུ་ཉེར་བཞི་པ། གཞན་གྱི་སེ་བས་དལ་བཀུག་གི་ལེའུ།
ལྡེབ་གྲངས། 349—363བ།(ཁྲིང་1)

129–25
ལེའུ་ཉེར་ལྔ་པ། གཞན་གྱི་མ་བུ་སྦྲད་པའི་ལེའུ།
ལྡེབ་གྲངས། 363—367ན།(ཁྲིང་5)

129–26
ལེའུ་ཉེར་དྲུག་པ། གཞན་གཤེགས་ཤུལ་བསྟན་པའི་ལེའུ།

ལྡེབ་གྲངས། 367—368ན།(ཕྲེང་6)

130 〈ཏྲ〉
མཚན་བྱང་། རྣམ་པ་དག་པའི་འབུམ་བཞི་ལས་རྫ་བདག་གཏོད་པོ་བཅོས་པ་སྙེ་བམ་པོ་བཞི་པའོ། །〈ང〉
བསྡུས་བྱང་། གཏོད་འབུམ།
གྲངས་ཚད། ཚོས་ཚན་4ལ་ལེའུ་23དང་ལྡེབ་265ཡོད། ཤོག་གྲངས་521བཞུགས།
རིགས་རྣམ། གཏེར་མ།
གཏེར་སྟོན། མར་པ་འཕེན་བཟང་།

130–1
ལེའུ་དང་པོ། གཏོད་ཀྱི་སྲིད་པའི་ཐབས་ལེགས།
ལྡེབ་གྲངས། 1—9བ།(ཕྲེང་6)

130–2
ལེའུ་གཉིས་པ། སྤྱན་འདྲེན་གྱི་ལེའུ།
ལྡེབ་གྲངས། 9—11བ།(ཕྲེང་6)

130–3
ལེའུ་གསུམ་པ། ཕྱག་འཚལ་བའི་ལེའུ།
ལྡེབ་གྲངས། 11—24བ།(ཕྲེང་2)

130–4
ལེའུ་བཞི་པ། གཏོད་གདུང་རབ་(རབས་)ཆེན་པོ་དང་ས་འགྲུལ་བརྟག་པའི་ལེའུ།
ལྡེབ་གྲངས། 24—48བ།(ཕྲེང་7)

130–5
ལེའུ་ལྔ་པ། གཏོད་སླང་རྒྱ་བཤམས་པའི་ལེའུ།
ལྡེབ་གྲངས། 48—50ན།(ཕྲེང་3)

130–6
ལེའུ་དྲུག་པ། གཏོད་ཀྱི་ཞུས་ལན་གཏོད་བརྒྱད་ཆེ་བའི་ལེའུ།
ལྡེབ་གྲངས། 50—62བ།(ཕྲེང་3)

130–7
ལེའུ་བདུན་པ། གཏོད་ཀྱི་གཏོད་རྒྱུད་སྟོང་ཆེན་པོའི་ལེའུ།
ལྡེབ་གྲངས། 62—71བ།(ཕྲེང་2)

130–8
ལེའུ་བརྒྱད་པ། གཏོད་དང་སྲིན་བུ་འཐབ་པའི་ལེའུ།
ལྡེབ་གྲངས། 71—78ན།(ཕྲེང་3)

130–9
ལེའུ་དགུ་པ། གཏོད་ཀྱི་གདུང་རབས་རྒྱུད་ཆེན་མོའི་ལེའུ།
ལྡེབ་གྲངས། 78—81བ།(ཕྲེང་2)

130–10
ལེའུ་བཅུ་པ། གཏོད་ཕྱུགས་ཀྱི་ལེའུ།
ལྷེབ་གྲངས། 81—91ན།(ཕྲེང་7)

130–11
ལེའུ་བཅུ་གཅིག་པ། མཚུ་ཆེན་བཅུ་གཉིས་ཀྱི་ལེའུ།
ལྷེབ་གྲངས། 91—114ན།(ཕྲེང་1)

130–12
ལེའུ་བཅུ་གཉིས་པ། གཏོད་དུང་ལུས་དབུ་མང་གི་ལེའུ།
ལྷེབ་གྲངས། 114—116ན།(ཕྲེང་3)

130–13
ལེའུ་བཅུ་གསུམ་པ། གཏོད་ཆེན་རིལ་བའི་ལེའུ།
ལྷེབ་གྲངས། 116—122ན།(ཕྲེང་5)

130–14
ལེའུ་བཅུ་བཞི་པ། གཏོད་ཐོད་འབུམ་གྱི་ལེའུ།
ལྷེབ་གྲངས། 122—124བ།(ཕྲེང་2)

130–15
ལེའུ་བཅོ་ལྔ་པ། གཏོད་གྲུབ་པའི་མགོ་ཅན་གྱི་ལེའུ།
ལྷེབ་གྲངས། 124—130ན།(ཕྲེང་4)

130–16
ལེའུ་བཅུ་དྲུག་པ། གཏོད་རིལ་པོ་བཅུ་གཉིས་ཀྱི་ལེའུ།
ལྷེབ་གྲངས། 130—132ན།(ཕྲེང་2)

130–17
ལེའུ་བཅུ་བདུན་པ། གཏོད་ཀྱི་བསྲུང་བྱང་གི་ལེའུ།
ལྷེབ་གྲངས། 132—139ན།(ཕྲེང་5)

130–18
ལེའུ་བཅོ་བརྒྱད་པ། སྟོད་འབུམ་སྨན་གྱི་ལེའུ།
ལྷེབ་གྲངས། 139—152ན།(ཕྲེང་1)

130–19
ལེའུ་བཅུ་དགུ་པ། གཏོད་ཁྲི་གཙུག་རྒྱལ་བའི་གདུང་རྒྱུད་ཀྱི་ལེའུ།
ལྷེབ་གྲངས། 152—168ན།(ཕྲེང་7)

130–20
ལེའུ་ཉི་ཤུ་པ། ཁྲི་འབུམ་གསང་བའི་ལེའུ།
ལྷེབ་གྲངས། 168—188ན།(ཕྲེང་2)

130–21
ལེའུ་ཉེར་གཅིག་པ། གཏོད་པོ་ཁྲི་འབུམ་རྒྱལ་བའི་ལེའུ།

ལྡེབ་གྲངས། 188—189ན།(ཕྲེང་4)

130–22
ལེའུ་ཉེར་གཉིས་པ། གཏོད་ཁྱི་ཁྲབ་ཀྱི་ལེའུ།
ལྡེབ་གྲངས། 189—190བ།(ཕྲེང་5)

130–23
ལེའུ་ཉེར་གསུམ་པ། ཕ་བོང་སྟག་མོ་བྱ་བའི་ལེའུ།
ལྡེབ་གྲངས། 190—205ན།(ཕྲེང་1)
༼ཁ༽གཙང་མ་ཀླུ་འབུམ་དཀར་པོ་བཞུགས་པའི་དབུས་ཕྱོགས་ལེགས་སྒྲ། །
བསྡུས་བྱང་། ཀླུ་འབུམ་དཀར་པོ།
ལྡེབ་གྲངས། 1—41ན།(ཕྲེང་3)
༼ག༽གྲགས་པོའི་ཀླུ་འབུམ་ནག་པོ་བཞུགས་པ་ལེགས་སྒྲ། །
བསྡུས་བྱང་། ཀླུ་འབུམ་ནག་པོ།
ལྡེབ་གྲངས། 1—11ན།(ཕྲེང་4)
༼ང༽ཀླུ་ཕོ་མོ་ཐམས་ཅད་དམ་ལ་བཏགས་པའི་མན་ངག་གསང་བ་བཞུགས་པ་ལེགས་སྒྲ། །
བསྡུས་བྱང་། ཀླུ་འབུམ་ཁྲ་བོ།
ལྡེབ་གྲངས། 1—8ན།(ཕྲེང་4)

131 ༼ཅུ༽
ཆོས་ཚན་དང་པོ། མཚན་བྱང་། གཙང་མ་ཀླུ་འབུམ་བསྡུས་པའི་རྒྱལ་པོ་ཞེས་བྱ་བ་བཞུགས། །༼ཁ༽
བསྡུས་བྱང་། ཀླུ་འབུམ་བསྡུས་པའི་རྒྱལ་པོ།[གཙང་མ་ཀླུ་འབུམ་དོན་བསྡུས་ཆུང་ངུ་།]
གྲངས་ཚད། ཆོས་ཚན་7ལ་ལེའུ་78དང་ལྡེབ་305ཡོད། ཤོག་གྲངས་609བཞུགས།
རིགས་རྣམ། གཏེར་མ།
གཏེར་སྟོན། གཉེན་མཐིང་། རྨ་སྟོན།

131–1–1
ལེའུ་དང་པོ། ཀླུ་འབུམ་དོན་བསྡུས་ཆུང་ངུ་མདོར་བསྟན་པ།
ལྡེབ་གྲངས། 1—6ན།(ཕྲེང་2)

131–1–2
ལེའུ་གཉིས་པ། ཀླུ་གཞན་དང་གདོངས་(བསྒོངས་)ནས་གནོད་པ་མི་སྐྱིལ་(སྐྱིལ་)པའི་ལེའུ།
ལྡེབ་གྲངས། 6—7བ།(ཕྲེང་3)

131–1–3
ལེའུ་གསུམ་པ། ནམ་ཟླ་དུས་ཚོད་དང་ལེགས་ཉེས་ཐམས་ཅད་ཀླུ་བཏང་བའི་ལེའུ།
ལྡེབ་གྲངས། 7—9ན།(ཕྲེང་4)

131–1–4
ལེའུ་བཞི་པ། སྣ་ཚོགས་སུ་སྲིད་པ་བསྟན་པའི་ལེའུ།
ལྡེབ་གྲངས། 9—10བ།(ཕྲེང་5)

131–1–5
ལེའུ་ལྔ་པ། ཐམས་ཅད་སྲིད་ལུགས་བསྟན་པའི་ལེའུ།
ལྡེབ་གྲངས། 10—12ན།(ཕྲེང་7)

131–1–6
ལེའུ་དྲུག་པ། སྐུ་དྲང་སྲོང་གི་གནོད་པ་བསིལ་བའི་ལེའུ།
ལྡེབ་གྲངས། 12—14བ།(ཕྲེང་7)

131–1–7
ལེའུ་བདུན་པ། སྣགས་ཐམས་ཅད་ཕྱོགས་གཅིག་ཏུ་དྲིལ་ནས་གསུངས་པའི་ལེའུ།
ལྡེབ་གྲངས། 14—19བ།(ཕྲེང་5)

131–1–8
ལེའུ་བརྒྱད་པ། སླག་པའི་ཐབས་དཀྱིལ་འཁོར་བྱ་ཐབས་དང་གཙང་སྦྲ་དང་སྲོང་བླང་སོགས་པའི་ལེའུ།
ལྡེབ་གྲངས། 19—22ན།(ཕྲེང་1)

131–1–9
ལེའུ་དགུ་པ། གཟའ་སྐར་བཟང་ངན་དང་ཆར་འབེབས་མི་འབེབས་བསྟན་པའི་ལེའུ།
ལྡེབ་གྲངས། 22—24བ།(ཕྲེང་6)

131–1–10
ལེའུ་བཅུ་པ། ཁྲབ་འཇུག་གི་ནད་གྲོལ་བའི་ལེའུ།
ལྡེབ་གྲངས། 24—26བ།(ཕྲེང་6)

131–1–11
ལེའུ་བཅུ་གཅིག་པ། མི་རང་བྱུང་གི་རྒྱལ་ཏི་པ་བྱ་བ་སླུ་ནད་ཀྱིས་ཟིན་པ་བསམ་པའི་ལེའུ།
ལྡེབ་གྲངས། 26—28བ།(ཕྲེང་5)

131–1–12
ལེའུ་བཅུ་གཉིས་པ། སླུ་ཡི་གནས་ཚུལ་དང་། ཚད་དང་འཁོར་བའི་ལས་སོགས་ཀྱི་ལེའུ།
ལྡེབ་གྲངས། 28—31བ།(ཕྲེང་3)

131–1–13
ལེའུ་བཅུ་གསུམ་པ། གཟའ་བདུན་གཏན་ལ་ཕབས་པའི་ལེའུ།
ལྡེབ་གྲངས། 31—33བ།(ཕྲེང་6)

131–1–14
ལེའུ་བཅུ་བཞི་པ། ཀླུ་བཟང་ངན་བརྟེས་པའི་ལེའུ།
ལྡེབ་གྲངས། 33—36ན།(ཕྲེང་3)

131–1–15
ལེའུ་བཅོ་ལྔ་པ། སླུའི་རྟེན་བཅའ་བ་དང་། སླུ་ཡི་གནོད་པ་བསལ་བ་དང་སླུ་ཡི་གནོད་པ་གྲོལ་བའི་ལེའུ།
ལྡེབ་གྲངས། 36—37བ།(ཕྲེང་7)

131–1–16
ལེའུ་བཅུ་དྲུག་པ། སླུ་མོ་རིགས་ཀྱི་སྙིང་པོ་བསྡུས་པའི་ལེའུ།

ལྡེབ་གྲངས། 37—41བ།(ཁྲིང་6)

131–1–17
ལེའུ་བཅུ་བདུན་པ། ཀླུའི་རིགས་དང་ཀླུ་ནད་ཀྱི་བྱེ་བྲག་དབྱེ་བའི་ལེའུ།
ལྡེབ་གྲངས། 41—42བ།(ཁྲིང་6)

131–1–18
ལེའུ་བཅོ་བརྒྱད་པ། ཀླུ་ཡི་རྒྱལ་པོ་དགེ་བསྙེན་རབ་དགའ་གཟའ་བཙན་གྱི་(གྱིས་)ཕན་བདག་(གདག་)པའི་ལེའུ།
ལྡེབ་གྲངས། 42—45བ།(ཁྲིང་4)

131–1–19
ལེའུ་བཅུ་དགུ་པ། ནད་སོས་པ་དང་ཡབ་སྲས་ནད་ལས་གྲོལ་བའི་ལེའུ།
ལྡེབ་གྲངས། 45—47ན།(ཁྲིང་5)

131–1–20
ལེའུ་ཉི་ཤུ་པ། བོད་ཚལ་དྲག་ཕ་བུ་ཀླུ་ཡིས་བཟུང་པ་ལས་ཐར་པའི་ལེའུ།
ལྡེབ་གྲངས། 47—49ན།(ཁྲིང་1)

131–1–21
ལེའུ་ཉེར་གཅིག་པ། ཀླུའི་སྲུང་སྐོང་གི་ལེའུ།
ལྡེབ་གྲངས། 49—57བ།(ཁྲིང་7)

131–1–22
ལེའུ་ཉེར་གཉིས་པ། གདོན་བཀྲོལ་པའི་ལེའུ།
ལྡེབ་གྲངས། 57—60བ།(ཁྲིང་3)

131–1–23
ལེའུ་ཉེར་གསུམ་པ། ཐེག་པ་དགུའི་གྲངས་དང་། འབུམ་སྡེའི་གྲངས་དང་རྟགས་དང་ཕན་ཡོན་བསྟན་པའི་ལེའུ།
ལྡེབ་གྲངས། 60—64ན།(ཁྲིང་5)

131–1–24
ལེའུ་ཉེར་བཞི་པ། གཙང་མ་ཀླུ་འབུམ་དཀྱིལ་འཁོར་ཚོ་ག་དང་ཕན་ཡོན་བསྟན་པའི་ལེའུ།
ལྡེབ་གྲངས། 64—66བ།(ཁྲིང་2)

131–1–25
ལེའུ་ཉེར་ལྔ་པ། བཅད་པའི་ལེའུ།
ལྡེབ་གྲངས། 66—68བ།(ཁྲིང་4)

131–2
ཆོས་ཚན་གཉིས་པ། གནམ་ས་སྣང་བརྒྱད་ཀྱི་མདོ་འགྲོ་ལ་ཕན་ཕྱིར་ཀོང་རྩེའི་བཞུགས་སོ། །
ལྡེབ་གྲངས། 1—15བ།(ཁྲིང་2)
མཇུག་བྱང་། སྟོན་པས་གསས་ཁང་དཀར་པོ་བཞེངས་པ་དང་། ཕྱི་རབས་ལ་སྟོན་པས་ཕན་སྨམ་ནས། གཤེན་རབ་སྟོན་པའི་སྒྲོན་མོའི་འགྲོ་ལ་ཕན་ཕྱིར་ཀོང་ཙེའི་ཞུས་པའོ། །གནམ་ས་སྣང་བརྒྱད་ཀྱི་མདོ་རྫོགས་སོ། །དག་པར་གཏུགསྒྲོ། །རྩང་ནུབ་མའི་བྲག་ནས་གཉེན་མཐིང་གིས་པའོ། །

131–3
ཆོས་ཚན་གསུམ་པ། ས་བདག་ཀླུ་གཉེན་གྱིས་(གྱི་)པང་གོང་སྨོན་ལམ་དང་བཅས་པ་བཞུགས་སྷོ། །
ལྡེབ་གྲངས། 1—12ན།(ཕྲེང་3)
མཇུག་བྱང་། ཀླུ་གཉེན་ས་བདག་གིས་སྤྱ་བསྐོངས། བྱིན་བརླབས་ཡོན་ཏན་ཟད་འབྱུང་ཞེས་བྱ་བ། རྒྱལ་པོའི་བླ་གཏེར་བསམ་ཡས་ནས་ཕྱུང་པའོ། །

131–4
ཆོས་ཚན་བཞི་པ། གཙང་མ་ཀླུའི་པ་གོང་ཞེས་བྱ་བ་ཐེག་པ་ཆེན་པོའི་མདོ་བཞུགས་སྷོ། །
ལྡེབ་གྲངས། 1—17བ།(ཕྲེང་7)
མཇུག་བྱང་། ལྷ་སྟོང་ཉ་མ་བདག་གིས་རང་སེམས་རླུང་དཀྱིལ་མར་མེ་ལྷ་བུའི་ངང་བྲིས་སོ། །

131–5
ཆོས་ཚན་ལྔ་པ། ས་སྲིད་པའི་རྒྱལ་མོའི་ཞུས་པའི་ཀླུ་གཉན་ས་བདག་གི་པང་གོང་བཞུགས་པའི་དབུ་ཕྱོགས་སོ། །

131–5–1
ལེའུ་དང་པོ། ཕན་པ་སྟོན་བྱུང་སྲིད་པའི་གླིང་གཞིའི་ལེའུ།
ལྡེབ་གྲངས། 1—6བ།(ཕྲེང་4)

131–5–2
ལེའུ་གཉིས་པ། གཙང་མ་ཀླུའི་སྤང་སྐོང་གི་ལེའུ།
ལྡེབ་གྲངས། 6—16ན།(ཕྲེང་2)

131–5–3
ལེའུ་གསུམ་པ། སྲིད་པ་གསུམ་གྱི་གཉན་གྱི་སྤང་སྐོང་གི་ལེའུ།
ལྡེབ་གྲངས། 16—20ན།(ཕྲེང་6)

131–5–4
ལེའུ་བཞི་པ། ས་བདག་གི་སྤང་སྐོང་གི་ལེའུ།
ལྡེབ་གྲངས། 20—23ན།(ཕྲེང་4)

131–5–5
ལེའུ་ལྔ་པ། བཤིགས་པའི་ལེའུ།
ལྡེབ་གྲངས། 23—24བ།(ཕྲེང་6)

131–5–6
ལེའུ་དྲུག་པ། སྨོན་ལམ་བཏབ་པའི་ལེའུ།
ལྡེབ་གྲངས། 24—28བ།(ཕྲེང་1)

131–5–7
ལེའུ་བདུན་པ། ཕྲིན་ལས་བཙོལ་བའི་ལེའུ།
ལྡེབ་གྲངས། 28—30བ།(ཕྲེང་2)

131–5–8
ལེའུ་བརྒྱད་པ། བྱིན་བརླབས་ཕན་ཡོན་བསྟན་པའི་ལེའུ།
ལྡེབ་གྲངས། 30—32ན།(ཕྲེང་2)

131–6
ཆོས་ཚན་དྲུག་པ། རྣམ་དག་རིན་ཆེན་གཙང་མའི་གླུའི་འབུམ་དཀར་ནག་ཁྲ་གསུམ་འདུས་པ་བཞུགས་པའི་དབུ་ཕྱོགས་སྣོ། །

131–6–1
ལེའུ་དང་པོ། གླིང་བཞིའི་ལེའུ།
ལྡེབ་གྲངས། 1—4ན།(ཕྲེང་3)

131–6–2
ལེའུ་གཉིས་པ། གླུ་རྒྱལ་དགའ་བདེ་ཐོབས་པའི་ལེའུ།
ལྡེབ་གྲངས། 4—4བ།(ཕྲེང་6)

131–6–3
ལེའུ་གསུམ་པ། གླུའི་དུག་རྣམས་བསལ་བའི་ལེའུ།
ལྡེབ་གྲངས། 4—7ན།(ཕྲེང་3)

131–6–4
ལེའུ་བཞི་པ། སྟོན་པས་བོན་རྣམས་བཤད་པའི་ལེའུ།
ལྡེབ་གྲངས། 7—10བ།(ཕྲེང་2)

131–6–5
ལེའུ་ལྔ་པ། མཐར་རྫོགས་པའི་ལེའུ།
ལྡེབ་གྲངས། 10—11བ།(ཕྲེང་6)
མཇུག་བྱང་། སྟོན་པ་གཤེན་རབ་མི་བོའི། གླུ་རྒྱལ་དགའ་བདེ་དང་། གླུ་བོན་དབྱངས་བསྙེན་གྱིམ་བུ་དང་། གླུ་གྲུབ་ཡེ་ཤེས་སྙིང་པོ་དང་། རྒྱལ་གཤེན་མི་ལུས་བསམ་ལེགས་བཀའོ། །ཞང་ཞུང་སྟོང་རྒྱུང་མཐུ་ཆེན་གྱིས། བོད་སྐད་དུ་བསྒྱུར་པའོ། །གླུ་རྒྱལ་བདུད་རྩི་རིན་པོའི་རྒྱུད་རྫོགས་སོ། །
ལྡེབ་གྲངས། 11—12ན།(ཕྲེང་3)

131–7
ཆོས་ཚན་བདུན་པ། གླུའི་སྙིང་བཙོས་འབུམ་ནག་ཅེས་བྱ་བ་བཞུགས་པའོ། །

131–7–1
ལེའུ་དང་པོ། ནམ་མཁའི་དབྱིངས་ནས་ཇི་ལྟར་བྱོན་ཚུལ་གྱི་ལེའུ།
ལྡེབ་གྲངས། 1—3བ།(ཕྲེང་2)

131–7–2
ལེའུ་གཉིས་པ། གཉན་གནས་ཤིང་བདག་བསྐོས་པའི་ལེའུ།
ལྡེབ་གྲངས། 3—6ན།(ཕྲེང་6)

131–7–3
ལེའུ་གསུམ་པ། ས་བདག་ཇི་ལྟར་གནས་པའི་ལེའུ།
ལྡེབ་གྲངས། 6—8ན།(ཕྲེང་5)

131–7–4
ལེའུ་བཞི་པ། ཁྱུ་རིས་ཚོ་ཆེ་ཆུང་ཆོ་འཕྲུལ་གྱི་ཚད་བསྟན་པའི་ལེའུ།
ལྡེབ་གྲངས། 8—10ན།(ཕྲེང་1)

131–7–5
ལེའུ་ལྔ་པ། སྐུ་བྱུང་སྲིད་སྟོབས་ཀྱི་ལེའུ།
ལྡེབ་གྲངས། 10ན།(ཕྲེང་7)

131–7–6
ལེའུ་དྲུག་པ། སྐུ་རྫི་ལྟར་གནས་ཤིང་རིགས་སྤྱི་བའི་ལེའུ།
ལྡེབ་གྲངས། 10—13བ།(ཕྲེང་6)

131–7–7
ལེའུ་བདུན་པ། ས་བདག་སྐུ་གཉན་དང་རྫི་ལྟར་འགྲུས་པ་བསྟན་པའི་ལེའུ།
ལྡེབ་གྲངས། 13—15བ།(ཕྲེང་1)

131–7–8
ལེའུ་བརྒྱད་པ། ས་བདག་སྐུ་གཉན་དང་རྫི་ལྟར་འགྲུས་ཤིང་ལྟང་ཉལ་གྱི་དོན་དང་། བསྲུང་བ་མཐར་རྒྱས་པའི་དོན་བསྟན་པའི་ལེའུ།
ལྡེབ་གྲངས། 15—18བ།(ཕྲེང་2)

131–7–9
ལེའུ་དགུ་པ། སྐུ་གཉན་ལས་སྔོམ་ཚིག་ཏུ་གསུངས་པའི་ལེའུ།
ལྡེབ་གྲངས། 18—20ན།(ཕྲེང་1)

131–7–10
ལེའུ་བཅུ་པ། སྐུ་སྙིང་འབུམ་གྱི་སྔོམ་ཚིག་བསྟན་པའི་ལེའུ།
ལྡེབ་གྲངས། 20—21ན།(ཕྲེང་1)

131–7–11
ལེའུ་བཅུ་གཅིག་པ། ས་བདག་སྐུ་གཉན་དང་ཅི་ལྟར་འགྲུས་པའི་ལེའུ།
ལྡེབ་གྲངས། 21—23ན།(ཕྲེང་4)

131–7–12
ལེའུ་བཅུ་གཉིས་པ། སྐུ་བྱུང་སྲིད་དང་དཀྱིལ་འཁོར་བཅའ་བའི་ལེའུ།
ལྡེབ་གྲངས། 23—26བ།(ཕྲེང་1)

131–7–13
ལེའུ་བཅུ་གསུམ་པ། དཀྱིལ་འཁོར་དང་མཆོད་པ་བཤམས་སྟར་དང་། ལྷ་རྫི་ལྟར་གནས་པ་བསྟན་པའི་ལེའུ།
ལྡེབ་གྲངས། 26—35ན།(ཕྲེང་4)

131–7–14
ལེའུ་བཅུ་བཞི་པ། མཆོད་པའི་བྱེ་བྲག་འཁོར་འདས་སུ་སྤྱི་ནས་གདན་ལ་ཕབ་པའི་ལེའུ།
ལྡེབ་གྲངས། 35—37ན།(ཕྲེང་4)

131–7–15
ལེའུ་བཅོ་ལྔ་པ། དཀྱིལ་འཁོར་ལྷ་བཀོད་དང་མཆོད་པ་བཤམས་དར་གྱི་ལེའུ།
ལྡེབ་གྲངས། 37—44ན།(ཕྲེང་4)

131–7–16
ལེའུ་བཅུ་དྲུག་པ། རྒྱུ་འབྲས་བསྐོད་ནམས་ཀྱི་ཚོགས་བསགས་པའི་ལེའུ།
ལྡེབ་གྲངས། 44—45བ།(ཕྲེང་4)

131–7–17
ལེའུ་བཅུ་བདུན་པ། བསོད་ནམས་གཞི་རྩའི་ལེའུ།
ལྡེབ་གྲངས། 45—46ན།(ཕྲེང་4)

131–7–18
ལེའུ་བཅོ་བརྒྱད་པ། བསོད་ནམས་ཀྱི་ཚོགས་ཇི་ལྟར་འདོད་པ་ཐོབ་པའི་ལེའུ།
ལྡེབ་གྲངས། 46—48ན།(ཕྲེང་3)

131–7–19
ལེའུ་བཅུ་དགུ་པ། བདག་དོན་བསོད་ནམས་ཚོགས་བསགས་པའི་ལེའུ།
ལྡེབ་གྲངས། 48—50ན།(ཕྲེང་2)

131–7–20
ལེའུ་ཉི་ཤུ་པ། དུས་གསུམ་བདེ་བར་གཤེགས་པ་དང་། གླུ་གཞན་ས་བདག་རྣམས་སྤྱན་དྲངས་པའི་ལེའུ།
ལྡེབ་གྲངས། 50—54ན།(ཕྲེང་5)

131–7–21
ལེའུ་ཉེར་གཅིག་པ། འཁོར་བའི་བོན་བཀོད་པ་ལྷའི་མ་འདལ་དང་སྦྱར་བའི་ལེའུ།
ལྡེབ་གྲངས། 54—58ན།(ཕྲེང་6)

131–7–22
ལེའུ་ཉེར་གཉིས་པ། མྱ་ངན་འདས་པའི་བོན་ཇི་ལྟར་རྣམ་པར་དག་པའི་དགེ་བ་སྤྱད་ནས་ཐར་པ་ཐོབ་པའི་ལེའུ།
ལྡེབ་གྲངས། 58—59ན།(ཕྲེང་5)

131–7–23
ལེའུ་ཉེར་གསུམ་པ། བླ་འབྲུམ་སླིང་སྣས་བཅོས་ཤིང་ཡིད་ཉམས་བསྲུང་བའི་ལེའུ།①
ལྡེབ་གྲངས། 59—60བ།(ཕྲེང་2)

131–7–24
ལེའུ་ཉེར་བཞི་པ། ལུས་ཇི་ལྟར་བསྲུང་བའི་ལེའུ།
ལྡེབ་གྲངས། 60—61བ།(ཕྲེང་1)

131–7–25
ལེའུ་ཉེར་ལྔ་པ། སྒོ་དབྱེ་དབང་བསྐུར་བའི་ལེའུ།
ལྡེབ་གྲངས། 61—67ན།(ཕྲེང་6)

131–7–26
ལེའུ་ཉེར་དྲུག་པ། ཇི་ལྟར་མཐུན་པའི་ལེའུ།
ལྡེབ་གྲངས། 67—67བ།(ཕྲེང་4)

① སླིང་བཅོས།

131–7–27
ལེའུ་ཉེར་བདུན་པ། སྔོམ་དབང་གི་ལྡེ་མིག་གི་ལེའུ།
ལྡེབ་གྲངས། 67—68བ།(ཕྲེང་7)

131–7–28
ལེའུ་ཉེར་བརྒྱད་པ། ཕྱི་ནང་གསང་གསུམ་གྱི་དབང་ངོས་སྦྱོད་པའི་ལེའུ།
ལྡེབ་གྲངས། 68—69ན།(ཕྲེང་7)

131–7–29
ལེའུ་ཉེར་དགུ་པ། ཕྱག་འཚལ་ཞིང་སྤྱང་གོང་དུ་འདོན་པའི་ལེའུ།
ལྡེབ་གྲངས། 69—76བ།(ཕྲེང་5)

131–7–30
ལེའུ་སུམ་ཅུ་པ། ཀླུ་ཡིས་ སྡིག་སྒྲིབ་སྤྱངས་ནས་དགེ་བ་ལ་བཀོད་པའི་ལེའུ།
ལྡེབ་གྲངས། 76—80ན།(ཕྲེང་7)

131–7–31
ལེའུ་སོ་གཅིག་པ། རྩ་བ་བཤགས་སྦྱོང་གི་ལེའུ།
ལྡེབ་གྲངས། 80—81བ།(ཕྲེང་5)

131–7–32
ལེའུ་སོ་གཉིས་པ། མཆོད་པ་བྱིན་གྱིས་བརླབས་པའི་ལེའུ།
ལྡེབ་གྲངས། 81—86ན།(ཕྲེང་4)

131–7–33
ལེའུ་སོ་གསུམ་པ། དམིགས་པ་མེད་པའི་བོན་གྱི་སྐུའི་མཆོད་པའི་དོན་གཏན་ལ་ཕབ་པའི་ལེའུ།
ལྡེབ་གྲངས། 86—87བ།(ཕྲེང་4)

131–7–34
ལེའུ་སོ་བཞི་པ། མཆོད་པ་བྱིན་གྱིས་བརླབས་པའི་ལེའུ།
ལྡེབ་གྲངས། 81—86ན།(ཕྲེང་4)
[གཞུང་ལ་འདིའི་མིང་དུ་ལེའུ་གྲངས་བཀོད་མེད།]

131–7–35
ལེའུ་སོ་ལྔ་པ། ཡན་ལག་མེ་དུ་ཁར་བསྟན་པའི་ལེའུ།[1]
ལྡེབ་གྲངས། 86—130ན།(ཕྲེང་2)

131–7–36
ལེའུ་སོ་དྲུག་པ། རྩ་བ་གཡུང་དྲུང་སེམས་ལ་འདུས་པར་བསྟན་པའི་ལེའུ།
ལྡེབ་གྲངས། 130—135བ།(ཕྲེང་4)

131–7–37
ལེའུ་སོ་བདུན་པ། གཞན་གྱི་སྙིང་ཚིག་སིལ་མ།
ལྡེབ་གྲངས། 135—144ན།(ཕྲེང་2)

---

① གཞུང་ལ་ལེའུ་སོ་ལྔ་པ་ནས་ལེའུ་གྲངས་བཀོད་མེད་པ་སྒྲིག་མཁན་གྱིས་སྦྱར།

131–7–38
ལེའུ་སོ་བརྒྱད་པ། ས་བདག་གི་བཅོས་བསྟན་པའི་ལེའུ།
ལྡེབ་གྲངས། 144—150ན།(ཕྲེང་4)

131–7–39
ལེའུ་སོ་དགུ་པ། རྩ་བ་ཀླུའི་སྙིང་བསྡུམ་པ།
ལྡེབ་གྲངས། 150—152བ།(ཕྲེང་5)

131–7–40
ལེའུ་བཞི་ཙུ་པ། མ་འདྲིས་པའི་ཡན་ལག་ཚོགས་སུ་བཅད་པ།
ལྡེབ་གྲངས། 152—154བ།(ཕྲེང་6)
མཇུག་བྱང་། བོད་དང་ཞང་ཞུང་གི་ཡུལ་ན། གཡུང་དྲུང་བོན་མེད་པའི་དུས་ན། རྒྱལ་པོ་མུ་ཁྲ་ཕྱུང་གྱི་གཤེན། རྒྱལ་རིགས་གཤེན་ཐང་པོས་བོན་གྱི་ས་མ་ཟིན་པའི་དུས་སུ། རྒྱ་གར་གྱི་ཕྱུང་པ་རད་ན་སི་ཏི་ལི་མེ་ལས། བཙན་བཞེར་ཟིགས་པ་རད་ནའི་རིང་ལ། བོན་གྱི་བསྟན་པའི་བོན་བོད་དབུས་གཙང་དུ་ཞུབ་ནས། བླ་ཆེན་དྲན་པ་ནམ་མཁའ། གཤེན་ཁེ་ནན་ཡོ་ཕྱྭ། རྒྱུང་མུ་ཕྱུངས་གསལ་ཏང་གསུམ་གྱིས་བསྟན་པའི་གཏེར་མཛད། ཡར་ལྷ་ཤམ་པོའི་དཔལ། བྲག་སྨན་སྨམ་འདྲ་བའི་སྒོ། ཉུས་སྤྲལ་ནག་པོ་གབ་པའི་ཁར། རྡོའི་སྤྲལ་པ་ལྟོ་སྒྱོར་བའི་སྒོ་ནས་སྦས་ནས་ཡོད། མི་འདུལ་བའི་རྒྱ་གསུམ་ཡོད། ཕྱི་རྒྱ་རི་བྲག་མཚོ་ཡིས་བཏབ། །ནང་རྒྱ་གུར་གུམ་སྤོས་ཀྱིས་བཏབ། །གསང་རྒྱ་དྲིག་པ་གསུམ་གྱིས་བཏབ། །གཏེར་བདག་གསུམ་ལ་གཏད་གཉེར་བྱས། །ཡར་ལྷ་ཤམ་པོ། མ་བདུད་སྲིད་པའི་རྒྱལ་མོ། བདུད་མོ་ནག་མོ་ཤ་ཟན་མ། དེ་གསུམ་ལ་གཏད་པ་ལགས་སོ། །འཕེལ་བཟང་སློན་ལམ་དཀར་ནག་བཏབ་སྟེ། ངའི་བཀའ་འདི་རྣམས་ནི། ཕོག་ལྟ་ལས་ཀྱིས་མནར་བའི་ཕྱེར་ཟེ་དང་། །ཙ་ཁྲ་སྤྱོད་པའི་བསླུས་པའི་བན་དྷེ་དང་། །ལྟ་བ་ལོག་པར་གོལ་བའི་གེ་ཤན་དང་། །འབྱུང་བ་ལས་ཀྱི་འཁྲུག་པའི་མི་ཆུ་ལ། །བྱིན་རླབས་དབང་གིས་དེ་ལ་མ་ཤར་བར། །ལས་ཅན་ཐེ་ཚོམ་མེད་པའི་སྐྱེས་བུ་ཡིས། །བྲག་རི་གཡའ་ལ་བཙལ་གྱིས་མ་རྙེད་པས། །རྣ་ཅ་ཕྱེར་ལ་བྲོས་ནས་བླངས་པ་ཡིས། །ཤམ་པོའི་དཔལ་ལས་རིན་ཆེན་ཤུ་ཏྲ་སིག། །གཤེན་རབ་ཐུགས་ལས་གཡུང་དྲུང་བོན་མང་ཡང་། །ཁྱད་པར་ཡང་རྩེ་སྙིང་འདྲིའི་སྙིང་བཅོས་འབུམ། །ཡེ་ཤེས་སྙིང་པོར་གདམས་པའི་ཐུགས་བཅུད་འདི། །ཁྱད་པར་འཕགས་པ་གཡུང་དྲུང་གསང་བའི་བོན། །བསྟན་པའི་རྒྱལ་མཚན་བོན་གྱི་སྲོག་ཤིང་འདི། །ཀྱི་དཀར་ཀན་དྲག་མཚན་དང་ལྡན་པ་ཡིས། །བོན་གྱི་བཏང་བཞག་མཚན་ཉིད་ཤེས་པ་ཡིས། །རིགས་བཟང་ཁུངས་བཙུན་ཅིག་གི་རྙེད་པར་ཤོག །དེས་ཀྱང་བཏང་བཞག་བོན་གྱི་ཚོད་ཟིན་ནས། །གཡུང་དྲུང་བསྟན་པའི་སྒྲོན་མེ་ནུས་པར་ཤོག །མུ་ཕྱུངས་ཨག་ཡར། གུར་སྨར་རོ། །གཡུང་དྲུང་གསང་བའི་བོན། བཀའ་འདི་རྣམས་ཀྱི་སྟོན་པ་ལ། མི་མཐུན་པའི་དགྲ་དང་། ལྟ་བ་ལོག་པར་གོལ་བའི་དུན་ཙོ། ཕྱེར་གྱི་གླིན་པ་གེ་ཤན་རྣམས། བསྟན་པའི་ཕྱི་དགྲ་ལགས་པས། སྣང་སྲིད་ཀྱི་ལྷ་མ་སྲིན་སྡེ་བརྒྱད། གསང་མཚན་དམར་པོ་མི་ཟན། ཐོག་མདའ་སྲིད་པའི་སྲོག་ཟན། སྲོག་ཐིག་ལས་ཀྱི་བྱང་བུ། གསང་བའི་སྤྲུལ་པའི་ཡུམ་དྲུག་ལ་གཏད་དོ། །གཏེར་གཏད་ཀྱིས་ཤིག །ཕྱི་རབས་གཤེན་བུ་ཡང་། བཀའ་དམ་པོ་མཛོད་ཅིག །ཕྱེར་རྒྱུད་དུན་རྩེ་ཨ་མུ་ཁ། ལེ་ལེ་ཁ། མུ་ཡེ་ཁ་གྲེར་རོ། །ཕོག་ལྟ་ཅན་ལ་གསང་རྒྱ། གཤེ་སྐུར་ཅན་ལ་ཤུ་ཡ རྒྱ་རྒྱ་རྒྱ ཐྲི་ཕྲལ་ཕྱར་ཡ་ཐུམ་ཀ་མ་ལ་ཡ་ཀམ། །གྲེར་རེ་ནམ་སག་སྐུ་རྒྱུད་དོ། །ཤུ་ཡ། ཤུདྡྷ་སིག སྦས་རྒྱ། གབ་རྒྱ། གསང་རྒྱ། འདི་ལ་གཏེར་ཤོག་དུར་སེར་དང་ལེབ་མཚལ་གྱི་ཕྱུན། བསྐོར་ཅན་དགུ་གདའ་བ་ལས། ཞལ་བཤུས་པའོ། །དག་པར་གཏུགས་སོ། །མུ་ཙུག་སྨར་རོ། །བཀྲ་ཤིས་དཔལ་འབར་འཛམ་གླིང་དར་རྒྱས་ཡུན་གནས་བདེ་སྐྱིད་འཛོམས་པར་ཤོག །
ལྡེབ་གྲངས། 154-157ན།(ཕྲེང་2)

132 ༼ཏ༽
མཚན་བྱང་། ཆོས་ཚན་དང་པོ། ཀུན་འབུམ་ཁྲ་བོ་བཞུགས་པའི་དབུ་ཕྱོགས་ལེགས་སྷོ། །༼ཁ༽

བསྡུས་བྱང་། ཀུན་འབུམ།

གྲངས་ཚད། ཆོས་ཚན་5ལ་ལེའུ་68དང་ལྡེབ་368ཡོད། ཤོག་གྲངས་736བཞུགས།

རིགས་རྣམ། བཀའ་མ།

གཏེར་སྟོན། གཉན་སྟོན།

132–1–1

ལེའུ་དང་པོ། གླིང་གཞིའི་ལེའུ།

ལྡེབ་གྲངས། 1—5བ།(ཕྲེང་7)

132–1–2

ལེའུ་གཉིས་པ། གནས་ལྷའི་ཞིང་ཁམས་སྤྱིར་བསྟན་པའི་ལེའུ།

ལྡེབ་གྲངས། 5—8བ།(ཕྲེང་4)

132–1–3

ལེའུ་གསུམ་པ། ཀུན་འབུམ་སྤྱིའི་ཞིང་ཁམས་བསྟན་པའི་ལེའུ།

ལྡེབ་གྲངས། 8—11ན།(ཕྲེང་2)

132–1–4

ལེའུ་བཞི་པ། ལས་ཀྱི་སྲིད་པའི་ཞིང་ཁམས་བསྟན་པའི་ལེའུ།

ལྡེབ་གྲངས། 11—13བ།(ཕྲེང་6)

132–1–5

ལེའུ་ལྔ་པ། མཛད་པ་གནས་ཆེན་གླིང་བཀོད་ཀྱི་ལེའུ།

ལྡེབ་གྲངས། 13—16བ།(ཕྲེང་6)

132–1–6

ལེའུ་དྲུག་པ། གཡུང་དྲུང་སྲིད་རྒྱས་ལུས་ཀྱི་ཀུན་འབུམ་གྱི་ལེའུ།

ལྡེབ་གྲངས། 16—21བ།(ཕྲེང་4)

132–1–7

ལེའུ་བདུན་པ། གཡུང་དྲུང་ལྷ་རྒྱས་ཟླའི་ཀུན་འབུམ་གྱི་ལེའུ།

ལྡེབ་གྲངས། 21—26ན།(ཕྲེང་4)

132–1–8

ལེའུ་བརྒྱད་པ། གཡུང་དྲུང་ཞིང་ཁམས་བཞི་རྒྱས་དཔལ་གྱི་ཀུན་འབུམ་གྱི་ལེའུ།①

ལྡེབ་གྲངས། 26—29བ།(ཕྲེང་4)

132–1–9

ལེའུ་དགུ་པ། གཡུང་དྲུང་མཐའ་རྒྱས་ཀྱི་ལེའུ།

ལྡེབ་གྲངས། 29—33བ།(ཕྲེང་5)

132–1–10

ལེའུ་བཅུ་པ། དགུ་མིག་ཐར་ལམ་པའི་དགེ་བསྙེན་གྱི་ཀུན་འབུམ་ལེའུ།

ལྡེབ་གྲངས། 33—35བ།(ཕྲེང་3)

---

① སྡེ་བཞི།

132–1–11
ལེའུ་བཅུ་གཅིག་པ། སླུང་མིག་ཐར་ལམ་དྲང་སྲོང་གི་ཀུན་འབུམ་བསྟན་པའི་ལེའུ།
ལྡེབ་གྲངས། 35—38ན།(ཕྲེང་5)

132–1–12
ལེའུ་བཅུ་གཉིས་པ། ཀག་མིག་ཐར་པའི་ལམ་ཨ་དཀར་གྱི་ཀུན་འབུམ་བསྟན་པའི་ལེའུ།①
ལྡེབ་གྲངས། 38—40ན།(ཕྲེང་3)

132–1–13
ལེའུ་བཅུ་གསུམ་པ། རྒྱུད་མིག་ཐར་པའི་ལམ་ཡེ་གཤེན་གྱི་ཀུན་འབུམ་བསྟན་པའི་ལེའུ།
ལྡེབ་གྲངས། 40—41ན།(ཕྲེང་7)

132–1–14
ལེའུ་བཅུ་བཞི་པ། ཐེག་པ་ཆེན་པོ་རྣམ་པར་བཀོད་པ་གཡུང་དྲུང་ཚོ་རྒྱས་ཀྱི་ལེའུ།
ལྡེབ་གྲངས། 41—46ན།(ཕྲེང་6)

132–1–15
ལེའུ་བཅོ་ལྔ་པ། ཀུན་ཐུབ་རྒྱལ་པོ་སྲུངས་པའི་ཀུན་འབུམ་བསྟན་པའི་ལེའུ།
ལྡེབ་གྲངས། 46—47བ།(ཕྲེང་5)

132–1–16
ལེའུ་བཅུ་དྲུག་པ། ཀུན་སྐྱོབས་རྒྱལ་པོའི་བསྒྱུར་ཚོས་བསྟན་པའི་ལེའུ།
ལྡེབ་གྲངས། 47—49བ།(ཕྲེང་7)

132–1–17
ལེའུ་བཅུ་བདུན་པ། ཀུན་སྒྱུར་རྒྱལ་པོའི་གཏོ་ཐབས་བསྟན་པའི་ལེའུ།
ལྡེབ་གྲངས། 49—51བ།(ཕྲེང་4)

132–1–18
ལེའུ་བཅོ་བརྒྱད་པ། གཤེད་གསས་གཉན་ལ་མི་འགྲེད་ཞེས་བྱ་བའི་ཀུན་འབུམ་བསྟན་པའི་ལེའུ།
ལྡེབ་གྲངས། 51—53བ།(ཕྲེང་4)

132–1–19
ལེའུ་བཅུ་དགུ་པ། སེལ་གསས་ཚུ་ལ་རོལ་འདྲེན་གྱི་ཀུན་འབུམ་བསྟན་པའི་ལེའུ།
ལྡེབ་གྲངས། 53—55ན།(ཕྲེང་5)

132–2
ཚོས་ཚན་གཉིས་པ། ཀུན་འབུམ་གོ་འབྲེད་རྒྱ་ཆེའི་མཆོད་པ་བཞུགས་སྷོ། །༼ག༽
བསྡུས་བྱང་། ཀུན་འབུམ་གོ་འབྲེད།
[ལེའུ་དང་པོ་ནས་བདུན་པའི་བར་ལེའུ་མཚམས་ཕྱེས་མེད།]

132–2–8
ལེའུ་བརྒྱད་པ། དཀྱིལ་འཁོར་བཞེངས་པའི་ལེའུ།
ལྡེབ་གྲངས། 1—10ན།(ཕྲེང་1)

① ཨ་དཀར་གསང་བའི་རྒྱུད་ལྔའི་གཟུངས་སོགས།

132–2–9
ལེའུ་དགུ་པ། དཀྱིལ་འཁོར་ལྷ་གནས་ལུག་(ལུགས་)བསྟན་པའི་ལེའུ།
ལྡེབ་གྲངས། 10—12བ།(ཕྲེང་3)

132–2–10
ལེའུ་བཅུ་པ། བདག་རྫོགས་དོན་གྱི་ལེའུ།
ལྡེབ་གྲངས། 12—13བ།(ཕྲེང་1)

132–2–11
ལེའུ་བཅུ་གཅིག་པ། རྒྱན་དགོད་[①]བསྟན་པའི་ལེའུ།
ལྡེབ་གྲངས། 13—15ན།(ཕྲེང་4)

132–2–12
ལེའུ་བཅུ་གཉིས་པ། མངོན་རྫོགས་ཏིང་འཛིན་གྱི་རིམ་པ།
ལྡེབ་གྲངས། 15—18བ།(ཕྲེང་4)

132–2–13
ལེའུ་བཅུ་གསུམ་པ། ལྷུན་རྫོགས་ཏིང་འཛིན་གྱི་ལེའུ།
ལྡེབ་གྲངས། 18—22ན།(ཕྲེང་3)

132–2–14
ལེའུ་བཅུ་བཞི་པ། ལྷན་སྐྱེས་རང་གཞན་གཉིས་ཀའི་ལེའུ།
ལྡེབ་གྲངས། 22—24ན།(ཕྲེང་3)

132–2–15
ལེའུ་བཅོ་ལྔ་པ། བཟ་དོན་དང་མཆོད་པ་བྱིན་གྱི་བརླབས་པའི་ལེའུ།
ལྡེབ་གྲངས། 24—26བ།(ཕྲེང་4)

132–2–16
ལེའུ་བཅུ་དྲུག་པ། མཆོད་པ་འབུལ་བའི་ལེའུ།
ལྡེབ་གྲངས། 26—28ན།(ཕྲེང་1)

132–2–17
ལེའུ་བཅུ་བདུན་པ། སྐུ་གསུམ་རྩ་བའི་ལྷ་བསྟོད་པའི་ལེའུ།
ལྡེབ་གྲངས། 28—30བ།(ཕྲེང་3)

132–2–18
ལེའུ་བཅོ་བརྒྱད་པ། རྩ་བའི་ལྷ་ཚོགས་བསྐྱེད་པའི་ལེའུ།
ལྡེབ་གྲངས། 30—35ན།(ཕྲེང་7)

132–2–19
ལེའུ་བཅུ་དགུ་པ། ཕྱི་ནང་རྒྱས་པའི་ལྷ་ཚོགས་བསྟོད་བསྐུལ་གྱི་ལེའུ།
ལྡེབ་གྲངས། 35—39ན།(ཕྲེང་5)

---

① མཛོས་སྤྲོས།

132–2–20
ལེའུ་ཉི་ཤུ་པ། དབང་གི་སྔ་གོན་བསྟན་པའི་ལེའུ།
ལྡེབ་གྲངས། 39—48ན།(ཕྲེང་7)

132–2–21
ལེའུ་ཉེར་གཅིག་པ།[1] ཕྱི་བུམ་པ་ཀུན་འདུས་ཡོད་བྱེད་དབང་གི་ལེའུ།
ལྡེབ་གྲངས། 48—54ན།(ཕྲེང་1)

132–2–22
ལེའུ་ཉེར་གཉིས་པ། དབང་བསྐུར་བའི་ལེའུ།
ལྡེབ་གྲངས། 54—56ན།(ཕྲེང་4)

132–2–23
ལེའུ་ཉེར་གསུམ་པ། གསང་བ་བླ་མ་ཕོ་ཉ་ལ་ལྟོས་པའི་དབང་བསྐུར་བའི་ལེའུ།
ལྡེབ་གྲངས། 56—58བ།(ཕྲེང་4)

132–2–24
ལེའུ་ཉེར་བཞི་པ། དབང་བཞི་པ་མཐར་ཐུགས་བསྟན་པའི་ལེའུ།
ལྡེབ་གྲངས། 58—62ན།(ཕྲེང་5)

132–2–25
ལེའུ་ཉེར་ལྔ་པ། གཞི་སྙིང་ཐྲུཾད་ལེའུ།
ལྡེབ་གྲངས། 62—63བ།(ཕྲེང་2)

132–2–26
ལེའུ་ཉེར་དྲུག་པ། ཀུན་འདུས་དངོས་གྲུབ་ཀྱི་ལེའུ།
ལྡེབ་གྲངས། 63—64ན།(ཕྲེང་6)

132–2–27
ལེའུ་ཉེར་བདུན་པ། ཀུན་སྒྲོལ་འཁོར་བསྐོར་པའི་ལེའུ།
ལྡེབ་གྲངས། 64—65ན།(ཕྲེང་4)

132–2–28
ལེའུ་ཉེར་བརྒྱད་པ། ཀུན་རིག་ཕུད་སྤྲུངས་ཀྱི་ལེའུ།
ལྡེབ་གྲངས། 65—66ན།(ཕྲེང་2)

132–2–29
ལེའུ་ཉེར་དགུ་པ། ཀུན་འཛོམས་མཆོད་མགྲོན་གྱི་ལེའུ།
ལྡེབ་གྲངས། 66—67ན།(ཕྲེང་1)

132–2–30
ལེའུ་སུམ་ཅུ་པ། ཡོངས་སུ་རྫོགས་ཤིང་རྗེས་གནང་ལུང་བསྟན་གྱི་ལེའུ།
ལྡེབ་གྲངས། 67—69ན།(ཕྲེང་8)

---

① གཞུང་ལ་ཉུ་གཉིས་པ་ཞེས་འཁོད།

132–3
ཆོས་ཚན་གསུམ་པ། ཀུན་སྒྲོལ་ཀླུང་གི་ལས་ཀུན་བཞུགས་པའི་དབུའོ། །
བསྡུས་བྱང་། ཀླུང་ལྔ།

132–3–1
ལེའུ་དང་པོ། སྔོན་དུ་འགྲོ་བའི་སྦྱོར་བ་བཞིའི་ལེའུ།
ལྡེབ་གྲངས། 1—8བ།(ཕྲེང་6)

132–3–2
ལེའུ་གཉིས་པ། སྔོན་འབྱེད་བཞིའི་ལེའུ།①
ལྡེབ་གྲངས། 8—9བ།(ཕྲེང་4)

132–3–3
ལེའུ་གསུམ་པ། སྔོན་ཐབས་བཞིའི་ལེའུ།
ལྡེབ་གྲངས། 9—11བ།(ཕྲེང་1)

132–3–4
ལེའུ་བཞི་པ། སྔོན་དོན་བཞིའི་ལེའུ།
ལྡེབ་གྲངས། 11—13ན།(ཕྲེང་4)

132–3–5
ལེའུ་ལྔ་པ། རྩ་བ་བཞིའི་ལེའུ།
ལྡེབ་གྲངས། 13—23བ།(ཕྲེང་6)

132–3–6
ལེའུ་དྲུག་པ། བཀའ་རྟགས་ཀྱི་ཁྱད་པར་བཞིའི་ལེའུ།
ལྡེབ་གྲངས། 23—25བ།(ཕྲེང་4)

132–3–7
ལེའུ་བདུན་པ། བཀའ་རྟགས་ཕྱག་རྒྱ་བདུན་པ།
ལྡེབ་གྲངས། 25—27བ།(ཕྲེང་6)

132–3–8
ལེའུ་བརྒྱད་པ། ལྡེག་གཙོན་གཟུངས་ཀྱི་ལེའུ་བཀའ་རྟགས་བརྒྱད་པ།
ལྡེབ་གྲངས། 27—28བ།(ཕྲེང་7)

132–3–9
ལེའུ་དགུ་པ། རྩ་བའི་གཟུངས་ཀྱི་ལེའུ་བཀའ་རྟགས་དགུ་པ།
ལྡེབ་གྲངས། 28—29ན།(ཕྲེང་3)

132–3–10
ལེའུ་བཅུ་པ། བཀའ་རྟགས་བཅུ་པ།
ལྡེབ་གྲངས། 29—30བ།(ཕྲེང་6)

---

① དོན་སྔོན་པ་དང་གནས་དང་འཕོར་དང་ཕུན་སུམ་ཚོགས་པ་བཤད་པ།

132–3–11
ལེའུ་བཅུ་གཅིག་པ། བཀའ་རྟགས་བཅུ་གཅིག་པ།
ལྡེབ་གྲངས། 30—31ན།(ཕྲེང་4)

132–3–12
ལེའུ་བཅུ་གཉིས་པ། སྒོ་དང་ལམ་འབྲས་བསྟན་པའི་བཀའ་རྟགས་ལེའུ།
ལྡེབ་གྲངས། 31—32ན།(ཕྲེང་7)
འདིའི་མན་དུ་ལེའུ་གྲངས་བཀོད་མེད།

132–3–13
ལེའུ་བཅུ་གསུམ་པ། ཀུན་སྒྲོལ་རྟེན་འབྲེལ་བཅུ་གཉིས་ཀྱི་ལག་ལེན་གསལ་བར་བཤད་པ།
ལྡེབ་གྲངས། 71བ།(ཕྲེང་7)

132–3–14
ལེའུ་བཅུ་བཞི་པ། ཀུན་སྒྲོལ་འཁོར་ལོའི་མངོན་རྟོགས་གསལ་བའི་ལག་ལེན་བསྟན་པ།
ལྡེབ་གྲངས། 72ན།(ཕྲེང་6)

132–3–15
ལེའུ་བཅོ་ལྔ་པ། ཀུན་སྒྲོལ་དབྱིངས་ཕྱུགས་གཞན་དོན་གྱི་མཆོད་པ།
ལྡེབ་གྲངས། 96བ།(ཕྲེང་4)

132–4
ཆོས་ཚན་བཞི་པ། ཀུན་འདུལ་ལུགས་ལྔ་བཞུགས་པའི་དབུ་ཕྱོགས་སྟློ། །
བསྡུས་བྱང་། ཕྱུགས་ལྔ།

132–4–1
ཀུན་འདུལ་ཆེན་པོ་ཕྱུགས་ཀྱི་ལྔ་ཞེས་བྱ་བའི་གཟུངས།
ལྡེབ་གྲངས། 1—4བ།(ཕྲེང་7)

132–4–2
ཀུན་འདུལ་ཆེན་པོ་ཕྱུགས་ཀྱི་ལྔ་ཞེས་བྱ་བའི་གཞུང་།
ལྡེབ་གྲངས། 4—54ན།(ཕྲེང་3)

132–5
ཆོས་ཚན་ལྔ་པ། ཀུན་འཇོམས་རྒྱལ་པོ་ཚུ་ལྔ་ཡི་གཟུངས་བཞུགས་པ་ལེགས་སྟློ། །
བསྡུས་བྱང་། ཚུ་ལྔ།

132–5–1
ཀུན་འཇོམས་རྒྱལ་པོ་ཚུ་ལྔའི་ལྔ་ཞེས་བྱ་བའི་གཟུངས།
ལྡེབ་གྲངས། 1—4ན།(ཕྲེང་7)

132–5–2
ཀུན་འཇོམས་རྒྱལ་པོ་ཚུའི་ལྔ་ཞེས་བྱ་བའི་གཞུང་།
ལྡེབ་གྲངས། 4—92ན།(ཕྲེང་6)

133 ༼ཐུ༽[①]
མཚན་བྱང་། ཆོས་ཚན་དང་པོ། མོ་ཁོག་ཆེན་འཕྲུལ་གྱི་རྒྱལ་པོ་བཤད་བྱང་གཞུང་དོན་ལྡེ་མིག་དང་བཅས་པ་བཞུགས།༼ཨ༽
བསྡུས་བྱང་། ཁོག་ཆེན།
གྲངས་ཚད། ཆོས་ཚན་3ལེའུ་91ལྡེབ་236ཡོད། ཤོག་གྲངས་472བཞུགས།
རིགས་རྣམ། གཏེར་མ།
གཏེར་སྟོན། མི་གསལ།
[ལེའུ་གྲངས་མེད། དོན་ཚན་མཐོང་ཚོད་དུ་སྒྲིག་མཁན་གྱིས་སྦྱར་བ།]

133–1–1
ལེའུ་དང་པོ། མོ་སྔེ་ཚན་འཐབ་རོལ་བཅོ་བརྒྱད་ཀྱི་བཤད་བྱ།
ལྡེབ་གྲངས། 29ན།(ཕྲེང་4)རྫོགས་མཚམས།

133–1–2
ལེའུ་གཉིས་པ། ཁ་འདོ་གདན་ཚོགས་བཅུ་གཉིས་ཀྱི་སྤྱི་དོན།
ལྡེབ་གྲངས། 44བ།(ཕྲེང་5)རྫོགས་མཚམས།

133–1–3
ལེའུ་གསུམ་པ། མདུད་པ་སྐྱ་ཞོན་གྱི་སྤྲ་སྦྲ་གཤེན་ལམ་གོང་བུའི་སྤྱོད།
ལྡེབ་གྲངས། 44—47བ།(ཕྲེང་1)

133–1–4
ལེའུ་བཞི་པ། གཞུང་དོན་མདུད་པ་ཉེར་ལྔའི་བབས་མིག
ལྡེབ་གྲངས། 47—50ན།(ཕྲེང་1)

133–1–5
ལེའུ་ལྔ་པ། གཞུང་དོན་མདུད་པ་ཉེར་ལྔའི་མཐའ་མིག
ལྡེབ་གྲངས། 50—51ན།(ཕྲེང་5)

133–1–6
ལེའུ་དྲུག་པ། ཚེ་རིང་མོ་མདུད་ཉེར་ལྔ།
ལྡེབ་གྲངས། 51—57བ།(ཕྲེང་1)

133–1–7
ལེའུ་བདུན་པ། ནད་པ་དང་སྲིའུ་མོ་སྤྱད་ཉེར་ལྔ།
ལྡེབ་གྲངས། 57—58བ།(ཕྲེང་6)

133–1–8
ལེའུ་བརྒྱད་པ། འགགས་འདུས་མདོ་འགག་ཉི་ཤུ་རྩ་ལྔ།
ལྡེབ་གྲངས། 67བ།(ཕྲེང་4)

133–1–9
ལེའུ་དགུ་པ། གར་ཡིག་ཉི་ཤུ་རྩ་ལྔ།
ལྡེབ་གྲངས། 67—76བ།(ཕྲེང་3)

① ཞང་ཞུང་ཧྲུ་ཐིག

133–1–10

ལེའུ་བཅུ་པ། སོ་ཡི་གནད་མིག་བསྟེན་པ་མི་ཤེས་སོ་མདུད་བཅོ་བརྒྱད།

ལྡེབ་གྲངས། 76—79ན།(ཕྲེང་3)

133–1–11

ལེའུ་བཅུ་གཅིག་པ། ལྟང་སྤྱད་བཟང་བཤད་བཅོ་བརྒྱད།

ལྡེབ་གྲངས། 79—82ན།(ཕྲེང་6)

133–1–12

ལེའུ་བཅུ་གཉིས་པ། ངན་ཚོགས་མཐའ་སྡུག་སྡེ་དགུ།

ལྡེབ་གྲངས། 83བ།(ཕྲེང་3)

133–1–13

ལེའུ་བཅུ་གསུམ་པ། མི་དགེ་བ་ཡི་དགྲ་ཡི་ཇོ་དགུ།

ལྡེབ་གྲངས། 82ན།(ཕྲེང་5)

133–1–14

ལེའུ་བཅུ་བཞི་པ། ངན་པ་གསུམ་གྱིས་ཐུགས་དད།

ལྡེབ་གྲངས། 87ན།(ཕྲེང་2)

133–1–15

ལེའུ་བཅོ་ལྔ་པ། མི་མཇོན་དབྱིངས་ཀྱིས་སྤུར་ཇོ་གསུམ།

ལྡེབ་གྲངས། 88ན།(ཕྲེང་6)

133–1–16

ལེའུ་བཅུ་དྲུག་པ། སོ་བཟང་པོའི་ཁ་འཛིན་ཉེར་གཅིག

ལྡེབ་གྲངས། 91བ།(ཕྲེང་3)

133–1–17

ལེའུ་བཅུ་བདུན་པ། ངན་པའི་བདུད་གཤེད་ཉེར་གཅིག

ལྡེབ་གྲངས། 92ན།(ཕྲེང་4)

133–1–18

ལེའུ་བཅོ་བརྒྱད་པ། ངན་ལ་གཏན་བཀླག་ཉེར་གཅིག

ལྡེབ་གྲངས། 95ན།(ཕྲེང་3)

133–1–19

ལེའུ་བཅུ་དགུ་པ། སུམ་ལན་གཏོ་མེད་ཉི་ཤུ་རྩ་གཅིག

ལྡེབ་གྲངས། 97ན།(ཕྲེང་4)

133–1–20

ལེའུ་ཉི་ཤུ་པ། ལྷ་པ་གསུམ་གྱི་སྡེའུ་བཤད་པ།

ལྡེབ་གྲངས། 102ན།(ཕྲེང་5)

133–1–21

ལེའུ་ཉེར་གཅིག་པ། འབྱུང་བའི་སྐོར་གྱི་མདུད་པ་ཉེར་ལྔ།

ལྡེབ་གྲངས། 114ན།(ཕྲེང་6)

133–1–22
ལེའུ་ཉེར་གཉིས་པ། སྲུར་ཁམས་དང་པོ་ཡི་ཀླུག་ཚད་བསྟན་པ།
ལྡེབ་གྲངས། 124ན།(ཕྲེང་1)

133–1–23
ལེའུ་ཉེར་གསུམ་པ། མོ་ཁོག་ཆེན་འཕྲུལ་གྱི་ཏི་ཀ་སྤྱོད་དོན་རྣམ་པ་བརྒྱད།
ལྡེབ་གྲངས། 131ན།(ཕྲེང་4)

133–1–24
ལེའུ་ཉེར་བཞི་པ། མོ་ཁོག་ཆེན་འཕྲུལ་གྱི་རྒྱལ་པོ་བཤད་བྱང་གཞུང་དོན་མདེལ་མིག་དང་བཅས་པ་རྫོགས།
ལྡེབ་གྲངས། 138ན།(ཕྲེང་4)

133–2
ཆོས་ཚན་གཉིས་པ། ཕྱག་གཤེན་ཐེག་པའི་བོན་སྐོར་པས་དཔྱད་དོན་སྒྲུ་མ་གསེར་འབུམ་བཞུགས་པའི་དབུ་བོ། ༼ཀ༽
བསྡུས་བྱང་། གསེར་འབུམ།

133–2–1
ལེའུ་དང་པོ། སྲིད་པ་རྒྱུད་འབྱུང་གི་ལེའུ།
ལྡེབ་གྲངས། 1—7ན།(ཕྲེང་5)

133–2–2
ལེའུ་གཉིས་པ། གླིང་བཞི་སྲིད་པའི་སྐོར་རྩིས།
ལྡེབ་གྲངས། 7—8ན།(ཕྲེང་1)

133–2–3
ལེའུ་གསུམ་པ། བསྟན་པ་རིའི་སྐོར་རྩིས།
ལྡེབ་གྲངས། 8ན།(ཕྲེང་7)

133–2–4
ལེའུ་བཞི་པ། བསྐྱེད་པ་ཤིང་གི་སྐོར་རྩིས།
ལྡེབ་གྲངས། 8བ།(ཕྲེང་6)

133–2–5
ལེའུ་ལྔ་པ། འཁྲིལ་བ་མཚོའི་སྐོར་རྩིས།
ལྡེབ་གྲངས། 8—9ན།(ཕྲེང་5)

133–2–6
ལེའུ་དྲུག་པ། འབབས་པ་ཆུ་ཡི་སྐོར་རྩིས།
ལྡེབ་གྲངས། 9བ།(ཕྲེང་5)

133–2–7
ལེའུ་བདུན་པ། བཟུང་པ་ཡུལ་གྱི་དཀོར་(སྐོར་)རྩིས།
ལྡེབ་གྲངས། 9—10ན།(ཕྲེང་4)

133–2–8
ལེའུ་བརྒྱད་པ། བསྟན་པ་མཁར་གྱི་སྐོར་རྩིས།
ལྡེབ་གྲངས། 10བ།(ཕྲེང་4)

133–2–9
ལེའུ་དགུ་པ། འགྲོ་བ་ལམ་གྱི་སྐོར་རྩིས།
ལྡེབ་གྲངས། 10—11ན།(ཕྲེང་4)

133–2–10
ལེའུ་བཅུ་པ། ཉི་ཟླ་འོད་ཀྱི་སྐོར་རྩིས།
ལྡེབ་གྲངས། 11བ།(ཕྲེང་4)

133–2–11
ལེའུ་བཅུ་གཅིག་པ། སྐྱུ་མོ་ཀླུང་གི་སྐོར་རྩིས།
ལྡེབ་གྲངས། 11—12ན།(ཕྲེང་2)

133–2–12
ལེའུ་བཅུ་གཉིས་པ། ཁྲ་རིག་སྣངས་སྐོར་རྩིས།
ལྡེབ་གྲངས། 12བ།(ཕྲེང་1)

133–2–13
ལེའུ་བཅུ་གསུམ་པ། ནག་རིག་ཁྱུང་གི་སྐོར་རྩིས།
ལྡེབ་གྲངས། 12བ།(ཕྲེང་6)

133–2–14
ལེའུ་བཅུ་བཞི་པ། ནག་རིག་ཁྱུང་གི་སྐོར་རྩིས།
ལྡེབ་གྲངས། 12—14ན།(ཕྲེང་6)

133–2–15
ལེའུ་བཅོ་ལྔ་པ། ཞིང་དྲུག་སྲིད་པའི་སྐོར་རྩིས།
ལྡེབ་གྲངས། 14—16བ།(ཕྲེང་6)

133–2–16
ལེའུ་བཅུ་དྲུག་པ། འབྱུང་བ་མེ་ཡི་སྐོར་རྩིས།
ལྡེབ་གྲངས། 16—17བ།(ཕྲེང་2)

133–2–17
ལེའུ་བཅུ་བདུན་པ། ལྕགས་དྲུག་སྲིད་པའི་སྐོར་རྩིས།
ལྡེབ་གྲངས། 17—18ན།(ཕྲེང་5)

133–2–18
ལེའུ་བཅོ་བརྒྱད་པ། ཆུ་དྲུག་སྲིད་པའི་སྐོར་རྩིས།
ལྡེབ་གྲངས། 18བ།(ཕྲེང་6)

133–2–19
ལེའུ་བཅུ་དགུ་པ། ས་དྲུག་སྲིད་པའི་སྐོར་རྩིས།

ལྡེབ་གྲངས། 18—19བ།(ཐྲེང་1)

133–2–20
ལེའུ་ཉི་ཤུ་པ། རླུང་དྲུག་སྲིད་པའི་སྐོར་རྩིས།
ལྡེབ་གྲངས། 19—20ན།(ཐྲེང་2)

133–2–21
ལེའུ་ཉེར་གཅིག་པ། ཤིང་དྲུག་སྲིད་པའི་སྐོར་རྩིས།
ལྡེབ་གྲངས། 20ན།(ཐྲེང་7)

133–2–22
ལེའུ་ཉེར་གཉིས་པ། མེ་དྲུག་སྲིད་པའི་སྐོར་རྩིས།
ལྡེབ་གྲངས། 20བ།(ཐྲེང་6)

133–2–23
ལེའུ་ཉེར་གསུམ་པ། ལྕགས་དྲུག་སྲིད་པའི་སྐོར་རྩིས།
ལྡེབ་གྲངས། 20—21ན།(ཐྲེང་5)

133–2–24
ལེའུ་ཉེར་བཞི་པ། ཆུ་དྲུག་སྲིད་པའི་སྐོར་རྩིས།
ལྡེབ་གྲངས། 21བ།(ཐྲེང་4)

133–2–25
ལེའུ་ཉེར་ལྔ་པ། ས་དྲུག་གི་ལེའུ།①
ལྡེབ་གྲངས། 21—22ན།(ཐྲེང་3)

133–2–26
ལེའུ་ཉེར་དྲུག་པ། རླུང་དྲུག་སྲིད་པའི་སྐོར་རྩིས།
ལྡེབ་གྲངས། 22བ།(ཐྲེང་2)

133–2–27
ལེའུ་ཉེར་བདུན་པ། དགྲ་གྲོགས་མ་བུའི་ཞིབ་རྩིས།
ལྡེབ་གྲངས། 22—23ན།(ཐྲེང་6)

133–2–28
ལེའུ་ཉེར་བརྒྱད་པ། བར་ཁ་བརྒྱད་ཀྱི་འདྲི་བརྒྱད།
ལྡེབ་གྲངས། 23—24ན།(ཐྲེང་5)

133–2–29
ལེའུ་ཉེར་དགུ་པ། སྤར་ཁ་བརྒྱད་ཀྱི་ལྷ་བརྒྱད།
ལྡེབ་གྲངས། 24བ།(ཐྲེང་7)

133–2–30
ལེའུ་སུམ་ཅུ་པ། སྨེ་བའི་འདྲི་དགུ།
ལྡེབ་གྲངས། 24—25བ།(ཐྲེང་2)

---

① ས་དྲུག་ས་ཡི་བདུད་དྲུག་སྟོན།

133–2–31
ལེའུ་སོ་གཅིག་པ། སྨི་བ་དགུའི་ལྷ་དགུ།
ལྡེབ་གྲངས། 25—26ན།(ཕྲེང་6)

133–2–32
ལེའུ་སོ་གཉིས་པ། ལོ་སྐོར་བཅུ་གཉིས་ཀྱི་ལེའུ།
ལྡེབ་གྲངས། 26—27ན།(ཕྲེང་4)

133–2–33
ལེའུ་སོ་གསུམ་པ། སྲིད་པའི་ལོ་སྐོར་བཅུ་གཉིས་ཀྱི་ལེའུ།
ལྡེབ་གྲངས། 27བ།(ཕྲེང་7)

133–2–34
ལེའུ་སོ་བཞི་པ། ལོ་རྒྱན་དྲུག་བཅུའི་ལེའུ།
ལྡེབ་གྲངས། 27—28བ།(ཕྲེང་5)

133–2–35
ལེའུ་སོ་ལྔ་པ། འབྱུང་བའི་ལོ་རྒྱན་དྲུག་བཅུའི་ལེའུ།
ལྡེབ་གྲངས། 28—29ན།(ཕྲེང་7)

133–2–36
ལེའུ་སོ་དྲུག་པ། འགྱུར་མེད་ཀྱི་སྤུག་པ་བཅོ་ལྔ།
ལྡེབ་གྲངས། 29—31ན།(ཕྲེང་2)

133–2–37
ལེའུ་སོ་བདུན་པ། ཡོན་ཏན་ཅན་གྱི་མོ་ཁོག་བརྒྱད།
ལྡེབ་གྲངས། 31—32བ།(ཕྲེང་3)

133–2–38
ལེའུ་སོ་བརྒྱད་པ། དྲང་དོན་གྱི་ལེའུ།
ལྡེབ་གྲངས། 32—35ན།(ཕྲེང་1)

133–2–39
ལེའུ་སོ་དགུ་པ། སྤྱི་བཤད་གསལ་བའི་སྒྲོན་མེ།
ལྡེབ་གྲངས། 35—36བ།(ཕྲེང་7)

133–2–40
ལེའུ་བཞི་བཅུ་པ། སོ་སོའི་གཏོ་དང་ཡེ་མིག་སྲིད།
ལྡེབ་གྲངས། 36—37བ།(ཕྲེང་1)

133–2–41
ལེའུ་ཞེ་གཅིག་པ། འདྲ་འདྲ་གསུམ་བསྐྱེད་ཀྱི་ལེའུ།
ལྡེབ་གྲངས། 37—38བ།(ཕྲེང་1)

133–2–42
ལེའུ་ཞེ་གཉིས་པ། རྩིས་ཀྱི་ལེའུ།

ལྡེབ་གྲངས། 38—39བ།(ཕྲེང་3)

133–2–43
ལེའུ་ཞེ་གསུམ་པ། བྱ་རྗེ་དགུ་སྐོར།
ལྡེབ་གྲངས། 39—41ན།(ཕྲེང་5)

133–2–44
ལེའུ་ཞེ་བཞི་པ། འབྱུང་བ་ལུས་ཀྱི་ཆགས་རྩིས།
ལྡེབ་གྲངས། 41—42བ།(ཕྲེང་2)

133–2–45
ལེའུ་ཞེ་ལྔ་པ། སྲོག་གི་འཇབ་བུ་བཅོ་བརྒྱད་ཀྱི་སྤྱད་སྐོར།
ལྡེབ་གྲངས། 42—44ན།(ཕྲེང་7)

133–2–46
ལེའུ་ཞེ་དྲུག་པ། རྒྱུ་མ་གནད་ཀྱི་ཁོག་ཕུབ།
ལྡེབ་གྲངས། 44—49བ།(ཕྲེང་5)

133–2–47
ལེའུ་ཞེ་བདུན་པ། དཔེའ་རྫོངས་དགུའི་སྐོར་རྩིས།
ལྡེབ་གྲངས། 49—52བ།(ཕྲེང་7)

133–2–48
ལེའུ་ཞེ་བརྒྱད་པ། རྒྱལ་བ་འབངས་ཀྱིས་མི་འཕྲོག་པའི་སྡེའུ།
ལྡེབ་གྲངས། 52—53ན།(ཕྲེང་4)

133–2–49
ལེའུ་ཞེ་དགུ་པ། སློན་པོའི་བཀའ་རྟག་མི་འགྱུར་པའི་སྡེའུ།
ལྡེབ་གྲངས། 53བ།(ཕྲེང་1)

133–2–50
ལེའུ་ལྔ་བཅུ་པ། ཁོག་ཀླུང་གིས་མི་གཏོར་བའི་སྡེའུ།
ལྡེབ་གྲངས། 53བ།(ཕྲེང་5)

133–2–51
ལེའུ་ང་གཅིག་པ། ཁོག་ཆུ་ཡིས་མི་འཁྱེར་བའི་སྡེའུ།
ལྡེབ་གྲངས། 53—54ན།(ཕྲེང་2)

133–2–52
ལེའུ་ང་གཉིས་པ།① ཁོག་མེས་མི་འཚིགས་པའི་སྡེའུ།
ལྡེབ་གྲངས། 54ན།(ཕྲེང་6)

133–2–53
ལེའུ་ང་གསུམ་པ། གཡང་གི་ཐུ་མ་མི་སྐམ་པའི་སྡེའུ།
ལྡེབ་གྲངས། 54བ།(ཕྲེང་2)

---

① གཞུང་དུ་ལེའུ་འདི་ནས་བཟུང་ལེའུ་གྲངས་གཅིག་འཕྲུགས་འདུག

133–2–54
ལེའུ་ང་བཞི་པ། སྐྱེས་དར་མའི་སློ་རྩ་མི་འཆད་པའི་སྐྱིའུ།
ལྡེབ་གྲངས། 54བ།(ཕྲེང་6)

133–2–55
ལེའུ་ང་ལྔ་པ། སྣང་དཀྲའ་བོ་མི་ལངས་པའི་སྐྱིའུ།
ལྡེབ་གྲངས། 54—55ན།(ཕྲེང་6)

133–2–56
ལེའུ་ང་དྲུག་པ། སྟོང་པ་མཐའ་ནས་མི་གཡོ་བའི་སྐྱིའུ།
ལྡེབ་གྲངས། 55བ།(ཕྲེང་3)

133–2–57
ལེའུ་ང་བདུན་པ།① རྩེ་འཛིན་ཐོག་གིས་མི་བཅད་པའི་སྐྱིའུ།
ལྡེབ་གྲངས། 55བ།(ཕྲེང་6)

133–2–58
ལེའུ་ང་བརྒྱད་པ།② སྨྲས་པའི་མ་རིག་ལེའུ།
ལྡེབ་གྲངས། 5—58བ།(ཕྲེང་7)

133–2–59
ལེའུ་ང་དགུ་པ། བཟུངས་པའི་མ་རིག བཀྲོལ་བའི་མ་རིག བཀྱག་པའི་མ་རིག་ལེའུ།③
ལྡེབ་གྲངས། 58—59ན།(ཕྲེང་6)

133–2–60
ལེའུ་དྲུག་ཅུ་པ། འཐེན་པའི་མ་རིག
ལྡེབ་གྲངས། 59བ།(ཕྲེང་2)

133–2–61
ལེའུ་རེ་གཅིག་པ། བཤིགས་པའི་མ་རིག
ལྡེབ་གྲངས། 59བ།(ཕྲེང་4)

133–2–62
ལེའུ་རེ་གཉིས་པ། བཟང་ངན་མོའི་ལེན་ལ་དཔྱད།
ལྡེབ་གྲངས། 59བ།(ཕྲེང་6)

133–2–63
ལེའུ་རེ་གསུམ་པ། རྒྱུད་ཀྱི་མ་རིག
ལྡེབ་གྲངས། 59བ།(ཕྲེང་7)

133–2–64
ལེའུ་རེ་བཞི་པ། སྤྱད་པའི་མ་རིག

---

① ལེའུ་ང་བདུན་པ་ལ་ལེའུ་གྲངས་མེད། འདིའི་མན་དུ་ལེའུ་གྲངས་འཁྲུགས།
② འདི་ལ་གཞུང་དུ་ང་དགུ་པ་ཞེས་འཁོད། བར་དུ་ལེའུ་ང་དྲུག་པ་ཞེས་པ་ཞིག་ཀྱང་བཞུགས།
③ ལེའུ་57 58 59པ་གསུམ་སྣ་ཕྱིར་འཁོད་ཡོད།

ལྡེབ་གྲངས། 59—60ན།(ཕྲེང་2)

133–2–65
ལེའུ་རེ་ལྔ་པ། ཤེས་པའི་མ་རིག
ལྡེབ་གྲངས། 60ན།(ཕྲེང་5)

133–2–66
ལེའུ་རེ་དྲུག་པ། སྲིག[①]དོན་གྱི་ལེའུ།
ལྡེབ་གྲངས། 60ན།(ཕྲེང་7)

133–2–67
ལེའུ་རེ་བདུན་པ། གསང་བ་གཏོ་ཐིག
ལྡེབ་གྲངས། 60—61ན།(ཕྲེང་6)

མཇུག་བྱང་། ཏྲ་ཐིག་སྲིད་པའི་གཟྲུའ་ཁོག་ལ། དཔྱད་དོན་སྒྲུ་མ་གསེར་འབུམ་འདི། དང་པོ་གང་གིས་གསུངས། གཤེན་རབ་རྣམ་པར་རྒྱལ་བས་གསུངས། ཡུལ་གང་དུ་མཛད། སྲིད་པ་ཡེ་སྲིད་ཀྱི་མཁར། ཁྲི་སྨོན་རྒྱལ་བཞེད་དུ་མཛད། སློབ་མ་གང་ལ་མཛད། ཕྱྭ་གཤེན་ལེག་རྒྱལ་ཐང་པོའི་བཀྲོལ། དོན་དམ་ཅི་ལ་གསུངས། ལྷ་ཀླུ་མི་གསུམ་གྱི་དོན་དུ་ཀུན་སྤྱོབས་ཀྱི་བོན་གསུང་། སྟག་གཟིགས་ཡུལ་དུ་རྫ་མཐོང་བསྟེན་པ་དང་། དགུ་ཁྲི་དགུ་འབུམ་ཕྱྭ་གཤེན་བོན་སྒོ་སྤེལ། དེ་ནས་རིམ་པར་རྩ་གསུམ་ལྷ་གནས་སུ། ལྷ་ཚངས་པ་བརྒྱ་བྱིན་གྱི། ལེག་རྒྱལ་ཐང་པོ་ལ་ཞུས་ནས། ཚངས་པས་ཡོངས་སུ་དག་པ་ལ་གསུངས། ཕྱྭ་གཤེན་བོན་སྒོ་རྩ་གསུམ་གནས་སུ་བསྐོར། ལྷ་གནས་ཕུན་སུམ་འཚོགས་པ་ཏུ། འདོད་དོན་ལོང་སྤྱོད་བསམ་ལ་འདུས། ལྷ་ཡུལ་ཕྱྭ་གཤེན་བསྟན་པ་ཆགས། རྒྱས་བསྡུས་འབྲིང་གསུམ་དུ་མར་ཕྱེས། མོ་གླིང་ནམ་མཁའི་སྐར་ལྟར་བཀྲ། རྫ་མཐོང་ཅི་ཙམ་གསལ། དགུང་ལ་ཉི་ཤར་བཞིན་དུ་གསལ། མོ་ལ་མཚན་ཉིད་ཅི་ལྟར་ལགས། ལྷའི་གབ་རྩེ་དགུ་བརྩེགས་གསོལ། མོ་མའི་མཚན་ཉིད་གང་ལྟར་ལགས། རྣམ་རྒྱལ་འོད་ཀྱི་རྒྱལ་པོ་ཞེས། ལྷ་ཕུ་ལྷེར་དཀར་པོ་ཞེས་ཀྱང་བྱ། ཡང་མོ་འདི་གང་དུ་སྤྲོས། འོག་ཀླུ་ཡུལ་དུ་སངས་རྒྱས་བསྟན་པའི་གཙོ་བོ་དེ། ཡིད་ཀྱི་ཁྲིའུ་ཆུང་དུ་སྤྲུལ་ནས། འོག་ཕྱོགས་ཀླུ་ཡུལ་དུ་ཕྱིན། ཀླུ་ཡུལ་ཕྱྭ་གཤེན་བོན་གྱི་འཁོར་ལོ་བསྐོར། འོག་ཀླུ་ཡི་ཡུལ་ཅིག་ན། གསེར་གྱི་བྱེ་མ་བདལ་བའི་གླིང་། འདོད་ཡོན་ལྔ་ལ་གྲུབ་པའི་གཞལ་ཡས་སུ། ས་བདག་དབུས་ལྔ་ཡི་སྲས། ཀླུ་རྒྱལ་གཙུག་ན་རིན་ཆེན་གྱིས། སྤྱི་ཡེ་སྲིད་ཀྱི་བསྟན་པ་འཛིན་པ་གཉེར་དུ་གཏད། མོའི་སྤེ་སྟོད་རྒྱལ་ཁམས་མཐའ་དང་མཉམ། མོ་གླིང་ཏྲག་མེད་རྒྱ་མཚོའ་གཉེར་མ་འདྲ། རྫ་མཐོང་གསལ་བ་དུང་ཟླ་མཁའ་ལྟར་གསལ། ཀླུ་ཡུལ་སྤྲུལ་པ་པད་མ་འདབ་བརྒྱད་མཚན། སྟོན་པ་ཀླུ་སྒྲུབ་སྙིང་པོར་སྤྲུལ། རིག་སྔགས་འཕྲུལ་གྱི་རྒྱལ་ལ་བསྟན། ཀྱེལ་ཕུ་ལྷེར་དཀར་པོ་བྱ་བར་གྲགས་སོ། །ཐ་མར་སྤྲོས་པ་གང་ལ་སྤྲོས། གངས་ཆེན་བོད་ཀྱི་གནས་སུ་བབ། སྟོན་པ་མི་ལུས་བསམ་ལེག་ཏུ་སྤྲུལ། མངོན་ཤེས་ཁྲིའུ་གཡང་ལ་བསྟན། མོ་གླིང་གང་སྤྲའི་བྱེ་མ་བརྩམས་ན་མཐོང་ཅི་ཙམ་གསལ། མཁའ་ལ་ཉི་ཤར་ལྟ་བུར་གསལ། མོ་མའི་མིང་ནི་མཐོང་གསལ་མངོན་ཤེས་རྒྱལ་པོ་བྱ། ཀྱེལ་ཕུ་ལྷེར་དཀར་པོ་ཞེས་གྲགས་སོ། །སྙིང་ལྷ་གླིང་ཕྱྭ་རྩེ་དགུ་བརྩེག་དེ། དར་དཀར་པོའི་གུར་ཕུབ་འདྲ། འོག་ཀླུ་གླིང་པད་མ་འདབ་བརྒྱད་དེ། ཚུ་དར་སྔོན་མོའི་གདན་བཏིང་འདྲ། བར་མི་གླིང་དར་དཀར་ཡོལ་བ་དེ། ནོར་བུ་རིན་ཆེན་ལ་རྒྱན་བཏགས་པ་འདྲ། འདི་གསུམ་གྱི་རྫ་མཐོང་དེ། གར་བབ་ཀྱང་ཅུག་པས་མཚན་ལ་གཟབ་འཚོལ་བ་དང་འདྲའོ། །མོ་རྒྱ་ཆེན་ལ་གྲངས་མང་ཡང་། རྩ་བ་སུམ་བརྒྱ་དྲུག་བཅུ་ཡོད། དེ་ནས་ལྷ་ཡུལ་དུ་གཏན་བབ། ལྷ་ཡུལ་དུ་ཡོངས་སུ་དག་པར་སྤྲུལ། ལྷ་ཡུལ་དུ་བསྟན་པའི་སྒྲོན་མེ་སྤར། དེ་ནས་མི་ཡུལ་དུ་གཏན་ལ་ཕབས། མི་ཡུལ་དུ་མི་ལུས་བསམ་ལེག་ཏུ་སྤྲུལ་ནས། མི་ཁམས་བསྟན་པའི་སྒྲོན་མེ་སྤར། དང་པོ་ཡེ་སྨོན་པའི་གདུང་ལ་གྲོལ། བར་དུ་ཁུང་བཙུན་པ་དབྱིངས་ཉིད་སྟོན་པའི་བཀའ་ལུང་བཙུན། ཐ་མ་དོན་བསྡུས་པ་དཔྱད་དོན་སྒྲུ་མ་གསེར་འབུམ་འདི། དགོན་པ་ཀུ་ཏུ་འབར་བ་འདྲ། དམར་པ་ཁོང་པའི་སྙིང་དང་འདྲ། བོད་ཁམས་ཡོངས་ལ་དགོན་པ་ཡིན། རྣམ་མཁྱེན་སྟོན་པའི་ཕྱྭ་བོན་ཡིན། ཀླུ་ཉི་ཤུ་རྩ་ལྔའི་སྙིང་ཁྲག་ཡིན། ཤོག་དྲིལ་སྟོན་པོ་གསེར་ཐིག་བོན། ཀླུ་ཡི་

① མ་རིག

ཤེས་སྙིང་པོའི་ནང་དོན་ཡིན། འཇིག་རྟེན་ཕ་མོའི་དངོས་གྲུབ་ཡིན། སྤྱིར་འཛམ་གླིང་བོད་ཀྱི་གསལ་སྒྲོན་ཡིན། སྲོག་ཆེན་བསླུས་པའི་བར་པ་ཡིན། ཡག་ཉེས་ཤེས་པའི་དྲང་མཁན་ཡིན། ཀུན་ལ་མ་སྤེལ་རང་གིས་འཚོང་། སྤེལ་ན་རྒྱུད་འཛིན་ཆད་པ་ཡིན། ལེའུ་གྲངས་ནི་སྐབས་ལ་བབ་ནི་ཡོད། ཞུས་ནས་སློབ་མར་གསུངས། སྣང་གསལ་རིག་པའི་རྒྱུད་ལས་སྤྱད་དོན་སྒྱུ་མ་གསེར་འབུམ་ཡིད་བཞིན་ནོར་བུ་འདྲིས། འགྲོ་བ་སེམས་ཅན་རྣམས་ལ་ཕན་ཐོགས་ཤོག བཀྲ་ཤིས་པར་ཤོག །

ལྡེབ་གྲངས། 63—65ན།(ཁྲིང་3)

133–3

ཆོས་ཚན་གསུམ་པ། མོ་བཀྲ་འཕྲུལ་གྱི་མེ་ལོང་འབྱུང་བ་ལྔའི་ཁག་རྟུང་ཞེས་བྱ་བ་བཞུགས།

བསྡུས་བྱང་། འབྱུང་ལྔ་ཁག་རྟུང་།

ལྡེབ་གྲངས། 1—33ན།(ཁྲིང་3)

གསུམ་པ། ཟབ་ལམ་གསང་སྔགས་རྒྱུད་ཀྱི་སྡེ།

134 ༼ཀ༽
མཚན་བྱང་། རྒྱུད་ཀྱི་རྒྱལ་པོ་གསང་བ་བསེན་ཐུབ་ཅེས་བྱ་བ་བཞུགས།
བསྡུས་བྱང་། རྩ་རྒྱུད་གསང་བ་བསེན་ཐུབ་རྒྱུད།
གྲངས་ཚད། ལེའུ་31ལ་ལྷེབ་164ཡོད། ཤོག་གྲངས་328བཞུགས།
རིགས་རྣམ། གཏེར་མ།
གཏེར་སྟོན། གྲུབ་ཐོབ་ཉི་འོད།

134–1
ལེའུ་དང་པོ། གཞི་རྩ་བཟུང་པའི་ལེའུ།
ལྷེབ་གྲངས། 1—6བ།(ཕྲེང་5)

134–2
ལེའུ་གཉིས་པ། གསས་མཁར་རིན་པོ་ཆེ་སྤྱི་སྤུངས་གསང་བ་བསེན་ཐུབ་དེ་ཁོ་ན་ཉིད་ཀྱི་ལེའུ།
ལྷེབ་གྲངས། 6—12ན།(ཕྲེང་3)

134–3
ལེའུ་གསུམ་པ། དྲེགས་པ་ཕོ་མོ་བསེན་དུ་བཟུང་བའི་ལེའུ།
ལྷེབ་གྲངས། 12—21ན།(ཕྲེང་3)

134–4
ལེའུ་བཞི་པ། ཐེ་ཚོམ་གྱིས་ལྷ་བ་བཞི་བཅུ་རྩ་གཉིས་བསྟན་པའི་ལེའུ།
ལྷེབ་གྲངས། 21—33ན།(ཕྲེང་3)

134–5
ལེའུ་ལྔ་པ། ཐེག་པ་དགུའི་ལྟ་བ་བསྟན་པའི་ལེའུ།
ལྷེབ་གྲངས། 33—37ན།(ཕྲེང་5)

134–6
ལེའུ་དྲུག་པ། ལྟ་བ་ལ་དོར་བའི་ལེའུ།
ལྷེབ་གྲངས། 37—42ན།(ཕྲེང་2)

134–7
ལེའུ་བདུན་པ། སྤྱོད་པ་དོན་གྱི་ལེའུ།
ལྷེབ་གྲངས། 42—44བ།(ཕྲེང་6)

134–8
ལེའུ་བརྒྱད་པ། གསས་མཁར་རབ་ཏུ་དབྱེ་བའི་ལེའུ།
ལྷེབ་གྲངས། 44—61ན།(ཕྲེང་4)

134–9
ལེའུ་དགུ་པ། སྐུ་འཕྲུལ་གསང་སྤྱོད་ཀྱི་ལེའུ།
ལྷེབ་གྲངས། 61—69ན།(ཕྲེང་4)

134–10
ལེའུ་བཅུ་པ། རྫུ་འཕྲུལ་དམིགས་ཀྱི་ལེའུ།
ལྡེབ་གྲངས། 69—77བ།(ཕྲེང་3)

134–11
ལེའུ་བཅུ་གཅིག་པ། མན་ངག་གཞུང་ལས་ཉིང་འཛིན་དགུ་བསྟན་པའི་ལེའུ།
ལྡེབ་གྲངས། 77—82ན།(ཕྲེང་4)

134–12
ལེའུ་བཅུ་གཉིས་པ། སོ་སོར་སྡུད་པ་སེམས་གནས་པ་སྒྲི་ཡི་ལེའུ།
ལྡེབ་གྲངས། 82—88བ།(ཕྲེང་1)

134–13
ལེའུ་བཅུ་གསུམ་པ། ཐིག་ལེ་རོལ་བ་ཐབས་ཀྱི་ལེའུ།
ལྡེབ་གྲངས། 88—92ན།(ཕྲེང་6)

134–14
ལེའུ་བཅུ་བཞི་པ། ཐིག་ལེ་མཉམ་པ་སར་བཞག་པའི་ལེའུ།
ལྡེབ་གྲངས། 92—94ན།(ཕྲེང་6)

134–15
ལེའུ་བཅོ་ལྔ་པ། རིག་པ་རྒྱན་གྱི་ལེའུ།
ལྡེབ་གྲངས། 94—96ན།(ཕྲེང་6)

134–16
ལེའུ་བཅུ་དྲུག་པ། འཕྲང་དགུ་མཐའ་བསལ་བའི་ལེའུ།
ལྡེབ་གྲངས། 96—100བ།(ཕྲེང་5)

134–17
ལེའུ་བཅུ་བདུན་པ། དགོངས་པའི་རང་བཞིན་བསྟན་པའི་ལེའུ།[①]
ལྡེབ་གྲངས། 100—102བ།(ཕྲེང་5)

134–18
ལེའུ་བཅོ་བརྒྱད་པ། བཅིངས་བཀྲོལ་མེད་པའི་དོན་བསྟན་པའི་ལེའུ།
ལྡེབ་གྲངས། 102—103བ།(ཕྲེང་2)

134–19
ལེའུ་བཅུ་དགུ་པ། ངེས་དོན་རྨད་དུ་བྱུང་བའི་ལེའུ།
ལྡེབ་གྲངས། 103—104བ།(ཕྲེང་2)

134–20
ལེའུ་ཉི་ཤུ་པ། དམ་ཚིག་བསྲུངས་པའི་ཡུལ་བརྒྱ་དང་བཅུ་གཅིག་གི་ལེའུ།
ལྡེབ་གྲངས། 104—110བ།(ཕྲེང་6)

---

① བསྒོམས་ཀྱི་གནས་སྐབས།

134–21
ལེའུ་ཉེར་གཅིག་པ། ལེན་པ་སོ་སོའི་ལེའུ།
ལྡེབ་གྲངས། 110—116བ།(ཕྲིང་1)

134–22
ལེའུ་ཉེར་གཉིས་པ། ཁྱད་པར་གྱི་དམ་ཚིག་བསྟན་པའི་ལེའུ།
ལྡེབ་གྲངས། 116—121བ།(ཕྲིང་6)

134–23
ལེའུ་ཉེར་གསུམ་པ། དམ་ཚིག་གི་སྐྱོན་ཡོན་བསྟན་པའི་ལེའུ།
ལྡེབ་གྲངས། 121—125ན།(ཕྲིང་6)

134–24
ལེའུ་ཉེར་བཞི་པ། དམ་ཚིག་གི་རང་བཞིན་བསྟན་པའི་ལེའུ།
ལྡེབ་གྲངས། 125—126བ།(ཕྲིང་4)

134–25
ལེའུ་ཉེར་ལྔ་པ། དཔལ་མོ་ལས་ཀྱི་ཐིག་ལེ་རྒྱུ་འཕྲུལ་གྱི་ལེའུ།
ལྡེབ་གྲངས། 126—138ན།(ཕྲིང་4)

134–26
ལེའུ་ཉེར་དྲུག་པ། དཔལ་མོ་ལས་ཀྱི་ཐིག་ལེ་ལས་རྒྱས་འཁྱིད་བསྒྱུ་བ་གཏང་བཞག་གི་ལེའུ།
ལྡེབ་གྲངས། 138—139བ།(ཕྲིང་1)

134–27
ལེའུ་ཉེར་བདུན་པ། མཚན་དཔེ་རྟགས་ཀྱི་ལེའུ།
ལྡེབ་གྲངས། 139—142བ།(ཕྲིང་2)

134–28
ལེའུ་ཉེར་བརྒྱད་པ། ཁྲོ་བོ་དབང་ཆེན་ལས་ཀྱི་རིམ་པ་མངོན་དུ་ཕྱུང་པའི་ལེའུ།
ལྡེབ་གྲངས། 142—145བ།(ཕྲིང་1)

134–29
ལེའུ་ཉེར་དགུ་པ། སྒྲུབ་པའི་ཡན་ལག་བསྟན་པའི་ལེའུ།
ལྡེབ་གྲངས། 145—160ན།(ཕྲིང་4)

134–30
ལེའུ་སུམ་ཅུ་པ། དངོས་གྲུབ་ཀྱི་ལེའུ།
ལྡེབ་གྲངས། 160—162ན།(ཕྲིང་1)

134–31
ལེའུ་སོ་གཅིག་པ། རྒྱུད་གདམས་པའི་ལེའུ།
ལྡེབ་གྲངས། 162—164ན།(ཕྲིང་3)

135 ︽ཁ︾
མཚན་བྱང་། གསས་མཁར་རིན་པོ་ཆེ་སྤྱི་སྤུངས་དཔལ་གསང་བ་འདུས་པ་དོན་གྱི་རྒྱུད་བཞུགས་པ་ལེགས་སྷོ། །
བསྡུས་བྱང་། དཔལ་གསང་བ་འདུས་པ་དོན་གྱི་རྒྱུད།①
གྲངས་ཚད། ཆོས་ཚན་5ལ་ལེའུ་40དང་ལྷེབ་322ཡོད། ཤོག་གྲངས་644བཞུགས།
རིགས་རྣམ། སྐན་བརྒྱུད།
སྐན་བརྒྱུད་མཁན། སྤྲུལ་སྐུ་བློ་ལྡན་སྙིང་པོ།

135–1–1
ལེའུ་དང་པོ། སྲིད་པ་གླིང་བཞིའི་ལེའུ།
ལྷེབ་གྲངས། 1—17བ།(ཁྲིང་1)

135–1–2
ལེའུ་གཉིས་པ། མཛད་མཁན་དཔོན་གསས་ཀྱི་ལོ་རྒྱུས་བསྟན་པ།
ལྷེབ་གྲངས། 17—33བ།(ཁྲིང་4)

135–1–3
ལེའུ་གསུམ་པ། དགོངས་དོན་མཛད་ཚུལ་གྱི་ལེའུ།
ལྷེབ་གྲངས། 33—48ན།(ཁྲིང་5)

135–1–4
ལེའུ་བཞི་པ། སྤྲུལ་པ་མཛད་པའི་ལེའུ།
ལྷེབ་གྲངས། 48—56བ།(ཁྲིང་2)

135–1–5
ལེའུ་ལྔ་པ། བདུད་སྲིན་དྲེགས་པ་བཏུལ་བའི་ལེའུ།
ལྷེབ་གྲངས། 56—68བ།(ཁྲིང་3)

135–1–6
ལེའུ་དྲུག་པ། སྔགས་ཀྱི་འབྱུང་སྲིད་ཀྱི་ལེའུ།
ལྷེབ་གྲངས། 68—74ན།(ཁྲིང་4)

135–1–7
ལེའུ་བདུན་པ། དོན་གྱི་མདོ་རྩ་བསྟན་པ།
ལྷེབ་གྲངས། 74—82ན།(ཁྲིང་4)

135–1–8
ལེའུ་བརྒྱད་པ། ཉམས་ལེན་དོན་གྱི་སྤྱི་སྡོམ་བསྟན་པ།
ལྷེབ་གྲངས། 82—90བ།(ཁྲིང་4)

135–1–9
ལེའུ་དགུ་པ། རྒྱུད་ཀྱི་རྣམ་གྲངས་བསྟན་པ།
ལྷེབ་གྲངས། 90—95བ།(ཁྲིང་2)

① སྤྱན་ཁྲིར་དུ་སྟགས་སྟེ་ཉེར་བརྒྱད་ཅེས་འཕོད།

135–1–10
ལེའུ་བཅུ་པ། དོན་གྱི་སྙིང་པོ་གཞིར་འགྱུར་བ་བསྟན་པ།
ལྡེབ་གྲངས། 95—100ན།(ཕྲེང་4)

135–1–11
ལེའུ་བཅུ་གཅིག་པ། འགག་མེད་ཡི་གེའི་བརྡའ་བསྟན་པ།
ལྡེབ་གྲངས། 100—106ན།(ཕྲེང་5)

135–1–12
ལེའུ་བཅུ་གཉིས་པ། སྤྲུལ་པའི་ཡི་གེའི་བརྡའ་ཐབས་བསྟན་པ།
ལྡེབ་གྲངས། 106—109བ།(ཕྲེང་4)

135–1–13
ལེའུ་བཅུ་གསུམ་པ། ཞི་བ་དོན་མདོ་བསྟན་པ།
ལྡེབ་གྲངས། 109—116བ།(ཕྲེང་1)

135–1–14
ལེའུ་བཅུ་བཞི་པ།① ལས་ཀྱི་གོ་རིམ་བསྟན་པ།
ལྡེབ་གྲངས། 116—123བ།(ཕྲེང་2)

135–1–15
ལེའུ་བཅོ་ལྔ་པ། ཁྲོ་བོ་རྒྱུད་ཀྱི་མདོ་རྩ། དོན་དུ་བསྟན་པ།
ལྡེབ་གྲངས། 123—129བ།(ཕྲེང་3)

135–1–16
ལེའུ་བཅུ་དྲུག་པ། བསྐྱེད་པ་རྩའི་གནས་ཚུལ་བསྟན་པ།
ལྡེབ་གྲངས། 129—137བ།(ཕྲེང་4)

135–1–17
ལེའུ་བཅུ་བདུན་པ།② ཕྱིག་(ཡིག་དྲུག)གསང་བའི་རྒྱུ་བཀོད་པ་བསྟན་པ།
ལྡེབ་གྲངས། 137—142ན།(ཕྲེང་4)

135–1–18
ལེའུ་བཅོ་བརྒྱད་པ། ཕྱག་རྒྱ་བསྟན་པ།
ལྡེབ་གྲངས། 142—147བ།(ཕྲེང་6)

135–1–19
ལེའུ་བཅུ་དགུ་པ།③ ཉིང་ངེ་འཛིན་གྱི་རྒྱུད་བསྟན་པ།
ལྡེབ་གྲངས། 147—152ན།(ཕྲེང་4)

135–1–20
ལེའུ་ཉི་ཤུ་པ། གཡུང་དྲུང་གསང་བའི་དམ་ཚིག་གིས་གཉེར་དུ་གཏད་པ།

---

① གཞུང་ལ་བཅུ་གཉིས་པ་ཞེས་འཕོད།
② གཞུང་ལ་བཅུ་དྲུག་པ་ཞེས་འཕོད།
③ གཞུང་ལ་བཅུ་གཉིས་པ་ཞེས་འཕོད།

ལྡེབ་གྲངས། 152—160ན།(ཁྲིང་1)

135–1–21
ལེའུ་ཉེར་གཅིག་པ། བསྙེན་བསྒྲུབ་རྩ་བའི་སྤྱི་སྡོམ་ཚིགས་སུ་བསྟན་པ།
ལྡེབ་གྲངས། 160—162བ།(ཁྲིང་2)

135–122
ལེའུ་ཉེར་གཉིས་པ། སྔོན་འགྲོ་ཕྱི་ཡི་བསྙེན་པ་བསྟེན་པའི་ལེའུ།
ལྡེབ་གྲངས། 162—169ན།(ཁྲིང་6)

135–1–23
ལེའུ་ཉེར་གསུམ་པ། ཉེ་བ་ནང་གི་བསྙེན་པ་བསྟན་པ།
ལྡེབ་གྲངས། 169—172ན།(ཁྲིང་3)

135–1–24
ལེའུ་ཉེར་བཞི་པ། བཅའ་བཞི་ལས་ཀྱི་བསྙེན་པ་གསུམ་བསྟན་པ།
ལྡེབ་གྲངས། 172—176ན།(ཁྲིང་6)

135–1–25
ལེའུ་ཉེར་ལྔ་པ། དཀྱིལ་འཁོར་གཞི་ཡི་བསྒྲུབ་པ་དྲུག་བསྟན་པ།
ལྡེབ་གྲངས། 176—186ན།(ཁྲིང་1)

135–1–26
ལེའུ་ཉེར་དྲུག་པ། ངོ་མཚར་ལམ་གྱི་ཡན་ལག་དྲུག་བསྟན་པ།
ལྡེབ་གྲངས། 186—190ན།(ཁྲིང་1)

135–1–27
ལེའུ་ཉེར་བདུན་པ། འབྲས་བུ་དབང་གི་ཡན་ལག་དྲུག་བསྟན་པ།
ལྡེབ་གྲངས། 190—192བ།(ཁྲིང་1)

135–1–28
ལེའུ་ཉེར་བརྒྱད་པ། ལས་མཐའ་མཚོང་གི་རིམ་པ་བསྟན་པ།
ལྡེབ་གྲངས། 192—201ན།(ཁྲིང་2)

135–1–29
ལེའུ་ཉེར་དགུ་པ། རྟག་དང་གྲུབ་པའི་ལེའུ།
ལྡེབ་གྲངས། 201—202བ།(ཁྲིང་5)

135–1–30
ལེའུ་སུམ་ཅུ་པ། རྒྱུད་ཡོངས་སུ་གཏད་པའི་ལེའུ།
ལྡེབ་གྲངས། 202—205བ།(ཁྲིང་3)

135–1–31
ལེའུ་སོ་གཅིག་པ། གཏན་ལ་ཅི་ལྟར་དབབ་པའི་ལེའུ།
ལྡེབ་གྲངས། 205—208ན།(ཁྲིང་4)

135–1–32

ལེའུ་སོ་གཉིས་པ། གནས་གང་ནས་གང་དུ་བསྒྱུབ་པ་བསྟན་པ།

ལྡེབ་གྲངས། 208—211ན།(ཕྲེང་1)

135–1–33

ལེའུ་སོ་གསུམ་པ། དབོན་གསས་གང་ལ་བརྒྱུད་ཅིང་བསྟན་པ།

ལྡེབ་གྲངས། 211—215ན།(ཕྲེང་4)

མཇུག་བྱང་། གསས་མཁར་རིན་པོ་ཆེ་སྤྱི་སྤུངས། དབལ་གསང་བ་འདུས་པ་དོན་གྱི་རྒྱུད། ལེའུ་སུམ་ཅུ་རྩ་གསུམ་འདི་ནི། ལྷ་ཀླུ་མིའི་གསུམ་གྱི་གཤེན་གསུམ་ལ། གཤེན་ནམ་མཁའ་སྣང་བའི་མདོག་ཅན་གྱིས། བསྒྲགས་པ་གསུམ་གྱིས་མདོར་བསྡུས་ནས་ཞུས། དེས་ལྷོ་ཡི་གཤེན་གསུམ་ལ་རིམ་པར་བརྒྱུད་དེ། རྒྱལ་བོན་སུ་ཕྲི་བཙན་པོ་ལ་བརྒྱུད། དེས་མོན་བོན་ཏ་ར་ཅི་པར་ལ་བརྒྱུད། དེས་བོན་མོ་སྟག་ཟ་ལི་ལྷིར་ལ་བརྒྱུད། དེས་ཞང་ཞུང་གི་གཤེན་གཤེན་གསུམ་ལ་བརྒྱུད་དེ། ཨ་ནུ་འཕྲག་ཐག་ལ་བརྒྱུད། དེས་སད་ནེ་གའུ་ལ་བརྒྱུད། དེས་ཏ་མི་ཐད་ཀི་ལ་བརྒྱུད། དེས་རྒྱ་བོད་སྣོམ་གཤེན་གསུམ་ལ་བརྒྱུད་དེ། ཟིང་པ་མཐུ་ཆེན་ལ་བརྒྱུད། དེས་སྤྱི་བོན་ཐོག་འཕྲུལ་ལ་བརྒྱུད། དེས་སྤྱི་བོན་ཐོག་རྩེ་ལ་བརྒྱུད། དེས་ཁྲོམ་བོད་ཞང་ཞུང་གཤེན་གསུམ་ལ་བརྒྱུད། ཤད་བུ་ར་ཁྲུག་ལ་བརྒྱུད། དེས་སྟོང་རྒྱུང་མཐུ་ཆེན་ལ་བརྒྱུད། དེས་ཤ་རི་དབུ་ཆེན་ལ་བརྒྱུད། དེས་ངམ་པ་ལྡེ་རིང་ལ་བརྒྱུད། དེས་ཅེ་ཅོ་མཁར་བུ་ལ་བརྒྱུད། དེས་གྱིམས་ཚ་རྨ་ཆུང་ལ་བརྒྱུད། དེས་སེ་ལྡེ་མི་ཉག་གཤེན་གསུམ་ལ་བརྒྱུད་དེ། དེས་ཤ་རི་དབུ་ཆེན་ལ་བརྒྱུད། དེས་གྱེར་སྤུང་དྲན་པ་ནམ་མཁའ་ལ་བརྒྱུད། དེས་རྗེས་འཇུག་གི་གཤེན་པོ་བརྒྱད་ལ་བརྒྱུད་ནས། ཕྱི་རབས་ཀྱི་དོན་དུ་བཀའ་གཏེར་གཉིས་སུ་སྦྲས་ཏེ། གཏེར་ནི་བྱང་ཕྱོགས་གསང་བྲག་རྒྱ་བོ་ལ་སྦེད་དོ། བཀའ་ནི་རྗེས་འཇུག་གཤེན་བརྒྱད་ཀྱིས་གནང་ནས། སྟོང་ཆེན་དམུ་ཚ་གྱེར་མེད་ཀྱིས། སྤྲུལ་སྐུ་ལས་ལྡན་གྱི་གཤེན་བློ་ལྡན་སྙིང་པོ་ཡི་སྙན་དུ་བརྒྱུད་དོ། །དེ་ཕྱི་རབས་ཀྱི་དོན་དུ། དཀར་ཆག་ཡི་གེ་རིས་སུ་བྲིས་ནས། བསྟན་པའི་སྲོལ་འཛིན་ལས་ལྡན་རྣམས་ལ་བརྒྱུད་དེ། སྔགས་རིགས་སྔགས་འཛིན་རྒྱལ་མཚན་འོད་ཟེར་གྱི་དྲུང་འགྱུ་རིགས་སྔགས་འཆང་ཤེས་རབ་འོད་ཟེར་གྱིས་ཞུས་སོ་ཏྭ། །བཀྲ་ཤིས་པར་ཤོག །[སྨར་བྱང་སྨོན་ཚིག]ཁུངས་ལྡན་གསང་བ་འདུས་པའི་རྒྱུད། །ལས་སྨོན་རྟེན་འབྲེལ་འཛོམས་པའི་དབང་། །པར་དུ་བསྒྲུབ་པའི་སྐལ་བཟང་ཐོབ། །དགའ་ཞིང་སྤྲོ་བའི་ངང་ནས་བཀྱེད། །ཅེས་སྐྱ་ཚུག་བུ་བཀྲ་ཤིས་རྗེ་རྗེས་པར་བསྒྲུབ་ཞུ་བའོ། །

135–2

ཆོས་ཚན་གཉིས་པ། གསས་མཁར་རིན་པོ་ཆེ་སྤྱི་སྤུངས་རྩོད་པ་རློག་པའི་འཁོར་ལོ་ལས་མདེལ་ཁ་གསང་བའི་ཏན་ཏྲ་བཞུགས།

135–2–1

ལེའུ་དང་པོ། སྟོན་འགྲོའི་རིམ་པ།

ལྡེབ་གྲངས། 1—6ན།(ཕྲེང་1)

135–2–2

ལེའུ་གཉིས་པ། སྟོན་འགྲོ་དངོས་གཞིའི་ལས་རིམ་བསྟན་པ།

ལྡེབ་གྲངས། 6—7བ།(ཕྲེང་5)

135–2–3

ལེའུ་གསུམ་པ། ཐུགས་དམ་སྐོང་བའི་ལེའུ།

ལྡེབ་གྲངས། 7—12བ།(ཕྲེང་1)

135–2–4

ལེའུ་བཞི་པ། སྲུང་བའི་གོ་ཆ་བསྟན་པ།

ལྡེབ་གྲངས། 12—14བ།(ཕྲེང་5)

135–2–5
ལེའུ་ལྔ་པ།[1] བསད་པའི་ལེའུ།
ལྡེབ་གྲངས། 14—15བ།(ཕྲེང་5)

135–2–6
ལེའུ་དྲུག་པ། བཟློག་པའི་འཁོར་ལོ་བསྟན་པ།[2]
ལྡེབ་གྲངས། 15—17ན།(ཕྲེང་6)

135–2–7
ལེའུ་བདུན་པ། ལས་ཀྱི་ཐ་མ་རྫོགས་རིམ་དུ་བསྟན་པ།
ལྡེབ་གྲངས། 17—19བ།(ཕྲེང་2)
མཇུག་བྱང་། བརྒྱད་པ་ནི་འཆི་མེད་ཡུམ་སྲས་གཤེན་གསུམ་དཔལ་དང་བཞི། དེས་ལྷ་སྐུ་མི་གསུམ་སྣང་མདོག་དང་བཞི། དེས་ལྷ་ཡི་གཤེན་གསུམ། དེས་ཞང་ཞུང་གཤེན་གསུམ། དེས་རྒྱ་བོད་བསྒོམ་གཤེན་གསུམ། དེས་ཕྲོམ་བོད་གཤེན་གསུམ། དེས་སེ་སྡེ་ལྡེ་མི་གསུམ། དེས་བླ་ཆེན་དྲན་པ་ནམ་མཁའ། དེས་སྟོང་དགུ་ཙ། དེས་ཕྱི་རབས་ཀྱི་གཤེན་པོ་སད་པད་འབྱུང་ནམ་མཁའ་དྲིན་ཆེན་ལ་བརྒྱུད་པའོ། །ཤིན་ཏུ་གཉན་ལ་ཟབ་བོ། །ཨུ་ཡ། སྨྲ།

135–3
ཆོས་ཚན་གསུམ་པ། གསས་མཁར་རིན་པོ་ཆེ་སྤྱི་སྤུངས་ཁྲོ་བོ་རྩོད་པ་ཟློག་པའི་འཁོར་ལོ་ལས་གོ་ཆ་དཔལ་གྱི་ཏན་ཏྲ་བཞུགས་སོ། །
ལྡེབ་གྲངས། 1—13བ།(ཕྲེང་2)

135–4
ཆོས་ཚན་བཞི་པ། གསས་མཁར་རིན་པོ་ཆེ་སྤྱི་སྤུངས་ཁྲོ་བོ་རྩོད་པ་ཟློག་པའི་འཁོར་ལོ་ལས་བསྙེན་སྒྲུབ་ལས་ཀྱི་ཏན་ཏྲའོ། །
ལྡེབ་གྲངས། 1—8ན།(ཕྲེང་2)

135–5
ཆོས་ཚན་ལྔ་པ། ཞི་ཁྲོ་རྫུ་འཕྲུལ་ཏྲ་བ། སྲིད་པ་ལས་ཀྱི་འཁོར་ལོ། ཁྲོ་བོ་བདེ་གཤེགས་འདུས་པ། བསྙེན་བསྒྲུབ་གསང་བའི་མན་ངག་རྩ་རྒྱུད་བཞུགས།
ལྡེབ་གྲངས། 1—67བ།(ཕྲེང་4)

136 {ག}[3]
མཚན་བྱང་། ལྷ་བ་ཁྱུང་ཆེན་གཡུང་དྲུང་གསང་བའི་རྒྱུད་ཅེས་བྱ་བ་བཞུགས་སོ། །
བསྡུས་བྱང་། ཁྱུང་ཆེན།
གྲངས་ཚད། ཆོས་ཚན་6ལ་ལེའུ་151དང་ལྡེབ་430ཡོད། ཤོག་གྲངས་860བཞུགས།
རིགས་རྣམ། གཏེར་མ།
གཏེར་སྟོན། ཁུ་ཚ་ཟླ་འོད།

136–1–1
ལེའུ་དང་པོ། གླིང་གཞིའི་ལེའུ།

---

① གཞུང་ལ་དྲུག་པ་ཞེས་འཁོད།
② གཞུང་ལ་ལྔ་པ་ཞེས་འཁོད།
③ ལྷོ་གཏེར་ཁྲོ་བོའི་རྒྱུད་དྲུག

ལྡེབ་གྲངས། 1—7ན།(ཕྲེང་2)

136–1–2
ལེའུ་གཉིས་པ། སྤྲིང་གཞི་བསྡུས་ཏེ་སྨྲང་བའི་ལེའུ།
ལྡེབ་གྲངས། 7བ།(ཕྲེང་6)

136–1–3
ལེའུ་གསུམ་པ། སྟོན་པ་ཡབ་ཡུམ་གྱིས་ལྷན་ཅིག་པའི་འཁོར་ལ་དབང་བསྐུར་ཞིང་རྒྱུད་བཤད་པའི་ལེའུ།
ལྡེབ་གྲངས། 7—10བ།(ཕྲེང་4)

136–1–4
ལེའུ་བཞི་པ། ལྷན་ཅིག་པའི་འཁོར་རྣམས་ཀྱིས་རྒྱུད་དོན་རྟོགས་ནས་གཞན་དོན་དུ་རྒྱུད་ཞུས་པས་གནང་བ།
ལྡེབ་གྲངས། 10—12བ།(ཕྲེང་5)

136–1–5
ལེའུ་ལྔ་པ། གཞན་དོན་དུ་རྒྱུད་བཤད་པ་གཉེན་པོ་ཡེ་ཤེས་ཀྱི་ལེའུ།
ལྡེབ་གྲངས། 12—18བ།(ཕྲེང་1)

136–1–6
ལེའུ་དྲུག་པ། གསུང་གི་དཀྱིལ་འཁོར་ལྟ་བ་བསྟན་པ།
ལྡེབ་གྲངས། 18—25ན།(ཕྲེང་1)

136–1–7
ལེའུ་བདུན་པ། ལྷ་དང་དངོས་གྲུབ་འགྲུབ་པའི་ལེའུ།
ལྡེབ་གྲངས། 25—29བ།(ཕྲེང་4)

136–1–8
ལེའུ་བརྒྱད་པ། ཞི་བ་ཡོངས་སུ་རྫོགས་པའི་དཀྱིལ་འཁོར་བསྟན་པ།
ལྡེབ་གྲངས། 29—34བ།(ཕྲེང་3)

136–1–9
ལེའུ་དགུ་པ། གསུང་གི་དཀྱིལ་འཁོར་ལས་སྔགས་དང་སྙིང་པོ་བསྟན་པ།
ལྡེབ་གྲངས། 34—37ན།(ཕྲེང་5)

136–1–10
ལེའུ་བཅུ་པ། སྔགས་དང་སྙིང་པོ་མངོན་པར་བྱས་པའི་འབྲས་བུ་བསྟན་པ།
ལྡེབ་གྲངས། 37—39བ།(ཕྲེང་1)

136–1–11
ལེའུ་བཅུ་གཅིག་པ། སྤྱོད་ཡུལ་ལྷའི་དཀྱིལ་འཁོར་དུ་བསྟན་པ།
ལྡེབ་གྲངས། 39—42ན།(ཕྲེང་1)

136–1–12
ལེའུ་བཅུ་གཉིས་པ། ཞི་ཁྲོ་གཉིས་ཀྱི་དཀྱིལ་འཁོར་དུ་དབང་གི་ལས་རིམ་ཇི་ལྟར་བྱ་བའི་ལེའུ།
ལྡེབ་གྲངས། 42—49ན།(ཕྲེང་1)

136–1–13
ལེའུ་བཅུ་གསུམ་པ། དབང་བསྐུར་བའི་རིམ་པ།
ལྡེབ་གྲངས། 49—51ན།(ཁྲིང་4)

136–1–14
ལེའུ་བཅུ་བཞི་པ། འབྲས་བུ་ཐོབ་པ་བསྟན་པའི་ལེའུ།
ལྡེབ་གྲངས། 51—54ན།(ཁྲིང་4)

136–1–15
ལེའུ་བཅོ་ལྔ་པ། རྫོགས་པ་ལྔ་བའི་གནས་ལུགས་བསྟན་པ།
ལྡེབ་གྲངས། 54—58བ།(ཁྲིང་6)

136–1–16
ལེའུ་བཅུ་དྲུག་པ། ལྔ་སྒོམ་སྒྲུབ་པའི་ལེའུ།
ལྡེབ་གྲངས། 58—63བ།(ཁྲིང་4)

136–1–17
ལེའུ་བཅུ་བདུན་པ། གསང་བ་ནན་ཏན་མན་ངག་གི་ལེའུ།
ལྡེབ་གྲངས། 63—68བ།(ཁྲིང་6)

136–1–18
ལེའུ་བཅོ་བརྒྱད་པ། ཐུགས་ཉིད་ཞི་བའི་དང་ཚུལ་ལས་མ་གཡོས་ཀྱང་གདུལ་བྱ་ལ་སྐུ་འཛྲོས་(འཕྲོས་)པའི་རྣགས་སུ་བསྟན་པ།
ལྡེབ་གྲངས། 68—78ན།(ཁྲིང་5)

136–1–19
ལེའུ་བཅུ་དགུ་པ། ཁྲོ་བོའི་དཀྱིལ་འཁོར་ལ་མཆོད་པ་དབུལ་བའི་ལེའུ།
ལྡེབ་གྲངས། 78—79བ།(ཁྲིང་4)

136–1–20
ལེའུ་ཉི་ཤུ་པ། དམ་ཚིག་བསྟན་པའི་ལེའུ།
ལྡེབ་གྲངས། 79—82བ།(ཁྲིང་3)

136–1–21
ལེའུ་ཉེར་གཅིག་པ། ལྷུན་གྱིས་གྲུབ་པའི་འཕྲིན་ལས་བསྟན་པ།
ལྡེབ་གྲངས། 82—85བ།(ཁྲིང་5)

136–1–22
ལེའུ་ཉེར་གཉིས་པ། འབར་བའི་ཁྲོ་བོའི་དཀྱིལ་འཁོར་ལ་བསྟོད་པ།
ལྡེབ་གྲངས། 85—87ན།(ཁྲིང་4)

136–1–23
ལེའུ་ཉེར་གསུམ་པ། རང་བཞིན་གྱི་རྒྱུད་ལས་གདུལ་བྱ་ལ་བཤད་པར་བསྟན་པ།
ལྡེབ་གྲངས། 87—88བ།(ཁྲིང་1)

136–1–24
ལེའུ་ཉེར་བཞི་པ། བསྟོད་ཅིང་གདམས་པའི་ལེའུ།

ལྡེབ་གྲངས། 88—89བ།(ཕྲེང་4)

སྤར་བྱང་། ༄། །གསས་མཁར་རིན་པོ་ཆེ་སྤྱི་སྤུངས་ཀྱི་ནང་ནས་ཁྲོ་བོ་དབང་ཆེན་གྱི་རྒྱུད་འདི་ཉིད་སྟོ་སྟོན་ཞེས་ཡ་ངལ་གྱི་གདན་ས་བསམ་གླིང་དགོན་པ་ནས་གཡར་པོ་ཞུས་ནས་མ་དཔེ་གཅིག་ལས་མེད་རྐྱེན་གཏན་དུ་ནུབ་ན་ཏ་ཅང་གི་ཕང་པས་དཔར་འགྲིམས་ཞུས་སྐབས་བཟ་རྙིང་རྣམས་མ་བཅོས་པར་རང་སར་བཞག་ནས་དཔེར་ན། རྫོ་མཆོག་(གཙོ་)མཆོག་ལྷར་གསར་བཙུགས་རྣམས་གོར་ཐིག་ནང་དུ་བཞག་པ་དང་། ལྷག་ཏུ་རྒྱུད་འདི་ཡི་དོན་རྣམས་གོ་དཀའ་བ་དང་། གསུང་རབ་རྣམས་གཉིང་ཟབ་པས་རལ་ཆོད་འགྲོ་བར་སེམས་ནས་མ་གོ་པ་རྣམས་རང་སར་བཞག་པས་ཤེས་བྱའི་བློ་གྲོས་དང་ལྡན་པ་རྣམས་ཀྱིས་གཟིགས་དཔྱད་གནང་བར་ཞུ། ཞུ་དག་སོགས་ཞབས་འདེགས་ཕྱུང་བཙུན་བསོད་ནམས་རྒྱལ་མཚན་གྱིས་ཞུས་པས་བསྟན་འགྲོའི་དོན་ནུས་པར་ཤོག །

ལྡེབ་གྲངས། 90བ།(ཕྲེང་6)

136–2

ཚོས་ཚན་གཉིས་པ། གསང་བ་དགུ་འཕར་གཡུང་དྲུང་གསང་བའི་རྒྱུད་ཅེས་བྱ་བ་བཞུགས་སོ། །

136–2–1

ལེའུ་དང་པོ། གླིང་གཞི།

ལྡེབ་གྲངས། 1—4བ།(ཕྲེང་2)

136–2–2

ལེའུ་གཉིས་པ། གཞི་རང་འབྱུང་གཉུག་མ་ཡེ་ཤེས་རང་ལ་གནས་པ་བསྟན་པ།

ལྡེབ་གྲངས། 4—9ན།(ཕྲེང་2)

136–2–3

ལེའུ་གསུམ་པ། ལྟ་བ་རྟོགས་པའི་དགོས་ཆེད་དུ་ལྟ་བ་རྟོགས་པའི་དུས་དང་། རྟོགས་པའི་རྒྱུ་རྐྱེན་དང་། རྟོགས་པར་བྱེད་པའི་ཐབས་རྒྱས་པར་བཤད་པ།

ལྡེབ་གྲངས། 9—19བ།(ཕྲེང་2)

136–2–4

ལེའུ་བཞི་པ། གཞི་རང་བཞིན་གྱི་ཡེ་ཤེས་དེ་ལྟ་བས་མཐོང་ཞིང་རྟོགས་པ་བསྟན་པ།

ལྡེབ་གྲངས། 19—27བ།(ཕྲེང་6)

136–2–5

ལེའུ་ལྔ་པ། ཅིག་ཅར་སྒོམ་པ་བསྟན་པ།

ལྡེབ་གྲངས། 27—32ན།(ཕྲེང་2)

136–2–6

ལེའུ་དྲུག་པ། སྒོམ་པའི་སྟོན་འགྲོ་དགོས་ཆེད། ངོ་བོ་སྒོམ་ཐབས་སྐྱོན་བཟུང་བ་དང་བཅས་ཏེ་བསྟན་པ།

ལྡེབ་གྲངས། 32—37བ།(ཕྲེང་1)

136–2–7

ལེའུ་བདུན་པ། སྒོམ་པ་ལ་བར་དུ་འབྱུང་བ་ལྔ་བསྟན་པ།

ལྡེབ་གྲངས། 37—41བ།(ཕྲེང་3)

136–2–8

ལེའུ་བརྒྱད་པ། དེ་བཞིན་ཉིད་ཀྱི་ཏིང་ངེ་འཛིན་བསྟན་པ།

ལྡེབ་གྲངས། 41—44ན།(ཕྲེང་6)

136–2–9
ལེའུ་དགུ་པ། ཀུན་ཏུ་སྣང་ལ་དང་པོ་འབྱུང་བ་བསྟན་པ།
ལྡེབ་གྲངས། 44—48ན།(ཕྲེང་1)

136–2–10
ལེའུ་བཅུ་པ། ཀུན་སྣང་གི་ཏིང་ངེ་འཛིན་ལ་བར་དུ་འབྱུང་བ་བསྟན་པ།
ལྡེབ་གྲངས། 48—52ན།(ཕྲེང་5)

136–2–11
ལེའུ་བཅུ་གཅིག་པ། ཀུན་སྣང་གི་ཏིང་ངེ་འཛིན་ལས་ཐ་མར་འབྱུང་བ་བསྟན་པ།
ལྡེབ་གྲངས། 52—53བ།(ཕྲེང་5)

136–2–12
ལེའུ་བཅུ་གཉིས་པ། ལྷ་སྐུ་ཕྱག་རྒྱ་གཅིག་པ་ལས་དང་པོར་འབྱུང་བ་བསྟན་པ།
ལྡེབ་གྲངས། 53—58བ།(ཕྲེང་6)

136–2–13
ལེའུ་བཅུ་གསུམ་པ། ལྷ་སྐུ་ཕྱག་རྒྱ་གཅིག་པའི་བར་དུ་འབྱུང་བ་བསྟན་པ།
ལྡེབ་གྲངས། 58—62ན།(ཕྲེང་1)

136–2–14
ལེའུ་བཅུ་བཞི་པ། ཐ་མར་འབྱུང་བ་བསྟན་པ།
ལྡེབ་གྲངས། 52—66བ།(ཕྲེང་5)

136–2–15
ལེའུ་བཅོ་ལྔ་པ། ཏིང་ངེ་འཛིན་སྦྱོར་པ་ལ་དང་པོ་ རུ་འབྱུང་བ་བསྟན་པ།
ལྡེབ་གྲངས། 66—73ན།(ཕྲེང་4)

136–2–16
ལེའུ་བཅུ་དྲུག་པ། སྦྱོར་པའི་ཏིང་ངེ་འཛིན་ལས་བར་དུ་འབྱུང་བ་བསྟན་པ།
ལྡེབ་གྲངས། 73—78ན།(ཕྲེང་1)

136–2–17
ལེའུ་བཅུ་བདུན་པ། ཏིང་ངེ་འཛིན་སྦྱོར་པ་ལས་ཐ་མར་འབྱུང་བ་བསྟན་པ།
ལྡེབ་གྲངས། 78—80བ།(ཕྲེང་2)

136–2–18
ལེའུ་བཅོ་བརྒྱད་པ། སྟོན་པ་དང་བཀའ་རྒྱུད་ལ་བསྟོད་པ།
ལྡེབ་གྲངས། 80—81ན།(ཕྲེང་3)

136–2–19
ལེའུ་བཅུ་དགུ་པ། སྟོན་པས་འཁོར་ལ་གདམས་པའི་ལེའུ།
ལྡེབ་གྲངས། 81བ།(ཕྲེང་1)

མཇུག་བྱང་། ཡང་སྟོན་པ་མཁས་པ་ཡི། འགྲོ་དོན་བཅུད་ལྡན་བླ་མ་ཡ་ངལ་བ་ལ། སྟོད་ལྡན་ཁམ་སྨོམ་དྲང་སྲོང་གིས། བདག་གཞན་གཉིས་ཀྱི་དོན་དུ་ཞུས་སོ། །ཕྱི་རབས་ལས་འགྲོ་ཅན་ལ་སྨིན་པར་ཤོག །

136–3

ཆོས་ཚན་གསུམ་པ། རྫུ་འཕྲུལ་དྲ་བ་གཡུང་དྲུང་གསང་བའི་རྒྱུད་ཅེས་བྱ་བ་བཞུགས་སོ། །

བསྡུས་བྱང་། དྲ་བ།

136–3–1

ལེའུ་དང་པོ། གླིང་གཞིའི་ལེའུ།

ལྡེབ་གྲངས། 1—4ན།(ཕྲེང་5)

136–3–2

ལེའུ་གཉིས་པ། ཡབ་ཡུམ་གླིང་བསླང་བའི་ལེའུ།

ལྡེབ་གྲངས། 4—5བ།(ཕྲེང་6)

136–3–3

ལེའུ་གསུམ་པ། མཆོད་བསྟོད་གནང་བའི་ལེའུ།

ལྡེབ་གྲངས། 5—7བ།(ཕྲེང་2)

136–3–4

ལེའུ་བཞི་པ། རྒྱུད་བཟུང་ཞིང་བཤཱ་པར་བྱ་བའི་ལེའུ།

ལྡེབ་གྲངས། 7—8ན།(ཕྲེང་6)

136–3–5

ལེའུ་ལྔ་པ། དོན་བསྡུས་པའི་དབང་གསུངས་པའི་ལེའུ།

ལྡེབ་གྲངས། 8—9ན།(ཕྲེང་4)

136–3–6

ལེའུ་དྲུག་པ། མཆོད་བསྟོད་དབང་གི་གླིང་གཞིའི་ལེའུ།

ལྡེབ་གྲངས། 9—11ན།(ཕྲེང་2)

136–3–7

ལེའུ་བདུན་པ། རྣམ་གསུམ་དུམ་པའི་དབང་དོན་བསྟན་པ།

ལྡེབ་གྲངས། 11—13ན།(ཕྲེང་4)

136–3–8

ལེའུ་བརྒྱད་པ། སོ་སོའི་དབང་གི་བྱེ་བྲག་བསྟན་པ།

ལྡེབ་གྲངས། 13—16ན།(ཕྲེང་2)

136–3–9

ལེའུ་དགུ་པ། དབང་གི་སྟོད་དང་དབང་བསྐུར་ཐབས་བསྟན་པ།

ལྡེབ་གྲངས། 16—18བ།(ཕྲེང་6)

136–3–10

ལེའུ་བཅུ་པ། དབང་གི་སྟོད་བརྟགས་པའི་ལེའུ།

ལྡེབ་གྲངས། 18—21བ།(ཕྲེང་2)

136–3–11

ལེའུ་བཅུ་གཅིག་པ། དགོན་གསས་ཀྱི་མཚན་ཉིད་བསྟན་པ།

ལྡེབ་གྲངས། 21—24ན།(ཕྲེང་1)

136–3–12
ལེའུ་བཅུ་གཉིས་པ། དབང་ཡུམ་གྱི་མཚན་ཉིད་བསྟན་པ།
ལྡེབ་གྲངས། 24—26བ།(ཕྲེང་2)

136–3–13
ལེའུ་བཅུ་གསུམ་པ། དབང་དོན་དུས་ཚོད་བཟུང་བའི་ལེའུ།
ལྡེབ་གྲངས། 26—28བ།(ཕྲེང་4)

136–3–14
ལེའུ་བཅུ་བཞི་པ། དབང་རྟགས་བྱིན་པའི་①ལེའུ།
ལྡེབ་གྲངས། 28—30ན།(ཕྲེང་3)

136–3–15
ལེའུ་བཅོ་ལྔ་པ། སྐུ་གསུང་ཐུགས་ཀྱི་རྟེན་ལ་རབ་ཏུ་གནས་པ་བསྟན་པ།
ལྡེབ་གྲངས། 30—33ན།(ཕྲེང་5)

136–3–16
ལེའུ་བཅུ་དྲུག་པ། ཚེ་ཡི་དགོངས་པ་བསྟན་པ།
ལྡེབ་གྲངས། 33—35བ།(ཕྲེང་4)

136–3–17
ལེའུ་བཅུ་བདུན་པ། ཚེའི་འཛབ་དང་སྙིང་པོ་བསྟན་པ།
ལྡེབ་གྲངས། 35—36བ།(ཕྲེང་5)

136–3–18
ལེའུ་བཅོ་བརྒྱད་པ། གཡུང་དྲུང་ཚེའི་ལས་རིམ་བསྟན་པའི་ལེའུ།
ལྡེབ་གྲངས། 36—38བ།(ཕྲེང་1)

136–3–19
ལེའུ་བཅུ་དགུ་པ། བདུད་རྩི་ཞི་བའི་འཕྲིན་ལས་ཁྲོལ་བུའི་ཚིག་བསྟན་པ།
ལྡེབ་གྲངས། 38—40བ།(ཕྲེང་3)

136–3–20
ལེའུ་ཉི་ཤུ་པ། ཕྱི་ཁྲོལ་མཚམས་སུ་བྱ་བའི་ཚེ་གའི་ཡན་ལག་བསྟན་པ།
ལྡེབ་གྲངས། 40—41ན།(ཕྲེང་4)

136–3–21
ལེའུ་ཉེར་གཅིག་པ། ཁྲོ་བོའི་འཕྲིན་ལས་གཞུང་བསྡུང་ཞིང་དངོས་གྲུབ་བླངས་པའི་ལེའུ།
ལྡེབ་གྲངས། 41—42བ།(ཕྲེང་2)

136–3–22
ལེའུ་ཉེར་གཉིས་པ། ཚོགས་དང་བསྐང་བ་བསྟན་པ།
ལྡེབ་གྲངས། 42—44ན།(ཕྲེང་3)

① དབང་རྟགས་ཅི་ཡོད་བྱིན་པ།

136–3–23
ལེའུ་ཉེར་གསུམ་པ། གནས་ཀྱི་མཆན་བྱང་དང་དཀྱིལ་འཁོར་ལ་ལྷ་བཀོད་པའི་ལེའུ།
ལྡེབ་གྲངས། 44—46བ།(ཕྲེང་1)

136–3–24
ལེའུ་ཉེར་བཞི་པ། གནས་ཀྱི་དགོངས་པ་བསྟན་པ།
ལྡེབ་གྲངས། 46—47ན།(ཕྲེང་2)

136–3–25
ལེའུ་ཉེར་ལྔ་པ། གནས་ཀྱི་འཕྲིན་ལས་ཀྱི་གོ་རིམ་བསྟན་པ།
ལྡེབ་གྲངས། 47—48ན།(ཕྲེང་4)

136–3–26
ལེའུ་ཉེར་དྲུག་པ། ཐུན་མོང་མ་ཡིན་པའི་གནས་འབྲས་བུ་དང་བཅས་པ་བསྟན་པ།
ལྡེབ་གྲངས། 48—49ན།(ཕྲེང་5)

136–3–27
ལེའུ་ཉེར་བདུན་པ། ཕུང་པོ་བསྲེག་པའི་ལེའུ།
ལྡེབ་གྲངས། 49—51ན།(ཕྲེང་6)

136–3–28
ལེའུ་ཉེར་བརྒྱད་པ། སྤྱོད་པའི་སེམས་བསྐྱེད་ལ་དོར་བ་བསྟན་པ།
ལྡེབ་གྲངས། 51—54ན།(ཕྲེང་1)

136–3–29
ལེའུ་ཉེར་དགུ་པ། ལམ་ཉམས་སུ་བླངས་པའི་འབྲས་བུ་དང་བཅས་པ་བསྟན་པ།
ལྡེབ་གྲངས། 54—56ན།(ཕྲེང་1)

136–3–30
ལེའུ་སུམ་ཅུ་པ། འཁོར་གྱིས་བསྟོད་ཅིང་སྟོན་པས་འཁོར་ལ་གདམས་པ།
ལྡེབ་གྲངས། 56བ།(ཕྲེང་5)

136–4
ཆོས་ཚན་བཞི་པ། འགུ་ཡ་སྦྱོག་འཛིན་གཡུང་དྲུང་གསང་བའི་རྒྱུད་ཅེས་བྱ་བ་བཞུགས་སོ། །
བསྡུས་བྱང་། འགུ་ཡ།

136–4–1
ལེའུ་དང་པོ། སྣང་གཞིའི་ལེའུ།
ལྡེབ་གྲངས། 1—3ན།(ཕྲེང་1)

136–4–2
ལེའུ་གཉིས་པ། གཞི་ཡི་གནས་ལུགས་བསྟན་པ།
ལྡེབ་གྲངས། 3—4བ།(ཕྲེང་5)

136–4–3
ལེའུ་གསུམ་པ། མ་རིག་པ་འཁྲུལ་ཚུལ་བསྟན་པ།

ལྡེབ་གྲངས། 4—6ན།(ཕྲེང་4)

136–4–4
ལེའུ་བཞི་པ། གཉེན་པོ་ཡེ་ཤེས་ཀྱི་འཆར་ཚུལ་བསྟན་པ།
ལྡེབ་གྲངས། 6—8བ།(ཕྲེང་5)

136–4–5
ལེའུ་ལྔ་པ། དམ་ཚིག་གི་མདོ་བསྟན་པ།
ལྡེབ་གྲངས། 8—10བ།(ཕྲེང་2)

136–4–6
ལེའུ་དྲུག་པ། དམ་ཚིག་གི་ངོ་བོ་དང་དབྱེ་བ་བསྟན་པ།
ལྡེབ་གྲངས། 10—12བ།(ཕྲེང་4)

136–4–7
ལེའུ་བདུན་པ། སྐུའི་དམ་ཚིག་ལ་སྲུང་བྱའི་ཡུལ་དང་དམིགས་བསྟན་པ།
ལྡེབ་གྲངས། 12—15བ།(ཕྲེང་2)

136–4–8
ལེའུ་བརྒྱད་པ། སྐུའི་དམ་ཚིག་བླ་མ་ལ་བསྲུང་ཐབས་བསྟན་པ།
ལྡེབ་གྲངས། 15—19བ།(ཕྲེང་5)

136–4–9
ལེའུ་དགུ་པ། སྐུའི་དམ་ཚིག་ལུས་ངག་ཡིད་གསུམ་གྱི་སྒོ་ནས་བསྲུང་བའི་ཡོན་ཏན་བསྟན་པ།
ལྡེབ་གྲངས། 19—20བ།(ཕྲེང་1)

136–4–10
ལེའུ་བཅུ་པ། སྐུའི་དམ་གྲོགས་མཆེད་ལས་སྲུང་བའི་ལེའུ།
ལྡེབ་གྲངས། 20—23བ།(ཕྲེང་1)

136–4–11
ལེའུ་བཅུ་གཅིག་པ། གསུང་གི་དམ་ཚིག་བསྲུང་ཐབས་བསྟན་པ།
ལྡེབ་གྲངས། 23—27ན།(ཕྲེང་4)

136–4–12
ལེའུ་བཅུ་གཉིས་པ། ཐུགས་ཀྱི་དམ་ཚིག་བསྟན་པ།
ལྡེབ་གྲངས། 27—29ན།(ཕྲེང་4)

136–4–13
ལེའུ་བཅུ་གསུམ་པ། སྤྱད་པར་བྱ་བའི་དམ་ཚིག་བསྟན་པ།
ལྡེབ་གྲངས། 29—34བ།(ཕྲེང་6)

136–4–14
ལེའུ་བཅུ་བཞི་པ། མི་སྤྱར་པར་བྱ་བའི་དམ་ཚིག་བསྟན་པ།
ལྡེབ་གྲངས། 34—36བ།(ཕྲེང་1)

136-4-15
ལེའུ་བཅོ་ལྔ་པ། དམ་ཚིག་བསྟན་པའི་ལེའུ།
ལྡེབ་གྲངས། 36—37བ།(ཕྲེང་4)

136-4-16
ལེའུ་བཅུ་དྲུག་པ། བསྲུབ་པའི་དམ་ཚིག་ཉམས་པའི་ལེའུ།
ལྡེབ་གྲངས། 37—38བ།(ཕྲེང་6)

136-4-17
ལེའུ་བཅུ་བདུན་པ། ཤེས་པར་བྱ་བའི་དམ་ཚིག་བསྟན་པ།
ལྡེབ་གྲངས། 38—40ན།(ཕྲེང་5)

136-4-18
ལེའུ་བཅོ་བརྒྱད་པ། ཐུན་མོང་གི་དམ་ཚིག་བསྟེན་ཐབས།
ལྡེབ་གྲངས། 40—41བ།(ཕྲེང་6)

136-4-19
ལེའུ་བཅུ་དགུ་པ། དམ་ཚིག་ཉམས་པའི་རྒྱུད་བསྟན་པ།
ལྡེབ་གྲངས། 41—42བ།(ཕྲེང་5)

136-4-20
ལེའུ་ཉི་ཤུ་པ། དམ་ཚིག་ཉམས་པའི་སྔ་རྟགས་བསྟན་པ།
ལྡེབ་གྲངས། 42—43བ།(ཕྲེང་5)

136-4-21
ལེའུ་ཉེར་གཅིག་པ།[1] རྩ་བའི་དམ་ཚིག་ཉམས་པའི་སྐྱོན་བསྟན་པ།
ལྡེབ་གྲངས། 43—46ན།(ཕྲེང་4)

136-4-22
ལེའུ་ཉེར་གཉིས་པ། ཡན་ལག་གི་དམ་ཚིག་ཉམས་པའི་ཉེས་སྐྱོན་བསྟན་པ།
ལྡེབ་གྲངས། 46བ།(ཕྲེང་6)

136-4-23
ལེའུ་ཉེར་གསུམ་པ། དམ་ཚིག་སྲུང་བའི་ཡོན་ཏན་བསྟན་པ།
ལྡེབ་གྲངས། 46—48བ།(ཕྲེང་1)

136-4-24
ལེའུ་ཉེར་བཞི་པ། དམ་ཚིག་ཉམས་པ་བསྐངས་པའི་ལེའུ།
ལྡེབ་གྲངས། 48—50ན།(ཕྲེང་4)

136-4-25
ལེའུ་ཉེར་ལྔ་པ། དམ་ཚིག་གི་མཐུན་དཔེ་བསྟན་པ།
ལྡེབ་གྲངས། 50—52བ།(ཕྲེང་1)

---

① གཞུང་ལ་ཉེར་གཉིས་པ་ཞེས་འཁོད།

136–4–26
ལེའུ་ཉེར་དྲུག་པ། བསྐུབ་པ་ཁྱད་པར་གྱི་དམ་ཚིག་བསྟན་པ།
ལྡེབ་གྲངས། 52—54བ།(ཁྲིང་3)

136–4–27
ལེའུ་ཉེར་བདུན་པ། འཁོར་རྣམས་ཀྱིས་སྟོན་པ་ལ་བསྟོད་པའི་ལེའུ།
ལྡེབ་གྲངས། 54—55ན།(ཁྲིང་6)

136–4–28
ལེའུ་ཉེར་བརྒྱད་པ། འཁོར་རྣམས་ཀྱིས་བཀའ་རྒྱུད་ལ་བསྟོད་པའི་ལེའུ།
ལྡེབ་གྲངས། 55—55བ།(ཁྲིང་4)

136–4–29
ལེའུ་ཉེར་དགུ་པ། སྟོན་པས་འཁོར་ལ་གདམས་པའི་ལེའུ།
ལྡེབ་གྲངས། 55—56ན།(ཁྲིང་5)

136–5
ཆོས་ཚན་ལྔ་པ། དཔལ་མོ་ལས་ཀྱི་ཐིག་ལེ་གཡུང་དྲུང་གསང་བའི་རྒྱུད་ཅེས་བྱ་བ་བཞུགས་སོ། །

136–5–1
ལེའུ་དང་པོ། གླིང་གཞིའི་ལེའུ།
ལྡེབ་གྲངས། 1—3ན།(ཁྲིང་5)

136–5–2
ལེའུ་གཉིས་པ། གླིང་བསླང་བའི་ལེའུ།
ལྡེབ་གྲངས། 3བ།(ཁྲིང་5)

136–5–3
ལེའུ་གསུམ་པ། ལུགས་ཐམས་ཅད་རང་གི་སེམས་སུ་བསྟན་པ།
ལྡེབ་གྲངས། 3—4བ།(ཁྲིང་2)

136–5–4
ལེའུ་བཞི་པ། གཉེན་པོ་ཡེ་ཤེས་ཀྱི་འཆར་ལུགས་བསྟན་པ།
ལྡེབ་གྲངས། 4—5བ།(ཁྲིང་2)

136–5–5
ལེའུ་ལྔ་པ། སྔོན་འགྲོའི་བསྙེན་པ།
ལྡེབ་གྲངས། 5—12ན།(ཁྲིང་5)

136–5–6
ལེའུ་དྲུག་པ། ཕྱི་ནང་གསང་བའི་མཚམས་བཅད་པ།
ལྡེབ་གྲངས། 12—17ན།(ཁྲིང་4)

136–5–7
ལེའུ་བདུན་པ། དཀྱིལ་འཁོར་བཅིག་པ་དང་། ཆག་ཆག་བཏབ་པ་དང་ཐིག་བཏབ་པའི་ལེའུ།
ལྡེབ་གྲངས། 17—19ན།(ཁྲིང་6)

136–5–8
ལེའུ་བརྒྱད་པ། དཀྱིལ་འཁོར་བྲི་བའི་ལེའུ།
ལྡེབ་གྲངས། 19—21བ།(ཕྲེང་4)

136–5–9
ལེའུ་དགུ་པ། དཀྱིལ་འཁོར་ལ་རྒྱན་བཀོད་པའི་ལེའུ།
ལྡེབ་གྲངས། 21—26ན།(ཕྲེང་5)

136–5–10
ལེའུ་བཅུ་པ། རིགས་ལྔ་ཡབ་ཡུམ་བསྐྱེད་པའི་ལེའུ།
ལྡེབ་གྲངས། 26—34ན།(ཕྲེང་1)

136–5–11
ལེའུ་བཅུ་གཅིག་པ། ཧམ་ཧུམ་(ཀ་ཧུམ་)ཡབ་ཡུམ་བཅུ་དྲུག་བསྐྱེད་པའི་ལེའུ།
ལྡེབ་གྲངས། 34—36ན།(ཕྲེང་6)

136–5–12
ལེའུ་བཅུ་གཉིས་པ། སྒོ་བ་ཡབ་ཡུམ་བསྐྱེད་པའི་ལེའུ།
ལྡེབ་གྲངས། 36—37བ།(ཕྲེང་4)

136–5–13
ལེའུ་བཅུ་གསུམ་པ། དཔལ་མོ་ཉི་ཤུ་རྩ་བརྒྱད་བསྐྱེད་པའི་ལེའུ།
ལྡེབ་གྲངས། 37—39ན།(ཕྲེང་1)

136–5–14
ལེའུ་བཅུ་བཞི་པ། གདན་དབུལ་བ་དང་སྤྱན་དྲང་ཞིང་(དྲངས་ཤིང་)བཞུགས་སུ་གསོལ་བ།
ལྡེབ་གྲངས། 39—42ན།(ཕྲེང་5)

136–5–15
ལེའུ་བཅོ་ལྔ་པ། ཕྱག་བཙལ་ཞིང་སྐྱབས་སུ་འགྲོ་བ།
ལྡེབ་གྲངས། 42—45ན།(ཕྲེང་6)

136–5–16
ལེའུ་བཅུ་དྲུག་པ། ཚོངས་པ་བཤགས་པའི་ལེའུ།
ལྡེབ་གྲངས། 45—47ན།(ཕྲེང་1)

136–5–17
ལེའུ་བཅུ་བདུན་པ། བྱིན་དབབ་པ་དང་མཆོད་པ་དབུལ་བ།
ལྡེབ་གྲངས། 47—49བ།(ཕྲེང་5)

136–5–18
ལེའུ་བཅོ་བརྒྱད་པ། གསང་མཚན་ནས་འབོད་པ་དང་བསྒྲུབ་པ་དངོས་གྲུབ་བླང་བའི་བར་དུ་བསྟན་པ།
ལྡེབ་གྲངས། 49—53ན།(ཕྲེང་2)

136–5–19
ལེའུ་བཅུ་དགུ་པ། བསྒྲུབ་པ་ཆེན་པོའི་འཕྲིན་ལས་བྱ་བ་མདོ་ཙམ་བསྟན་པ།

ལྡེབ་གྲངས། 53—54བ།(ཕྲེང་1)

136–5–20
ལེའུ་ཉི་ཤུ་པ། དམོད་པའི་སྒྲུབ་པ་ལ་གཞི་བཟུང་བ་བསྟན་པ།
ལྡེབ་གྲངས། 54—57བ།(ཕྲེང་2)

136–5–21
ལེའུ་ཉེར་གཅིག་པ། ཏིང་འཛིན་བསྒོམ་པ་བསྟན་པ།
ལྡེབ་གྲངས། 57—60ན།(ཕྲེང་3)

136–5–22
ལེའུ་ཉེར་གཉིས་པ། བཟླས་བརྗོད་སྔགས་ཀྱི་རིམ་པ་གྲུབ་རྟགས་དང་བཅས་ཏེ་བསྟན་པ།
ལྡེབ་གྲངས། 60—62བ།(ཕྲེང་5)

136–5–23
ལེའུ་ཉེར་གསུམ་པ། བཅས་བསྒྱུར་ཕྱག་རྒྱའི་ལས་བསྟན་པ།
ལྡེབ་གྲངས། 62—64ན།(ཕྲེང་3)

136–5–24
ལེའུ་ཉེར་བཞི་པ། གསང་ཕུར་དྲག་པོའི་ལྷ་ཚོགས་རྣམས་སྤྱན་དྲངས་པའི་ལེའུ།
ལྡེབ་གྲངས། 64—65ན།(ཕྲེང་5)

136–5–25
ལེའུ་ཉེར་ལྔ་པ། ཕྱག་བཙལ་བ་དང་བཞུགས་སུ་གསོལ་བ་དང་བཤགས་པ་འབུལ་བའི་ལེའུ།
ལྡེབ་གྲངས། 65—68ན།(ཕྲེང་6)

136–5–26
ལེའུ་ཉེར་དྲུག་པ། ཕྱི་ནང་གསང་བའི་མཆོད་པ་འབུལ་བའི་ལེའུ།
ལྡེབ་གྲངས། 68—69བ།(ཕྲེང་4)

136–5–27
ལེའུ་ཉེར་བདུན་པ། དྲག་པོའི་འཕྲིན་ལས་བཅོལ་བའི་ལེའུ།
ལྡེབ་གྲངས། 69—73ན།(ཕྲེང་5)

136–5–28
ལེའུ་ཉེར་བརྒྱད་པ། ལྷག་མ་ཚོ་ག་དང་དམར་ལམ་བསྟན་པ།
ལྡེབ་གྲངས། 73—74ན།(ཕྲེང་5)

136–5–29
ལེའུ་ཉེར་དགུ་པ། རང་དོན་བྱང་ཆུབ་སྒྲུབ་པ་སྔོན་དུ་འགྲོ་བ་བསྟན་པ།
ལྡེབ་གྲངས། 74—76ན།(ཕྲེང་3)

136–5–30
ལེའུ་སུམ་ཅུ་པ། ཉམས་སུ་བླང་བའི་འཕྲིན་ལས་ཟབ་མོའི་གོ་རིམ་བསྟན་པ།
ལྡེབ་གྲངས། 76—79ན།(ཕྲེང་4)

136–5–31
ལེའུ་སོ་གཅིག་པ། ཉམས་སུ་བླང་བའི་འབྲས་བུ་བསྟན་པ།
ལྡེབ་གྲངས། 79—80ན།(ཕྲེང་4)

136–5–32
ལེའུ་སོ་གཉིས་པ། འཁོར་རྣམས་ཀྱིས་རྗེས་སུ་ཡི་རང་བའི་སྒོ་ནས་སྟོན་པ་དང་བཀའ་རྒྱུད་ལ་བསྟོད་པའི་ལེའུ།
ལྡེབ་གྲངས། 80བ།(ཕྲེང་6)

136–5–33
ལེའུ་སོ་གསུམ་པ། སྟོན་པས་འཁོར་ལ་གདམས་པའི་ལེའུ།
ལྡེབ་གྲངས། 80—81བ།(ཕྲེང་3)

136–6
ཆོས་ཚན་དྲུག་པ། གསང་བ་ཐབས་ཞགས་གཡུང་དྲུང་གསང་བའི་རྒྱུད་ཅེས་བྱ་བ་བཞུགས་སོ། །

136–6–1
ལེའུ་དང་པོ། གླིང་གཞིའི་ལེའུ།
ལྡེབ་གྲངས། 1—3བ།(ཕྲེང་2)

136–6–2
ལེའུ་གཉིས་པ། གཉེན་པོའི་འཆར་ཚུལ་བསྟན་པ།
ལྡེབ་གྲངས། 3—5ན།(ཕྲེང་2)

136–6–3
ལེའུ་གསུམ་པ། བསྒྲུབ་པའི་ལེའུ།
ལྡེབ་གྲངས། 5—16བ།(ཕྲེང་5)

136–6–4
ལེའུ་བཞི་པ། བསྒྲུབ་པའི་གཞུང་བསྲུང་བའི་ལེའུ།
ལྡེབ་གྲངས། 16—23ན།(ཕྲེང་4)

136–6–5
ལེའུ་ལྔ་པ། ཁྲོ་བོའི་བསྒྲུབ་པའི་གཞི་བཟུང་བའི་ལེའུ།
ལྡེབ་གྲངས། 23—25ན།(ཕྲེང་2)

136–6–6
ལེའུ་དྲུག་པ། ཁྲོ་བོའི་གཞུང་བསྲུང་བའི་ལེའུ།
ལྡེབ་གྲངས། 25—35ན།(ཕྲེང་4)

136–6–7
ལེའུ་བདུན་པ། ཞི་ཁྲོ་ཐུན་མོང་གི་འབྲས་བུའམ་ཡོན་ཏན་བསྟན་པ།
ལྡེབ་གྲངས། 35—37བ།(ཕྲེང་5)

136–6–8
ལེའུ་བརྒྱད་པ། གནས་སྐབས་ཀྱི་འབྲས་བུ་བསྒྲུབ་པའི་ཡི་དམ་གྱི་ལྷ་ཙ་སྨིན་པའི་གཡུང་དྲུང་སེམས་དཔའ་བསྟན་པ།
ལྡེབ་གྲངས། 37—40བ།(ཕྲེང་5)

136–6–9
ལེའུ་དགུ་པ། མཐོང་ལམ་དུ་ཆོ་ལ་དབང་ཐོབ་པའི་གཡུང་དྲུང་སེམས་དཔའ་བསྟན་པ།
ལྡེབ་གྲངས། 40—48བ།(ཕྲེང་2)

136–6–10
ལེའུ་བཅུ་པ། སྒོམ་ལམ་ཕྱག་རྒྱ་ཆེན་པོའི་གཡུང་དྲུང་སེམས་དཔའ་བསྟན་པ།
ལྡེབ་གྲངས། 48—51བ།(ཕྲེང་3)

136–6–11
ལེའུ་བཅུ་གཅིག་པ། མཐར་ཕྱིན་པའི་ལམ་ལྷུན་གྱིས་གྲུབ་པའི་སེམས་དཔའ་བསྟན་པ།
ལྡེབ་གྲངས། 51—56ན།(ཕྲེང་1)

136–6–12
ལེའུ་བཅུ་གཉིས་པ། མཐར་ཐུག་གི་འབྲས་བུ་སྤྱིར་བསྟན་པ།
ལྡེབ་གྲངས། 56—57བ།(ཕྲེང་6)

136–6–13
ལེའུ་བཅུ་གསུམ་པ། མཐར་ཐུག་འབྲས་བུའི་ངོ་བོ་བསྟན་པ།
ལྡེབ་གྲངས། 57—61བ།(ཕྲེང་1)

136–6–14
ལེའུ་བཅུ་བཞི་པ། ལམ་མཐར་ཕྱིན་པས་མཐར་ཐུག་གི་འབྲས་བུ་བསྟན་པ།
ལྡེབ་གྲངས། 61—64བ།(ཕྲེང་4)

136–6–15
ལེའུ་བཅོ་ལྔ་པ། འཁོར་གྱིས་སྟོན་པ་དང་བཀའ་ལ་བསྟོད་པ།
ལྡེབ་གྲངས། 64—65བ།(ཕྲེང་5)

136–6–16
ལེའུ་བཅུ་དྲུག་པ། སྟོན་པས་འཁོར་ལ་གདམས་པའི་ལེའུ།
ལྡེབ་གྲངས། 65—66ན།(ཕྲེང་6)

137 ༼ང༽①
མཚན་བྱང་། ལྷ་བ་ཁྱུང་ཆེན་སྙིང་པ་བཞུགས། །མན་ངག་རྒྱུད་དྲུག་བཞུགས་པ་ལེགས། །༼ཀ༽
བསྡུས་བྱང་། ཁྱུང་ཆེན།
གྲངས་ཚད། ཆོས་ཚན་15ལ་ལེའུ་80དང་ལྡེབ་336ཡོད། ཤོག་གྲངས་772བཞུགས།
རིགས་རྣམ། གཏེར་མ།
གཏེར་སྟོན། ཆ་སྟོན།

137–1–1
ལེའུ་དང་པོ། དབུ་འཆད་ཁོག་དབུབ་པའི་ལེའུ།
ལྡེབ་གྲངས། 1—4བ།(ཕྲེང་6)

---

① བྱང་གཏེར་ཁྲོ་བོའི་རྒྱུད་དྲུག་སོགས།

137–1–2
ལེའུ་གཉིས་པ། ཁྲུང་ཆེན་ལྡིང་པོའི་རྒྱུད་ལ་གནས་པ་བཞི་ཡི་ལེའུ།
ལྡེབ་གྲངས། 4—8ན།(ཕྲེང་4)

137–1–3
ལེའུ་གསུམ་པ། བཙལ་བ་དོན་རྙེད་རྫས་ཀྱི་ལེའུ།
ལྡེབ་གྲངས། 8—11ན།(ཕྲེང་2)

137–1–4
ལེའུ་བཞི་པ། སླས་ཀི་གནས་ཚུལ་བསྟན་པ།
ལྡེབ་གྲངས། 11—13བ།(ཕྲེང་3)

137–1–5
ལེའུ་ལྔ་པ། མཆོད་པའི་ལེའུ།
ལྡེབ་གྲངས། 13—15ན།(ཕྲེང་1)

137–1–6
ལེའུ་དྲུག་པ། འོད་ཟེར་བྱུང་ཁུངས་ཀྱི་ལེའུ།
ལྡེབ་གྲངས། 15—16ན།(ཕྲེང་6)

137–1–7
ལེའུ་བདུན་པ། གཙོ་བོས་ལྷ་རུ་གསལ་བའི་ལེའུ།
ལྡེབ་གྲངས། 16—17ན།(ཕྲེང་1)

137–1–8
ལེའུ་བརྒྱད་པ། མེད།

137–1–9
ལེའུ་དགུ་པ། འོད་ཟེར་སྤྲོས་པ་གཞན་རྒྱུད་གནས་དང་སྦྱུར་བའི་ལེའུ།
ལྡེབ་གྲངས། 17—19ན།(ཕྲེང་1)

137–1–10
ལེའུ་བཅུ་པ། མངོན་རྟོགས་རིག་པ་ཐབས་ཀྱི་འཇུགས་རྒྱུད་ཀྱི་ལེའུ།
ལྡེབ་གྲངས། 19—21བ།(ཕྲེང་4)

137–1–11
ལེའུ་བཅུ་གཅིག་པ། མངོན་སྤྲུལ་འཕྲིན་ལས་ཀྱི་ལེའུ།
ལྡེབ་གྲངས། 21—23བ།(ཕྲེང་3)

137–1–12
ལེའུ་བཅུ་གཉིས་པ། ཁྲུང་ཆེན་ལྡིང་པ་ལ། སྲིན་པ་རང་བཤས་གཞལ་ཡས་རྒྱུད།
ལྡེབ་གྲངས། 23—28བ།(ཕྲེང་6)

137–1–13
ལེའུ་བཅུ་གསུམ་པ། ཆོ་འཕྲུལ་རང་བཟློག་སྤྲུལ་པའི་རྒྱུད།
ལྡེབ་གྲངས། 28—30བ།(ཕྲེང་1)

137–1–14
ལེའུ་བཅུ་བཞི་པ། ཉི་ཟེར་རྒྱུད་ཀྱི་ལེའུ།
ལྡེབ་གྲངས། 30—32ན།(ཕྲེང་2)

137–1–15
ལེའུ་བཅོ་ལྔ་པ། ཡུ་བདུད་རང་བཤས་བརྒྱན་གྱི་རྒྱུད།
ལྡེབ་གྲངས། 32—33ན།(ཕྲེང་2)

137–1–16
ལེའུ་བཅུ་དྲུག་པ། མཆོད་པའི་རྒྱུད་གསུམ་པ་རྐང་གྲངས།
ལྡེབ་གྲངས། 33—34བ།(ཕྲེང་2)

137–1–17
ལེའུ་བཅུ་བདུན་པ། ཡོངས་སྫོད་རྒྱུད།
ལྡེབ་གྲངས། 34—35བ།(ཕྲེང་1)

137–1–18
ལེའུ་བཅོ་བརྒྱད་པ། ལྟ་བའི་རྒྱུད་ཡེ་ཤེས་ལས་གྲུབ་པའི་ལེའུ།
ལྡེབ་གྲངས། 35—43ན།(ཕྲེང་4)

137–1–19
ལེའུ་བཅུ་དགུ་པ། ཀུན་དོན་རྫོགས་པ་མཐའ་བྲལ་རྒྱུད།
ལྡེབ་གྲངས། 43—45ན།(ཕྲེང་3)
མཇུག་བྱང་། ཤམ་པོའི་གཏེར་ནས་རྒྱ་ཡི་བརྐྱེམས།[རྒྱ་ཡིག་གི་འོག་ཏུ་ཤེས་རབ་བློ་ལྡན་འཕོད།] ཁམས་སྟོན་བདག་ལ་དངོས་གྲུབ་བབ།[གསུང་།] དེ་ནས་རྣལ་འབྱོར་བདག་གིས་ཞུས།[བདག་བཀྲ་ཤིས་སྨོ་མང] ཞུ་བཏུག་ནན་ཏན་ཆེ་རུ་བགྱིས། དེ་ལ་བྱུང་བའི་དགེ་བ་དེས། ནམ་མཁས་ཁྱབ་པའི་བོན་རྣམས། སངས་རྒྱས་ཞིང་ལ་འཕོད་པར་ཤོག །[གཤམ་དུ་ཡིག་ཆུང་།] བཤུས་ཡིག་དང་གྲྭ་པ་ཡེ་ཤེས་བླ་དཔེ་ལ་གདབ།
ལྡེབ་གྲངས། 45ན།(ཕྲེང་3)

137–2
ཆོས་ཚན་གཉིས་པ། གསང་བ་དགུ་འཕར་ཁྲོ་གསས་མཁའ་འཁྱིལ་གྱི་རྒྱུད་བཞུགས་པ་ལེགས། །༼ཁ༽

137–2–1
ལེའུ་དང་པོ། གསང་བ་དགུ་འཕར་གྱི་རྩ་ཚིག
ལྡེབ་གྲངས། 1—2བ།(ཕྲེང་6)

137–2–2
ལེའུ་གཉིས་པ། བྱེ་བྲག་སྐབས་ཀྱི་སྨོམ་པ་དགུ།
ལྡེབ་གྲངས། 2—5ན།(ཕྲེང་6)

137–2–3
ལེའུ་གསུམ་པ། གསང་བ་དགུ་འཕར་གནས་པ་ལམ་གྱི་སྨོམ་པ་དགུ།
ལྡེབ་གྲངས། 5—7བ།(ཕྲེང་4)

137–2–4
ལེའུ་བཞི་པ། ཐབས་ཀྱི་སྒོམ་པ་དགུ།
ལྡེབ་གྲངས། 7—12བ།(ཕྲེང་5)

137–2–5
ལེའུ་ལྔ་པ། བཞག་པ་རྒྱུན་གྱི་སྒོམ་པ་དགུ།
ལྡེབ་གྲངས། 12—15ན།(ཕྲེང་1)

137–2–6
ལེའུ་དྲུག་པ། མ་བཅོས་རྒྱུན་གྱི་སྒོམ་པ་དགུ།
ལྡེབ་གྲངས། 15—18ན།(ཕྲེང་2)

137–2–7
ལེའུ་བདུན་པ། གཉིས་འཕྲང་ཤུན་སེལ་སྒོམ་པའི་ལེའུ།
ལྡེབ་གྲངས། 18—21ན།(ཕྲེང་1)

137–2–8
ལེའུ་བརྒྱད་པ། མ་འགགས་དམིགས་མེད་སྒོམ་པ་དགུ།
ལྡེབ་གྲངས། 21—24ན།(ཕྲེང་1)

137–2–9
ལེའུ་དགུ་པ། ཡེ་ཤེས་ཡོངས་རྫོགས་སྒོམ་པའི་ལེའུ།
ལྡེབ་གྲངས། 24—26ན།(ཕྲེང་6)

137–2–10
ལེའུ་བཅུ་པ། མ་ཡིན་དང་གི་སྒོམ་པ་དགུ།
ལྡེབ་གྲངས། 26—28ན།(ཕྲེང་2)

137–2–11
ལེའུ་བཅུ་གཅིག་པ། སེམས་གཞི་བཙལ་བའི་ཁྲིད།
ལྡེབ་གྲངས། 28—30བ།(ཕྲེང་4)

137–2–12
ལེའུ་བཅུ་གཉིས་པ། སྒོམ་ཁྲིད་ལག་ལེན།
ལྡེབ་གྲངས། 30—31བ།(ཕྲེང་4)

137–2–13
ལེའུ་བཅུ་གསུམ་པ། འཁྲུལ་ཉམས་སྣང་ལས་ཀྱི་སྒོམས་པ་དགུ།
ལྡེབ་གྲངས། 31—33ན།(ཕྲེང་2)

137–2–14
ལེའུ་བཅུ་བཞི་པ། ཉམས་སུ་བླངས་པ་རྟགས་བསྟན་པ།
ལྡེབ་གྲངས། 33བ།(ཕྲེང་5)

137–2–15
ལེའུ་བཅོ་ལྔ་པ། མན་ངག་ཉམས་ཀྱི་གདམ་དོན།

ལྡེབ་གྲངས། 33—36བ།(ཕྲེང་6)

137–2–16
ལེའུ་བཅུ་དྲུག་པ། གསང་སྔོམ་སྤྱི་སྤྱུངས་རྩ་སྟོམ།
ལྡེབ་གྲངས། 36—37བ།(ཕྲེང་1)

137–2–17
ལེའུ་བཅུ་བདུན་པ། ངོ་མཚར་གྱི་ལེའུ།
ལྡེབ་གྲངས། 37བ།(ཕྲེང་2)

137–2–18
ལེའུ་བཅོ་བརྒྱད་པ། ལྷུན་གྲུབ་ཀུན་གྱི་ལེའུ།
ལྡེབ་གྲངས། 37—38ན།(ཕྲེང་3)
མཇུག་བྱང་། གཏེར་དཔེ་ཇི་བཞིན་བྲིས་སོ། །ཤོག་སེར་སུམ་གཏུབ་བཅུ་ལ། འཕྲད་བཞི་བརྒྱ་སོ་ལྔ་ཡོད་པ་ཞལ་བཤུས་སོ། །

137–3
ཆོས་ཚན་གསུམ་པ། སྤྱི་སྤྱུངས་འགྱུ་ཡ་སྒྲོག་འཛིན་ཧྲམ་གསས་ཀྱི་རྒྱུད་བཞུགས་པ་ལེགས་སོ། །༼ཀ༽
བསྡུས་བྱང་། འགྱུ་ཡ།

137–3–1
ལེའུ་དང་པོ། དམ་ཚིག་སྤྱི་ཡི་མཚན་ཉིད་བསྟན་པ།
ལྡེབ་གྲངས། 1—4ན།(ཕྲེང་3)

137–3–2
ལེའུ་གཉིས་པ། དམ་ཚིག་ཡུལ་བསྟན་པ།
ལྡེབ་གྲངས། 4—5བ།(ཕྲེང་1)

137–3–3
ལེའུ་གསུམ་པ། དམ་ཚིག་སད་མ་བསལ་བྱེད།
ལྡེབ་གྲངས། 5—6བ།(ཕྲེང་5)

137–3–4
ལེའུ་བཞི་པ། དམ་ཚིག་མདོ་དོན་གསལ་བ།
ལྡེབ་གྲངས། 6—7བ།(ཕྲེང་2)

137–3–5
ལེའུ་ལྔ་པ། དམ་ཚིག་ཁྱབ་བདལ་གྱི་ལེའུ།
ལྡེབ་གྲངས། 7—9བ།(ཕྲེང་5)

137–3–6
ལེའུ་དྲུག་པ། དམ་ཚིག་གི་རྩ་བ།
ལྡེབ་གྲངས། 9—12ན།(ཕྲེང་5)

137–3–7
ལེའུ་བདུན་པ། རྩ་བ་ཡན་ལག་ལྔ་དང་ཉིང་ལག་ལྔ་སྟེ་བཅོ་ལྔ་བསྟན་པ།
ལྡེབ་གྲངས། 12—13བ།(ཕྲེང་4)

137–3–8
ལེའུ་བརྒྱད་པ། རྩ་བ་དམ་ཚིག་ཉེས་དམིགས་ཀྱི་ལེའུ།
ལྡེབ་གྲངས། 13—15ན།(ཤྲིང་2)

137–3–9
ལེའུ་དགུ་པ། ཡན་ལག་ཉིང་ལག་ལྔ་བཅུའི་དོན་བསྟན་པ།
ལྡེབ་གྲངས། 15—20ན།(ཤྲིང་6)

137–3–10
ལེའུ་བཅུ་པ། ཡན་ལག་སྐྱོན་ཡོན་གྱི་ལེའུ།
ལྡེབ་གྲངས། 20—21ན།(ཤྲིང་6)

137–3–11
ལེའུ་བཅུ་གཅིག་པ། དམ་ཚིག་ལོ་མ་སྤྱི་སྡོམ་གྱི་ལེའུ།
ལྡེབ་གྲངས། 21—25ན།(ཤྲིང་6)

137–3–12
ལེའུ་བཅུ་གཉིས་པ། དམ་ཚིག་ཉེས་སྐྱོན་བསྟན་པ།
ལྡེབ་གྲངས། 25—27ན།(ཤྲིང་4)

137–3–13
ལེའུ་བཅུ་གསུམ་པ། དམ་ཚིག་ལས་སྡོམ་གཡན་གྱི་ལེའུ།
ལྡེབ་གྲངས། 27—28ན།(ཤྲིང་6)

137–3–14
ལེའུ་བཅུ་བཞི་པ། དམ་ཚིག་གི་དབྱེ་བ་བསྟན་པ།
ལྡེབ་གྲངས། 28བ།(ཤྲིང་2)

137–3–15
ལེའུ་བཅོ་ལྔ་པ། གཉིས་སུ་མེད་པའི་དམ་ཚིག་གི་ལེའུ།
ལྡེབ་གྲངས། 28—29བ།(ཤྲིང་1)

137–3–16
ལེའུ་བཅུ་དྲུག་པ། ཉམས་པ་གསོ་བའི་ཐབས་བསྟན་པ།
ལྡེབ་གྲངས། 29—30ན།(ཤྲིང་2)

137–3–17
ལེའུ་བཅུ་བདུན་པ། དམ་ཚིག་ཉམས་པ་གསོ་སྦྱོང་།
ལྡེབ་གྲངས། 30ན།(ཤྲིང་5)

མཇུག་བྱང་། འགྱུ་ཡ་སྦྲོག་འཛིན་དམ་ཚིག་རྒྱུད། ཀུན་བཟུང་ཐུགས་སྤྲུལ་བླ་ཆེན་གྱིས། ཤམ་པོ་དཔལ་ལ་གཏེར་དུ་སྦས། ནམ་ཞིག་དར་འགྱུར་སྨོན་ལམ་བཏབ། དྲན་པ་སྤྲུལ་པ་རྨ་སྟོན་གྱིས། བཏོན་ཏེ་བསྐལ་ལྡན་ཡོངས་ལ་སྤེལ། སྐལ་མེད་གཞན་སྐུར་འདེབས་པ་ལ་བཀག མཚན་ལྡན་རྨ་སྟོན་ཤེལ་སེང་ལ། དཔོན་ཆེན་མཐོང་བའི་སྨོན་ལམ་བཏབ་དབང་གིས། སྔོ་གསུམ་གུས་ཕུལ་དད་པས་ཞུས། ཤོག་སེར་སུམ་གཅུབ་བརྒྱད་ལ་ནི། ཡིག་འཕྲེང་བརྒྱ་དང་ཞེ་ལྔ་གདབ། དཔེ་དག་བྱ་སྣེ་ལྷག་ཆད་མེད། དཔོན་ཆེན་ལྷོ་པ་ཚུལ་ཁྲིམས་འོད་ཟེར་གྱི་དཔེ། ཤམ་པོའི་སྐོར་རྣམས་རྫོགས་པར་འདོན་མས་བྲིས། དཔེ་འདིས་མཐའ་ཡས་སེམས་ཅན་

དོན་བྱེད་ནས། ཀུན་བཟང་ཉིད་ལ་ཆུབ་པར་ཤོག །ཕྱོག་ཞུའི་རྒྱབོ། །
ལྡེབ་གྲངས། 30—31ན།(ཕྲེང་3)

137–4
ཆོས་ཚན་བཞི་པ། སྒྲུ་འཕྲུལ་དྲ་བ་སྐྱོད་པ་གཏིང་རྫོགས་ཀྱི་དབལ་གསས་རྔམ་པའི་རྒྱུད་བཞུགས་པ་ལེགས་སྸོ། །(ང)
བསྡུས་བྱང་། སྒྲུ་འཕྲུལ་དྲ་བ།

137–4–1
ལེའུ་དང་པོ། གསང་སྐྱོད་རྩ་བའི་དོན་བསྟན་པ།
ལྡེབ་གྲངས། 1—3བ།(ཕྲེང་4)

137–4–2
ལེའུ་གཉིས་པ། གསང་སྐྱོད་སྤྱི་ཁོག་གི་ལེའུ།
ལྡེབ་གྲངས། 3—6ན།(ཕྲེང་4)

137–4–3
ལེའུ་གསུམ་པ། དོན་སྐྱོད་དྲུག་པ་གསང་སྐྱོད་དོན་བསྟན་པ།
ལྡེབ་གྲངས། 6—7ན།(ཕྲེང་4)

137–4–4
ལེའུ་བཞི་པ། གསང་སྐྱོད་གཞི་དགུའི་ལེའུ།
ལྡེབ་གྲངས། 7བ།(ཕྲེང་2)

137–4–5
ལེའུ་ལྔ་པ། གསང་སྐྱོད་མངོན་རྫོགས་ཀྱི་ལེའུ།
ལྡེབ་གྲངས། 7—11བ།(ཕྲེང་2)

137–4–6
ལེའུ་དྲུག་པ། གསང་སྐྱོད་ཐབས།
ལྡེབ་གྲངས། 11—13ན།(ཕྲེང་1)

137–4–7
ལེའུ་བདུན་པ། སྒྲུ་འཕྲུལ་གསང་སྐྱོད་གསང་བའི་ལེའུ།
ལྡེབ་གྲངས། 13—14ན།(ཕྲེང་2)
མཇུག་བྱང་། ཡིག་ཆུང་། ཤོག་སེར་༢གཏུབ་ལ་ཞལ་བཤུས་དེས་གྲ་བྱས། ཤོག་སེར་ཚ་མོར་གཏུབ་ཕྱོག་ཞུའི་རྒྱབོ། །
ལྡེབ་གྲངས། 14བ།(ཕྲེང་5)

137–5
ཆོས་ཚན་ལྔ་པ། ལས་ཀྱི་ཐིག་ལེ་ཕྲིན་ལས་གཏུམ་གསས་ཀྱི་རྒྱུད་བཞུགས་སོ། །(ཅ)
བསྡུས་བྱང་། ཐིག་ལེ་ཕྲིན་ལས།

137–5–1
ལེའུ་དང་པོ། སྣ་བཟུང་ལས་ཀྱི་ལེའུ།
ལྡེབ་གྲངས། 1—2བ།(ཕྲེང་6)

137–5–2
ལེའུ་གཉིས་པ། ལས་ཀྱི་གོ་དབྱེ་བ།
ལྡེབ་གྲངས། 2—3ན།(ཕྲེང་5)

137–5–3
ལེའུ་གསུམ་པ། ལས་ཀྱི་གོ་རིམ་བསྟན་པ།
ལྡེབ་གྲངས། 3—4བ།(ཕྲེང་5)

137–5–4
ལེའུ་བཞི་པ། ལས་མཁན་ཨར་ལ་བཏད་པའི་ལེའུ།
ལྡེབ་གྲངས། 4—6ན།(ཕྲེང་3)

137–5–5
ལེའུ་ལྔ་པ། གཟི་མ་གནད་ལ་དབབ་པའི་ལེའུ།
ལྡེབ་གྲངས། 6—7བ།(ཕྲེང་2)

137–5–6
ལེའུ་དྲུག་པ། དབལ་མོ་བཞི་ཡི་བསྙེན་དམ་ཟློས་ཀྱི་ལེའུ།
ལྡེབ་གྲངས། 7—8བ།(ཕྲེང་6)

137–5–7
ལེའུ་བདུན་པ། ལས་ཀྱི་མཐའ་བཞགས་བསྟན་པ།
ལྡེབ་གྲངས། 8—10ན།(ཕྲེང་2)

137–5–8
ལེའུ་བརྒྱད་པ། ལས་མཁན་ཚོད་པ་ཟློག་གི་ལེའུ།
ལྡེབ་གྲངས། 10ན།(ཕྲེང་4)

137–5–9
ལེའུ་དགུ་པ། གཡལ་ཡས་རྟགས་བསྟོད་ཀྱི་ལེའུ།
ལྡེབ་གྲངས། 10—13ན།(ཕྲེང་5)

137–5–10
ལེའུ་བཅུ་པ། དབལ་གསས་སྐུ་རྫོགས་ཀྱི་ལེའུ།
ལྡེབ་གྲངས། 13—15ན།(ཕྲེང་5)

137–6
ཆོས་ཚན་དྲུག་པ། ཐབས་ཀྱི་ཞགས་པ་ཡེ་ཤེས་ཉི་མའི་རྒྱུད་བཞུགས་སོ། །༼ཛ༽
བསྡུས་བྱང་། ཐབས།

137–6–1
ལེའུ་དང་པོ། གླེང་བསླང་བའི་ལེའུ།
ལྡེབ་གྲངས། 1—2བ།(ཕྲེང་5)

137–6–2
ལེའུ་གཉིས་པ། གསང་བ་ཡུམ་སྐོང་གི་ལེའུ།

ལྡེབ་གྲངས། 2—3བ།(ཕྲེང་3)

137–6–3

ལེའུ་གསུམ་པ། ཡུམ་རྒྱུད་འདྲིས་པ་གསུམ་གྱི་ལེའུ།

ལྡེབ་གྲངས། 3བ།(ཕྲེང་6)

137–6–4

ལེའུ་བཞི་པ། བསྙེན་པ་རང་ལུས་དང་སྦྱར་བའི་ལེའུ།

ལྡེབ་གྲངས། 3—5བ།(ཕྲེང་5)

137–6–5

ལེའུ་ལྔ་པ། ལམ་མཁའ་དང་གཉིས་སུ་མེད་པར་བསྟན་པ།

ལྡེབ་གྲངས། 5—8བ།(ཕྲེང་1)

137–6–6

ལེའུ་དྲུག་པ། དངོས་གྲུབ་བཅུད་བསྡུས་ཀྱི་ལེའུ།

ལྡེབ་གྲངས། 8—10ན།(ཕྲེང་6)

137–6–7

ལེའུ་བདུན་པ། འབྲས་བུ་ལས་སྨོམ་གྱི་ལེའུ།

ལྡེབ་གྲངས། 10—11བ།(ཕྲེང་2)

137–6–8

ལེའུ་བརྒྱད་པ། བོན་རྣམས་ཡུམ་གྱི་ངང་དུ་བཟླ་བ།

ལྡེབ་གྲངས། 11—13ན།(ཕྲེང་3)

137–6–9

ལེའུ་དགུ་པ། བོན་སྐྱ་སྐྱེ་མེད་དུ་ཐག་གཅད་པའི་ལེའུ།

ལྡེབ་གྲངས། 13—14བ།(ཕྲེང་2)

མཇུག་བྱང་། སྟོན་པ་འདས་ནས། གདུང་སོབ་མུ་ཆོ་ཡི། བཀའ་ལ་བསྙེན་ནས་རིག་པས་མང་དུ་ཕྱེས། མུ་ཆོ་འདས་ནས་མཁས་པ་རིམ་གྱིས་འབྱུང་། སྟག་གཟིགས་ལ་མཁས་པ་མུ་ཙ་ཏྲ་ཧེ་བེ་དང་། ཁྲི་ཧོག་པར་ཙ་མེ་དང་། འགྲུ་ཧེ་ལི་སྤར་ཡ་གསུམ་བྱུང་། དེ་ལ་རྫུ་འཕྲུལ་གྱི་རྐང་པ་ཐོབ་པའི་ལོ་ཆ་བ་གསུམ་གྱིས་བསྒྱུར། རྒྱ་གར་ལ་མཁས་པ་ལྷ་བདག་སྔགས་གྲོ་དང་། རྒྱ་ནག་ལ་མཁས་པ་ལེགས་བཏང་རྨང་བ། ཁྲོམ་ལ་མཁས་པ་གསེར་ཐོག་ལྕེ་འབྱམས། དེ་གསུམ་ལ་བསྒྱུར་བ། བོད་ལ་མཁས་པ་གྱིམ་ཚ་རྨང་གེ་དང་། མེ་ཉག་ལ་མཁས་པ་ལྕེ་ཚ་མཁར་བུ། སུམ་པ་ལ་མཁས་པ་མུ་སྤུངས་གསལ་ཏང་། ཞང་ཞུང་ལ་མཁས་པ་ཤ་རི་དབུ་ཆེན། དེ་རྣམས་ཀྱི་མང་དུ་བསྒྱུར་ཞིང་གཏན་ལ་ཕབ་བོ། །ཁྲོ་རྒྱལ་རིན་ཆེན་ཕྱུག་དཔེ་ལ། འགྲུ་རིགས་མི་ཡི་སྲས་པོ་གྲགས་པ་རྒྱལ་གྱིས་ཞུས་སོ། །ལྗོང་བཙུན་གྲགས་པ་འོད་ཟེར་ལ། འགྲུ་རིགས་ཀྱི་སྲས་པོ་ནམ་མཁའ་འཕེལ་གྱིས་ཞུས་སོ། །བཀྲ་ཤིས།

ལྡེབ་གྲངས། 15-16ན།(ཕྲེང་5)

137–7

ཆོས་ཚན་བདུན་པ།① ངག་སྤྱོད་གསལ་བའི་སྒྲོན་མ་ཞེས་བྱ་བ་བཞུགས་པ་ལེགས་སོ། །

བསྡུས་བྱང་། ངག་སྤྱོད།

ལྡེབ་གྲངས། 1—23ན།(ཕྲེང་5)

① གཞུང་དངོས་སུ་འདིའི་མན་ལ་ལེའུ་གྲངས་བཀོད་མེད་པས་སྒྲིག་མཁན་གྱིས་སྒྱུར།

137–8
ཆོས་ཚན་བརྒྱད་པ། ཡང་རྩེ་གཡུང་དྲུང་གསལ་བའི་སྒྲོན་མ།
ལྡེབ་གྲངས། 1—3བ།(ཕྲེང་3)

137–9
ཆོས་ཚན་དགུ་པ། སེམས་ལྷ་དགོངས་ཉམས་ཀྱི་སྒྲོན་མ་གལ་པོ་སྐབས་ཀྱི་ལྡོ་གདེག་ཞེས་བྱ་བ།
ལྡེབ་གྲངས། 1—5བ།(ཕྲེང་2)

137–10
ཆོས་ཚན་བཅུ་པ། སྤྲུལ་བའི་འོད་ཟེར།༼ཉ༽[1]
ལྡེབ་གྲངས། 1—6ན།(ཕྲེང་2)

137–11
ཆོས་ཚན་བཅུ་གཅིག་པ། གཏིང་ཟློག་ཆེ་བའི་ཆུང་བ་ཁྲོ་བོ་ཡང་ཐུས་ཀྱི་ཆ་ལགས་ཞེས་བྱ་བ་བཞུགས་པའི་དབུ་ཕྱོགས་སྨོ། །༼ཏ༽
ལྡེབ་གྲངས། 1—24བ།(ཕྲེང་6)

137–12
ཆོས་ཚན་བཅུ་གཉིས་པ།༼ཐ༽[མཚན་བྱང་མེད།]
ལྡེབ་གྲངས། 1—9བ།(ཕྲེང་4)
མཇུག་བྱང་། གཉན་ལི་ཤུ་སྟག་རིང་གིས། ཚེ་པོང་ཟ་བ་དམར་མོ་རྒྱལ་གནངས་སྨོ། །བཀའ་ནས་བཞགས་སྨོ། །

137–13
ཆོས་ཚན་བཅུ་གསུམ་པ། སྲུང་བ་མན་ངག་ཡང་ཏིག་ཞེས་བྱ་བ་བཞུགས་པའི་དབུ་འོ། །༼ན༽
ལྡེབ་གྲངས། 1—15ན།(ཕྲེང་3)

137–14
ཆོས་ཚན་བཅུ་བཞི་པ། སྤྱི་སྤུངས་ཞི་ཁྲོའི་རབ་གནས་རྩ་སྔོམ་བཞུགས་པ་ལགས་སོ། །
བརྩམས་བྱང་། རྩ་སྔོམ།
ལྡེབ་གྲངས། 1—16ན།(ཕྲེང་4)
མཇུག་བྱང་། ཨེ་མ་ཧོ། སྤྱི་སྤུངས་རབ་གནས་ཁྱད་འཕགས་འདི་ལ། རྗེར་ཤོག་དམར་པོ་ཁ་དྲུས་དྲུག་ཌ་བ་ལ། ལོག་རེ་ལ་འཕྲེང་བཅུ་ལྔ་བཅུ་དྲུག་བཅུ་བདུན་རེ་ཧ་བསྒོས་ལ་ཞལ་བཤུས་པ་ལགས་སོ། །དཔེ་དག་ཏུ་འབྲུ་ལེན་བྱས་ནས་དག་པར་བཏུགསོ། །གཙང་གི་སྟོད་ གྲོ་ཤོད་སྟ་ཐོ་གཡུ་ལུང་མདོ་ཡི་སྟེར་མའོ། །ཕྱོང་གི་བཙུན་པ་རྗེར་སྟོན་རྒྱལ་མཚན་གཡུང་དྲུང་བདག་གིས་དངོས་གྲུབ་ལགས་སོ། །ཞུ་ཐིག་གོ། ཉི་ཟེར་ས་ཡི་ཏུལ་ལྟར་རྒྱས་འཕེལ་ནས། དུས་མཐའི་བར་དུ་འགྲོ་དོན་བྱེད་པར་ཤོག །ཟབ་ཟབ། ཏེ་བཀྲ་ཤིས་སྨྲོ། །

137–15
ཆོས་ཚན་བཅོ་ལྔ་པ། ཁྲོ་བོ་སྐུ་གསུང་ཐུགས་ཀྱི་སྒྲུབ་ཐབས་ཀྱི་འགྲེལ་བ་གསལ་བྱེད་འཕྲུལ་གྱི་མེ་ལོང་ཞེས་བྱ་བ་བཞུགས།
བརྩམས་བྱང་། དབལ་འགྲེལ།
ལྡེབ་གྲངས། 1—77ན།(ཕྲེང་5)
མཇུག་བྱང་། དབལ་གསས་དྲམ་པ་ལས་རིམ་གྱི་འགྲེལ་བ་སྤྱལ་བྱེད་འཕྲུལ་གྱི་མེ་ལོང་ཞེས་བྱ་བ། འ་ཞ་བློ་གྲོས་རྒྱལ་མཚན་ཞེས་བྱ་བ་ལ། སྡོ་དྲུད་པ་ཡེ་ཤེས་ཀྱིས་བསྐུལ་ཏེ། ཁབ་ལུང་དབེན་ས་ཁར་སྦྱར་བ་རྫོགས་སོ། །ཞུས་སོ། །

① གཞུང་དུ་མཚན་བྱང་མ་ཡོད་པ་སྒྲིག་མཁན་གྱིས་སྦྱར།

138 ༼ཅ༽

མཚན་བྱང་། དཔལ་གསས་རྒྱུད་ཏིང་མུ་གཡུ་རྩེ་དྲུག་བཟློག་རྒྱུད་སྟོང་རི་བོ་ཆེན།

གྲངས་ཚད། ཚོས་ཚན་4དང་ལེའུ་47ལ་ལྡེབ་213ཡོད། ཤོག་གྲངས་424བཞུགས།

རིགས་རྣམ། གཏེར་མ།

གཏེར་སྟོན། ཁྱུང་རྒོད་རྩལ།

138–1

གླེགས་བམ་19པ། མཚན་བྱང་། དཔལ་གསས་ཏམ་པའི་ཡང་སྙིང་གསས་མཁར་ཏིང་མུར་གཡུ་རྩེའི་རྒྱུད་ཅེས་བྱ་བ་བཞུགས།

138–1–1

ལེའུ་དང་པོ། དྲིགས་པ་བྱུང་སྲིད་ཀྱི་ལེའུ།

ལྡེབ་གྲངས། 1—3བ།(ཕྲེང་2)

138–1–2

ལེའུ་གཉིས་པ། དྲིགས་པ་སྲིན་བསྒྲལབའི་ལེའུ།

ལྡེབ་གྲངས། 3—4བ།(ཕྲེང་1)

138–1–3

ལེའུ་གསུམ་པ། བདུད་ལེགས་པར་བཏུལ་བའི་ལེའུ།

ལྡེབ་གྲངས། 4—5ན།(ཕྲེང་3)

138–1–4

ལེའུ་བཞི་པ། བདུད་སྲིན་གྱི་རིལ་ནས་བརྟུལ་བའི་ལེའུ།

ལྡེབ་གྲངས། 5བ།(ཕྲེང་5)

138–1–5

ལེའུ་ལྔ་པ། ཏིང་མུར་གཡུ་རྩེ་བསྙེན་སྒྲུབ་རྩ་བའི་སྡོམ་ཚིག་བསྟན་པ།

ལྡེབ་གྲངས། 5—6བ།(ཕྲེང་5)

138–1–6

ལེའུ་དྲུག་པ། ཏིང་མུར་གཡུ་རྩེ་ལས་བསྙེན་པར་སྟོན་པའི་ལེའུ།

ལྡེབ་གྲངས། 6—8བ།(ཕྲེང་3)

138–1–7

ལེའུ་བདུན་པ། བསྙེན་སྒྲུབ་ལས་ལ་འཇུག་པའི་ལེའུ།

ལྡེབ་གྲངས། 8—12བ།(ཕྲེང་3)

138–1–8

ལེའུ་བརྒྱད་པ། བསྙེན་སྒྲུབ་གྱི་རིལ་ནས་སྤྱད་པའི་ལེའུ།

ལྡེབ་གྲངས། 12—14བ།(ཕྲེང་2)

138–1–9

ལེའུ་དགུ་པ། ཏིང་ངེ་འཛིན་འཕྲོའི་ལེའུ།

ལྡེབ་གྲངས། 14—22བ།(ཕྲེང་6)

138–1–10
ལེའུ་བཅུ་པ། རང་འགྱུར་བདན་(གདན་)གྱི་འགྱུར་ཚུལ་གྱི་ལེའུ།[①]
ལྡེབ་གྲངས། 22—23བ།(ཕྲེང་2)

138–1–11
ལེའུ་བཅུ་གཅིག་པ། སྤྱན་དྲངས་གསང་སྤྱོད་ཀྱི་ལེའུ།
ལྡེབ་གྲངས། 23—24བ།(ཕྲེང་1)

138–1–12
ལེའུ་བཅུ་གཉིས་པ། ཕྱག་འཚལ་བ་དང་སྟོན་གྱི་ལེའུ།
ལྡེབ་གྲངས། 24—25བ།(ཕྲེང་4)

138–1–13
ལེའུ་བཅུ་གསུམ་པ། ཉམས་འགལ་བཤགས་པའི་ལེའུ།
ལྡེབ་གྲངས། 25—26བ།(ཕྲེང་4)

138–1–14
ལེའུ་བཅུ་བཞི་པ། གསང་མཚམས་བྱིན་དབབ་ཀྱི་ལེའུ།
ལྡེབ་གྲངས། 26—27བ།(ཕྲེང་5)

138–1–15
ལེའུ་བཅོ་ལྔ་པ། གསང་བ་རྩ་སྔོམ་གྱི་ལེའུ།
ལྡེབ་གྲངས། 27—31ན།(ཕྲེང་1)

138–1–16
ལེའུ་བཅུ་དྲུག་པ། ཕོ་ཉ་བསྐུལ་བའི་ལེའུ།
ལྡེབ་གྲངས། 31བ།(ཕྲེང་1)

138–1–17
ལེའུ་བཅུ་བདུན་པ། ཁྲོ་རྟགས་དྲག་པོ་དངོས་གྲུབ་ལྷུན་གྱིས་གྲུབ་པའི་ལེའུ།
ལྡེབ་གྲངས། 31—32བ།(ཕྲེང་4)

138–1–18
ལེའུ་བཅོ་བརྒྱད་པ། འབྲས་བུ་དབང་གི་སྐྲུབ་པ།
ལྡེབ་གྲངས། 32—34ན།(ཕྲེང་6)
མཇུག་བྱང་། [ཡིག་ཆུང་།] མང་མཁར་ལྷུགས་འགྲང་ལ་སྤྲས། ཉི་ཟེར་བཞིན་དུ་དར་བར་འགྱུར་རོ། །ཡུམ་སྲས***། རྒྱུད་ཏིང་མུར་གཡུ་རྩེ་འདི་ལ་ཤོག་སེར་ཁ་རན་ལ་ཕྲེང་བཅུ་དྲུག་ནས་གཉིས་པོར་འདུག་པའི་བུ་དཔེ་ལ་དག་པར་བྲིས་སོ། །མཆན་ལྡན་དཔོན་གསས་བླ་མ་ལ། ལས་ལྡན་ཆགས་སྟོན་དཔེ་ཞུས། *རིམ་པར་བརྒྱུད་ད་ལྷ་ཚུལ་ཁྲིམས་དཔལ་བདག་ལའོ། །འདི་བྲིས་དགེ་བའི་རྩ་བ་ཡིས་འགྲོ་རྣམས་ཚོགས་ཀྱི་ལམ་ལ་ཞུགས་ནས་ཀྱང་། རིག་འཛིན་ས་ལ་གནས་གྱུར་ཅིག །དགེའོ། །བཀྲ་ཤིས་སོ། །ལན་༧ཞལ་བཤུས། འདིའི་འོག་ཏུ་དབལ་གསས་འགྲེལ་བ་གསལ་བྱེད་འཕྲུལ་སྒྲོན།
ལྡེབ་གྲངས། 34བ།(ཕྲེང་6)

① ལེའུ་འདིར་བདན་དང་གདན་གྱི་འབྲི་ཚུལ་གཉིས་བྱུང་ཡོད། དོན་དུ་བདན་(གདན་)ཡང་ལྷ་དེར་འགྱུར་ཚུལ་བསྟན་པ།

138–2
གླེགས་བམ་20པ། མཚན་བྱང་། དཔལ་གསས་དྲག་གློག་གི་རྒྱུད་སྟོང་རི་ཐོ་ཆེན་བཞུགས་པ་ལེགས་སོ། །
བསྡུས་བྱང་། རྒྱུད་སྟོང་རི་ཐོ་ཆེན།

138–2–1
ལེའུ་དང་པོ། གླེང་གཞིའི་ལེའུ།
ལྡེབ་གྲངས། 1—36ན།(ཕྲེང་1)

138–2–2
ལེའུ་གཉིས་པ། བླ་མའི་མཚན་ཉིད་རྣམ་གྲངས་ཏེ། དཔོན་གསས་ལྷ་ལ་བསྙེན་པ་དང་། དབང་དང་བྱིན་རླབས་ཀྱི་གཞི། མི་ཡི་རྒྱུད་བསྟན་པ།
ལྡེབ་གྲངས། 36—40ན།(ཕྲེང་6)

138–2–3
ལེའུ་གསུམ་པ། མཚན་ཉིད་བརྒྱད་ལྡན་གནས་ཀྱི་རྒྱུད་ཅེས་བྱ་བ།
ལྡེབ་གྲངས། 40—43བ།(ཕྲེང་5)

138–2–4
ལེའུ་བཞི་པ། བྱིན་བརླབས་སྤྲུལ་བའི་རྒྱུད།
ལྡེབ་གྲངས། 43—46ན།(ཕྲེང་4)

138–2–5
ལེའུ་ལྔ་པ། མཚན་ཉིད་གྲོགས་ལྡན་གྲོགས་ཀྱི་རྒྱུད།[①]
ལྡེབ་གྲངས། 46—48ན།(ཕྲེང་1)

138–2–6
ལེའུ་དྲུག་པ། བརྩལ་པས་དོན་ལྡན་ཇུས་ཀྱི་རྒྱུད།
ལྡེབ་གྲངས། 48—52བ།(ཕྲེང་6)

138–2–7
ལེའུ་བདུན་པ། སྒོ་དགུ་བསྙེན་པ་གཞི་ཡི་རྒྱུད།
ལྡེབ་གྲངས། 52—54ན།(ཕྲེང་4)

138–2–8
ལེའུ་བརྒྱད་པ། ཡན་ལག་བཅོ་བརྒྱད་ལམ་གྱི་རྒྱུད།
ལྡེབ་གྲངས། 54—57བ།(ཕྲེང་3)

138–2–9
ལེའུ་དགུ་པ། མཐའ་བསྐྱུར་མཆོང་གི་རྒྱུད།
ལྡེབ་གྲངས། 57—58ན།(ཕྲེང་2)
མཇུག་བྱང་། རྩ་རྒྱུད་སྟོང་རི་ཐོ་ཆེན་འདི། །ཨ་དཀར་བོན་གྱི་ཡང་སྙིང་ཡིན། །རྒྱུད་རྣམས་ཀུན་གྱི་ཡང་རྩེ་ཡིན། །ཤམ་པོའི་དཔལ་ལ་ཨུ་ཏྲ་སིག །ཕྱི་རབས་བསྟན་པ་བསྲུང་བར་ཤོག །[ཡིག་ཆུང་།] བླ་མ་རྨ་སྟོན་གཞོན་བཟང་ལ། །ཐེག་པ་རིམ་དགུའི་བོན་སྟོང་མངའ། །སྐལ་ལྡན་འབྲུ་བཙུན་གཞེན་འབུམ་[གཞོན་ནུ་འབུམ་]གྱིས་ཞུས་ཏེ་བདག་ལ་བརྒྱུད་པའོ། །དེ་ནས་རིམ་པར་བརྒྱུད་དེ་ད་ལྟ་

① མཚན་ལྡན་གྲོགས་མཆོག

ལའོ། །དགེའོ། །དགེའོ། །དགེའོ། །བཀྲ་ཤིས་སོ། །
ལྡེབ་གྲངས། 58ན།(ཕྲེང་5)

138–3
གླེགས་བམ་21པ། མཚན་བྱང་། གསང་བ་སྔགས་ཀྱི་རྒྱལ་པོ་ཕ་རྒྱུད་རིག་པ་ཁུ་བྱུག་གསང་མཆོག་མཐར་ཐུག་རྒྱལ་པོ་རྩ་བའི་རྒྱུད་ཅེས་བྱ་བ་བཞུགས་སོ། །
བསྡུས་བྱང་། རིག་པ་ཁུ་བྱུག་གི་རྒྱུད།

138–3–1
ལེའུ་དང་པོ། རྩ་བའི་རྒྱུད་ལས་གླིང་གཞིའི་ལེའུ།
ལྡེབ་གྲངས། 1—8བ།(ཕྲེང་2)

138–3–2
ལེའུ་གཉིས་པ། དྲིགས་པ་ཉོན་མོངས་བདུད་བཞི་འབྱུང་སྲིད་ཀྱི་ལེའུ།
ལྡེབ་གྲངས། 8—13བ།(ཕྲེང་3)

138–3–3
ལེའུ་གསུམ་པ། བདུད་སྲིན་དྲེགས་པ་བཏུལ་བའི་ལེའུ།
ལྡེབ་གྲངས། 13—21བ།(ཕྲེང་1)

138–3–4
ལེའུ་བཞི་པ། དཔལ་ཆེན་པོ་འཁྲོས་པའི་དཀྱིལ་འཁོར་ཡོངས་སུ་སྤྲོས་བསྡུས་མཛད་པའི་ལེའུ།
ལྡེབ་གྲངས། 21—26བ།(ཕྲེང་4)

138–3–5
ལེའུ་ལྔ་པ། རྒྱུད་ཀྱི་རྣམ་གྲངས་བསྟན་པ།
ལྡེབ་གྲངས། 26—27བ།(ཕྲེང་5)

138–3–6
ལེའུ་དྲུག་པ། སྔོན་འགྲོ་ཕྱི་ཡི་བསྙེན་པ་བསྟན་པའི་ལེའུ།
ལྡེབ་གྲངས། 27—31བ།(ཕྲེང་6)

138–3–7
ལེའུ་བདུན་པ། ཉེ་བ་ནང་གི་བསྙེན་པ་བསྟན་པ།
ལྡེབ་གྲངས། 31—34བ།(ཕྲེང་1)

138–3–8
ལེའུ་བརྒྱད་པ། བཅའ་གཞི་ལས་ཀྱི་བསྙེན་པ།
ལྡེབ་གྲངས། 34—36བ།(ཕྲེང་6)

138–3–9
ལེའུ་དགུ་པ། ཉིང་འཛིན་དགོངས་པའི་ཡན་ལག་བསྟན་པ།
ལྡེབ་གྲངས། 36—40ན།(ཕྲེང་2)

138–3–10
ལེའུ་བཅུ་པ། སྤྱན་དྲངས་ཡེ་ཤེས་ཀྱི་ཡན་ལག་བསྟན་པ།

ལྡེབ་གྲངས། 40—43ན།(ཕྲེང་1)

138–3–11

ལེའུ་བཅུ་གཅིག་པ། བླ་མེད་མཆོད་པའི་ཡན་ལག་བསྟན་པ།

ལྡེབ་གྲངས། 43—46ན།(ཕྲེང་4)

138–3–12

ལེའུ་བཅུ་གཉིས་པ། ཐུགས་དམ་དབྱིངས་ཀྱི་ཡན་ལག་བསྟན་པ།

ལྡེབ་གྲངས། 46—47བ།(ཕྲེང་5)

138–3–13

ལེའུ་བཅུ་གསུམ་པ། ངོ་མཚར་རྟགས་ཀྱི་ཡན་ལག་བསྟན་པ།

ལྡེབ་གྲངས། 47—49ན།(ཕྲེང་2)

138–3–14

ལེའུ་བཅུ་བཞི་པ། ལས་མཐའ་འབྲས་བུའི་ཡན་ལག་བསྟན་པ།

ལྡེབ་གྲངས། 49—50བ།(ཕྲེང་5)

138–3–15

ལེའུ་བཅོ་ལྔ་པ། སྣང་བ་ལས་ཀྱི་ཏན་ཏྲ་བསྟན་པ།

ལྡེབ་གྲངས། 50—51བ།(ཕྲེང་5)

138–3–16

ལེའུ་བཅུ་དྲུག་པ། བཟློག་པ་ལས་ཀྱི་འཁོར་ལོ་བསྟན་པ།

ལྡེབ་གྲངས། 51—52བ།(ཕྲེང་4)

138–3–17

ལེའུ་བཅུ་བདུན་པ། བསད་པ་ལས་ཀྱི་མདེལ་ཁ་བསྟན་པའི་ལེའུ།

ལྡེབ་གྲངས། 52—53བ།(ཕྲེང་2)

138–3–18

ལེའུ་བཅོ་བརྒྱད་པ། ལས་ཀྱི་ཐ་མ་བསྡིགས་འཕང་གནན་གྱི་དོན་དང་རྒྱུད་ཡོངས་སུ་གཏད་པའི་ལེའུ།

ལྡེབ་གྲངས། 53—56ན།(ཕྲེང་1)

གླེགས་བམ་22པ། མཚན་བྱང་། ཨ་དཔེ་སྒྲོམ་བུ་རིན་ཆེན་འཕྲེང་བ་བཞུགས་པའི་དབུས་ཕྱོགས་སྭ། །[1]

བསྡུས་བྱང་། ཨུ་ཞེ།

ལྡེབ་གྲངས། 1—54བ།(ཕྲེང་2)

མཇུག་བྱང་། ཟ་གཉེན་པོ་རིའི་གཏེར་མ། སྤྲུལ་སྐུ་རྣལ་འབྱོར་གྱིས་དངོས་སློབ་ལགས་སོ། །བྱ་བྲལ་ཤེས་རབ་འོད་ཟེར་ལ་རྒྱ་ཏུས་ཞུས་སོ། །བཀྲ་ཤིས་པར་ཤོག །

ཆོས་ཚན་གཉིས་པ། རྒྱུད་དུང་ལོ་ལྡོན་པ། བདུད་རྩི་སྨྲུབ་པ། སྤྱད་ཀྱི་མདོ། ཞེས་བྱ་བ་བཞུགས་པའོ། །

ལྡེབ་གྲངས། 1—11བ།(ཕྲེང་5)

① མཚན་གཞན་དུ། ཨུ་ལ་སྒྲོམ་བུ་རིན་ཆེན་ཕྲེང་རྒྱུད་སོགས་ཞུ།

139 ༼ཆ༽

139–1

ཆོས་ཚན་དང་པོ། བྱམས་མ་ཆེན་མོ་རྩ་བའི་རྒྱུད་ཅེས་བྱ་བ་བཞུགས་སོ། །

གྲངས་ཚད། ཆོས་ཚན་3ལ་ལེའུ་23དང་ལྡེབ་128ཡོད། ཤོག་གྲངས་256བཞུགས།

རིགས་རྣམ། གཏེར་མ།

གཏེར་སྟོན། ཁྲོ་ཚང་འབྲུག་ལྷ།

139–1–1

ལེའུ་དང་པོ། སྤྱི་དོན་གྱི་ལེའུ།

ལྡེབ་གྲངས། 1—4ན།(ཁྲིང་1)

139–1–2

ལེའུ་གཉིས་པ། ཕྱི་ལྟོས་དཀྱིལ་འཁོར་བྱམས་མའི་ལེའུ།

ལྡེབ་གྲངས། 4—6བ།(ཁྲིང་6)

139–1–3

ལེའུ་གསུམ་པ། ནང་ཉིད་བུམ་པའི་ལེའུ།

ལྡེབ་གྲངས། 6—10ན།(ཁྲིང་1)

139–1–4

ལེའུ་བཞི་པ། གསང་བ་རང་ཉིད་ལུས་ཀྱི་བྱམས་མ།

ལྡེབ་གྲངས། 10—12བ།(ཁྲིང་4)

139–1–5

ལེའུ་ལྔ་པ། ཡང་གསང་ལྷན་གཅིག་སྐྱེས་པའི་ལེའུ།

ལྡེབ་གྲངས། 12—16ན།(ཁྲིང་5)

139–1–6

ལེའུ་དྲུག་པ། དུག་འདུལ་ཀླུ་ཡི་བྱམས་མ།

ལྡེབ་གྲངས། 16—19བ།(ཁྲིང་1)

139–1–7

ལེའུ་བདུན་པ། སྐྲོན་རྣམས་དག་པ་ཁྲུས་ཀྱི་བྱམས་མ།

ལྡེབ་གྲངས། 19—22བ།(ཁྲིང་6)

139–1–8

ལེའུ་བརྒྱད་པ། དངོས་གྲུབ་ཀུན་འབྱུང་སྦྱིན་པའི་བྱམས་མ།

ལྡེབ་གྲངས། 22—26ན།(ཁྲིང་2)

139–1–9

ལེའུ་དགུ་པ། འཆི་མེད་ཕྱུ་ཚེ་བསྒྲུབ་པའི་ལེའུ།

ལྡེབ་གྲངས། 26—27བ།(ཁྲིང་1)

139–1–10

ལེའུ་བཅུ་པ། ཤེས་རབ་བློ་གྲོས་འཕེལ་བའི་ལེའུ།

ལྡེབ་གྲངས། 27—30ན།(ཁྲིང་1)

139–1–11
ལེའུ་བཅུ་གཅིག་པ། ཕ་རོལ་འཕྲུལ་འཁོར་འཇོམས་པའི་བྱམས་མ།
ལྡེབ་གྲངས། 30—32ན།(ཁྲིང་5)

139–1–12
ལེའུ་བཅུ་གཉིས་པ། བར་ཆོད་ཐམས་ཅད་བསླུལ་བའི་ལེའུ།
ལྡེབ་གྲངས། 32—34ན།(ཁྲིང་6)

139–1–13
ལེའུ་བཅུ་གསུམ་པ། ངེས་དོན་ཡོངས་སུ་རྫོགས་པའི་བྱམས་མ།
ལྡེབ་གྲངས། 34—37ན།(ཁྲིང་6)
མཇུག་བྱང་། བྱམས་མ་རྩ་བའི་རྒྱུད་སླྀགས་བམ་གཅིག་པ། བམ་པོ་སུམ་ཅུ་རྩ་གཅིག་པ་ནས། རྩ་བའི་མཆོད་པ་དབང་ཆོག་བསྒྲུབ་ཐབས་མདོར་བསྡུས་ཏེ། བཅུད་ཕྱུང་ནས་བསྟན་པ་དེ་དང་། རྒྱུད་གཉིས་དྲིལ་བ། བྱམས་མ་ཡན་ལག་གི་རྒྱུད་ལས་ལས་ཚོགས་འཛིགས་པ་བརྒྱད་སྐྱོབ་གོ་ཆའི་བསྒྲུབ་པ་བསྡུས་པའོ། །རྗེ་བཙུན་ཁྲི་ཚངས་འབྲུག་ལྷས་གཏེར་ཞལ་ཕྱེས་ནས། དམྱལ་སྟོན་གཞོན་ནུ་འབུམ་ལ་གཏད་པ་ལགས་སོ། །དེས་སྟོམ་པ་རྣམ་གཉིས་སོགས་ལ་བརྒྱུད་དེ། ཀུན་ཏུ་འཕེལ་བའོ། །
ལྡེབ་གྲངས། 37བ།(ཁྲིང་2)

139–2
ཆོས་ཚན་གཉིས་པ། བྱམས་མ་ཆེན་མོ་རྩ་བའི་གཟུངས་ཞེས་བྱ་བ་བཞུགས་སོ། །

139–2–1
ལེའུ་དང་པོ། བྱམས་མ་ཆེན་མོ་རྩ་བའི་གཟུངས་ཀྱི་ལེའུ།
ལྡེབ་གྲངས། 1—8ན།(ཁྲིང་4)

139–2–2
ལེའུ་གཉིས་པ། དགྲ་ཡི་འཇིགས་པ་སྐྱོབ་པ་ཞེས་བྱ་བའི་གཟུངས།
ལྡེབ་གྲངས། 8—13བ།(ཁྲིང་3)

139–2–3
ལེའུ་གསུམ་པ། བྱད་ཀྱི་འཇིགས་པ་སྐྱོབ་པའི་གཟུངས།
ལྡེབ་གྲངས། 13—18བ།(ཁྲིང་4)

139–2–4
ལེའུ་བཞི་པ། རིགས་ཀྱི་འཇིགས་སྐྱོབ་མ་ཞེས་བྱ་བའི་གཟུངས།
ལྡེབ་གྲངས། 18—23ན།(ཁྲིང་6)

139–2–5
ལེའུ་ལྔ་པ། ཐྲུ་ཡི་འཇིགས་སྐྱོབ་མ་ཞེས་བྱ་བའི་གཟུངས།
ལྡེབ་གྲངས། 23—27ན།(ཁྲིང་2)

139–2–6
ལེའུ་དྲུག་པ། ཤུ་སྙིགས་ཀྱི་འཇིགས་སྐྱོབ་མ་ཞེས་བྱ་བའི་གཟུངས།
ལྡེབ་གྲངས། 27—30བ།(ཁྲིང་4)

139–2–7
ལེའུ་བདུན་པ། སྐྱོན་གྱི་འཇིགས་སྐྱོབ་མ་ཞེས་བྱ་བའི་གཟུངས།
ལྡེབ་གྲངས། 30—36ན།(ཕྲེང་5)

139–2–8
ལེའུ་བརྒྱད་པ། མེའི་འཇིགས་སྐྱོབ་མ་ཞེས་བྱ་བའི་གཟུངས།
ལྡེབ་གྲངས། 36—38བ།(ཕྲེང་1)

139–2–9
ལེའུ་དགུ་པ། གཟའི་འཇིགས་སྐྱོབ་མ་ཞེས་བྱ་བའི་གཟུངས།
ལྡེབ་གྲངས། 38—41བ།(ཕྲེང་6)

139–2–10
ལེའུ་བཅུ་པ། བྱམས་མ་ཆེན་མོ་ཡང་སྙིང་རྩ་བའི་གཟུངས།
ལྡེབ་གྲངས། 41—45ན།(ཕྲེང་4)[1]

མཇུག་བྱང་། ཇོ་བཙུན་ཁྲོ་ཚངས་འབྲུག་ལྷས་གཏེར་ནས་བཏོན་པའོ། །བླ་མ་གཞོན་ལ་དངོས་གྲུབ་ཏུ་བབ་སྟེ། རིམ་གྱིས་བརྒྱུད་དེ། ད་ལྟ་རིག་འཛིན་གཤེན་གྱི་རྗེས་བཟུང་མདོ་གནས་ཤར་རྫ་གྲོ་***ལ་པས་ཐུགས་དམ་རྟེན་དུ་བཞེངས་པའོ། །

139–3
ཆོས་ཚན་གསུམ་པ། ཤེས་རབ་བློ་འཕེལ་གྱི་སྐབས་(སྒྲུབ་)ཐབས་བཞུགས་པ་དབུ་ཡི་གཟིགས་ཕྱོགས་ལེགས་སོ། །
ལྡེབ་གྲངས། 1—31ན།(ཕྲེང་4)

མཇུག་བྱང་། སངས་རྒྱས་བསྟན་གཙོ་ཡི། ཡི་གཤེན་སེང་གཞི་ལ་གནང་། གཏད། དེས་སྣ་བ་མདོགས་ཅན་ལ་བཤད། དེས་ཡེ་ཤེས་སྙིང་པོ་ལ་བཤད། དེས་མི་ལུས་བསམ་ལེགས་ལ་བཤད། དེས་སྟོང་རྒྱུང་མཐུ་ཆེན་ལ་བྱིན་བརླབས། དེས་ཤ་རི་དབུ་ཆེན་ལ་བྱིན་བརླབས། དེས་གྱིམ་ཚ་རྨ་ཚུང་ལ་བྱིན་བརླབས། དེས་ལྡེ་ཚ་མཁར་བུ་ལ་བྱིན་བརླབས། དེས་མཁའ་འགྲོ་ཤེས་རབ་བློ་འཕེལ་ནས་དབྲ་བཙུན་ཤེས་བ་དགོངས་རྒྱལ་ལ། རྒྱལ་བ་ཞེས་པ་ལོའི་དྲི་ཞིམ་ལྡན་པ་དབྱར་ཧ་ཟླ་བའི་དཀར་ཕྱོགས་རྒྱལ་བ་གསུམ་པའི་རྒྱལ་ཕུར་འགྲུབ་སྦྱོར་བཟང་པོ་ལ་མཁའ་འགྲོའི་ཞལ་ལུང་ཅི་ལྟར་བཞིན་བྲིས། བཀྲ་ཤིས། །

140 ༼ཛ༽[2]

140–1
ཆོས་ཚན་དང་པོ། གསང་ཆེན་མ་རྒྱུད་ཐུགས་རྗེ་ཉི་མ། མཚན་བྱང་། གཞི་ཡེ་སངས་རྒྱས་པའི་རྒྱུད་བཞུགས་སོ། །༼ཀ༽དུམ་བུ་དང་པོ།
གྲངས་ཚད། ཆོས་ཚན་4ལ་ལེའུ་45དང་ལྡེབ་345ཡོད། ཤོག་གྲངས་690བཞུགས།
རིགས་རྣམ། གཏེར་མ།
གཏེར་སྟོན། འགུ་རུ་རྣོན་རྩེ།

140–1–1
ལེའུ་དང་པོ། སྙིང་གཞིའི་རྩ་བའི་ལེའུ།
ལྡེབ་གྲངས། 1—5བ།(ཕྲེང་2)

① ཆོས་ཚན་གཉིས་པ་དང་འོག་མའི་བར་གྱི་ཤོག་གྲངས་83ནས་97པའི་བར་བཞུགས་མེད། དེའི་བར་དུ་ཆོས་ཚན་གཅིག་ཆད་སྲིད་དུ་མཐོང་།
② མ་རྒྱུད་སངས་རྒྱས་གསུམ། མ་རྒྱུད་ཐུགས་རྗེ་ཉི་མའི་རྒྱུད།

140–1–2
ལེའུ་གཉིས་པ། ཀུན་གཞི་ཡེ་ཤེས་ལྷུན་གྲུབ་ཀྱི་ལེའུ།
ལྡེབ་གྲངས། 5—10བ།(ཕྲེང་6)

140–1–3
ལེའུ་གསུམ་པ། སྣང་གཞི་སྐུ་གསུམ་དབྱེར་མེད་ལྷུན་གྲུབ་བསྟན་པ།
ལྡེབ་གྲངས། 10—16བ།(ཕྲེང་5)

140–1–4
ལེའུ་བཞི་པ། བོན་ཉིད་ཐིག་ལེ་བསྟན་པ།
ལྡེབ་གྲངས། 16—22ན།(ཕྲེང་5)

140–1–5
ལེའུ་ལྔ་པ། མི་ནུབ་ཐིག་ལེ་བསྟན་པ།
ལྡེབ་གྲངས། 22—26བ།(ཕྲེང་3)

140–1–6
ལེའུ་དྲུག་པ། མི་འགྱུར་ཐིག་ལེ་བསྟན་པ།
ལྡེབ་གྲངས། 26—31བ།(ཕྲེང་4)

140–1–7
ལེའུ་བདུན་པ། སྐྱེ་མེད་ཐིག་ལེ་བསྟན་པ།
ལྡེབ་གྲངས། 31—36ན།(ཕྲེང་4)

140–1–8
ལེའུ་བརྒྱད་པ། ལུང་གཞི་དབང་བཞི་ལྷུན་གྲུབ་ཀྱི་ལེའུ།
ལྡེབ་གྲངས། 36—41ན།(ཕྲེང་1)

140–1–9
ལེའུ་དགུ་པ། ལྟ་སྤྱོད་ལྷན་གྲུབ་བསྟན་པ།
ལྡེབ་གྲངས། 41—47ན།(ཕྲེང་5)

140–1–10
ལེའུ་བཅུ་པ། ལས་བཞི་ཕྲིན་ལས་ལྷུན་གྲུབ་བསྟན་པ།
ལྡེབ་གྲངས། 47—52ན།(ཕྲེང་2)

140–2
ཆོས་ཚན་གཉིས་པ། ལམ་མངོན་སངས་རྒྱས་པའི་རྒྱུད་བཞུགས་སོ། །༼ཁ༽དུམ་བུ་གཉིས་པ།

140–2–1
ལེའུ་དང་པོ། ཚོགས་ལམ་ཡེ་ཤེས་བཙན་འབེབས་ཀྱི་ལེའུ།
ལྡེབ་གྲངས། 1—8བ།(ཕྲེང་1)

140–2–2
ལེའུ་གཉིས་པ། སྦྱོར་ལམ་བསྐྱེད་པའི་རིམ་པ་ཡེ་ཤེས་བཞི་སྦྱོར་གྱི་ལེའུ།
ལྡེབ་གྲངས། 8—17བ།(ཕྲེང་6)

140–2–3
ལེའུ་གསུམ་པ། མཐོང་ལམ་རྫུ་འཕྲུལ་ཐབས་འབྱེད་བསྟན་པ།
ལྡེབ་གྲངས། 17—23ན།(ཕྲེང་5)

140–2–4
ལེའུ་བཞི་པ། གཞུང་ལམ་མཆོག་གི་ལེའུ།
ལྡེབ་གྲངས། 23—27བ།(ཕྲེང་1)

140–2–5
ལེའུ་ལྔ་པ། རྨི་བ་ལམ་དུ་ཁྱེར་བའི་ལེའུ།
ལྡེབ་གྲངས། 27—33བ།(ཕྲེང་1)

140–2–6
ལེའུ་དྲུག་པ། གཉན་ས་ལམ་དུ་ཁྱེར་བའི་ལེའུ།
ལྡེབ་གྲངས། 33—39ན།(ཕྲེང་6)

140–2–7
ལེའུ་བདུན་པ། འཕེན་པ་ལམ་དུ་ཁྱེར་བའི་ལེའུ།
ལྡེབ་གྲངས། 39—46བ།(ཕྲེང་1)

140–2–8
ལེའུ་བརྒྱད་པ། འཆི་བ་ལམ་དུ་ཁྱེར་བའི་ལེའུ།
ལྡེབ་གྲངས། 46—55ན།(ཕྲེང་1)

140–2–9
ལེའུ་དགུ་པ། གཉིད་པ་ལམ་དུ་ཁྱེར་བའི་ལེའུ།
ལྡེབ་གྲངས། 55—61བ།(ཕྲེང་4)

140–2–10
ལེའུ་བཅུ་པ། ཐར་ལམ་རིན་པོ་ཆེ་འཛོག་སྐས་ཀྱི་ལེའུ།
ལྡེབ་གྲངས། 61—67ན།(ཕྲེང་3)

140–2–11
ལེའུ་བཅུ་གཅིག་པ། སྨིན་ལམ་རིན་པོ་ཆེ་སྲོག་ཤིང་བསྟན་པ།
ལྡེབ་གྲངས། 67—74ན།(ཕྲེང་5)

140–2–12
ལེའུ་བཅུ་གཉིས་པ། གྲོལ་ལམ་རིན་པོ་ཆེ་འཕུར་སྐྱེན་བསྟན་པ།
ལྡེབ་གྲངས། 74—82བ།(ཕྲེང་2)

140–2–13
ལེའུ་བཅུ་གསུམ་པ། འབྲས་བུ་སྐུ་ལྔ་མཐར་ཕྱུག་བསྟན་པ།
ལྡེབ་གྲངས། 82—84ན།(ཕྲེང་5)

140–3
ཆོས་ཚན་གསུམ་པ། གསང་མཆོག་མཐར་ཐུག་མ་རྒྱུད་ཐུགས་རྗེ་ཉི་མའི་འབྲས་བུ་རྫོགས་སངས་རྒྱས་པའི་རྒྱུད་བཞུགས་

སོ། །༼ག༽དུམ་བུ་གསུམ་པ།

བསྡུས་བྱང་། འབྲས་བུ་རྫོགས་སངས་རྒྱས་པའི་རྒྱུད།

140–3–1

ལེའུ་དང་པོ། འབྲས་བུ་ཆེ་འདིར་ཐོབ་པའི་ལེའུ།

ལྡེབ་གྲངས། 1—6ན།(ཕྲེང་2)

140–3–2

ལེའུ་གཉིས་པ། ཐུགས་རྗེ་ཚད་མེད་པོ་གཉིས་ཀྱིས་འགྲོ་དོན་མཛད་པའི་ལེའུ།

ལྡེབ་གྲངས། 6—7ན།(ཕྲེང་5)

140–3–3

ལེའུ་གསུམ་པ། གཉིས་མེད་སྐོམས་པའི་ཡུམ་ལྷའི་འགྲོ་དོན་མཛད་པ།

ལྡེབ་གྲངས། 7བ།(ཕྲེང་6)

140–3–4

ལེའུ་བཞི་པ། མཁའ་ཡི་ཡུམ་ལྷས་འགྲོ་དོན་མཛད་པ།

ལྡེབ་གྲངས། 7—8བ།(ཕྲེང་1)

140–3–5

ལེའུ་ལྔ་པ། དབྱིངས་ཀྱི་ཡུམ་ལྷས་འགྲོ་དོན་མཛད་པ།

ལྡེབ་གྲངས། 8—9ན།(ཕྲེང་2)

140–3–6

ལེའུ་དྲུག་པ། གློང་གི་ཡུམ་ལྷས་འགྲོ་དོན་མཛད་པ།

ལྡེབ་གྲངས། 9བ།(ཕྲེང་3)

140–3–7

ལེའུ་བདུན་པ། ཡེ་ཤེས་ངོས་བཟུང་རྩེ་གཅིག་བདེ་ཆེན་དང་ལ་ཙོག་གི་བཞག་པའི་ལེའུ།

ལྡེབ་གྲངས། 9—10ན།(ཕྲེང་5)

140–3–8

ལེའུ་བརྒྱད་པ། རྣམ་རྟོག་གཞི་ལ་དྭངས་པ་སྦྱོས་བྲལ་ལུང་ནོན།

ལྡེབ་གྲངས། 10—11ན།(ཕྲེང་1)

140–3–9

ལེའུ་དགུ་པ། ཐམས་ཅད་རོ་གཅིག་དང་ཐག་ཆོད་པའི་ལེའུ།

ལྡེབ་གྲངས། 11བ།(ཕྲེང་2)

140–3–10

ལེའུ་བཅུ་པ། བདེ་ཆེན་དང་ལ་གནས་པ་སྒོམ་མེད་ཐེག་པ་ཆེན་པོའི་ལེའུ།

ལྡེབ་གྲངས། 11—12ན།(ཕྲེང་4)

140–3–11

ལེའུ་བཅུ་གཅིག་པ། འབྲས་བུ་ཐོབ་པའི་རྟགས་བསྟན་པ།

ལྡེབ་གྲངས། 12བ།(ཕྲེང་4)

མཇུག་བྱང་། བརྒྱད་པ་ནི། བོན་སྐུ་ཀུན་ཏུ་བཟང་པོ། རྫོགས་སྐུ་མཁའ་འགྱིང་དཀར་པོ། སྤྲུལ་སྐུ་གསང་མཆོག་མཐར་ཐུག ཡུམ་ཆེན་བཟང་ཟ་རིང་བཙུན། དེ་ནས་ཉེ་བརྒྱུད་དང་རིང་བརྒྱུད་དེ། ཉེ་བརྒྱུད་ནི་རྒྱལ་གཤེན་མི་ལུས་བསམ་ལེགས། ཞང་ཞུང་ཕྱུག་པའི་སྣང་བ་མདོག་ཅན། བར་པའི་ཨ་ནུ་ཕྲག་ཐག སྐོ་པའི་པད་ནེ་གཙུ། དེའི་ལམ་གྱི་བྱ་ར་མ་དྲུག་ལ་གཏད་དེ་གཏེར་དུ་སྦས་སོ། །ཕྱིས་གཏེར་སྟོན་གུ་རུ་རྣོན་རྩེས་བཏོན་པས་དར་དཀར་ངོས་ལ་བཙུན་པ་གཞོན་གྱིས་ཞུས་ནས་དག་པར་བྲིས། དེ་ལ་སྒོམ་པ་གཡུང་དྲུང་སྐྱབས་ཀྱིས་ཞུས། དེའི་སློམ་པ་རིན་ཆེན་དཔལ་ལ་བརྒྱུད། དེའི་བཀའ་གདམས་ཡེ་ཤེས་རྒྱལ་མཚན་ལ་གནང་། དེ་ལ་ཀམ་ནང་པོ་བསྟན་པའི་རྒྱལ་མཚན་གྱིས་ཞུས་ཏེ། དག་པར་བཏུག་པའོ། །དགེའོ། །

140–4

ཆོས་ཚན་བཞི་པ། ཟངས་ལྷ་བྲག་གི་གཏེར་མ་མ་རྒྱུད་ཐུགས་རྗེ་ཉི་མའི་རྒྱུད་བཞུགས་སོ། །

140–4–1

ལེའུ་དང་པོ། གསང་མཆོག་ཚོགས་མཆོད་བསྐོལ་བ།

ལྡེབ་གྲངས། 1—7བ།(ཕྲེང་2)

140–4–2

ལེའུ་གཉིས་པ། མ་རྒྱུད་ཐུགས་རྗེ་ཉི་མའི་ཁྲིད་ངོ་སྤྲོད་ཉི་མའི་སྙིང་པོ།

ལྡེབ་གྲངས། 7—22བ།(ཕྲེང་5)

མཇུག་བྱང་། སྐྱུ་གཏད་མེད་པའི་འཆལ་པ་གནོན་རྩེ་བདག་གིས་གཏེར་ནས་བཏོན་པ་ལགས་སོ། །ཁྱུང་པོའི་བཙུན་པ་ར་ན་ཤེར་ཞི་ཡི་ཕྱག་བདེ་ལགས་སོ། །དགེའོ། །

140–4–3

ལེའུ་གསུམ་པ། ལུང་དྲི་མེད་འོད་གསལ།

ལྡེབ་གྲངས། 22—58ན།(ཕྲེང་4)

མཇུག་བྱང་། ལུང་དྲི་མེད་འོད་གསལ་འདི། བཀྲ་ཤིས་དུང་ཕོར་བྲག་དཀར་ལ། འགུ་ཏུ་གནོན་རྩིས་གཏེར་ནས་བཏོན། ཤོག་སེར་ཡང་ཚས་ཡིན། ཁྱུང་པོ་ཡི་བཙུན་པ་རད་ན་ཤེར་ཞི་ཕྱག་དཔེ་ལགས་སོ། །

140–4–4

ལེའུ་བཞི་པ། མདའ་ལྟར་འཕང་བ་ལྔ།[①]

ལྡེབ་གྲངས། 58—71ན།(ཕྲེང་6)

མཇུག་བྱང་། ཁྱུང་པོའི་བཙུན་པ་རད་ན་ཤེར་ཞིའི་ཕྱག་དཔེ་ལགས་སོ། །

140–4–5

ལེའུ་ལྔ་པ། བོན་ཉིད་བྱམས་པ་ཆེན་པོའི་སྙིང་རྗེའི་སྐོང་། འཁྲིན་ལས་གཡུང་དྲུང་ཡོངས་རྫོགས་ཀྱི་གནད་དྲིལ་བ།

ལྡེབ་གྲངས། 71—90ན།(ཕྲེང་5)

མཇུག་བྱང་། ཞང་ཞུང་སད་ནེ་ག་བུ་ལ་བཤད་པའོ། །ཁྱུང་པོའི་བཙུན་པ་རད་ན་ཤེར་ཞིའི་ཕྱག་དཔེ་ལགས་སོ། །

140–4–6

ལེའུ་དྲུག་པ། རྒྱུད་ཀྱི་གནད་སྒྲོམ་བུ་བཅུད་ཀྱི་སྒྲོན་མ།

ལྡེབ་གྲངས། 90—149ན།(ཕྲེང་2)

མཇུག་བྱང་། ཁྱུང་པོའི་བཙུན་པ་རད་ན་ཤེར་ཞིའི་ཕྱག་དཔེ་ལགས་སོ། །

---

① གསང་བའི་རྩ་ལ་གཏད་དེ་ཐིག་ལེ་མདའ་ལྟར་འཕང་བ་ལྔ་བུ།

140–4–7
ལེའུ་བདུན་པ། འཁྲིད་ངོ་སྤྲོད་ཡེ་ཤེས་ལྷན་སྐྱེས་སུ་ངོ་སྤྲད་པ།
ལྡེབ་གྲངས། 149—161བ།(ཕྲེང་1)
མཇུག་བྱང་། གདོན་རྩེའི་གཏེར་ལུགས།

140–4–8
ལེའུ་བརྒྱད་པ། བསྒོམ་པ་ལྷ་ཡི་འཁྲིད་ངོ་སྤྲོད།
ལྡེབ་གྲངས། 161—166ན།(ཕྲེང་3)
མཇུག་བྱང་། ཡུལ་ལྷ་གས་མཁར་དུང་ཕོར་བྲག་དཀར་ནས། སྤྲུལ་སྐུ་གདོན་རྩེས་གཏེར་ནས་བཏོན་པ་ལགས་སོ། །

140–4–9
ལེའུ་དགུ་པ། ལུང་དྲི་མ་མེད་པ་ལས་འཁྲིད་ངོ་སྤྲོད་དུ་ཡི་དག་གོས་མེད།
ལྡེབ་གྲངས། 166—175ན།(ཕྲེང་1)

140–4–10
ལེའུ་བཅུ་པ། དྲི་མེད་གསུམ་པའི་འཁྲིད་ངོ་སྤྲོད།
ལྡེབ་གྲངས། 175ན།(ཕྲེང་1)

140–4–11
ལེའུ་བཅུ་གཅིག་པ། གསང་བའི་ཡིག་ཆུང་།
ལྡེབ་གྲངས། 187བ།(ཕྲེང་1)
མཇུག་བྱང་། ཁྱུང་པོའི་བཙུན་པ་རེ་ན་ལྷེར་ཞིའི་ཕྱག་དཔེའ་ལགས་སོ། །བཀྲ་ཤིས། །[ཡིག་ཆུང་།] མ་དཔེ་ལྷར་ལེན་གཅིག་ཞུས་སོ། །
ལྡེབ་གྲངས། 197ན།(ཕྲེང་4)

141 ༼ཉ༽
ཚོས་ཚན་དང་པོ། ཐུགས་ཀྱི་ཡང་གབ་ཉི་མའི་རྒྱུད་ཅེས་བྱ་བ། ༼ཀ༽
གྲངས་ཚད། ཚོས་ཚན་3ལ་ལེའུ་46དང་ལྡེབ་280ཡོད། ཤོག་གྲངས་560བཞུགས།
རིགས་རྣམ། གཏེར་མ།
གཏེར་སྟོན། འགུ་ཙ་རྟོན་རྩེ།

141–1–1
ལེའུ་དང་པོ། ནླ་ཁུངས་བཀའ་བརྒྱུད་ཀྱི་ལེའུ།
ལྡེབ་གྲངས། 1—4བ།(ཕྲེང་1)

141–1–2
ལེའུ་གཉིས་པ། ཐུགས་རྗེ་སྐྱབས་འགྲོ་ཉི་མའི་ལེའུ།
ལྡེབ་གྲངས། 4—5ན།(ཕྲེང་6)

141–1–3
ལེའུ་གསུམ་པ། ཐུགས་རྗེ་སེམས་ཡོངས་སུ་བསྐྱེད་པའི་ཉི་མ།
ལྡེབ་གྲངས། 5—6ན།(ཕྲེང་2)

141–1–4
ལེའུ་བཞི་པ། ཐུགས་རྗེ་བསིལ་བའི་ཉི་མ།
ལྷེབ་གྲངས། 6བ།(ཕྲེང་5)

141–1–5
ལེའུ་ལྔ་པ། ཐུགས་རྗེ་སྒྲ་བ་བཅད་པའི་ཉི་མ།
ལྷེབ་གྲངས། 6—7བ།(ཕྲེང་2)

141–1–6
ལེའུ་དྲུག་པ། ཐུགས་རྗེ་འདུལ་ཁྲིམས་སྡོམ་པའི་ཉི་མ།
ལྷེབ་གྲངས། 7—8ན།(ཕྲེང་4)

141–1–7
ལེའུ་བདུན་པ། ཐུགས་རྗེས་(རྗེ་)བཤད་པའི་ཉི་མ།
ལྷེབ་གྲངས། 8—9བ།(ཕྲེང་5)

141–1–8
ལེའུ་བརྒྱད་པ། ཐུགས་རྗེས་(རྗེ་)ཉི་མའི་ཚ་ཚ།
ལྷེབ་གྲངས། 9—10བ།(ཕྲེང་3)

141–1–9
ལེའུ་དགུ་པ། ཐུགས་རྗེ་མཆོད་གཏོར་གྱི་ཉི་མ།
ལྷེབ་གྲངས། 10—14བ།(ཕྲེང་4)

141–1–10
ལེའུ་བཅུ་པ། ཐུགས་རྗེ་གཏོར་མའི་ཉི་མ།
ལྷེབ་གྲངས། 14—16བ།(ཕྲེང་1)

141–1–11
ལེའུ་བཅུ་གཅིག་པ། ཐུགས་རྗེ་བཅུད་ལེན་ཉི་མ།
ལྷེབ་གྲངས། 16—24ན།(ཕྲེང་4)

141–1–12
ལེའུ་བཅུ་གཉིས་པ། ཐུགས་རྗེ་སྒྲུབ་པ་ཆེན་པོའི་ཉི་མ།
ལྷེབ་གྲངས། 24བ།(ཕྲེང་3)

141–1–13
ལེའུ་བཅུ་གསུམ་པ། ཐུགས་རྗེ་པང་གོང་གི་ཉི་མ།
ལྷེབ་གྲངས། 24—25ན།(ཕྲེང་3)

141–1–14
ལེའུ་བཅུ་བཞི་པ། ཐུགས་རྗེ་ཕྱག་དར་བྱི་དོར་གྱི་ཉི་མ།
ལྷེབ་གྲངས། 25—26ན།(ཕྲེང་2)

141–1–15
ལེའུ་བཅོ་ལྔ་པ། ཐུགས་རྗེ་བྱུང་པའི་ཉི་མ།

ལྡེབ་གྲངས། 26བ།(ཕྲེང་4)

141–1–16
ལེའུ་བཅུ་དྲུག་པ། ཐུགས་རྗེ་པད་དཔལ་གྱི་ཉི་མ།
ལྡེབ་གྲངས། 26—28བ།(ཕྲེང་3)

141–1–17
ལེའུ་བཅུ་བདུན་པ། ཐུགས་རྗེ་གསུང་རབ་ཀླག་(བཀླག་)པའི་ཉི་མ།
ལྡེབ་གྲངས། 28—31ན།(ཕྲེང་5)

141–1–18
ལེའུ་བཅོ་བརྒྱད་པ། ཐུགས་རྗེ་བསྡོ་བའི་ཉི་མ།
ལྡེབ་གྲངས། 31—34ན།(ཕྲེང་5)

141–1–19
ལེའུ་བཅུ་དགུ་པ། མ་རྒྱུད་ཐུགས་རྗེ་ཉི་མ།
ལྡེབ་གྲངས། 34—43བ།(ཕྲེང་4)

141–1–20
ལེའུ་ཉི་ཤུ་པ། ཐུགས་རྗེ་སྐུའི་ཉི་མ།
ལྡེབ་གྲངས། 43—51བ།(ཕྲེང་1)

141–1–21
ལེའུ་ཉེར་གཅིག་པ།[1] གསུང་གི་ཐུགས་རྗེ་ཉི་མ།
ལྡེབ་གྲངས། 51—59བ།(ཕྲེང་1)

141–1–22
ལེའུ་ཉེར་གཉིས་པ། ཐུགས་ཀྱི་ཐུགས་རྗེ་ཉི་མ།
ལྡེབ་གྲངས། 59—70བ།(ཕྲེང་2)

141–1–23
ལེའུ་ཉེར་གསུམ་པ། ཐུགས་རྗེ་སྤྱོད་པའི་ཉི་མ།
ལྡེབ་གྲངས། 70—82བ།(ཕྲེང་4)

141–1–24
ལེའུ་ཉེར་བཞི་པ། ཐུགས་རྗེ་བསྒོམ་པའི་ཉི་མ།
ལྡེབ་གྲངས། 82—87བ།(ཕྲེང་1)

141–1–25
ལེའུ་ཉེར་ལྔ་པ། ཐུགས་རྗེ་ལྟ་བ་མཐའ་གྲོལ་ཉི་མ།
ལྡེབ་གྲངས། 87—92བ།(ཕྲེང་4)

141–1–26
ལེའུ་ཉེར་དྲུག་པ། བཞུགས་མེད།

① གཞུང་ལ་སོ་གཅིག་པ་ཞེས་འཁོད།

141–1–27
ལེའུ་ཉེར་བདུན་པ། ཐུགས་རྗེ་ལམ་གྱི་ཉི་མ།
ལྡེབ་གྲངས། 92—104ན།(ཕྲེང་5)

141–1–28
ལེའུ་ཉེར་བརྒྱད་པ། རྒྱུད་ཐུགས་རྗེ་ཉི་མ་ལས་འབྲས་བུའི་ལེའུ།
ལྡེབ་གྲངས། 104—106བ།(ཕྲེང་3)

141–1–29
ལེའུ་ཉེར་དགུ་པ། མཆོད་པའི་ལེའུ།
ལྡེབ་གྲངས། 106—110བ།(ཕྲེང་6)

141–1–30
ལེའུ་སུམ་ཅུ་པ། རྒྱུད་ཐུགས་རྗེ་ཉི་མ་སྨོམ་པའི་ལེའུ།
ལྡེབ་གྲངས། 110—115བ།(ཕྲེང་5)

141–1–31
ལེའུ་སོ་གཅིག་པ།① དབང་གཞི་དོན་ལྡན་ཉི་མ། མ་སྨིན་པ་སྨིན་པར་བྱེད་པ་དབང་གི་ཉོབ་པེ།
ལྡེབ་གྲངས། 115—179ན།(ཕྲེང་1)

141–1–32
ལེའུ་སོ་གཉིས་པ།② གཏད་རྒྱའི་ཉི་མ།
ལྡེབ་གྲངས། 179—183བ།(ཕྲེང་3)
མཇུག་བྱང་། དེ་མ་རྒྱུད་ཐུགས་རྗེ་ཉི་མའི་རྒྱུད་ལུང་མན་ངག་གསུམ་དང་བཅས་པ། ཤང་ཧ་ནག་ཏུང་ཤུད་ནས། སྤྲུལ་སྐུ་འགྲུ་ཊ་ནོན་རྩིས་བརྟོན་པ་ལགས་སོ། །དེང་སང་ཡང་སྟོན་དཔལ་བཟང་བདག་གིས། སེ་རིབ་ཁྲིང་ཁམ་(ཁ་)ཕླ་མ་ནམ་མཁའ་བསོད་ནམས་ལ། དཔེའ་སྤེབས་བཅུ་གཅིག་བཞིན་དཀའ་བ་སྤྱད་ནས་བྲིས། འདི་བྲིས་དགེ་བ་དཔག་མེད་མཐུ་ལྡན་དེས། བདག་སོགས་ཁམས་གསུམ་འཁོར་བའི་སེམས་ཅན་རྣམས། རྒྱུད་དྲུག་འབྲུལ་པའི་ལས་སྤྱོད་ཀུན་སྤངས་ནས། གསང་མཆོག་ཡབ་ཡུམ་རྗེ་འཁོར་ཞལ་མཐོང་ཤོག །མི་ཐན་བཞི་བཅུ་ཞེ་དགུའི་བྲིས་སུ་རྫོགས། །
ལྡེབ་གྲངས། 184ན།(ཕྲེང་5)

141–2
ཆོས་ཚན་གཉིས་པ། རྒྱུད་ཐུགས་རྗེ་ཉི་མའི་ལུང་དྲི་མེད་འོད་གསལ་བཞུགས།༼ཁ༽
བསྡུས་བྱང་། ལུང་ཐུགས་རྗེ་ཉི་མ།
ལྡེབ་གྲངས། 1—40ན།(ཕྲེང་3)
མཇུག་བྱང་། ཞང་ཞུང་པད་ནེ་གཙུ་ལ་བཤད་པའོ། །

141–3
ཆོས་ཚན་གསུམ་པ། རྒྱུད་ཐུགས་རྗེ་ཉི་མའི་མན་ངག་ཡེ་ཤེས་ཟང་ཐལ་བཞུགས།༼ག༽
བསྡུས་བྱང་།

---

① གཞུང་ལ་སོ་གསུམ་པ་ཞེས་འཁོད།
② གཞུང་ལ་སོ་བཞི་པ་ཞེས་འཁོད།

141–3–1
ལེའུ་དང་པོ། རྩ་བ་སྟོང་པ་དྲི་མེད་འོད་གསལ་གྱི་ཉོབ་བེ།
ལྡེབ་གྲངས། 1—4བ།(ཕྲེང་3)

141–3–2
ལེའུ་གཉིས་པ། ཡུལ་གྱི་ལས་སྦྱོར།
ལྡེབ་གྲངས། 4—7ན།(ཕྲེང་2)

141–3–3
ལེའུ་གསུམ་པ། བར་དོའི་སྣང་བ་མི་འཆོར་བགཏ་བདར་ཤ་གཅོད་པ་རྨི་ལམ་དྲི་མེད་འོད་གསལ་དུ་སླང་བ།
ལྡེབ་གྲངས། 7—10བ།(ཕྲེང་2)

141–3–4
ལེའུ་བཞི་པ། གཏི་མུག་གདར་ཤ་བཅད་པ་ཉོན་མོངས་དྲི་མེད་འོད་གསལ་དུ་བསླང་བ།
ལྡེབ་གྲངས། 10—12བ།(ཕྲེང་1)

141–3–5
ལེའུ་ལྔ་པ། ན་ཚ་དྲི་མེད་འོད་གསལ་དུ་བསླང་བ།
ལྡེབ་གྲངས། 12—14ན།(ཕྲེང་2)

141–3–6
ལེའུ་དྲུག་པ། འཆི་བ་དྲི་མེད་འོད་གསལ།
ལྡེབ་གྲངས། 14བ།(ཕྲེང་6)

141–3–7
ལེའུ་བདུན་པ། འོད་གསལ་འབྲས་བུའི་ཉོབ་བེ།
ལྡེབ་གྲངས། 14—16ན།(ཕྲེང་2)

141–3–8/9
ལེའུ་བརྒྱད་པ་དང་ལེའུ་དགུ་པ། ཉོབ་བེ། སྲོས་འདོགས་གཅོད་པའི་མན་ངག
ལྡེབ་གྲངས། 16བ།(ཕྲེང་3)

141–3–10
ལེའུ་བཅུ་པ། བསྒྲུབ་པ་ཆེན་པོའི་མན་ངག
ལྡེབ་གྲངས། 16—17ན།(ཕྲེང་2)

141–3–11
ལེའུ་བཅུ་གཅིག་པ། ལྷ་བསྒོམ་སྤྱོད་པའི་མན་ངག
ལྡེབ་གྲངས། 17བ།(ཕྲེང་2)

141–3–12
ལེའུ་བཅུ་གཉིས་པ། སྐྱེ་བའི་མན་ངག་ཏུ་བསྟན་པ།
ལྡེབ་གྲངས། 17—18བ།(ཕྲེང་5)

141–3–13
ལེའུ་བཅུ་གསུམ་པ། རྩ་ནས་མན་ངག

ལྡེབ་གྲངས། 18—20ན།(ཁྲིང་3)

141–3–14
ལེའུ་བཅུ་བཞི་པ། དབུགས་ཀྱི་བྱེ་བྲག་བསྟན་པ།
ལྡེབ་གྲངས། 20—21ན།(ཁྲིང་1)
མཇུག་བྱང་། ཞང་ཞུང་པད་ནེ་གཙུ་ཡི་སྤྲུལ་པ། སྤྲུལ་སྐུ་སྟུ་ཏུ་མཛོན་རྗེས་ཧ་ནག་ཏུང་ཕུར་ནས་གཏེར་བཏོན་པའོ། །
ལྡེབ་གྲངས། 53བ།(ཁྲིང་6)

142 ༼ད༽
མཚན་བྱང་། གསས་མཁར་རིན་པོ་ཆེ་ཐིག་ལེ་དབྱིངས་ཆེན་གཡུང་དྲུང་བསྒོམ་པའི་རྒྱུད་གསང་བ་དོན་འདུས་སོགས་ལེ་ཚན་དྲུག
གྲངས་ཚད། ཆོས་ཚན་8ལ་ལྡེབ་259ཡོད། ཤོག་གྲངས་516བཞུགས།
རིགས་རྣམ། གཏེར་མ།
གཏེར་སྟོན། བདེ་ཆེན་གླིང་པ།

142–1
ཆོས་ཚན་དང་པོ། གསས་མཁར་རིན་པོ་ཆེ་ཐིག་ལེ་དབྱིངས་ཆེན་གཡུང་དྲུང་བསྒོམ་པའི་རྒྱུད་གསང་བ་དོན་འདུས་ལས་གསང་སྔགས་བསྟན་པ་སྲིད་ཚུལ་བཞུགས་སྐོ། །༼ཀ༽
བསྡུས་བྱང་། གསང་སྔགས།
ལྡེབ་གྲངས། 1—29ན།(ཁྲིང་2)
མཇུག་བྱང་། གསས་མཁར་རིན་པོ་ཆེ་ཐིག་ལེ་དབྱིངས་ཆེན་གྱི་གཡུང་དྲུང་བསྒོམ་པའི་རྒྱུད་གསང་བ་དོན་འདུས་ལས་གསང་སྔགས་བསྟན་པ་སྲིད་ཚུལ་ལོ་རྒྱུས་བསྟན་པའི་ལེའུ་བསྟན་པའོ། །ཁོ་བོ་མི་འགྱུར་ཚེ་དབང་གསང་སྔགས་གྲགས་པའི་ཞལ་བྲག་ཚལ་ནས་ཟབ་མོ་གཏེར་དུ་བསྐྱིད་དེ་གཏན་ལ་འབེབས། ཡི་གེ་དང་པོའི་བྱེད་པོ་དྲུང་ཡིག་ལྷུན་གྲུབ་ཀྱི་བགྱིས་པ་མུ་ཙུག་སྨར་རོ། །

142–2
ཆོས་ཚན་གཉིས་པ། གསས་མཁར་རིན་པོ་ཆེ་ཐིག་ལེ་དབྱིངས་ཆེན་གཡུང་དྲུང་ཡོངས་རྫོགས་གཡུང་དྲུང་བསྒོམ་རྒྱུད་ཀྱི་དཔལ་གསང་བ་འདུས་པ་དོན་གྱི་རྒྱུད་ལས་གླིང་གཞིའི་ལེའུ་བཞུགས། །
བསྡུས་བྱང་། གླིང་གཞི།
ལྡེབ་གྲངས། 1—21བ།(ཁྲིང་4)

142–3
ཆོས་ཚན་གསུམ་པ། རྗེས་འབང་རིག་འཛིན་རྣམས་བཀའ་བརྒྱུད་ཀྱི་གྲུབ་པ་ཐོབ་ཚུལ་བཤད་བྱང་ཡིད་འཕེལ་ནོར་བུ་བཞུགས་སོ། །
བསྡུས་བྱང་། བཤད་བྱང་།
ལྡེབ་གྲངས། 1—27ན།(ཁྲིང་4)
མཇུག་བྱང་། གསས་མཁར་རིན་པོ་ཆེ་ཐིག་ལེ་དབྱིངས་ཆེན་གྱི་ཡང་གསང་སྔགས་ཀྱི་རྒྱུད་འཁོར་བའི། རིག་འཛིན་གྱི་མཁས་པ་ཆེན་པོ་མེ་ཉག་པ། ལྷེ་ཚ་མཁར་བུས་ཉེ་བརྒྱུད་བཤད་བྱང་གི་མདོ་ཙམ་ཕྱི་རབས་གཤེན་པོ་ཡིད་ཆེས་པའི་སླད་དུ་བཀོད་པ་ལགས་སོ། །བདག་འདྲ་རིག་འཛིན་ཀུན་གྲོལ་གསང་བ་རྩལ་ལམ་གཡུང་དྲུང་ཐོགས་མེད་བདག་ལ་རིགས་ལྡན་གྱི་གཟུངས་འཛིན་གཡུང་དྲུང་དཔལ་སྒྲོན་མས་གྲོགས་བགྱིས་ཏེ་མེ་འབྲུག་སྟོན་ཟླ་འབྲིང་པོའི་ཚེས་བཅོ་ལྔའི་ཐོ་སྐར་དུ། ཁྱིམ་ཤོད་ཤེལ་ལེ་རྒྱ་དཀར་གྱི་ཤར་ཕྱོགས་སེང་གེ་གཡུ་རལ་བརྩེ་བྲག་དོ་དང་པོའི་ལྷ་ངོས་ཀྱི་གོང་བུ་ཆུང་གི་ཐེམ་པ་འབུམ་གྱི་བར་མ་ཤེལ་བྲག་མ་བྲག་མའི་མེ་རི་མཆོད་པ་འདྲ་བའི་མཐིལ་ནས་རྒྱ་རིམ་པ་གསུམ་བཤལ་ཏེ་སྤྱན་དྲངས་ནས། སླད་པོ་བཅུ་གསུམ་གྱི་གསང་རྒྱ་ཡོལ་ཚེ་ལས་ཅན་དག་པའི་

སྐྱེས་བུ་མོ་བཙུན་ཉི་མ་རྒྱལ་མཚན་དང་སྨྲང་བཙུན་ཚེ་དབང་བསྟན་རྒྱལ་སོགས་ཀྱིས་བསྐུལ་བ་ལ་བརྟེན་ནས། མཁས་བཞི་དྲན་པ་ཡབ་ཡུམ་གྱི་ཕྱག་བྲིས་མཁའ་འགྲོ་བརྡ་ཡི་ཡི་གེ་སྨུག་སྔེ་ཆ་ཚང་ལ་ལྡེབ་མ་ལྔ་བཅུ་རྩ་བཞི་ཞིང་སོར་མོ་གསུམ་དཀྲུས་སུ་མཐོ་གང་། ཡིག་ཕྲེང་ཁྲོན་བསྒོམས་ལྔ་བཅུ་རྩ་བརྒྱད་ཡོད་པ་ལས་རྒྱུད་ལུང་མན་ངག་གི་གོ་རིམ་མི་འཁྲུགས་པའི་ཕྱིར་དུ་ཞལ་བཤུས་པ་དང་། དཔེ་མ་ཕེབས་པ་ཐམས་ཅད་རང་ལོ་བཅུ་དྲུག་སྐབས་སུ་གསང་ཆེན་བཀོད་པའི་དུར་ཁྲོད་དམ་ཤོ་རྒྱན་སྤྲིན་ནག་འདུས་པའི་ཛོང་ནས་དུས་ངན་གྱི་དབང་གིས་བདུད་སྲིན་ལོག་པ་མི་རྒྱུ་དངོས་སུ་ཞུགས་ནས་རྟེན་འབྲེལ་ལ་བར་ཆད་བཙམ་པའི་ཁ་རྒྱུད་བཀགས་ནས་དབང་དང་ཕྱིན་རླབས་ཀྱི་ན་བུན་ཡལ་བ་མེད་པའི་ཕྱིར་དུ་གཡེར་སྤུངས་རིན་པོ་ཆེ་དངོས་ཀྱི་བཀའ་བརྒྱུད་དབང་ལུང་མན་ངག་སྙན་དུ་གདམས་པའི་དོན་དང་ཙུང་ཟད་ཙམ་ཡང་མ་འཛོལ་ཞིང་། བཀའ་གཏེར་མ་བུ་ཁ་སྦྱོར་དུ་ས་སྨྲལ་ཟླ་དང་པོའི་ཚེས་ལྔ་བཟང་པོར་གཏན་ལ་དབབ་ནས། ཡི་གེ་པ་ནི་རིག་འཛིན་ཆེན་པོའི་ཞབས་རྡུལ་སྤྱི་བོར་ལེན་པའི་དྲུང་ཡིག་ཕྲིན་ལས་ལྷུན་གྲུབ་ཀྱིས་བགྱིས་པས་གསང་སེམས་གཡུང་དྲུང་བསྟན་པའི་རྒྱལ་མཚན་མཐོན་པོ་གཉེན་ཞིང་བརྟེད་ལ་མི་ནུབ་སྲིད་མཐའི་བར་དུ་འཛུགས་ནས་ཐིག་ལེ་དབྱིངས་ཆེན་བཀའ་བརྒྱུད་ཀྱི་སྙིང་པོའི་ཏོག་ཆེན་བོན་ཉིད་ནུབ་པ་མེད་པའི་དབྱིངས་སུ་འབར་བར་གྱུར་ཅིག་གི་སྨོན་པ་དང་བཅས་ཏེ་དད་པ་གསུམ་གྱི་སྣང་བས་ཡོངས་སུ་བླངས་ཏེ་བརྩོན་པ་ཆེན་པོས་བསྒྲུབས་པའི་བཀྲ་ཤིས་དགེ་མཚན་འཕྲུལ་ཡུན་ཀུན་ཏུ་འབར་བར་གྱུར་ཅིག །ཐ་ཚན་མུ་ཙུག་སྨར་རོ། །

142–4

ཆོས་ཚན་བཞི་པ། གསས་མཁར་རིན་པོ་ཆེ་ཐིག་ལེ་དབྱིངས་ཆེན་གཡུང་དྲུང་ཡོངས་རྫོགས་དཔལ་གསང་བ་འདུས་པ་དོན་གྱི་རྒྱུད་ལས་གཡུང་དྲུང་གབ་པ་སྒྲོག་འཛིན་ཐུགས་ཀྱི་དོན་ཞེས་བྱ་བ་བཞུགས། །

བསྡུས་བྱང་། གསང་བ།

ལྡེབ་གྲངས། 1—14ན།(ཕྲེང་3)

མཇུག་བྱང་། གསས་མཁར་རིན་པོ་ཆེ་ཐིག་ལེ་དབྱིངས་ཆེན་གཡུང་དྲུང་ཡོངས་རྫོགས་དཔལ་གསང་བ་འདུས་པ་དོན་གྱི་རྒྱུད་ལས་གཡུང་དྲུང་གབ་པ་སྒྲོག་འཛིན་གྱི་ཐུགས་དོན་བསྟན་པའི་ལེའུ་རྫོགས་སོ། །བདག་འདྲ་གཡུང་དྲུང་བདུད་འདུལ་ཐོགས་མེད་རྩལ་གྱི་དངོས་གྲུབ་ཏུ་བབ་པར་སྨིལ་བ་དགེའོ། །ཐ་ཚན་མུ་ཙུག་སྨར་རོ། །

142–5

ཆོས་ཚན་ལྔ་པ། གསས་མཁར་རིན་པོ་ཆེ་ཐིག་ལེ་དབྱིངས་ཆེན་གཡུང་དྲུང་སྒོམ་པའི་རྒྱུད་གསང་བ་དོན་འདུས་ལས་རྩ་བསྒོམ་མདོ་རྩའི་ལོ་རྒྱུས་བཞུགས་སོ། །

བསྡུས་བྱང་། རྩ་བསྒོམ།

ལྡེབ་གྲངས། 1—20ན།(ཕྲེང་4)

142–6

ཆོས་ཚན་དྲུག་པ། སྤྱི་སྤུངས་གསང་བ་ཐུགས་ཀྱི་བརྣག་པ་གསས་མཁར་རིན་པོ་ཆེ་བཀའ་བརྒྱུད་གསང་བ་འདུས་པའི་ཚོམ་བུ་ཚོགས་ཀྱི་སྒྲུབ་པའི་གསང་ཐུགས་ཡན་ལག་སོ་དྲུག་གི་སྟོང་ཐུན་སེང་འཇོམས་ཞང་པ་བརྒྱད་པའི་གད་མོ་བཞུགས་སོ། །

བསྡུས་བྱང་། སེང་འཇོམས།

ལྡེབ་གྲངས། 1—48ན།(ཕྲེང་3)

མཇུག་བྱང་། གསང་བ་ཐུགས་ཀྱི་བཤད་ཚུལ་འདི་ལྟར་སྨྲིར་གཡུང་དྲུང་བོན་གྱི་བསྟན་པའི་བདག་པོ་སྨན་རིའི་མཁན་ཆེན་ཉི་མ་བསྟན་འཛིན་དང་། མཆོག་ཆེན་ཀུན་གྲོལ་གྲགས་པ། བཞིས་བསྟན་འཛིན་ཚུལ་ཁྲིམས་སོགས་སྐྱེས་ཆེན་དུ་མས་ཡང་ནས་ཡང་དུ་གསུང་གསང་སྤྱི་བོར་རེག་ཅིང་། ལྷག་པར་སྙིགས་དུས་རྒྱལ་བ་གཉིས་པ་རང་གཞན་གྲུབ་པའི་མཐའ་རྒྱ་མཚོ་ཕ་རོལ་དུ་སོན་པའི་རིས་བྲལ་བསྟན་པའི་བདག་པོ་འཛམ་གླིང་བྱེ་བ་ཕྲག་བརྒྱ་ན་སྤྲུལ་སྐུའི་བྱེ་བ་ཕྲག་བརྒྱའི་ཁྱུ་མཆོག། འཛམ་དབྱངས་མཁྱེན་བརྩེའི་དབང་པོའི་མི་ཤིགས་གཡུང་དྲུང་འབྱུང་གནས་རྩལ་ཡོངས་སུ་གྲགས་པ་ཕྱོགས་ཀྱི་སྒྲ་ཁྱུད་ཁྱབ་པའི་བདག་ཉིད་ཆེན་པོ་དེ་ཡི་ཞལ་

སྔ་ནས། ཁྱེད་རང་བོན་ལུགས་འདི་ལ་རང་རྐང་ཚུགས་པའི་ཐེག་རིམ་ཚིག་དོན་དྭངས་ཤིང་སྟོབས་ཆེ་བ་རྒྱ་ཆེར་མཆིས་མོད་ཀྱང་། མཁས་གྲུབ་གོང་མ་རྣམས་གཤེགས་སྔ་བར་དུ་ཕེབས་པ་རྣམས་ཀྱིས་ཞིབ་དཔྱོད་མ་གྲུབ་པའི་སྐྱོན་པོ་ནས་ཕྱག་ལེན་ཧོབ་ཧོབ་ཏུ་སོང་གཤིས། ཁྱོད་ཀྱིས་དེ་ལྟ་བུའི་ཚུལ་མ་ཡིན་པར་བོན་རྙིང་ལུགས་བྱ་ཡི་ཕྱག་ལེན་བཞིན། ཀྱེར་སྣང་ཆེན་པོའི་བཀའ་བསྒྲོལ་འདིའང་འབྲིང་ཕྱོགས་ཆེ་ཤོས་ལགས་ན། དེ་ལྟ་བུའི་གསང་སྔགས་བཤད་སྒྲུབ་ཀྱི་ཕྱག་ལེན་ཁུངས་བཙུན་པའི་རྒྱུན་ཞིག་ཚུགས་ནས། ཕྱིས་འབྱུང་གཡུང་དྲུང་བསྟན་པའི་ཞལ་འདེགས་རྒྱ་ཆེར་འགྱུར་བའི་རྟེན་འབྲེལ་བཟང་པོའི་ཆས་སུ་འགྱུར་བའང་སྲིད་པས། དེ་ལྟ་བུར་བྱུང་ན་དུས་ཀྱི་སྨིན་ཡོན་བསམ་ལས་འདས་ཤིང་། དེ་ལ་སྒོམ་ལས་དང་ལེ་ལོ་དང་གཞན་དབང་དུ་མ་ཤོར་བར་འགྲུབ་པར་གྱིས་ཤིག་གི་བཀའ་སྐུལ་བསླབ་སྟོན་གཟེངས་བསྟོད་ཀྱིས་མཚམས་སྦྱར། བསླུ་མེད་གསུང་གི་བྱིན་གྱིས་བརླབས་ཤིང་བཀའ་རྗེས་སུ་གནང་བ་ལ་གསོལ་བ་དང་། ཉེ་བར་ཤཱཀ་རིགས་འགྲོ་འདུལ་གྲགས་པས་ཡང་དང་ཡང་དུ་བསྐུལ་བ་ལ་བརྟེན་ཏེ། རིག་འཛིན་ཀུན་གྲོལ་གསང་བ་རྩལ་གྱིས་འཆི་མེད་གཡུང་དྲུང་བཀོད་པའི་ཁང་བཟང་དུ་བརྩམས་པར། ཡི་གེ་དང་པོའི་རི་མོ་མཁན་ཕྱིན་ལས་ལྷུན་གྲུབ་ཤེས་རབ་དཔལ་བཟང་པོའི་བགྱིས་པ་དགེ་ལེགས་སུ་གྱུར་ཅིག །ཐ་ཚན་ཨུ་ཙུག་སླར་རོ། །

142–7

ཆོས་ཚན་བདུན་པ། བདེར་གཤེགས་སྤྱི་སྤུངས་གསང་བ་ཐུགས་ཀྱི་བརྣག་པ་བཀའ་བརྒྱད་ཚོམ་བུ་ཚོགས་སྒྲུབ་ཆེན་པོའི་སྟོང་ཐུན་ཐེག་པའི་གྲངས་ལྡན་ཚངས་དབྱངས་དགྱེས་པའི་གད་མོ་བཞུགས་སོ། །

བརྩམས་བྱང་། སྟོང་ཐུན།

ལྡེབ་གྲངས། 1—50ན།(ཁྲིང་6)

མཇུག་བྱང་། ཅེས་སྟོང་ཐུན་ཐེག་པའི་གྲངས་ལྡན་ཚངས་དབྱངས་དགྱེས་པའི་གད་མོ་ཞེས་བྱ་བ་འདི་ནི། སངས་རྒྱས་གཡུང་དྲུང་བསྟན་པའི་སྙིང་པོ་བླ་མེད་གསང་བ་སྔགས་ཀྱི་རྗེས་སུ། ཞལ་བཞེས་བདེ་ལྡན་གསང་སྔགས་གླིང་དུ་ལོ་བསྟར་ཆགས་སུ་བསྒྲུབ་ཆེན་སྨན་སྒྲུབ་སྒྲིལ་མ་འཇུག་པའི་ཆ་རྐྱེན་དུ། རང་གཞན་ཀུན་མཐའ་ཕ་རོལ་དུ་སོན་པའི་བདག་ཉིད་ཆེན་པོ་ཟླ་འོད་རྣམ་འཕྲུལ་ཀུན་མཁྱེན་འཇམ་དབྱངས་མཁྱེན་བརྩེ་དབང་པོའམ་མི་ཤིག་གཡུང་དྲུང་འབྱུང་གནས་རྩལ་ཞེས་གྲགས་པ་འཁོར་ལོའི་དབང་ཕྱུག་ཆེན་པོའི་ཞལ་སྔ་ནས། གཡུང་དྲུང་བོན་གྱི་བཀའ་གཏེར་ལྔ་གསུམ་བཤད་སྒྲུབ་ཆེན་པོའི་བསྟན་པ་རིན་པོ་ཆེའི་གྱ་ནོམ་པའི་འབུལ་བཀུར་ཀྱི་རྟེན་འབྲེལ་ཤིན་ཏུ་ལེགས་པའི་རྒྱུ་ཅི་རིགས་པའི་ལྟས་ངོ་མཚར་དུ་མ་དང་། གཞན་ཡང་སྨན་རིའི་མཁན་ཆེན་ཉི་མ་བསྟན་འཛིན་དང་། མཆོག་ཆེན་པོ་རིག་འཛིན་ཀུན་གྲོལ་བཞིས་བསྟན་འཛིན་ཚུལ་ཁྲིམས་གྲགས་པ་གཉིས་ནས། བསྟན་སྙིང་གསོ་ཞིང་གཏེར་སར་གསར་སྤེལ་གྱི་ལེགས་མཛད་ཕྲ་མོ་ཡན་ཆད་སྒོམ་ལས་དང་བཏང་སྙོམས་སུ་མ་སོང་བར། ཅི་རྒྱས་སུ་སྤེལ་དགོས་ཞེས་ཡང་ཡང་བཀའ་གསར་ཕེབས་པ་དང་། ཉེ་བར་ཤཱཀ་རིགས་བླ་མ་འགྲོ་འདུལ་གྲགས་པ་དང་། རིགས་སྲས་ཚེ་དབང་བསོད་ནམས་བསྟན་འཛིན་རྒྱལ་མཚན་སོགས་ཀྱི་གསུང་གསང་གི་རྗེས་སུ་གནང་བ་ལ་བརྟེན་ནས། རིག་འཛིན་ཀུན་གྲོལ་གསང་བ་རྩལ་གྱིས་བཤད་སྒྲུབ་གཡུང་དྲུང་བསྟན་པའི་གཞལ་མེད་ཁང་ཆེན་པོ་འཆི་མེད་གཡུང་དྲུང་བཀོད་པའི་ཁང་བཟང་དུ་བྲིས་པ་དགེ་ལེགས་སུ་གྱུར་ཅིག །སརྦ་མུ་ཙུག་སླར་རོ། །

142–8

ཆོས་ཚན་བརྒྱད་པ། དཔལ་མཁའ་འཁྱིང་དབང་གི་རྒྱལ་པོའི་གར་སྟབ་(སྟབས་)འཆམ་གྱིས་(ཀྱི་)སྟོང་ཐུན་དཀྱིལ་འཁོར་དགྱེས་པའི་དགའ་སྟོན་བཞུགས་སོ། །

བརྩམས་བྱང་། གར་འཆམ།

ལྡེབ་གྲངས། 1—8བ།(ཁྲིང་6)

མཇུག་བྱང་། ཅེས་སྟོང་ཐུན་ཐེག་པའི་གྲངས་ལྡན་ཚངས་དབྱངས་དགྱེས་པའི་གད་མོ་ཞེས་བྱ་བ་འདི་ནི། སངས་རྒྱས་གཡུང་དྲུང་བསྟན་པའི་སྙིང་པོ་བླ་མེད་གསང་བ་སྔགས་ཀྱི་རྗེས་སུ། ཞལ་བཞེས་བདེ་ལྡན་གསང་སྔགས་གླིང་དུ་ལོ་བསྟར་ཆགས་སུ་བསྒྲུབ་ཆེན་སྨན་སྒྲུབ་སྒྲིལ་མ་འཇུག་པའི་ཆ་རྐྱེན་དུ། རང་གཞན་ཀུན་མཐའ་ཕ་རོལ་དུ་སོན་པའི་བདག་ཉིད་ཆེན་པོ་ཟླ་འོད་རྣམ་འཕྲུལ་ཀུན་

མཁྱེན་འཇམ་དབྱངས་མཁྱེན་བརྩེ་དབང་པོའམ་མི་ཤིག་གཡུང་དྲུང་འབྱུང་གནས་རྩལ་ཞེས་གྲགས་པ་འཕོར་ལོའི་དབང་ཕྱུག་ཆེན་པོའི་ཞལ་སྔ་ནས། གཡུང་དྲུང་བོན་གྱི་བཀའ་གཏེར་ལྷ་གསུམ་བཤད་སྒྲུབ་ཆེན་པོའི་བསྟན་པ་རིན་པོ་ཆེའི་ཀྱ་རྣམ་པའི་འབུལ་བཀུར་གྱི་རྟེན་འབྲེལ་ཤིན་ཏུ་ལེགས་པའི་རྒྱུ་ཅི་རིགས་པའི་ལྟས་ངོ་མཚར་ཏུ་མ་དང་། གཞན་ཡང་སྨན་རིའི་མཁན་ཆེན་ཉི་མ་བསྟན་འཛིན་དང་། མཆོག་ཆེན་པོ་རིག་འཛིན་ཀུན་སྒྲོལ་བཞིས་བསྟན་འཛིན་ཚུལ་ཁྲིམས་གྲགས་པ་གཉིས་ནས། བསྟན་སྙིང་གསོ་ཞིང་གཏེར་སར་གསར་སྤེལ་གྱི་ལེགས་མཛད་ཕྲ་མོ་ཡན་ཆད་སྙོམ་ལས་དང་བཏང་སྙོམས་སུ་མ་སོང་བར། ཅི་རྒྱས་སུ་སྤེལ་དགོས་ཞེས་ཡང་ཡང་བཀའ་གསར་ཕེབས་པ་དང་། ཉེ་བར་ཤྭག་རིགས་བླ་མ་འགྲོ་འདུལ་གྲགས་པ་དང་། རིགས་སྲས་ཚེ་དབང་བསོད་ནམས་བསྟན་འཛིན་རྒྱལ་མཚན་སོགས་ཀྱི་གསུང་གསང་གི་རྗེས་སུ་གནང་བ་ལ་བརྟེན་ནས། རིག་འཛིན་ཀུན་གྲོལ་གསང་བ་རྩལ་གྱིས་བཤད་སྒྲུབ་གཡུང་དྲུང་བསྟན་པའི་གཞལ་མེད་ཁང་ཆེན་པོ་འཆི་མེད་གཡུང་དྲུང་བཀོད་པའི་ཁང་བཟང་དུ་བྲིས་པ་དགེ་ལེགས་སུ་གྱུར་ཅིག །སརྦ་མ་ཾ་ཙུ་ག་སྨར་རོ། །

143 ༼ཐ༽
མཚན་བྱང་། གསས་མཁར་རིན་པོ་ཆེ་སྤྱི་སྤུངས་ལས་གསང་བ་འདུས་པའི་རྒྱུད།
གྲངས་ཚད། ཆོས་ཚན་13ལ་ལྡེབ་124ཡོད། ཤོག་གྲངས་247བཞུགས།
རིགས་རྣམ། གཏེར་མ།
གཏེར་སྟོན། གསང་གླིང་བ།

143–1
ཆོས་ཚན་དང་པོ། ཐབས་ཆེན་མཁའ་ཡི་རྒྱུད་རིག་འཛིན་འདུས་པའི་ཆོག་དབུབ་དཔོན་གསས་རྒྱུད་བྱང་སྟོང་ཐུན་བཞུགས་སོ། །
བསྡུས་བྱང་། ཆོག་དབུབ།
ལྡེབ་གྲངས། 1—19བ།(ཕྲེང་4)

143–2
ཆོས་ཚན་གཉིས་པ། རིག་འཛིན་འདུས་པའི་ཕྲིན་ཡིག་ངེས་དོན་གསལ་བའི་སྒྲོན་མ་བཞུགས་སོ། །
བསྡུས་བྱང་། ངེས་དོན།
ལྡེབ་གྲངས། 1—9ན།(ཕྲེང་3)
མཇུག་བྱང་། བོད་སྤུངས་དྲན་པ་དང་། དམུ་ཚ་ར་སངས་ཀྱིས། ཕྱི་རབས་དོན་དུ་གུ་གེར་རྒྱུད། ལས་དང་སྐལ་ལྡན་མ་ཡིན་པ་ཀུན་ལ་གསང་།

143–3
ཆོས་ཚན་གསུམ་པ། རིག་འཛིན་འདུས་པའི་དགོངས་ཉམས་བཞུགས་སོ། །
བསྡུས་བྱང་། དགོངས་ཉམས།
ལྡེབ་གྲངས། 1—4བ།(ཕྲེང་3)
མཇུག་བྱང་། བོད་སྤུངས་དྲན་པ་དང་། དམུ་ཚ་ར་སངས་ཀྱིས། ཕྱི་རབས་དོན་དུ་གུ་གེར་རྒྱུད། ལས་དང་སྐལ་ལྡན་མ་ཡིན་པ་ཀུན་ལ་གསང་།

143–4
ཆོས་ཚན་བཞི་པ། རིག་འཛིན་འདུས་པའི་བཅུད་ལེན་ཚེ་དང་བདུད་རྩི་སྨན་གྱི་འཚོང་དུ་བསྒྲུབ་པ་བཞུགས་སོ། །
བསྡུས་བྱང་། བཅུད་ལེན།
ལྡེབ་གྲངས། 1—4བ།(ཕྲེང་7)

མཇུག་བྱང་། ཨོཾ་མེན་གྱེར་ཆེན་དང་། ཁོད་སྤུངས་དྲན་པས་གུ་གེར་རྒྱུད། ལས་འགྲོ་ཅན་དང་འཕྲད་ནས་ཚེ་སྲིང་ནད་སེལ་བཀྲག་མདངས་ལྡན་པས་ཀྱང་། གཡུང་དྲུང་འབྲུའི་དོན་རྟོགས་ཤོག།

143–5
ཆོས་ཚན་ལྔ་པ། རིག་འཛིན་འདུས་པའི་ཁྲུད་པར་མཆོད་ཡིག་ངོ་སྤྲོད་གདམས་པ་བཞུགས་སོ། །
བསྡུས་བྱང་། ཁྲུད་པར།
ལྡེབ་གྲངས། 1—5བ།(ཕྲེང་5)
མཇུག་བྱང་། རིག་འཛིན་འདུས་པའི་ངོ་སྤྲོད། ཁྲུད་པར་བླ་ན་མེད་པའི་མན་ངག ཞང་ཞུང་གི་བོན་པོ་སྟོང་རྒྱུང་དང་། དམུ་ཡི་གཤེན་པོ་དྲན་པ་གཉིས་ཀྱིས་མཛད་པའོ། །རིག་འཛིན་དབང་མ་ཐོབ་པར་མི་བསྟན་ནོ། །ཡུམ་སྲས་ལྷ་ལ་གཏད་དོ། །

143–6
ཆོས་ཚན་དྲུག་པ། རིག་འཛིན་འདུས་པའི་ཉམས་བླང་གསུམ་གྱི་གནད་བསྟན་པ་བཞུགས་སོ། །
བསྡུས་བྱང་། ཉམས་བླང་།
ལྡེབ་གྲངས། 1—2བ།(ཕྲེང་3)
མཇུག་བྱང་། གཏེར་དཔེ་ཅི་བཞིན་བྲིས་པ་དགེ་ལེགས་འཕེལ།

143–7
ཆོས་ཚན་བདུན་པ། ཐེག་པ་རིམ་པ་མངོན་དུ་བཤད་པའི་རྒྱུད།
བསྡུས་བྱང་། ཐེག་རིམ།
ལྡེབ་གྲངས། 1—7བ།(ཕྲེང་7)

143–8
ཆོས་ཚན་བརྒྱད་པ། གསས་མཁར་རིན་པོ་ཆེ་སྤྱི་སྤུངས་ལས་གསང་བ་འདུས་པ་ཐབས་ཆེན་ཡབ་ཀྱི་གསང་རྒྱུད་བཞུགས་སོ། །
བསྡུས་བྱང་། གསང་རྒྱུད།
ལྡེབ་གྲངས། 1—28ན།(ཕྲེང་5)
མཇུག་བྱང་། གསང་རྒྱུད་འདི་ནི་བསྟན་གཉིས་གསང་སྔགས་གླིང་བས་ཚ་བ་རོང་ཆེན་གནས་ནས་སྤྱན་དྲངས་ཤིང་། ཕྱིས་སུ་རྟོགས་ལྡན་རིན་པོ་ཆེ་བཀྲ་ཤིས་རྒྱལ་མཚན་དང་ཁྲོ་སྤྲུལ་གཡུང་དྲུང་མཐོང་གྲོལ་དང་ཁྲོ་དཔོན་སོགས་སྐྱེས་བུ་དམ་པ་དུ་མས་བསྐྱལ་ངོར་དག་པར་ཕབ་པའོ། །

143–9
ཆོས་ཚན་དགུ་པ། གསས་མཁར་རིན་པོ་ཆེ་སྤྱི་སྤུངས་ལས་གསང་བ་འདུས་པ་ཐབས་ཆེན་ཡབ་ཀྱི་ལུང་རྒྱུད་བཞུགས་སོ། །
བསྡུས་བྱང་། ལུང་རྒྱུད།
ལྡེབ་གྲངས། 1—46ན།(ཕྲེང་4)
མཇུག་བྱང་། གསང་འདུས་ལུང་ཆེན་འདི་གསང་གླིང་བས་ཚ་རོང་ཁ་བ་དཀར་པོའི་གནས་ནས་བྲག་གཏེར་རིན་པོ་ཆེ་སྤྱན་དྲངས་ཤིང་། ཕྱིས་སུ་ཤར་རྫའི་རྟོགས་ལྡན་བཀྲ་ཤིས་རྒྱལ་མཚན་དང་། གྲོགས་དབང་མོ་དང་སྤྲུལ་གཡུང་དྲུང་སོགས་སྐྱེས་བུ་དུ་མས་ཡང་ཡང་བསྐྱལ་བ་ལ་བརྟེན་ནས་ལོ་བཅུ་གསུམ་གྱི་བཀའ་རྒྱ་གྲོལ་བ་དང་དུས་འཛོམས་བར་ཕབས་པའི་དགེ་དེས་གཤེན་བསྟན་རིན་པོ་ཆེ་ཕྱོགས་བརྒྱར་རྒྱལ་པའི་རྒྱུ་རུ་གྱུར་བར་ཤོག་ཅིག་གྱ། རྒྱལ་ཀུན་མཁྱེན་རབ་ཆུ་གཏེར་ཆེན་པོ་ལས། །ལེགས་བྱུང་ཡེ་ཤེས་རང་གཟུགས་ཏ་ལྡང་ཅན། །འགྲོ་བློའི་ཐུན་གསུམ་སྨག་རུམ་སེལ་བའི་གཉེན། །བསྟན་གཉིས་གཏེར་སྐྱོང་གསང་སྔགས་གླིང་པར་འདུད། །ཁོང་དེས་བཀའ་གཏེར་གསང་འདུས་རྒྱུད་ལུང་ཆེ། །བྱ་བཏང་སྤྲུལ་མིང་ཚེ་དབང་འགྱུར་མེད་པས། །བོན་སྦྱིན་མཛད་མེད་པར་ཀྱི་འཕྲུལ་འདི་སྤེལ། །གཡུང་དྲུང་བོན་བསྟན་རྒྱས་པའི་རྒྱུ་རུ་ཤོག །ཅེས་ཚེ་མིང་པས་བྲིས་ཤིང་ཕྱི་མོ་ཡི་གེ་བསྟན་པ་རྒྱལ་མཚན་

ཀྱིས་བགྱི་བས་དགེ་ཀྱུར་ཅིག །

143–10
ཆོས་ཚན་དང་པོ། མ་མོ་འདུས་པ་ཡང་སྙིང་གིས་རྒྱུད་གཞུང་བཞུགས་སོ། །
བསྡུས་བྱང་། རྒྱུད་གཞུང་།
ལྡེབ་གྲངས། 1—36ན།(ཕྲེང་7)
མཇུག་བྱང་། ཙོ་མེན་གྱེར་ཆེན་དང་། ཁོད་སྤུངས་དྲན་པས་གུ་གེར་རྒྱུད། ལས་འཕྲོ་ཅན་དང་འཕྲད་ནས་ཚེ་སྲིད་ནད་སེལ་བཀྲག་
མདངས་ལྡན་པས་ཀྱང་། གཡུང་དྲུང་འབྲུའི་དོན་རྫོགས་ཤོག །

143–11
ཆོས་ཚན་གཉིས་པ། མ་མོ་ཡང་ཐིས་གསང་བའི་རྒྱུད་བ་ག་གློང་ཆེན་བཞུགས་སོ། །
བསྡུས་བྱང་། ཡང་ཐིས།
ལྡེབ་གྲངས། 1—20ན།(ཕྲེང་3)

143–12
ཆོས་ཚན་གསུམ་པ། སྲ་ནླའི་རྒྱལ་མོའི་སྐྱེས་རྒྱུད་བཞུགས་སྭ་ཧཱ། །
ལྡེབ་གྲངས། 1—7བ།(ཕྲེང་7)

143–13
ཆོས་ཚན་བཞི་པ། ནང་མན་ངག་ཁྲིད་སྐོར་ལས་སྤྲོས་བྲལ་རིག་པའི་རྩལ་དབང་བཞུགས་སོ། །[སྙན་བརྒྱུད།]
བསྡུས་བྱང་། རྩལ་དབང་།
ལྡེབ་གྲངས། 1—16བ།(ཕྲེང་3)
མཇུག་བྱང་། རྗེ་ཏ་པི་ཧྲི་ཙས་གྱེར་སྤུངས་ལ་བརྒྱུད། དེས་ལས་ཅན་དམ་པ་དྲུག་ནས་རིམ་གྱིས་བརྒྱུད་དོ། །

144 ༼ད༽
མཚན་བྱང་། རིག་འཛིན་འདུས་པ་ཐབས་ཆེན་མཁའ་ཡི་རྒྱུད།
གྲངས་ཚད། ཆོས་ཚན་11ལ་ལེའུ་13དང་ལྡེབ་408ཡོད། ཤོག་གྲངས་816བཞུགས།
རིགས་རྣམ། གཏེར་མ།
གཏེར་སྟོན། སྤྲུལ་སྐུ་བློ་ལྡན་སྙིང་པོ།
དང་པོ། རིག་འཛིན་འདུས་པ་ཐབས་ཆེན་མཁའ་ཡི་རྒྱུད་ལས་དཔེ་རྩིས་བཞུགས་པ་ལགསྷོ། །[དཀར་ཆག]
ལྡེབ་གྲངས། 1བ།(ཕྲེང་4)
མཇུག་བྱང་། ཁྱོན་ལྡེབ་མ་བཞི་བརྒྱས་ཕང་སོང་ལགས། དཔལ་ལྡན་ཀོ་རྒྱལ་བླ་བྲང་ནས།
གཉིས་པ། [མཚན་བྱང་བཞུགས་མེད།]
ལྡེབ་གྲངས། 2—3བ།(ཕྲེང་3)

144–1
ཆོས་ཚན་དང་པོ། རིག་འཛིན་འདུས་པ་ཐབས་ཆེན་མཁའ་ཡི་རྒྱུད་བཞུགས་པ་ལགས་སྷོ། །

144–1–1
ལེའུ་དང་པོ། ལོ་རྒྱུས་རྣམ་གསུམ་གྱི་ཁོག་དབུབ་པ་བསྟན་པ་གླིང་གཞིའི་ལེའུ།
ལྡེབ་གྲངས། 1—16བ།(ཕྲེང་3)

144–1–2
ལེའུ་གཉིས་པ། དཔོན་གསས་བླ་མའི་ཆེ་བ་བསྟན་པ།
ལྡེབ་གྲངས། 16—25བ།(ཕྲེང་2)

144–1–3
ལེའུ་གསུམ་པ། དཔོན་གསས་བླ་མའི་ཐུགས་བརྒྱུད་མན་ངག་རྩ་བསྡོམ་དུ་བསྟན་པ།
ལྡེབ་གྲངས། 25—29བ།(ཕྲེང་3)

144–1–4
ལེའུ་བཞི་པ། རྒྱུད་ཀྱི་རྣམ་གྲངས་བསྟན་པ།
ལྡེབ་གྲངས། 29—34ན།(ཕྲེང་5)

144–1–5
ལེའུ་ལྔ་པ། རྟག་ཆད་ལྟ་བའི་དོན་བསྟན་པ།
ལྡེབ་གྲངས། 34—38བ།(ཕྲེང་3)

144–1–6
ལེའུ་དྲུག་པ། དམིགས་མེད་སྒོམ་པའི་དོན་བསྟན་པ།
ལྡེབ་གྲངས། 38—40ན།(ཕྲེང་3)

144–1–7
ལེའུ་བདུན་པ། བྱར་མེད་སྤྱོད་པའི་དོན་བསྟན་པ།
ལྡེབ་གྲངས། 40—43ན།(ཕྲེང་5)

144–1–8
ལེའུ་བརྒྱད་པ། རྟོག་མེད་འབྲས་བུའི་དོན་བསྟན་པ།
ལྡེབ་གྲངས། 43—45བ།(ཕྲེང་3)

144–1–9
ལེའུ་དགུ་པ། དྲི་མེད་དམ་ཚིག་གི་དོན་བསྟན་པ།
ལྡེབ་གྲངས། 45—48ན།(ཕྲེང་5)

144–1–10
ལེའུ་བཅུ་པ། ལྷུན་གྲུབ་ཕྲིན་ལས་དོན་བསྟན་པ།
ལྡེབ་གྲངས། 48—50བ།(ཕྲེང་1)

144–1–11
ལེའུ་བཅུ་གཅིག་པ། བསྐྱེན་པའི་གཞི་མ་བསྟན་པ།
ལྡེབ་གྲངས། 50—57ན།(ཕྲེང་3)

144–1–12
ལེའུ་བཅུ་གཉིས་པ། བསྒྲུབ་པའི་ཡན་ལག་བསྟན་པ།
ལྡེབ་གྲངས། 57—60བ།(ཕྲེང་2)

144–1–13
ལེའུ་བཅུ་གསུམ་པ། བསྟན་པ་གཏད་གཉེར་སོགས།

ལྡེབ་གྲངས། 60—67ན།(ཕྲེང་5)

144–2

ཆོས་ཚན་གཉིས་པ། གསང་བ་སྐབས་ཀྱི་འཕྲིན་ལས་བཞུགས་པ་ལགས་སྷོ། །

ལྡེབ་གྲངས། 1—48ན།(ཕྲེང་4)

མཇུག་བྱང་། རིག་འཛིན་སྐབས་ཀྱི་འཕྲིན་ལས། ཕུན་ཚོགས་ངོ་མཚར་རྒྱས་པ་ལས། རྫོགས་ཀྱི་བྱ་བ་ལས་མཐའི་འཕྲིན་ལས་བསྟན་པའོ། །འཆི་མེད་གཙུག་ཕུད་ཀྱི་ལུང་དོན། དྲན་པ་ནམ་མཁའི་མཛད་སྒོལ། སྟོང་དགུ་ཙ་གྱེར་མེད་ཀྱི་ཐུགས་བཅུད་གསང་བའོ། །བཀྲ་ཤིས་པར་ཤོག། །ཞུས་སོ། །

144–3

ཆོས་ཚན་གསུམ་པ། རིག་འཛིན་འདུས་པ་ཐབས་ཆེན་མཁའ་ཡི་རྒྱུད་ལས་བསྒྲུབ་གཞུང་བཞུགས་པའི་དབུ་ཕྱོགས་ལགས་སྷོ། །

ལྡེབ་གྲངས། 1—100ན།(ཕྲེང་6)[①]

མཇུག་བྱང་། རིག་འཛིན་འདུས་པ་ཐབས་ཆེན་ནམ་མཁའི་རྒྱུད་ལས། དཔོན་གསས་བླ་མའི་བསྒྲུབས་པ། ཕུན་ཚོགས་ངོ་མཚར་རྒྱས་པ་ཞེས་བྱ་བ། འཆི་མེད་གཙུག་ཕུད་ཀྱི་ལུང་དོན། བླ་ཆེན་དྲན་པ་ནམ་མཁའི་གཏན་ལ་ཕབ་ཅིང་། རྫོགས་འཛུག་གྲོལ་ཐབ་ཀྱི་རིག་འཛིན་བརྒྱུད་ལས་གདམས་པའོ། །ཕྱིས་བསྟན་པ་དར་ནུབ་ཀྱི་དུས་སུ། སྟོང་དགུ་ཚ་གྱེར་མེད་ཀྱི་གཉེར་ནས། བཀའ་གཏེར་གཉིས་སུ་ཕྱིས་ནས། ཕྱིས་འབྱུང་དར་བའི་སྨོན་ལམ་དར་བར་བཏབ་ཅིང་། ཕྱི་རབས་ལས་ལྡན་གྱི་སྐྱེས་བུ་ལ་རྒྱུད་ནས་གདབ་པའོ། །གསང་བའི་མན་ངག་ཨུ་ཏྲ་སིག །

144–4

ཆོས་ཚན་བཞི་པ། གསས་མཁར་རིན་པོ་ཆེ་སྤྱི་སྤུངས་རྩོད་བཟློག་ལ་སྐྱབས་སེམས་མན་ངལ་བཞུགས་པའི་དབུ་ཕྱོགས་ལགས་སྷོ། །

ལྡེབ་གྲངས། 1—7ན།(ཕྲེང་5)

མཇུག་བྱང་། སྤྲུལ་སྐུ་བློ་ལྡན་སྙིང་པོའི་སྙན་རྒྱུད། བར་དུ་སྙན་དུ་བརྒྱུད་ཚུལ་ནས་འབྱུང་བ་བཞིན་དུ། འགྱུ་རིགས་སྔགས་འཆང་ཤེས་རབ་འདོར་ལེན་གྱིས། རྫོགས་འཛུག་བསྒྲུབ་བརྩོན་དད་ལྡན་གྱི་དོན་དུ། འབྲུག་ལོ་དགུན་ཟླ་ཐ་ཆུང་གི་ཚེས་༡༧ལ། དབེན་གནས་བསམ་འགྲུབ་དགོན་དུ་ཡི་གེར་བྲིས། འགྲོ་དོན་དར་རྒྱས་འཕེལ་བར་ཤོག བགྱིས། མུ་ཙུག་སྨར་རོ། །

144–5

ཆོས་ཚན་ལྔ་པ། སྤྱི་སྤུངས་ཞི་ཁྲོའི་རྩོད་བཟློག་གི་བླ་མ་བརྒྱུད་པའི་གསོལ་འདེབས་བྱིན་རླབས་ཆར་འབྱུང་ཞེས་བྱ་བའོ། །

ལྡེབ་གྲངས། 1—3བ།(ཕྲེང་4)

མཇུག་བྱང་། དེ་ལྟར་གསང་སྔགས་བརྒྱུད་པའི་གསོལ་འདེབས། དྲིན་ཆེན་བླ་མའི་དྲུང་དུ། སྔགས་འཆང་བདག་ཞུས་པ་དགེའོ། །

144–6

ཆོས་ཚན་དྲུག་པ། རིག་འཛིན་འདུས་པ་ཐབས་ཆེན་མཁའ་ཡི་རྒྱུད་ལས་ཐོས་ཆོག་གཡུང་དྲུང་གསང་བའི་གཟུངས་ཞེས་བྱ་བ་བཞུགས་སྷོ། །

བསྡུས་བྱང་། ཐོས་ཆོག

ལྡེབ་གྲངས། 1—30བ།(ཕྲེང་2)

144–7

ཆོས་ཚན་བདུན་པ། རིག་འཛིན་བསྒྲུབས་པའི་གཏོར་བསྐང་བཞུགས་པའི་དབུ་ཕྱོགས་ལགས་སྷོ། །

ལྡེབ་གྲངས། 1—14ན།(ཕྲེང་2)

མཇུག་བྱང་། རྒྱུང་(རླུང་)ཡར་སློན་པོད་སྤུངས་ཀྱིས་གཏན་ལ་ཕབ་ནས། སྟོང་དགུ་ཙ་གྱེར་མེད་ལ་གདམས་པའོ། །དེས་ཕྱི་རབས་

① ལྡེབ་མ་17ནས་18པའི་བར་དུ་ཆོས་ཚན་གཞན་གཉིས་བཙུག་ཡོད་པས། ཤོག་གྲངས་135པ་ནས་146པའི་བར་ཆོས་ཚན་གཞན་དེ་གཉིས་ཀྱི་ཤོག་གྲངས་བཀོད་ཡོད།

ལས་ལྡན་གྱི་གཤེན་ལ་བརྒྱུད་དོ། །

144–8
ཆོས་ཚན་བརྒྱད་པ། ཡིད་བཞིན་ནོར་བུའི་མདོས་བསྐང་བཞུགས་པའི་དབུ་ཕྱོགས་ལགས་སྷོ། །
ལྡེབ་གྲངས། 1—10བ།(ཕྲེང་5)
མཇུག་བྱང་། ནོར་བུའི་བསྐོང་ཆུང་ཞེས་བྱ་བ། བླ་དྲན་པ་ནམ་མཁའི་ཤེ་སོ་གངས་ཀྱི་ར་བ་མཛད་ནས། ཕྱི་རབས་ཀྱི་དོན་དུ་སྟོང་དམུ་ཙ་གྲེར་མེད་ལ་གདམ་པའོ། །ཨུ་ཡ། ལས་ལྡན་གྱི་གཤེན་ལ་སྙན་དུ་བརྒྱུད་ནས་དར་བའོ། །

144–9
ཆོས་ཚན་དགུ་པ། ཐུགས་དམ་དགྲེས་སྐྱོད་ཀྱི་བསྐོང་བ་བཞུགས་པའི་དབུ་ཕྱོགས་ལགས་སྷོ། །
ལྡེབ་གྲངས། 1—36ན།(ཕྲེང་5)
མཇུག་བྱང་། བླ་ཆེན་དྲན་པ་ནམ་ཀའི་ཁྱུང་ལུང་དངུལ་མཁར་དུ་གཏན་ལ་ཕབ་ནས། བདེ་བའི་རྗེ་བློན་སྟོང་གསུམ། ར་སང་ཁོད་རི་བཞི་ལ་གདམ་པ། གསང་བ་མདོས་ཆེན་གྱི་གྲེར་གཞུང་རྫོགས་སོ། །

144–10
ཆོས་ཚན་བཅུ་པ། བཀའ་སྐྱོང་མ་མོའི་མདོས་བཞུགས་པ་ལགས་སྷོ། །
ལྡེབ་གྲངས། 1—13ན།(ཕྲེང་2)

144–11
ཆོས་ཚན་བཅུ་གཅིག་པ། དབང་རྒྱུད་རིན་ཆེན་འཕྲེང་བའི་གཞུང་བཞུགས་པའི་དབུ་ཕྱོགས་ལགས་སྷོ། །
ལྡེབ་གྲངས། 1—77ན།(ཕྲེང་2)

145 ༼ན༽
མཚན་བྱང་། དབལ་ཕུར་ནག་པོའི་རྒྱུད་དགུ།
གྲངས་ཚད། ཆོས་ཚན་9ལ་ལེའུ་213དང་ལྡེབ་482ཡོད། ཤོག་གྲངས་963བཞུགས།
རིགས་རྣམ། གཏེར་མ།
གཏེར་སྟོན། ཁུ་ཚ་ཟླ་འོད།

145–1
ཆོས་ཚན་དང་པོ། ཀ་བ་ནག་པོ་མན་ངག་རྩ་བའི་རྒྱུད་ཅེས་བྱ་བ་བཞུགས་སོ། །

145–1–1
ལེའུ་དང་པོ། གཞི་བསྟན་པའི་ལེའུ།
ལྡེབ་གྲངས། 1—6ན།(ཕྲེང་1)

145–1–2
ལེའུ་གཉིས་པ། མ་རིག་འཁྲུལ་ལུགས་བསྟན་པ།
ལྡེབ་གྲངས། 6—7ན།(ཕྲེང་5)

145–1–3
ལེའུ་གསུམ་པ། ཡེ་ཤེས་སྤྱན་གྱིས་གཟིགས་ཤིང་ཐུགས་རྗེའི་འཛིན་པའི་ལེའུ།
ལྡེབ་གྲངས། 7—8བ།(ཕྲེང་3)

145–1–4
ལེའུ་བཞི་པ། དབལ་ཕུར་དྲག་པོའི་གཞལ་ཡས་བསྟན་པ།
ལྗིབ་གྲངས། 8—12བ།(ཤྲིང་1)

145–1–5
ལེའུ་ལྔ་པ། དབལ་ཕུར་རྩ་བའི་ལྷ་རྣམས་སྤྲུལ་པའི་ལེའུ།
ལྗིབ་གྲངས། 12—15བ།(ཤྲིང་2)

145–1–6
ལེའུ་དྲུག་པ། དབལ་གྱི་ཁྲ་བདུན་བྱུང་ལུགས་བསྟན་པ།
ལྗིབ་གྲངས། 15—17ན།(ཤྲིང་2)

145–1–7
ལེའུ་བདུན་པ། ཁྲ་སྲུང་གདུག་པའི་བྱུང་ལུགས་བསྟན་པ།
ལྗིབ་གྲངས། 17—18ན།(ཤྲིང་6)

145–1–8
ལེའུ་བརྒྱད་པ། ས་བདག་མོའི་སྤྲུལ་ལུགས་བསྟན་པ།
ལྗིབ་གྲངས། 18—19བ།(ཤྲིང་3)

145–1–9
ལེའུ་དགུ་པ། མ་བདུན་མཆོ་སྨན་སྒོ་བ་བཞི་སྤྲུལ་པ་བསྟན་པ།
ལྗིབ་གྲངས། 19—21ན།(ཤྲིང་6)

145–1–10
ལེའུ་བཅུ་པ། ཁ་སྟུད་ལྩམ་དྲལ་སྲིད་ལུགས་བསྟན་པ།
ལྗིབ་གྲངས། 21—23བ།(ཤྲིང་3)

145–1–11
ལེའུ་བཅུ་གཅིག་པ། མས་ཀྱི་མ་མོའི་བྱུང་ཚུལ་བསྟན་པ།
ལྗིབ་གྲངས། 23—26ན།(ཤྲིང་5)

145–1–12
ལེའུ་བཅུ་གཉིས་པ། ལས་མཁན་ཕོ་ཉ་རྣམས་བྱུང་ཞིང་སྲིད་ལུགས་བསྟན་པ།
ལྗིབ་གྲངས། 26—29ན།(ཤྲིང་4)

145–1–13
ལེའུ་བཅུ་གསུམ་པ། རྩ་བའི་ལྷ་རྣམས་ཀྱི་ སྔགས་བསྟན་པ།
ལྗིབ་གྲངས། 29—31བ།(ཤྲིང་2)

145–1–14
ལེའུ་བཅུ་བཞི་པ། ཕོ་ཉ་དང་སྲུང་མ་རྣམས་ཀྱི་སྔགས་བསྟན་པ།
ལྗིབ་གྲངས། 31—33ན།(ཤྲིང་4)

145–1–15
ལེའུ་བཅོ་ལྔ་པ། ཁ་སྟུད་ཕུར་འདེབས་ཀྱི་སྔགས་རྣམས་བསྟན་པ།

ལྡེབ་གྲངས། 33—34ན།(ཕྲེང་3)

145–1–16

ལེའུ་བཅུ་དྲུག་པ། ལས་མཁན་གྱི་སྔགས་རྣམས་བསྟན་པ།

ལྡེབ་གྲངས། 34—36བ།(ཕྲེང་2)

145–1–17

ལེའུ་བཅུ་བདུན་པ། དྲག་པོ་ཕུར་པའི་སྦྱོང་འཛབ་བསྟན་པ།

ལྡེབ་གྲངས། 36—37བ།(ཕྲེང་6)

145–1–18

ལེའུ་བཅོ་བརྒྱད་པ། གཞལ་ཡས་ཁང་བསྐྱེད་པར་བསྟན་པ།

ལྡེབ་གྲངས། 37—39བ།(ཕྲེང་6)

145–1–19

ལེའུ་བཅུ་དགུ་པ། གདན་དང་ལྷ་བསྐྱེད་པའི་ལེའུ།

ལྡེབ་གྲངས། 39—43ན།(ཕྲེང་4)

145–1–20

ལེའུ་ཉི་ཤུ་པ། ལྷ་རྣམས་མ་ལུས་རྫོགས་པར་བསྐྱེད་པའི་ལེའུ།

ལྡེབ་གྲངས། 43—45ན།(ཕྲེང་4)

145–1–21

ལེའུ་ཉེར་གཅིག་པ། དཔལ་ཕུར་དོན་གྱི་སྤྱི་སྒོམ་དང་ལྟ་བ་ཟབ་མོ་བསྟན་པ།

ལྡེབ་གྲངས། 45—49བ།(ཕྲེང་2)

145–1–22

ལེའུ་ཉེར་གཉིས་པ། དམ་ཚིག་བསྟན་པ།

ལྡེབ་གྲངས། 49—51བ།(ཕྲེང་5)

145–1–23

ལེའུ་ཉེར་གསུམ་པ། དབང་བསྐུར་བསྟན་པ།

ལྡེབ་གྲངས། 51—56བ།(ཕྲེང་1)

145–1–24

ལེའུ་ཉེར་བཞི་པ། བདུད་རྩིར་སྒྲུབ་པའི་མཆོང་སྟན་པ།

ལྡེབ་གྲངས། 56—59ན།(ཕྲེང་5)

145–1–25

ལེའུ་ཉེར་ལྔ་པ། ཚེ་སྒྲུབ་བསྟན་པ།

ལྡེབ་གྲངས། 59—62ན།(ཕྲེང་3)

145–1–26

ལེའུ་ཉེར་དྲུག་པ། གནས་ཚོག་བྱ་བར་བསྟན་པ།

ལྡེབ་གྲངས། 62—63བ།(ཕྲེང་2)

145–1–27
ལེའུ་ཉེར་བདུན་པ། རོ་བསྲེག་བསྟན་པ།
ལྡེབ་གྲངས། 63—65ན།(ཕྲེང་5)

145–1–28
ལེའུ་ཉེར་བརྒྱད་པ། མངོན་འགྱུར་ཕྱི་ཡི་བོན་རྣམས་བསྟན་པ།
ལྡེབ་གྲངས། 65—66ན།(ཕྲེང་6)

145–1–29
ལེའུ་ཉེར་དགུ་པ། སྒྲུབ་པ་ནང་གི་བོན་རྣམས་བསྟན་པ།[གཞུང་དུ་ལེའུ་མཚམས་མི་གསལ།]
ལྡེབ་གྲངས། 66བ།(ཕྲེང་7)

145–1–30
ལེའུ་སུམ་ཅུ་པ། གསང་བ་རང་དག་གི་བོན་རྣམས་བསྟན་པ།
ལྡེབ་གྲངས། 70བ།(ཕྲེང་1)

145–1–31
ལེའུ་སོ་གཅིག་པ། ཡོངས་སུ་རྫོགས་པའི་བོན་རྣམས་བསྟན་པ།
ལྡེབ་གྲངས། 70—72ན།(ཕྲེང་2)

145–1–32
ལེའུ་སོ་གཉིས་པ། ཚོགས་ཀྱི་དོན་བསྟན་པ།
ལྡེབ་གྲངས། 72—74བ།(ཕྲེང་5)

145–1–33
ལེའུ་སོ་གསུམ་པ། གཏོར་མའི་དོན་བསྟན་པ།
ལྡེབ་གྲངས། 74—77ན།(ཕྲེང་3)

145–1–34
ལེའུ་སོ་བཞི་པ། ལས་ཀྱི་མཐའ་སྤྱོད་ཅིང་ཕྱུར་པ་གདབ་པ།
ལྡེབ་གྲངས། 77—79བ།(ཕྲེང་1)

145–1–35
ལེའུ་སོ་ལྔ་པ། སྦྱིན་བསྲེག་བསྟན་པ།
ལྡེབ་གྲངས། 79—80བ།(ཕྲེང་5)

145–1–36
ལེའུ་སོ་དྲུག་པ། དྲག་པོ་ཟོར་ཐུན་འཕངས་པའི་ལེའུ།
ལྡེབ་གྲངས། 80—82ན།(ཕྲེང་5)

145–1–37
ལེའུ་སོ་བདུན་པ། དྲག་པོ་གནན་གཏད་བསྟན་པ།
ལྡེབ་གྲངས། 82—83ན།(ཕྲེང་5)

145–1–38
ལེའུ་སོ་བརྒྱད་པ། རྩ་བརྒྱད་འཁོར་ལ་གདམས་པ།

ལྡེབ་གྲངས། 83བ།(ཕྲེང་5)

145–1–39
ལེའུ་སོ་དགུ་པ། བསྔོད་པའི་ལེའུ།
ལྡེབ་གྲངས། 83—84ན།(ཕྲེང་4)
མཇུག་བྱང་། གཏེར་དྲུག་གཏེར་སྲུང་དྲུག་ལ་གཏད་དོ། །ས་ཕོ་སྟག་གི་ལོ་ལ་གཏེར་སྒོ་ཕྱེས་ནས། གཏེར་ཤོག་མ་ནོར་བ་ལ། ཡི་གེ་འགར་སྟོན་པྲོ་རྒྱལ་གྱིས་དཔེ་བླངས་ནས་བྲིས་པ་ལ། ཡར་འབྲོག་ཇོ་བསོད་ཀྱིས་ཞུས། དགེའོ། གསང་ངོ་། ཟབ་སོ། བཀྲ་ཤིས།

145–2
ཆོས་ཚན་གཉིས་པ། ཉོན་མོངས་རང་གྲོལ་དྲུག་ལྔའི་རྩད་གཅོད་ཀྱི་རྒྱུད་ཅེས་བྱ་བ་བཞུགས་སོ། །

145–2–1
ལེའུ་དང་པོ། གླིང་བཞིའི་ལེའུ།
ལྡེབ་གྲངས། 1—5བ།(ཕྲེང་6)

145–2–2
ལེའུ་གཉིས་པ། མ་རིག་འཁྲུལ་ཚུལ་བསྟན་པ།
ལྡེབ་གྲངས། 5—7ན།(ཕྲེང་5)

145–2–3
ལེའུ་གསུམ་པ། གཉེན་པོ་ཡེ་ཤེས་ཀྱི་གནས་ལུགས་བསྟན་པ།
ལྡེབ་གྲངས། 7—9ན།(ཕྲེང་2)

145–2–4
ལེའུ་བཞི་པ། ལྟ་བ་རང་གྲོལ་བསྟན་པ།
ལྡེབ་གྲངས། 9—11ན།(ཕྲེང་2)

145–2–5
ལེའུ་ལྔ་པ། དགོངས་པ་རང་གྲོལ་བསྟན་པ།
ལྡེབ་གྲངས། 11—12ན།(ཕྲེང་3)

145–2–6
ལེའུ་དྲུག་པ། སྤྱོད་པ་རང་གྲོལ་བསྟན་པ།
ལྡེབ་གྲངས། 12—13བ།(ཕྲེང་1)

145–2–7
ལེའུ་བདུན་པ། འབྲས་བུ་རང་གྲོལ་བསྟན་པ།
ལྡེབ་གྲངས། 13—14ན།(ཕྲེང་6)

145–2–8
ལེའུ་བརྒྱད་པ། ཞི་བའི་དཀྱིལ་འཁོར་རང་གྲོལ་དུ་བསྟན་པ།
ལྡེབ་གྲངས། 14—17བ།(ཕྲེང་4)

145–2–9
ལེའུ་དགུ་པ། འཁྲུག་གསས་ཡབ་ཡུམ་རང་གྲོལ་དུ་བསྟན་པ།
ལྡེབ་གྲངས། 17—19ན།(ཕྲེང་1)

145–2–10
ལེའུ་བཅུ་པ། ཁྲ་གསས་ཡབ་ཡུམ་རང་གྲོལ་དུ་བསྟན་པ།
ལྡེབ་གྲངས། 19—20ན།(ཕྲེང་5)

145–2–11
ལེའུ་བཅུ་གཅིག་པ། མེ་གསས་ཡབ་ཡུམ་རང་གྲོལ་དུ་བསྟན་པ།
ལྡེབ་གྲངས། 20—21བ།(ཕྲེང་2)

145–2–12
ལེའུ་བཅུ་གཉིས་པ། དབལ་གསས་ཡབ་ཡུམ་རང་གྲོལ་དུ་བསྟན་པ།
ལྡེབ་གྲངས། 21—23ན།(ཕྲེང་1)

145–2–13
ལེའུ་བཅུ་གསུམ་པ། ཀློག་གསས་ཡབ་ཡུམ་རང་གྲོལ་བསྟན་པ།
ལྡེབ་གྲངས། 23—24ན།(ཕྲེང་5)

145–2–14
ལེའུ་བཅུ་བཞི་པ། མཁའ་འགྲིང་ཡབ་ཡུམ་རང་གྲོལ་བསྟན་པ།
ལྡེབ་གྲངས། 24—25བ།(ཕྲེང་3)

145–2–15
ལེའུ་བཅོ་ལྔ་པ། བདུད་ནག་ཡབ་ཡུམ་རང་གྲོལ་དུ་བསྟན་པ།
ལྡེབ་གྲངས། 25—27ན།(ཕྲེང་1)

145–2–16
ལེའུ་བཅུ་དྲུག་པ། གནམ་དྲག་ཡབ་ཡུམ་རང་གྲོལ་དུ་བསྟན་པ།
ལྡེབ་གྲངས། 27—28ན།(ཕྲེང་5)

145–2–17
ལེའུ་བཅུ་བདུན་པ། སྟོམ་ཆེན་ཡབ་ཡུམ་རང་གྲོལ་དུ་བསྟན་པ།
ལྡེབ་གྲངས། 28—29བ།(ཕྲེང་3)

145–2–18
ལེའུ་བཅོ་བརྒྱད་པ། སྟག་ལ་མེ་འབར་ཡབ་ཡུམ་རང་གྲོལ་དུ་བསྟན་པ།
ལྡེབ་གྲངས། 29—31ན།(ཕྲེང་5)

145–2–19
ལེའུ་བཅུ་དགུ་པ། སྒོ་བ་ཡབ་ཡུམ་རང་གྲོལ་དུ་བསྟན་པ།
ལྡེབ་གྲངས། 31—32ན།(ཕྲེང་2)

145–2–20
ལེའུ་ཉི་ཤུ་པ། སྲུང་མ་ཕོ་ཉ་ལས་མཁན་གཞལ་ཡས་ཁང་དང་བཅས་པ་རང་གྲོལ་དུ་བསྟན་པ།
ལྡེབ་གྲངས། 32—36ན།(ཕྲེང་6)

145–2–21
ལེའུ་ཉེར་གཅིག་པ། ཞུར་བུ་རང་གྲོལ་དུ་བསྟན་པ།

ལྡེབ་གྲངས། 36—39བ།(ཕྲེང་4)

145–2–22
ལེའུ་ཉེར་གཉིས་པ། ཉོན་མོང་རང་གྲོལ་དུག་ལྔ་རྩད་གཅོད་བསྟན་པ།
ལྡེབ་གྲངས། 39—41བ།(ཕྲེང་6)

145–2–23
ལེའུ་ཉེར་གསུམ་པ། བག་ཆགས་གདར་གཅོད་བསྟན་པ།
ལྡེབ་གྲངས། 41—43བ།(ཕྲེང་4)

145–2–24
ལེའུ་ཉེར་བཞི་པ། སྡུག་བསྔལ་རྒྱུན་གཅོད་བསྟན་པ།
ལྡེབ་གྲངས། 43—45བ།(ཕྲེང་2)

145–2–25
ལེའུ་ཉེར་ལྔ་པ། འཁོར་བ་གདོས་གཅོད།
ལྡེབ་གྲངས། 45—47ན།(ཕྲེང་2)

145–2–26
ལེའུ་ཉེར་དྲུག་པ། གདས་པ་དང་བཅས་པའི་རང་གྲོལ་དུ་བསྟན་པ།
ལྡེབ་གྲངས། 47—49ན།(ཕྲེང་3)

145–2–27
ལེའུ་ཉེར་བདུན་པ། རྩ་དང་ཐིག་ལེ་གསང་གནས་རང་གྲོལ་དུ་བསྟན་པ།
ལྡེབ་གྲངས། 49—52བ།(ཕྲེང་1)

145–2–28
ལེའུ་ཉེར་བརྒྱད་པ། གདུལ་བྱ་གནས་འགྱུར་ཉོན་མོངས་གནས་སུ་དག་པའི་ལེའུ།
ལྡེབ་གྲངས། 52—54བ།(ཕྲེང་1)

145–2–29
ལེའུ་ཉེར་དགུ་པ། སྲིན་བུ་འདུ་འགྲོལ་བསྟན་པ།
ལྡེབ་གྲངས། 54—56ན།(ཕྲེང་1)

145–2–30
ལེའུ་སུམ་ཅུ་པ། ཡང་གསང་འབྲས་བུ་བསྟན་པ།
ལྡེབ་གྲངས། 56—58བ།(ཕྲེང་1)

145–2–31
ལེའུ་སོ་གཅིག་པ། རིག་པ་གློང་རྫོལ་བསྟན་པ།
ལྡེབ་གྲངས། 58—59བ།(ཕྲེང་4)

145–2–32
ལེའུ་སོ་གཉིས་པ། གསང་བ་འཁོར་ལོ་བསྟན་པ།
ལྡེབ་གྲངས། 59—61བ།(ཕྲེང་3)

145–2–33
ལེའུ་སོ་གསུམ་པ། ནམ་མཁའི་དབྱིངས་འབྲུག་བསྟན་པ།
ལྡེབ་གྲངས། 61—63ན།(ཕྲེང་2)

145–2–34
ལེའུ་སོ་བཞི་པ། ཁྲ་ལུང་སྲར་འཛིན་བསྟན་པ།
ལྡེབ་གྲངས། 63—64བ།(ཕྲེང་5)

145–2–35
ལེའུ་སོ་ལྔ་པ། དམུ་རྒོད་རྟ་འདུལ་བསྟན་པ།
ལྡེབ་གྲངས། 64—66ན།(ཕྲེང་5)

145–2–36
ལེའུ་སོ་དྲུག་པ། ཨ་ལུང་སྙིང་ཕྱུག་བསྟན་པ།
ལྡེབ་གྲངས། 66—67བ།(ཕྲེང་2)

145–2–37
ལེའུ་སོ་བདུན་པ། ཆུ་བོ་རྒྱུད་བཞི་བསྟན་པ།
ལྡེབ་གྲངས། 67—68བ།(ཕྲེང་2)

145–2–38
ལེའུ་སོ་བརྒྱད་པ། རི་རབ་སྤྱི་བརྒྱུག་བསྟན་པ།
ལྡེབ་གྲངས། 68—69བ།(ཕྲེང་4)

145–2–39
ལེའུ་སོ་དགུ་པ། རྒྱ་མཚོ་གཏིང་འཁྲུག་བསྟན་པ།
ལྡེབ་གྲངས། 69—71ན།(ཕྲེང་4)

145–2–40
ལེའུ་བཞི་བཅུ་པ། ལྟེ་ཟླ་ལྟེ་འཁོར་བསྟན་པ།
ལྡེབ་གྲངས། 71—72བ།(ཕྲེང་6)

145–2–41
ལེའུ་ཞེ་གཅིག་པ། བསྐལ་པ་སྟོང་འདྲིལ་བསྟན་པ།
ལྡེབ་གྲངས། 72—74ན།(ཕྲེང་6)

145–2–42
ལེའུ་ཞེ་གཉིས་པ། རྒྱ་མཚོ་གཏིང་དག་བསྟན་པ།
ལྡེབ་གྲངས། 74—75བ།(ཕྲེང་4)

145–2–43
ལེའུ་ཞེ་གསུམ་པ། ནམ་མཁའ་ངོགས་དག་བསྟན་པ།
ལྡེབ་གྲངས། 75—78ན།(ཕྲེང་5)

145–2–44
ལེའུ་ཞེ་བཞི་པ། མཚན་ཉིད་དབྱིངས་དག་བསྟན་པ།

ལྡེབ་གྲངས། 78—79ན།(ཕྲེང་4)

145–2–45
ལེའུ་ཞེ་ལྔ་པ། ཡེ་ཤེས་རང་དག་བསྟན་པ།
ལྡེབ་གྲངས། 79—81ན།(ཕྲེང་1)

145–2–46
ལེའུ་ཞེ་དྲུག་པ། ཁྱབ་བདལ་བོན་ཉིད་ཀྱི་ཕུར་པ་གདབ་ལུགས་བསྟན་པ།
ལྡེབ་གྲངས། 81—82ན།(ཕྲེང་2)

145–2–47
ལེའུ་ཞེ་བདུན་པ། ཀུན་སྣང་ཐུགས་རྗེའི་ཕུར་པ་གདབ་ཐབས་བསྟན་པ།
ལྡེབ་གྲངས། 82—84ན།(ཕྲེང་2)

145–2–48
ལེའུ་ཞེ་བརྒྱད་པ། འདུ་བྱས་རྫས་ཀྱི་ཕུར་པ་གདབ་ལུགས་བསྟན་པ།
ལྡེབ་གྲངས། 84—87བ།(ཕྲེང་5)

145–2–49
ལེའུ་ཞེ་དགུ་པ། གསོ་ཚུགས་བསྟན་པ།
ལྡེབ་གྲངས། 87—89བ།(ཕྲེང་5)

145–2–50
ལེའུ་ལྔ་བཅུ་པ། རྗེས་སུ་ཡི་རང་ཞིང་བསྔོད་པ།
ལྡེབ་གྲངས། 89—90བ།(ཕྲེང་3)

145–2–51
ལེའུ་ང་གཅིག་པ། རྒྱུད་གདམས་པ།
ལྡེབ་གྲངས། 90—91ན།(ཕྲེང་5)

མཇུག་བྱང་། སྟ་གྲོའི་གཏེར་ཤོག་ལ། འགར་སྟོན་ཁྲི་རྒྱལ་གྱིས་དཔེ་བླང་ནས་བྲིས་པའོ། །སློབ་དཔོན་འགར་སྟོན་འཇིག་རྟེན་གྲགས་ལ། བདག་སྨ་སྟོན་གཡུང་དྲུང་རྒྱལ་པོས་ཞུས། རྫོགས་སོ། །

145–3
ཆོས་ཚན་གསུམ་པ། གསས་མཁར་རི་རོང་ནག་པོའི་རྒྱུད་ཅེས་བྱ་བ་བཞུགས་སོ། །

145–3–1
ལེའུ་དང་པོ། གླིང་བཞིའི་ལེའུ།
ལྡེབ་གྲངས། 1—4ན།(ཕྲེང་1)

145–3–2
ལེའུ་གཉིས་པ། ཟབ་མོ་གཞི་ཡི་གནས་ལུགས་བསྟན་པ།
ལྡེབ་གྲངས། 4—5ན།(ཕྲེང་2)

145–3–3
ལེའུ་གསུམ་པ། ཐབས་ཀྱི་སྤྲུལ་ལུགས་བསྟན་པ།
ལྡེབ་གྲངས། 5—6ན།(ཕྲེང་3)

145–3–4
ལེའུ་བཞི་པ། གདུལ་བྱ་གཉེན་པོ་མཁའ་ལ་ཤར་བ་བསྟན་པ།
ལྡེབ་གྲངས། 6—7ན།(ཕྲེང་4)

145–3–5
ལེའུ་ལྔ་པ། སྒྲུབ་ཐབས་བྱེ་བྲག་དང་བཅས་ནས་བསྟན་པ།
ལྡེབ་གྲངས། 7—8ན།(ཕྲེང་5)

145–3–6
ལེའུ་དྲུག་པ། ཞི་བའི་དཀྱིལ་འཁོར་གདན་དང་གཞལ་ཡས་ཁང་བསྟན་པ།
ལྡེབ་གྲངས། 7—11ན།(ཕྲེང་6)

145–3–7
ལེའུ་བདུན་པ། ཞི་བའི་ལྷ་སྤྲུལ་ལུགས་བསྟན་པ།
ལྡེབ་གྲངས། 11—16ན།(ཕྲེང་5)

145–3–8
ལེའུ་བརྒྱད་པ། ཞི་བའི་ལྷ་རྣམས་འཛབ་བསྟན་པ།
ལྡེབ་གྲངས། 16—18ན།(ཕྲེང་3)

145–3–9
ལེའུ་དགུ་པ། དཔལ་ཕུར་ཞི་བའི་སྒྲུབ་ལུགས་འབྲས་བུ་དང་བཅས་ནས་བསྟན་པ།
ལྡེབ་གྲངས། 18—19ན།(ཕྲེང་2)

145–3–10
ལེའུ་བཅུ་པ། ཁྲོ་བོའི་དཀྱིལ་འཁོར་གདན་དང་གཞལ་ཡས་ཁང་བསྟན་པ།
ལྡེབ་གྲངས། 19—21ན།(ཕྲེང་4)

145–3–11
ལེའུ་བཅུ་གཅིག་པ། ཁྲོ་བོའི་ལྷ་རྣམས་སྤྲུལ་ལུགས་བསྟན་པ།
ལྡེབ་གྲངས། 21—23བ།(ཕྲེང་6)

145–3–12
ལེའུ་བཅུ་གཉིས་པ། དཔལ་ཕུར་ཁྲོ་བོའི་ལྷ་རྣམས་ཀྱི་འཛབ་བསྟན་པ།
ལྡེབ་གྲངས། 23—25བ།(ཕྲེང་3)

145–3–13
ལེའུ་བཅུ་གསུམ་པ། དཔལ་ཕུར་ཁྲོ་བོའི་སྒྲུབ་ཐབས་འབྲས་བུ་དང་བཅས་པ་བསྟན་པ།
ལྡེབ་གྲངས། 25—27ན།(ཕྲེང་4)

145–3–14
ལེའུ་བཅུ་བཞི་པ། ཕུར་པའི་དཀྱིལ་འཁོར་གདན་དང་གཞལ་ཡས་ཁང་བསྟན་པ།
ལྡེབ་གྲངས། 27—29བ།(ཕྲེང་4)

145–3–15
ལེའུ་བཅོ་ལྔ་པ། དཔལ་ཕུར་ལྷ་རྣམས་སྤྲུལ་ལུགས་བསྟན་པ།

ལྡེབ་གྲངས། 29—32བ།(ཕྲེང་1)

145–3–16

ལེའུ་བཅུ་དྲུག་པ། དཔལ་ཕུར་དྲག་པོའི་འཛབ་བསྟན་པ།

ལྡེབ་གྲངས། 32—35ན།(ཕྲེང་6)

145–3–17

ལེའུ་བཅུ་བདུན་པ། དཔལ་ཕུར་ནག་པོའི་སྒྲུབ་ཐབས་འབྲས་བུ་དང་བཅས་པ་བསྟན་པ།

ལྡེབ་གྲངས། 35—37ན།(ཕྲེང་1)

145–3–18

ལེའུ་བཅོ་བརྒྱད་པ། ཞི་བ་ལྷ་ཡི་དོན་བསྡེན་བསྟན་པ།

ལྡེབ་གྲངས། 37—39ན།(ཕྲེང་6)

145–3–19

ལེའུ་བཅུ་དགུ་པ། ཞི་བ་ལྷ་ཡི་དོན་འཛབ་བསྟན་པ།

ལྡེབ་གྲངས། 39—41བ།(ཕྲེང་5)

145–3–20

ལེའུ་ཉི་ཤུ་པ། ཞི་བ་ལྷ་ཡི་དོན་སྒྲུབ་ལུགས་འབྲས་བུ་དང་བཅས་པ་བསྟན་པ།

ལྡེབ་གྲངས། 41—43ན།(ཕྲེང་4)

145–3–21

ལེའུ་ཉེར་གཅིག་པ། ཕྱྭ་སྒྲུབ་དབང་གི་དཀྱིལ་འཁོར་གདན་དང་གཞལ་ཡས་བསྟན་པ།

ལྡེབ་གྲངས། 43—44བ།(ཕྲེང་4)

145–3–22

ལེའུ་ཉེར་གཉིས་པ། ཕྱྭ་སྒྲུབ་དབང་གི་ལྷ་རྣམས་སྤྲུལ་ཞིང་བསྐྱེད་པ་བསྟན་པ།

ལྡེབ་གྲངས། 44—47ན།(ཕྲེང་3)

145–3–23

ལེའུ་ཉེར་གསུམ་པ། ཕྱྭ་སྒྲུབ་དབང་གི་འཛབ་རྣམས་བསྟན་པ།

ལྡེབ་གྲངས། 47—49བ།(ཕྲེང་2)

145–3–24

ལེའུ་ཉེར་བཞི་པ། ཕྱྭ་སྒྲུབ་དབང་གི་དཀྱིལ་འཁོར་སྒྲུབ་པའི་ཐབས་འབྲས་བུ་དང་བཅས་ནས་བསྟན་པ།

ལྡེབ་གྲངས། 49—50བ།(ཕྲེང་4)

145–3–25

ལེའུ་ཉེར་ལྔ་པ། ཨ་ལུང་སྙིང་ཕྱུགས་དོན་གྱི་འཛབ་དགོངས་བསྟན་པ།

ལྡེབ་གྲངས། 50—52བ།(ཕྲེང་2)

145–3–26

ལེའུ་ཉེར་དྲུག་པ། ཨ་ལུང་སྙིང་ཕྱུག་ཐུགས་འཛབ་བསྟན་པ།

ལྡེབ་གྲངས། 52—57ན།(ཕྲེང་4)

145–3–27
ལེའུ་ཉེར་བདུན་པ། ཨ་ལུང་སྙིང་ཕྱུག་སྒྲུབ་ཐབས་འབྲས་བུ་དང་བཅས་པ་བསྟན་པ།
ལྡེབ་གྲངས། 57—58ན།(ཕྲེང་5)

145–3–28
ལེའུ་ཉེར་བརྒྱད་པ། ལྷ་མོ་སྙིང་ཁྱུག་བོན་གྱི་འཛབ་དགོངས་བསྟན་པ།
ལྡེབ་གྲངས། 58—59བ།(ཕྲེང་6)

145–3–29
ལེའུ་ཉེར་དགུ་པ། ལྷ་མོ་སྙིང་ཁྱུག་བོན་གྱི་ཐུགས་འཛབ་བསྟན་པ།
ལྡེབ་གྲངས། 59—62བ།(ཕྲེང་2)

145–3–30
ལེའུ་སུམ་ཅུ་པ། ལྷ་མོ་སྙིང་ཁྱུག་སྒྲུབ་ཐབས་དང་བཅས་པ།
ལྡེབ་གྲངས། 62—63ན།(ཕྲེང་5)

145–3–31
ལེའུ་སོ་གཅིག་པ། གནས་ཀྱི་དཀྱིལ་འཁོར་གཞལ་ཡས་ཁང་བསྟན་པ།
ལྡེབ་གྲངས། 63—66ན།(ཕྲེང་2)

145–3–32
ལེའུ་སོ་གཉིས་པ། ལྷ་བསྐྱེད་ཅིང་ཉིང་འཛིན་གྱི་རིམ་པ་བསྟན་པ།
ལྡེབ་གྲངས། 66—68ན།(ཕྲེང་4)

145–3–33
ལེའུ་སོ་གསུམ་པ། གནས་ཀྱི་ལྷ་རྣམས་ཀྱི་འཛབ་དང་སྙིང་པོ་བསྟན་པ།
ལྡེབ་གྲངས། 68—68བ།(ཕྲེང་1)

145–3–34
ལེའུ་སོ་བཞི་པ། གནས་ཀྱི་ཕྲིན་ལས་བསྟན་པ།
ལྡེབ་གྲངས། 68—75ན།(ཕྲེང་4)

145–3–35
ལེའུ་སོ་ལྔ་པ། བདག་དོན་གཞན་དོན་གཉིས་ཀ་མཐར་ཕྱིན་འབྲས་སུ་དང་བཅས་ནས་བསྟན་པ།
ལྡེབ་གྲངས། 75—76ན།(ཕྲེང་4)

145–3–36
ལེའུ་སོ་དྲུག་པ། སྲིན་པོ་བསྒྲལ་བའི་རྟགས་བརྒྱད་བསྟན་པ།
ལྡེབ་གྲངས། 76—77ན།(ཕྲེང་4)

145–3–37
ལེའུ་སོ་བདུན་པ། སྒོ་དབྱེ་ཞིང་ལྷ་ངོ་སྤྲོད་པའི་ལེའུ།
ལྡེབ་གྲངས། 77—81བ།(ཕྲེང་3)

145–3–38
ལེའུ་སོ་བརྒྱད་པ། སྤྲུངས་ཞིང་དྲངས་པའི་གནས་བརྒྱད་བསྟན་པ།

ལྡེབ་གྲངས། 81—83བ།(ཕྲེང་2)

145–3–39
ལེའུ་སོ་དགུ་པ། གྲུབ་པ་རྟགས་ཀྱི་ཐིག་ལེ་བརྒྱད་བསྟན་པ།
ལྡེབ་གྲངས། 83—84ན།(ཕྲེང་5)

145–3–40
ལེའུ་བཞི་བཅུ་པ། ལས་ཀྱི་དཀྱིལ་འཁོར་ལྷ་དང་བཅས་པ་བསྟན་པ།
ལྡེབ་གྲངས། 84—86བ།(ཕྲེང་3)

145–3–41
ལེའུ་ཞེ་གཅིག་པ། ལས་ཀྱི་ཕྲིན་ལས་དང་འབྲས་བུ་བསྟན་པ།
ལྡེབ་གྲངས། 86—87བ།(ཕྲེང་4)

145–3–42
ལེའུ་ཞེ་གཉིས་པ། ལས་ཀྱི་དཀྱིལ་འཁོར་ལྷ་དང་བཅས་པ་བསྟན་པ།
ལྡེབ་གྲངས། 87—88བ།(ཕྲེང་6)

145–3–43
ལེའུ་ཞེ་གསུམ་པ། ལས་ཀྱི་ཕྲིན་ལས་སྒྲུབ་པ་འབྲས་བུ་དང་བཅས་པ་བསྟན་པ།
ལྡེབ་གྲངས། 88—90ན།(ཕྲེང་1)

145–3–44
ལེའུ་ཞེ་བཞི་པ། འཁོར་རྣམས་ཀྱིས་རྗེས་སུ་ཡི་རང་ནས་གུས་པས་བསྟོད་པ།
ལྡེབ་གྲངས། 90བ།(ཕྲེང་2)

145–3–45
ལེའུ་ཞེ་ལྔ་པ། རྒྱུད་ཡོངས་སུ་གཏད་པའི་ལེའུ།
ལྡེབ་གྲངས། 90—91ན།(ཕྲེང་3)

145–4
ཆོས་ཚན་བཞི་པ། དཔལ་གསང་དྲག་པོ་མེ་རི་འབར་བའི་རྒྱུད་ཅེས་བྱ་བ་བཞུགས་སོ། །

145–4–1
ལེའུ་དང་པོ། གླིང་གཞིའི་ལེའུ།
ལྡེབ་གྲངས། 1—3ན།(ཕྲེང་3)

145–4–2
ལེའུ་གཉིས་པ། མཁའ་གློང་བཞིའི་གནས་ལུགས་བསྟན་པ།
ལྡེབ་གྲངས། 3—4བ།(ཕྲེང་2)

145–4–3
ལེའུ་གསུམ་པ། ཕྱྭ་ཚེ་དབང་གི་རྫས་བསགས་པའི་ལེའུ།
ལྡེབ་གྲངས། 4—7ན།(ཕྲེང་2)

145–4–4
ལེའུ་བཞི་པ། རྙིང་འཛིན་དགོངས་རྒྱུད་བསྟན་པ།

ལྡེབ་གྲངས། 7—10ན།(ཕྲེང་4)

145–4–5
ལེའུ་ལྔ་པ། ཕྱྭ་ཚེ་དབང་འཇབ་བསྟན་པ།
ལྡེབ་གྲངས། 10—11བ།(ཕྲེང་1)

145–4–6
ལེའུ་དྲུག་པ། ཚེ་དབང་སྒྲུབ་པ་འབྲས་བུ་ལམ་དང་བཅས་ནས་བསྟན་པ།
ལྡེབ་གྲངས། 11—12ན།(ཕྲེང་5)

145–4–7
ལེའུ་བདུན་པ། དབང་གི་སློབ་དཔོན་སློབ་མའི་མཚན་ཉིད་བསྟན་པ།
ལྡེབ་གྲངས། 12—13བ།(ཕྲེང་1)

145–4–8
ལེའུ་བརྒྱད་པ། དབང་གི་དཀྱིལ་འཁོར་དང་རྫས་བཤམས་པའི་ལེའུ།
ལྡེབ་གྲངས། 13—16བ།(ཕྲེང་1)

145–4–9
ལེའུ་དགུ་པ། ཟབ་མོའི་ཏིང་ངེ་འཛིན་བསྟན་པ།
ལྡེབ་གྲངས། 16—18བ།(ཕྲེང་6)

145–4–10
ལེའུ་བཅུ་པ། དབང་འཇབ་སྙིང་པོ་བསྟན་པ།
ལྡེབ་གྲངས། 18—19བ།(ཕྲེང་6)

145–4–11
ལེའུ་བཅུ་གཅིག་པ། དབང་བསྐུར་ཚོ་ག་འབྲས་བུ་དང་བཅས་པ།
ལྡེབ་གྲངས། 19—21བ།(ཕྲེང་5)

145–4–12
ལེའུ་བཅུ་གཉིས་པ། བདུད་རྩི་སྒྲུབ་པའི་རྫས་བཤམས་པའི་ལེའུ།
ལྡེབ་གྲངས། 21—23ན།(ཕྲེང་3)

145–4–13
ལེའུ་བཅུ་གསུམ་པ། བདུད་རྩི་ཞི་བའི་ལྷ་རྣམས་བསྒོམ་པ་བསྟན་པ།
ལྡེབ་གྲངས། 23—24ན།(ཕྲེང་5)

145–4–14
ལེའུ་བཅུ་བཞི་པ། བདུད་རྩི་ཞི་བ་ལྷ་འཇབ་བསྟན་པ།
ལྡེབ་གྲངས། 24—25བ།(ཕྲེང་3)

145–4–15
ལེའུ་བཅོ་ལྔ་པ། ཞི་བ་ལྷའི་ཕྲིན་ལས་བསྟན་ཅིང་གྲོལ་བུ་སྨྲངས་བའི་ལེའུ།
ལྡེབ་གྲངས། 25—26བ།(ཕྲེང་1)

145–4–16
ལེའུ་བཅུ་དྲུག་པ། བདུད་རྩི་ཁྲོ་བོའི་ལྷ་རྣམས་བསྒོམ་པ་བསྟན་པ།
ལྡེབ་གྲངས། 26—27ན།(ཕྲེང་5)

145–4–17
ལེའུ་བཅུ་བདུན་པ། བདུད་རྩི་ཁྲོ་བོའི་འཛབ་བསྟན་པ།
ལྡེབ་གྲངས། 27—28བ།(ཕྲེང་4)

145–4–18
ལེའུ་བཅོ་བརྒྱད་པ། བདུད་རྩི་སྒྲུབ་པ་ཡོན་ཏན་འབྲས་བུ་དང་བཅས་ནས་བསྟན་པ།
ལྡེབ་གྲངས། 28—30ན།(ཕྲེང་5)

145–4–19
ལེའུ་བཅུ་དགུ་པ། ཞུབ་དང་པོ་ལ་ཞི་བའི་དཀྱིལ་འཁོར་བསྟན་པའི་ལེའུ།
ལྡེབ་གྲངས། 30—31བ།(ཕྲེང་5)

145–4–20
ལེའུ་ཉི་ཤུ་པ། ཞུབ་གཉིས་པ་ལ་ཁྲོ་བོའི་དཀྱིལ་འཁོར་བསྟན་པའི་ལེའུ།
ལྡེབ་གྲངས། 31—33ན།(ཕྲེང་6)

145–4–21
ལེའུ་ཉེར་གཅིག་པ། གནས་ཀྱི་དཀྱིལ་འཁོར་དང་རྫས་བཤམས་པའི་ལེའུ།
ལྡེབ་གྲངས། 33—34འོག ན།(ཕྲེང་1)

145–4–22
ལེའུ་ཉེར་གཉིས་པ། གནས་ཀྱི་ལྷ་དང་གཞལ་ཡས་བསྒོམ་པའི་ལེའུ།
ལྡེབ་གྲངས། 34—35བ།(ཕྲེང་4)

145–4–23
ལེའུ་ཉེར་གསུམ་པ། གནས་ཀྱི་ལྷ་འཛབ་བསྟན་པ།
ལྡེབ་གྲངས། 35—37བ།(ཕྲེང་1)

145–4–24
ལེའུ་ཉེར་བཞི་པ། གནས་ཀྱི་ཕྲིན་ལས་འབྲས་བུ་དང་བཅས་ནས་བསྟན་པ།
ལྡེབ་གྲངས། 37—40ན།(ཕྲེང་2)

145–4–25
ལེའུ་ཉེར་ལྔ་པ། སྣང་མི་སྣང་སློབ་བུའི་མཚན་བསྟན་པ།
ལྡེབ་གྲངས། 40—41ན།(ཕྲེང་5)

145–4–26
ལེའུ་ཉེར་དྲུག་པ། ནོར་བསྲིག་གི་དཀྱིལ་འཁོར་དང་རྫས་བཤམས་པའི་ལེའུ།
ལྡེབ་གྲངས། 41—42བ།(ཕྲེང་2)

145–4–27
ལེའུ་ཉེར་བདུན་པ། ནོར་བསྲིག་ཏིང་འཛིན་དགོངས་པ་བསྟན་པ།

ལྡེབ་གྲངས། 42—44ན།(ཕྲེང་6)

145–4–28
ལེའུ་ཉེར་བརྒྱད་པ། སྡིག་སྒྲིབ་སྦྱོང་ཞིང་བསྐྱེག་པའི་སྙིང་པོ་བསྟན་པ།
ལྡེབ་གྲངས། 44—46ན།(ཕྲེང་3)

145–4–29
ལེའུ་ཉེར་དགུ་པ། རོ་བསྲེག་ཕྱིན་ལས་འབྲས་བུ་དང་བཅས་ནས་བསྟན་པ།
ལྡེབ་གྲངས། 46—48བ།(ཕྲེང་4)

145–4–30
ལེའུ་སུམ་ཅུ་པ། བུམ་པ་དབང་ཆུ་བོ་བསྟན་པ།
ལྡེབ་གྲངས། 48—51ན།(ཕྲེང་5)

145–4–31
ལེའུ་སོ་གཅིག་པ། གསང་དབང་ཆུ་བོ་བསྟན་པ།
ལྡེབ་གྲངས། 51—53བ།(ཕྲེང་1)

145–4–32
ལེའུ་སོ་གཉིས་པ། ཤེས་རབ་ཡེ་ཤེས་དབང་གི་ཆུ་བོ་བསྟན་པ།
ལྡེབ་གྲངས། 53—54བ།(ཕྲེང་6)

145–4–33
ལེའུ་སོ་གསུམ་པ། བདེ་ཆེན་དབང་གི་ཆུ་བོ་བསྟན་པ།
ལྡེབ་གྲངས། 54—55བ།(ཕྲེང་4)

145–4–34
ལེའུ་སོ་བཞི་པ། དབང་གི་སྤྱི་དོན་གོ་རིམ་བསྟན་པ།
ལྡེབ་གྲངས། 55—57བ།(ཕྲེང་2)

145–4–35
ལེའུ་སོ་ལྔ་པ། འཁོར་གྱིས་སྟོན་པ་ལ་བསྟོད་ཅིང་སྟོན་པས་འཁོར་ལ་གདམས་པ།
ལྡེབ་གྲངས། 57—58བ།(ཕྲེང་2)
མཇུག་བྱང་། ལས་འགྲོ་སྐལ་བར་ལྡན་པའི་བླ་མ་ཀུ་པ་ཡིས། བལ་གྱུར་ནག་པོའི་བོན། སྦ་གྲོ་གཅལ་ནས་གཏེར་བཏོན་ནས། རང་པོ་འགར་སྟོན་ཁྲི་རྒྱལ་ལ་དངོས་གྲུབ་དུ་བབས། དབུས་པ་ཟླ་འོད་འབར་གྱི་**དོན་དང་གསུམ། རྒྱ་ལ་གནང་། ཇོ་སྲས་བདག་གིས་ཞུས། ཀུན་གྱི་ཐུན་མོང་མིན། མཆོད་བཙན་བདག་གིས་བྲིས། ཡོན་མཆོད་གཉིས་ལ་བཀྲ་ཤིས་པར་ཤོག ཐ་ཚན་ཨུ་གཙུག་སྨར་རོ། །
ལྡེབ་གྲངས། 58—59ན།(ཕྲེང་2)

145–5
ཆོས་ཚན་ལྔ་པ། ཤ་འབབ་ནག་པོ་གསང་བ་ངན་སྔགས་འདུས་པའི་རྒྱུད་ཅེས་བྱ་བ་བཞུགས་སོ། །

145–5–1
ལེའུ་དང་པོ། སྙིང་གཞིའི་ལེའུ།
ལྡེབ་གྲངས། 1—4བ།(ཕྲེང་2)

145–5–2
ལེའུ་གཉིས་པ། སྙིང་བསྙད་པའི་ལེའུ།
ལྡེབ་གྲངས། 4—5བ།(ཕྲེང་3)

145–5–3
ལེའུ་གསུམ་པ། མཁའ་སྐྱོང་དབྱིངས་ཀྱི་སྤྱི་དོན་བསྟན་པ།
ལྡེབ་གྲངས། 5—6བ།(ཕྲེང་6)

145–5–4
ལེའུ་བཞི་པ། གདུལ་བྱ་འདུལ་ཐབས་ངོས་བཟུང་བསྟན་པ།
ལྡེབ་གྲངས། 6—7བ།(ཕྲེང་5)

145–5–5
ལེའུ་ལྔ་པ། གསང་བའི་ཁྲོ་ཚོགས་བསྒྲུབ་པ་སྔོན་དུ་འགྲོ་བ་བསྟན་པ།
ལྡེབ་གྲངས། 7—11ན།(ཕྲེང་2)

145–5–6
ལེའུ་དྲུག་པ། འཇིག་ཚོགས་ཁྲོ་བོའི་དཀྱིལ་འཁོར་བསྒོམ་པ།
ལྡེབ་གྲངས། 11—13བ།(ཕྲེང་1)

145–5–7
ལེའུ་བདུན་པ། གསང་བ་ཁྲོ་རྫོགས་ཀྱི་འཇབ་དྲངས་བའི་ལེའུ།
ལྡེབ་གྲངས། 13—15ན།(ཕྲེང་6)

145–5–8
ལེའུ་བརྒྱད་པ། གསང་བ་ཁྲོ་ཚོགས་ཀྱི་ཕྲིན་ལས།
ལྡེབ་གྲངས། 15—16ན།(ཕྲེང་6)

145–5–9
ལེའུ་དགུ་པ། དབལ་ཕུར་བསྒྲུབ་པའི་གནས་བཅལ་བ་བསྟན་པ།
ལྡེབ་གྲངས། 16—17བ།(ཕྲེང་4)

145–5–10
ལེའུ་བཅུ་པ། དཀྱིལ་འཁོར་རིམ་པ་བསྟན་པ།
ལྡེབ་གྲངས། 17—20ན།(ཕྲེང་2)

145–5–11
ལེའུ་བཅུ་གཅིག་པ། ལོངས་སྤྱོད་རྒྱན་རྟེན་དགྲམས་པའི་ལེའུ།
ལྡེབ་གྲངས། 20—21ན།(ཕྲེང་1)

145–5–12
ལེའུ་བཅུ་གཉིས་པ། ཕུར་པ་བྱིན་རླབས་ངར་བླུད་པར་བསྟན་པ།
ལྡེབ་གྲངས། 21—23བ།(ཕྲེང་6)

145–5–13
ལེའུ་བཅུ་གསུམ་པ། རྒྱན་དང་ལོངས་སྤྱོད་བྱིན་གྱིས་རླབས་པར་བསྟན་པ།

ལྡེབ་གྲངས། 23—25ན།(ཕྲེང་6)

145–5–14
ལེའུ་བཅུ་བཞི་པ། དྲག་པོ་ཕུར་པའི་གཞལ་ཡས་ཁང་དང་བསྐྱེད་པའི་ལེའུ།
ལྡེབ་གྲངས། 25—27ན།(ཕྲེང་5)

145–5–15
ལེའུ་བཅོ་ལྔ་པ། སྐུ་ཡི་དཀྱིལ་འཁོར་བསྐྱེད་པར་བསྟན་པ།
ལྡེབ་གྲངས། 27—33བ།(ཕྲེང་5)

145–5–16
ལེའུ་བཅུ་དྲུག་པ། གསུང་ཡིག་འབྲུའི་དཀྱིལ་འཁོར་བསྟན་པ།
ལྡེབ་གྲངས། 33—35ན།(ཕྲེང་2)

145–5–17
ལེའུ་བཅུ་བདུན་པ། ཐུགས་ཕྱག་མཚན་གྱི་དཀྱིལ་འཁོར་བསྟན་པ།
ལྡེབ་གྲངས། 35—35འོགན།(ཕྲེང་3)

145–5–18
ལེའུ་བཅོ་བརྒྱད་པ། དབལ་ཕུར་རྩ་བའི་ལྷ་འཛབ་བསྟན་པ།
ལྡེབ་གྲངས། 35—38བ།(ཕྲེང་1)

145–5–19
ལེའུ་བཅུ་དགུ་པ། ཕོ་ཉ་ལས་མཁན་གྱི་བཟླག་འཛབ་བསྟན་པ།
ལྡེབ་གྲངས། 38—44ན།(ཕྲེང་2)

145–5–20
ལེའུ་ཉི་ཤུ་པ། དབལ་ཕུར་ནག་པོའི་སྔོན་འཛབ་བསྟན་པ།
ལྡེབ་གྲངས། 44—45བ།(ཕྲེང་4)

145–5–21
ལེའུ་ཉེར་གཅིག་པ། དབལ་ཕུར་བསྒྲུབ་རྟགས་བསྟན་པ།
ལྡེབ་གྲངས། 45—47ན།(ཕྲེང་5)

145–5–22
ལེའུ་ཉེར་གཉིས་པ། ཕྲིན་ལས་ཀྱི་གོ་རིམ་བསྟན་པ།
ལྡེབ་གྲངས། 47—48བ།(ཕྲེང་2)

145–5–23
ལེའུ་ཉེར་གསུམ་པ། ཉོན་མོངས་གཏིང་ལེན་རྩ་བའི་ལྷ་ཡི་ཕུར་པའི་གདབ་ཐབས་བསྟན་པ།
ལྡེབ་གྲངས། 48—49བ།(ཕྲེང་6)

145–5–24
ལེའུ་ཉེར་བཞི་པ། འབྱུང་བ་ལྔ་དག་གིས་གདབ་ལུགས་བསྟན་པ།
ལྡེབ་གྲངས། 49—50བ།(ཕྲེང་6)

145–5–25
ལེའུ་ཉེར་ལྔ་པ། དུག་ལྔ་རྩད་གཅོད་འཁོར་བའི་ལམ་ལྔ་སྟོང་པའི་གདབ་ལུགས་བསྟན་པ།
ལྡེབ་གྲངས། 50—52བ།(ཕྲེང་3)

145–5–26
ལེའུ་ཉེར་དྲུག་པ། དྲག་པོ་སྔགས་ཀྱི་ཕུར་བ་གདབ་ཐབས་བསྟན་པ།
ལྡེབ་གྲངས། 52—54ན།(ཕྲེང་6)

145–5–27
ལེའུ་ཉེར་བདུན་པ། བསྒྲལ་ཞིང་བསྟབ་པའི་ལེའུ།
ལྡེབ་གྲངས། 54—55བ།(ཕྲེང་2)

145–5–28
ལེའུ་ཉེར་བརྒྱད་པ། གནན་བསྲེགས་འཕང་གསུམ་བསྟན་པ།
ལྡེབ་གྲངས། 55—58ན།(ཕྲེང་3)

145–5–29
ལེའུ་ཉེར་དགུ་པ། ཉམས་ལེན་འབྲས་བུ་དང་བཅས་ཏེ་བསྟན་པ།
ལྡེབ་གྲངས། 58—59བ།(ཕྲེང་2)

145–5–30
ལེའུ་སུམ་ཅུ་པ། ཆེན་པ་ནག་པོའི་ཐུགས་བཤམས་པའི་ལེའུ།
ལྡེབ་གྲངས། 59—62ན།(ཕྲེང་1)

145–5–31
ལེའུ་སོ་གཅིག་པ། སྐད་ཅིག་མའི་ཏིང་ངེ་འཛིན་བསྟན་པ།
ལྡེབ་གྲངས། 62བ།(ཕྲེང་6)

145–5–32
ལེའུ་སོ་གཉིས་པ། ཆེན་པ་ནག་པོ་དྲག་པོའི་ལས་སྦྱོར།
ལྡེབ་གྲངས། 62—64བ།(ཕྲེང་4)

145–5–33
ལེའུ་སོ་གསུམ་པ། གསང་བ་ནག་པོ་རྒྱུད་གསུམ་མཚན་མེད་དག་པའི་དོན་དུ་བསྟན་པ།
ལྡེབ་གྲངས། 64—65བ།(ཕྲེང་3)

145–5–34
ལེའུ་སོ་བཞི་པ། རྒྱུད་ལ་བསྟོད་ཅིང་འཁོར་ལ་གདམས་པའི་ལེའུ།
ལྡེབ་གྲངས། 65—67ན།(ཕྲེང་1)

145–6
ཆོས་ཚན་དྲུག་པ། རྒྱ་མདུད་འབར་བའི་རྒྱུད་ཅེས་བྱ་བ་བཞུགས་སོ། །
ལྡེབ་གྲངས། 1—24ན།(ཕྲེང་3)①

① ཆོས་ཚན་འདིར་ལེའུ་བཅུ་དྲུག་ཡོད། ལེའུའི་གཞུང་ཚད་ཐུང་དྲག་པས་རེ་རེ་བཞིན་བཀོད་མེད།

145–7

ཆོས་ཚན་བདུན་པ། ཆུ་སྲིན་དྲམ་པའི་རྒྱུད་ཅེས་བྱ་བ་བཞུགས་སོ། །

ལྡེབ་གྲངས། 1—14ན།(ཕྲེང་4)①

མཇུག་བྱང་། ལས་འགྲོ་སྐལ་བར་ལྡན། བླ་མ་ཀུ་པ་ཡིས། དཔལ་ཕྱུར་ནག་པོའི་བོན། ཐུ་དྲི་གཅལ་ནས་བསྟོན། རིང་པོ་མགར་ལ་བབས། དབུས་པ་རྒྱ་ལ་གནང་། དེ་ཡིས་ཟངས་བཙུན་བདག་ལ་གནང་། བཀྲ་ཤིས་པར་ཤོག །

145–8

ཆོས་ཚན་བརྒྱད་པ། འཇིག་རྟེན་ཕུང་བྱེད་ཀྱི་རྒྱུད་ཅེས་བྱ་བ་བཞུགས་སོ། །

145–8–1

ལེའུ་དང་པོ། གླིང་གཞིའི་ལེའུ།

ལྡེབ་གྲངས། 1—3བ།(ཕྲེང་4)

145–8–2

ལེའུ་གཉིས་པ། ཐིག་ལེ་ནག་མོ་ལྷམ་དྲལ་བསྒྲུབ་པའི་དཀྱིལ་འཁོར་དང་རྫས་བཤམས་པའི་ལེའུ།

ལྡེབ་གྲངས། 3—5བ།(ཕྲེང་1)

145–8–3

ལེའུ་གསུམ་པ། ཐིག་ལེ་ནག་མོ་ལྷམ་དྲལ་གྱི་སྒྲུབ་ཐབས་བསྟན་པའི་ལེའུ།

ལྡེབ་གྲངས། 5—7བ།(ཕྲེང་6)

145–8–4

ལེའུ་བཞི་པ། ཐིག་ལེ་གཙོ་མོ་ཕུང་བྱེད་མ་བདུན་བསྒྲུབ་པ་བསྟན་པའི་ལེའུ།

ལྡེབ་གྲངས། 7—9ན།(ཕྲེང་2)

145–8–5

ལེའུ་ལྔ་པ། སྲིད་པའི་བླ་འདུལ་མ་བཅུའི་སྒྲུབ་ཐབས་བསྟན་པ།

ལྡེབ་གྲངས། 9—10ན།(ཕྲེང་3)

145–8–6

ལེའུ་དྲུག་པ། བདུད་ཀྱི་ལྷམ་བརྒྱད་དྲལ་པོ་དང་བཅས་པ་བསྒྲུབ་པའི་ལེའུ།

ལྡེབ་གྲངས། 10—11ན།(ཕྲེང་4)

145–8–7

ལེའུ་བདུན་པ། རལ་ཁ་མཆེད་བདུན་དྲལ་དང་བཅས་པ་བསྒྲུབ་པའི་ལེའུ།

ལྡེབ་གྲངས། 11—12ན།(ཕྲེང་6)

145–8–8

ལེའུ་བརྒྱད་པ། ཁ་སྲུད་དྲལ་པོ་ཉི་ཤུ་རྩ་ཅིག་གི་བསྒྲུབ་ཐབས་བསྟན་པ།

ལྡེབ་གྲངས། 12—13བ།(ཕྲེང་3)

145–8–9

ལེའུ་དགུ་པ། སྔོན་པར་བསྔོད་པ་དང་སྔོན་པས་གདམས་པ།

ལྡེབ་གྲངས། 13—14ན།(ཕྲེང་2)

---

① ཆོས་ཚན་འདིར་ལེའུ་བདུན་ཡོད། ལེའུའི་གཞུང་ཚད་ཐུང་དྲག་པས་རེ་རེ་བཞིན་བཀོད་མེད།

འདིའི་གཤམ་དུ་ལེའུ་མཚམས་ཕྱེས་མེད།
ལྡེབ་གྲངས། 15—32ན།(ཕྲེང་3)
འཇིག་རྟེན་ཕུང་བྱེད་ཀྱི་རྒྱུད།①
ལྡེབ་གྲངས། 1—5བ།(ཕྲེང་6)

145–9
ཆོས་ཚན་དགུ་པ། ཁམས་གསུམ་ཀུན་སྒྲོལ་གྱི་རྒྱུད་ཅེས་བྱ་བ་བཞུགས་སོ། །
ལྡེབ་གྲངས། 1—14ན།(ཕྲེང་4)
མཇུག་བྱང་། ལས་འགྲོ་སྐལ་བར་ལྡན་པ་ཡི། བླ་མ་ཀུ་པ་ཡིས། དཔལ་ཕུར་ནག་པོའི་བོན། སྤྱ་གྲོ་གཙལ་ནས་གཏེར་བཏོན། རོང་པ་མགར་ལ་བབས། དབུས་པ་རྒྱ་ལ་གནང་། ཟིངས་བཙུན་དོས་ཀྱིས་ཞུས། ཀུན་གྱི་ཐུན་མོང་མིན། ཐ་ཚན་སུ་ཙུག་སྣར་རོ། །

146 ༼པ ཕ བ༽
མཚན་བྱང་། བཀའ་གསང་མེ་རི་འབར་བ་རྩ་བའི་རྒྱུད་སོགས།
གྲངས་ཚད། ཆོས་ཚན་19ལ་ལེའུ་184དང་ལྡེབ་342ཡོད། ཤོག་གྲངས་684བཞུགས།
རིགས་རྣམ། གཏེར་མ།
གཏེར་སྟོན། ཁྱུ་ཚ་ཟླ་འོད།

146–1
གླེགས་བམ་12པ། ཆོས་ཚན་དང་པོ། བཀའ་གསང་མེ་རི་འབར་བ་རྩ་བའི་རྒྱུད་བཞུགས་པ་ལེགས།
ལྡེབ་གྲངས། 1—12བ།(ཕྲེང་5)②
མཇུག་བྱང་། མེ་རི་འབར་བ་རྩ་བའི་རྒྱུད་ལས། གཏེར་ནས་ཐོན་ནས། ཤོག་སེར་མ་ནོར་བ་ལས། འགལ་སྟོན་གྱི་བྲིས་སོ། །བདག་འགར་སྟོན་ཁྲོ་འདུལ་བས། གཞན་གྱི་ཤེས་པ་མེད་དོ། །འགར་སྟོན་འཛིན་རྟེན་གྲག་ལ། སྨ་སྟོན་གཡུང་དྲུང་རྒྱལ་གྱིས་ཞུས་སོ། །ད་ལ་ཡོན་སློམ་ཨ་གསས་ཀྱི་ཞུས་སོ། །བཀྲ་ཤིས་སོ། །

146–2
ཆོས་ཚན་གཉིས་པ། མེ་རི་འཁྲིལ་བའི་མན་ངག་གི་རྒྱུད་བཞུགས་སྷོ། །
ལྡེབ་གྲངས། 13—20བ།(ཕྲེང་7)③
མཇུག་བྱང་། སྤྱ་གྲོའི་གཏེར་ཤོག་ལ་ཞལ་བཤུས་སོ། །

146–3
ཆོས་ཚན་གསུམ་པ། མེ་རི་འོད་གསལ་ཕྲིན་ལས་ཀྱི་རྒྱུད་བཞུགས་སོ། །
ལྡེབ་གྲངས། 20—52བ།(ཕྲེང་7)④
མཇུག་བྱང་། སྤྱ་གྲོའི་གཏེར་ཤོག་ལ་ཞལ་བཤུས་སོ། །

146–4
ཆོས་ཚན་བཞི་པ། མེ་རི་གསང་པ་འཁོར་ལོའི་རྒྱུད་བཞུགས་སྱོ། །

---

① ཤོག་ལྡེབ་1ནས་5ཅན་ཞིག་ལ་འཇིག་རྟེན་ཕུང་བྱེད་ཀྱི་རྒྱུད་ཀྱི་ནང་དོན་ཅན་ཆོས་ཚན་གཅིག་བཞུགས་པ་གོང་འཛོལ་མཐུད་པར་ངེས་མོད། ལྡེབ་གྲངས་བསྐྱར་དུ་བགོད་འདུག
② ཆོས་ཚན་འདིར་ལེའུ་བཅུ་བདུན་བཞུགས། ལེའུའི་གཞུང་ཚད་ཐུང་དྲག་པས་རེ་རེ་བཞིན་བགོད་མེད།
③ ཆོས་ཚན་འདིར་ལེའུ་བཅུ་གསུམ་བཞུགས། ལེའུའི་གཞུང་ཚད་ཐུང་དྲག་པས་རེ་རེ་བཞིན་བགོད་མེད།
④ ཆོས་ཚན་འདིར་ལེའུ་སུམ་ཅུ་རྩ་གསུམ་བཞུགས། ལེའུའི་གཞུང་ཚད་ཐུང་དྲག་པས་རེ་རེ་བཞིན་བགོད་མེད།

146–4–1
ལེའུ་དང་པོ། གླིང་བཞིའི་ལེའུ།
ལྡེབ་གྲངས། 1—3ན།(ཕྲེང་2)

146–4–2
ལེའུ་གཉིས་པ། གཞལ་ཡས་ཁང་དང་དཀྱིལ་འཁོར་བསྐྱེད་མི་དགོས་པར་རང་འབྱུང་ཤར་བར་བསྟན་པ།
ལྡེབ་གྲངས། 3—15ན།(ཕྲེང་7)

146–4–3
ལེའུ་གསུམ་པ། ལྷ་ཚོགས་བསྐྱེད་མི་དགོས་པར་བསྟན་པའི་ལེའུ།
ལྡེབ་གྲངས། 15—17བ།(ཕྲེང་3)

146–4–4
ལེའུ་བཞི་པ། ཕྲིན་ལས་གཞུང་བསྲུང་པའི་ལེའུ།
ལྡེབ་གྲངས། 17—19བ།(ཕྲེང་2)

146–4–5
ལེའུ་ལྔ་པ། བསྙེན་སྒྲུབ་རྣམ་པ་བཞི་བསྟན་པ།
ལྡེབ་གྲངས། 19ན།(ཕྲེང་7)

146–4–6
ལེའུ་དྲུག་པ། མཐའ་སྤྱད་བསྟན་པ།
ལྡེབ་གྲངས། 19—20བ།(ཕྲེང་2)

146–4–7
ལེའུ་བདུན་པ། དཀྱིལ་འཁོར་བསྟན་པ།
ལྡེབ་གྲངས། 20བ།(ཕྲེང་7)

146–4–8
ལེའུ་བརྒྱད་པ། གྲུད་ཀྱི་ཕུར་ཅིག་མའི་ངོ་བོ་དང་བྱེ་བྲག་དང་མན་ངག་བསྟན་པ།
ལྡེབ་གྲངས། 20—22བ།(ཕྲེང་4)

146–4–9
ལེའུ་དགུ་པ། ཉོན་མོངས་གཏོར་མའི་དོན་བཀྲོལ་བའི་ལེའུ།
ལྡེབ་གྲངས། 22—23ན།(ཕྲེང་3)

146–4–10
ལེའུ་བཅུ་པ། གསང་བའི་དོན་བསྟན་པ།
ལྡེབ་གྲངས། 23བ།(ཕྲེང་5)

146–4–11
ལེའུ་བཅུ་གཅིག་པ། གནས་ལུགས་དགོངས་ཚད་བསྟན་པ།
ལྡེབ་གྲངས། 23—24བ།(ཕྲེང་4)

146–4–12
ལེའུ་བཅུ་གཉིས་པ། ཕྲིན་ལས་ཀྱི་བརྡའ་སྦྱོར་བསྟན་པ།

ལྡེབ་གྲངས། 24—27བ།(ཕྲེང་5)

146–4–13
ལེའུ་བཅུ་གསུམ་པ། ཉམས་སུ་བླངས་པ་བསྟན་པ།
ལྡེབ་གྲངས། 27—28བ།(ཕྲེང་2)

146–4–14
ལེའུ་བཅུ་བཞི་པ། རྒྱུད་ཐབ་པ་དང་དཀོན་པའི་ཚད་བསྟན་པ།
ལྡེབ་གྲངས། 28—29བ།(ཕྲེང་1)

146–4–15
ལེའུ་བཅོ་ལྔ་པ། མཆོད་པ་དང་བསྟོད་པའི་ལེའུ།
ལྡེབ་གྲངས། 29—31བ།(ཕྲེང་5)

146–4–16
ལེའུ་བཅུ་དྲུག་པ། རྒྱུད་ཡོངས་སུ་བཟུང་བའི་ལེའུ།
ལྡེབ་གྲངས། 31—34ན།(ཕྲེང་2)

མཇུག་བྱང་། གསང་འདུས་ནས་སྣན་དུ་བརྒྱུད་ན། བླ་མ་ལྷ་སྒོམ་པ། དངོས་གྲུབ་རྒྱལ་མཚན། རྗེ་འོལ་སྒོམ་ཀུན་འདུལ། ཡང་སྟོན་ཆེན་པོ་ནས་རིམ་པར་བརྒྱུད་ནས། སློབ་དཔོན་བསྟན་པ་རྒྱལ་མཚན། དེས་བསྟན་པ་འོད་ཟེར། དེས་ཧེ་སྟོན་ཕུན་ཚོགས་གྲགས་པ། དེས་རྩ་བའི་བླ་མ་འབྲུལ་ཞིག་གཡུང་དྲུང་ཚུལ་ཁྲིམས་ཀྱི་དྲུང་དུ་བདག་གིས་ཞུས་སོ། །དགེའོ། །དགེ་གོ །ཀ་དག་བདེ་ཆེན་གླིང་ནས། ལེགས་འབྱུང་ཉི་མའི་འོད་ཀྱིས། གཡུང་དྲུང་བསྟན་པའི་གེ་སར། བཞེངས་བཀོད་རྒྱས་པའི་རྒྱལ་ཐམ།

146–5
ཆོས་ཚན་ལྔ་པ། མེ་རི་གསང་བ་འཁོར་ལོ་ཞེས་བྱ་བའི་ཐབ་དོན་བཞུགས་སྷོ། །[བཀའ་མ།]
ལྡེབ་གྲངས། 1—19ན།(ཕྲེང་5)

མཇུག་བྱང་། བླ་མ་གཡུང་དྲུང་ལྷ་རྩེ་ལ། ར་ཞག་ཕྱེར་པོ་ཡིས་ཞུས། དེ་ཡི་སྲས་སྟོང་རྩེའི་ཞུས་སོ། །སློབ་དཔོན་སེ་གར་རྩེ་མ་ལ། སྟོན་པ་གྲགས་མོས་ཞུས་སོ། །ད་ལྟ་བདག་བཙོན་འགྲུས་འོད་ཟེར་གྱི་དཔེའ་ཚའོ། །སུ་ཙུག་སྐར་རོ། །ཀ་དག་བདེ་ཆེན་གླིང་ནས། ལེགས་འབྱུང་ཉི་མའི་འོད་ཀྱིས། གཡུང་དྲུང་བསྟན་པའི་གེ་སར། བཞེངས་བཀོད་རྒྱས་པའི་རྒྱལ་གདབ།

146–6
ཆོས་ཚན་དྲུག་པ། གེ་ཁོ་བདུད་འདུལ་རྩ་བའི་རྒྱུད་ཆེན་མོས་དབུས་ཕྱོགས་བཞུགས་པ་ལེགས་སོ། །

146–6–1
ལེའུ་དང་པོ། གླིང་བཞིའི་ལེའུ།
ལྡེབ་གྲངས། 1—2བ།(ཕྲེང་3)

146–6–2
ལེའུ་གཉིས་པ། རྒྱུད་ཀྱི་རྣམ་གྲངས་དང་དབྱེ་བ་བསྟན་པ།
ལྡེབ་གྲངས། 3—5ན།(ཕྲེང་5)

146–6–3
ལེའུ་གསུམ་པ། མདོར་བསྡུས་བསྟན་པ།
ལྡེབ་གྲངས། 5—6ན།(ཕྲེང་2)

146–6–4
ལེའུ་བཞི་པ། བལྟའ་བའི་དོན་ངེས་པར་བསྟན་པ།
ལྡེབ་གྲངས། 6—7བ།(ཁྲིང་2)

146–6–5
ལེའུ་ལྔ་པ། བསྒོམ་པ་བསྟན་པ།
ལྡེབ་གྲངས། 7—8ན།(ཁྲིང་4)

146–6–6
ལེའུ་དྲུག་པ། འབྲས་བུའི་ཐོབས་ཚུལ་བསྟན་པ།
ལྡེབ་གྲངས། 8བ།(ཁྲིང་6)

146–6–7
ལེའུ་བདུན་པ། ཕྱི་ནང་གསང་བའི་གནས་བསྟན་པ།
ལྡེབ་གྲངས། 8—10ན།(ཁྲིང་6)

146–6–8
ལེའུ་བརྒྱད་པ། བསྒྲུབ་པའི་མཚན་ཉིད་བསྟན་པ།
ལྡེབ་གྲངས། 10—11བ།(ཁྲིང་2)

146–6–9
ལེའུ་དགུ་པ། རྫས་བསྟན་པ།
ལྡེབ་གྲངས། 11—12བ།(ཁྲིང་3)

146–6–10
ལེའུ་བཅུ་པ། གནས་དང་གཞལ་ཡས་བསྟན་པ།
ལྡེབ་གྲངས། 12—14བ།(ཁྲིང་4)

146–6–11
ལེའུ་བཅུ་གཅིག་པ། གཙོ་བོ་ཡབ་ཡུམ་བསྐྱེད་པའི་ལེའུ།
ལྡེབ་གྲངས། 14—16བ།(ཁྲིང་4)

146–6–12
ལེའུ་བཅུ་གཉིས་པ། ཐུགས་ལས་སྤྲུལ་པའི་སྲས་བསྐྱེད་པའི་ལེའུ།
ལྡེབ་གྲངས། 16—18ན།(ཁྲིང་4)

146–6–13
ལེའུ་བཅུ་གསུམ་པ། སྐུ་མདོག་ཕྱག་མཚན་བསྟན་པ།
ལྡེབ་གྲངས། 18—20ན།(ཁྲིང་6)

146–6–14
ལེའུ་བཅུ་བཞི་པ། དཀྱིལ་འཁོར་གྱི་བྱ་བ་བསྟན་པ།
ལྡེབ་གྲངས། 20—22བ།(ཁྲིང་6)

146–6–15
ལེའུ་བཅོ་ལྔ་པ། རྟེན་རྫས་དང་རྫས་བསག་པའི་ལེའུ།

ལྡེབ་གྲངས། 22—23བ།(ཕྲེང་5)

146–6–16
ལེའུ་བཅུ་དྲུག་པ། རྟེན་རྫས་དང་མཆོད་རྫས་མངའ་གསོལ་བ།
ལྡེབ་གྲངས། 23—26ན།(ཕྲེང་5)

146–6–17
ལེའུ་བཅུ་བདུན་པ། ལྷ་རྫས་མཆོད་རྫས་དགོད་པ།
ལྡེབ་གྲངས། 26—27ན།(ཕྲེང་3)

146–6–18
ལེའུ་བཅོ་བརྒྱད་པ། ཁྲི་བྲག་ཁྲི་ནས་སྒྲུབ་པའི་ལེའུ།
ལྡེབ་གྲངས། 27—28ན།(ཕྲེང་2)

146–6–19
ལེའུ་བཅུ་དགུ་པ། བདུད་འདུལ་གེ་ཁོད་གསང་སྒྲུབ།
ལྡེབ་གྲངས། 28—29ན།(ཕྲེང་6)

146–6–20
ལེའུ་ཉི་ཤུ་པ། གསང་བ་ཆེན་པོ་དྲག་སྔགས་སུ་བསྒྲུབ་པ་རྩ་བའི་ལེའུ།
ལྡེབ་གྲངས། 29—30ན།(ཕྲེང་2)

146–6–21
ལེའུ་ཉེར་གཅིག་པ། སྔགས་སུ་བསྒྲུབས་པའི་ལེའུ།
ལྡེབ་གྲངས། 30—31བ།(ཕྲེང་6)

146–6–22
ལེའུ་ཉེར་གཉིས་པ། གེ་ཁོ་བདུད་འདུལ་གསང་བ་སེམས་སུ་བསྒྲུབ་པའི་ལེའུ།
ལྡེབ་གྲངས། 31—33བ།(ཕྲེང་6)

146–6–23
ལེའུ་ཉེར་གསུམ་པ། དབང་བསྐུར་བའི་ལེའུ།
ལྡེབ་གྲངས། 33—35ན།(ཕྲེང་4)

146–6–24
ལེའུ་ཉེར་བཞི་པ། དམ་ཚིགས་བསྟན་པའི་ལེའུ།
ལྡེབ་གྲངས། 35—36བ།(ཕྲེང་4)

146–6–25
ལེའུ་ཉེར་ལྔ་པ། གྲུབ་རྟགས་བསྟན་པའི་ལེའུ།
ལྡེབ་གྲངས། 36—37བ།(ཕྲེང་6)

146–6–26
ལེའུ་ཉེར་དྲུག་པ། ཚེའི་བསྒྲུབ་པའི་ལེའུ།
ལྡེབ་གྲངས། 37—38བ།(ཕྲེང་5)

146–6–27
ལེའུ་ཉེར་བདུན་པ། ནོར་བསྒྲུབ་གཡུང་དྲུང་བུམ་པའི་རྒྱུད།
ལྡེབ་གྲངས། 38—39བ།(ཕྲེང་3)

146–6–28
ལེའུ་ཉེར་བརྒྱད་པ། སྲིད་འཕེལ་བའི་ལེའུ།
ལྡེབ་གྲངས། 39—40ན།(ཕྲེང་2)

146–6–29
ལེའུ་ཉེར་དགུ་པ། ཀུན་བསྲུངས་པའི་ལེའུ།
ལྡེབ་གྲངས། 40བ།(ཕྲེང་5)

146–6–30
ལེའུ་སུམ་ཅུ་པ། བྲོ་ནད་གླུ་གདོན་བསྲུངས་བའི་ལེའུ།
ལྡེབ་གྲངས། 40—41ན།(ཕྲེང་5)

146–6–31
ལེའུ་སོ་གཅིག་པ། ཁ་ཕུར་ཁ་བསྲུངས་བའི་ལེའུ།
ལྡེབ་གྲངས། 41བ།(ཕྲེང་4)

146–6–32
ལེའུ་སོ་གཉིས་པ། ཞོ་ཆང་བསྲུངས་བའི་ལེའུ།
ལྡེབ་གྲངས། 41—42ན།(ཕྲེང་3)

146–6–33
ལེའུ་སོ་གསུམ་པ། ནོར་རྫས་བསྲུང་བའི་ལེའུ།
ལྡེབ་གྲངས། 42བ།(ཕྲེང་2)

146–6–34
ལེའུ་སོ་བཞི་པ། སྲིའུ་གསོ་བའི་ལེའུ།
ལྡེབ་གྲངས། 42—43ན།(ཕྲེང་5)

146–6–35
ལེའུ་སོ་ལྔ་པ། ནད་གདོན་དང་རིམས་བསྲུང་ཞིང་བྲུངས་གསོ་བའི་རིམ་པ།
ལྡེབ་གྲངས། 43—45ན།(ཕྲེང་5)

146–6–36
ལེའུ་སོ་དྲུག་པ། གླུ་གདོན་བྲོ་ནད་དངོས་བཟུངས་ཅིང་གསོ་བའི་ལེའུ།
ལྡེབ་གྲངས། 45—49ན།(ཕྲེང་3)

146–6–37
ལེའུ་སོ་བདུན་པ། བྲོ་ནད་གསོ་བའི་ལེའུ།
ལྡེབ་གྲངས། 49—50བ།(ཕྲེང་3)

146–6–38
ལེའུ་སོ་བརྒྱད་པ། གླུ་འདུལ་སྐྱི་རྗེ་ཁྱུང་དག་གི་བསྒྲུབས་པ་བསྟན་པ།

ལྡེབ་གྲངས། 50—52ན།(ཕྲེང་6)

146–6–39
ལེའུ་སོ་དགུ་པ། བསྲུངས་བ་ཁྲིའི་འཁོར་ལོའི་ལེའུ།
ལྡེབ་གྲངས། 52—53ན།(ཕྲེང་6)

146–6–40
ལེའུ་བཞི་བཅུ་པ་གོང་མ།① དམ་ཚིག་གི་ཆགས་ཉམས་བསྐང་བ་དང་། མགོན་གྲིབ་གསོ་བའི་ལེའུ།
ལྡེབ་གྲངས། 53—55ན།(ཕྲེང་4)

146–6–40
ལེའུ་བཞི་བཅུ་པ་འོག་མ།② ཕུང་པོ་བསྲེགས་སྦྱོང་གི་ལེའུ།
ལྡེབ་གྲངས། 55—56བ།(ཕྲེང་4)

146–6–41
ལེའུ་ཞེ་གཅིག་པ། ཚེ་འདས་གནས་སུ་དྲངས་ཤིང་སྦྱར་བའི་ལེའུ།
ལྡེབ་གྲངས། 56—58ན།(ཕྲེང་5)

146–6–42
ལེའུ་ཞེ་གཉིས་པ། ཙྪ་ཙྪ་གདབ་པའི་ལེའུ།
ལྡེབ་གྲངས། 58—59ན།(ཕྲེང་3)

146–6–43
ལེའུ་ཞེ་གསུམ་པ། དམིགས་མེད་སྦྱིན་གཏོར་གཏོང་བའི་ལེའུ།
ལྡེབ་གྲངས། 59—60ན།(ཕྲེང་3)

146–6–44
ལེའུ་ཞེ་བཞི་པ། བཞུགས་མེད།

146–6–45
ལེའུ་ཞེ་ལྔ་པ། ཕྱི་ནང་གི་བར་ཆད་བསྲུངས་བའི་ལེའུ།
ལྡེབ་གྲངས། 60—61བ།(ཕྲེང་2)

146–6–46
ལེའུ་ཞེ་དྲུག་པ། གསང་བའི་བསྲུངས་བའི་ལེའུ།
ལྡེབ་གྲངས། 61—62ན།(ཕྲེང་3)

146–6–47
ལེའུ་ཞེ་བདུན་པ། བསྐྱོད་ཅིང་རྗེས་སུ་ཡི་རང་བའི་ལེའུ།
ལྡེབ་གྲངས། 62བ།(ཕྲེང་5)

146–6–48
ལེའུ་ཞེ་བརྒྱད་པ། རྒྱུད་ཆེ་བའི་ཡོན་ཏན་དང་རྒྱུད་གཏད་པའི་ལེའུ།
ལྡེབ་གྲངས། 62—63བ།(ཕྲེང་1)

---

① གཞུང་ལ་ལེའུ་ཞེ་བཞི་པ་ཞེས་འཁོད་འདུག་པ་ལེའུ་གྲངས་ནོར་པར་ངེས།

② གཞུང་ལ་ལེའུ་བཞི་བཅུ་པ་ཞེས་འཁོད། དེ་ལྟ་ན་ལེའུ་བཞི་བཅུ་པ་གཉིས་སུ་འགྱུར་བས་སྒྲིག་མཁན་གྱིས་ལེའུ་གོང་འོག་གཉིས་སུ་ཕྱེས།

མཇུག་བྱང་། སྤྲུལ་སྐུ་བྲུང་རྒོད་རྩལ་ལ་དངོས་གྲུབ་ཏུ་བབ་པ་དེ་ནས་རིམ་པར་བརྒྱུད་ནས། བཀྲ་ཤིས་པར་ཤོག། ཀ་དག་ཉི་མ་ལེགས་ཤར། གཡུང་དྲུང་རིན་ཆེན་འབར་གླིང་། གེ་སར་བསྟན་པའི་ཚད་བཞད། རྒྱལ་བའི་ཕྱག་རྒྱས་སྒྲོག་གོ། ལན་༡ཞུས་སོ། །
ལྡེབ་གྲངས། 64བ།

146–7
ཆོས་ཚན་བདུན་པ། གེ་ཁོད་མེ་རི་འཁྲིལ་པ་དབང་གིས་རྒྱུད་བཞུགས་པའི་དབུ་ཕྱོགས་ལེགས་པའི་དགེ་ལེགས་འཕེལ། །
ལྡེབ་གྲངས། 1—16ན།(ཕྲེང་3)
མཇུག་བྱང་། ཀ་དག་ཉི་མ་ལེགས་ཤར། གཡུང་དྲུང་རིན་ཆེན་གླིང་དགོན། འདིར་བསྟན་གེ་སར་འདབ་བཞད། བྱང་རྒྱལ་བཙུད་རོལ་ལྡིང་ཐམ།①

146–8
ཆོས་ཚན་བརྒྱད་པ།② ཉོན་མོངས་དུག་འདུལ་ཡེ་ཤེས་འཁྲིལ་པའི་རྒྱུད།
ལྡེབ་གྲངས། 1—23ན།(ཕྲེང་6)
མཇུག་བྱང་། ཀ་དག་ཉི་མ་རང་ཤར། གཡུང་དྲུང་རིན་ཆེན་ལེགས་གླིང་། གེ་སར་བསྟན་ཚལ་བཞད་སྡིང་། བྱང་རྒྱལ་བཙུད་རོལ་ཐམ་གདབ།③

146–9
ཆོས་ཚན་དགུ་པ། གསས་མཁར་བསྐྱེད་མི་དགོས་བཞུགས་སྤྱ་ཧྲ། །
ལྡེབ་གྲངས། 1—7ན།(ཕྲེང་2)
མཇུག་བྱང་། ཀ་དག་བདེ་ཆེན་གློང་ནས། ལེགས་འབྱུང་ཉི་མའི་འོད་ཀྱིས། གཡུང་དྲུང་བསྟན་པའི་གེ་སར། བཞེངས་བཀོད་རྒྱས་པའི་རྒྱས་གདབ།

146–10
ཆོས་ཚན་བཅུ་པ། གྱད་ཀྱི་མེ་རིའི་སྐྲུབ་ཐབས།
ལྡེབ་གྲངས། 1—2བ།(ཕྲེང་6)

146–11
ཆོས་ཚན་བཅུ་གཅིག་པ། གསང་བ་དོན་འདྲིལ་སོ་ཧྲ།
ལྡེབ་གྲངས། 1—22བ།(ཕྲེང་2)
མཇུག་བྱང་། མི་ནུབ་རྒྱལ་མཚན་ལྷ་བུའི་བོན། ཤེལ་འཕྲེང་ལྟར་སྒྲུར་ཟམ་མ་ཆད། །དེའི་རྒྱུད་འཛིན་གྲུབ་ཐོབ་སྐྱེ། །རྟོགས་ལྡན་དད་ཤེའི་མཚན་ཅན་ལ། །སྨྲང་ཆུང་དྲང་སྲོང་བསམ་རིན་གྱིས། །འདི་ཕྱི་གཉིས་ཀྱི་དོན་དུ་ཞུས། །འདི་དང་ཕྱི་མར་སྨྱུད་ནས། །འདི་དོན་དྲངས་ལ་འགྲུབ་པར་ཤོག །འདི་ཕྱིས་དགེ་བའི་རྩ་བ་དེ། །དྲིན་ཆེན་ཕ་མས་གཙོར་བྱས་སེམས་ཅན་དོན་དུ་བསྔོ། སེམས་ཅན་འཁྲུལ་རྟོགས་ཀུན་བྱང་ནས། །རིགས་པ་མངོན་གྱུར་རང་ས་ཟིན་པར་ཤོག །བཀྲ་ཤིས་དཔལ་འབར་འཛམ་གླིང་རྒྱན་དུ་ཤོག །

146–12
ཆོས་ཚན་བཅུ་གཉིས་པ། གཅིག་སྤུ་གྲི་དཀར་པོ་མུ་མེད་ནམ་མཁའི་གསལ་སྒྲོན་གཞུང་ལེའུ་དགུ་པ་བཞུགས་སོ། །

146–12–1
ལེའུ་དང་པོ། སེམས་འཛིན་པ་དང་སེམས་འཚོལ་བ།

---

① མཇུག་བྱང་འདི་ནི་གཞུང་གི་མཇུག་ཏུ་སྦྱར་བའི་ཐམ་ཀའི་གསལ་བཤད་ཡིན།

② ཆོས་ཚན་འདིར་ལེའུ་བཅོ་ལྔ་བཞུགས། ལེའུའི་གཞུང་ཚད་ཐུང་དྲག་པས་རེ་རེ་བཞིན་བཀོད་མེད།

③ མཇུག་བྱང་འདི་ནི་གཞུང་གི་མཇུག་ཏུ་སྦྱར་བའི་ཐམ་ཀའི་གསལ་བཤད་ཡིན།

ལྡེབ་གྲངས། 1—3ན།(ཕྲེང་1)

146–12–2
ལེའུ་གཉིས་པ། ལྟ་བ་མཐར་ཕྱུག་གི་ལེའུ།
ལྡེབ་གྲངས། 3—7ན།(ཕྲེང་5)

146–12–3
ལེའུ་གསུམ་པ། སྒོམ་པ་འཁོར་འདས་ཡེ་སྟོང་གི་ལེའུ།
ལྡེབ་གྲངས། 7—10བ།(ཕྲེང་6)

146–12–4
ལེའུ་བཞི་པ། སྤྱོད་པ་དབྱིངས་ཆེན་མི་འགྱུར་ལེའུ།
ལྡེབ་གྲངས། 10—14ན།(ཕྲེང་7)

146–12–5
ལེའུ་ལྔ་པ། གཞི་བྱང་ཆུབ་སེམས་སུ་བསྟན་པ།
ལྡེབ་གྲངས། 14—17བ།(ཕྲེང་7)

146–12–6
ལེའུ་དྲུག་པ། ལམ་གཞི་ཐོག་ཏུ་ཕབ་པ་ཡེ་ཤེས་སྒྲོན་མེ།
ལྡེབ་གྲངས། 17—20ན།(ཕྲེང་4)

146–12–7
ལེའུ་བདུན་པ། འབྲས་བུ་ཉམས་སུ་ལེན་པ་དམར་ཐག་བཅད་པའི་ལེའུ།
ལྡེབ་གྲངས། 20—28ན།(ཕྲེང་4)

146–12–8
ལེའུ་བརྒྱད་པ། འཆི་བ་བར་དོའི་ངོས་བཟུང་བ།
ལྡེབ་གྲངས། 28—29ན།(ཕྲེང་2)

146–12–9
ལེའུ་དགུ་པ། དབང་པོ་རབ་ཀྱི་འཕོ་བའི་ལེའུ།
ལྡེབ་གྲངས། 29—30བ།(ཕྲེང་6)
མཇུག་བྱང་། ན་ལ་དར་ནུབ་བྱུང་བའི་དུས་སུ་ལྟ་བ་འདི་ནི་སྙིང་དང་འདྲ་བས། ཕུང་པོན་མགོ་དམར་ཕྱུགས་ལ་གབ། དེ་མིན་སྔགས་སེམས་ཀུན། གཅིག་ནི་རྩ་གཉེན་ཕྱུགས་ལ་གབ། གཅིག་ནི་ཟང་ཟང་བྲག་ལ་གཏད། གཅིག་ནི་སེ་བཙན་མགུལ་དུ་སྦས། གཤེན་པོ་རྣམས་ནི་གནས་མཐར་སྐྱུག སྤེལ་བའི་གནས་མེད་གཏེར་དུ་སྦས། ཕྱིས་དུས་རྫོགས་བའི་སྨོན་ལམ་བཏབས། དེ་ནས་ཕུང་པོན་མགོ་དམར་གྱིས། ཀྱུར་ར་རིན་ཆེན་རྒྱལ་མཚན་ལ། སྙན་དུ་བརྒྱུད། གཏང་ཞག་ཚོད་གཅིག་འདི་ལ་བཟུང་། ཀུན་ལ་བསྟན་ན་སྟོང་བདུད་ཀོ་ལོང་བྱེད། དེ་བས་གཅིག་ལ་ནུབ་པར་མི་བྱ། །[ཡིག་ཆུང་།] ཀ་དག་ཉི་མ་ལེགས་ཤར། གཡུང་དྲུང་རིན་ཆེན་བདལ་གླིང་། བསྟན་པའི་གེ་སར་བཞེད་སྙིང་། བྱང་རྒྱལ་བཙུད་རོལ་ཐམ་བཞག
ལྡེབ་གྲངས། 30—32བ།(ཕྲེང་4)

146–13
ཆོས་ཚན་བཅུ་གསུམ་པ། སྤྱི་གྲི་དཀར་པོ་སྔགས་སེམས་དང་པོ་འབྱུང་སྲིད་ཕྱུགས་རྗེ་ཉི་མ་ཤར་ཚུལ་བཞུགས་པ་ལེགས་སོ། །
ལྡེབ་གྲངས། 1—18བ།(ཕྲེང་4)

མཛུག་བྱང་། གཤེན་རབ་མགོ་དམར་ལ་གདམས་པའོ། །མ་དཔེ་ཐུགས་ལ་གབ། བུ་དཔེ་གཏེར་དུ་གཏད་དོ། །བསྟན་པ་མཐའ་ནས་མེ་བཞིན་འབར་བར་ཤོག ལས་འཕྲོ་ཅན་ལ་འཕྲད་ནས་འགྲོ་དོན་མཐའ་རུ་རྒྱས་པར་ཤོག །

146–14

ཆོས་ཚན་བཅུ་བཞི་པ། སྟག་ལྷ་མེ་འབར་མི་འཇིགས་བསྐྱུང་བའི་འཁོར་ལོ་ཡི་རྒྱུད་བཞུགས།

ལྡེབ་གྲངས། 1—10ན།(ཕྲེང་4)①

མཛུག་བྱང་། ཀ་དག་བདེ་ཆེན་གླིང་ནས། ཞིགས་འབྱུང་ཉི་མའི་འོད་ཀྱིས། གཡུང་དྲུང་བསྟན་པའི་གེ་སར། བཞེངས་བཀོད་རྒྱས་པའི་རྒྱལ་ཐམ།

146–15

ཆོས་ཚན་བཅོ་ལྔ་པ། སྲུང་བ་ཡེ་སྡོངས་ཀྱི་རྒྱལ་པོ་ཕུར་ཁ་སྟོང་ཐུགས་བཞུགས།

བསྡུས་བྱང་། ཕུར་ཁ་སྟོང་སྡུག

ལྡེབ་གྲངས། 1—5ན།(ཕྲེང་2)

146–16

ཆོས་ཚན་བཅུ་དྲུག་པ། སྤྱི་གྲི་བསྲུང་བའི་གདམས་པ་བཞུགས་སོ། །

ལྡེབ་གྲངས། 1—5བ།(ཕྲེང་2)

མཛུག་བྱང་། ཀ་དག་བདེ་ཆེན་གླིང་ནས། ཞིགས་འབྱུང་ཉི་མའི་འོད་ཀྱིས། གཡུང་དྲུང་བསྟན་པའི་པད་ཚལ། བཞེངས་བཀོད་རྒྱས་བཞད་རྒྱལ་ཐམ།

146–17

ཆོས་ཚན་བཅུ་བདུན་པ། དུན་རྩེ་གསང་པའི་རྒྱུད་བཞུགས་སོ། །

ལྡེབ་གྲངས། 1—9ན།(ཕྲེང་7)②

མཛུག་བྱང་། ཀ་དག་བདེ་ཆེན་གླིང་ནས། ཞིགས་འབྱུང་ཉི་མའི་འོད་ཀྱིས། གཡུང་དྲུང་བསྟན་པའི་ཚལ་བཞད། བཞེངས་བཀོད་རྒྱལ་མིང་རྒྱས་གདབ།

146–18

ཆོས་ཚན་བཅོ་བརྒྱད་པ། སྟག་ལྷ་མེ་འབར་གྱིས་ཞལ་གདམས་བཞུགས།

ལྡེབ་གྲངས། 1—9ན།(ཕྲེང་6)

མཛུག་བྱང་། ཀ་དག་བདེ་ཆེན་གླིང་ནས། ཞིགས་འབྱུང་ཉི་མའི་འོད་ཀྱིས། གཡུང་དྲུང་བསྟན་པའི་གེ་སར། བཞེངས་བཀོད་རྒྱས་པའི་རྒྱལ་ཐམ།

146–19

ཆོས་ཚན་བཅུ་དགུ་པ། སྤྱི་གྲི་དཀར་པོ་མཐར་ཐུག་གི་ཉིང་ངེ་འཛིན་བཞུགས་པ་ལེགས་སོ། །

ལྡེབ་གྲངས། 1—17ན།(ཕྲེང་4)

མཛུག་བྱང་། གུ་ར་རིན་ཆེན་ནས་རིམ་པར་བརྒྱུད་ནས་ཉི་མ་རྒྱལ་མཚན་ལའོ། །

ཀ་དག་བདེ་ཆེན་གླིང་ནས། ཞིགས་འབྱུང་ཉི་མའི་འོད་ཀྱིས། གཡུང་དྲུང་བསྟན་པའི་ཚལ་བཞད། བཞེངས་བཀོད་རྒྱས་པའི་རྒྱལ་ཐམ།

---

① ཆོས་ཚན་འདིར་ལེའུ་དགུ་བཞུགས། ལེའུའི་གཞུང་ཚད་ཐུང་དྲག་པས་རེ་རེ་བཞིན་བཀོད་མེད།

② ཆོས་ཚན་འདིར་ལེའུ་བཅུ་གཉིས་བཞུགས། ལེའུའི་གཞུང་ཚད་ཐུང་དྲག་པས་རེ་རེ་བཞིན་བཀོད་མེད།

147 ༼མ༽[①]
མཚན་བྱང་། ཕུར་པའི་འགྲེལ་ཆེན།
གྲངས་ཚད། ཆོས་ཚན་14ལ་ལེའུ་7དང་ལྡེབ་493ཡོད། ཤོག་གྲངས་970བཞུགས།
རིགས་རྣམ། གཏེར་མ།
གཏེར་སྟོན། ཁུ་ཚ་ཟླ་འོད་འབར།

147–1
ཆོས་ཚན་དང་པོ། དོན་འདུས་རྩ་བའི་འགྲེལ་ཆེན་བཞུགས་སོ། །

147–1–1
གཅིག རྒྱུད་ལུང་མན་ངག་གསུམ་གྱི་སྒོ་ནས་དོན་བསྡུས་པའི་འགྲེལ་པ།
ལྡེབ་གྲངས། 1—58ན།(ཁྲིང་4)

147–1–2
གཉིས། བསྐྱེད་སྒྲུབ་ཉམས་སུ་བླངས་པའི་དོན་སོགས།
ལྡེབ་གྲངས། 58—139ན།(ཁྲིང་4)

147–1–3
གསུམ། ཕུར་པའི་འཛབ་འགྲེལ།
ལྡེབ་གྲངས། 139—158ན།(ཁྲིང་5)

147–1–4
བཞི། བསྒྲུབ་པའི་དོན་རྒྱས་པར་བཤད་པ།
ལྡེབ་གྲངས། 158—191ན།(ཁྲིང་1)

147–1–5
ལྔ། དཔལ་ཕུར་དྲག་པོ་གཏིང་རྫོགས་ཞེས་བྱ་བ་ཕྲིན་ལས་ཀྱི་དོན་ཉེར་ལྔས་བསྟན་པའི་འགྲེལ།
ལྡེབ་གྲངས། 191—224བ།(ཁྲིང་6)
མཇུག་བྱང་། ལས་འགྲོ་སྐལ་པ་དང་ལྡན་པའི་བླ་མ་རིན་པོ་ཆེ་ཁུ་ཚ་ཟླ་འོད་འབར་གྱིས། དཔལ་ཕུར་ནག་པོ་སྡེ་སྐོར་དོན་གསུམ་ཆ་ལག་ཆ་རྐྱེན་དང་བཅས་པ། སྤ་གྲོའི་གཅལ་ནས་བཏོན་པའོ། །དེ་ནས་རང་གི་མགར་སྟོན་ཁྲི་རྒྱལ་ལ་དངོས་གྲུབ་ཏུ་བབ། དེ་ལ་བླ་མ་ཊྲེ་སྟོན་གྱིས་ཞུས། དེ་ལ་ལྷོ་སྟོན་གྱིས་ཞུས། མགར་གྱི་འོད་ཟེར་མེ་ལ་སྦྲོས་ཏེ། མེ་སྟོན་རྣམས་དང་། འ་ཞའི་གཤེན་པོ་རྣམས་དང་། བྲུ་ཤའི་གཤེན་པོ་རྣམས་དང་། རྗེ་བཙུན་སྨན་རི་བ་ཆེན་པོ་གོང་འོག་ནས་རིམ་པར་བརྒྱུད།
ལྡེབ་གྲངས། 224—225ན།(ཁྲིང་3)

147–2
ཆོས་ཚན་གཉིས་པ། དཔལ་ཕུར་ནག་པོའི་བསྐྱེད་བསྒྲུབ་ཕྲིན་ལས་ཀྱི་རྩ་བ་དཔལ་ཕུར་གསང་ཐིག་བཞུགས།

147–2–1
གཅིག རབ་ཏུ་གསལ་བའི་ཏིག་ཀ
ལྡེབ་གྲངས། 1—8ན།(ཁྲིང་6)
མཇུག་བྱང་། བླ་མ་ཁུ་པ་ཟླ་འོད་ཀྱིས། སྤ་ཊྲོ་གཅལ་ནས་གཏེར་ཐོན་ནས། རང་ཏུ་མགར་ནག་ལ་བབས་ཤིང་། དེའི་ཤོག་སེར་ལ་ཞུས་ནས་བྲིས་སོ། །

① གླེགས་བམ་16པ་དང་17པ་གཉིས་པོད་གཅིག་ཏུ་བསྒྲིལ་འདུག

147–2–2

གཉིས། དབལ་ཕུར་ཏི་ཀ་འགྲེལ་ཆུང་ཞེས་བྱ་བ།

ལྡེབ་གྲངས། 8—87ན།(ཕྲེང་3)

མཇུག་བྱང་། གཏེར་ཤོག་ལ་བྲིས་པའོ། །བླ་མ་ཟླ་འོད་འབར་གྱིས་ས་ཕོ་སྟག་གི་ལོ་ལ་གཏེར་སྒོ་ཕྱེས་ནས། རང་དུ་ལྷ་རྗེ་འགར་ནག་འབུམ་ཆུང་ལ་བབས་ཤིང་གནང་བའོ། །ལག་ཐམ།

147–3

ཆོས་ཚན་གསུམ་པ། དབལ་ཕུར་གསལ་བའི་སྒྲོན་མ་ལས་ཤེས་བྱ་དྲུག་སྐོར་གྱི་མན་ངག་བཞུགས་སོ། །

ལྡེབ་གྲངས། 1—11བ།(ཕྲེང་3)

མཇུག་བྱང་། དབལ་ཕུར་གསལ་བའི་སྒྲོན་མ། བསྐྱེད་རྫོགས་གསུམ་གྱི་མན་ངག མཐར་ཐུག་གི་རིམ་པ། སྟག་ལ་མེ་འབར་གྱི་ཐུགས་དམ་རྫོགས་སོ། །ལག་ཐམ། ཨ་མ་ཧོ། ཤེས་བྱ་དྲུག་བསྐོར་གྱི་མན་ངག་གསང་བ་འདི། བླ་མ་དམ་པ་བྲུ་སྟོན་ནམ་མཁའ་འོད་ཟེར་གྱི་ཕྱུག་དཔེ་བློ་གྲོས་རྒྱལ་མཚན་གྱིས་གཏུགས་པའོ། །

147–4

ཆོས་ཚན་བཞི་པ། སྟོང་འཛབ་གསུམ་གསལ་བྱེད་ཀྱི་འགྲེལ་པ་མེ་ལོང་བཞུགས་སོ། །

ལྡེབ་གྲངས། 1—15བ།(ཕྲེང་5)

147–5

ཆོས་ཚན་ལྔ་པ། སྲི་ཁོག་འགྲེལ་ཆུང་བཞུགས་སོ། །

ལྡེབ་གྲངས། 1—6བ།(ཕྲེང་2)

མཇུག་བྱང་། མན་ངག་འགྲེལ་ཆུང་འདི། རོང་པ་མགར་ལ་བབས། དབུས་པ་རྒྱ་ལ་གནང་། ལྷ་རྗེ་རྗེ་ཟླས་ཞུས། དེ་ལ་རྗེ་བསྒོམ་གྱིས་ཞུས། དེ་ལ་སྟོན་པ་ཤེལ་སེང་གི་ཞུས། དེ་ལ་སློབ་དཔོན་རྗེ་རྩེས་ཞུས། དེ་ལ་སློབ་དཔོན་རྗེ་དཔལ་གྱིས་ཞུས། དེ་ནས་རིམ་པར་བརྒྱུད་ནས་འཕེལ་ལོ། །

147–6

ཆོས་ཚན་དྲུག་པ། ཀ་བ་ནག་པོ་རྩ་བའི་རྒྱུད་ཀྱི་ལྡེ་མིག་བཤད་ཐབས་བཞུགས་སོ། །

ལྡེབ་གྲངས། 1—2ན།(ཕྲེང་5)

147–7

ཆོས་ཚན་བདུན་པ། ཀ་བ་ནག་པོ་རྩ་བའི་རྒྱུད་ཀྱི་ས་གཅོད་བཞུགས་སྷོ། །

ལྡེབ་གྲངས། 1—15བ།(ཕྲེང་6)

147–8

ཆོས་ཚན་བརྒྱད་པ། ཉོན་མོངས་རང་གྲོལ་རྒྱུད་ཀྱི་ས་གཅོད་ཞེས་བྱ་བ་བཞུགས་སོ། །

ལྡེབ་གྲངས། 1—18ན།(ཕྲེང་6)

147–9

ཆོས་ཚན་དགུ་པ། དབལ་ཕུར་ནག་པོའི་རྒྱུད་ལས་རྒྱན་གྱི་འོད་ལྔ་བཞུགས་སྷོ། །

ལྡེབ་གྲངས། 1—9ན།(ཕྲེང་3)

མཇུག་བྱང་། སྤྱ་གྲོའི་གཏེར་ལ་ཁྲུ་ཚ་མགར་སྟོན་གཙོ་མེ་སྟོན། བྲུ་སྟོན། ཟིངས་སྟོན། གྱིབ་སྟོན། ཐ་ཚན་མུ་གཙུག་སྨར་རོ། །

147–10

ཆོས་ཚན་བཅུ་པ། གདམས་པ་དང་བསྐྱེད་པ་རྩའི་སྒྲོན་མ།

ལྡེབ་གྲངས། 1—7ན།(ཕྲེང་6)

147–11
ཆོས་ཚན་བཅུ་གཅིག་པ། དཔལ་ཕྱུར་ནག་པོའི་གཞུང་ལས་གདམ་དོན་བརྒྱད་ཙུ་ཙ་དྲུག་གི་དབུའོ། །
ལྡེབ་གྲངས། 1—6ན།(ཕྲེང་4)
མཇུག་བྱང་། ཛོ་བཙུན་ཤེས་སྟོན་ཀུན་བཟང་གིས། སྨྲ་གྲོའི་གཏེར་ཤོག་ལ་ཞུ་ཐུག་བྱས་པའོ། །གཏེར་མ་དགེའོ། །

147–12
ཆོས་ཚན་བཅུ་གཉིས་པ། དཔལ་ཕྱུར་ནག་པོའི་ཁ་བྱང་བཞུགས་པའི་དབུས་ཕྱོགས་ལེགས་སྭོ། །
ལྡེབ་གྲངས། 1—15བ།(ཕྲེང་4)
མཇུག་བྱང་། ཀློན་དྲན་པ་ནམ་མཁའི་ཤིན་ཏུ་དམར་བར་དགོངས་ནས། མངའ་བདག་ཁྲི་སྲོང་ཉིད་ལ་གཏད། མངའ་བདག་ཉིད་ཀྱིས་ལྷུགས་སྒྲོམ་དང་། ཤིང་སྒྲོམ་དང་བསེ་སྒྲོམ་དུ་དེ་རྣམས་བསྣམས་ནས། སྨྲ་དྲི་ཕུ་གཅལ་གྱི་གཡོན་ཕྱོགས། བྲག་སོག་པོ་དམག་ལ་ཆས་པ་འདྲ་བའི་རྐེད། ཕ་བོང་སྡིག་ཏ་ཅན་གྱི་ཙ། བྲག་ཕུག་ཉི་མ་རིས་སུ་སྦས་སོ། །གཏེར་སྲུང་དྲུག་ལ་གཏད་དོ། །བཀའ་རྟགས་ཀྱི་ཕྱག་རྒྱས་བཏབ།

147–13
ཆོས་ཚན་བཅུ་གསུམ་པ། གབ་པ་མངོན་ཕྱུང་སྟག་ལའི་སྐྱེས་རྒྱུད་ཅེས་བྱ་བ་བཞུགས་སོ། །
ལྡེབ་གྲངས། 1—73ན།(ཕྲེང་3)
མཇུག་བྱང་། སྟག་ཚང་སྨྲ་གྲོ་ལ། རོང་སོ་མགར་གྱི་ཕུར་མོ་ཆེ་ལས། གབ་པ་གསང་བའི་འཁོར་ལོའི་རྒྱུད་འགྲེལ་གཉིས་ཀ་ཚར་རོ། །ལས་འགྲོ་ལྡན་པའི་འགར་སྟོན་ལ། མོས་གུས་ལྡན་པ་མཁས་པས་ཞུས། གཤེན་རབ་བསྟན་པ་བསྲུང་བར་ཤོག །

147–14
ཆོས་ཚན་བཅུ་བཞི་པ། འཇིགས་བྱེད་དཔལ་ཕྱུར་ནག་པོའི་ཆ་ལགད་གྲུ་བགེགས་སྒྲོལ་བའི་ལས་ཀྱི་ཁ་ཚར། འཆམས་ཡིག་ཕྱག་རྒྱ་དྲུག་ཙུ་ཙ་གཉིས་པའོ། །
ལྡེབ་གྲངས། 1—7བ།(ཕྲེང་6)

148 (ཅ)
མཚན་བྱང་། ཙ་རྒྱུད་ཉི་ཟེར་སྒྲོན་མ།
གྲངས་ཚད། ཆོས་ཚན3ལ་ལེའུ11དང་ལྡེབ295ཡོད། ཤོག་གྲངས590བཞུགས།
རིགས་རྣམ། སྨན་བརྒྱུད།
སྨན་བརྒྱུད་མཁན། དྲན་པ་ནམ་མཁའ།

148–1
ཆོས་ཚན་དང་པོ། སྲིད་པ་ལས་ཀྱི་གཏིང་བཟློག་གི་ཙ་རྒྱུད་ཉི་ཟེར་སྒྲོན་མ་བཞུགས་པའི་དབུ་ཕྱོགས་ལེགས་སྷོ། །
ལྡེབ་གྲངས། 1—165ན།(ཕྲེང་2)
མཇུག་བྱང་། ཞང་ཞུང་དར་མའི་ཡུལ། གྲོང་ཁྱེར་རྒྱལ་བ་མཉེས་པའི་ཁྱུང་ལུང་དངུལ་མཁར་འོམ་པོ་སྒོ་བཞི་ན། གཤེན་རབ་ཐུགས་ཀྱིས་ལས་དཔོན་དྲན་པ་ནམ་མཁའ་བྱོན། གཤེན་རབ་གསུང་གི་མཆོད་རྣམས་ཡི་གེར་བྲིས་ཏེ། དུང་ཤོག་དཀར་ལ་བཏབ། ཞང་ཞུང་སྐད་གཟིགས་རྒྱ་བོད་ལོ་ཙྪ་སྒྱུར། ཇོ་འཕྲུལ་ཞབས་ཀྱི་སྐད་གཟིགས་བོན་རྣམས་བོད་དུ་སྤེལ། ཆོས་ཀྱི་འཕྲུག་དོག་བྱུང་བའི་བསྟན་པ་ཆ་འདྲ་ཡང་། དུས་འདིར་མཐར་རྩོལ་ཏེ་ཚེ་དབང་རི་ཁྲོད་པས། ལས་ཅན་གཤེན་མ་གདམ་སྟེ། ཐོས་བསམས་བསྒོམ་ཀྱིས། རི་ཁྲོད་ཅིག་བུ་རྟེན་ཅིང་མི་གཡོ་བསམ་གཏན་སྒོམ། མི་ལོ་སྟོང་ཕྲག་བཅུ་བདུན་ཐུགས་ཀྱི་ལས་དཔོན་མཛད་པའོ། །མི་ལོ་ཁྲི་

ཐུག་རྫོགས་ནས་ཕྱི་རབ་སྟོན་པ་བྱོན། སྟོན་པའི་སྐུ་ཡི་འདུལ་དུས། གཤེན་རབ་ཉིད་ཀྱི་སྐུ་ཡི་ལས་དཔོན་མཛད། གསུང་གིས་འདུལ་དུས་གདུང་གསོབ་མུ་ཆུས་མཛད་ནས་བསྟན་པའི་རྒྱལ་ཚབས་མཛད། ཐུགས་ཀྱི་འདུལ་དུས་དགུ་གཤེན་དྲན་པའི་གཤེན་གྱི་རྒྱུད་འཛིན་ཏེ། བསྟན་པའི་ལས་གཉེར་མཛད་པའོ། །གཤེན་རབ་ཕྱི་འཁོར་གྱི་གཙོ་བོ་ལྷ་ཚངས་རྒྱ་བྱིན། བར་འཁོར་གྱི་གཙོ་བོ། ཡིད་ཀྱི་ཁྱིའུ་ཆུང་། ནང་འཁོར་གྱི་གཙོའོ་འ་ཞ་གསང་བ་མདོ་ཐུབ། རྒྱུད་སྡེ་བཞི་ནི་ཐེག་དགུ་སྤྱི་ལ་རྒྱུག་པས་སྤྱན་གསལ་སྒྲོན་མ་ཞེས་བྱ་བ་ཐེག་སྐོར་སྤྱི་གཅོད་དོན་གྱི་མདོ་རྩ་སྤྱི་སྤུངས་རྒྱུད་དགུའི་སྤྱི་སྡོམ་ཡང་སྙིང་གཏིང་བཀློག་གི་རྩ་རྒྱུད་ཙང་ཀ་སྐད་ཉན་མཚོ་ནག་ལ་སྲས་ཏེ་རྨ་པོམ་རིའི་མཚོ་སྨན་མཆེད་བདུན་ཀླུ་བདུད་སྔོ་དགུ་ལ་གཏེར་སྲུངས་བཀོད། གཏེར་སྟོན་གྲུབ་ཐོབ་བྲ་བོ་བསྒོམ་ཉག་གིས་དངོས་གྲུབ་ལགས་སྷོ། །

148–2

ཆོས་ཚན་གཉིས་པ། མ་རྒྱུད་ཐུགས་རྗེ་ཉི་མའི་ཁྲིད་རིམ་ཐར་ལམ་མྱུར་བགྲོད་ཅེས་བྱ་བ་བཞུགས་སོ། །

ལྡེབ་གྲངས། 1—62ན།(ཐྲིང་2)

མཇུག་བྱང་། མ་རྒྱུད་ཐུགས་རྗེ་ཉི་མའི་ཁྲིད་རིམ་ཐར་ལམ་མྱུར་བགྲོད་ཅེས་པ་འདི། བོན་སྒོ་འདི་ལ་བློ་ཁ་ཕྱོགས་པའི་ཤར་རྫའི་བྱ་བྲལ་ཚེ་རིང་དབང་ཕྱུག་དང་། ལྷུན་གྲུབ་ཐོགས་མེད་གཉིས་ཀྱིས་བསྐུལ་བའི་ངོར་ཐེག་པ་ཆེན་པོ་ལ་མོས་པ་ལམ་དུ་བྱེད་པའི་ཀུ་སྣ་ལུ་རིག་པ་རང་ཤར་གྱིས་ཤར་རྫའི་དབེན་རི་བདེ་ཆེན་རི་ཁྲོད་དུ་སྦྱར་བ་ལ། ཐོག་མའི་ཡི་གེ་པ་ནི་དམ་པའི་དངོས་སློབ་ཤེས་རབ་མཆོག་ལྡན་བདག་གིས་སཾ་ཧྲུ་ཏའི་དཔེ་ལས་ཞལ་བཤུས་པ་བསྟན་འགྲོའི་དོན་དུ་གྱུར་ཅིག །

148–3

ཆོས་ཚན་གསུམ་པ། འབྲས་བུ་རྫོགས་སངས་རྒྱས་པའི་རྒྱུད་ཀྱི་དགོངས་འགྲེལ་རྣམ་པར་ངེས་པ་གསང་བ་མཐར་ཐུག་ཉི་ཟེར་དྲ་བ་ཞེས་བྱ་བ་བཞུགས་སོ། །

148–3–1

ལེའུ་དང་པོ། འབྲས་བུ་ཚེ་འདིར་ཐོབ་པའི་ལེའུ།

ལྡེབ་གྲངས། 1—28བ།(ཐྲིང་2)

148–3–2

ལེའུ་གཉིས་པ། ཐུགས་རྗེ་ཚད་མེད་པོ་གཉིས་ཀྱིས་འགྲོ་དོན་མཛད་པའི་ལེའུ།

ལྡེབ་གྲངས། 28—31ན།(ཐྲིང་1)

148–3–3

ལེའུ་གསུམ་པ། གཉིས་མེད་སྒོམས་པའི་ཡུམ་ལྔའི་འགྲོ་དོན་མཛད་པ།

ལྡེབ་གྲངས། 31—32ན།(ཐྲིང་5)

148–3–4

ལེའུ་བཞི་པ། མཁའ་ཡི་ཡུམ་ལྔས་འགྲོ་དོན་མཛད་པ།

ལྡེབ་གྲངས། 32—33བ།(ཐྲིང་3)

148–3–5

ལེའུ་ལྔ་པ། དབྱིངས་ཀྱི་ཡུམ་ལྔས་འགྲོ་དོན་མཛད་པ།

ལྡེབ་གྲངས། 33—34བ།(ཐྲིང་4)

148–3–6

ལེའུ་དྲུག་པ། གློང་གི་ཡུམ་ལྔས་འགྲོ་དོན་མཛད་པ།

ལྡེབ་གྲངས། 34—35བ།(ཐྲིང་4)

148–3–7
ལེའུ་བདུན་པ། ཡེ་ཤེས་ངོས་བཟུང་རྩེ་གཅིག་བདེ་ཆེན་ངང་ལ་ཅོག་གི་བཞག་པའི་ལེའུ།
ལྡེབ་གྲངས། 35—40བ།(ཁྲིང་5)

148–3–8
ལེའུ་བརྒྱད་པ། རྣམ་རྟོག་གཞི་ལ་དྭངས་པ་སྤྲོས་བྲལ་དུ་ལུང་སྟོན་པ།
ལྡེབ་གྲངས། 40—42བ།(ཁྲིང་2)

148–3–9
ལེའུ་དགུ་པ། ཐམས་ཅད་རོ་གཅིག་ངང་ཐག་ཆོད་པའི་ལེའུ།
ལྡེབ་གྲངས། 42—44ན།(ཁྲིང་3)

148–3–10
ལེའུ་བཅུ་པ། བདེ་ཆེན་ངང་ལ་གནས་པ་སྒོམ་མེད་ཐེག་པ་ཆེན་པོའི་ལེའུ།
ལྡེབ་གྲངས། 44—46ན།(ཁྲིང་4)

148–3–11
ལེའུ་བཅུ་གཅིག་པ། འབྲས་བུ་ཐོབ་པའི་རྟགས་བསྟན་པ།
ལྡེབ་གྲངས། 46—63ན།(ཁྲིང་6)

མཇུག་བྱང་། རྒྱུད་འདི་ཉིད་སྤེལ་བའི་དུས་ལ་བབ་ཚེ་མཁའ་འགྲོ་མ་རྣམས་ཀྱིས་སྨན་རིའི་མཁན་ཆེན་ཉི་མ་བསྟན་འཛིན་གྱི་ཕྱག་ཏུ་སྤྲད་པ་ལྟར་སྤྲུལ་ཐོན་དབྱིངས་མཚན་གྱིས་མདོ་གམ་སྨད་དུ་ཁྱེར་བ་ལ། བདག་ཤར་རྫའི་བྱ་བྲལ་བཀྲ་ཤིས་རྒྱལ་མཚན་གྱིས་དཔེ་ལུང་དང་བཅས་པ་ལག་ཏུ་སོན་པའི་མདོ་ལ། དབལ་ཁྲུང་གཏེར་སྟོན་གསང་སྔགས་གླིང་པས་འགྲེལ་པ་མཛད་དགོས་གསུངས་པའི་རྗེས་དམུ་རྗེ་གཡུང་དྲུང་སྤྱངས་རྩེའི་ཉེར་འདབ་གསང་ཆེན་རི་ཁྲོད་དུ་ཡོད་སྐབས་སུ། བློ་སྣ་ཡི་དམ་འདྲིས་འཕྲོག་པའི་རང་སློབ་མ་རྒྱུད་ཀྱི་རྣལ་འབྱོར་ཚུལ་ཁྲིམས་དབང་ཕྱུག་ནས་འགྲེལ་མཛད་དགོས་ཀྱི་བསྐུལ་བ་བྱུང་བའི་ནུབ་མོ་རྨི་ལམ་དུ། མི་ངོ་ཕྱིད་དཀར་ཕྱིད་དམར་ཅན་ཟ་འོག་དམར་ཁྲའི་གོས་གོན་པ་ཞིག་བྱུང་ནས་ཆ་ལ་གཅིག་ལ་འབྲུག་སྟོང་གི་རིས་མོ་ཡོད་པ་ཞིག་བདག་ལ་ཕུལ་ཏེ། ང་ནི་གཡུང་དྲུང་ལྷ་གཉན་ཡིན། འདི་ནས་ལྷོ་ཕྱོགས་མ་ཧེའི་གེའུ་ཚང་དུ་ཐོན་དང་བདེ་མཆོག་དཀྱིལ་འཁོར་རང་བྱོན་དུ་ཡོད་ཟེར་ནས་བདག་ལ་མཚན་བསྟོད། ཕྱི་དྲི་མེད་སྙིང་པོ། ནང་འཛིགས་མེད་དབང་པོ། གསང་བ་རིག་པ་རང་ཤར་ཟེར་བའི་གསོལ་འདེབས་ལྷ་བུ་ཞིག་ཕུལ་སྣང་བྱུང་ནས་ནངས་མོ་གྲོགས་མཆེད་ཚུལ་ཁྲིམས་དབང་ཕྱུག་ལ་མདང་རྨི་ལམ་མཚར་པོ་ཞིག་རྨིས་བྱས་པས་གང་རྨིས་ཟེར་བ་ལ་རྗེས་ནས་བཤད་ཆོག་བྱས་ནས་གསང་སྟེ། རྟེན་འབྲེལ་ལེགས་སྙམ་ནས་འགྲེལ་པ་རྩོམ་པའི་དམ་བཅས་ནས། དབུ་འཛུག་སྟེ་རྩོམ་པའི་འཕྲོ་ཙུང་ཟད་ལྷག་ཡོད་སྐབས་སུ། རྗེ་འབྲུག་གི་གདུང་ལས་སོན་པའི་ཁྲོ་ཚང་སྤྲུལ་སྐུ་གཡུང་དྲུང་མཐོང་གྲོལ་ནས་བསྐུལ་བར་མཛད་པ་ལ་བརྟེན་ནས་རྩོམ་པ་མཐར་ཕྱིན་བགྱིས་པས་ཡི་གེ་པ་ནི་ཤར་རྫའི་བྱ་བྲལ་ལྷུན་གྲུབ་ཐོགས་མེད་ཀྱིས་བགྱིས་པས་བསྟན་པ་རིན་པོ་ཆེའི་རྒྱན་དུ་འགྱུར་བར་གྱུར་ཅིག །ཐ་ཚན་མུ་ཙུག་སྨྲར་རོ། །
ལྡེབ་གྲངས། 65—66ན།(ཁྲིང་4)

149 ཚ
མཚན་བྱང་། ཚེ་དབང་བོད་ཡུལ་མའི་རྒྱུད།
གྲངས་ཚད། ཆོས་ཚན་25ལ་ལྡེབ་267ཡོད། ཤོག་གྲངས་534བཞུགས།
རིགས་རྣམ། སྨན་བརྒྱུད།
སྨན་བརྒྱུད་མཁན། དྲན་པ་ནམ་མཁའ།

149–1

ཚོས་ཚན་དང་པོ། ཚེ་དབང་སྙན་རྒྱུད་ཀྱི་ལོ་རྒྱུས་བཞུགས་པ་དགེ་ལེགས་འཕེལ།〈ཀ〉

ཤོག་གྲངས། 1—14ན།(ཕྲེང་2)

མཇུག་བྱང་། གཏེར་སྟོན་བོན་ཞིག་གླིང་པས་ཕྱུག་མོ་རི་ནས་གདན་དྲངས་ནས། ཞང་ཞུང་གི་སྨྲ་ཡིག་ཆེན་མོ་ལས། དག་པར་སྒྲ་བསྒྱུར་ཞིང་གཏན་ལ་ཕབ་ལེགས་པར་བཏུག་གོ།

149–2

ཚོས་ཚན་གཉིས་པ། སྙན་རྒྱུད་ཀྱི་དབང་དཀའ་རབ་འབྱམས་ཡེ་ཤེས་སྤྱི་བླུགས་བཞུགས་པ་ལེགས་སོ། །〈ཁ〉

ཤོག་གྲངས། 1—17ན།(ཕྲེང་4)

མཇུག་བྱང་། ཡེ་ཤེས་སྟོད་དང་མི་ལྡན་སྤྱི་བླུག་དཀའ་རབ་འབྱམས་ཀྱི་དབང་། གསལ་བའི་སྒྲོན་མེ་ཞེས་བྱ་བ། བདག་འདྲ་ཚེ་དབང་རིག་འཛིན་གྱིས་སྦྱར་བ་རྫོགས་སོ། །ས་མ་ཡ། གཏེར་རྒྱ། སྦས་རྒྱ། གསང་རྒྱ།

149–3

ཚོས་ཚན་གསུམ་པ། ལག་ཁྲིད་ལག་ལེན་མུན་སེལ་སྒྲོན་མེ་བཞུགས་སོ། །〈ག〉

ཤོག་གྲངས། 1—29བ།(ཕྲེང་6)

མཇུག་བྱང་། ལག་ཁྲིད་སྙན་རྒྱུད་མུན་སེལ་ཅེས་པ་འདི་ནི། ཚེ་དབང་བདག་གིས་མི་ཉམས་ཡི་གེར་སྦྱར་བ་རྫོགས་སོ། །[ཚེ་དབང་རིག་འཛིན།]

149–4

ཚོས་ཚན་བཞི་པ། སྙན་རྒྱུད་རྩ་བའི་ཚིག་རྐང་རྣམས་བཞུགས་དགེ།〈ང〉

ཤོག་གྲངས། 1—9ན།(ཕྲེང་6)

མཇུག་བྱང་། རིག་འཛིན་ཉིད་ཀྱིས་སྙན་རྒྱུད་ཀྱི་གཞུང་ཚིག་འདི། བོན་ཞིག་གླིང་པས་ཕྱུག་མོ་རི་ནས་གདན་དྲངས། མཐའ་ཞི་དྲང་སྲོང་ཡེ་ཤེས་རང་ཤར་གྱིས་བསྒྲུལ། སྐལ་ལྡན་རྣམས་འཛོམས་ནས་དག་པར་བཏུགས་སོ། །

149–5

ཚོས་ཚན་ལྔ་པ། ཁྲིད་ཀྱི་རྒྱབ་ཡིག་ལུང་གི་འཕྲེང་བ་བཞུགས་སོ། །〈ཅ〉

ཤོག་གྲངས། 1—25བ།(ཕྲེང་4)

མཇུག་བྱང་། ཁོ་བོ་བོན་ཞིག་གླིང་པས། ཡོས་བུའི་ལོ་ཟླ་བ་༥པའི་ཚེས་བཅུ་པའི་ནུབ་མོ་ཕྱུག་མོ་དཔལ་གྱི་རིའི་རིག་འཛིན་གྱི་གསང་ཕུག་རྩེ་ནས། སྲིད་རྒྱལ་ཚེ་བུམ་མདའ་དར་བསྣམས་པས། སྐུ་མདོག་དཀར་མོ་དར་དཀར་གོས་སུ་གོན་པ་ཐོ་རངས་དངོས་སུ་སྔོ་ཕྲེ་ནས་གདན་དྲངས། ཉམས་སུ་བླང་ཅིང་གསང་། འབྲུག་ལོ་ཟླ་བ་གཉིས་ཀྱི་ཚེས་བཅུ་ལ། མཐའ་༥དྲང་སྲོང་ཡེ་ཤེས་རང་ཤར་གྱིས་བསྒྲུལ་ནས། ལུང་ཟིན་སྟོད་ལྡན་དུ་མཐོང་། སྟག་གཟིག་གི་སྨྲ་ཡིག་ཆེན་མོ་ལས་དག་པར་ཕབ། ལེགས་པར་བཏུག སློབ་བུ་སྟོད་ལྡན་རྣམས་ལ་ལུང་ཁྲིད་དུ་བསྐྱང་པ་ཡིན་ནོ། །

149–6

ཚོས་ཚན་དྲུག་པ། ཐོག་ཏྲིལ་(དྲིལ་)ཆུང་བ་དང་པོ་སློམས་ཐག་གཅོད་པ་གཅོད་བྱེད་ཀྱི་ཁྲིད་ཡིག་བཞུགས་པ་དགེ།〈ཆ〉

ཤོག་གྲངས། 1—9བ།(ཕྲེང་3)

མཇུག་བྱང་། བདག་འདྲ་ཚེ་དབང་རིག་འཛིན་གྱིས། །གཞན་ལས་ཆེ་ཟབ་སྙན་རྒྱུད་ཀྱི། །ཆ་རྐྱེན་གཅོད་ཀྱི་ཁྲིད་འདི་བསྟན། །རྟོག་འཛིན་ཅན་གྱི་གང་ཟག་རྣམས། །ཕྱི་དུས་ཡིད་སྨོན་མ་བཞག་པར། །ད་ལྟ་མངོན་གསུམ་རྗེན་པ་ཟུ། །སྤྲུལ་སྐུ་རང་གྲོལ་ངོ་མཚར་ཅན། །འདི་ལྟར་ཉམས་སུ་ལེན་པར་གྱིས། །སྙིགས་མའི་དོན་དུ་གཏེར་དུ་སྦས། །ཕྱི་རབས་སྐལ་ལྡན་སྙིང་གི་བུ། །སྦས་ཚུལ་ཐབས་ཀྱིས་འགྲོ་མགོན་སྐྱོང་། ཟག་མེད་བདེ་བའི་ཉམས་སྐྱོང་༡། །ལས་ལྡན་སྐྱེས་བུའི་འཁོར་གྱིས་བསྐོར། །འབྲེལ་ཚད་ལམ་སྣ་ཟིན་པ་དེས། །ཕྱིར་

མི་ལྡོག་པར་འགྱུར་བར་འབྱུང་། །དེས་ཀྱང་ལེགས་ཀྱི་མིང་ལ་སྦྱིན། །སྐལ་ལྡན་དེ་དང་འཕྲད་པར་ཤོག །ས་མ་ཡ་རྒྱ། ཟབ་རྒྱ། གཏེར་རྒྱ།

149–7

ཆོས་ཚན་བདུན་པ། སྒྲུབ་པ་བསྲུང་འཇུག་དང་བྱང་སེམས་དབང་བསྐུར་རྒྱུང་འཕྲོངས་ཟབ་མོ་སྣང་བ་སྐུ་རུ་ལམ་འཁྱེར་གསུང་དུ་ལམ་འཁྱེར་ཐུགས་སུ་ལམ་འཁྱེར་རྣམས་བཞུགས་སོ། །༼ཉ༽

ལྡེབ་གྲངས། 1—5ན།(ཕྲེང་8)

མཇུག་བྱང་། བདག་འདྲ་ཚེ་དབང་རིག་འཛིན་གྱིས། སྔན་རྒྱུད་ཟབ་མོའི་ཆ་ལག་ཤིན་ཏུ་ཟབ་པ་ཡིན།

149–8

ཆོས་ཚན་བརྒྱད་པ། ཤོག་དྲིལ་(དྲིལ་)བཞི་པའོ། །ཞི་སྣང་རང་གྲོལ་ལམ་ཁྱེར་མེ་ཏྲོད་རས་ཀྱང་སྨན་རྩྃ་བཙུད་ལེན་རྣམས་བཞུགས།༼ཏ༽

ལྡེབ་གྲངས། 1—4བ།(ཕྲེང་3)

149–9

ཆོས་ཚན་དགུ་པ། ཤོག་དྲིལ་(དྲིལ་)ལྔ་པ། འཕོ་བ་དྲན་ཆོག་བཞུགས།༼ཐ༽

ལྡེབ་གྲངས། 1—3བ།(ཕྲེང་3)

149–10

ཆོས་ཚན་བཅུ་པ། ཤོག་དྲིལ་(དྲིལ་)དྲུག་པ། རིག་པ་གཅེར་བུར་ངོ་སྤྲོད་པའི་མཛོད་ཡོད་པ་བཞུགས་པ་དགེ།༼ད༽

ལྡེབ་གྲངས། 1—4ན།(ཕྲེང་5)

149–11

ཆོས་ཚན་བཅུ་གཅིག་པ། ཤོག་དྲིལ་(དྲིལ་)བདུན་པ། ཚེ་དབང་བླ་མའི་སྒྲུབ་ཐབས་ཡིད་བཞིན་ནོར་བུ་བཞུགས་སོ། །༼ན༽

ལྡེབ་གྲངས། 1—3བ།(ཕྲེང་5)

149–12

ཆོས་ཚན་བཅུ་གཉིས་པ། ཕྲིན་ལས་ཀུན་འབྱུང་ཁིབས་ལག་ལེན་བཞུགས་པ་དགེ།༼པ༽

ལྡེབ་གྲངས། 1—11ན།(ཕྲེང་4)

མཇུག་བྱང་། བདག་འདྲ་ཚེ་དབང་རིག་འཛིན་གྱིས། །⋯⋯གབ་འབྲུགས་མེད་པར་ཡི་གེར་བཀོད། །

149–13

ཆོས་ཚན་བཅུ་གསུམ་པ། ཤོག་དྲིལ་དགུ་པ། སྔན་རྒྱུད་ཀྱི་བཀའ་བསྲུངས་སྲིད་རྒྱལ་དཔོན་གཡོག་གི་སྒྲུབ་ཐབས་དགྲ་སྲོག་གཅོད་པའི་སྤུ་གྲི་བཞུགས་སོ། །༼ཕ༽

ལྡེབ་གྲངས། 1—8བ།(ཕྲེང་5)

149–14

ཆོས་ཚན་བཅུ་བཞི་པ། ལུང་བསྟན་ངོས་བཟུང་བཞུགས་སོ། །༼བ༽

ལྡེབ་གྲངས། 1—3བ།(ཕྲེང་2)

མཇུག་བྱང་། བོན་ཞིག་གླིང་པས།

149–15

ཆོས་ཚན་བཅོ་ལྔ་པ། བོན་བསྟན་འདི་ཉིད་བཞུགས་པ་དགེ་ལེགས་འཕེལ།༼མ༽

ལྡེབ་གྲངས། 1—5བ།(ཕྲེང་5)

མཇུག་བྱང་། གཏེར་སྟོན་བོན་ཞིག་གླིང་པས་ཡོས་བུའི་ལོ་ཟླ་བ་༦པའི་ཚེས་བཅུའི་ནམ་ཕྱེད་ཡོལ་ཙམ་ན། ཕྱུག་མོ་དཔལ་རིའི་གསང་ཕུག་རྫེ་ནས་སྲིད་པའི་རྒྱལ་མོས་དངོས་སུ་གདན་དྲངས་སོ། །ཤོག་དྲིལ་ཟབ་མོ་ཆེ་བ་ལྔ། ཆུང་བ་བཅུ་བྱུང་བ་ལ་ལོ་༧སྐྱབ་པ་བྱས་ནས་

ཉམས་སུ་བླང་གསང་ནས། འབྲུག་ལོ་ཟླ་བ་༧པའི་ཚེས་བཅོ་ལྔ་ལ། བླ་མའི་གདན་ས་དགའ་ལྡན་དུ། མཐའ་༥འི་དྲང་སྲོང་ཡེ་ཤེས་རང་ཤར་གྱིས་བསྐུལ་ནས། སྐལ་ལྡན་དུ་མཐོང་ནས། ལུང་ཟིན་རྣམས་འཇོམས་ནས་ལེགས་པར་ཕབ། དག་པར་བཏུགས། གཙང་པར་བསྒྱུར། དབུ་ཞབས་ཚང་པར་ཚར། མཆོད་བཅས་པས་ཟིན་ནོ། །ཞང་ཞུང་གི་གུག་ཡིག་མི་༧ས་དྲུག་ལས་བསྒྱུར་རོ། །འདིའི་དོན་ལེའུ་ཉི་ཤུ་ཐམ་པ་ཡོད་པ་ལ། མཐོང་པས་གྲོལ་བ་ཀུན་ཏུ་བཟང་པོའི་ཐུགས་ཐིག་དང་། རིག་འཛིན་ཚེ་དབང་གི་སྐུ་ཚབ་རིན་ཆེན་འོད་འབར་དང་། ཕྱག་མཚན་སྨིན་གཡུང་དྲུང་དང་གསུམ། ཕྱི་ནང་གི་བླ་དོ་ཆེན་མོའི་རིག་འཛིན་གྱི་***གནས་གསང་ཕྱག་གི་དཀྱིལ་འགོ་ན་ཡོད་པ་ལོ་ངོ་༧། ཁ་བྱང་ནི་རོམ་པོའི་ཛ་ནས་འབྱུང་ངོ་། །ཡང་བྱང་ནི་ཟུར་ན་ཡོད་དོ། །སྙིང་བྱང་ནི་རོམ་པོའི་ཛ་ནས་འབྱུང་ངོ་། །ཟབ་རྒྱ། སྦས་རྒྱ། གཏེར་རྒྱའོ། །འདི་བྲིས་དགེ་བའི་རྩ་བ་འདི། དཔལ་འབྱོར་ལོངས་སྤྱོད་ཕུན་སུམ་ཚོགས་པར་ཤོག །

149–16

ཆོས་ཚན་བཅུ་དྲུག་པ། སྣན་རྒྱུད་རིན་ཆེན་སྒྲོལ་གསལ་ས་བཅད་བཞུགས་པ་ལེགས་སོ། །༼ཙ༽

ལྡེབ་གྲངས། 1—9བ།(ཕྲེང་5)

མཇུག་བྱང་། སྣན་རྒྱུད་རིན་ཆེན་གསལ་བའི་སྒྲོན་མ་ལས། གཞུང་མ་ལྔའི་ས་བཅད་ཁོ་བོ་ཕྱོགས་མེད་རི་བས། བསྡུས་ནས་ཡི་གེར་ཕབ་པ་ལས། འགལ་འཁྲུལ་མཆིས་ན་སྐྱབས་ཡུལ་གཉན་ལ་བཤགས། དགེ་བ་འགྲོ་ཀུན་དོན་ཕྱིར་བསྔོས། ཀུན་གྲོལ་པར་ཤོག ཚེ་དབང་བོད་ཡུལ་མ་འདི། གཞུང་མ་བུ་ཆ་ལག་དང་བཅས་པ་བཞེངས་པ་དགེའོ། །

149–17

ཆོས་ཚན་བཅུ་བདུན་པ། རིན་ཆེན་སྒྲོན་གསལ་གྱི་ཕྱག་བཞེས་ཡིད་བཞིན་གསལ་བྱེད་བཞུགས་སོ། །༼ཚ༽

ལྡེབ་གྲངས། 1—6ན།(ཕྲེང་3)

མཇུག་བྱང་། འདི་ནི་བླ་མས་གྱིས་༧གསུངས་པ་ལ་བརྟེན་ནས། རི་ཁྲོད་ཀྱི་གནས་སུ་ཁོ་བོ་ཕྱོགས་མེད་རི་པས་དགེ་སྦྱོར་གྱི་ཐུན་མཚམས་སུ་སྦྱར་བ་རྫོགས་སོ། །

149–18

ཆོས་ཚན་བཅོ་བརྒྱད་པ། ཤོག་དྲིལ་འཕྲུལ། དྲན་ཚོག་རྐྱེན་ངན་ཕྱིར་ཟློག་ཉམས་སྨོང་སྐུ་གསུམ་ལྷུན་གྲུབ་ཀོ་ཚོག་བཟླས་ཚོག་འདད་ཁ་འཆི་བྲོད་རྣམས་བཞུགས་སོ། །༼ཛ༽

བསྡུས་བྱང་། ཚེ་སྒྲུབ།

ལྡེབ་གྲངས། 1—5བ།(ཕྲེང་2)

149–19

ཆོས་ཚན་བཅུ་དགུ་པ། རྫོགས་པ་ཆེན་པོའི་ཁྲིད་རིམ་གསལ་བའི་མེ་ལོང་བཞུགས་པ་དགེ།༼ཝ༽

ལྡེབ་གྲངས། 1—26ན།(ཕྲེང་1)

མཇུག་བྱང་། དབུས་རི་སྤྲང་པོས་བཀོད་པ་རྫོགས་སོ། །

149–20

ཆོས་ཚན་ཉི་ཤུ་པ། ཚེ་དབང་སྣན་རྒྱུད་རིན་ཆེན་སྒྲོན་གསལ་གྱི་ཁྲིད་རིམ་གསལ་བའི་མེ་ལོང་བཞུགས་སོ། །

ལྡེབ་གྲངས། 1—4བ།(ཕྲེང་4)

149–21

ཆོས་ཚན་ཉེར་གཅིག་པ། རིག་འཛིན་ཀུན་གྱི་ཡང་རྩེ་ལོ་རྒྱུས་གསལ་བའི་མེ་ལོང་བཞུགས་པའི་དབུ་ཕྱོགས་ལེགས་སྷོ། །

ལྡེབ་གྲངས། 1—40ན།(ཕྲེང་4)

149–22

ཆོས་ཚན་ཉེར་གཉིས་པ། དམར་བྱང་འཕྲུལ་གྱི་མེ་ལོང་དམ་ཆོས་ཕྱག་རྒྱ་ཆེན་མོ་ལས་རང་རིག་དམར་ཐག་བཅད་པ་རྒྱབ་སྐྱོར་

རིན་ཆེན་འཕྲེང་བ་ཞེས་བྱ་བ་བཞུགས་སོ།། །

ལྡེབ་གྲངས། 1—16བ།(ཕྲེང་3)

མཇུག་བྱང་། ཚེ་དབང་རིག་འཛིན་ལ་གདམས། ·····དུས་མཐའ་རྣལ་འབྱོར་བདག་གི་སྣན་དུ་བརྒྱུད་ནས། བདག་གི་ཐུགས་དང་གསང་རྒྱ་ཐུབ་པར་བྱས། དད་ལྡན་གྲོགས་པོས་རྐྱེན་གྱི་བསྐུལ་བའི་ངོར། དཀར་ཆགས་ཡི་གེ་རིས་སུ་བྲིས་པ་འདི། ·····ཊ་སི་ཏྲི་ཙའི་མི་ཤིག་རྡོ་རྗེ་རྩལ་ལ་བསྙེན་དུ་བརྒྱུད་པའོ། །

149–23

ཆོས་ཚན་ཉེར་གསུམ་པ། ཚད་མེད་འོད་ལྡན་ཡབ་སྲས་མཇལ་ཐེབ་གསེར་ཞུན།

ལྡེབ་གྲངས། 1—3བ།(ཕྲེང་2)

149–24

ཆོས་ཚན་ཉེར་བཞི་པ། ཀུན་བཟང་ཡབ་སྲས་ཞལ་མཇལ་བའི་ཞལ་གདམས་སྙིང་གི་མེ་ལོང་།

ལྡེབ་གྲངས། 1—3བ།(ཕྲེང་8)

149–25

ཆོས་ཚན་ཉེར་ལྔ་པ། འཆི་མེད་ཡབ་སྲས་མཇལ་ཐེབ་རང་རིག་དོན་གྱིས་གདམས་པ།

ལྡེབ་གྲངས། 1—3བ།(ཕྲེང་3)

150 〔ཛ〕

མཚན་བྱང་། ཞི་བ་གཡུང་དྲུང་བསྒྲུབ་ཐབས། རྩ་རྒྱུད་དབང་དྲག་མེ་འཕྲེང་།

གྲངས་ཚད། ཆོས་ཚན་6ལ་ལྡེབ་140ཡོད། ཤོག་གྲངས་277བཞུགས།

རིགས་རྣམ། གཏེར་མ།

གཏེར་སྟོན། བདེ་ཆེན་གླིང་པ།

150–1

ཆོས་ཚན་དང་པོ། གསས་མཁར་ཞི་བ་གཡུང་དྲུང་ཡོངས་རྫོགས་བསྒྲུབ་ཐབས་ཀྱི་དཀྱིལ་འཁོར་ཞེས་བྱ་བའི་དབུ་བཞུགས་པའོ། །[ཞི་བ།]

ལྡེབ་གྲངས། 1—68བ།(ཕྲེང་3)

མཇུག་བྱང་། དང་ར་ཁྱུང་རྫོང་ནས་རྨ་སྟོན་སྲོལ་འཛིན་གྱིས་གཏེར་ནས་གདན་དྲངས་ནས། བྲུ་སྟོན་ཉི་མ་རྒྱལ་མཚན་ལ་བརྒྱུད། དེ་ནས་མོ་[མི་སྟོན་མིན་ནམ་སྙམ]གཉོས་རྣམ་གཉིས་ནས་རིམ་པར་བརྒྱུད་ནས་བདག་ལའོ། །

150–2

ཆོས་ཚན་གཉིས་པ། ཆེ་མཆོག་ཧྲན་པ་ཡང་གསང་ཏྲག་པོའི་རྒྱུད། རྩ་རྒྱུད་དབང་དྲག་འབར་བའི་སྲིད་བ་བཞུགས་ལེགས་སྷོ། །[རྩ་རྒྱུད།]

ལྡེབ་གྲངས། 1—26ན།(ཕྲེང་4)

མཇུག་བྱང་། བདག་འདྲ་ཨོ་རྒྱན་སངས་རྒྱས་གླིང་པའི་རབ་བསྟོན་ལྷགས་ཕག་ལོའི་ཚེས་༡༥ལ་གེ་ཧ་བྲག་བསེ་ཀ་སེཙ་སྔོའི་རྫོངས་ཉི་མ་དང་གྱིས། ག་སེང་གདོང་ཕུག་དུ་རིགས་མཐུན་གྱི་མཁའ་འགྲོ་བསྙེན་པའི་ས་ནོག་དང་བྲག་སློབ་བདུན་དང་བཅས་དེ་སོང་ནས་ཟབ་མོ་གཏེར་ལ་དྲང་པའོ། །སླར་ཆོས་རང་ལ་བསྙེན་པའི་ས་ནོག་བསོད་ནམས་ཀྱིས་འབྱོར་བའི་གྲོང་ཆེན་པོའི་དྲུག་ཟུར་རྣམ་རྒྱལ་རྫོང་གི་དགུ་རྩེ་ནས། ཤོགས་སེར་བོད་ཡིག་ཏུ་བསྒྱུར་བའི། བསྙེན་པ་རིན་ཆེན་རྒྱལ་མཚན་འཇུག་པར་གྱུར་ཅིག།

150–3

ཆོས་ཚན་གསུམ་པ། དབང་དྲག་འབར་བ་མེ་ཕྲེང་མེ་དཔུང་དྲ་མའི་རྒྱུད། གསས་མཁར་གསང་བའི་མཛོད་ཆེན་ལེགས།[ལོ་རྒྱུས།]

ལྡེབ་གྲངས། 1—9ན།(ཕྲེང་3)

150–4
ཆོས་ཚན་བཞི་པ། དབང་གྲགས་འབར་བ་མེ་ཤྲེང་གི་སྔོན་འགྲོ་སྤྱིའི་བསྙེན་པའི་རྒྱུད་བཞུགས།
ལྡེབ་གྲངས། 1—11ན།(ཕྲེང་3)

150–5
ཆོས་ཚན་ལྔ་པ། བསྒྲུབ་པའི་ཡན་ལག་བཅོ་བརྒྱད་ཀྱིའ་དོན་བསྟན་པའི་རྒྱུད་བཞུགས་སྷོ། །
ལྡེབ་གྲངས། 1—18ན།(ཕྲེང་7)

150–6
ཆོས་ཚན་དྲུག་པ། དབང་དྲག་འབར་བ་མེ་ཤྲེང་ལས་འཁོར་ཆེན་པོ་དགུའི་རྒྱུད་བཞུགས་པའོ། །
ལྡེབ་གྲངས། 1—9ན།(ཕྲེང་5)

151 〔ཕ〕
མཚན་བྱང་། ཨུ་དུ་འབར་བའི་གཟུངས་སོགས།
གྲངས་ཚད། ཆོས་ཚན་14ལ་ལྡེབ་251ཡོད། ཤོག་གྲངས་502བཞུགས།
རིགས་རྣམ། སྙན་བརྒྱུད།
སྙན་བརྒྱུད་མཁན། དྲན་པ་ནམ་མཁའ།

151–1
ཆོས་ཚན་དང་པོ། ཨུ་དུ་འབར་བའི་གཟུངས་རྒྱས་པ་སངས་རྒྱས་སྟོང་ཆེན་བཞུགས་སོ། །
ལྡེབ་གྲངས། 1—21བ།(ཕྲེང་6)

151–2
ཆོས་ཚན་གཉིས་པ། རིན་པོ་ཆེ་ཏོག་གི་གཟུངས་བཞུགས་སོ། །
ལྡེབ་གྲངས། 1—9བ།(ཕྲེང་5)
མཇུག་བྱང་། སྤྱི་གཙུག་ཨུ་དུ་འབར་ར་རིན་ཆེན་ཏོག་གི་གཟུངས་ཞེས་བྱ་བ། སྟོན་པ་གཤེན་རབ་ཀྱིས་གསུངས་པའོ། །ལྡེམ་གྱིམ་ཚ་རྨ་ཆུང་གིས་བོད་ལ་བསྒྱུར་བ་རྫོགས་སོ། །སྟོན་པ་གཤེན་རབ་ཀྱིས་འགྲོ་བ་སེམས་ཅན་དྲང་བའི་དོན་དུ་མཛད་པའོ། །

151–3
ཆོས་ཚན་གསུམ་པ། ཞི་ཁྲོ་ན་རག་པང་ཀོང་གི་གཟུངས་བཞུགས་སོ། །
ལྡེབ་གྲངས། 1—13བ།(ཕྲེང་1)

151–4
ཆོས་ཚན་བཞི་པ། དེ་བཞིན་གཤེགས་པའི་གཙུག་ཏོར་ནས་བྱུང་བའི་གདུགས་དཀར་མོ་ཅན་གྱི་གཟུངས་ཞེས་བྱ་བ་བཞུགས་སོ། །[གདུགས་དཀར།]
ལྡེབ་གྲངས། 1—25བ།(ཕྲེང་6)
མཇུག་བྱང་། ཏ་ནག་དུང་ཕོར་གསང་བྲག་ནས། སྟ་ཊ་རྣོན་རྩེ་གཏེར་ནས་བཏོན་ནོ། །གཞན་ནུ་འབུམ་ལ་བརྒྱུད་དེ་དར་བའོ། །

151–5
ཆོས་ཚན་ལྔ་པ། ཟིལ་གནོན་འཇིག་མེད་རྫོགས་འཛོམས་ཀྱི་གཟུངས་བཞུགས་པ་ལེགས་སྷོ། །[རྫོགས་འཛོམས།]
ལྡེབ་གྲངས། 1—17བ།(ཕྲེང་3)

151–6
ཆོས་ཚན་དྲུག་པ། ཡང་སྙིང་ཐིག་ལེ་སྒྲོལ་བྱེད་གཟུངས་བཞུགས་པ་ལེགས་སོ། །[སྒྲོལ་བྱེད།]
ལྡེབ་གྲངས། 1—19ན།(ཕྲེང་3)
མཇུག་བྱང་། རྣམ་སྤྲུལ་དམ་པ་རང་གྲོལ་གྱིས་གསུངས་སོ། །བསྟན་པ་བསྲུང་བའི་དོན་དུ་མཛད། དཀར་ཆགས་ལ་བཏབ་སོ། །དེ་ནས་སློབ་དཔོན་ཡེ་ཤེས་བྲག་གི་དབང་དང་དངོས་གྲུབ་ཏུ་བཞག་གོ། །ད་ལྟ་བདག་ལའོ།

151–7
ཆོས་ཚན་བདུན་པ། ཟློག་པ་འཁོར་ལོ་སྟོང་འཇོམས་གཟུངས་བཞུགས་པ་ལེགས་སོ། །[སྟོང་འཇོམས།]
ལྡེབ་གྲངས། 1—15ན།(ཕྲེང་3)

151–8
ཆོས་ཚན་བརྒྱད་པ། དྲི་མེད་རྣམ་དག་ཁྲུས་ཀྱི་གཟུངས་བཞུགས་པ་དབུས་ཕྱོགས་སོ། །[ཁྲུས་གཟུངས།]
ལྡེབ་གྲངས། 1—25ན།(ཕྲེང་2)

151–9
ཆོས་ཚན་དགུ་པ། ཚོགས་གཉིས་རིན་ཆེན་ནོར་རྒྱན་གྱི་གཟུངས་བཞུགས་པ་ལེགས་སོ། །[ཚོགས་གཉིས།]
ལྡེབ་གྲངས། 1—18ན།(ཕྲེང་2)

151–10
ཆོས་ཚན་བཅུ་པ། འགྱུར་མེད་གཡུང་དྲུང་ཚེ་ཡི་གཟུངས་བཞུགས་པ་དབུས་ཕྱོགས་སོ། །[ཚེ་གཟུངས།]
ལྡེབ་གྲངས། 1—12ན།(ཕྲེང་1)

151–11
ཆོས་ཚན་བཅུ་གཅིག་པ། ཡན་ལག་བདུན་པ་བསྐངས་པའི་གཟུངས་བཞུགས་པ་ལེགས་སོ། །[ཡན་ལག]
ལྡེབ་གྲངས། 1—26ན།(ཕྲེང་4)

151–12
ཆོས་ཚན་བཅུ་གཉིས་པ། ཡང་སྙིང་ཐིག་ལེ་མདོ་རྩའི་གཟུངས་བཞུགས་སོ། །[ཡང་སྙིང་།]
ལྡེབ་གྲངས། 1—40ན།(ཕྲེང་2)
མཇུག་བྱང་། འདི་གསང་བ་འདུས་པའི་བཀའ། དེས་རྒྱལ་གཤེན་མི་ལུས་བསམ་ལེགས་ལ་བཤད། དེས་དཔོན་གསས་ཐ་མི་དད་ཀེ་ལ་བཤད། དེས་བླ་ཆེན་དྲན་པ་ཕོད་སྤུངས་ལ་བཤད། དེས་རིག་འཛིན་ཆེན་པོ་ལ་བཤད། རིག་འཛིན་ཆེན་པོ་གྲགས་པ་རྒྱལ་མཚན་བདག་ལ་བཤད། དེ་ལ་རིན་ཆེན་སྒྲོན་གྱིས་ཞུས་སོ། །དེ་ནས་རིམ་པ་བཞིན་དུ་བརྒྱུད་ནས། དེ་ལྟར་རིན་ཆེན་རྒྱལ་མཚན་བདག་གིས་དད་པ་བྱས་ནས་ཞུས་པའོ། །དེ་ལ་གཡུང་དྲུང་རྒྱལ་མཚན་བདག་གིས་དད་པ་དང་མོས་པའི་བརྟེན་དུ་བཞེངས་པའོ། །

151–13
ཆོས་ཚན་བཅུ་གསུམ་པ། བདེ་བར་གཤེགས་པ་གསུང་གི་བཀའ་རིན་པོ་ཆེ།
ལྡེབ་གྲངས། 1—4ན།(ཕྲེང་6)

151–14
ཆོས་ཚན་བཅུ་བཞི་པ། རྟོགས་འཇོམས་ཀྱི་སྔགས་འགྲིགས་བཞུགས་པ་ལེགས་སོ། །
ལྡེབ་གྲངས། 1—6བ།(ཕྲེང་5)

བཞི་པ། ནླ་མེད་སེམས་ཕྱོགས་མཛོད་ཀྱི་སྡེ།

152 ༼ཀ༽
མཚན་བྱང་། སྙན་རྒྱུད་བཀའ་རྒྱུད་སྐོར་བཞི།
གྲངས་ཚད། ཆོས་ཚན་31ལ་ལྡེབ་407ཡོད། ཤོག་གྲངས་813བཞུགས།
རིགས་རྣམ། སྙན་བརྒྱུད།
སྙན་བརྒྱུད་མཁན། ཚེ་དབང་འགྱུར་མེད་སོགས།
སྒྲིག་མཁན། བྲུའི་བཙུན་པ་རྒྱལ་བ་སོགས།

152–1
ཆོས་ཚན་དང་པོ། རྫོགས་པ་ཆེན་པོ་ཞང་ཞུང་སྙན་རྒྱུད་ཀྱི་ལྟ་བ་སྤྱི་གཅོད་ཀྱི་འཆད་ཐབས་བཞུགས།
ལྡེབ་གྲངས། 1—13ན།(ཕྲེང་4)

152–2
ཆོས་ཚན་གཉིས་པ། རྫོགས་པ་ཆེན་པོ་ཞང་ཞུང་སྙན་རྒྱུད་ཀྱི་བཀའ་རྒྱུད་སྐོར་བཞིའི་འཆད་ཐབས་བཞུགས།
ལྡེབ་གྲངས། 1—14ན།(ཕྲེང་2)

152–3
ཆོས་ཚན་གསུམ་པ། ཞང་ཞུང་སྙན་བརྒྱུད་ཀྱི་པོན་སྐོར་བཀའ་བརྒྱུད་སྐོར་བཞིའི་དཔེ་རྩིས་མུ་ཏིག་ཕྲེང་བ་བཞུགས་སོ། །
ལྡེབ་གྲངས། 1—3བ།(ཕྲེང་5)
མཇུག་བྱང་། ཞེས་པ་འདིའང་ཉག་རོང་བ་བྲ་བཏང་མཆོག་སྤྲུལ་ཚེ་དབང་འགྱུར་མེད་ནས་སྙན་བརྒྱུད་བཀའ་བརྒྱུད་སྐོར་བཞིའི་པར་བཀོད་པའི་དུས་ན་དཔེ་རྩིས་བཀོད་དགོས་ཀྱི་གསུང་གིས་བསྐུལ་བ་ལ་བརྟེན་ནས་སྐོར་བཞིའི་པོན་རྣམས་ལ་ཞིབ་དག་དང་ཆབ་ཅིག་ཏུ་ཤར་རྫའི་བྲ་བྲལ་བཀྲ་ཤིས་རྒྱལ་མཚན་གྱིས་སྦྱར་བ་དགེའོ། །པར་བཀོད་མ་གྲུབ་ན་མཛད་བྱང་འདི་ཉིད་ནས་བསྒྱུར་ཆོག །

152–4
ཆོས་ཚན་བཞི་པ། རྫོགས་པ་ཆེན་པོ་ཞང་ཞུང་སྙན་རྒྱུད་ཀྱི་བླ་མའི་རྣམ་ཐར་ལོ་རྒྱུས་རྣམས་རྒྱས་པར་བཞུགས་སོ། །
ལྡེབ་གྲངས། 1—45བ།(ཕྲེང་6)
མཇུག་བྱང་། རྟོག་ལྡན་དད་ཤེས། རིན་ཆེན་རྒྱལ་བ། རྟོགས་ལྡན་གུན་འོད། རྟོགས་ལྡན་རི་པ་ཤེས་རབ་བློ་གྲོས། དེ་ལ་བདག་གིས་ཞུས་སོ། །

152–5
ཆོས་ཚན་ལྔ་པ། སྙན་རྒྱུད་མི་རྟག་པ་དབུ་ཕྱོགས་བཞུགས་སོ། །
ལྡེབ་གྲངས། 1—6བ།(ཕྲེང་5)
མཇུག་བྱང་། སྒྲིབ་སྦྱངས་སྔོན་འགྲོའི་ཡན་ལག་འདི་རྣམས། བྲུའི་བཙུན་པ་རྒྱལ་བས་བསྡེབས་པའོ། །

152–6
ཆོས་ཚན་དྲུག་པ། སྙན་རྒྱུད་གསོལ་འདེབས་དབུ་ཕྱོགས་བཞུགས་པ་ལེགས་སོ། །
ལྡེབ་གྲངས། 1—6ན།(ཕྲེང་6)
མཇུག་བྱང་། བྲུ་རྒྱལ་བས་བསྡུས་ཤིང་ཕྱི་རབས་པའི་དག་སྣང་གི་ཡན་ལག་ཏུ་སྦྱར་བའོ། །

152–7
ཆོས་ཚན་བདུན་པ། རྗེ་ཏ་སི་ཧྲི་རྩལ་ལ་གསོལ་བ་ཕུར་ཚིགས་སུ་གདབ་པ།

ལྡེབ་གྲངས། 1—

152–8
ཆོས་ཚན་བརྒྱད་པ། གསོལ་འདེབས་བྱིན་རླབས་ཆར་འབེབ་བཞུགས།
ལྡེབ་གྲངས། 1—6བ།(ཕྲེང་7)
མཇུག་བྱང་། རི་བཀྲ་མཆོཾ་[མཆོ་མོ]ཡོང་དབེན་བྱམས་ཀྱི་ཁྲོད་དུ། ཁྲོཾ་སྟོན་པ་ཚེ་དབང་རྒྱལ་པོ་སྦྱར་བ་དགེ་ལེགས་འཕེལ།

152–9
ཆོས་ཚན་དགུ་པ། ཞང་ཞུང་སྙན་རྒྱུད་ལས་རིམ་དྲུག་རང་སྒྲོང་གི་གདམ་པ།
ལྡེབ་གྲངས། 1—8བ།(ཕྲེང་3)

152–10
ཆོས་ཚན་བཅུ་པ། སྒྲིབ་སྦྱོང་ལམ་སེལ་གྱི་ཁྲིད་བཞུགས་སོ། །
ལྡེབ་གྲངས། 1—4བ།(ཕྲེང་3)

152–11
ཆོས་ཚན་བཅུ་གཅིག་པ། རྫོགས་པ་ཆེན་པོ་ཞང་ཞུང་སྙན་རྒྱུད་ཀྱི་ལྟ་བ་སྤྱི་གཅོད་ལས་མན་ངག་ལེའུ་བཅུ་གཉིས་པ་བཞུགས་སོ། །
ལྡེབ་གྲངས། 1—18བ།(ཕྲེང་3)
མཇུག་བྱང་། ཀུན་ཏུ་བཟང་པོ་ཏ་པི་ཧྲི་ཙ་སྤྲུལ་པའི་སྐུ་དེས། སྐལ་མེད་སྣོད་ངན་རྣམས་ལ་གསང་། སྐལ་ལྡན་ལས་འཕྲོ་ཅན་ལ་སྦྱིན། བཏང་བཞག་གིས་ཚོར་ལ་མཁས་པར་མཛོད། དུས་མཐའི་བར་དུ་མི་ནུབ་འགྲོ་དོན་བྱེད་པར་ཤོག ཅེས་གསུངས་ནས་སྤྲུལ་པའི་སྐུ་དེ་ནམ་མཁའ་ལ་གཞའ་ཡལ་བ་ལྟར་གཤེགས་སོ། །ཏ་པི་ཧྲི་ཙ་སྣང་བཞེར་ལོད་པོ་ནས་རིམ་གྱིས་བརྒྱུད་ནས། རྟོག་ལྡན་དད་པ་ཤེས་རབ་ལ་གནང་། དེ་ནས་རིམ་པར་བདག་ལའོ། །

152–12
ཆོས་ཚན་བཅུ་གཉིས་པ། རྫོགས་པ་ཆེན་པོ་ཞང་ཞུང་སྙན་རྒྱུད་ཀྱི་ལྟ་བ་སྤྱི་གཅོད་ཀྱི་ཙ་བའི་སྐད་དོན་རྒྱུད་བུ་ཚུང་བཅུ་གཉིས་ཡོད། །
ལྡེབ་གྲངས། 1—9ན།(ཕྲེང་3)

152–13
ཆོས་ཚན་བཅུ་གསུམ་པ། རྫོགས་པ་ཆེན་པོ་ཞང་ཞུང་སྙན་རྒྱུད་ཀྱི་ཕྱི་ལྟ་བ་སྤྱི་གཅོད་རྒྱུད་བུ་ཚུང་བཅུ་གཉིས་ཀྱི་དོན་བསྟན་པ།
ལྡེབ་གྲངས། 1—9བ།(ཕྲེང་2)

152–14
ཆོས་ཚན་བཅུ་བཞི་པ། རྫོགས་པ་ཆེན་པོ་ཞང་ཞུང་སྙན་རྒྱུད་ཀྱི་ལྟ་བ་སྤྱི་གཅོད་ཀྱི་འཕྲུལ་འཁོར་ལྡེ་མིག
ལྡེབ་གྲངས། 1—5ན།(ཕྲེང་2)

152–15
ཆོས་ཚན་བཅོ་ལྔ་པ། རྫོགས་པ་ཆེན་པོ་ཞང་ཞུང་སྙན་རྒྱུད་ཀྱི་ཕྱི་ལྟ་བ་སྤྱི་གཅོད་ཀྱི་མདོ་འགྲེལ་གསལ་བའི་སྒྲོན་མ་བཞུགས་སོ། །
ལྡེབ་གྲངས། 1—25བ།(ཕྲེང་5)

152–16
ཆོས་ཚན་བཅུ་དྲུག་པ། རྫོགས་པ་ཆེན་པོ་ཞང་ཞུང་སྙན་རྒྱུད་ཀྱི་ཕྱི་ལྟ་བ་སྤྱི་གཅོད་ཀྱི་མཉམ་བཞག་པའི་ལག་ལེན་བཞུགས་སོ། །
ལྡེབ་གྲངས། 1—9བ།(ཕྲེང་5)

152–17
ཆོས་ཚན་བཅུ་བདུན་པ། རྫོགས་པ་ཆེན་པོ་ཞང་ཞུང་སྙན་རྒྱུད་ཀྱི་ཕྱི་ལྟ་བ་སྤྱི་གཅོད་རྒྱལ་བ་དགོངས་རྒྱུད་དགུའི་བཤད་བྱང་བཞུགས་སོ། །

ལྡེབ་གྲངས། 1—3ན།(ཤྲིང་4)

152–18
ཆོས་ཚན་བཅོ་བརྒྱད་པ། ཕྱི་ལྟ་བ་ཅིག་ཆོད་ཀྱི་སྙད་དོན་བཤད་ཐབས་མཛལ་ཚུལ་རྒྱུད་དེ་རྣམས་བཞུགས་སོ། མན་ངག་གནད་ཀྱིས་གདམས་པ།
ལྡེབ་གྲངས། 1—13ན།(ཤྲིང་4)

152–19
ཆོས་ཚན་བཅུ་དགུ་པ། རྫོགས་པ་ཆེན་པོ་ཞང་ཞུང་སྙན་རྒྱུད་ཀྱི་སྔོན་མ་དྲུག་པ་བཞུགས་སོ། །
ལྡེབ་གྲངས། 1—22ན།(ཤྲིང་5)

152–20
ཆོས་ཚན་ཉི་ཤུ་པ། རྫོགས་པ་ཆེན་པོ་ཞང་ཞུང་རྒྱུད་ཀྱི་ཡང་ཁྱད་བྱང་ཆུབ་སེམས་ཀྱི་གནད་དྲུག་ཞེས་བྱ་བའི་ལག་ལེན་གནད་དྲུག་བཞུགས་སོ། །
ལྡེབ་གྲངས། 1—11བ།(ཤྲིང་7)

152–21
ཆོས་ཚན་ཉེར་གཅིག་པ། དོང་སྤྲོད་ཐིག་ལེ་དྲུག་པ་བཞུགས་སོ། །
ལྡེབ་གྲངས། 1—8ན།(ཤྲིང་5)

152–22
ཆོས་ཚན་ཉེར་གཉིས་པ། ཞལ་ཤེས་རྣམས་བཞུགས་སོ། །
ལྡེབ་གྲངས། 1—9བ།(ཤྲིང་2)

152–23
ཆོས་ཚན་ཉེར་གསུམ་པ། འཁོར་ལོ་བཞི་སྦྲག་གི་ཡིག་ཆུང་བཞུགས་སོ། །
ལྡེབ་གྲངས། 1—2ན།(ཤྲིང་4)

152–24
ཆོས་ཚན་ཉེར་བཞི་པ། སྙན་རྒྱུད་བྱ་བྲལ་རྗེས་མེད་བཞུགས་སོ། །
ལྡེབ་གྲངས། 1—9ན།(ཤྲིང་5)

152–25
ཆོས་ཚན་ཉེར་ལྔ་པ། ངོ་སྤྲོད་ལེའུ་བརྒྱད་པ་བཞུགས་སོ། །
ལྡེབ་གྲངས། 1—14ན།(ཤྲིང་2)

152–26
ཆོས་ཚན་ཉེར་དྲུག་པ། རྫོགས་པ་ཆེན་པོ་ཞང་ཞུང་སྙན་རྒྱུད་ཀྱི་གཟེར་བུ་ཉི་ཤུ་རྩ་༡པ་བཞུགས་སོ། །
ལྡེབ་གྲངས། 1—12བ།(ཤྲིང་5)

152–27
ཆོས་ཚན་ཉེར་བདུན་པ། གཟེར་བུའི་འགྲེལ་པ་བཞུགས་སོ། །
ལྡེབ་གྲངས། 1—39བ།(ཤྲིང་4)

152–28
ཆོས་ཚན་ཉེར་བརྒྱད་པ། འོད་གསལ་སེམས་ཀྱི་མེ་ལོང་བཞུགས་སོ། །

ལྷེབ་གྲངས། 1—10བ།(ཕྲེང་5)

152–29
ཆོས་ཚན་ཉེར་དགུ་པ། རྟག་ཚད་གསལ་སྒྲོན་བཞུགས་སོ། །
ལྷེབ་གྲངས། 1—8བ།(ཕྲེང་7)

152–30
ཆོས་ཚན་སུམ་ཅུ་པ། རྫོགས་པ་ཆེན་པོ་སྙན་རྒྱུད་ཀྱི་ཞལ་གདམས་འཕོ་བ་དང་བཅས་པ་བཞུགས་སོ། །
ལྷེབ་གྲངས། 1—5ན།(ཕྲེང་3)

152–31
ཆོས་ཚན་སོ་གཅིག་པ། རྫོགས་པ་ཆེན་པོ་སྙན་རྒྱུད་ཀྱི་སྤྱི་དོན་གསལ་བའི་སྒྲོན་མ་བཞུགས་སོ། །
ལྷེབ་གྲངས། 1—54བ།(ཕྲེང་3)
མཇུག་བྱང་། རྣམ་ཐར་ཆེ་ཆུང་ལ་སོགས་ལ་བརྟེན་ནས། ཅུང་རྒྱས་ཙམ་ཞིག་བློ་ལ་བཟུང་བ། མི་བརྗེད་པའི་ཕྱིར་དུ་བདག་[ཁྲོ་ཚེ་དབང་རྒྱལ་པོ་]གིས་ཟིན་རིས་བྱས་པ་ལགས་སོ། །བླ་མའི་སྤྱི་དོན་ནི། བཙོས་བསླད་མེད་པར་ཟུར་དུ་བཞུགས་སོ། །

153 (ཁ)
མཚན་བྱང་། བྱང་ཆུབ་སེམས་གབ་པ་དགུ་སྐོར་ཞེས་བྱ་བ་བཞུགས་སོ། །
བསྡུས་བྱང་། བྱང་སེམས་གབ་པ་དགུ་སྐོར།
གྲངས་ཚད། ཆོས་ཚན་6ལ་ལེའུ་16དང་ལྷེབ་336ཡོད། ཤོག་གྲངས་672བཞུགས།
རིགས་རྣམ། གཏེར་མ།
གཏེར་སྟོན། གཤེན་ཆེན་ཀླུ་དགའ།

153–1
ཆོས་ཚན་དང་པོ། བྱང་ཆུབ་སེམས་གབ་པ་དགུ་སྐོར་གྱི་དབུ་ཡི་ས་གཙོད་ཀྱི་ལེའུ་བཞུགས་པ་ལགས་སོ། །
ལྷེབ་གྲངས། 1—8བ།(ཕྲེང་4)
མཇུག་བྱང་། དང་པོ་སྨྲ་ཆེན་གཤེན་རྒྱུད་ཀྱི་གཏེར་ལུགས་སོ། །དེ་ནས་བརྒྱུད་དེ་དཔེ་རྒྱན་དུ་བྱེད་པ་ལ། རྒྱ་བླ་མ་ཁྲི་རྫེས་གཏུག་པའོ། །དེ་ལ་བྲུ་སྟོན་བླ་མས་གཏུགས། དེ་ལ་རོང་སྟོན་རྗེ་སྲས་ཀྱིས་ཞུས། དེ་ལ་རྟོད་སྟོན་ཡེ་པོས་ཞུས་སོ། །འགྲོ་དོན་མཐའ་རུ་ཕྱིན་པར་ཤོག །

153–2
ཆོས་ཚན་གཉིས་པ། བྱང་ཆུབ་སེམས་གབ་པ་དགུ་སྐོར་ཞེས་བྱ་བ་བཞུགས་སོ། །
ལྷེབ་གྲངས། 1—87བ།(ཕྲེང་4)

153–2–1
གཅིགལུང་གི་ཡི་གེ་དགུ།
ལྷེབ་གྲངས། 1—23བ།(ཕྲེང་2)

153–2–2
གཉིས། བྱང་ཆུབ་སེམས་སྐབས་སྦྱོར།
ལྷེབ་གྲངས། 23—54ན།(ཕྲེང་4)

153–2–3
གསུམ། མགོ་མཇུག་ཏུ་ཁྱབ་པའི་ཡན་ལག་བཅུ།
ལྡེབ་གྲངས། 54—63ན།(ཕྲེང་1)

153–2–4
བཞི། ཟུར་བརྗེག་གི་ཡན་ལག་ལྔ།
ལྡེབ་གྲངས། 63—70ན།(ཕྲེང་4)

153–2–5
ལྔ། མདེའུ་ཐུང་གི་ཡན་ལག
ལྡེབ་གྲངས། 70—73བ།(ཕྲེང་3)

153–2–6
དྲུག ཐེ་ཚོམ་གྱི་ཡི་གེ་ཡང་ཁོལ།
ལྡེབ་གྲངས། 73—83བ།(ཕྲེང་6)

153–2–7
བདུན། ཐེ་ཚོམ་ཡང་ཁོལ་དུ་བསྟན་པ།
ལྡེབ་གྲངས། 83—87བ།(ཕྲེང་3)

སྨར་བྱང་། བྱང་ཕྱོགས་བསྟན་པ་དམར་པོ་བཙེམས་བཀླགས་སྐབས། །བྱང་སེམས་ཐེག་མཆོག་གབ་པ་དགུ་སྐོར་འདི། །བྱང་ཆུབ་སེམས་དཔའ་བརྩོན་འགྲུས་རྒྱལ་མཚན་གྱིས། །བྱང་ཆེན་ས་ལ་འགྲོ་ཀུན་རིག་ཕྱིར་སྤེལ། །དགེའོ། །

153–3
ཆོས་ཚན་གསུམ་པ། སྟོང་པོ་དགུ་འདུས་ལྟ་བའི་རྒྱུད་ཆེན་ཞེས་བྱ་བ་བཞུགས་སོ། །
ལྡེབ་གྲངས། 1—50བ།(ཕྲེང་3)

153–3–1
ལེའུ་དང་པོ། དགུ་དུས་(འདུས་)རྒྱུད་ཀྱི་མདོ་རྩ་དཔེའི་ལེའུ།
ལྡེབ་གྲངས། 1—6བ།(ཕྲེང་5)

153–3–2
ལེའུ་གཉིས་པ། སོ་མ་ཤུན་གཞིའི་ལེའུ།
ལྡེབ་གྲངས། 6—13ན།(ཕྲེང་5)

153–3–3
ལེའུ་གསུམ་པ། ཐ་རམས་བརྒྱད་ཙུ་རྩ་གཅིག་ཡ་ང་བའི་ལེའུ།
ལྡེབ་གྲངས། 13—17བ།(ཕྲེང་6)

153–3–4
ལེའུ་བཞི་པ། ཐབས་ལམ་འབྲས་བུ་དང་བཅས་པ།
ལྡེབ་གྲངས། 17—23ན།(ཕྲེང་3)

153–3–5
ལེའུ་ལྔ་པ། འོད་གསལ་བ་ནམ་མཁའི་ལེའུ།
ལྡེབ་གྲངས། 23—33ན།(ཕྲེང་1)

153–3–6

ལེའུ་དྲུག་པ། ཀློང་ཆེན་རབ་འབྱམས་ཀྱི་རྒྱུད།

ལྡེབ་གྲངས། 33—36བ།(ཁྲིང་1)

153–3–7

ལེའུ་བདུན་པ། ཟབ་མོ་དབྱིངས་ཀྱི་ལེའུ།

ལྡེབ་གྲངས། 36—43ན།(ཁྲིང་2)

153–3–8

ལེའུ་བརྒྱད་པ། རབ་འབྱམས་ཀློང་གི་ལེའུ།

ལྡེབ་གྲངས། 43—47ན།(ཁྲིང་6)

153–3–9

ལེའུ་དགུ་པ། ལྟ་བ་གདར་(བརྡར་)བཅད་པའི་ལེའུ།

ལྡེབ་གྲངས། 47—50ན།(ཁྲིང་2)

མཇུག་བྱང་། ཡང་སྟོན་གྱི་ཐུགས་དཔེ་ལྟར་བཤུས་ལགས། ༄། །བསྟན་པའི་ཡང་རྩེ་གསང་སེམས་ལྟ་བའི་རྒྱུད། །བསྟན་པ་མི་ཉམས་ཕྱོགས་བཅུར་རྒྱས་ཕྱིར་དུ། །བསྟན་འཛིན་རྣམ་དག་མཆོག་གི་པར་སྤེལ་བས། །བསྟན་འགྲོ་རྒྱུད་པ་སླར་གསོའི་བཀྲ་ཤིས་ཤོག །

153–4

ཆོས་ཚན་བཞི་པ། གསས་མཁར་གཡུང་དྲུང་ཡེ་ཁྱབས་ལྟ་བའི་རྒྱུད་ཅེས་བྱ་བ་བཞུགས་སོ། །

ལྡེབ་གྲངས། 1—17བ།(ཁྲིང་1)

སྤར་བྱང་། གཡུང་དྲུང་བོན་སྡེ་རྒྱ་མཚོའི་སྙིང་པོ་ཆེ། །གཡུང་དྲུང་ཡེ་ཁྱབས་གསས་མཁར་རྫོགས་པའི་རྒྱུད། །གཡུང་དྲུང་བསྟན་པ་འཛམ་གླིང་ཁྱབ་པའི་ཕྱིར། །གཡུང་དྲུང་སློབ་དཔོན་བསྟན་རྣམ་མཆོག་གིས་སྤེལ། །

[ཆོས་ཚན་གོང་འོག་འདི་གཉིས་ཀྱི་དབུའི་ཤོག་ལྡེབ་ཁག་ཅིག་ཕན་ཚུན་འཁྲུགས་པ་དག་པར་བགྱིས། ཆོས་ཚན་འོག་མའི་ལྡེབ་བཅུ་བདུན་བར་སྔ་ཕྱི་འཇོལ་བ་རྣམས་དག་པར་བསྒྲིགས།]

153–5

ཆོས་ཚན་ལྔ་པ། སེམས་ལུང་གབ་པ་དགུ་སྐོར་གྱི་འགྲེལ་པ་རྒྱ་ཆེར་བཤད་པ་ཞེས་བྱ་བ་བཞུགས། །

ལྡེབ་གྲངས། 1—163ན།(ཁྲིང་6)

མཇུག་བྱང་། བྱང་ཆུབ་སེམས་གབ་པ་དགུ་སྐོར་འདི། སྟོན་པ་ཀུན་ཏུ་བཟང་པོ་གཤེན་ལྷ་འོད་དཀར་གྱིས། གཤེན་ཚད་མེད་འོད་ལྡན་ལ་བསྟན། དེས་འཕྲུལ་གཤེན་སྣང་ལྡན་ལ་བསྟན། དེས་གཤེན་འཆི་མེད་གཙུག་ལ་བསྟན། དེས་གཤེན་གསང་བ་འདུས་པ་དང་། ཡུམ་བཟང་ཟ་རིང་བཙུན་གཉིས་ལ་བཤད། དེར་ཡུམ་གྱིས་སྐུ་ཡི་ཡུལ་དུ་བསྒྲུམས་སོ། །གཤེན་གསང་བ་འདུས་པས་ལྷ་ཡི་ཡུལ་དུ་བསྒྲུམས་ནས། ལྷའི་གཤེན་པོ་ཡོངས་སུ་དག་པ་ལ་བཤད། དེས་སྐུ་ལས་གྲུབ་པའི་གཤེན་ཡེ་ཤེས་སྙིང་པོ་ལ་བཤད། དེས་རྒྱལ་རིགས་གཤེན་པོ་མི་ལུས་བསམ་ལེགས་ལ་བཤད། དེ་ནས་གདུང་བརྒྱུད་བཅུ་གསུམ་དུ། གཅིག་ལ་གཅིག་གིས་བཤད་དེ། ཐ་མ་ནི་སེ་དམུ་ཙ་ཤ་རི་དབུ་ཆེན་དང་། ཞང་ཞུང་སྟོང་རྒྱུང་མཐུ་ཆེན་དང་། ལྡེ་གྱིམ་ཙ་རྨ་ཆུང་དང་། མེ་ཉག་ལྕེ་ཚ་མཁར་བུ་ཆུང་དང་བཞིས་བོན་ཐམས་ཅད་དར་ཞིང་རྒྱས་པར་མཛད་ཅིང་བཞུགས་པ་ལ། རྒྱལ་གྱི་གྲུམ་བཙན་པོའི་རིང་ལ། བོན་སེམས་ཕྱོགས་ཐམས་ཅད་ནུབ་པ་ལྟར་གྱུར་ནས། གཏེར་དུ་བཞུགས་པ་ལ། དེ་རྗེས་བསྟན་པ་ཕྱི་དར་དུས་སུ་གཤེན་བོན་སྒོམ་ཆེན་ལ་དངོས་གྲུབ་ཏུ་བབས་ཏེ། ལོ་བརྒྱད་ཐུགས་ཀྱི་དཀྱིལ་དུ་གབ་པ་ལགས་སོ། །དེས་ཞུ་གཡས་རྗེ་བོ་ལེགས་པོ་ལ་བཤད་དེ་རིགས་པ་ཐབས་ཀྱིས་བརྒྱུད། དེ་ནས་རིམ་གྱིས་བརྒྱུད་ནས་བླ་མ་གུང་ཐང་བ་ལ་མངའ་བ་བདག་ཤེས་རབ་བཟང་པོས་དད་པས་བདག་གཞན་གཉིས་ཀའི་དོན་དུ་ཞུས་ནས་བྲིས་པ་ལགས་སྷོ། །[སྤར་བྱང་།]ཐེག་ཆེན་བྱང་སེམས་གབ་པའི་འགྲེལ་གཞི་འདི། །ཐེག་ཆེན་རྣལ་འབྱོར་བརྩོན་འགྲུས་རྒྱལ་མཚན་

གྱིས། །རྒྱ་ཆེན་ཐུགས་བསྐྱེད་དགེ་བས་པར་བསྒྲུབ་པས། རྒྱ་ཆེན་པོན་བསྟན་ཕྱོགས་བཅུར་དར་རྒྱས་ཤོག །

153–6

ཆོས་ཚན་དྲུག་པ། གཞེན་རབ་རྣམ་པར་རྒྱལ་བའི་ཡིད་བཞིན་ནོར་བུའི་སྨོན་ལམ་སོགས་སྨོན་ལམ་རྣམ་གསུམ་བཞུགས་སོ། །

ལྡེབ་གྲངས། 1—11ན།(ཁྲིང་6)

མཇུག་བྱང་། ཟེ་དྲུག་སྒྲུབ་མཁན་བཙོན་འགྲུས་རྒྱལ་མཚན་གྱིས་པར་བསྒྲུབ་པ་ལགས།

154 ༼ག༽

མཚན་བྱང་། རྫོགས་པ་ཆེན་པོ་སྙིང་ལྷ་ཡུལ་དུ་བསྒྲགས་པ།

གྲངས་ཚད། ཆོས་ཚན་22ལ་ལྡེབ་349ཡོད། ཤོག་གྲངས་700བཞུགས།

རིགས་རྣམ། གཏེར་མ།

གཏེར་སྟོན། སྤྲུལ་སྐུ་བཞོད་སྟོན་དངོས་གྲུབ་གྲགས་འབར།

དཀར་ཆག་1ན།(ཁྲིང་6)

154–1

ཆོས་ཚན་དང་པོ། རྒྱུད་ཀྱི་རྒྱལ་པོ་གསེར་གྱི་ཏུས་སྤྲལ་གཡུང་དྲུང་ཐིགས་པ་མན་ངག་རྩ་བའི་རྒྱུད་བཞུགས་སོ། །སྙིང་ལྷ་ཡུལ་དུ་བསྒྲགས་པའོ། །

ལྡེབ་གྲངས། 1—24བ།(ཁྲིང་6)

154–2

ཆོས་ཚན་གཉིས་པ། བྱང་ཆུབ་སེམས་ཀྱི་ཐིགས་པ་ཞི་ཤུ་རྩ་གཉིས་པ་རྩ་བའི་རྒྱུད་ཕྱི་མ་བཞུགས་སོ། །

ལྡེབ་གྲངས། 1—9བ།(ཁྲིང་1)

154–3

ཆོས་ཚན་གསུམ་པ། རྒྱུད་བུ་ཆུང་བཅུ་གཉིས་བཞུགས།

ལྡེབ་གྲངས། 1—30བ།(ཁྲིང་4)

154–4

ཆོས་ཚན་བཞི་པ། རྒྱུད་བུ་ཆུང་བཅུ་གཉིས་ཀྱི་ས་གཅོད་བཞུགས།

ལྡེབ་གྲངས། 1—16ན།(ཁྲིང་5)

154–5

ཆོས་ཚན་ལྔ་པ། རྫོགས་པ་ཆེན་པོ་ལུང་དྲུག་བཞུགས་སོ། །

ལྡེབ་གྲངས། 1—23ན།(ཁྲིང་5)

མཇུག་བྱང་། ལྷ་བྲག་ཁྱིམ་མཐིང་གཏེར་སྒོ་འདི་འབྲུག་ལོ་སྟོན་ཟླ་ཐ་ཆུང་གི་ཚེས་གྲངས་བཅོ་ལྔའི་གདུགས་ལ་ནི། དགོར་མཛོད་ཕྱེས་ཏེ་ཞག་གསུམ་ལ། མ་ལུས་རྫོགས་པར་ཕྱེས་ནས་ནི། ལོ་གསུམ་གསང་ནས་བཀའ་རྒྱ་བཀྲོལ། དར་བར་གྱུར་པ་སྨོན་ལམ་མཐུས་རྫོགས་སོ། །སྤྲུལ་སྐུ་བཞོད་སྟོན་ནས་རིམ་གྱིས་བརྒྱུད་ནས་བདག་ལའོ། །

154–6

ཆོས་ཚན་དྲུག་པ། ལུང་དྲུག་གི་ས་གཅོད་བཞུགས་སོ། །

ལྡེབ་གྲངས། 1—9ན།(ཁྲིང་5)

154–7
ཆོས་ཚན་བདུན་པ། ལུང་དྲུག་གི་འགྲེལ་པ་བཞུགས་སོ། །
ལྡེབ་གྲངས། 1—77ན།(ཁྲིང་3)

154–8
ཆོས་ཚན་བརྒྱད་པ། མན་ངག་བརྒྱུས་བཞུགས་སོ། །
ལྡེབ་གྲངས། 1—12ན།(ཁྲིང་3)
མཇུག་བྱང་། འབྲུག་པོ་སྟོན་ཟླ་ཐ་ཆུང་གི། ཆོས་གྲངས་བཅོ་ལྔའི་གདུགས་ལ་ནི། །བཙོད་སྟོན་བདག་གིས་བརྟོན་ནས་བཅངས། །
རྒྱ་རྒྱ་རྒྱ། དགེའོ། །

154–9
ཆོས་ཚན་དགུ་པ། ཞེ་སྡང་གི་ལམ་གྱུད་དུ་སྦས་པའི་མན་ངག་ཤིན་ཏུ་བབ་པ་བཞུགས།
ལྡེབ་གྲངས། 1—5ན།(ཁྲིང་3)

154–10
ཆོས་ཚན་བཅུ་པ། ཁ་བྱང་བཞུགས།
ལྡེབ་གྲངས། 1—2ན།(ཁྲིང་5)

154–11
ཆོས་ཚན་བཅུ་གཅིག་པ། ཡིག་ཆུང་བཞི་བཞུགས། །
ལྡེབ་གྲངས། 1—9ན།(ཁྲིང་5)

154–12
ཆོས་ཚན་བཅུ་གཉིས་པ། དོན་གསུམ་བཞུགས་པ་དགེ།
ལྡེབ་གྲངས། 1—9བ།(ཁྲིང་5)

154–13
ཆོས་ཚན་བཅུ་གསུམ་པ། ལུང་གི་ཁ་བྱང་བཞུགས།
ལྡེབ་གྲངས། 1—2ན།(ཁྲིང་6)

154–14
ཆོས་ཚན་བཅུ་བཞི་པ། ཡེ་ཤེས་ཡོངས་འཛིན་བཞུགས།
ལྡེབ་གྲངས། 1—2བ།(ཁྲིང་2)

154–15
ཆོས་ཚན་བཅོ་ལྔ་པ། སྟོང་ཐུན་གསུམ་བཞུགས།
ལྡེབ་གྲངས། 1—7ན།(ཁྲིང་5)

154–16
ཆོས་ཚན་བཅུ་དྲུག་པ། ལུང་ཉི་མ་དགུ་སྐོར་བཞུགས།
ལྡེབ་གྲངས། 1—8བ།(ཁྲིང་2)

154–17
ཆོས་ཚན་བཅུ་བདུན་པ། ལྟ་བ་ལ་ཤན་སྦྱོན་མ་བཞུགས།
ལྡེབ་གྲངས། 1—6བ།(ཁྲིང་6)

154–18
ཆོས་ཚན་བཅོ་བརྒྱད་པ། ལུང་དྲུག་བརྟག་པ་བཞུགས།
ལྡེབ་གྲངས། 1—9ན།(ཕྲེང་4)

154–19
ཆོས་ཚན་བཅུ་དགུ་པ། ལུང་གི་ཡང་ཞུན་གསལ་བའི་སྒྲོན་མ་བཞུགས།
ལྡེབ་གྲངས། 1—54བ།(ཕྲེང་4)
མཇུག་བྱང་། ལྷོ་བྲག་ཁོལ་མཐིང་གི་གཏེར་མ། རྣམ་སྣང་གི་གདན་ཁྲིའི་ནང་ནས། ལྷ་རྗེ་བཞོད་སྟོན་གྱིས་བཏོན་པ་རྫོགས་སོ། །
འཁོར་ལོ། ཤོག་གཅིག

154–20
ཆོས་ཚན་ཉི་ཤུ་པ། ལྟ་སྒོམ་སྤྱོད་གསུམ་གྱི་ཡང་ཞུན་བཞུགས།
ལྡེབ་གྲངས། 1—5ན།(ཕྲེང་2)

154–21
ཆོས་ཚན་ཉེར་གཅིག་པ། ཞི་ཁྲོ་ཕུར་གསུམ་དབང་སོགས་ཀྱི་ཡིག་ཆུང་བཞུགས།
ལྡེབ་གྲངས། 1—21ན།(ཕྲེང་3)
མཇུག་བྱང་། བཞོད་སྟོན་དངོས་གྲུབ་ནས་རིམ་གྱིས་བརྒྱུད་པའོ། །

154–22
ཆོས་ཚན་ཉེར་གཉིས་པ། གཡུང་དྲུང་སྤྱོད་པའི་ཕྲེང་བ།
ལྡེབ་གྲངས། 1—9བ།(ཕྲེང་2)

155 {ང}
མཚན་བྱང་། རྫོགས་པ་ཆེན་པོ་བར་མི་ཡུལ་དང་འོག་གླུ་ཡུལ་དུ་བསྒྲགས་པ།
གྲངས་ཚད། ཆོས་ཚན་23ལ་ལྡེབ་334ཡོད། ཤོག་གྲངས་668བཞུགས།
རིགས་རྣམ། གཏེར་མ།
གཏེར་སྟོན། སྤྲུལ་སྐུ་བཞོད་སྟོན་དངོས་གྲུབ་གྲགས་འབར།
དཀར་ཆག་1བ།(ཕྲེང་3) ཡི་གེ་པ་ནི་མཁས་མཆོག་རྡོ་རྗེ།

155–1
ཆོས་ཚན་དང་པོ། རྒྱུད་དྲུག་ལས་གཡུང་དྲུང་གསང་བ་དབང་གི་རྒྱུད་བར་མི་ཡུལ་དུ་བསྒྲགས་པའི་སྐོར་བཞུགས།
ལྡེབ་གྲངས། 1—48ན།(ཕྲེང་4)

155–2
ཆོས་ཚན་གཉིས་པ། རྒྱུད་དྲུག་གི་ས་གཅོད་བཞུགས་སོ། །
ལྡེབ་གྲངས། 1—12ན།(ཕྲེང་4)

155–3
ཆོས་ཚན་གསུམ་པ། སེམས་དོན་སྡེ་བཅུའི་སྐོར་བཞུགས།
ལྡེབ་གྲངས། 1—22བ།(ཕྲེང་2)

155–4
ཆོས་ཚན་བཞི་པ། ཀློང་ལྔ། བརྟག་པ་གསུམ། ཐིག་ལེ་དྲུག་པ། གོལ་ས་བཅད་པ། གཅེས་པའི་ཕྲེང་བ། འབྲུ་ཐུབ་ཀྱི་མན་ངག མཚན་མ་རང་གྲོལ། ཤོ་ལོ་ཀའི་མན་ངག་རྣམས་བཞུགས་སོ། །
ལྡེབ་གྲངས། 1—20བ།(ཕྲེང་6)

155–5
ཆོས་ཚན་ལྔ་པ། ཕུར་པའི་དོན་བཤད་བཞུགས།
ལྡེབ་གྲངས། 1—10ན།(ཕྲེང་3)
མཇུག་བྱང་། ཁྱུང་སྤྲུལ་མཆོག་གིས་བཀའ་དྲིན་འཚོ་བའི་གྲུས་འབངས་ཐ་ཤལ་པ་མཁས་མཆོག་རྡོ་རྗེ་འཕགས་ཡུལ་བོན་ཚོགས་སུ་བཅར་ནས་སྨན་སློབ་རིན་པོ་ཆེའི་མདུན། ལྟ་བ་ཐོག་འབེབ་ཡོད་གཉིས། བསྒྲགས་པ་ཡོད་གཉིས། དྲན་པའི་རྣམ་ཐར་ཡོད་བརྒྱད། གཡུང་དྲུང་བོན་གྱི་བསྟན་འབྱུང་བཅས་བྲིས་རྒྱུའི་བསྐལ་བཟང་བརྟེན་མི་ལུས་གོ་མ་ལོག་པ་གཡུང་དྲུང་བོན་གྱི་ཞབས་ཞུ་ཕྲན་བུ་བྱུང་སོང་སྙམ་པའི་དགའ་སྤྲོའི་ངང་བྲིས་པ་དགེ།

155–6
ཆོས་ཚན་དྲུག་པ། རྒྱལ་མོ་གསུམ་གྱི་སྒྲུབ་པ་དང་གོ་ཆ་མཆོད་རྟེན་ཅན་བཞུགས།
ལྡེབ་གྲངས། 1—4ན།(ཕྲེང་3)
མཇུག་བྱང་། ལྷ་རྗེ་བསོད་སྟོན་གྱིས་ལྷོ་བྲག་གི་གཏེར་ནས་བཏོན་པའོ། །

155–7
ཆོས་ཚན་བདུན་པ། སྒོམ་ཐབས་ཉི་ཤུ་རྩ་བཞི་པ་བཞུགས།
ལྡེབ་གྲངས། 1—6བ།(ཕྲེང་5)

155–8
ཆོས་ཚན་བརྒྱད་པ། གཤེར་རབ་བཅུ་གསུམ་གྱི་མགུར་མ་བཞུགས།
ལྡེབ་གྲངས། 1—5བ།(ཕྲེང་4)

155–9
ཆོས་ཚན་དགུ་པ། སེམས་ཉམས་དྲུག་པ་བཞུགས།
ལྡེབ་གྲངས། 1—5བ།(ཕྲེང་3)

155–10
ཆོས་ཚན་བཅུ་པ། འཕྲུལ་གྱི་མེ་ལོང་དགུ་སྐོར་བཞུགས།
ལྡེབ་གྲངས། 1—6ན།(ཕྲེང་6)

155–11
ཆོས་ཚན་བཅུ་གཅིག་པ། རྫོགས་པ་ཆེན་པོའི་ཐུགས་རྒྱུད་སྣར་བྱང་རྣམ་གསུམ་སྐུ་ཡུལ་དུ་བསྒྲགས་པའི་རྒྱུད་བཞུགས།
ལྡེབ་གྲངས། 1—36བ།(ཕྲེང་5)

155–12
ཆོས་ཚན་བཅུ་གཉིས་པ། སྣར་བྱང་ཡིག་ཆུང་བཞུགས།
ལྡེབ་གྲངས། 1—3བ།(ཕྲེང་2)

155–13
ཆོས་ཚན་བཅུ་གསུམ་པ། སྣར་བྱང་བར་དོའི་གདམས་པ་བཞུགས།

ལྡེབ་གྲངས། 1—4ན།(ཕྲེང་3)

155–14
ཆོས་ཚན་བཅུ་བཞི་པ། སེང་གེ་སྒྲ་བསྒྲགས་ལྷ་བ་ལུང་གི་ས་གཅོད་བཞུགས།
ལྡེབ་གྲངས། 1—4ན།(ཕྲེང་5)

155–15
ཆོས་ཚན་བཅོ་ལྔ་པ། ལྟ་བ་སེང་གེ་སྒྲ་བསྒྲགས་བཞུགས།
ལྡེབ་གྲངས། 1—10བ།(ཕྲེང་3)

155–16
ཆོས་ཚན་བཅུ་དྲུག་པ། མན་ངག་ལུང་གི་ཚད་མའི་ས་གཅོད་དང་འགྲེལ་པ་བཞུགས།
ལྡེབ་གྲངས། 1—12བ།(ཕྲེང་6)

155–17
ཆོས་ཚན་བཅུ་བདུན་པ། ཉི་འོད་གཟེར་བུ། ཟླ་འོད་གཟེར་བུ། ཉི་ཟླ་གཉིས་མེད་ཀྱི་གཟེར་བུ་བཞུགས།
ལྡེབ་གྲངས། 1—4བ།(ཕྲེང་5)

155–18
ཆོས་ཚན་བཅོ་བརྒྱད་པ། འོག་སྐུ་ཡུལ་དུ་བསྒྲགས་པའི་ལོ་རྒྱུས་བཞུགས་པ་ལེགས།
ལྡེབ་གྲངས། 1—8བ།(ཕྲེང་3)

155–19
ཆོས་ཚན་བཅུ་དགུ་པ། མན་ངག་འཁོར་བ་དོང་སྤྲུགས་བཞུགས་པའོ། །
ལྡེབ་གྲངས། 1—34ན།(ཕྲེང་4)
མཇུག་བྱང་། ཞོད་སྟོན་དངོས་གྲུབ་གྲགས་ཀྱི་ཁོལ་མཐིང་ལྷ་ཁང་གི་དཀོར་ཁང་ནས་ཀེ་ཚང་བཅོ་ལྔ་ཡོད་པའི་དབུས་མ་ནས་བཏོན་པའོ། །

155–20
ཆོས་ཚན་ཉི་ཤུ་པ། མན་ངག་ཐུགས་ཀྱི་བརྟག་པ་ཤར་ཆུང་ཉི་ཤུ་རྩ་བདུན་བཞུགས།
ལྡེབ་གྲངས། 1—12ན།(ཕྲེང་1)

155–21
ཆོས་ཚན་ཉེར་གཅིག་པ། ཐུགས་གསང་སྟོན་པའི་འཁོར་ལོ་ཞེས་བགྱི་བ་དུག་ལྔ་མི་སྤང་ས་ལམ་ཁྱེར་དབང་བསྐུར་གྱི་མན་ངག་བཞུགས།
ལྡེབ་གྲངས། 1—4ན།

155–22
ཆོས་ཚན་ཉེར་གཉིས་པ། གཏན་ཚིགས་གལ་མདོ་རིག་པའི་ཚད་མ་བཞུགས།
ལྡེབ་གྲངས། 1—61ན།(ཕྲེང་2)
མཇུག་བྱང་། ས་གཡེར་པའི་གཏེར་སུ་བོན་དབང་ཚུལ་ལས་སོགས་ཏེ། གཏེར་གྱི་སྒོ་འབྱེད་གསུམ་གྱིས་བསྒྲིམས་པའོ། །

155–23
ཆོས་ཚན་ཉེར་གསུམ་པ། བྱ་ར་མ་གསུམ་བསྐུལ་པ་བཞུགས། [བྱ་ར་མ་གསུམ་གྱི་ཐུགས་དམ་བསྐུལ་པ།]
ལྡེབ་གྲངས། 1—3བ།(ཕྲེང་6)

156 〈ཅ〉
མཚན་བྱང་། ཡེ་ཤེ་མཐའ་སེལ་གྱི་རྒྱུད།
གྲངས་ཚད། ཆོས་ཚན་12ལ་ཤོག་445ཡོད། ཤོག་གྲངས་890བཞུགས།
རིགས་རྣམ། གཏེར་མ།
གཏེར་སྟོན། སྤྲུལ་སྐུ་བཟོད་སྟོན་དངོས་གྲུབ་གྲགས་འབར།

156–1
ཆོས་ཚན་དང་པོ། སྤྱི་རྒྱུད་ཆེན་པོ་ནམ་མཁའ་དཀར་པོ་ཡེ་ཤེ་མཐའ་སེལ་གྱི་རྒྱུད་ལས་གནས་པ་གཞིའི་བམ་པོ་བཞུགས་སོ། །
ཤོག་གྲངས། 1—28ན།(ཕྲེང་2) ཞིའུ་ཀྱཱ་ལྷཱ།
མཇུག་བྱང་། བདེར་གཤེགས་དགོངས་པའི་བཅུད། །སངས་རྒྱས་ཀུན་གྱི་སྙིང་། །རྫོ་རི་ཁྲོད་པའི་ཐུགས་ཀྱི་ཐིགས་པ། དབུས་ཕྱོགས་ཡར་ལྷ་ཤམ་པོའི་གངས་ཁྲོད་དུ། སྤྲུལ་སྐུ་ལུང་སྟོན་ལྷ་གཉན་ལ། མཇལ་རེས་མཐའ་མ་ལ་བརྒྱུད་པ་ལགས་སོ། །དེས་བདག་ལུང་སྟོམ་འཁོར་ལོ་རྒྱལ་པོ་ལ་བརྒྱུད་པའོ། །

156–2
ཆོས་ཚན་གཉིས་པ། སྤྱི་རྒྱུད་ཆེན་པོ་ནམ་མཁའ་དཀར་པོ་ཡེ་ཤེ་མཐའ་སེལ་གྱི་རྒྱུད་ལས་ལ་ཟློ་བའི་བམ་པོ་བཞུགས་སོ། །
ཤོག་གྲངས། 1—76ན།(ཕྲེང་4) ཞིའུ་གྲངས་གོང་མཐུད་ནས་བརྒྱ་དང་ཞེ་དགུ།

156–3
ཆོས་ཚན་གསུམ་པ། སྤྱི་རྒྱུད་ཆེན་པོ་ནམ་མཁའ་དཀར་པོ་ཡེ་ཤེ་མཐའ་སེལ་གྱི་རྒྱུད་ལས་མཁའ་འགྲོ་རིན་ཆེན་ཕྲེང་བ་གསང་སྔགས་ཕྱི་ནང་འབྱེད་པའི་བམ་པོ་བཞུགས་སོ། །
ཤོག་གྲངས། 1—108ན།(ཕྲེང་5) ཞིའུ་ང་དྲུག

156–4
ཆོས་ཚན་བཞི་པ། དགོས་འདོད་གསལ་བྱེད་བཤད་གཞིའི་མཚོང་ཞེས་བྱ་བ་བཞུགས།
ཤོག་གྲངས། 1—75ན།(ཕྲེང་3)

156–5
ཆོས་ཚན་ལྔ་པ། ཕོ་བརྒྱུད་དང་མོ་བརྒྱུད་གཉིས་ཀྱི་དོན་གྱི་གདམས་སྐོར་བཞུགས་སོ། །
ཤོག་གྲངས། 1—25ན།(ཕྲེང་5)
མཇུག་བྱང་། རྒྱ་རིམ་པ་དགུ་ཡིས་བཏབ་པོ། །མོ་བརྒྱུད་བཟ་དོན་སུམ་ཅུ་པ། །རྫོ་རི་ཁྲོད་པའི་ཐུགས་ཀྱི་ཐིགས་པ། སྤྲུལ་སྐུ་ལུང་སྟོན་ལྷ་གཉན་ལ་བརྒྱུད། དེ་ཡིས་ལུང་སྟོམ་འཁོར་ལོ་རྒྱལ་པོ་ལ་བརྒྱུད་པའོ། །

156–6
ཆོས་ཚན་དྲུག་པ། རྣམ་པར་བཀོད་པ་དམ་ཚིག་གི་མཚོང་ཞེས་བྱ་བ་བཞུགས་སོ། །
ཤོག་གྲངས། 1—22ན།(ཕྲེང་4)
མཇུག་བྱང་། བཀའ་རྒྱུད་འདི། རྫོ་རི་ཁྲོད་པ་ཆེན་པོ་ཉིད་ཀྱིས། ལས་དང་སྐལ་པར་འཛོམས་པའི། སྤྲུལ་སྐུ་ལྷ་གཉན་ལ་བརྒྱུད། དེས་ལུང་སྟོ་འཁོར་ལོ་རྒྱལ་པོ་ལ་བརྒྱུད། མཇལ་རེས་ཐ་མའི་གདམས་ངག་གཏུགས་སོ། །

156–7
ཆོས་ཚན་བདུན་པ། མན་ངག་རིན་པོ་ཆེ་ཐུན་མོང་གི་ཐོན་བདུན་ཞེས་བྱ་བ་བཞུགས་སོ། །
ཤོག་གྲངས། 1—48ན།(ཕྲེང་2)
མཇུག་བྱང་། མཇལ་རེས་གསུམ་གྱི་བར་པ་ལ་གནང་བའི་གདམས་པ་ལགས་སོ། །

156–8
ཆོས་ཚན་བརྒྱད་པ། སྤྱི་རྒྱུད་ཡེ་ཁྲི་མཐའ་སེལ་གྱི་ལོ་རྒྱུས་ཆེན་མོ་སྐོར་གྱི་མཆོང་ཞེས་བྱ་བ་བཞུགས་སོ། །
ལྡེབ་གྲངས། 1—29ན།(ཕྲེང་3)
མཇུག་བྱང་། རྗེ་རི་ཁྲོད་པའི་ཐུགས་ཀྱི་ཐིགས་པ། སྤྲུལ་སྐུ་ལྷ་གཉན་ལ་བརྒྱུད་པ། བདག་ལུང་སྐོམ་འཁོར་ལོ་རྒྱལ་པོ་ལ་གནང་བ། མཇལ་རེས་ཐ་མ་ཡི་གདམས་པ་ལགས་སོ། །

156–9
ཆོས་ཚན་དགུ་པ། ལ་བློའི་ས་གཅོད།[1]
ལྡེབ་གྲངས། 1—15བ།(ཕྲེང་6)

156–10
ཆོས་ཚན་བཅུ་པ། ཞིའུ་གྲངས་གསལ་བྱེད་དོན་བསྡུས་མཆོང་ཞེས་བྱ་བ་བཞུགས་སོ། །
ལྡེབ་གྲངས། 1—8ན།(ཕྲེང་2)

156–11
ཆོས་ཚན་བཅུ་གཅིག་པ། རྫོགས་ཆེན་མེ་ལོང་བདུན་པ་བཞུགས་སོ། །
ལྡེབ་གྲངས། 1—10ན།(ཕྲེང་5)
མཇུག་བྱང་། དྲན་པ་ནམ་མཁའི་བཀའ་རྒྱ། རྗེ་རི་ཁྲོད་པ་ཆེན་པོ་ཡིས། སྤྲུལ་སྐུ་ལུང་སྟོན་ལྷ་གཉན་ལ་བརྒྱུད། དེ་ཡིས་བདག་ལུང་སྒོམ་པ་འཁོར་ལོ་རྒྱལ་པོ་ལ་བརྒྱུད་པའོ། །…མཇལ་རེ་བར་པ་ལ་གནང་བ་ལགས་སོ། །

156–12
ཆོས་ཚན་བཅུ་གཉིས་པ། བོན་བསྟན་རྒྱས་པའི་སྨོན་ལམ་ཡིད་བཞིན་ཀུན་འགྲུབ་ཅེས་བྱ་བ་བཞུགས་སོ། །
ལྡེབ་གྲངས། 1—4པ།(ཕྲེང་2)
མཇུག་བྱང་། གཡུང་དྲུང་སློབ་དཔོན་སངས་རྒྱས་བསྟན་འཛིན་གྱིས། གཡུང་དྲུང་བོན་བསྟན་རྒྱས་སྨོན་གསུང་བསྐུར་ངོར། གཡུང་དྲུང་གླིང་གི་སློབ་གཉེར་ཚུལ་ལྡན་པས། གཡུང་དྲུང་ཤད་པར་བརྒྱ་དང་རྩ་བརྒྱད་སྩོལ། གཡུང་དྲུང་བསྟན་པ་རྒྱས་པའི་རྒྱུར་གྱུར་ཅིག །དགེའོ། །[ལྡེབ་རྒྱབ་ཀྱི་ཡིག་ཆུང་དུ།] རྫོགས་ཆེན་ཡེ་ཁྲི་མཐའ་སེལ་ក្ល་མེད་བོན། །གཡུང་དྲུང་བཀྲ་ཤིས་རྣམ་དག་གསུམ་ཉིད་ཀྱིས། །བསྟན་འགྲོའི་དོན་དུ་པར་སྐྲུན་ཞུས་པའི་དགེས། །མི་ནུབ་བསྟན་པ་རྒྱས་པའི་རྒྱུ་རུ་ཤོག །

157 ༼ཆ༽
མཚན་བྱང་། ཀུན་བཟང་མཉམ་ཉིད་རྒྱུད་སོགས།
གྲངས་ཚད། ཆོས་ཚན་8ལ་ལྡེབ་234ཡོད། ཤོག་གྲངས་467བཞུགས།
རིགས་རྣམ། གཏེར་མ།
གཏེར་སྟོན། ក្ល་མ་ཟླ་འོད་འབར་སོགས།

157–1
ཆོས་ཚན་དང་པོ། ཀུན་ཏུ་བཟང་པོ་མཉམ་པ་ཉིད་ཀྱི་རྒྱུད་ཅེས་བྱ་བ་བཞུགས་སོ། །
ལྡེབ་གྲངས། 1—20བ།(ཕྲེང་4)
མཇུག་བྱང་། སྟ་སྒོ་གཅལ་གྱི་གཏེར་སྒོ་ཕྱེས་ནས་ក្ល་མ་ཟླ་འོད་འབར་གྱིས་བཏོན། དངོས་གྲུབ་རོང་དུ་འགར་ལ་སྦྱང་།

---

① ཞིའུའི་དབུ་ལ་མཚན་བྱང་བཀོད་མེད་པས་སྙིག་མཁན་གྱིས་སྒྲུན་ཁྲིར་ལྟར་སྦྱར་བའོ། །

157–2
ཆོས་ཚན་གཉིས་པ། ཕྱོགས་བཅུའི་བདེ་ཤེགས་ལྷ་དགོངས་འདུས་པའི་རྒྱུད་ཅེས་བྱ་བཞུགས་སོ། །
ལྡེབ་གྲངས། 21—30བ།(ཁྲིང་2)

157–3
ཆོས་ཚན་གསུམ་པ། ཡེ་ཤེས་གསལ་རྫོགས་གསང་བའི་རྒྱུད་ཅེས་བྱ་བ་བཞུགས་སོ། །
ལྡེབ་གྲངས། 30—39བ།(ཁྲིང་4)
མཇུག་བྱང་། སྤྱི་སྤྲོའི་གཏེར་ཀུ་པས་བཏོན། མགར་གྱིས་བཤུས་ནས་གཏེར་དཔེ་ལ་དག་པར་གཏུགས་སོ། །

157–4
ཆོས་ཚན་བཞི་པ། ཀུན་བཟང་ལ་དཀར་གསལ་བ་འོད་ཀྱི་ལུང་ཞེས་བྱ་བ་བཞུགས་སོ། །
ལྡེབ་གྲངས། 40—97བ།(ཁྲིང་4)
མཇུག་བྱང་། སྤྱི་སྤྲོའི་གཏེར་ཀུ་པས་བཏོན་པའོ། །

157–5
ཆོས་ཚན་ལྔ་པ། གཡུང་དྲུང་གཏིང་རྫོགས་གསལ་བའི་རྒྱུད་ཅེས་བྱ་བ་བཞུགས་སོ། །
ལྡེབ་གྲངས། 1—15ན།(ཁྲིང་5)

157–6
ཆོས་ཚན་དྲུག་པ། གཡུང་དྲུང་ཡང་རྩེ་གསང་བའི་རྒྱུད་ཅེས་བྱ་བ་བཞུགས་སོ། །
ལྡེབ་གྲངས། 16—55ན།(ཁྲིང་6)
མཇུག་བྱང་། ཀུན་བཟང་ཡང་ཞུན་གསང་བ་ནང་སྐོར་འོན་སྤེ་མི་འགྱུར་ངེས་པའི་རྩིས་བྱང་བཅས་ཡོངས་རྫོགས་སྤྱི་སྤྲོའི་གཏེར་ཀུ་པས་བཏོན་ནས། མགར་ལ་བབ་དེ་སློན་སྟོན་ནས་རིམ་གྱི་འཕེལ་ཏེ། ད་ལྟ་གཤེན་གྱི་དགེ་སྦྱངས་ཁྲོ་རི*ཡིད་རྒྱལ་པས་ཐུགས་རྟེན་དུ་བཞེངས་པ་དགེའོ། །

157–7
ཆོས་ཚན་བདུན་པ། གཡུང་དྲུང་གསང་བ་གསང་ཆེན་གྱི་རྒྱུད་ཅེས་བྱ་བ་བཞུགས་སོ། །
ལྡེབ་གྲངས། 1—9བ།(ཁྲིང་5)

157–8
ཆོས་ཚན་བརྒྱད་པ། གཞི་རྩ་གཏན་ལ་འབེབ་པའི་ཐིག་པ་བཞུགས་སོ། །
ལྡེབ་གྲངས། 10—83ན།(ཁྲིང་5)

158 （ཛ）
མཚན་བྱང་། རྫོགས་ཆེན་ཨ་མེད་བདལ་བའི་རྒྱུད།
གྲངས་ཚད། ཆོས་ཚན་8ལ་ལྡེབ་170ཡོད། ཤོག་གྲངས་340བཞུགས།
རིགས་རྣམ། གཏེར་མ།
གཏེར་སྟོན། སེ་སྟན།

158–1
ཆོས་ཚན་དང་པོ། ཨ་མེད་བདལ་བའི་གཞུང་བཞུགས་པ་ལེགས་སོ། །
ལྡེབ་གྲངས། 1—25ན།(ཁྲིང་5)

158–2
ཆོས་ཚན་གཉིས་པ། ཀླུ་མེ་(མེད་)བདལ་བའི་གསལ་སྒྲོན་དབུ་ཕྱོགས་བཞུགས་པ་ལེགས་སྟོ། །
ལྡེབ་གྲངས། 1—15བ།(ཕྲེང་2)

158–3
ཆོས་ཚན་གསུམ་པ། ཀླུ་མེད་བདལ་བའི་ས་གཅོད་བཞུགས།
ལྡེབ་གྲངས། 1—2ན།(ཕྲེང་6)

158–4
ཆོས་ཚན་བཞི་པ། རྫོགས་པ་ཆེན་པོ་ཀླུ་མེད་བདལ་བའི་རྒྱུད་ལས་མན་ངག་ཡང་བཞུགས་སོ། །
ལྡེབ་གྲངས། 1—9ན།(ཕྲེང་4)

158–5
ཆོས་ཚན་ལྔ་པ། ཀླུ་མེད་བདལ་བའི་འགྲེལ་པ་བཞུགས་སྟོ། །
ལྡེབ་གྲངས། 1—68ན།(ཕྲེང་5)
མཇུག་བྱང་། ས་ཕྱི་ཟླ་3ཚེས་8ལ་ལེན་གཅིག་འགྲིམ་ཞུས་བྱས་སོ། །

158–6
ཆོས་ཚན་དྲུག་པ། རྫོགས་པ་ཆེན་པོ་བྱུང་ཁུངས་བསྟན་པའི་དབུས་ཕྱོགས་ལེགས་སོ། །
ལྡེབ་གྲངས། 1—3བ།(ཕྲེང་5)

158–7
ཆོས་ཚན་བདུན་པ། རྫོགས་ཆེན་པོ་ཀླུ་མེད་བདལ་བའི་རྒྱུད་ལས་སྟོན་འགྲོ་ཁྲིད་ཀྱི་རིམ་པ་བཞུགས་སོ། །
ལྡེབ་གྲངས། 1—23ན།(ཕྲེང་7)

158–8
ཆོས་ཚན་བརྒྱད་པ། སྣང་བ་འཇིགས་མེད་གཅན་རྫོང་གི་གཟུངས་བཞུགས་སོ། །
ལྡེབ་གྲངས། 1—47བ།(ཕྲེང་2) འདིའི་ལྡེབ་མ་དང་པོ་ཆད།

159 ༼དཀར་ཆག༽
མཚན་བྱང་། གཡུང་དྲུང་བོན་གྱི་བཀའ་བརྟེན་འགྱུར་གྱི་དཀར་ཆག་དང་རྣམ་བཤད།
བསྡུས་བྱང་། དཀར་ཆག
གྲངས་ཚད། ཆོས་ཚན་2ལ་ལེའུ་3དང་ལྡེབ་107ཡོད། ཤོག་གྲངས་214བཞུགས།
རིགས་རྣམ། བརྩམས་ཆོས།
སྒྲིག་མཁན། ཉི་མ་བསྟན་འཛིན།

159–1
ཆོས་ཚན་དང་པོ། གཡུང་དྲུང་བོན་གྱི་བཀའ་བརྟེན་འགྱུར་གྱི་སྡེ་ཚན་བསྒྲིགས་ཚུལ་གྱི་དཀར་ཆགས་ཙུང་ཐུས་གཤེན་བསྟན་པད་
མོ་རྒྱས་བྱེད་ཉི་འོད་ཅེས་བྱ་བ་བཞུགས།
ལྡེབ་གྲངས། 1—51ན།(ཕྲེང་3)

159–1–1

གཅིག སྤྱི་བཤད།
ལྡེབ་གྲངས། 1—5ན།(ཕྲེང་4)

159–1–2

གཉིས། བཀའ་འགྱུར་གྱི་སྡེ་ཚན་བསྒྲིགས་ཚུལ།
ལྡེབ་གྲངས། 5—22བ།(ཕྲེང་3)

159–1–3

གསུམ། བརྟེན་འགྱུར་གྱི་སྡེ་ཚན་བསྒྲིགས་ཚུལ།
ལྡེབ་གྲངས། 22—51ན།(ཕྲེང་3)

མཇུག་བྱང་། འཕགས་པའི་རྣམ་རོལ་དགེ་བཤེས་མཆོག་སྤྲུལ་རྣམ་གཉིས་ཀྱིས། རྟེན་འབྲེལ་སྲིད་ན་ཆེ་བའི་གནང་རྟེན་དང་བཅས་པའི་བཀའ་ལུང་སྤྱི་བོར་ཕེབས་པ་བཞིན། རྒྱལ་བ་མཉམ་མེད་པའི་གདན་ས་སྐྱོངས་ཁུལ་གྱིས་མཁན་རབས་ཉེར་གཉིས་པ། སྨོ་རིགས་སྨམ་ཞིག་གི་དྲུང་སྦྱོང་ཉི་རི་ཤེལ་ཞིན་པ་ཤང་ཕྱེར་རོར་འབོད་པས། གཡས་རུའི་རི་ཁྲོད་མཁར་སྣའི་བདེ་གསལ་གསང་ཕུག་ཏུ་བཙམས་པས། དགེ་བའི་གསུང་དྲུང་བོན་གྱི་བསྟན་པ་ཕྱོགས་བཅུར་འཕེལ་ཞིང་། བསྟན་འཛིན་སྐྱེས་མཆོག་ཐུང་གིས་སྐུ་ཚེ་བསྐལ་བརྒྱར་བསྟན་ཞིང་། ཕྲིན་ལས་རབ་ཏུ་རྒྱས་པར་གྱུར་ཅིག །ཐ་ཚན་མུ་ཙུག་སྨར་རོ། །ཞལ་དྲོ་ཕྱིན་ཆེ་དགེ་ལེགས་འཕེལ་རྒྱས་ཤོག །དགེའོ། །

159–2

ཆོས་ཚན་གཉིས་པ། སྲིད་པའི་སྒྲོན་མེ་རྒྱལ་བའི་བཀའ་དང་བརྟེན་གྱི་རྣམ་བཤད་ཙུང་ཐུས་རབ་གསལ་ཉི་འོད་ཅེས་བྱ་བ་བཞུགས།
ལྡེབ་གྲངས། 1—56ན།(ཕྲེང་3)

མཇུག་བྱང་། རྒྱལ་བའི་བཀའ་དང་བཀའ་བརྟེན་གྱི་རྣམ་བཤད་ཙུང་ཐུས་འདི་ཡང་། སྙིགས་དུས་བསྟན་འགྲོའི་དཔལ་མགོན་རིག་འཛིན་ཆེན་པོ། གྲིམ་ཚ་ཟྲ་ཆུང་དངོས་གྲུབ་མཆོག་སྤྲུལ་རིན་པོ་ཆེ་ཚེ་དབང་རྒྱལ་པོའམ། སུམ་ལྡན་གཤེན་གྱི་དྲུང་སྦྱོང་བ་མཆོག་གིས། བཀའ་ཡི་ཉེ་བར་བསྐུལ་བ་ལ་བརྟེན་ནས། སྨམ་རིགས་ཀྱི་སྡོམ་བརྩོན་པ་སྨན་རིའི་མཁན་མིང་བ། ཉི་མ་བསྟན་འཛིན་དབང་རྒྱལ་དུ་འབོད་པ་དེས། འདུ་གནས་སོ་བདུན་གྱི་ནང་ཚན། གཡས་རུ་མཁར་གདོང་གི་བདེ་གསལ་ཕུག་ཏུ། ཉམས་ལེན་ཐུན་མཚམས་སུ་འཕྲལ་བཙམས་བགྱིས་པས། རྩ་གསུམ་ལྷ་དང་སྲུང་མའི་བདེན་མཐུས། མཆོག་སྤྲུལ་རྣམ་གཉིས་ཀྱི་དགོངས་བཞེད། གསུང་དྲུང་བསྟན་པའི་དོན་རྣམས་ལྷུན་གྱིས་གྲུབ་ཅིང་། བགེགས་མེད་མཐའ་རུ་ཕྱིན་པའི་བཀྲ་ཤིས་པར་གྱུར་ཅིག །ཐ་ཚན་མུ་ཙུག་སྨར་རོ། །ཞལ་དྲོ། །

བཀའ་འགྱུར་ཨ་གཡུང་དཔེ་གཞིའི་སྡོམ་རྗེས་གསལ་བའི་མེ་ལོང་།

དང་པོ། བཀའ་ཕུན་སུམ་ཚོགས་པ་མདོ་ཡི་སྡེ།						
པོད་གྲངས།	བསྡུས་བྱང་།	པོད་རྟགས།	རིགས་རྣམ།	མཛད་མཁན།	ཆོས་ཚན་དང་ལེའུ་གྲངས།	ལྡེབ་གྲངས།
001	སྲིད་པ་མཛོད་ཀྱི་མདོ།	ཀ	གཏེར་མ།	གྱེར་མི་ཉི་འོད།	24	130
002	མཛོད་ཕུག	ཁ	གཏེར་མ།	གཤེན་ཆེན་ཀླུ་དགའ།	17	132
003	འདུལ་བ་རྒྱུད་དྲུག	ག	བཀའ་མ།	མི་གསལ།	8/210	339
004	དྲང་སྲོང་བསྐལ་བཟང་།	ང	སྙན་བརྒྱུད།	དྲང་སྲོང་ཏ་ར།	9	337
005	དྲང་སྲོང་བསྐལ་བཟང་།	ཅ	སྙན་བརྒྱུད།	དྲང་སྲོང་ཏ་ར།	12	344
006	ཁོད་པོ་བསྐལ་བཟང་།	ཆ	སྙན་བརྒྱུད།	ཁོད་པོ་བློ་གྲོས་ཐོགས་མེད།	8	307
007	ཁོད་པོ་བསྐལ་བཟང་།	ཇ	སྙན་བརྒྱུད།	ཁོད་པོ་བློ་གྲོས་ཐོགས་མེད།	6	319
008	ཁྲོ་གཉེན་བསྐལ་བཟང་།	ཉ	དགོངས་གཏེར།	ཁྲོ་གཉེར་རྒྱལ་མཚན།[ཁྲོ་གཉན]	7	254
009	ཁྲོ་གཉེན་བསྐལ་བཟང་།	ཏ	དགོངས་གཏེར།	ཁྲོ་གཉེར་རྒྱལ་མཚན།[ཁྲོ་གཉན]	2	347
010	གླིང་གཤེན་བསྐལ་བཟང་།	ཐ	སྙན་བརྒྱུད།	གླིང་གཤེན་སྨུ་ལ་ཐོགས་མེད།	38	298
011	གླིང་གཤེན་བསྐལ་བཟང་།	ད	སྙན་བརྒྱུད།	གླིང་གཤེན་སྨུ་ལ་ཐོགས་མེད།	32	292
012	གོ་སྡེ་བསྐལ་བཟང་།	ན	གཏེར་མ།	གོ་སྡེ་གཡུང་དྲུང་ཡེ་ཤེས།	9	255
013	གོ་སྡེ་བསྐལ་བཟང་།	པ	གཏེར་མ།	གོ་སྡེ་གཡུང་དྲུང་ཡེ་ཤེས།	11	262
014	མདོ་དྲི་མེད་གཟི་བརྗིད།[ཀ]	ཕ	སྙན་བརྒྱུད།	སྤྲུལ་སྐུ་བློ་ལྡན་སྙིང་པོ།	4	376
015	མདོ་དྲི་མེད་གཟི་བརྗིད།[ཁ]	བ	སྙན་བརྒྱུད།	སྤྲུལ་སྐུ་བློ་ལྡན་སྙིང་པོ།	5	334
016	མདོ་དྲི་མེད་གཟི་བརྗིད།[ག]	མ	སྙན་བརྒྱུད།	སྤྲུལ་སྐུ་བློ་ལྡན་སྙིང་པོ།	4	327
017	མདོ་དྲི་མེད་གཟི་བརྗིད།[ང]	ཙ	སྙན་བརྒྱུད།	སྤྲུལ་སྐུ་བློ་ལྡན་སྙིང་པོ།	7	367
018	མདོ་དྲི་མེད་གཟི་བརྗིད།[ཅ]	ཚ	སྙན་བརྒྱུད།	སྤྲུལ་སྐུ་བློ་ལྡན་སྙིང་པོ།	4	328
019	མདོ་དྲི་མེད་གཟི་བརྗིད།[ཆ]	ཛ	སྙན་བརྒྱུད།	སྤྲུལ་སྐུ་བློ་ལྡན་སྙིང་པོ།	4	344
020	མདོ་དྲི་མེད་གཟི་བརྗིད།[ཇ]	ཝ	སྙན་བརྒྱུད།	སྤྲུལ་སྐུ་བློ་ལྡན་སྙིང་པོ།	7	432
021	མདོ་དྲི་མེད་གཟི་བརྗིད།[ཉ]	ཞ	སྙན་བརྒྱུད།	སྤྲུལ་སྐུ་བློ་ལྡན་སྙིང་པོ།	8	352
022	མདོ་དྲི་མེད་གཟི་བརྗིད།[ཏ]	ཟ	སྙན་བརྒྱུད།	སྤྲུལ་སྐུ་བློ་ལྡན་སྙིང་པོ།	2	314

023	མདོ་དྲི་མེད་གཟི་བརྗིད།[ཐ]	འ	སྙན་བརྒྱུད།	སྤྲུལ་སྐུ་བློ་ལྡན་སྙིང་པོ།	3	291
024	མདོ་དྲི་མེད་གཟི་བརྗིད།[ད]	ཡ	སྙན་བརྒྱུད།	སྤྲུལ་སྐུ་བློ་ལྡན་སྙིང་པོ།	6	343
025	མདོ་དྲི་མེད་གཟི་བརྗིད།[ཨ]	ར	སྙན་བརྒྱུད།	སྤྲུལ་སྐུ་བློ་ལྡན་སྙིང་པོ།	7	354
026	མདོ་གཟེར་མིག སྔ་དུམ།	ལ	གཏེར་མ།	དྲང་སྲོང་གསེར་མིག	9	253
027	མདོ་གཟེར་མིག ཕྱི་དུམ།	ཤ	གཏེར་མ།	དྲང་སྲོང་གསེར་མིག	9	318
028	མདོ་འདུས།	ས	གཏེར་མ།	ཨ་ཙ་ར་མི་གཉིས།	24	104
029	མི་ནུབ་མཚན་མདོ།	ཧ	སྙན་བརྒྱུད།	སྤྲུལ་སྐུ་བློ་ལྡན་སྙིང་པོ།	4	425
030	མི་ནུབ་མཚན་མདོ།	ཨ	སྙན་བརྒྱུད།	སྤྲུལ་སྐུ་བློ་ལྡན་སྙིང་པོ།	4	447
031	མི་ནུབ་མཚན་མདོ།	ཀི	སྙན་བརྒྱུད།	སྤྲུལ་སྐུ་བློ་ལྡན་སྙིང་པོ།	3	318
032	མི་ནུབ་མཚན་མདོ།	ཁི	སྙན་བརྒྱུད།	སྤྲུལ་སྐུ་བློ་ལྡན་སྙིང་པོ།	3	315
033	མི་ནུབ་མཚན་མདོ།	གི	སྙན་བརྒྱུད།	སྤྲུལ་སྐུ་བློ་ལྡན་སྙིང་པོ།	3	340
034	སྲིད་པ་སྐྱེ་འཆིའི་མདོ།	ངི	གཏེར་མ།	ཨ་ཙ་ར་མི་གཉིས།	15	126
035	སྣོད་རྟེན་ཆགས་འཇིག་མདོ།	ཅི	གཏེར་མ།	ཨ་ཙ་ར་མི་གཉིས།	11	114
036	སྐྱབས་ཐབས་མདོ།	ཆི	གཏེར་མ།	ཨ་ཙ་ར་མི་གཉིས།	34	270
037	གཏོར་བཟློག་མདོ།	ཇི	གཏེར་མ།	ཨ་ཙ་ར་མི་གཉིས།	10/5	188
038	ཁྲི་མདོ།	ཉི	གཏེར་མ།	གཉེན་མཐིང་ཤེས་རབ་རྡོ་རྗེ།	22	146
039	རིགས་དྲུག་ཐར་ལམ།	ཏི	གཏེར་མ།	གཉེན་མཐིང་ཤེས་རབ་རྡོ་རྗེ། གཡུ་ལོ་དཀར་པོ།	2/66	222
040	ངན་སོང་དུང་སྤྲུག་གི་མདོ། མོ་སྦྱོང་པད་མ་མུན་སེལ།	ཐི	གཏེར་མ།	ཁྱུ་ཚ་ཟླ་འོད།	2/15	234
041	འཕྲུལ་མདོ། དྲིན་ལན་བསབས་མདོ།	དི	གཏེར་མ།	གཉེན་མཐིང་ཤེས་རབ་རྡོ་རྗེ།	2/61	238
042	ཀ་བ་གླིང་མདོ།	ནི	གཏེར་མ།	ཨ་ཙ་ར་མི་གཉིས།	3/74	401
043	ཀ་བ་གླིང་མདོ།	པི	གཏེར་མ།	ཨ་ཙ་ར་མི་གཉིས།	3/34	366
044	ཀ་བ་གླིང་མདོ།	ཕི	གཏེར་མ།	ཨ་ཙ་ར་མི་གཉིས།	3/59	468
045	སྐྱེ་སྒོ་གཅོད་པའི་མདོ་སོགས།	བི	སྙན་རྒྱུད།	ལྷུན་གྲུབ་ཐོགས་མེད་སོགས།	4	89
046	རྒྱུད་དག	མི	གཏེར་མ།	ཁྱུ་ཚ་ཟླ་འོད།	2/59	243
047	རྣམ་རྒྱལ་གཟུངས་ཆེན།	ཙི	གཏེར་མ།	དཔང་ལྡན་གཤེན་སྲས།	2/55	189
048	རྩ་འབུམ།	ཚི	གཏེར་མ།	ཁྲོ་ཚང་འབྲུག་ལྷ།	3/21	68
049	བཟླས་ཚིག	ཛི	སྙན་བརྒྱུད།	སྤྲུལ་སྐུ་བློ་ལྡན་སྙིང་པོ།	5/9	103
050	འདུལ་འབུམ།[ཀ ཁ]	ཝི	གཏེར་མ།	སེ་སྙན་ཞིག་པོ།	2/7	461
051	འདུལ་འབུམ།[ག ང]	ཞི	གཏེར་མ།	སེ་སྙན་ཞིག་པོ།	2/7	495
052	འདུལ་འབུམ།[ཙ]	ཟི	གཏེར་མ།	སེ་སྙན་ཞིག་པོ།	5	260
053	འདུལ་འབུམ།[ཨ]	འི	གཏེར་མ།	སེ་སྙན་ཞིག་པོ།	6	271

054	ཁྲ་བྲུག་རིག་པའི་མདོ།	ཡི	གཏེར་མ།	རྒྱ་རོང་སེ་གཉེན་མུ་འོད།	18	164
055	གསེར་འོད་ནོར་བུ་འོད་འབར་སོགས།	རི	གཏེར་མ།	གླིང་གཤེན་བློ་གྲོས་རྒྱལ་མཚན་སོགས།	9/37	266
056	མི་ནུབ་བསྟན་མདོ།	ལི	གཏེར་མ།	རིག་འཛིན་ཀུན་གྲོལ་གསང་བ་རྩལ།	8/28	244
057	གསེར་འོད་དམ་པའི་མདོ་སྡེ།	ཤི	མི་གསལ།	མི་གསལ།	108	318
058	ཐུགས་འབུམ།	སི	གཏེར་མ།	བན་ཧྲེ་མི་གསུམ། སྒྲིག་མཁན། དཔྱད་བུ་ཁྲི་ཤེས།	4/163	649
059	སྐུ་འབུམ་ནག་པོ།	ཧི	གཏེར་མ།	ཨ་ཙ་ར་མི་གཉིས།	2/29	131
060	སྐུ་འབུམ་ནག་པོ།	ཨི	གཏེར་མ།	ཨ་ཙ་ར་མི་གཉིས།	23	246
061	སྐུ་འབུམ་ཁྲ་པོ།	ཀུ	གཏེར་མ།	ཨ་ཙ་ར་མི་གཉིས།	27	264
062	སྐུ་འབུམ་ཁྲ་པོ།	ཁུ	གཏེར་མ།	ཨ་ཙ་ར་མི་གཉིས།	85	231
063	རབ་གནས་སྐོར་གསུམ།	གུ	གཏེར་མ།	གཤེན་ཆེན་ཀླུ་དགའ།	6/5	177
བསྡོམས་གྲངས།		63			78/1598	17940

གཉིས་པ། རྣམ་པར་དག་པའི་འབུམ་སྡེ།

པོད་གྲངས།	བསྡུས་བྱང་།	པོད་རྟགས།	རིགས་རྣམ།	མཛད་མཁན།	ཚོས་ཚན་དང་ལེའུ་གྲངས།	ཤོག་གྲངས།
064	ཁམས་ཆེན་པོ།[ཀ]	ཀ	གཏེར་མ།	གཤེན་ཆེན་ཀླུ་དགའ།	4	490
065	ཁམས་ཆེན་པོ།[ཁ]	ཁ	གཏེར་མ།	གཤེན་ཆེན་ཀླུ་དགའ།	7	436
066	ཁམས་ཆེན་པོ།[ག]	ག	གཏེར་མ།	གཤེན་ཆེན་ཀླུ་དགའ།	3	487
067	ཁམས་ཆེན་པོ།[ང]	ང	གཏེར་མ།	གཤེན་ཆེན་ཀླུ་དགའ།	2	438
068	ཁམས་ཆེན་པོ།[ཅ]	ཅ	གཏེར་མ།	གཤེན་ཆེན་ཀླུ་དགའ།	7	468
069	ཁམས་ཆེན་པོ།[ཆ]	ཆ	གཏེར་མ།	གཤེན་ཆེན་ཀླུ་དགའ།	10	425
070	ཁམས་ཆེན་པོ།[ཇ]	ཇ	གཏེར་མ།	གཤེན་ཆེན་ཀླུ་དགའ།	2	463
071	ཁམས་ཆེན་པོ།[ཉ]	ཉ	གཏེར་མ།	གཤེན་ཆེན་ཀླུ་དགའ།	མ་རྙེད།	429
072	ཁམས་ཆེན་པོ།[ཏ]	ཏ	གཏེར་མ།	གཤེན་ཆེན་ཀླུ་དགའ།	མ་རྙེད།	361
073	ཁམས་ཆེན་པོ།[ཐ]	ཐ	གཏེར་མ།	གཤེན་ཆེན་ཀླུ་དགའ།	མ་རྙེད།	406
074	ཁམས་ཆེན་པོ།[ད]	ད	གཏེར་མ།	གཤེན་ཆེན་ཀླུ་དགའ།	2	435
075	ཁམས་ཆེན་པོ།[ན]	ན	གཏེར་མ།	གཤེན་ཆེན་ཀླུ་དགའ།	3	352
076	ཁམས་ཆེན་པོ།[པ]	པ	གཏེར་མ།	གཤེན་ཆེན་ཀླུ་དགའ།	2	437
077	ཁམས་ཆེན་པོ།[ཕ]	ཕ	གཏེར་མ།	གཤེན་ཆེན་ཀླུ་དགའ།	4	457
078	ཁམས་ཆེན་པོ།[བ]	བ	གཏེར་མ།	གཤེན་ཆེན་ཀླུ་དགའ།	5	589
079	ཁམས་ཆེན་པོ།[ཟླ]	མ	གཏེར་མ།	གཤེན་ཆེན་ཀླུ་དགའ།	3	392

080	འཕྲོང་འབུམ།[ཀ]	ཙ	གཏེར་མ།	ཨ་ཙ་ར་མི་གཉིས།	13	203
081	འཕྲོང་འབུམ།[ཁ]	ཚ	གཏེར་མ།	ཨ་ཙ་ར་མི་གཉིས།	5	203
082	འཕྲོང་འབུམ།[ག]	ཛ	གཏེར་མ།	ཨ་ཙ་ར་མི་གཉིས།	6	226
083	འཕྲོང་འབུམ།[ང]	ཝ	གཏེར་མ།	ཨ་ཙ་ར་མི་གཉིས།	11	183
084	འཕྲོང་འབུམ།[ཅ]	ཞ	གཏེར་མ།	ཨ་ཙ་ར་མི་གཉིས།	8	283
085	འཕྲོང་འབུམ།[ཆ]	ཟ	གཏེར་མ།	ཨ་ཙ་ར་མི་གཉིས།	10	217
086	འཕྲོང་འབུམ།[ཇ]	འ	གཏེར་མ།	ཨ་ཙ་ར་མི་གཉིས།	18	203
087	འཕྲོང་འབུམ།[ཨ]	ཡ	གཏེར་མ།	ཨ་ཙ་ར་མི་གཉིས།	8	209
088	དཔྱད་འབུམ།[ཀ]	ར	གཏེར་མ།	གཉེན་མཐིང་།	16+	220
089	དཔྱད་འབུམ།[ཨ]	ལ	གཏེར་མ།	གཉེན་མཐིང་།	29	217
090	ཁམས་འདུས།[ཀ]	ཤ	གཏེར་མ།	གཉེན་མཐིང་།	41	210
091	ཁམས་འདུས།[ཨ]	ས	གཏེར་མ།	གཤེན་ཆེན་ཀླུ་དགའ།	4/40	237
092	བདལ་འབུམ།[ཀ]	ཧ	གཏེར་མ།	བན་དེ་མི་གསུམ།	6	294
093	བདལ་འབུམ།[ཁ]	ཨ	གཏེར་མ།	བན་དེ་མི་གསུམ།	6	252
094	བདལ་འབུམ།[ག]	ཀི	གཏེར་མ།	བན་དེ་མི་གསུམ།	6	260
095	བདལ་འབུམ།[ང]	ཁི	གཏེར་མ།	བན་དེ་མི་གསུམ།	15	288
096	བདལ་འབུམ།[ཅ]	གི	གཏེར་མ།	བན་དེ་མི་གསུམ།	7	297
097	བདལ་འབུམ།[ཆ]	ངི	གཏེར་མ།	བན་དེ་མི་གསུམ།	4	270
098	བདལ་འབུམ།[ཇ]	ཅི	གཏེར་མ།	བན་དེ་མི་གསུམ།	1	290
099	བདལ་འབུམ།[ཉ]	ཆི	གཏེར་མ།	བན་དེ་མི་གསུམ།	5	297
100	བདལ་འབུམ།[ཏ]	ཇི	གཏེར་མ།	བན་དེ་མི་གསུམ།	1	282
101	བདལ་འབུམ།[ཨ]	ཉི	གཏེར་མ།	བན་དེ་མི་གསུམ།	7	307
102	ཙ་འབུམ།[ཀ]	ཏི	གཏེར་མ།	གཤེན་གཏེར།	5	268
103	ཙ་འབུམ།[ཁ]	ཐི	གཏེར་མ།	གཤེན་གཏེར།	22	192
104	ཙེ་འབུམ།[ཀ]	དི	གཏེར་མ།	བན་དེ་མི་གསུམ།	2	321
105	ཙེ་འབུམ[ཁ]	ནི	གཏེར་མ།	བན་དེ་མི་གསུམ།	2	320
106	ཙེ་འབུམ།[ག]	པི	གཏེར་མ།	བན་དེ་མི་གསུམ།	4	315
107	ཙེ་འབུམ།[ང]	ཕི	གཏེར་མ།	བན་དེ་མི་གསུམ།	2	345
108	ཙེ་འབུམ།[ཅ]	བི	གཏེར་མ།	བན་དེ་མི་གསུམ།	2	313
109	ཙེ་འབུམ།[ཆ]	མི	གཏེར་མ།	བན་དེ་མི་གསུམ།	3	312
110	ཙེ་འབུམ།[ཇ]	ཙི	གཏེར་མ།	བན་དེ་མི་གསུམ།	3	299
111	ཙེ་འབུམ།[ཉ]	ཚི	གཏེར་མ།	བན་དེ་མི་གསུམ།	2	283
112	ཙེ་འབུམ།[ཏ]	ཛི	གཏེར་མ།	བན་དེ་མི་གསུམ།	2	277

113	རྩེ་འབུམ།[ཨ]	ཬི	གཏེར་མ།	བན་དེ་མི་གསུམ།	2	274
114	འབུམ་ཉི་མ་དགུ་ཤར།[ཀ]	ཞི	གཏེར་མ།	བན་དེ་མི་གསུམ།	2/6	282
115	འབུམ་ཉི་མ་དགུ་ཤར།[ཁ]	ཟི	གཏེར་མ།	བན་དེ་མི་གསུམ།	6	307
116	འབུམ་ཉི་མ་དགུ་ཤར།[ག]	འི	གཏེར་མ།	བན་དེ་མི་གསུམ།	7	287
117	འབུམ་ཉི་མ་དགུ་ཤར།[ང]	ཡི	གཏེར་མ།	བན་དེ་མི་གསུམ།	15	319
118	འབུམ་ཉི་མ་དགུ་ཤར།[ཅ]	རི	གཏེར་མ།	བན་དེ་མི་གསུམ།	7	307
119	འབུམ་ཉི་མ་དགུ་ཤར།[ཆ]	ལི	གཏེར་མ།	བན་དེ་མི་གསུམ།	4	325
120	འབུམ་ཉི་མ་དགུ་ཤར།[ཇ]ཆད།	ཤི	གཏེར་མ།	བན་དེ་མི་གསུམ།	4	265
121	འབུམ་ཉི་མ་དགུ་ཤར།[ཉ]	སི	གཏེར་མ།	བན་དེ་མི་གསུམ།	3	296
122	འབུམ་ཉི་མ་དགུ་ཤར།[ཏ]	ཧི	གཏེར་མ།	བན་དེ་མི་གསུམ།	2	296
123	འབུམ་ཉི་མ་དགུ་ཤར།[ཨ]	ཨི	གཏེར་མ།	བན་དེ་མི་གསུམ།	6	284
124	ཁམས་རྩ།[ཏ]	ཀུ	གཏེར་མ།	གཤེན་གཏེར།	1	202
125	ཁམས་རྩ།[ཀ]	ཁུ	གཏེར་མ།	གཤེན་གཏེར།	4	201
126	ཁམས་རྩ།[ཁ]	གུ	གཏེར་མ།	གཤེན་གཏེར།	21	177
127	སྐུ་འབུམ།[ཀ]	ངུ	གཏེར་མ།	མར་པ་འཕེན་བཟང་།	19	176
128	ས་བདག[ཁ]	ཅུ	གཏེར་མ།	མར་པ་འཕེན་བཟང་།	54	190
129	གཉན་འབུམ།[ག]	ཆུ	གཏེར་མ།	མར་པ་འཕེན་བཟང་།	26	163
130	གཏོད་འབུམ།[ང]	ཇུ	གཏེར་མ།	མར་པ་འཕེན་བཟང་།	4/23	265
131	ཀླུ་འབུམ་བསྡུས་པ།[ཁ]	ཉུ	གཏེར་མ།	གཉེན་མཐིང་། རྨ་སྟོན།	7/78	305
132	ཀུན་འབུམ།[ཁ]	ཏུ	བཀའ་མ།	གཉན་སྟོན།	5/68	368
133	ཁོག་ཆེན། ཞང་ཞུང་ཇུ་ཐིག[ཨ]	ཐུ	གཏེར་མ།	མི་གསལ།	3/91	236
བསྡོམས་གྲངས།		70	རིམ་གྲངས88པ་དང་89པ་དཔྱད་འབུམ་པོ་ཏི་གཉིས་དང་124པ་ཁམས་རྩ་〈ཏ〉པ་བཅས་ནི་ཞ་གཡུང་དཔེ་གཞིའི་དཀར་ཆག་བསྡུས་པར་བཀོད་མེད་ལ། དེ་ལྟ་ན་འབུམ་ལ་བསྡོམས་པོ་ཏི67ཡིན། གོང་བསྟན་གསུམ་འདི་གའི་དཔེ་གཞིའི་ཁྲོད་ཉར་ཡོད་པས་དཀར་ཆག་ཁ་སྐོང་དུ་བཀོད་པའོ།		25/818	21301

གསུམ་པ། ཐབ་ལམ་གསང་སྔགས་རྒྱུད་ཀྱི་སྡེ།

པོད་གྲངས།	བསྡུས་བྱང་།	པོད་རྟགས།	རིགས་རྣམ།	མཛད་མཁན།	ཚོས་ཚན་དང་ལེའུ་གྲངས།	ལྡེབ་གྲངས།
134	རྩ་རྒྱུད་གསང་བ་བསེན་ཐུབ་རྒྱུད།	ཀ	གཏེར་མ།	གྱེར་མི་ཉི་འོད།	31	164
135	སྔགས་སྡེ་ཉེར་བརྒྱད།	ཁ	སྙན་བརྒྱུད།	སྤྲུལ་སྐུ་བློ་ལྡན་སྙིང་པོ།	5/40	322
136	ཁྲུང་ཆེན།	ག	གཏེར་མ།	ཁུ་ཚ་ཟླ་འོད།	6/151	430

137	ཁྲུང་ཆེན།	ང	གཏེར་མ།	རྒྱ་སྟོན།	15/80	336
138	ཉིང་ཁུ་གཡུ་རྩེའི་རྒྱུད།	ཅ	གཏེར་མ།	ཁྲུང་རྒོད་རྩལ།	4/47	213
139	བྱམས་མ་ཆེན་མོ་རྩ་བའི་རྒྱུད།	ཆ	གཏེར་མ།	ཁྲོ་ཚངས་འབྲུག་ལྷ།	3/23	128
140	མ་རྒྱུད་ཐུགས་རྗེ་ཉི་མའི་རྒྱུད།	ཇ	གཏེར་མ།	འགུ་རུ་རྣོན་རྩེ།	4/45	345
141	ཐུགས་ཀྱི་ཡང་གབ་ཉི་མའི་རྒྱུད།	ཉ	གཏེར་མ།	འགུ་རུ་རྣོན་རྩེ།	3/46	280
142	གཡུང་དྲུང་བསྒོམ་པའི་རྒྱུད།	ཏ	གཏེར་མ།	བདེ་ཆེན་གླིང་པ།	8/	259
143	གསང་བ་འདུས་པའི་རྒྱུད།	ཐ	གཏེར་མ།	གསང་གླིང་བ།	13/	124
144	རིག་འཛིན་འདུས་པ།	ད	གཏེར་མ།	སྤྲུལ་སྐུ་བློ་ལྡན་སྙིང་པོ།	11/13	408
145	ཕུར་ནག་རྒྱུད་དགུ།	ན	གཏེར་མ།	ཁྱུ་ཚ་ཟླ་འོད།	9/213	482
146	མེ་རི་འབར་བ་རྩ་བའི་རྒྱུད།	པ ཕ བ	གཏེར་མ།	ཁྱུ་ཚ་ཟླ་འོད།	19/184	342
147	ཕུར་པའི་འགྲེལ་ཆེན།	མ	གཏེར་མ།	ཁྱུ་ཚ་ཟླ་འོད།	14/7	493
148	རྩ་རྒྱུད་ཉི་སྒྲོན།	ཙ	སྙན་རྒྱུད།	དྲན་པ་ནམ་མཁའ།	3/11	295
149	ཚེ་དབང་བོད་ཡུལ་མའི་རྒྱུད།	ཚ	སྙན་རྒྱུད།	དྲན་པ་ནམ་མཁའ།	25/	267
150	རྩ་རྒྱུད་དབང་དྲག་མེ་འཕྲེང་།	ཛ	གཏེར་མ།	བདེ་ཆེན་གླིང་པ།	6/	140
151	ཨུ་དུ་འབར་བའི་གཟུངས་སོགས།	ཝ	སྙན་རྒྱུད།	དྲན་པ་ནམ་མཁའ།	14/	251
བསྡོམས་གྲངས།		20			165/891	5279

བཞི་པ། བླ་མེད་སེམས་ཕྱོགས་མཛོད་ཀྱི་སྡེ།

པོད་གྲངས།	བསྡུས་བྱང་།	པོད་རྟགས།	རིགས་རྣམ།	མཛད་མཁན།	ཆོས་ཚན་དང་ལེའུ་གྲངས།	ལྡེབ་གྲངས།
152	སྙན་རྒྱུད་བཀའ་རྒྱུད་སྐོར་བཞི།	ཀ	སྙན་རྒྱུད།	ཚེ་དབང་འགྱུར་མེད་སོགས།	31/	407
153	བྱང་སེམས་གབ་པ་དགུ་སྐོར།	ཁ	གཏེར་མ།	གཤེན་ཆེན་ཀླུ་དགའ།	6/16	336
154	རྫོགས་ཆེན་ལྷ་ཡུལ་དུ་བསྒྲགས་པ།	ག	གཏེར་མ།	བཞོད་སྟོན་དངོས་གྲུབ་གྲགས་འབར།	22/	349
155	རྫོགས་ཆེན་མི་ཡུལ་དང་ཀླུ་ཡུལ་དུ་བསྒྲགས་པ།	ང	གཏེར་མ།	བཞོད་སྟོན་དངོས་གྲུབ་གྲགས་འབར།	23/	334
156	ཡེ་ཁྲི་མཐའ་སེལ་གྱི་རྒྱུད།	ཅ	གཏེར་མ།	བཞོད་སྟོན་དངོས་གྲུབ་གྲགས་འབར།	12/	445
157	ཀུན་བཟང་མཉམ་ཉིད་རྒྱུད་སོགས།	ཆ	གཏེར་མ།	བླ་མ་ཟླ་འོད་འབར་སོགས།	8/	234
158	རྫོགས་ཆེན་མུ་མེད་བདལ་བའི་རྒྱུད།	ཇ	གཏེར་མ།	སེ་སྟན།	8/	170
བསྡོམས་གྲངས།		7			110/16	2275
159	དཀར་ཆག	1	བརྩམས་ཆོས།	ཉི་མ་བསྟན་འཛིན།	2/3	107
སྤྱིའི་བསྡོམས་གྲངས།		161			378/3322	46795

གསལ་བཤད། ལེའུ་ཆད་སྐྱོན་དང་འགའ་ཞིག་ལེའུ་ཁ་གསལ་དུ་བཀོད་མེད་པ་བཅས་ཀྱིས་རེའུ་མིག་ཏུ་མཐོང་བའི་བསྡོམས་གྲངས་ཀྱིས་བཀའ་འགྱུར་ཆ་ཚང་གི་གྲངས་ཚད་མཚོན་ཐུབ་མེད།

ཟུར་བལྟའི་ཡིག་ཚང་།

1. ཨ་གཡུང་རིན་པོ་ཆེ་གཡུང་དྲུང་བསྟན་པའི་རྒྱལ་མཚན་ནས་གཙོ་འགན་གྱིས་བསྒྲིགས། གཡུང་དྲུང་བོན་གྱི་བཀའ་འགྱུར་ཨ་གཡུང་དཔེ་གཞི། བརྙན་སྐྲར་མ།

2. སི་ཁྲོན་ཞིང་ཆེན་མི་རིགས་ཞིབ་འཇུག་སུའོ་བོད་ཀྱི་རིག་གནས་ཞིབ་འཇུག་ཁང་གིས་བསྒྲིགས། གཡུང་དྲུང་བོན་གྱི་བཀའ་འགྱུར་དཀར་ཆག ནང་ཁུལ་དེབ།

3. རིག་འཛིན་ཀུན་གྲོལ་གྲགས་པ། ཟབ་དང་རྒྱ་ཆེ་གཡུང་དྲུང་བོན་གྱི་བཀའ་འགྱུར་གྱི་དཀར་ཆག་ཉི་མ་འབུམ་གྱི་འོད་ཟེར། [M] ཀྲུང་གོའི་བོད་ཀྱི་ཤེས་རིག་དཔེ་སྐྲུན་ཁང་། 1993ལོ།

4. སྨན་རིའི་མཁན་མིང་ཉི་མ་བསྟན་འཛིན། གཡུང་དྲུང་བོན་གྱི་བཀའ་བརྟེན་འགྱུར་གྱི་དཀར་ཆག་དང་རྣམ་བཤད། [M] བྲིས་མ།

5. གཡུང་དྲུང་ཚུལ་ཁྲིམས་དྲག་པ། རྒྱལ་བའི་བཀའ་དང་བཀའ་བརྟེན་ཛད་བྱུང་དགོས་འདོད་ཡིད་བཞིན་གཏེར་གྱི་བང་མཛོད་ལ་དཀར་ཆག་བློའི་ཐ་རམ་བཀྲོལ་བྱེད་འཕྲུལ་གྱི་ལྡེ་མིག [M] བྲིས་མ།

6. ཚུལ་ཁྲིམས་རྒྱལ་མཚན། གཡུང་དྲུང་བོན་གྱི་བསྟན་པའི་དཀར་ཆག་ཛད་བྱུང་ནོར་བུའི་མགུལ་རྒྱན། [M] བྲིས་མ་གློག་སྐྲར།

7. སྟོང་སྐྱར་ཚེ་རིང་ཐར། གཡུང་དྲུང་བོན་བཀའ་དང་བཀའ་བརྟེན་གྱི་བྱུང་འཕེལ་ལ་དཔྱད་པ། [J] མཚོ་སྔོན་མི་རིགས་སློབ་གྲྭ་ཆེན་མོའི་རིག་གཞུང་དུས་དེབ། 2005ལོའི་དེབ་བཞི་པ།

8. སྟོང་སྐྱར་ཚེ་རིང་ཐར། བོན་གྱི་བསྟན་བཅོས་དང་དེའི་ཕྱོགས་ཀྱི་སྐོར། [J] བོད་ལྗོངས་ཞིབ་འཇུག 1990ལོའི་དེབ་བཞི་པ།

9. ཕེར་ཁི་ཝེར་ནེ་ཡིས་བརྩམས། ཚེ་རིང་ཐར་གྱིས་བསྒྱུར། བོན་གྱི་བསྟན་བཅོས། [J] ཀྲུང་གོའི་བོད་ཀྱི་ཤེས་རིག 1998ལོའི་དེབ་གསུམ་པ།

10. ཨ་གཡུང་སོགས་ཀྱིས་བསྒྲིགས། ཝིག་ལི་ཚན་གྱིས་བསྒྱུར། གཡུང་དྲུང་བོན་བཀའ་འགྱུར་དཀར་ཆག [J] བོད་ལྗོངས་ཞིབ་འཇུག རྒྱ་ཡིག་དེབ། 1993ལོའི་དེབ་གཉིས་པ།

11. A Catalogue of the Bon Kanjiur, Edited by Dan Martin and Per Kværne and Yasuhiko Nagano, Senri Ethnological Reports24, National Museum of Ethnology OSAKA 2003.

12. A Catalogue of the New Collection of Bonpo Katen Texts,Edited by Samten G.Karmay and Yasuhiko Nagano,Senri Ethnological Reports24, National Museum of Ethnology OSAKA 2001.

13. The Literature of Bon by Per Kvaerne,Tibetan Literature-Studies in Genre,sdited by Jose lgnacio Cabezon and Roger R.Jachson.Snow lion Publications,1996.

མཇུག་བྱང་།

བོད་ཀྱི་བཀའ་བརྟེན་དཀར་ཆག་གི་ལས་གཞི་འདི་ཁུར་དུ་འཁྱེར་རྒྱུའི་ཐོག་མའི་ཀུན་སློང་ནི། ཕྱི་ལོ་2015ལོའི་ཉིན་ཞིག་ལ། རང་རེའི་སློབ་གྲྭའི་སྒྲུ་རྩལ་སློབ་གླིང་གི་དགེ་རྒན་ཆེན་མོ་དགེ་འདུན་འཕེལ་རྒྱས་ལགས་སྐུ་འཚོ་བཞུགས་ཀྱི་དུས་སུ་ཁོང་དང་ལྷ་ས་དགེ་འོས་སློབ་གླིང་གི་དགེ་རྒན་ཏེ་སྐབས་དེར་ཁོང་གི་ཞིབ་འཇུག་སློབ་མ་ཡིན་ཟེར་བ་ཁོང་རྣམ་གཉིས་ངེད་གསུང་རབ་རྟེན་མཛོད་ཁང་དུ་བོད་ཀྱི་གནའ་བོའི་དབྱངས་ཡིག་སྐོར་གྱི་དཔྱད་ཡིག་འཚོལ་དུ་ཕེབས་པར། རྒན་ཁོང་གིས་རང་ལ་མགོ་གལ་ཆེ་བའི་ཆོས་ཚན་གཉིས་ཀྱི་མཚན་བྱང་ཙམ་ལས་གླེགས་བམ་གང་དུ་བཞུགས་པའི་ཡོད་རྟགས་དང་། ཐ་ན་བཀའ་དང་བརྟེན་འགྱུར་གང་ལ་གཏོགས་པའི་ཆ་འཕྲིན་སོགས་མགོ་སྨྲོད་བྱེད་རྒྱུ་མ་བྱུང་། སྐབས་དེར་དཔེ་མཛོད་དོ་དམ་པའི་མིང་འཛིན་པ་ཁོ་བོས་ཀྱང་ཁོང་གཉིས་ལ་གླེགས་བམ་འགའ་རེའི་དཔེ་རས་བཀྲོལ་བ་དང་། གཟིགས་ཚར་བའི་དཔེ་ཆ་ཚགས་བྱ་བའི་ཞབས་ཏོག་ཙམ་ལས་འོས་གཞན་མ་རྙེད། དེ་ལྟར་ཁོང་གཉིས་ནས་ཉིན་ཤས་རིང་བཙལ་མཐར་ད་གཟོད་བཙལ་བྱའི་ཆོས་ཚན་གཉིས་ཀ་རྙེད་པ་བྱུང་། སྐབས་དེ་ནས་བཟུང་ཁོ་བོས་དཔེ་ཚོགས་དེ་གཉིས་ལ་འཚོལ་བཤེར་སྟབས་བདེ་བའི་དཀར་ཆག་ཡོད་མེད་རྩད་འདྲི་བྱས། དཔེ་ཚོགས་གཉིས་པོའི་དཔེ་གཞི་དང་དཀར་ཆག་གི་དངོས་ཡོད་གནས་ཚུལ་ཤེས་རྟོགས་བྱུང་རྗེས། འདིར་དཀར་ཆག་བསྒྲིགས་པའི་དཔེ་གཞི་གཉིས་པོར་འཁྱེར་བདེ་ཞིང་འཚོལ་སླ་བའི་དཀར་ཆག་ཅིག་དགོས་ངེས་སུ་གྱུར་ཡོད་པ་ཤེས། ལོ་དེའི་ཕྱི་ལོ་ནས་ལས་གཞིའི་འགོ་བརྩམས་ཀྱང་བར་དུ་བསླབ་གནས་སློབ་གཉེར་ལ་སོགས་པའི་རྐྱེན་གྱིས་ལས་ཀ་ཕྱི་བཤོལ་དུ་ལོ་གཅིག་ལྷག་སོང་། ཕྱི་ལོ་2020ལོར་བཀའ་འགྱུར་གྱི་དཀར་ཆག་དང་ཕྱི་ལོ་2021ལོར་བརྟེན་འགྱུར་གྱི་དཀར་ཆག་བཅས་དེབ་གཉིས་པོ་སྔ་ཕྱིར་ཡོངས་སུ་གྲུབ། ད་རེས་སློབ་གྲྭའི་ཚན་ཞིབ་ཁྲུའུ་ཡི་འབྲེལ་ཡོད་དབུ་ཁྲིད་ཀྱི་ཐུགས་ཁུར་འོག་དཀར་ཆག་དེབ་གཉིས་དཔེ་སྐྲུན་གྱི་གྲོན་དངུལ་ཐོབ། དཔེ་སྐྲུན་གྱི་སྐབས་འདི་དང་བསྟུན་ནས་ལས་གཞིའི་འགོ་མཇུག་བར་གསུམ་དུ་ཕྱག་རོགས་མཛད་མཁན་ལྷ་ས་དགེ་འོས་སློབ་གླིང་གི་དགེ་རྒན་ཆེན་མོ་སངས་རྒྱས་མཚོ་ལགས་དང་། བོད་ལྗོངས་སློབ་གྲྭ་ཆེན་མོའི་དགེ་རྒན་སྟོང་སྐོར་ཚེ་རིང་བསམ་གྲུབ་ལགས། དེ་མིན་དཀར་ཆག་འདི་ཉིད་དཔེ་སྐྲུན་བྱ་བ་ལ་རོགས་རམ་གང་ལེགས་གནང་མཁན་མི་རིགས་དཔེ་སྐྲུན་ཁང་གི་རྒན་བསོད་ནམས་དབང་རྒྱལ་ལགས་དང་དེབ་ཀྱི་རྩོམ་སྒྲིག་འགན་འཁུར་པ་རྒན་བསོད་ནམས་མཚོ་ལགས་བཅས་ལ་ཆེད་དུ་ཐུགས་རྗེ་ཆེ་ཞུས་པ་ལགས།

གཡུང་དྲུང་བོན་གྱི་བཀའ་འགྱུར་ལ་དཔེ་གཞི་མི་འདྲ་བ་འགའ་རེ་བཞུགས་ཀྱང་། མིག་སྔར་ཡིག་ཚང་ཞིབ་

འཚོལ་ལ་ཕན་པའི་བོད་ཡིག་གི་དཀར་ཆག་ཤིན་ཏུ་རྒྱས་པ་ཞིག་མ་ཡོད་ན། འདིའི་ཐད་ལ་ཞིབ་འཇུག་དང་སློབ་གཉེར་གནང་མཁན་རྣམས་དཀའ་ངལ་གང་མང་ཞིག་དང་འཕྲད་ཀྱིན་པ་མཐོང་། དེ་བས་ལོ་ངོ་དུ་མའི་གཞུང་ལས་ཀྱི་ཤོར་དུ《གཡུང་དྲུང་བོན་གྱི་བཀའ་འགྱུར་ཨ་གཡུང་དཔེ་གཞིའི་དཀར་ཆག་ངོ་མཚར་སྣང་བ་འབུམ་ལྡན་》ཞེས་བྱ་བའི་དཀར་ཆག་རྒྱས་ཙམ་པ་འདི་བསྒྲིགས་ནས་བསླབ་པ་དོན་གཉེར་ཅན་རྣམས་ཀྱི་སྤྱན་སྔར་བསྐྱར་ཐུབ་པ་བྱུང་བར་དགའ་ཚོར་ཆེན་པོ་སྐྱེས། མཇུག་མཐར་དཀར་ཆག་འདིས་བསླབ་པ་དོན་གཉེར་ཅན་རྣམས་ལ་ཕན་པའི་རྒྱུ་རྐྱེན་བུ་ཙམ་སྐྱེན་པའི་རེ་བ་སྨོན་འདུན་དང་བཅས།

ཕྱི་ལོ་2022ལོའི་ཟླ་9པའི་ཚེས་25ཉིན་ལྷ་ལྡན་ལྷུང་གྲོང་ཤག་ཏུ་སྦྱར།